L'Andalousie

B. Kaufmann/MICHELIN

« Une femme, oui, mon ami, une femme de Séville !
Et tu n'ignores pas que si Séville donne naissance à des
garçons fiers et de belle mine, on y trouve également
les plus belles filles du monde ! N'est-ce pas à Séville
que les mantilles cachent un feu comparable
à l'éclat du soleil ? »

Tirso de Molina
Le Trompeur de Séville

MICHELIN

46, avenue de Breteuil - 75324 Paris Cedex 07
☏ 01 45 66 12 34
www.michelin-travel.com
LeGuideVert@fr.michelin.com

Manufacture française des pneumatiques Michelin

Société en commandite par actions au capital de 2 000 000 000 de francs
Place des Carmes-Déchaux – 63 Clermont-Ferrand (France)
R.C.S. Clermont-Fd B 855 200 507

Dépôt légal février 2001 – ISBN 2-06-358301-2 – ISSN 0293-9436
Printed in France 02-2001/1.1

Compogravure : Le Sanglier, Charleville-Mézières
Impression : Le Sanglier, Charleville-Mézières
Brochage : SIRC, Marigny-le-Châtel
Maquette de couverture extérieure : Agence Carré Noir à Paris 17e

LE GUIDE VERT, l'esprit de découverte

Avec cette nouvelle collection LE GUIDE VERT, nous avons l'ambition de faire de vos vacances des moments passionnants et mémorables, d'accompagner votre découverte de nouveaux horizons, bref...de vous faire partager notre passion du voyage.
Voyager avec LE GUIDE VERT, c'est être acteur de ses vacances, profiter pleinement de ce temps privilégié pour découvrir, s'enrichir, apprendre au contact direct du patrimoine culturel et de la nature.
Le temps des vacances avec LE GUIDE VERT, c'est aussi la détente, se faire plaisir, apprécier une bonne adresse pour se restaurer, dormir, ou se divertir.
Explorez notre sélection !
Alors, plongez vite dans LE GUIDE VERT à la découverte de votre prochaine destination de voyage.
Partagez avec nous cette ouverture sur le monde qui donne au temps des vacances, son sens, sa substance et en définitive son véritable esprit.
L'esprit de découverte

Jean-Michel Dulin
Rédacteur en Chef

Sommaire

B. Kaufmann/MICHELIN

Séville – La Giralda

R. Mattès

Avant le départ en mer

Villes et curiosités 64

Renseignements pratiques 332

O. Torres/MARCO POLO

Heurtoir à Écija

R. Mattès

Porte de Frigiliana

Cartographie

LES PRODUITS COMPLÉMENTAIRES AU GUIDE

Carte Michelin n° 446 España (Andalucia – Costa del Sol), qui couvre la totalité du territoire catalan

– cartographie à 1/400 000 avec le détail du réseau routier et l'indication des sites et monuments isolés décrits dans ce guide

– répertoire des localités

Atlas routier Michelin Espagne & Portugal

– la même cartographie que dans la carte n° 443, étendue à l'ensemble de la péninsule Ibérique

... et pour se rendre en Catalogne

Carte Michelin n° 990 (Espagne & Portugal)

– carte à 1/1 000 000 mettant en évidence le grand réseau routier de la péninsule Ibérique

Atlas routier Michelin Europe

– toute l'Europe à 1/1 000 000 présentée en un seul volume

– les grands axes routiers et 70 plans d'agglomération ou cartes d'environs

– la réglementation routière appliquée dans chaque pays

INDEX CARTOGRAPHIQUE

Schémas

Plans de villes

Plans de musées et monuments

Votre guide

Ce guide a été conçu pour vous aider à tirer le plus grand parti de votre visite en Andalousie. Il est présenté en trois grands chapitres : Introduction au voyage, Villes et Curiosités, puis Renseignements pratiques, complétés par une sélection soigneuse de plans et de cartes.

- Les cartes générales, en pages 10 à 15, ont été conçues pour vous permettre de préparer votre voyage. La carte des **Plus beaux sites** repère les sites de plus grand intérêt tandis que la carte des **Circuits touristiques** suggère divers circuits parmi les secteurs les plus typiques de l'Andalousie.
Avant de commencer votre voyage, permettez-nous de recommander la lecture de l'**Introduction au voyage**, qui vous donnera toutes les informations nécessaires pour mieux comprendre l'histoire, l'art, la culture, les traditions et la gastronomie de l'Andalousie.

- La partie **Villes et curiosités** répertorie les principaux sites d'intérêt touristique andalous, par ordre alphabétique. Les sites secondaires sont la plupart du temps traités en excursions à partir des principales localités.

- Toutes les informations de nature pratique, les adresses, les transports, les fêtes, sont regroupées dans la partie **Renseignements pratiques**. Le symbole ⓥ placé après les curiosités décrites dans le chapitre précédent signale que les horaires de visite et les prix d'entrée sont indiqués dans le chapitre Conditions de visite.

- Plusieurs **Carnets d'adresses** vous proposent une sélection d'hôtels, de restaurants, de boutiques et vous fournissent les informations pratiques qui rendront votre séjour plus agréable.

Si vous avez des remarques ou des suggestions à faire, nous sommes à votre disposition sur notre site Web ou par courrier électronique :
www.michelin-travel.com
LeGuideVert@fr.michelin.com

Bon voyage !

B. Touillon/STOCK PHOTOS

Légende

★★★ **Vaut le voyage**

★★ **Mérite un détour**

★ **Intéressant**

Curiosités

- Conditions de visite en fin de volume
- Itinéraire décrit Départ de la visite
- Église – Temple
- Synagogue – Mosquée
- Bâtiment
- Statue, petit bâtiment
- Calvaire
- Fuente
- Fontaine
- Si vous le pouvez : voyez encore...
- AZ B Localisation d'une curiosité sur le plan
- Information touristique
- Château – Ruines
- Barrage – Usine
- Fort – Grotte
- Monument mégalithique
- Table d'orientation – Vue
- Curiosités diverses

Sports et loisirs

- Hippodrome
- Patinoire
- Piscine : de plein air, couverte
- Port de plaisance
- Refuge
- Téléphérique, télécabine
- Chemin de fer touristique
- Sentier balisé
- Base de loisirs
- Parc d'attractions
- Parc animalier, zoo
- Parc floral, arboretum
- Parc ornithologique, réserve d'oiseaux

Autres symboles

- Autoroute ou assimilée
- Échangeur : complet, partiel
- Rue piétonne
- Rue impraticable, réglementée
- Escalier – Sentier
- Gare – Gare routière
- Funiculaire – Voie à crémaillère
- Tramway – Métro
- Bert (R.)... Rue commerçante sur les plans de ville
- Poste restante – Téléphone
- Marché couvert
- Caserne
- Pont mobile
- Carrière – Mine
- B F Bacs
- Transport des voitures et des passagers
- Transport des passagers
- 3 Sortie de ville identique sur les plans et les cartes MICHELIN

Abréviations et signes particuliers

D	Conseil provincial (Diputación)
G	Délégation du gouvernement (Delegación del Gobierno)
H	Hôtel de ville (Ayuntamiento)
J	Palais de justice (Palacio de Justicia)
M	Musée (Museo)
POL.	Police (Policía)
T	Théâtre (Teatro)
U	Université (Universidad)

- Gendarmerie (Guardia Civil)
- Hébergement
- P Parador (établissement hôtelier géré par l'état)
- Arènes
- Oliveraie
- Orangeraie

CÁCERES
MADRID
Estremoz
Badajoz
Mérida
Río Guadiana
LISBOA
A 6
IP 2
X 100
N 630
N V
N 432
Portugal
De/En/Es/Fr
It/Ne/Po
RÍO GUADIANA
EXTREMADURA
Embalse de Alange
Los Santos de Maimona
R. Matachel
PORTUGAL
Río Ardila
Riba de Ardila
EX 101
Serpa
IP 8
Parque Natural Sierra de Aracena y Picos de Aroche
Guadalcanal
A 432
Aroche
Aracena
Almonaster La Real
Alájar
LAS MARAVILLAS
Parque Natural de la Sierra Norte de Sevilla
A 455
Minas de Riotinto
Lora del Río
Río Odiel
N 435
Río Tinto
RÍO GUADIANA
Itálica
SEVILLA
N IV
Niebla
Carmona
FARO
IP 1
N 431
Huelva
Moguer
A 49
A 92
Ayamonte
Marismas del Odiel
Palos de la Frontera
Punta Umbría
La Rábida
A 14832
COSTA DE HUELVA
A 494
El Rocío
Utrera
RÍO GUADALQUIVIR
GOLFO DE CÁDIZ
Matalascañas
PARQUE NACIONAL DE DOÑANA
A 4
Lebrija
Pueblos Blancos
A 382
Sanlúcar de Barrameda
Jerez de la Frontera
Arcos de la Frontera
A 373
Cartuja
El Puerto de Sta María
R. Guadalete
CÁDIZ
Parque Natural de los Alcornocales
S. Fernando
Medina Sidonia
Jimena de la Frontera
Chiclana
OCÉANO ATLÁNTICO
R. Barbate
Castellar de la Frontera
Vejer de la Frontera
N 340
Los Caños de Meca
Algeciras
Baelo Claudia
Gibraltar
Tarifa
ESTRECHO DE
Ceuta
Maroc
Es/Fr/It
TANGER
AL MAGHRIB (MAROC)
MELILLA

TOLEDO
MADRID
MADRID
MADRID
CUENCA
Río Zancara
R. Ciguela
N 401
N 420
N IV
N 301
A 31
N 320
N 322
N 430
La Roda
Albacete
VALENCIA
Canal del Guadiana
Port de plaisance
Station thermale
Station balnéaire
Station de ski
Port de plaisance
Golf
CM 412
Valdepeñas
CHA
R. Guadalmena
N 322
Canal
Tajo
CM 412
N 301
Segura
Río Segura
ALICANTE/ALICANTE
MURCIA
Parque Natural de Despeñaperros
Siles
PARQUE
Segura de la Sierra
NATURAL
Santiago-Pontones
Guadalimar
Canena
Sabiote
Villacarillo
Baeza
Úbeda
La Iruela
SIERRAS DE CAZORLA
A 319
A 316
A 320
Jódar
Cazorla
Parque Natural
Sierra de Castril
1
MURCIA
A 326
Huéscar
Castril
Pozo-Alcón
Galera
Vélez Blanco
2
Orce
A 315
A 330
Vélez Rubio
N 340
Lorca
Baños de Alicún
Zújar
Cúllar Baza
A 92N
Gorafe
Baza
A 92N
Parque Natural
Purullena
R. Almanzora
A 334
Guadix
Cuevas de Almanzora
Granada
Garrucha
Sierra Nevada (Pradollano)
Los Yesos
Tabernas
Sorbas
Mojácar
Laujar de Andarax
Mini-Hollywood
A 370
N 340
3
Nigüelas
Nijar
Carboneras
N 323
Lanjarón
Los Millares
N 344
Guajar Faragüit
A 92
Salinas de Acosta
Agua Amarga
Almería
Castell de Ferro
Aguadulce
ALMERÍA
Los Escullos
Roquetas de Mar
San José
Playa de Monsul
Calahonda
Adra
Almerimar
Cabo de Gata
Salobreña
5 Le Guadalquivir dans la campagne cordouane
6 Art et histoire dans la campagne sévillane
7 Chevaux, taureaux et vin
8 Terres de brigands
9 Vins et jambon
10 Vestiges nasrides
0
50 km

Casares

Introduction au voyage

Au Sud, l'Andalousie

La superficie totale de la communauté autonome la plus méridionale d'Espagne est de 87300 km^2 (l'équivalent du Portugal ou de la Suisse), soit 17,3 % de la superficie totale du pays. Plus de 7 millions d'habitants (18 % de la population espagnole) vivent dans cette région historique, véritable passerelle entre l'Europe et l'Afrique, et entre l'Orient et l'Occident.

L'Andalousie émerveilla pendant des siècles les vagues successives de colonisateurs. Elle s'étend de la Sierra Morena au Nord, qui la sépare des communautés d'Estrémadure et de Castille-La Manche, à la côte méridionale espagnole au Sud et du fleuve Guadiana à l'Ouest, frontière naturelle hispano-portugaise, à la communauté de Murcie à l'Est.

GÉOLOGIE

D'un point de vue géologique, l'Andalousie est une région jeune. Elle a remplacé la grande mer qui séparait les masses continentales d'Eurasie et Goswana. La formation des chaînes Bétiques résultant des mouvements alpins de l'ère tertiaire et la lente sédimentation du Guadalquivir refermèrent la mer, ne laissant qu'un passage étroit de 14 km, le détroit de Gibraltar, lequel, hormis le canal de Suez, est l'unique porte de la Méditerranée.

PAYSAGES

Contrairement aux idées reçues, l'Andalousie est une terre de contrastes climatiques et géographiques. La vallée fertile du Guadalquivir, qui caractérise parfaitement l'Andalousie, se trouve entre deux chaînes de montagnes très élevées, la Sierra Morena au Nord et la chaîne Bétique au Sud. L'océan Atlantique et la mer Méditerranée baignent les côtes andalouses aux paysages très éclectiques.

Le dixième travail d'Hercule

Pour commémorer sa victoire sur Gérion, monstre propriétaire d'un immense troupeau de bœufs, Hercule édifia deux gigantesques colonnes aux confins du fleuve Océane, l'une – Abila – se dressait sur l'actuel promontoire de Ceuta, tandis que l'autre – Calpe – dominait le rocher de Gibraltar.

La Sierra Morena

Son nom est à lui seul une énigme. Certains pensent qu'il est un dérivé de Sierra Mariana (de Mario, prêteur de l'Hispanie romaine), d'autres défendent la théorie de la couleur noire de la terre andalouse, où l'ardoise prédomine.
En dépit de son aspect accidenté et escarpé, il ne s'agit pas d'une sierra ou d'une cordillère ordinaire, mais de l'extrémité méridionale du plateau de Castille qui chute brusquement sur la dépression du Guadalquivir. La Sierra Morena apparaît au Nord de Jaén, où elle atteint son point culminant (Sierra Madrona – 1 323 m) et se prolonge à l'Ouest par la Sierra de Hornachuelos à Cordoue, la Sierra Norte à Séville et la Sierra de Aracena à Huelva.

Les bandits de la Sierra Morena

La Sierra Morena fut pendant des siècles le refuge des personnes présumées hors la loi ; cela n'a rien d'étonnant, les contours accidentés de la sierra s'y prêtaient. Les auteurs romantiques, en particulier les Anglais et les Français, furent très inspirés par les proscrits des 18e et 19e s. et leur consacrèrent de nombreux récits. Ainsi naquit l'image faussée du bandit andalou, justicier et défenseur des opprimés. Les paysans les considéraient parfois comme des héros capables d'affronter l'autorité établie, mais la plupart du temps, ils les protégeaient par crainte. Deux personnages historiques appartiennent à l'histoire du banditisme espagnol.

Diego Corrientes (1757-1781), voleur de chevaux dans les propriétés rurales et les fermes, mourut supplicié à Séville. Le plus connu, **José María el Tempranillo** (1805-1835) rejoignit la fameuse bande des Enfants de Écija après avoir tué un homme pour défendre son honneur. Il passa son temps à taxer les voyageurs qui empruntaient la Sierra Morena. Il vint également en aide aux libéraux exilés. À la suite d'une pétition populaire, le roi lui pardonna ses crimes peu avant que le jeune héros ne périsse de sa belle mort.

Le défilé de **Despeñaperros** permet d'accéder à l'Andalousie par le plateau. Il est creusé par la rivière du même nom, dans une région d'étonnantes formations géologiques, recouverte de chênes-lièges, de chênes verts et de chênes rouvres. Grâce aux travaux entrepris récemment, la route qui le franchit est bien plus praticable qu'auparavant. Elle demeure, néanmoins, tout aussi spectaculaire que celle tracée en 1779 par l'architecte français Le Maur.
La Sierra Morena et sa richissime faune protégée (loup, lynx, mangouste, aigle impérial, vautour noir, vautour néophron, alimoche) côtoient des régions hautement cynégétiques où abondent cerfs et sangliers. Elle abrite trois parcs naturels. Deux d'entre eux se trouvent dans la province de Jaén, le **Despeñaperros** et les **Sierras de Andújar**. Le troisième, au Nord de Huelva, l'un des plus vastes de la région andalouse (184000 ha) couvre la **Sierra de Aracena** et les **pics de Aroche**, zones montagneuses à la végétation diversifiée. On y dénombre vingt-huit municipalités prospères (41 000 habitants), vivant de l'exploitation des chênes-lièges, de l'élevage des cochons rouges et noirs (les meilleurs jambons d'Espagne sont produits à Jabugo, Cortegana et Cumbres Mayores) et depuis quelques années également du tourisme rural (des Sévillans en particulier), en constant développement.
Le parc naturel des Sierras de Andújar, au cœur de la Sierra Morena, illustre parfaitement l'écosystème méditerranéen. Il offre une végétation très abondante et diversifiée, de grandes masses forestières et la garrigue méditerranéenne.

La dépression du Guadalquivir

Épine dorsale de l'Andalousie, elle se situe entre la Sierra Morena et les chaînes Bétiques. Les terres plates, foyer de la civilisation tartessienne *(voir encadr au chapitre Histoire)*, forment un triangle. Son sommet est à l'Est, dans la province de Jaén, et la base s'étend le long du golfe de Cadix qui laisse pénétrer l'influence atlantique.
Toute la vallée, qui représente 65 % de la région, est une région agricole de forte densité en raison de la fertilité des sols noirs. La terre est irriguée par les affluents du Guadalquivir. Les plaines cultivées d'arbres fruitiers et de cultures maraîchères, les grandes étendues de céréales, d'oliviers et de vignobles cohabitent dans cette vallée.
La dépression accueille deux capitales historiques – **Cordoue et Séville** – et l'un des espaces naturels les plus riches d'Europe, le **parc national de Doñana**.

Ch. Sappa/HOA QUI

Le Guadalquivir sur ses terres cordouanes

Le Guadalquivir – Les Romains le baptisèrent Betis et les Arabes Grand Fleuve (Guad-al-Quivir) mais, quel que soit son nom, il a toujours été l'âme de l'Andalousie. Le Guadalquivir est le seul grand cours d'eau de la péninsule (670 km de long) qui ne traverse que l'Andalousie. Les puissants affluents des chaînes Bétiques ont progressivement déplacé son lit ; actuellement le fleuve coule au pied de la Sierra Morena.
Le Guadalquivir prend sa source dans la **Sierra de Cazorla** (Jaén), à 1 600 m d'altitude. Il parcourt ensuite un petit trajet montagneux avant de s'enfoncer dans la dépression Bétique, poursuit sa descente de Cordoue à Séville (de 100 à 10 m d'altitude), puis devient navigable après avoir reçu les eaux du Genil. Il débouche enfin dans l'océan Atlantique en formant une immense zone marécageuse, Doñana, que les Romains baptisèrent Lacus Ligustinus.
Les affluents de la Sierra Morena (Viar, Bembézar, Guadiato) sont courts mais ils ont une forte puissance érosive, ceux des chaînes Bétiques (Guadiana Menor et Genil entre autres) ont un débit bien plus important.

Les fleuves andalous

Au Guadalquivir s'ajoutent de nombreux fleuves qui composent le réseau hydrographique andalou. Leur débit varie sensiblement d'une saison à l'autre. Les barrages construits au cours de la seconde moitié du 20e s. ont permis de réguler leur débit et d'augmenter l'étendue des zones cultivées.
Les fleuves du versant atlantique (le Guadiana, le Tinto, l'Odiel et le Gaudalete) sont longs. Leur débit est assez important et ils forment des estuaires et des étendues sablonneuses à l'embouchure.
Les fleuves du versant méditerranéen (le Guadiaro, le Guadalhorce, le Guadalfeo, l'Adra, l'Almería et l'Almanzora) prennent source dans les chaînes Bétiques. Ils sont courts et s'achèvent en général en deltas. Dans les provinces de Grenade et d'Almería au cours de l'étiage, les **« ramblas »**, ces sillons très larges et profonds qui sont en réalité les lits de fleuves asséchés, restent à découvert. Après une longue période de sécheresse, les habitants en profitent pour semer et construire. Les années très pluvieuses, l'eau descend bien entendu par les *ramblas* et détruit tout sur son passage, provoquant d'importants dégâts matériels et humains.
Ajoutons que l'Andalousie possède plusieurs étendues humides très vastes (l'estuaire du Tinto-Odiel, la baie de Cadix, l'Adra et bien sûr la Doñana), des marais et des étangs naturels, des nappes aquifères souterraines et des aires parsemées de lagunes, comme celle de **Fuente de Piedra** (Malaga).

Les chaînes Bétiques

La région la plus escarpée de la communauté autonome se dresse entre la dépression du Guadalquivir et la côte. Couvrant la totalité de l'Andalousie orientale, elle est composée de deux chaînes montagneuses de type alpin – la chaîne Subétique au Nord et la chaîne Pénibétique au Sud – et d'un couloir qui les traversent, la **dépression Pénibétique**.
Ce couloir s'élargit vers l'Est pour former la dépression de **Grenade**, arrosée par le Genil, puis les cuvettes de **Guadix et Baza**, avant de bifurquer des deux côtés de la **Sierra de Filabres** et devenir la vallée d'Almanzora et les dépressions d'Almería.
Le tracé du **système Subétique**, qui rejoint à l'Est la Sierra Morena, est très mal défini. Les zones les plus hautes, les **Sierras de Cazorla, Segura et Las Villas** (de 600 à 2 100 m d'altitude), constituent des parcs naturels. Entre les chênes verts, les arbousiers et les sabines vivent des rapaces, des chèvres sauvages et diverses espèces cynégétiques.
La **chaîne Pénibétique** est plus élevée. Elle s'étend parallèlement à la côte, de la **Serranía de Ronda**, à l'Ouest, dans la province de Malaga, à la communauté de Murcie. À proximité de Grenade se dressent la **Sierra Nevada** et ses quatorze sommets de plus de 3 000 mètres d'altitude, dont le mont **Veleta** (3 392 m) et le pic le plus élevé de la péninsule Ibérique, le **Mulhacén** (3 481 m). La région historique des **Alpujarras**, sauvage et difficile d'accès, occupe le versant Sud. Vers l'Est, déjà dans la province d'Almería, derrière les **Sierras de Filabres et Gádor**, se trouve une grande zone volcanique aux paysages spectaculaires, qui contraste avec le bleu intense de la mer ; il s'agit de l'espace naturel du **cap de Gata-Níjar**.

La côte

La côte andalouse (environ 900 km de littoral) est une zone touristique privilégiée. Les plages où débarquèrent les marchands orientaux et les guerriers africains de l'Antiquité accueillent aujourd'hui des vacanciers qui n'aspirent qu'à passer d'agréables vacances au soleil ou des retraités fuyant les frimas hivernaux du Nord de l'Europe.

M. Raurich/STOCK PHOTOS

Plage almérienne

La **Costa de la Luz**, soumise à l'influence de l'océan Atlantique, s'étend de la frontière portugaise au détroit de Gibraltar. Ses immenses plages de sable fin étaient encore désertes il y a peu, hormis certains lieux qui drainaient le tourisme familial espagnol, et plus particulièrement les Sévillans (La Antilla et Matalascañas, dans la province de Huelva). Depuis quelques années, plusieurs centres résidentiels attirent les touristes étrangers (Zahara de los Atunes, Caños de Meca et Tarifa, colonisée par les surfers).
Les plages méditerranéennes sont moins longues et moins ouvertes que celles de la côte Atlantique mais elles sont beaucoup plus connues, probablement parce qu'il y fait très beau presque toute l'année. Les plages de Marbella, capitale de la célèbre **Costa del Sol**, ne sont pas aussi belles que celles de Rincón de la Victoria, à Malaga, mais leur luxe et leurs installations sportives compensent bon nombre d'inconvénients. Sur la **Costa Tropical** de Grenade, le littoral est rocheux et les eaux transparentes sont parfaites pour la plongée sous-marine. Les défenseurs de l'environnement trouveront sur la **Costa de Almería** des plages protégées et éloignées du tumulte, comme celles de Los Genoveses ou du cap de Gata.

CLIMAT, VÉGÉTATION ET FAUNE

Climat

Le climat andalou est plutôt de type méditerranéen – la température moyenne annuelle est de 16,8 °C –, les étés sont secs et chauds et les hivers relativement tempérés et pluvieux. Les précipitations sont en général faibles et irrégulières.
Une analyse climatique plus détaillée révèle l'existence de deux grandes zones. En effet, la communauté andalouse est très vaste et la présence de grands systèmes montagneux à proximité d'un long littoral ouvert sur deux mers influence le climat. Ainsi, alors que le climat de la vallée du Guadalquivir est typiquement méditerranéen, les températures des zones montagneuses sont plus basses et les précipitations plus fortes. Sur la côte, les plages tranquilles de la Méditerranée et leurs eaux chaudes contrastent avec les plages ouvertes de l'Atlantique, où l'eau est plus froide. Celles-ci sont balayées par des vents forts atteignant une vitesse moyenne de 30,6 km/h, surtout à Tarifa (détroit de Gibraltar), paradis du surf.
Dans certaines zones bien définies, les grandes différences climatiques de la région sont frappantes. Sur l'axe Andújar-Cordoue-Séville, où, en été, la température dépasse 40 °C, le printemps fait son apparition dès la fin du mois de février. Les régions montagneuses occidentales de la Sierra Morena, mais également les Sierras de Cadix et Malaga, dans les chaînes Bétiques, sont les plus humides car elles sont soumises à l'action des vents de l'Atlantique. À titre d'exemple, la Sierra de Grazalema enregistre la plus forte pluviométrie en Espagne (4 000 litres au m^2 par an). La Sierra Nevada affiche, quant à elle, les températures les plus froides ; des neiges éternelles recouvrent certains sommets et le domaine skiable est en général ouvert jusqu'au mois de mai. Dans la province limitrophe d'Almería, l'aspect aride et volcanique des terres du Campo de Níjar est saisissant.

Végétation

Cette terre aux multiples contrastes offre une grande variété d'espèces végétales.
Le paysage naturel le plus représentatif est la forêt méditerranéenne, constituée d'arbustes de petite taille (cistes, lentisques et genévriers), de plantes aromatiques (thym, lavande et romarin) et d'arbres de type Quercus, comme les chênes verts, les chênes rouvres et les chênes-lièges.
Certaines zones comptent également des châtaigniers, des caroubiers, des oliviers sauvages et des oliviers sylvestres de grande taille.
Les pins colonisent les hauteurs et les côtes. Il en existe plusieurs sortes : le pin parasol (ou pin pignon), le pin maritime utilisé pour fixer les dunes sur la côte atlantique, le pin d'Alep résistant et le pin laricio (ou pin de Corse). Nombreux sont ceux, qui à l'instar des eucalyptus, résultent des repeuplements effectués à une époque où les caractéristiques de la végétation autochtone n'étaient pas prises en compte. N'oublions pas les forêts de **sapins d'Espagne** *(abies pinsapos)*, vestiges de la période tertiaire (forêts de Grazalema (Cadix), de la Sierra de las Nieves et de la Sierra Bermeja (province de Malaga).
Sur les rives des fleuves, des ruisseaux et des grandes lagunes, se dressent des frênes, des saules et des peupliers noirs. Les terrains humides sont peuplés de roseaux et de tamaris, qui offrent aux oiseaux aquatiques des conditions idéales de nidification.
Dans les nombreuses zones naturelles protégées, pousse un éventail considérable d'espèces végétales (chênes de la Sierra Quintana, près d'Andújar, chênes-lièges à Cadix), dont plusieurs ont disparu du continent européen.

Olivier

Pin parasol

M. Janvier/MICHELIN

Faune

D'une grande richesse et d'une grande variété, à l'égal de la flore, la faune andalouse compte également de nombreuses espèces protégées, déjà éteintes ou en voie d'extinction dans le reste du monde, comme les phoques moines des îles Chafarinas (province d'Almería) ou les érismatules à tête blanche des lagunes de la chaîne Subétique (province de Cordoue).
Les animaux hautement cynégétiques, comme le sanglier, le cerf, le chevreuil, la chèvre sauvage et le bouquetin (nombreux dans la Sierra de Cazorla y Segura) partagent leur territoire avec des populations de **lynx** et **mangoustes**, qui font l'objet d'une protection toute particulière.
L'avifaune doit être traitée à part. cent quatre-vingt-quatre espèces différentes ont été recensées en Andalousie et une cinquantaine y passent l'hiver avant de se diriger vers d'autres régions. Parmi les oiseaux aquatiques, on compte de nombreux **flamands roses** à Fuente de Piedra (province de Malaga) et des falcinelles que l'on ne trouve que dans cette région. Les rapaces sont également très présents dans les régions les plus inaccessibles : on observe de très beaux spécimens d'**aigle impérial**, d'alimoche et de vautour noir.

ESPACES NATURELS PROTÉGÉS

Cela fait déjà plusieurs millénaires que l'homme marque le paysage andalou de son empreinte : il exploite ses richesses minières et agricoles, il fait de l'élevage et a eu un impact négatif sur l'environnement au cours du 20e s. Malgré tout, son million et demi d'hectares protégés (soit 17 % de la superficie totale) place aujourd'hui l'Andalousie en tête de la moyenne européenne à ce titre.
Ces quatre-vingt-deux territoires, de typologie très différente, sont des paradis naturels. L'homme y cohabite souvent avec les espèces animales et végétales protégées. À l'instar d'autres pays, on recense encore des atteintes écologiques plus ou moins graves, mais la plupart des Andalous sont déjà conscients que leur survie et leur développement dépendent de l'équilibre environnemental de leur territoire.
Espaces protégés, voir Parcs nationaux et naturels dans les Renseignements Pratiques

L'Andalousie aujourd'hui

POLITIQUE ET ADMINISTRATION

R. Corbel/MICHELIN

La mort de Francisco Franco vit le retour de la démocratie en Espagne. L'Andalousie fut la quatrième communauté autonome reconnue de l'État espagnol, qui en compte aujourd'hui dix-sept.
Le peuple andalou s'exprima lors du référendum du 28 février 1980 en faveur du statut d'autonomie qui fut approuvé en 1981.

Oganisation politique – La **Junta de Andalucía** est l'organe exécutif autonome qui coordonne et dirige l'administration de la communauté. Son président collabore avec le conseil du gouvernement, composé actuellement de treize conseillers à la tête des départements.
Le **Parlement andalou**, dont le siège est à Séville, assume les fonctions législatives. Ses cent neuf membres sont élus au suffrage universel tous les quatre ans.
L'organe judiciaire suprême est le **Tribunal supérieur de justice** andalou, dont le siège est à Grenade.
L'administration centrale, à Séville, est représentée par le délégué du gouvernement pour l'Andalousie. Il gère un réseau de sous-délégués provinciaux.

Blas Infante (1885-1936)

Au cours de la Seconde République, ce politicien fit parler de lui en tant que leader du mouvement andalou. Il participa à l'élaboration de l'avant-projet sur le statut de l'Andalousie (1933) et présida l'assemblée constituée pour obtenir la reconnaissance de l'État confédéral andalou. Auteur, entre autres, de *L'Idéal andalou* (1915), il fut fusillé au début de la guerre civile.

Organisation administrative – La communauté autonome est divisée en huit provinces : Almería, Cadix, Cordoue, Huelva, Jaén, Grenade, Malaga et Séville. La division territoriale fut définie au milieu du 19e s. par la réforme administrative de Javier de Burgos. Rien n'a changé depuis. Chaque province est dirigée par sa propre députation. La plus petite division territoriale est la municipalité, gérée par un conseil municipal. Certaines municipalités rencontrant des problèmes économiques ou sociaux de même ordre, elles se sont fédérées afin d'obtenir de meilleures prestations de service à un coût réduit.

Le drapeau, les armoiries et l'hymne andalous

Dans le processus démocratique, les trois symboles andalous furent approuvés définitivement par une loi du parlement communautaire, ils ne datent cependant pas d'hier. En effet, il est clairement stipulé dans le statut de l'Andalousie (1982) que l'hymne, les armoiries et le drapeau vert et blanc sont ceux définis en 1918 par l'Assemblée de Ronda et en 1933 par les juntes libérales d'Andalousie.

R. Corbel/MICHELIN

Aujourd'hui, le peuple andalou a vraiment adopté les « insignes de l'Andalousie », expression utilisée par Blas Infante, créateur de la trilogie.
Le drapeau se compose de trois bandes horizontales (verte, blanche et verte).
Les armoiries, inspirées de celles de la ville de Cadix, représentent Hercule entre deux colonnes, soutenant deux lions. On peut lire au-dessus de lui l'inscription latine *Dominator Hercules Fundator* et à ses pieds la légende « l'Andalousie, par soi, pour l'Espagne et pour l'Humanité ». Blas Infante a modifié la légende originale, en écrivant « par soi » au lieu de « pour soi », laquelle pouvait être interprétée comme un signe d'introversion et de manque de solidarité.
L'hymne, troisième symbole de la nationalité andalouse, recueille les revendications traditionnelles du peuple qui réaffirme son amour pour la paix et parie sur un avenir dans lequel les Andalous recouvrent leur place privilégiée d'antan.

ÉCONOMIE

Afin d'exprimer son admiration pour les immenses richesses naturelles de l'Andalousie, le géographe romain Strabon compara cette région aux Champs Élysées. Comment expliquer que des paysans aient pu connaître la famine et l'émigration quelque temps plus tard ?

L'expulsion des musulmans marque le début du déclin agricole. Les nouveaux occupants témoignant plus d'intérêt pour les guerres et la colonisation de l'Amérique que pour les travaux agricoles abandonnèrent les terres. Plus tard, les grands propriétaires et les dirigeants ne s'employèrent pas à améliorer la situation. Cependant, certains affirment que le sous-développement traditionnel de l'Andalousie est en réalité un phénomène relativement récent qui débuta pendant la seconde moitié du 19e s. Au début de ce même siècle, les richesses étaient encore assez bien réparties sur tout le territoire espagnol, tandis que la naissance du capitalisme espagnol vint bouleverser cet équilibre en fragilisant la région méridionale. En 1935, le revenu par habitant était de 717 pesetas contre celui de 1 307 pesetas dans les autres communautés. Les problèmes s'aggravèrent pendant la période d'après-guerre, les classes les plus défavorisées durent émigrer vers d'autres régions d'Espagne (en particulier, la Catalogne et le Pays basque) et vers différents pays d'Europe (l'Allemagne, la France et la Suisse). Dans les années 1960, plus de 900 000 Andalous abandonnèrent leur terre.
Dans les années 1970, la conjoncture commença à s'améliorer lentement, malgré la présence de problèmes endémiques dans la région : répartition inégale des terres (latifundia), faible investissement industriel et formation professionnelle des ouvriers limitée. À la fin des années 1980, la région poursuivit sa croissance, plus particulièrement les provinces de la côte méditerranéenne.
1992 fut une année économiquement faste pour l'Andalousie. L'Exposition universelle, qui accueillit quarante millions de visiteurs, généra de gros profits à Séville et dans les villes du littoral. Les retombées sur les autres provinces furent très positives également. Grâce à cet événement, les axes de communication de toute la région se sont améliorés avec la création d'une autoroute reliant Séville, Cordoue, Grenade et Malaga, ainsi que d'une ligne ferroviaire à grande vitesse (AVE), desservant Madrid, Cordoue et Séville. L'euphorie de 1992 ne fit que masquer la crise industrielle sous-jacente, qui finit par ressortir ; celle-ci fut d'ailleurs aggravée par les problèmes liés à la sécheresse, aux incendies de forêt en découlant et au chômage.
Ces dernières années, l'Andalousie affiche un taux de croissance comparable au taux de développement moyen du pays. Son taux de chômage, le plus élevé de la nation, a nettement reculé à 13 %.

Agriculture – C'est le principal secteur de l'économie andalouse. La production céréalière se concentre sur Séville (première région productrice espagnole), Cadix, Almería et Grenade. Les fruits (les agrumes en particulier) et les légumes sont essentiellement produits dans la plaine cultivée de Grenade. Les oliveraies se trouvent à Jaén et Grenade, la vigne à Jerez, Montilla et Malaga, et le coton à Cordoue et Séville. Ces dernières années, Huelva et Almería sont recouvertes de vastes bâches destinées à protéger les cultures de primeurs et les produits de serre.

Élevage – Il se concentre essentiellement sur les pâturages de la Sierra Morena, la Sierra de Cadix et la chaîne Subétique. Les pâturages sont des terrains délimités et dépouillés des taillis et d'une partie de la végétation initiale, constituée de chênes verts et de chênes-lièges. Ce système agroforestier est unique en Europe ; en effet, l'élevage du bétail cohabite avec la production de bois, de liège et de miel.
L'élevage traditionnel, de type extensif, profite des pâturages naturels. Des races sélectives, souvent exclusivement andalouses, y sont élevées : le cheval andalou, le mouton mérinos, le porc ibérique et le taureau de combat.

Industrie – L'Andalousie est une région peu industrialisée, où les usines de transformation s'installent aux alentours des grandes villes. La région d'Algésiras compte de nombreuses industries chimiques et pétrochimiques. Le secteur alimentaire mérite d'être mentionné en raison de la grande production et de l'excellente qualité des vins et des huiles andalous. Les crus de Cadix (la zone de Jerez en particulier), de Cordoue et de Malaga sont connus dans le monde entier, et la province de Jaén est la première productrice d'huile en Espagne.

Industrie minière – Malgré le maintien de l'extraction du plomb dans les provinces de Jaén, Almería et Cordoue, de la pyrite et du bioxyde de manganèse dans celle de Huelva et du fer dans celles de Grenade, Séville et Almería, l'heure de gloire des mines andalouses est révolue. Il suffit d'évoquer avec nostalgie l'enrichissement de la Tartesse du temps des Phéniciens grâce aux gisements de métaux, et la prospérité de la compagnie anglaise qui acquit les mines de Riotinto (province de Huelva) à la fin du 19e s., créant plus de dix mille emplois.

Pêche – Grâce aux grands ports d'Algésiras, de Huelva et de Cadix, l'Andalousie est la deuxième région de pêche espagnole avec un total annuel de 68 000 tonnes de poissons (thons et sardines en particulier), 12 600 tonnes de mollusques (clovisses, bucardes) et 3 200 tonnes de crustacés (crevettes roses et grosses crevettes).

Tourisme – Chaque année, plus de quinze millions de touristes visitent l'Andalousie. La Costa del Sol demeure leur destination principale. L'Andalousie est la région espagnole qui accueille le plus grand nombre de touristes espagnols et la troisième destination touristique des vacanciers étrangers en Espagne.

Un peu d'histoire

Les Phéniciens

À la fin du 2e millénaire, alors que les premières tribus indo-européennes pénètrent par les Pyrénées, des navigateurs provenant de la Méditerranée extrême-orientale débarquent sur les côtes méridionales. Lorsqu'ils découvrent les richesses du Sud de la péninsule (argent, or, cuivre et étain), les **Phéniciens** fondent leurs premiers comptoirs.

1100 avant J.-C.	Fondation de Cadix, colonie phénicienne la plus importante de la Méditerranée occidentale, point de départ de l'exportation des minéraux extraits de Riotinto et d'Aznalcóllar.
8e-7e s. avant J.-C.	Apogée du royaume des Tartessiens qui multiplient les échanges commerciaux avec les Phéniciens et les Grecs installés au Sud de la péninsule.

Le royaume de Tartessos (13e s.?-6e s. avant J.-C.)

Ce royaume légendaire assimilé autrefois à la Tarsis biblique et même à l'Atlantide atteint son apogée entre le 9e s. et le 8e s. avant J.-C. et s'éteint au 6e s. avant J.-C., victime de l'invasion carthaginoise ou peut-être à la suite de la grave crise que traverse le monde méditerranéen après la prise de Tyr par Nabuchodonosor (573 avant J.-C.). Ses richesses, qui éblouirent les Grecs et les Phéniciens, continuent d'impressionner les archéologues contemporains qui ont découvert de nombreux vestiges dans les provinces de Huelva, Séville ou Cordoue. D'après les auteurs gréco-latins, l'origine mythique des Tartessiens remonte environ à l'an 1200 avant J.-C. : la monarchie tartessienne aurait connu deux dynasties différentes : la première fut fondée par Géryon, monstre à trois têtes et trois corps qui fut vaincu par Hercule, et la seconde fut dirigée par Gargoris et son fils Habis, inventeurs de l'agriculture.
Les chercheurs estiment que la civilisation tartessienne fut le résultat de l'évolution de la culture mégalithique du Sud de la péninsule. Elle atteignit un tel niveau de développement qu'elle disposa de ses propres lois écrites, d'une solide structure composée de sept classes sociales et d'une parfaite maîtrise de la transformation des métaux. Le seul roi « historique » de la monarchie fut Arganthonios qui régna au 7e s. et fut loué par Hérodote, Anacréon et Pline. Malgré les nombreuses découvertes archéologiques, l'emplacement de la capitale n'a pu être établi avec certitude, mais on suppose qu'elle se trouvait vers Sanlúcar de Barrameda (province de Cadix).

Les Carthaginois

Avant J.-C. 6e-4e s.	Les **peuples ibères**, très différents les uns des autres, s'installent et évoluent dans la péninsule. L'Andalousie est l'espace le plus homogène. Les Carthaginois s'établissent progressivement au Sud de la péninsule à la place des Phéniciens. Cadix devient un port de premier ordre et une ville prospère, tandis que la côte méditerranéenne de l'Andalousie connaît un développement croissant.
264-241	**Première guerre punique.** Rome écrase Carthage et réduit sensiblement sa liberté de mouvement ainsi que ses sources de revenus de la Méditerranée.
237	Le général carthaginois Hamilcar Barca débarque à Cadix, s'allie avec les Ibères et établit au Sud de la péninsule sa base d'opération contre les Romains ; Hasdrubal lui succède, prend le contrôle des territoires les plus riches et établit sa capitale à Carthago Nova (Carthagène). Les Carthaginois perfectionnent les techniques agricoles et la vallée du Guadalquivir devient la réserve du Nord de l'Afrique. Les pêcheurs carthaginois sillonnent les côtes andalouses et le salage du poisson devient une activité florissante.
218-201	**Deuxième guerre punique.** Vaincus à nouveau par Rome, les Carthaginois doivent renoncer à leurs bases en Espagne.

La domination romaine

197	Les Romains conquièrent Cadix, dernière position carthaginoise de la péninsule.
83-45	L'Hispanie est le théâtre d'une guerre civile entre Sertorius et Sylla. Des guerres pompéiennes s'y succèdent également avant de se solder par la victoire de César à Munda (Montilla) en 45.
40	**Auguste** est fait empereur. L'intégration de l'Hispanie dans la politique romaine commence alors.

Le grenier de l'Europe

Pendant l'occupation de l'Hispanie, les Romains exploitent les mines de la Sierra Morena et de Riotinto ainsi que les carrières de marbre de Macael (province d'Almería). Ils favorisent également le développement de l'agriculture en Bétique. Les vins de Cadix sont exportés dans différentes zones de l'Empire (particulièrement en Italie et dans le Sud de la France), l'huile se vend sur les marchés de Rome, de Gaule, de Germanie et de Bretagne, et le bétail se multiplie au Nord de Huelva et dans les marais du Guadalquivir. Finalement, le salage du poisson dans les moulins à huile d'Hispalis et de Cordoue atteint un niveau méconnu jusque-là grâce aux nombreuses espèces marines des côtes andalouses. Mais malgré sa richesse, la Bétique comme le reste de la péninsule ne restera qu'une simple colonie exportatrice ne transformant les produits que pour la consommation locale.

La romanisation – Avec l'arrivée au pouvoir de Jules César, Rome établit une véritable politique colonisatrice et favorise l'essor des cités. Auguste divise la péninsule en trois grandes provinces : la Tarraconaise, la Lusitanie et la Bétique (Andalousie). Connaissant une romanisation avancée, cette dernière passe sous le contrôle du Sénat tandis que les deux autres régions demeurent sous l'égide impériale. Pour loger les vétérans des guerres civiles, de nombreuses villes de Bétique font l'objet d'un soin particulier : Cordoue (la capitale), Cadix, Hispalis (Séville), Itálica... La romanisation progresse ; les soldats romains reçoivent des terres et épousent des femmes ibères. Pour faciliter le déplacement des troupes et le commerce avec la métropole (métaux, vin, huile et salaisons), des voies sont construites ; l'une d'elles, la Vía Augusta, longe la Méditerranée et traverse la Bétique d'Est en Ouest. L'Andalousie va connaître plusieurs siècles de paix.

Après J.-C. 14-37 Sous le règne de Tibère, de nombreux patriciens d'Hispanie obtiennent la citoyenneté romaine et vont s'installer à Rome. Parmi eux figurent des citoyens de la Bétique qui deviendront célèbres comme le philosophe Sénèque, né à Cordoue en l'an 4 avant J.-C., et son neveu le poète Lucain (né en 39). Tous deux se suicideront en 65 dans la ville impériale, sur ordre de Néron.

74 **Vespasien** octroie le droit de citoyenneté aux habitants d'Hispanie pour les remercier de leur contribution lors de la période de crise qui s'ensuit après l'assassinat de Néron.

98-117 Règne de **Trajan**, né à Itálica en 53, premier empereur à n'être ni romain, ni italien.

117-138 Règne d'**Hadrien**, également originaire d'Itálica. La Bétique et le reste de l'Hispanie atteignent leur apogée.

3e s. Arrivée du christianisme, sans doute par le Nord de l'Afrique. Rome déplace son axe commercial vers l'Est et la lente décadence de l'Hispanie s'amorce.

300-314 Concile des évêques d'Hispanie à Elvira (province de Grenade).

395 Mort de **Théodose**, dernier grand empereur romain, né probablement à Itálica.

La domination wisigothe

411-425 Les Vandales et les Alains occupent l'Andalousie brièvement, car les Wisigoths, alliés de Rome et menés par Athaulf, les expulsent vers le Nord de l'Afrique.

441 Le roi suève Rechilla conquiert Séville.

484-507 L'occupation wisigothe de l'Andalousie se consolide durant le règne d'**Alaric II**.

522 L'empereur byzantin **Justinien** constitue la province byzantine du Sud-Est de la péninsule, reconquise plus tard par les Wisigoths.

568-586 Sous le règne de Leovigilde, l'Andalousie appuie le soulèvement d'**Hermenigilde** contre le roi son père.

589 Ier concile de Tolède. Le roi Récarède Ier impose le catholicisme aux Goths.

615 **Flavius Sisebute** tente pour la première fois au nom de l'état d'éradiquer le judaïsme de la péninsule Ibérique.

7e s. Pendant cette période, sous l'impulsion de **saint Léandre** (m. 600) et de **saint Isidore** (m. 636) qui dédie ses *Étymologies* au roi Flavius Sisebute, la Bétique est l'unique noyau culturel d'importance dans la chrétienté latine. Les marchands syriens et grecs commercent avec le Sud de la péninsule.
Les juifs commencent à s'installer à Cordoue, Séville et Malaga. Abandon du droit romain. Évêques et juges succèdent aux patriciens.

710 Mort du roi **Vitiza**. Gouverneur de la Bétique, **Rodéric** se fait élire roi de préférence à Agila, héritier légitime de Vitiza. Les partisans d'Agila font alors appel aux Maures d'Afrique.

L'Andalousie musulmane ou al-Andalus (8ᵉ s.-15ᵉ s.)

Au début du 8ᵉ s., le califat omeyyade de Damas conquiert les territoires berbères d'Afrique du Nord. La péninsule arabe est devenue trop petite et la guerre sainte permet de laisser libre cours à l'agressivité. Les tribus dominées adhèrent d'emblée à la foi islamique et rejoignent les puissantes forces musulmanes.

711 | Une armée de sept mille hommes menée par le Berbère **Tarik**, gouverneur de Tanger, traverse le détroit et met en déroute Rodéric près du fleuve Guadalete ou sur les lagunes de La Janda. Elle progresse vers le Nord et conquiert Tolède, capitale du royaume wisigoth. Commence alors la domination musulmane en Espagne.

712 | Débarquement de dix-huit mille soldats avec à leur tête le gouverneur Muza, chef de l'armée de Tarik.

Damas prend de l'ampleur grâce aux conquêtes arabes. Les califes respectent les gouvernements locaux établis sur les territoires conquis. En 719, les troupes du calife tentent de conquérir le Sud de la France mais Charles Martel les arrête définitivement à Poitiers. Les Arabes s'installent dans la vallée du Guadalquivir et cèdent aux Berbères les terres moins productives de Castille, de Léon et de Galice.

740-750 | Affrontements entre les différents groupes ethniques de religion musulmane qui occupent la péninsule.
En Arabie, la dynastie abbasside élimine les Omeyyades.

L'émirat de Cordoue (756-929) – Fondation du royaume d'al-Andalus qui va englober la quasi-totalité de la péninsule Ibérique. Bien que théoriquement soumis à l'autorité de Bagdad, la nouvelle capitale abbasside, les émirs andalous sont pratiquement indépendants.

755 | Abd-er-Rahman, survivant de la famille omeyyade, débarque dans le Sud de l'Espagne et parvient rapidement à unifier la grande masse musulmane. Un an après, **Abd-er-Rahman Iᵉʳ** s'installe à Cordoue et s'autoproclame émir, jetant ainsi les bases du royaume andalou.

784 | Début de la construction de la mosquée de Cordoue.

788-929 | À la mort d'Abd-er-Rahman Iᵉʳ, toutes les tensions apparemment apaisées ressurgissent et les conflits internes se succèdent, les différentes communautés s'affrontant (Arabes, Berbères, juifs, muwallads). L'émirat s'affaiblit et les royaumes chrétiens du Nord frappent plus d'une fois l'armée andalouse.

Saint Jacques le Matamore

En 834, le roi Alphonse II commande la construction d'un temple pour commémorer la découverte de la tombe de l'apôtre saint Jacques dans le diocèse d'Iria (Galice). Rapidement, le saint devient le patron des troupes chrétiennes et porte le surnom de saint Jacques le Matamore, qui se justifie pleinement après sa miraculeuse intervention en faveur des troupes chrétiennes lors de la bataille de Clavijo (844?). L'existence de ladite bataille est néanmoins controversée par les historiens.

Le califat de Cordoue (929-1031) – Le nouveau califat, qui rompt définitivement tout lien avec Bagdad, devient le royaume occidental le plus puissant et sa cour la plus raffinée et cultivée. L'Espagne méditerranéenne retrouve sa vocation commerçante, quasiment abandonnée sous l'occupation wisigothe. Les razzias musulmanes et chrétiennes se succèdent dans la péninsule et des réseaux de châteaux sont édifiés pour surveiller l'ennemi.

929 Début du gouvernement d'**Abd-er-Rahman III** (912-961), qui s'autoproclame calife et prince des croyants, pacifie son royaume et renforce les provinces militaires de Tolède, Badajoz et Saragosse.

936 Début de la construction de la ville de Medina Azahara.

978 Le général **Al-Mansour** prend le pouvoir, devient Premier ministre et le calife n'est plus qu'une figure symbolique.

1002 La mort d'Al-Mansour à Calatañazor et les prémices d'une guerre civile déstabilisent le califat.

1031 Fin de la dynastie omeyyade. Rébellion des notables de Cordoue et destruction de Medina Azahara. Provinces et villes deviennent indépendantes. Création de divers royaumes autonomes.

Premiers royaumes de « taifas » et domination almoravide (1009-1110) – Les royaumes de taifas (en arabe, groupe ou faction), qui surgissent au début du 11e s., s'organisent en fonction de critères ethniques. Ainsi, les Berbères dominent la côte du Guadalquivir jusqu'à Grenade, les Slaves sont plus puissants dans le Sud-Est (Almería et les provinces levantines) et les Arabes prédominent à Cordoue et à Séville.
Au début, les rois de taifas font et défont des alliances avec leurs voisins et n'hésitent pas non plus à passer des accords avec les chrétiens quand ils en ressentent la nécessité. Parfois même, ils vont jusqu'à verser de lourds tributs pour pouvoir rester sur leurs terres.
Les monarques chrétiens profitent de la faiblesse de leurs ennemis et s'emparent de plusieurs places importantes.

1042 Début de la construction de l'Alcazar de Séville.

1064 Début des travaux de l'Alcazaba de Malaga.

1085 **Alphonse VI** de Castille et Léon conquiert Tolède. Dures campagnes chrétiennes contre Séville et Badajoz.
Mohammed II, roi de Séville, se sent menacé et demande de l'aide aux Almoravides qui, à l'époque, contrôlent le Nord de l'Afrique. Yusuf ben Tashefin lui répond, traverse le détroit et ne tarde pas à prendre le contrôle de tous les royaumes de taifas.

1118 Les expéditions d'**Alphonse Ier** le Batailleur en Andalousie montrent la faiblesse des Almoravides tandis qu'au Maroc surgit le mouvement almohade.

Seconds royaumes de taifas (1144-1170) et domination des Almohades. Durant une brève période, profitant de la décadence des Almoravides, les royaumes de taifas se reconstituent mais disparaissent bientôt à la suite de l'invasion almohade dirigée par Yusuf Abd-al-Mumin (le Miramamolin des chroniques chrétiennes).

1147 Les troupes almohades occupent Marrakech, Tarifa et Algésiras. Après avoir vaincu la résistance chrétienne ainsi que certains rois d'al-Andalus, les Almohades parviennent à dominer tout le Sud de la péninsule.

Almoravides et Almohades

Le mouvement religieux **almoravide** naquit au début du 11e s. quand le chef d'une tribu berbère de Mauritanie fonda un monastère destiné à préparer les soldats pour la guerre sainte contre les infidèles. Cette institution fut à l'origine d'un grand empire qui s'étendit le long de l'Atlantique et de la côte Nord de l'Afrique. Après avoir occupé Fez, les Almoravides fondèrent Marrakech (1070) qui allait devenir leur capitale.
L'empire **almohade** fut fondé par Abd-al-Mumin (1130-1163), successeur d'un religieux berbère qui mena à bien une profonde réforme juridique et religieuse fondée sur la stricte observance des préceptes coraniques. Vers le milieu du 12e s., les domaines almohades s'étendaient de l'Atlantique à la Libye et du Tage au Sahara.

1163 Séville est la capitale d'al-Andalus.

1184 Début des travaux de construction de la grande mosquée de Séville, dont le minaret porte de nos jours le nom de Giralda.

1195 La bataille d'Alarcos, où Al-Mansour réussit à vaincre le roi castillan **Alphonse VIII**, est le dernier grand triomphe de l'armée almohade. Cet événement marque le début de la décadence des envahisseurs berbères.

1212 **Bataille de las Navas de Tolosa**. Les armées de Castille, d'Aragon et de Navarre mettent définitivement en déroute les Almohades.

Le royaume nasride (1232-1492) – Alors que la puissance almohade s'essouffle, Mohammed Ier, de la dynastie Banu Nasr ou nasride, parvient à unifier les territoires de Grenade, de Malaga et d'Almería pour créer un royaume qui durera deux siècles et demi. Au début, pour consolider sa puissance, il n'hésite pas à se constituer vassal des rois de Castille, proposant même sa collaboration lors de la conquête de Séville. Mais il profite rapidement de l'exode des populations d'al-Andalus chassées par les chrétiens pour constituer un royaume très peuplé et hautement productif.
Les vingt-trois monarques nasrides n'ont de cesse de s'affronter en luttes fratricides ; la chute du royaume nasride n'est que la conséquence des violentes luttes opposant les Zégri aux Abencérage.

1237 Début de la construcion de l'Alcazaba, partie la plus ancienne du palais de l'Alhambra.

1248 La **conquête de Séville** par les troupes chrétiennes établit une frontière inamovible jusqu'au 15e s.

1313 Début des travaux du Généralife.

1410 L'infant Ferdinand, régent de Castille, prend Antequera.

1462 **Henri IV** conquiert Gibraltar et Archidona. Les Nasrides appellent vainement à l'aide différents pays musulmans.

1464-1482 **Hassan Ier** gouverne sans succès car les impôts sont très lourds.

1482-1492 **Boabdil**, fils d'Hassan Ier, destitue son père et s'empare du trône. Il décide d'attaquer Lucena mais est fait prisonnier par les Rois catholiques, qui le laissent en liberté contre la promesse de ne pas se réconcilier avec son père.
Mort d'Hassan Ier auquel succède son frère.
Les défaites nasrides se succèdent sans interruption.

1492 Boabdil capitule et se retire dans la seigneurie des Alpujarras que les vainqueurs mettent à sa disposition. Puis il part au Maghreb et s'installe à Fez.

La Reconquête (12e s.-15e s.)

Le démembrement du califat et la proclamation des royaumes de taifas affaiblissent le pouvoir d'al-Andalus. Les troupes musulmanes des différents royaumes continuent de se disputer les territoires au lieu d'arrêter l'avancée des chrétiens.

1158-1214 Règne d'**Alphonse IX de Castille**. Début des campagnes chrétiennes en Andalousie. La Castille s'empare de la Sierra Morena. Défaite des Almohades à Las Navas de Tolosa (1212).

1217-1252 **Saint Ferdinand III**, roi de Castille, fait un pas décisif dans la reconquête andalouse, s'empare de l'Andalousie orientale, entre dans Cordoue en 1236 et reprend l'Andalousie occidentale (Séville, 1248).

R. Mattès

Panneau d'azulejos de la plaza de España, à Séville

1252-1284 **Alphonse X le Sage**, fils de Ferdinand III, conquiert le royaume de Niebla (Huelva), consolide la domination castillane en Basse Andalousie, réprime les soulèvements de Cadix et de Jerez.

1284-1469 La Reconquête progresse très lentement et semble stagner de 1350 environ au début du 15e s. ; les victoires des chrétiens vont se succéder sous les règnes de Jean II et d'Henri IV.

1469 Mariage d'**Isabelle de Castille** et de **Ferdinand d'Aragon**, auxquels le pape valencien Alexandre VI donne le titre de Rois catholiques en 1496. C'est le début de l'unification des royaumes chrétiens.

1481 L'Inquisition procède au premier autodafé à Séville.

1482-1492 Les Rois catholiques entament la grande offensive contre le royaume nasride de Grenade. Les villes musulmanes tombent les unes après les autres : Ronda (1485), Malaga (1487), Baza (1489), Almería et Guadix (1489).

2 janvier 1492 **Boabdil** remet les clés de Grenade aux **Rois catholiques**. Lors des capitulations, les monarques victorieux s'engagent à respecter la religion, les lois et les coutumes de ceux qui désireront rester dans le pays.

Conséquences de la Reconquête

Au 13e s., l'Andalousie connaît deux grands mouvements de population, sous le règne de Ferdinand III puis sous celui d'Alphonse X. Les Andalous résistant à l'occupation chrétienne doivent émigrer ; entre 1240 et 1270, plus de 300 000 musulmans environ fuient leur lieu de résidence pour s'installer à Grenade. À la suite du soulèvement de 1262 et de l'expulsion des musulmans qui s'ensuit, la main-d'œuvre se réduit sensiblement et c'est le début du latifundisme.
La Reconquête du royaume de Grenade subit des conséquences identiques. Cependant, la plupart des habitants demeurent sur leur lieu d'origine car les capitulations signées s'engagent à respecter les coutumes. Le non-respect de ces engagements de la part des chrétiens donne lieu aux deux rébellions des Alpujarras, qui sont violemment réprimées. En 1570, les Maures doivent se disperser dans toute la Castille. L'expulsion définitive est dictée en 1609.

Le siècle d'or andalou

Le commerce avec l'**Amérique** enrichit Séville et ses alentours, notamment Cordoue et Malaga. Séville devient la plus grande ville espagnole et le paradis des riches commerçants, des aventuriers et des marginaux. La situation est inégale dans le reste de l'Andalousie. L'arrivée de nouveaux produits en provenance des Indes (cochenille, indigo) transforme une partie de l'industrie textile traditionnelle tandis que le travail de la soie (Grenade), qui produit du satin, du velours et du damas, subit de grave préjudices en raison de l'austérité vestimentaire que l'Autriche impose à l'Empire espagnol. Cordoue se spécialise dans la production de harnais et de cordouan (cuir de chèvre et de mouton maroquiné) confectionnés avec des peaux en provenance des Amériques ; le mercure des mines d'Almadén, utilisé pour l'amalgame d'argent, devient indispensable pour l'exploitation des filons argentifères du Mexique et du Pérou. En outre, le perpétuel alourdissement des impôts et la forte demande de produits agricoles entraînent le début du processus de concentration des terres aux mains des plus puissants.

1492 **Christophe Colomb** s'embarque dans le port de Palos de la Frontera (Huelva). Le 12 octobre, il arrive à l'île de Guanahaní (Bahamas).
Expulsion des juifs non convertis au christianisme. Plus de 150 000 personnes sont contraintes d'abandonner Sefarad (l'Espagne). La plupart d'entre eux s'installent dans des pays méditerranéens, où ils se constituent en communautés séfarades qui conservent le castillan de cette époque.

1499-1501 **Première rébellion des Alpujarras**. L'intransigeance du cardinal Cisneros provoque le soulèvement des musulmans de l'Albaicín à Grenade, qui s'étend bientôt aux Alpujarras, à la Sierra de los Filabres et à la Serranía de Ronda.

1502 Publication d'une Pragmatique (décret) qui oblige les musulmans révoltés à se convertir au christianisme ou à abandonner le pays. La plupart d'entre eux préfèrent se faire baptiser et reçoivent dès lors le nom de **morisques**.

1503 Création de la chambre de commerce (Casa de Contratación) qui détient le monopole du marché colonial.

1516 **Charles Ier**, futur empereur Charles Quint, hérite du trône d'Espagne à la mort de son grand-père, Ferdinand le Catholique.

1530 Début de la construction du palais de Charles Quint dans l'Alhambra.

1556 Charles Quint abdique en faveur de son fils **Philippe II**.

1568-1571 | **Seconde rébellion des Alpujarras.** De peur que les morisques ne s'allient aux Turcs et aux Berbères, Philippe II interdit la pratique de la langue arabe et de la religion islamique. Soulèvements dans toute la région et dispersion des morisques de Grenade dans toute l'Espagne.

1599 | Naissance à Séville du peintre **Diego Velázquez**, qui travaillera dans sa ville natale jusqu'en1622.

L'Inquisition espagnole

Le tribunal de l'Inquisition fut créé en 1468 pour punir les juifs convertis qui continuaient de pratiquer leur religion en secret. Mais très vite, elle fut utilisée pour châtier tout type de déviation morale ou d'hérésie. Son immense organisation complexe comprenait un conseil de la Suprême Inquisition, des inquisiteurs locaux, des procureurs et des civils. Toute méthode était bonne pour obtenir la confession de l'accusé, mais une fois condamné, celui-ci était remis au bras séculier pour l'application de la peine. Pendant quatre siècles (elle fut abolie par les Cortes de Cadix en 1813), elle fut un moyen efficace de répression au service de l'État et de l'Église, en particulier jusqu'au 18e s.

La longue crise des 17e et 18e s.

La première moitié du 17e s. voit le début de la décadence de l'Andalousie, provoquée surtout par la diminution du nombre d'habitants décimés par quatre grandes épidémies de peste (celle de 1649 réduit de moitié la population de Séville) et par l'expulsion définitive des morisques, qui jouaient un rôle clé dans l'agriculture. Puis la campagne andalouse poursuit son inévitable déclin. La plupart des terres appartiennent à de grands propriétaires. Plus de 80 % des paysans sont journaliers et seulement 7 % de la terre appartient à ceux qui la travaillent. Les caciques vont créer peu à peu une puissante oligarchie rurale associée à l'administration municipale, qui règne sur la vie des villages. L'industrie sévillane, étroitement liée au commerce maritime, s'écroule après la construction de la passe de Sanlúcar qui empêche les navires de fort tonnage d'emprunter le Guadalquivir.

1610 | **Décret d'expulsion** de la population morisque.

1621 | Accession au trône de **Philippe IV**.

1641 | Emeutes dans les principales villes andalouses dues au mécontentement de la population face à la terrible situation économique.

1680 | Cadix supplante Séville et devient le premier port atlantique.

1700 | Mort à Madrid de **Charles II**, dernier monarque de la maison d'Autriche.

1702 | Début de la **guerre de Succession d'Espagne** entre Philippe V et Charles d'Autriche. L'Angleterre appuie l'archiduc et prend **Gibraltar** (ratification par le traité d'Utrecht en 1713).

1767 | **Charles III** entame la repopulation de la Sierra Morena.

1788 | Abolition du monopole colonial de Cadix.

Les conflits sociaux du 19e s.

Au début du 19e s., le développement industriel de l'Andalousie est assez limité. Ce n'est qu'au milieu du siècle que l'on commence à exploiter de manière rationnelle les ressources minières, qui sont cédées en 1868 à des monopoles étrangers. À Cadix, la construction navale est encouragée. On commence à commercialiser des produits agricoles et c'est le début de la construction des principales lignes de chemin de fer. Le commerce avec les colonies jusqu'en 1898 facilite les échanges avec divers pays européens. Grâce à ces contacts, une bourgeoisie libérale naît dans les grandes villes.

1808 | L'armée française pénètre en Espagne. **C'est le début de la guerre d'Indépendance**. Le 19 juillet, le général Dupont est battu à **Bailén**.

1812 | Pendant l'invasion française, les **Cortes de Cadix** se réunissent et rédigent une constitution de type libéral.

1814 | Fin de la guerre d'Indépendance.

1820 | Le militaire **Rafael del Riego** se soulève en Andalousie et oblige le roi Ferdinand VII à prêter serment à la Constitution de 1812.

1835-1837 | Le ministre Mendizábal décrète la vente forcée des biens de l'Église et des biens communaux.

1840 | Les paysans andalous, victimes du libéralisme, s'organisent pour améliorer leurs conditions de vie.

1863 | Un vétérinaire, Pérez del Álamo, prend la tête d'un soulèvement républicain de grande ampleur qui s'étend à Malaga, Grenade, Jaén et Almería.

1873 Proclamation de la **Ire République**. Timides tentatives de répartition des terres.

1875 **Restauration** de la monarchie (Alphonse XII).
L'anarchisme andalou glisse vers le terrorisme et les grèves se multiplient.

20e S.

1900-1931 Grèves et conflits sociaux menés par les syndicats, la CNT et la FAI en particulier, se succèdent sans interruption.

1931 Proclamation de la **IIe République** et timides tentatives de réforme agraire qui ne satisfont pas les agriculteurs, en proie au chômage et à la famine.

Janvier 1933 Événements de **Casas Viejas** (Cadix). La grève générale révolutionnaire qui y a débuté s'achève tragiquement quand la Garde Civile et la Garde d'Assaut incendient la maison où s'étaient réfugiés les dirigeants anarchistes. Il s'ensuit la défaite des socialistes aux élections.

1936-1939 Dans les premiers jours de la **guerre civile**, la majeure partie de l'Andalousie reste aux mains des garnisons militaires de Cadix, Grenade, Cordoue et Séville, tandis que l'Est de la région demeure fidèle à la République.

1960 L'**émigration** des Andalous s'intensifie vers les régions les plus industrialisées d'Espagne (Pays basque et Catalogne) et différents pays européens (RFA, France et Suisse).

1975 Mort de Francisco Franco. **Juan Carlos Ier** est proclamé roi d'Espagne.

1977 Le Parti Socialiste Ouvrier Espagnol (PSOE) remporte les élections en Andalousie.

1978 Le gouvernement d'Adolfo Suárez approuve le régime de pré-autonomie de la région et constitue la Junta de Andalucía (gouvernement andalou).

1980 L'autonomie de l'Andalousie est approuvée par référendum.

1982 Entrée en vigueur du **statut d'autonomie de l'Andalousie**.
Premières élections au parlement andalou. **Rafael Escuredo**, premier président de la Junta.

1984 Présidence de Juan Rodríguez de la Borbolla.

1990 Présidence de Manuel Chaves.

1992 Exposition universelle à Séville. Inauguration du TGV (AVE) Madrid-Séville.

Août 1999 Championnats du monde d'athlétisme à Séville.

P. Rondeau/VANDYSTADT

Les championnats du monde 1999

L'art

Préhistoire et Antiquité

Peu de régions en Europe conservent autant de témoignages de la Préhistoire que l'Andalousie et certaines découvertes récentes (1950) en laissent encore présager bien d'autres. On trouve la plupart des sites, probablement des sanctuaires, dans des zones difficiles d'accès comme les régions montagneuses de Cordoue, Grenade, Cadix, Malaga et Almería. La **grotte de La Pileta** (Benaoján, Malaga), dont les kilomètres de galeries sont décorés d'animaux et de dessins schématisés plutôt postérieurs, et les grottes de Nerja (Malaga), qui font l'objet d'une protection particulière, attestent de la présence humaine au **paléolithique** (30000-9000 avant J.-C.). La grotte d'Ambrosio (Vélez Blanco, Almería), pour sa part, présente une frise décorative sculptée sur l'une de ses parois et constitue un curieux exemple de grotte en plein air.

B. Kaufmann/MICHELIN

Le dolmen de Menga

Au **néolithique**, les représentations anthropomorphes et zoomorphes très schématisées sont souvent accompagnées de soleils, d'idoles et de symboles variés. Les grottes du Tajo de las Figuras (Cadix), de La Graja (Jaén) et de Los Letreros (Vélez Blanco, Almería) illustrent bien cette période.

Au troisième millénaire, des peuples méditerranéens introduisent la **culture mégalithique** qui atteint son apogée au cours du deuxième millénaire et dont la plus belle illustration est le village de **Los Millares** (Gádor, Almería) : ce vaste ensemble de murailles et de sépulcres collectifs atteste que le peuple qui l'édifia maîtrisait parfaitement le travail des métaux et possédait en outre d'étonnantes connaissances dans le domaine de la céramique, de la vannerie et du tissage. Citons également les monuments mégalithiques du deuxième millénaire avant J.-C., les célèbres **dolmens de la province d'Antequera** (sépulcres collectifs de Menga, Viera et Romeral), de Castilleja de Guzmán et de Trigueros (dolmen du Soto – 4e-3e s. avant J.-C.), qui constituent l'ensemble le plus important d'Espagne par leur taille imposante et par le niveau élevé de culture qu'ils reflètent.

L'influence orientale

Les Phéniciens – L'art oriental va pénétrer en Andalousie par l'intermédiaire des Phéniciens qui, après avoir fondé Gades (Cadix), s'établissent de part et d'autre du détroit de Gibraltar et progressent ensuite le long des côtes méditerranéennes. Morro de Mezquitilla (Malaga) est le plus ancien site daté du 9e s. avant J.-C., mais il convient également de citer les nombreux vestiges localisés dans les provinces de Cadix, de Malaga (tombes de Trayamar) et d'Almería (nécropole de Sexi).

Les Grecs – On trouve dans les provinces de Cadix et Huelva de nombreux restes de céramique grecque alors qu'aucune colonie grecque d'importance ne s'était établie dans ces régions. Il s'agissait sans doute de présents offerts par les Phéniciens aux autochtones en vue de se gagner leur amitié.

Tartessos – Le royaume de Tartessos (9e s.-4e s. avant J.-C.), qui maintient d'étroites relations avec les Phéniciens, produit des objets utilitaires en bronze et en céramique (jarres, aiguières, poteries) ainsi que de fins ouvrages d'orfèvrerie (diadèmes, ceintures, pendentifs) en or rehaussés de divers motifs. Les archéologues pensent qu'il s'agissait d'objets de culte.

Les Ibères – Les premières manifestations de **sculpture** ibère remontent au 5e s. avant J.-C. et subissent très nettement l'influence de l'art gréco-phénicien (les statues sont hiératiques et représentées de face). Ces statues à caractère funéraire devaient protéger les défunts incinérés dont les cendres étaient déposées dans des urnes ou des sarcophages placés par la suite dans de grands mausolées de pierre, comme ceux de La Toya (Jaén), Baza (Grenade) et Villaricos (Almería). L'apogée de cette sculpture locale se situe aux 5e et 4e s. avant J.-C. et subit une indéniable influence hellénique comme le prouve la magnifique **dame de Baza**. Dans le domaine de la **céramique**, on retrouve toutes les caractéristiques des populations étrangères établies en Andalousie, le vernis rouge des Phéniciens ou l'art des vases grecs. Les motifs très variés vont des rubans ou des cercles primitifs aux dessins plus complexes de feuilles et de fleurs entrelacées de motifs géométriques.

L'art oriental dans les musées – Actuellement, les découvertes archéologiques les plus importantes sont exposées dans les musées andalous. Le musée de **Grenade** abrite les plus riches trousseaux des tombes phéniciennes d'Almuñecar ainsi que des albâtres égyptiens et des vases gréco-phéniciens. On peut admirer au musée de **Cadix** de superbes sarcophages égyptiens, une précieuse statuette du dieu Melkart et quelques sarcophages anthropomorphes d'origine phénicienne. Le royaume mythique de Tartessos est très bien représenté au musée de **Huelva** et encore mieux à **Séville**, où les trésors exceptionnels de Carambolo, d'Elbora et de Mairena sont exposés. Enfin, l'art ibère est également à l'honneur au musée de **Jaén** qui présente le superbe ensemble de Porcuna (antérieur au 5e s. avant J.-C.), composé de sculptures à l'effigie de guerriers, d'hommes et de femmes en costumes de cérémonie ou de prêtres...

Art romain (1er s. avant J.-C.-4e s.)

Les Romains arrivent en Hispanie au 2e s. avant J.-C. et, selon leur habitude, imposent d'emblée l'art officiel de la capitale de l'Empire et ses artistes qui les accompagnent. Si au fil des temps, de nombreux ouvrages sont achevés ou intégralement réalisés en Espagne, on ne peut en revanche parler d'art hispano-romain, mais plutôt d'art romain exécuté en Hispanie.

B. Kaufmann/MICHELIN

L'éphèbe d'Antequera

La Bétique est la région la plus développée de la péninsule Ibérique sous la domination romaine ; le long du Guadalquivir (ou Bétis romain) essentiellement, on voit naître des villes au plan orthogonal comme à Rome. Cordoue est la capitale de la province mais ne parvient pas à atteindre la splendeur d'**Italica**, qui rayonne sous Trajan et Hadrien, tous deux d'origine andalouse. **Hispalis** (Séville), **Carmona** et **Acinipo** (Ronda) comptent de riches demeures patriciennes et de vastes édifices publics en marbre de Macael.

Dans le domaine de la **sculpture**, les représentations des empereurs et de leurs familles (Trajan, Hadrien, Vespasien) ou des dieux et déesses protecteurs (Vénus d'Italica) sont courantes.

La décoration des demeures patriciennes est aussi copiée sur celle en honneur à Rome. Les **mosaïques** multicolores illustrent des thèmes faisant allusion à la fonction des espaces qu'elles décorent. Des statuettes de bronze illustrent les travaux des esclaves ramenés d'Afrique (portefaix, candélabres), tandis que les statuettes des dieux domestiques (lares) règnent sur la vie quotidienne.

Enfin, il faut mentionner les **villas campagnardes**, véritables créations romaines dont la disposition allait tant inspirer l'architecture andalouse.

La céramique hispano-romaine

L'exportation de produits agricoles vers la péninsule Italique favorise le développement de l'industrie céramique en Bétique où l'on se spécialise dans la fabrication d'amphores connues sous le nom de Dressel 20. De nos jours, on a localisé dans la basse vallée du Guadalquivir plus de soixante-dix fours destinés à leur cuisson.

Les autres ateliers, toujours situés hors des villes afin d'éviter la propagation des incendies, produisent une céramique domestique à l'usage très répandu, la ***sigillata hispanica***, de couleur rouge clair et décorée de motifs végétaux ou animaux.

Art hispano-wisigothique (6e s.-8e s.)

Les Wisigoths qui arrivent en Espagne au 5e s. sont des tribus nomades sans tradition architectonique propre, si bien que la tradition paléochrétienne déjà pétrie d'influence byzantine et orientale va s'étendre sur toute la Bétique romaine jusqu'à la fin du 6e s.

Pour de nombreux auteurs, la proclamation du 3e concile de Tolède (589), qui déclare l'unité du royaume, est à l'origine d'un nouveau type d'architecture qui, après quelques balbutiements, va atteindre une unité indéniable.

Les premiers édifices religieux présentent à l'origine un plan basilical classique, légèrement modifié (Alcalá de los Gazules), qui évolue pour devenir cruciforme. Les nefs sont séparées par des colonnes ou des piliers qui soutiennent des **arcs outrepassés**. Les voûtes sont généralement en fer à cheval et les nefs présentent des **armatures de bois**. La décoration des murs, des impostes et des chapiteaux reflète une très nette **influence orientale** avec plus de **motifs géométriques** que de motifs végétaux et peu de représentations humaines. Extérieurement, les temples wisigothiques sont dépourvus de contreforts.
La plupart de ces temples ont été modifiés par la suite et seuls les plans des édifices primitifs de San Pedro de Alcántara (province de Malaga), d'El Germo (province de Cordoue) et de Gerena (province de Séville) sont reconnaissables.
L'art wisigothique le plus connu est l'**orfèvrerie** qui atteint son plus haut degré de perfection au 7ᵉ s., produisant deux types d'objets : les objets liturgiques (croix de procession et objets votifs comme les célèbres couronnes) et les objets à usage personnel (fibules, bracelets, colliers, pendentifs). Certaines de ces œuvres exposées à l'heure actuelle dans les musées faisaient partie de trésors qui avaient été cachés devant l'avancée des musulmans, comme c'est le cas pour **Torredonjimeno** (Jaén).

Art hispano-musulman ou art mauresque (8ᵉ s.-15ᵉ s.)

L'invasion musulmane, qui aurait pu sembler a priori une véritable tragédie, est en réalité le point de départ d'une époque de splendeur qui permet aux Andalous, confrontés à l'idéal esthétique de l'Islam, de manifester toute leur créativité.

Ces huit siècles d'occupation musulmane en Espagne vont imprégner l'art d'Al-Andalus, qui va se forger des caractéristiques que l'on ne retrouve dans aucun autre courant artistique de l'époque.

Les arcs – Au début, on emploie surtout l'**arc en fer à cheval** d'influence wisigothe ou orientale, et on joue avec la bichromie des claveaux : claveaux blancs (blanchis à la chaux) et rouges (en brique) sont ainsi alternés. Les arcs, jusqu'ici éléments de soutien, deviennent décoratifs, formant par exemple des séries d'arcatures aveugles. Les rangées entrecroisées d'arcs vont ensuite céder la place à l'arc brisé outrepassé qui sera le plus courant dès le 12ᵉ s.
Au fil du temps, les **arcs lobés**, déjà présents dans la *maksourah* de la mosquée de Cordoue, vont être remplacés par les **arcs polylobés** entremêlés.
L'**alfiz**, ou moulure rectangulaire encadrant l'arc, apparaît souvent et aura ensuite une grande influence sur l'art mudéjar.

Voûtes, charpentes et plafonds artesonados – Les voûtes mauresques subissent l'influence de l'art islamique oriental. Contrairement à l'art chrétien (voûtes d'arête ou de croisée), les nervures ne se croisent pas en plein centre. Les voûtes qui précèdent le mihrab de la mosquée de Cordoue en sont un bon exemple.
Outre ces voûtes si spécifiques, il convient de citer les plafonds de bois, très en vogue à cette époque, qui témoignent d'une parfaite maîtrise de la technique et de l'esthétique : de simples chevrons et tenons alternent avec des plafonds à caissons sophistiqués décorés en étoiles et formant de merveilleux entrelacs.

Motif atourique

La décoration : matériaux et motifs – L'austérité des murs extérieurs des palais andalous dissimule des intérieurs d'une beauté insoupçonnée. À certaines époques, les revêtements servent aussi à masquer la pauvreté des matériaux de construction.
Les Hispano-musulmans vont parvenir à associer des techniques d'une infinie variété : c'est ainsi que les **azulejos** et les **alicatados** (magnifiques soubassements d'azulejos aux reflets métalliques), les panneaux de pierre ou de stuc, les mosaïques d'influence orientale et les bois travaillés formant des jalousies et de magnifiques plafonds à caissons dits *artesonados* vont constituer de luxueux ensembles.

On peut classer les motifs utilisés dans la décoration en trois groupes :

– les **motifs géométriques**, principalement utilisés dans la décoration des soubassements de céramique vernissée et dans la décoration du bois (portes, jalousies et plafonds artesonados). Les lignes sont brisées et forment des polygones et des étoiles ;

– les **motifs végétaux** ou motifs **atauriques**, qui servent à décorer des panneaux de pierre sculptée ou de stuc. Au fil du temps, les motifs (feuille de palme, vigne) deviennent plus stylisés et aboutissent à des formes complexes. On retrouve souvent l'arbre de vie stylisé, décor végétal qui s'ordonne autour d'un axe vertical. Les **mocárabes**, motifs décoratifs évoquant les stalactites, ornent arcs et coupoles ;

– les **motifs épigraphiques** ont un rôle informatif comme les images dans d'autres styles architecturaux. L'**écriture coufique**, aux hampes anguleuses, et l'**écriture nesjí**, plus libre, sont les types les plus fréquemment utilisés.

Les arts appliqués – Les arts décoratifs vont produire une vaste gamme de riches objets que l'on peut classer en deux groupes : les productions utilitaires et les productions somptuaires, qui répondent à la demande d'une classe dirigeante raffinée, très attachée à soigner la décoration de ses palais et soucieuse d'offrir à ses hôtes étrangers des pièces magnifiques et exceptionnelles.
Dans le domaine de la **céramique**, on distingue la faïence **« verte et manganèse »**, faïence dite **« de cuerda seca »** (azulejos) employée pour décorer les panneaux, et la faïence dorée ou céramique au **reflet métallique**, dont la fabrication débute au 9e s. à Cordoue et atteint son apogée pendant la période nasride à Malaga où elle est produite.
Almería prend la suite de Cordoue, où Abd-er-Rahman II avait fondé la Casa del Tiraz, manufacture royale des tissus de soie, et se spécialise dans l'élaboration de **textiles** luxueux et raffinés. Aux 14e s. et 15e s., les ateliers de Grenade produisent de merveilleuses pièces de soie cousues de fils d'or, aux couleurs en général intenses, et rehaussées d'inscriptions et de motifs architecturaux.
Les **orfèvres** nasrides ont une prédilection pour les épées de gala et ornent avec raffinement gardes et poignées d'ivoire, de filigrane et d'émaux polychromes.
Pour compléter cet aperçu de l'artisanat mauresque, on ne peut passer sous silence les délicates **statues d'ivoire** de l'époque du califat, les **marqueteries** (bois incrusté d'ivoire et de bois d'autres couleurs) qui décorent le mobilier nasride, ainsi que les ouvrages de cuir (**cuir de Cordoue** en peau de chèvre et **cuirs repoussés** en peau de mouton).
Bon nombre de ces pièces nous sont parvenues car les chrétiens les avaient en grande estime. Ainsi, les coffres et les écrins d'ivoire dans lesquels les femmes musulmanes rangeaient leurs bijoux et leurs parfums servirent par la suite à conserver les reliques des saints.

Le califat de Cordoue (8e s.-10e s.) – La mosquée de Cordoue et le palais de Medina Azahara sont les deux monuments de cette époque réunissant tous les éléments caractéristiques de l'art hispano-mauresque qui allait fleurir pendant les trois siècles où Cordoue fut la capitale d'Al-Andalus.
Comme de coutume, les musulmans vont assimiler la culture des populations conquises et associer avec adresse les techniques et les éléments de l'art wisigothique et romain aux traditions orientales de la péninsule d'Arabie.
Les grands apports de l'art califal sont l'**arc lobé** et l'**« alfiz »**, sorte de moulure encadrant l'arc en fer à cheval. En ce qui concerne le décor, les motifs géométriques initiaux en carrés ou losanges cèdent progressivement la place à des motifs floraux (feuilles de vigne, grappes de raisin, acanthes, palmettes et rosettes) d'inspiration omeyyade, qui deviendront par la suite des fleurs cordiformes d'inspiration abbasside.
La prospérité économique du califat transparaît dans les matériaux employés (pierre de taille et revêtements de marbre travaillé) et dans la richesse des **mosaïques byzantines** aux reflets métalliques, exécutées par des artisans étrangers.

B. Kaufmann/MICHELIN

Chapiteau califal

Autres constructions de l'époque califale

Les minarets de San Juan et de Santa Clara à Cordoue, d'El Salvador à Séville et de San José à Grenade, ainsi que les fortifications de Tarifa et le pont de Pinos à Grenade, datent également de cette époque.

Période des royaumes des « taifas » (11e s.) – Aussi paradoxal que cela puisse paraître, malgré la division politique qui caractérise les royaumes des taifas, l'activité artistique de cette époque présente une grande homogénéité car l'Andalousie, isolée de l'Islam, reste en marge des influences orientales. Les artistes de l'ex-califat de Cordoue émigrent vers les différentes cours des taifas, perpétuant ainsi la tradition cordouane.
La décadence économique entraîne l'abandon des matériaux nobles (pierre de taille pour les murs et marbre pour les colonnes et les piliers) et dès lors l'emploi de la **brique**, du **plâtre** et du **mortier** se généralise. En revanche, les **décors** deviennent particulièrement spectaculaires (décors épigraphiques, entrelacs et décors végétaux) et apparaissent toutes sortes d'**arcs** (**lobés**, **mixtilignes**, en fer à cheval semi-circulaires et brisés, entrecroisés...) qui vont former les célèbres arabesques.
L'architecture religieuse à cette époque occupe moins de place que l'architecture civile (construction de nombreux **bains publics** comme le Bañuelo de Grenade) et militaire (*alcazabas* de Malaga, Grenade et Almería).

Période almoravide (12e s.) – Après l'arrivée des tribus almoravides dans la péninsule, l'art d'Al-Andalus se diffuse dans tout le Maghreb. Marrakech et Séville deviennent les capitales du nouveau royaume de part et d'autre du détroit de Gibraltar et peu à peu de nouvelles tendances apparaissent, aboutissement des influences mutuelles entre les populations des deux continents.
Les arcs deviennent de plus en plus complexes tout comme les **coupoles**, dont certaines sont ajourées et d'autres ornées de moçárabes. C'est le début de la décoration géométrique formant un réseau de losanges (la **« sebka »**) ; les entrelacs et les combinaisons épigraphiques se compliquent.
Presque toutes les constructions andalouses de cette époque ont disparu ou sont masquées par les apports almohades, sauf à Almería où la mosquée (aujourd'hui église San Juan) possède un mihrab almoravide aux dires des experts.

Période almohade (13e s.) – Le puritanisme et l'austérité des Almohades transparaissent dans l'aspect **simple** et **monumental** des constructions à caractère généralement défensif, comme l'alcázar et la Torre del Oro de Séville. Ce type de construction fortifiée aux solides portes et aux tours défensives (*albarranas* ou tours de guet) indépendantes de l'enceinte fortifiée sert de modèle aux chrétiens pour la construction des châteaux forts.
Les Almohades vont employer les mêmes matériaux que leurs prédécesseurs, soit la brique, le mortier, le plâtre et le bois, mais vont opter pour une **décoration plus sobre** avec de grands espaces dénudés et des **décors géométriques** à la place des décors végétaux. On abandonne l'arc en fer à cheval traditionnel, sauf dans certains cas exceptionnels, au profit de l'**arc en fer à cheval brisé** et de l'arc lobé.
Le monument le plus représentatif de cette époque est sans aucun doute la Giralda de Séville, qui fut en son temps le minaret de la grande mosquée de la capitale du royaume almohade.

Période nasride (13e s.-15e s.) – Nombreux sont les spécialistes qui considèrent que cette période représente le grand moment de la créativité artistique en Al-Andalus. Longtemps, les spécialistes de l'art nasride opposent la pauvreté des matériaux à la richesse du décor. On sait aujourd'hui que c'était la fonction de l'édifice qui conditionnait le choix des matériaux. Ainsi, alors que pour les forteresses (comme l'alcazaba

B. Kaufmann/MICHELIN

Arcades de la cour des Lions à l'Alhambra de Grenade

de Grenade) et les bains on utilise la pierre de taille, la brique et le mortier (composé d'argile qui donnait cette couleur rouge typique), dans les palais (comme celui de l'Alhambra) on emploie le **marbre** sur les sols et les colonnes, la **céramique vernissée** (azulejos) sur les zones exposées ainsi que les **voûtes et plafonds artesonados de bois** et les **voûtes de moçárabes**.

Deux types de **chapiteaux** apparaissent : le chapiteau à base cylindrique ornée de feuilles lisses, surmontée d'un parallélépipède habillé de feuillage, et le chapiteau à moçárabes d'inspiration orientale.

Les inscriptions épigraphiques nasrides

Trois types d'inscriptions figurent sur les constructions de Grenade : inscriptions à caractère informatif sur l'origine de l'édifice, inscriptions religieuses, qui citent le Coran, et inscriptions littéraires et poétiques.

La **couleur**, même partiellement effacée par les ans, demeure l'une des caractéristiques de l'architecture nasride, dont les intérieurs devaient ressembler en leur temps à des tableaux pointillistes. Outre les soubassements d'azulejos, les revêtements de plâtre et de bois polychromes mêlent les tons rouge, bleu, vert et or tandis que les chapiteaux et les colonnes sont en marbre de couleurs variées. Si l'Alhambra nous fascine à l'heure actuelle par sa finesse, on a peine à imaginer son aspect dans sa période de splendeur.

L'eau dans l'architecture d'Al-Andalus

L'eau, denrée rare dans le royaume d'Al-Andalus, a toujours joué un rôle fondamental dans l'architecture en raison de sa triple fonction, pratique, religieuse et esthétique. Pratique, car on en a besoin pour vivre (il faut arroser les jardins et remplir les bains) ; religieuse, car le Coran stipule qu'il est nécessaire de pratiquer certaines ablutions avant la prière ; esthétique, car l'eau des bassins et des étangs reflète l'élégante décoration des murs et des plafonds tandis que les jets d'eau, les fontaines et les canaux émettent un murmure apaisant qui rafraîchit l'atmosphère. De plus, l'eau permet de créer des jardins si bien intégrés à l'architecture que l'on finit par ne plus savoir s'ils sont l'œuvre de la nature ou de l'homme.

Art médiéval andalou

Art mudéjar (13e -16e s.) – Après la conquête de Cordoue et de Séville dans la première moitié du 13e s., les modèles chrétiens sont imposés à la partie annexée à la Castille mais on confie leur réalisation aux habiles bâtisseurs musulmans. C'est ainsi que l'on voit naître l'art mudéjar, typiquement espagnol, produit de la fusion entre l'art islamique et l'art occidental.

L'architecture mudéjar va évoluer au fil des siècles et s'adapter à la typologie dominante dans chaque territoire, si bien que l'art mudéjar andalou diffère de celui des autres régions d'Espagne. Malgré des distinctions, il reste fidèle à la tradition musulmane dans les matériaux (plâtre, brique, bois), les techniques de construction (préparation des murs, arc en fer à cheval, arc brisé, toitures en bois) et la décoration (plafonds artesonados, emploi de l'alfiz, ouvrages de plâtre travaillés).

Les églises de Séville (San Marcos, San Pablo, Santa Marina) généralement en brique présentent des plafonds artesonados et sont décorées dans la tradition almohade.

Dans le domaine de l'architecture civile, les toitures à deux ou quatre versants prédominent ; c'est le cas du palais de l'alcázar de Séville, reconstruit par Pierre Ier en 1366, de la tour de Don Fadrique (Séville), de la tour d'El Carpio (Cordoue), du château de San Romualdo (San Fernando, Cadix) et de la Casa de Pilatos (Séville).

Art gothique (13e -15e s.) – L'art primitif gothique andalou, inspiré du modèle cistercien (grandes rosaces sur les façades, nef centrale avec deux nefs latérales plus basses et voûtes en ogive), a produit des œuvres intéressantes comme les églises ferdinandines de Cordoue (Santa Marina, San Miguel, San Lorenzo). L'an 1401 voit le début de la construction de la cathédrale de Séville, parfait exemple de gothique andalou et l'une des dernières cathédrales gothiques espagnoles. Les artistes flamands qui

B. Kaufmann/MICHELIN

Rosace de l'église San Lorenzo, à Cordoue

interviennent dans cette ambitieuse construction apportent une série d'innovations qui seront reprises dans d'autres églises d'Andalousie, comme le plan rectangulaire, le chevet plat avec une petite abside, les fins piliers fasciculés, les voûtes en étoile et la décoration chargée.
Sous le règne d'Isabelle la Catholique apparaît le **style isabélin**, à mi-chemin entre l'art gothique et l'art de la Renaissance, où se mêlent avec exubérance les éléments flamboyants et mudéjars. C'est la Chapelle royale de Grenade, d'Enrique Egas, qui illustre le mieux ce style.
Les artistes étrangers qui se rendent à Séville au 15e s. apportent à la sculpture andalouse l'influence flamande, caractérisée par son profond réalisme. **Lorenzo Mercadante**, originaire de Bretagne, est une figure marquante de la sculpture gothique andalouse. Il travaille surtout à la cathédrale de Séville et introduisit la technique de la terre cuite que vont reprendre ensuite de nombreux artistes locaux. Citons également **Pedro Millán**, auteur de la Vierge du Pilar de la cathédrale de Séville.

Renaissance (16e s.)

Architecture – Le début de la Renaissance en Espagne coïncide avec une nouvelle période de splendeur en Andalousie : Séville détient le monopole du commerce avec le Nouveau Monde tandis que Cordoue et Grenade deviennent des foyers culturels et artistiques.
Au début, la splendeur du gothique finissant et la tradition mudéjare freinent l'adoption des critères de la Renaissance. En effet, pendant le premier tiers du 16e s., c'est le **style plateresque** qui s'impose, ainsi nommé car les ouvrages qui recouvrent la façade évoquent le travail des orfèvres (*platero* : orfèvre). L'arc en plein cintre, le bossage, les balustrades, les chapiteaux classiques ainsi que la présence de médaillons et de blasons sur les façades caractérisent ce courant dont le plus bel exemple est l'hôtel de ville de Séville, de Diego de Riaño.

O. Torres/MARCO POLO

Cour du palais de Charles Quint, à l'Alhambra de Grenade

À mesure que l'on avance dans le siècle, les proportions prennent le pas sur la décoration et on abandonne définitivement toutes les formes gothiques. Les voûtes en berceau, en plein cintre ou sur pendentifs dominent ; on utilise presque exclusivement l'arc plein cintre et les décors deviennent plus importants, se concentrant sur certaines parties et laissant ainsi de vastes espaces libres.
Trois noms illustrent parfaitement l'architecture de la Renaissance en Andalousie. **Diego de Siloé** (1495-1563) achève la cathédrale de Grenade, modifiant ainsi le projet gothique d'Enrique de Egas. Cet ouvrage, l'un des plus représentatifs de l'époque, va servir de modèle aux cathédrales de Malaga et de Guadix. **Pedro Machuca** (mort en 1550), architecte et peintre, demeure, quant à lui, fidèle à sa formation italienne. Son œuvre maîtresse, le palais de Charles Quint dans l'Alhambra, est une construction totalement innovatrice et incomprise en son temps. Enfin, **Andrés Vandelvira** (mort en 1575), qui travaille en étroite collaboration avec Diego de Siloé, laisse libre cours à son audace architecturale, comme l'attestent la cathédrale de Jaén ainsi que divers monuments de la province, en particulier à Úbeda (église du Salvador) et à Baeza.
À Séville, citons tout particulièrement **Martín Gaínza** (Chapelle royale de la cathédrale) et **Hernán Ruiz**, à qui l'on doit le revêtement et l'achèvement de la Giralda.
Dans le dernier tiers du 16e s., le **style hérrerien**, du nom de **Juan de Herrera**, architecte du monastère de l'Escorial, fait une entrée remarquée en Espagne. Séville s'honore d'une œuvre de cet architecte favori de Philippe II, l'Archivo General de Indias (bibliothèque), dont la façade sobre et rectiligne présente tous les éléments caractéristiques de l'art de la Contre-Réforme.

Sculpture – Réalisme et force de l'expression règnent dans la sculpture de cette période, qui annonce déjà le baroque. Les commandes proviennent généralement de l'Église, ce qui explique la prédominance du thème religieux dans les œuvres. De plus, le dernier tiers du siècle voit naître la Contre-Réforme, dont Philippe II sera l'actif défenseur. Les œuvres sont en général en bois polychrome ; le marbre, l'albâtre et la pierre sont présents dans les quelques ouvrages profanes ainsi que dans l'art funéraire ou l'architecture monumentale. Comme pendant la période gothique, on trouve de nombreux autels décorés de retables de grandes dimensions.

Parmi les nombreux artistes italiens qui travaillent en Andalousie, il convient de citer **Domenico Fancelli** (1469-1518), auteur du tombeau des Rois catholiques dans la Chapelle royale de la cathédrale de Grenade, **Jacobo Florentino** (1476-1526), qui réalise *L'Enterrement du Christ* exposé au musée de Grenade et **Pietro Torrigiano**, dont le *Saint Jérôme pénitent* (musée de Séville) ne sera pas sans exercer une grande influence sur les sculpteurs baroques sévillans. Le Bourguignon **Felipe Vigarny** (mort en 1543) travaille surtout en Castille avec Berruguete mais exécute à Grenade l'un de ses chefs-d'œuvre, le retable de la Chapelle royale.
Malgé sa mort précoce, le sculpteur espagnol le plus important est **Bartolomé Ordóñez** (mort en 1520), de formation italienne, décédé à Carrare alors qu'il travaillait sur les tombeaux de Jeanne la Folle et de Philippe le Beau (Chapelle royale de Grenade).

Peinture – De même que pour la sculpture, les thèmes religieux l'emportent sur les thèmes profanes mais Séville échappe à la règle, car quelques familles fortunées font figurer dans la décoration de leurs demeures des thèmes profanes, mythologiques et allégoriques (Casa de Pilatos). L'influence flamande avec sa prédilection pour le concret domine dans la première partie du siècle. Peu à peu, le maniérisme toscan et le classicisme de Raphaël préparent l'arrivée de la peinture vénitienne.
Le meilleur représentant de la Renaissance primitive à Séville est le peintre **Alejo Fernández** (1475 ?-1546), d'origine allemande malgré son nom espagnol emprunté à son épouse. À l'image des peintres flamands, il apprécie par-dessus tout les effets de perspective et le parfait ordonnancement de l'espace ; c'est lors de son séjour à Cordoue qu'il réalise sa célèbre *Flagellation* (musée du Prado, Madrid) et le *Christ à la colonne* qui est exposé au musée de Cordoue. Lorsqu'il s'installe à Séville, il préfère les représentations humaines ; outre la *Vierge à la Rose* (église de Santa Ana), son œuvre la plus célèbre est la *Vierge des Navigateurs* de l'alcázar de Séville.
Le Sévillan **Luis de Vargas** (1506-1568), formé en Italie par un disciple de Raphaël, s'inspire du maniérisme de Vasari et de la délicatesse du Corrège. Son œuvre la plus célèbre, *Scnes de la vie du Christ* (cathédrale de Séville), reçut le surnom de « la gamba » en raison de l'élégance de la jambe (en italien, *gamba*) d'Adam. **Luis de Morales** (1520 ?-1586 ?), originaire d'Estrémadure mais très andalou, mérite également d'être mentionné. Son œuvre très personnelle mêle les influences flamande et italienne. La douceur des personnages féminins ainsi que l'expression du Christ souffrant (*Ecce Homo* de l'académie de San Fernando de Madrid) en ont fait l'artiste le plus apprécié du public et le plus imité de ses contemporains.
Au cours du 16e s., de nombreux peintres flamands viennent à Séville, attirés par sa richesse et soucieux de trouver du travail aux Amériques. Citons le robuste Peter Kempeneer, connu sous le nom de **Pedro de Campaña** (1503-1563), auteur de la grande *Descente de croix* de la cathédrale de Séville, ainsi que Hernando Sturbio (mort en 1577), qui y réalise également le retable des Évangélistes.

La céramique italienne en Andalousie

La céramique vernissée et peinte d'origine italienne, qui coexiste avec la céramique mudéjar, arrive en Andalousie au début du 16e s. ; c'est Francisco Niculoso, originaire de Pise, qui l'introduit et réalise deux ouvrages intéressants à Séville : la façade de l'église du couvent de Santa Paula et le retable de l'oratoire de l'alcázar. On retrouve dans ce type de décoration le style des Della Robbia.

Le baroque (17e s.-18es.)

Dans le paysage baroque espagnol, l'Andalousie occupe une place de premier plan dans tous les domaines.
Le style herrérien continue de dominer dans la première moitié du 17e s.. Les églises présentent un plan rectangulaire très simple, des motifs ornementaux de plâtre et parfois des façades décorées de panneaux d'azulejos (Hospital de la Caridad de Séville). Puis l'austérité s'adoucit et les édifices commencent à se couvrir de détails décoratifs ; cependant, les structures sont toujours très simples et de nombreuses coupoles sont simulées : elles sont en fait constituées d'une armature de bois rehaussée de plâtre au lieu d'être exécutées en pierre. C'est au milieu de ce siècle qu'**Alonso Cano**, architecte, sculpteur et peintre réalise la cathédrale de Grenade.
Vers 1700, avec l'arrivée des Bourbons, le baroque andalou entame sa période de splendeur ; l'imagination débordante des artistes n'a plus de limites. Les structures concaves et convexes offrent un mouvement ondoyant aux façades et les motifs décoratifs (volutes, chapelets de fleurs, colonnes torses) recouvrent toutes les surfaces.
En proie à une commune exubérance, tous les architectes interprètent le baroque au gré de leur fantaisie. L'influence arabe et la fantaisie coloriste prédominent dans le fastueux sanctuaire de la Chartreuse de Grenade, de **Francisco Hurtado** (1669-1725). **Vicente Acero**, auteur de la manufacture royale de tabac (Real Fábrica de Tabacos), s'inspire de la cathédrale Renaissance de Grenade pour réaliser à Cadix la dernière grande cathédrale espagnole (1722-1729).

Le Sévillan **Leonardo de Figueroa** (1650-1730), auteur d'ouvrages civils aussi importants que le palais de San Telmo (aujourd'hui siège du gouvernement andalou) et de l'Hospital de Venerables, réalise également deux magnifiques églises, celle du Salvador et celle de San Luis de los Franceses ; cette dernière, au plan central et aux colonnes torses, montre la parfaite maîtrise de l'artiste qui a su mêler brique, céramique et revêtement de couleur.

Sculpture – Tandis qu'en Italie et en France les statues de marbre et de bronze inspirées de thèmes allégoriques et mythologiques abondent, l'art en Andalousie reste au service de la Contre-Réforme, et le réalisme demeure sa note dominante.

Au début du 17ᵉ s., l'Andalousie devient un foyer de sculpture religieuse. Les temps sont difficiles et les gens recherchent dans la religion la solution à leurs problèmes. De multiples confréries se créent et multiplient les commandes de statues ou de groupes, qui seront vénérés sur les autels ou sortis en procession dans les rues (*pasos* de la Semaine sainte). Les œuvres de plus en plus réalistes et expressives, sont toujours en bois polychrome mais les couleurs sont plus naturelles. Les corps sont souvent recouverts de tissus, seuls les visages et les mains sont sculptés, et on ajoute même parfois des yeux ou des larmes de verre.

Le Sévillan **Juan Martínez Montañés** (1568-1648) est le plus illustre représentant de cette sculpture andalouse à son apogée. Davantage inspiré par la Renaissance que ses contemporains, il sait conférer une grande sérénité à l'expression de ses visages. Outre de nombreux retables d'inspiration maniériste (Saint Jean de l'église de San Leandro), il est l'auteur de magnifiques Immaculées songeuses (cathédrale de Séville) ainsi que d'innombrables statues du Christ ou de saints (son chef d'œuvre étant le Christ de la Clémence de la cathédrale de Séville) et même de statuettes d'ivoire. Parmi les disciples de Montañés, aux personnalités très variées, citons le Cordouan **Juan de Mesa** (1583-1627), plus dramatique que son maître et auteur du célèbre et vénéré Jésus du Grand Pouvoir.

Artiste polyvalent, peintre et architecte, **Alonso Cano** (1601-1667) mène l'école de Grenade avec Martínez Montañés. Ses personnages, empreints de simplicité et de délicatesse, seront repris plus tard par ses nombreux disciples, comme Pedro de Mena, auteur des stalles du chœur de la cathédrale de Malaga ainsi que José de Mora, dont le déséquilibre psychologique (il mourut fou) transparaît dans ses œuvres.

Vers le milieu du 17ᵉ s. et surtout au début du 18ᵉ s., on note l'influence italienne inspirée du style du Bernin. L'agitation, le mouvement et le sens dramatique dominent et les artistes andalous adhèrent à l'unanimité à ce courant. José de Arce (mort en 1666) est le précurseur et **Pedro Roldán** (1624-1670) occupe une place importante. Il travaille surtout à Séville (groupe de l'enterrement du Christ de l'Hospital de la Caridad), tandis que Pedro Duque Cornejo doit sa célébrité aux œuvres qu'il réalise pour les chartreux de Séville.

Enfin, n'oublions pas, et cette liste n'est pas exhaustive, Torcuato Ruiz del Peral, auteur de nombreuses têtes très expressives de saints décapités ainsi que des stalles de la cathédrale de Guadix.

Les crèches de la Roldana

La tradition des crèches, dont saint François d'Assise est sans doute l'initiateur, a toujours beaucoup inspiré les artistes espagnols : à l'époque du baroque, de nombreux sculpteurs ou imagiers inspirent ou créent des personnages de terre cuite polychrome populaires et très variés, qui appartiennent maintenant au patrimoine culturel du pays. La Roldana, fille de Pedro Roldán, est l'un des meilleurs représentants de l'école andalouse.

Peinture – Le 17ᵉ s. est sans conteste le siècle d'Or de la peinture andalouse, qui commence par respecter la tradition flamande souveraine au 16ᵉ s. pour gagner ensuite en richesse et en luminosité. À partir du milieu de 17ᵉ s., Séville et Madrid deviennent les capitales indiscutables de la peinture espagnole.

Cependant, la renommée de certains peintres sévillans du début de ce siècle, dont Francisco Pacheco, beau-père de Vélasquez, a été quelque peu éclipsée par la gloire des trois maîtres incontestables, Vélasquez, Zurbarán et Murillo.

Diego Vélasquez passe la majeure partie de sa vie professionnelle à Madrid en tant que peintre de la cour et grand portraitiste de Philippe II en particulier. Cependant, ni sa renommée, ni l'influence des peintres italiens qu'il admire tant, comme le Titien par exemple, ne lui font oublier sa formation sévillane. Entre 1617 et 1623, il réalise essentiellement des peintures religieuses ou de mœurs (*Adoration des Mages*, musée du Prado, Madrid). **Francisco de Zurbarán** (1598-1664), originaire d'Estrémadure, grand peintre de la vie monastique et auteur de merveilleuses natures mortes, représente la réalité dans tout ce qu'elle a de plus simple. Son atelier est l'un des plus importants de Séville et il exporte beaucoup d'œuvres vers l'Amérique. **Bartolomé Murillo** (1617-1682), dont les peintures religieuses (Immaculée, Enfant Jésus) ont été maintes fois reproduites, demeure le peintre le plus célèbre de son époque. La délicatesse et la

P. Feria Fernández/MUSEO DE BELLAS ARTES DE SEVILLA

Le Repas des chartreux, par Zurbarán

fraîcheur de sa peinture révèlent un artiste maîtrisant parfaitement la technique et la couleur. D'un tout autre genre, **Juan Valdés Leal** (1662-1695) s'attache plutôt à l'expression et traite des thèmes plus mélancoliques comme la fin dernière (Hospital de la Caridad de Séville).
À Grenade, **Alonso Cano** (1661-1667), qui a déjà été évoqué, grand compagnon de Vélasquez, est le peintre baroque le plus classique. Son œuvre la plus connue est l'ensemble de toiles représentant la vie de la Vierge (cathédrale de Grenade), d'inspiration vénitienne ; il fréquenta en effet les peintres vénitiens alors qu'il travaillait sous la protection du comte-duc d'Olivares.

L'art des 19e s. et 20e s.

Après des siècles de splendeur, le dynamisme créatif andalou semble s'essouffler au début du 19e s. La profonde crise économique est ressentie dans toute la région et les commandes et projets d'envergure s'amenuisent. Néanmoins, certaines figures isolées originaires d'Andalousie émergent dans le paysage artistique de l'époque.

Peinture – Dans le domaine de la peinture romantique, il convient de citer les Sévillans Antonio Martínez Esquivel, José Gutiérrez de la Vega et Valeriano Domínguez Bécquer. Ce dernier, frère du poète Gustavo Adolfo Bécquer, réalise surtout des scènes de mœurs empreintes de gaîté, qui ne marquent pas les difficultés de sa vie privée. **Manuel Rodríguez de Guzmán** mérite d'être mentionné pour ses excellents dessins de scènes andalouses ; sa vision aimable de la vie au Sud de l'Espagne, si appréciée par les étrangers, a nettement contribué à créer le mythe romantique andalou.
À la fin du 19e s., le peintre réaliste **Julio Romero de Torres** (1880-1930), originaire de Cordoue, peint essentiellement de ravissantes femmes andalouses à la sensualité contenue *(Oranges et citrons)*. Bien qu'ayant connu quelques détracteurs, son œuvre est devenue si populaire qu'un musée a été installé dans sa maison natale après sa mort.
Totalement différent de Romero de Torres, tant par son style que par sa vie au-delà des frontières, **Pablo Ruiz Picasso** (1881-1973), originaire de Malaga, est à n'en pas douter le peintre contemporain le plus célèbre ; et même s'il ne vécut que huit années sur sa terre natale, il n'en demeura pas moins très attaché à ce qui s'y passait et garda toujours sa passion pour les corridas.
À mi-chemin entre le 19e s. et le 20e s., deux peintres méritent d'être mentionnés : Daniel Vázquez Díaz (1882-1969), peintre d'inspiration cubiste et auteur des fresques du monastère de la Rábida (Huelva), et Rafael Zabaleta (1907-1960), célèbre pour son expressionnisme stylisé et rustique.
Plus tard, Luis Gordillo (1934) et Guillermo Pérez Villalta (1948), rejoignent le mouvement figuratif représenté par Alfonso Fraile, Vicente Vela, Alfonso Albacete, Carmen Laffon, Chema Cobo et José Guerrero, originaire de Grenade.

Sculpture – **Mateo Inurria** (1869-1924), auteur de la statue du « Grand Capitaine » à Cordoue et **Jacinto Higueras** sont les figures les plus connues de la première moitié du 20e s. **Miguel Berrocal** (1933), sculpteur abstrait à ses débuts, évolue par la suite vers des formes plus figuratives.

Architecture – Les grands changements affectant l'architecture s'opèrent assez tardivement en Andalousie. Le modernisme ne produit que quelques exemples curieux dans l'environnement bourgeois (intérieurs, petits magasins), particulièrement dans la province de Cadix. Parallèlement, et inspiré du Costurero de la Reina (Séville, 1893), naît le mouvement historiciste instauré lors de l'Exposition hispano-américaine de 1929. Outre les pavillons de cette exposition internationale, il convient de citer quelques édifices officiels comme le palais provincial de Jaén et quelques cinémas et théâtres comme le Falla de Cadix et l'Aliatar de Grenade.
L'architecture des dernières décennies s'adapte sans équivoque aux dernières tendances et traduit bien la positive évolution économique de l'Andalousie. Depuis les années 1960, où apparaît l'école d'architecture de Séville, bon nombre d'édifices publics ainsi que des complexes touristiques et des immeubles ont été conçus par les meilleurs architectes andalous ou nationaux (Saénz de Oiza, Moneo, de La-Hoz, García de Paredes, Cano Lasso...).
Enfin, les opérations d'urbanisme et architecturales menées à bien lors de l'Exposition universelle de 1992 traduisent bien le dynamisme actuel de l'Andalousie.

M. Renaudeau/HOA QUI

Le pont de la Barqueta, à Séville

QUELQUES TERMES D'ART

Les mots indiqués en bleu et en espagnol n'ont pas d'équivalent en français.

Abside : partie d'une église au fond de la capilla mayor (chœur). Elle peut être arrondie, polygonale ou en fer à cheval.

Ajimez : baie géminée.

Alcazaba : enceinte militaire fortifiée.

Alcázar : palais royal arabe.

Alfiz : moulure rectangulaire encadrant un arc.

Alicatado : technique céramique d'origine persique, qui consiste à découper de petits motifs géométriques à partir d'une pièce plus grande pour former des motifs de décoration.

Aljibe : mot arabe désignant une citerne.

Arabesque : terme romantique utilisé pour exprimer l'effet de décor de l'art islamique.

Archivolte : chacune des moulures concentriques qui forment la face externe d'un arc ébrasé.

Artesonado : plafond à marqueterie où des baguettes assemblées dessinent des caissons en étoiles. Ce décor, né sous les Almohades, eut une grande diffusion, même en Espagne chrétienne aux 15e et 16e s.

Atalaya : tour de guet.

Ataurique : décor végétal stylisé inspiré de la feuille d'acanthe, caractéristique de l'art califal.

Azulejo : carreau de faïence vernissée.

Barbacane : enceinte extérieure plus basse que la muraille d'où l'on empêche les machines de guerre d'approcher.

Bossage : mur dont les moellons sont biseautés ou en saillie.

Camarín : petite chapelle située à l'arrière du retable, au premier étage, où l'on vénère généralement une statue de la Vierge précieusement vêtue.

Capilla mayor : chapelle placée dans l'axe de la nef et recevant le maître-autel. Équivaut au chœur des églises françaises.

Churrigueresque : dans le style de Churriguera, famille d'architectes du 18e s. Désigne un décor baroque surchargé.

Colonne salomonique : colonne torse décorée d'un réseau végétal.

Coracha : mur qui relie une tour extérieure ou une tour de guet à la muraille principale.

Coro : enceinte souvent établie au milieu de la nef.

Coufique : de la ville de Kufa, écriture arabe aux lignes majuscules et anguleuses.

Créneaux : parapet, généralement ajouré, qui couronne un ouvrage.

Cuerda seca : technique de céramique vernissée par laquelle on sépare les couleurs à l'aide d'une ligne de matière grasse qui disparaît ensuite à la cuisson.

Église-halle : église dont les trois vaisseaux sont de même hauteur.

Enjuta (=*pechina* ou **pendentif**) : tout arc est inscrit dans un rectangle ; les deux triangles dont l'un des côtés est courbe et qui sont inscrits entre l'arc et le rectangle imaginaire s'appellent les pendentifs (*enjutas* ou *albanegas*).

Entrelacs : décor géométrique formé d'une série de lignes entrecroisées qui composent des motifs polygonaux ou en étoile. Décor caractéristique de l'art arabe.

Flamboyant : style décoratif de la fin de l'époque gothique (15e s.) ainsi nommé pour ses découpures en forme de flammèches aux remplages des baies.

Flèche : comble en pointe, conique ou pyramidal d'une tour.

Gaine : support dont la partie la plus étroite se situe à la base (tronc de pyramide inversé).

Géminé : se dit des ouvertures, fenêtres ou colonnes unies par deux.

Grotesque : décor typique de la Renaissance qui mêle des éléments végétaux, des êtres fantastiques et des animaux enlacés formant un tout.

Lanterne : corps se trouvant sur la partie supérieure d'une coupole éclairant d'en haut l'édifice.

Madraza : université ou académie religieuse arabe.

Mâchicoulis : parapet saillant d'un château, soutenu par des consoles.

Mihrab : niche ouverte dans le mur de la *quibla*, au grand luxe décoratif.

Minaret : tour de la mosquée d'où le muezzin appelle les fidèles pour la prière.

Moçárabes : motifs décoratifs de l'architecture musulmane en forme de stalactites, employés sur les plafonds, les chapiteaux, les arcs et les corniches.

Modillon : pièce en saillie destinée à soutenir une corniche, le départ d'un arc, etc.

Mozarabe : chrétien vivant en territoire musulman avant la Reconquête.

Mudéjar : musulman vivant en territoire chrétien après la Reconquête.

Pasos : sortes de chars montrant les étapes de la Passion du Christ, représentées par des groupes sculptés en bois à l'échelle humaine.

Pendentif, ou écoinçon : chacun des quatre triangles curvilignes qui soutiennent une coupole. Ils permettent de passer du plan carré au plan circulaire.

Presbiterio : espace entourant le maître-autel et séparé de la nef par des marches ou une clôture.

Quibla : dans la mosquée, mur orienté vers La Mecque et vers lequel les musulmans se dirigent pour la prière.

Retable : les églises andalouses sont fréquemment décorées d'un retable monumental, dit *retablo mayor* (grand retable), qui s'élève souvent jusqu'aux voûtes. Il est placé derrière le maître-autel, lui-même situé dans la capilla mayor.

Sagrario : chapelle où est conservé le Saint-Sacrement ; parfois le sagrario est une église indépendante.

Sebka : genre de décoration appartenant à l'art almohade. Consiste en la répétition jusqu'à l'infini de petits arcs lobulés ou mixtilignes formant un réseau de losanges.

Stuc (yesería) : décor sculpté en plâtre.

Tambour : élément architectural cylindrique ou polygonal, sur lequel s'élève une coupole semi-sphérique. Chacune des pièces cylindriques qui forment le fût d'une colonne (quand elle n'est pas monolithe).

Tour d'enceinte : tour extérieure qui protège un lieu stratégique. Elle est reliée à l'enceinte fortifiée par un mur.

Tympan : surface intérieure d'un fronton. Espace généralement décoré, compris entre l'archivolte et le linteau, se trouvant sur la façade des églises.

Trascoro : face postérieure souvent sculptée du *coro*.

Trompes : petites voûtes semi-coniques au sommet inversé, qui servent à transformer un plan carré en plan octogonal et à soutenir ainsi une coupole.

Venera : élément décoratif en forme de coquille Saint-Jacques.

Yamur : couronnement du minaret formé de diverses boules, de diamètre décroissant, enfilées sur une tige verticale.

Al-Andalus

LA POPULATION

La population en al-Andalus était très variée et par la force des choses assez disparate. Au fil des années, la distinction entre autochtones et étrangers se réduisit.
La population autochtone était constituée d'Hispano-romains wisigoths, chrétiens ou juifs de culture latine, organisés en une société féodale tandis que la population étrangère comprenait des Arabes et des Berbères de religion musulmane et de culture arabe.
Les processus d'islamisation et d'arabisation engagés par le pouvoir en al-Andalus donnèrent naissance à une société arabo-islamique assez homogène. Au début, elle se composait de deux classes sociales : la haute classe ou *khassa* et la basse classe ou *amma*, très différentes l'une de l'autre jusque dans la juridiction car nobles et plébéiens n'étaient pas châtiés de la même manière. Vers le 11e s., on vit apparaître une classe moyenne qui prit de plus en plus d'importance. Les pauvres ou miskin survivaient grâce à un travail sporadique et étaient journaliers pour le labour ou la récolte. Les clients ou *maulas* étaient des serviteurs libres liés à un maître dont ils pouvaient prendre le nom. Les esclaves les plus nombreux étaient ceux qui appartenaient au groupe *sakaliba* (esclaves), acquis sur le marché international ou prisonniers de guerre et qui travaillaient en général au service des grands seigneurs. Les esclaves noirs ou *abid* servaient surtout dans l'armée et provenaient du marché africain.

R. Corbel/MICHELIN

SES COMPOSANTES

Les Arabes – Ils pénétrèrent dans la péninsule en deux vagues, la première au 8e s. et la seconde au 12e s. à l'époque almohade et occupèrent toujours les fonctions de décision. D'emblée, ils souhaitèrent islamiser les autochtones, qui, pour cela, devaient prendre un nom islamique qu'ils pouvaient obtenir en fonction de leurs relations.

Les Berbères – Le premier grand contingent de cette ethnie du Nord de l'Afrique traversa le détroit au 8e s. sous les ordres des généraux Tarik et Musa. Dans la seconde moitié du 10e s. et au début du 11e s., de nombreux coreligionnaires leur emboîtèrent le pas et réussirent à prendre le contrôle de plusieurs royaumes des *taifas* dont celui de Grenade. Si certains occupèrent des postes élevés, ils travaillèrent pour la plupart dans l'agriculture, l'élevage ou l'artisanat.

Les mozárabes – Les chrétiens donnèrent ce nom aux chrétiens arabisés qui demeurèrent sur leurs terres, fidèles à leur religion, après l'arrivée des musulmans. Les Arabes les dénommèrent nazaréens *(naara)*.

Les « muwallads » – Ces chrétiens convertis à l'Islam occupèrent souvent de hauts postes. Au cours du 11e s., nombreux furent ceux qui truquèrent leur généalogie pour s'attribuer un lignage arabe leur permettant ainsi de conserver la place privilégiée qu'ils occupaient dans la société.

Les juifs – Très maltraités par les Wisigoths, ils se réjouirent de l'arrivée des musulmans et s'intégrèrent parfaitement dans la société islamique jusqu'à l'invasion almohade.

LA VIE EN VILLE OU À LA CAMPAGNE

En ville

Les musulmans modifièrent considérablement le paysage hispano-wisigoth, devenu très rural après la longue période de décadence. Et la culture islamique éminemment urbaine favorisa le développement de grandes villes : Cordoue par exemple, la plus grande cité européenne de son temps, possédait une population nombreuse et jouissait d'un grand dynamisme culturel. Notons qu'en al-Andalus, les villes comptaient un réseau d'égouts et divers services communaux dont l'éclairage urbain. Il y avait en outre bien plus de commodités que dans les villes chrétiennes de cette époque.

En Espagne musulmane, la **médina** (al-Madinat) de l'Espagne musulmane était le noyau initial fortifié de la ville et présentait un enchevêtrement de rues et de ruelles, conséquence d'une urbanisation totalement déréglementée. Dans les quartiers *(harat)*, se regroupaient les artisans de même corporation ou les familles de même religion (*judería* ou quartier juif et *mozarabía* ou quartier mozarabe). À l'intérieur de la médina se trouvaient des *zocos* (de l'arabe souk) ou marchés, des bains publics (hammam), des mosquées, des auberges et même une université, ou *madraza*, dans certaines grandes villes.

Autour de la médina s'étendaient les **faubourgs** (al-Rabad), quartiers plus modernes qui au fil du temps allaient se fortifier. Le **cimetière** *(maqbara)* était hors de l'enceinte près des chemins d'accès à la médina et une grande esplanade (la **« sa'ría »**) faisait office de camp d'entraînement militaire *(musalla)*, de lieu de réunion des fidèles *(musara)* pour la célébration de la fin du Ramadan ou même de lieu de prière dans les petites villes. Après la Reconquête, ces esplanades servirent au battage du grain et reçurent le nom d'aire.

Les autorités civiles et militaires ainsi que les troupes et leurs familles résidaient dans l'**« alcazaba »** (al-Qasaba), cette citadelle indépendante fortifiée et dotée de services propres.

La maison – En général, en al-Andalus chaque maison logeait une famille. Les plus fortunés pouvaient se permettre le luxe d'avoir plusieurs épouses mais les mariages monogames étaient les plus courants. La surface des maisons découvertes par les archéologues varie de 50 à 300 m^2.

La recherche de l'intimité est une dominante dans la maison en al-Andalus. Chacun construit sa maison comme il le peut mais en l'isolant toujours de la rue à cause du bruit. En général, les juifs regroupent leurs maisons autour d'une grande cour avec une entrée commune située au bout d'un cul-de-sac. Les maisons sont protégées par une façade très sobre aux rares ouvertures dissimulées par des jalousies, et s'ordonnent autour d'une cour desservie par un couloir. Chacune dispose de latrines, d'une cuisine et d'une ou plusieurs chambres, ainsi que d'une étable. L'eau est stockée dans un réservoir ou tirée du puits de la cour. En général, les cheminées sont absentes et on se chauffe à l'aide d'un brasero. Les femmes cuisinent à la braise dans des récipients de terre cuite.

Les objets utilisés au quotidien sont simples : ustensiles de céramique et de terre cuite, grands coffres, tapis, tapisseries murales et coussins de coton, de laine ou de soie selon le niveau de vie de chaque famille.

R. Corbel/MICHELIN

Le marché ou zoco (souk) – Le marché existait surtout dans les villes et parfois dans les campagnes. En ville, il y avait des marchés spécialisés où l'on vendait des produits de la campagne. Les produits de luxe ou de grande qualité étaient commercialisés dans des marchés particuliers, les **« alcaicerías »**. De là, les produits étaient exportés vers trois grands marchés : les marchés méditerranéen, islamique et maghrébin. Le vérificateur des poids et mesures contrôlait l'activité commerciale jusque dans ses moindres détails pour éviter abus ou pratiques illégales.
Les **halles aux grains** servaient à la fois d'entrepôt pour les produits et de logis pour les marchands. C'est leur nom arabe *funduq* qui est à l'origine du mot espagnol *fonda* (auberge). Le Corral del Carbón de Grenade est une ancienne halle aux grains reconstruite.

LES BAINS

Tous les quartiers des villes étaient dotés de bains publics ou hammams afin de répondre à la forte demande d'une population aimant l'eau et soucieuse d'accomplir les préceptes islamiques de propreté du corps et de l'esprit. À l'époque califale, Cordoue en comptait plus de six cents. De plus, ces bains étaient des lieux de rencontre et de détente gérés par un personnel spécialisé. Les hommes s'y rendaient le matin, les femmes et les enfants l'après-midi.
Les bains étaient couverts de voûtes percées de petites lucarnes qui tamisaient la lumière extérieure. À l'intérieur, ils étaient tapissés d'azulejos et divisés en quatre zones principales dont la température augmentait progressivement. Dans la première zone, les clients prenaient les serviettes et les sabots de bois, puis se déshabillaient. Ensuite, ils entraient dans une salle fraîche où se trouvaient les latrines et enfin c'était le bain. Le rite du bain s'effectuait dans deux salles, l'une chaude, l'étuve, et l'autre tiède : dans la première, ils se détendaient tandis que les pores de la peau s'ouvraient, dans la seconde, on procédait aux massages. Les hommes profitaient de leur passage aux bains pour se faire coiffer ou raser. Les femmes, elles, s'appliquaient toutes sortes de fards, s'épilaient, se parfumaient de jasmin, teignaient leurs cheveux au henné ou s'appliquaient du khôl pour donner de la profondeur au regard.

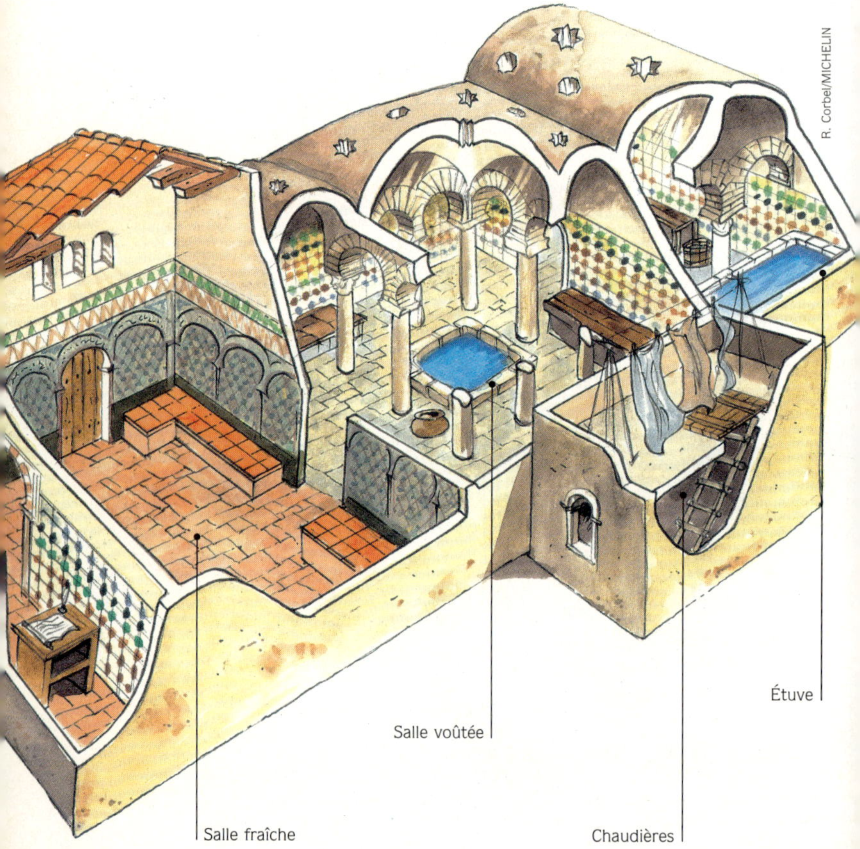

LA MOSQUÉE

La mosquée n'est pas un temple habité par Dieu mais une maison de prière dans laquelle tout musulman âgé de plus de 16 ans doit procéder obligatoirement à la prière du vendredi à midi. Al-Andalus comptait des mosquées de quartier, de petite taille, et des mosquées plus importantes ou *aljamas* comme celle de Cordoue. Comme dans tout territoire islamique, la mosquée jouait un rôle civique plus ou moins identique à celui du forum romain ou de la place publique médiévale. Ainsi, on y lisait les documents d'intérêt public ; on y bénissait les étendards avant chaque expédition militaire. À l'origine, la mosquée servait même de centre d'enseignement et de maison du trésor public.

La structure de la mosquée s'inspire de la maison de la Médina où le prophète Mahomet vécut et dispensa son enseignement. Comme la maison traditionnelle, elle compte deux espaces clairement différenciés, la **zone couverte** ou salle de prière *(haram)*, au sol recouvert d'une natte, et la **cour** (patio ou *shan*) avec une fontaine ou un bassin *(sabil)* pour les ablutions rituelles. Les autres composantes essentielles sont les suivantes :

– la **« quibla »**, ou mur principal de la salle, est orientée vers La Mecque. Étrangement, les mosquées andalouses étaient orientées vers le Sud et non vers le Sud-Est en direction de La Mecque depuis l'Andalousie. D'après certains, les constructions se sont inspirées des plans en usage en Syrie, tandis que d'autres historiens considèrent que le Sud indiquait le chemin à emprunter pour se rendre à La Mecque.

– le **mihrab**, niche vide située au centre de la quibla, rappelle le lieu où s'installait Mahomet pour prier.

– la **« maksourah »**, enceinte entourée de jalousies, précédant le mihrab, était sans doute l'espace réservé au calife.

– le **« mimbar »** est une sorte de pupitre de bois où se plaçait l'imam pour diriger la prière du vendredi *(jutba)*.

– le **minaret,** symbole islamique par excellence, est la tour adossée à l'un des murs du patio. Le muezzin se place sur la partie supérieure et appelle les fidèles à la prière. Généralement, les minarets hispano-musulmans étaient couronnés de trois sphères dorées *(yamur)* de taille décroissante surmontées d'une fleur de lys.

À la campagne

Aux environs des grandes villes s'étendaient des propriétés d'agrément du nom d'**« almunias »**. Demeures luxueuses, dotées de jardins et de vergers, de pièces d'eau et de fontaines, leur beauté n'avait d'égale que celle des palais royaux. La plus célèbre était la propriété d'al-Rusafa, au Nord-Est de Cordoue.
Si les souverains et les grands seigneurs possédaient d'immenses domaines cultivés par des journaliers, des cultivateurs et des éleveurs travaillaient leur propre terre. Ils vivaient regroupés dans des villages, les **« alquerías »**, en général défendues par un château et constitués de maisons, de dépendances, de terres de labour et de fermes. Les plus grands ensembles étaient entourés de fortifications et avaient une organisation communale qui s'apparentait à celle des villes.

L'AGRICULTURE

Les techniques hydrauliques élaborées en al-Andalus modifièrent l'écosystème méditerranéen de l'Andalousie. Certaines de ces techniques datent de l'époque romaine, comme c'est le cas des norias fluviales, mais il faut attribuer aux habitants d'al-Andalus le mérite d'avoir su tirer l'eau du sous-sol et de l'avoir conduite par des canalisations qui irriguaient d'immenses étendues de cultures. L'influence des Arabes sur les techniques d'irrigation est mise en évidence par les mots espagnols d'origine arabe dans le domaine agricole : *noria*, *acequia* ou canal d'irrigation, *alberca* ou réservoir d'eau, *aljibe* ou citerne, *azud* ou roue hydraulique...
De plus, les musulmans introduisirent les cultures en terrasses, les norias à traction animale ainsi qu'un système d'irrigation d'origine orientale qui consistait à forer des puits jusqu'à la localisation de la source ; les puits servaient ensuite à contrôler la pression de l'eau qui en affleurant était canalisée vers les zones désirées.

R. Corbel/MICHELIN

C'est la loi islamique qui régissait l'utilisation de l'eau, considérée comme un bien commun. La *zabacequia* organisait la distribution de l'eau. Chaque agriculteur avait le droit d'irriguer son champ en fonction de tranches horaires qui lui étaient attribuées. S'il n'était pas là à temps pour ouvrir les vannes des canaux alimentant son champ, il ne pouvait pas « récupérer » à un autre moment, déjà attribué à quelqu'un d'autre.
À côté des cultures traditionnelles (olivier, céréales, vigne) étaient apparues d'autres productions venues d'Orient, tels le riz, la grenade, le coton et le safran et des produits rares et coûteux à l'époque : épices, mûrier pour l'élevage des vers à soie. Les jardins potagers regorgeaient de produits de grande qualité souvent introduits par les Arabes comme l'aubergine, l'artichaut, l'endive et l'asperge. Les giroflées, les roses, le chèvrefeuille et le jasmin embaumaient les jardins.

L'ÉLEVAGE

Les habitants d'al-Andalus furent de grands éleveurs de bêtes de trait, de selle et de boucherie. Les **chevaux andalous**, héritiers des chevaux arabes, allaient devenir célèbres dans le monde entier. Pour répondre aux besoins de l'industrie du cuir, particulièrement florissante, on intensifia l'élevage des brebis, dont le nombre demeura constamment élevé. Malgré l'interdiction de la religion islamique de consommer du porc, on a retrouvé curieusement des textes qui font référence à cet animal et qui évoquent même la rémunération des éleveurs de porcs. Les principales zones d'élevage se situaient dans les marais du bas Guadalquivir ainsi qu'à l'Est de Cordoue.

LA DÉFENSE DU TERRITOIRE

Les habitants d'al-Andalus construisirent de nombreux équipements militaires tant pour se défendre que pour attaquer les chrétiens ou leurs propres coreligionnaires ; bon nombre d'entre eux sont toujours debout et ont été réutilisés après la Reconquête.
Après l'alcazaba, la construction urbaine la plus typique était le **château**, surtout dans les villes frontalières. Il s'agissait généralement de solides forteresses orientées d'Est en Ouest, divisées en deux zones clairement distinctes : l'alcazar réservé aux représentants et organisé autour d'un patio central, et une grande esplanade où se dressaient les bâtiments destinés à la troupe ; dépendant d'un château principal, une série de forteresses de moindre importance communiquait en permanence avec des **tours de guet**.
Les **murailles** étaient renforcées par des tours où logeait la garnison et par des créneaux dont le sommet était de forme pyramidale. À l'intérieur, on empruntait le chemin de ronde qui faisait le tour de la muraille.
Au 11e s., on vit apparaître les premières **barbacanes**, ouvrages défensifs situés devant les murailles, ainsi que les premières douves. Plus tard, à l'époque almohade, on commença à édifier des **tours avancées** (Torre del Oro de Séville), indépendantes de l'enceinte à laquelle elles sont néanmoins reliées par un mur ou **« coracha »**.
Au début, les portes des enceintes étaient renforcées par des plaques métalliques et du cuir. Lorsqu'au 11e s. on entreprit de les ouvrir entre des tours, on les protégea au moyen d'un pont-levis puis de **mâchicoulis**, petits ouvrages en saillie extérieure.
Bien entendu, les techniques de construction varièrent au fil des siècles. Sous le califat de Cordoue, on utilisa surtout la pierre de taille mais ensuite, on préféra l'emploi du mortier de glaise, de sable, de chaux et de gravillon plus résistant et fabriqué dans des moules puis badigeonné de couleur claire pour éblouir l'ennemi.

R. Corbel/MICHELIN

SAGES, POÈTES ET PHILOSOPHES...

Pendant huit siècles, al-Andalus fut un important foyer culturel où s'épanouirent tant les sciences que les lettres. Tandis que dans le reste de la péninsule la guerre était la seule préoccupation des souverains et de leur cour, habitant de lugubres châteaux, les émirs, califes, et rois andalous résidaient dans de luxueux palais et favorisaient l'essor culturel. Des scientifiques, des philosophes, des poètes et des artistes furent les ambassadeurs de la puissance et du raffinement des dirigeants. N'oublions pas que les grandes figures de la culture andalouse n'étaient pas isolées mais travaillaient en étroite collaboration avec la cour, dans de grandes bibliothèques comme celle d'Al-Hacam II à Cordoue qui comportait jusqu'à 300 000 volumes, ou dans les *madrazas* (universités) créées à cet effet.

À partir du 11e s., l'arabe fut la langue dominante sur tout le territoire. Chrétiens et juifs conservaient leurs propres langues mais utilisaient l'arabe dans la vie quotidienne ou dans les travaux scientifiques et littéraires. Notons également que les échanges culturels avec d'autres terres furent permanents, que ce soit l'Islam oriental – lors des voyages à La Mecque – ou les régions du Nord de l'Afrique surtout à l'époque almoravide et almohade.

La plupart de ces connaissances, très appréciées dans le monde occidental à la Renaissance et même par la suite, furent conservées grâce à l'immense travail d'Alphonse X. Avec l'aide des mozarabes et des juifs, ce monarque chrétien fit copier et corriger les manuscrits arabes récupérés à la suite de ses propres conquêtes et de celles de son père Saint Ferdinand III.

Les sciences

Les sages andalous ne négligeaient aucun aspect des sciences. Les **alchimistes** se penchèrent sur le comportement des corps métalliques et leur évolution ; les agronomes écrivirent de nombreux traités d'agriculture et insérèrent des chapitres sur l'élevage des pigeons voyageurs, qui étaient le moyen de communication le plus rapide et le plus efficace à l'époque ; les **naturalistes** créèrent des parcs zoologiques peuplés d'espèces inconnues et les **mathématiciens** comme Avempace, qui fut également un grand astronome, furent particulièrement brillants en trigonométrie.

La **médecine** atteignit un niveau étonnant pour l'époque et compta de grands spécialistes qui regroupèrent toutes leurs connaissances dans des encyclopédies. Nous savons ainsi qu'ils étaient capables de réaliser des opérations chirurgicales d'une extrême complexité et connaissaient déjà des maladies comme l'hémophilie. Le médecin le plus célèbre de son temps fut **Averroès**, grand philosophe par ailleurs : citons également les cinq générations de la famille **Avenzoar**. La médecine était étroitement liée à la **botanique**, domaine dans lequel ils étaient très avancés à l'époque : citons en exemple Ibn-al Baytar, originaire de Malaga, auteur d'un précis répertoriant mille quatre cents médicaments d'origine végétale et minérale, qui ne fut pas sans exercer une grande influence à l'époque de la Renaissance.

R. Corbel/MICHELIN

Toutes ces connaissances scientifiques se traduisirent par des **inventions** révolutionnaires en leur temps : les astrolabes et les quadrants nécessaires à la navigation, les systèmes de refroidissement, les jeux de lumière obtenus grâce à de petites piles de mercure, les pendules anaphoriques (mues par l'eau) – très utiles pour fixer les heures de prière – et même les jouets mécaniques. On adopta également les techniques chinoises de production du papier, qui commença à être fabriqué à Cordoue au 10e s. et les **chiffres arabes** firent leur apparition dans la péninsule ; étymologiquement, les mots *guarismo* (chiffre arabe) et algorithme sont dérivés du nom du mathématicien al-Juwarizmi.

Les lettres

Dans le domaine de la littérature, la poésie fut beaucoup plus développée que la prose. Les auteurs arabes improvisaient, composant les poésies à haute voix, et imposaient souvent à leurs esclaves d'apprendre leurs poèmes par cœur afin de les vendre plus chers.
Au début, les **« casidas »**, poésies arabes classiques, à une rime, étaient divisées en trois parties : l'évocation de l'être aimé, la description du voyage et l'éloge du destinataire. À la fin du 9e s., un poète de Cabra inventa le **« muwashshah »**, dont une partie était écrite en arabe classique et l'autre en roman *(kharja)*. Les **kharjas** dans les muwashshahs arabes sont les expressions les plus anciennes de la poésie lyrique européenne. Le **« zejel »**, sans doute créé par **Avempace** fut un autre type de composition poétique assez fréquent en al-Andalus. C'était un récit narratif écrit en langue vulgaire.

Abbad Ier, roi de Séville à l'époque des royaumes des taifas, fut l'un des plus grands poètes de l'Espagne musulmane, mais le plus apprécié fut le Cordouan Ibn Zaydun qui était épris de Wallada, princesse et poétesse omeyyade.
Dans le domaine de la prose, l'ouvrage le plus important à l'époque du califat fut *El collar único*, d'Abd al-Rabbini, également auteur de nombreux ouvrages épistolaires. Cependant, l'écrivain le plus connu de nos jours est le jurisconsulte polygraphe **Ibn Hazm**, dont l'ouvrage *El collar de la paloma sobre el amor y los amantes* a été traduit dans de nombreuses langues. Il y raconte diverses aventures amoureuses à la cour de Cordoue, dont l'épilogue est toujours édifiant ou moralisateur. Au 14e s., le poète le plus célèbre fut **Ibn Zamrak**, dont les vers furent gravés sur les murs de l'Alhambra.
Enfin, la philosophie grecque, en particulier, la pensée d'Aristote, ne nous serait pas parvenue sans **Averroès** (Ibn Rusd), héritier de la pensée d'Avicenne. Ce célèbre Cordouan (1126-1198), qui fut *cadi* de Séville et de Cordoue et même médecin de la cour, se fonda sur les textes des penseurs grecs pour élaborer sa philosophie propre d'après les hypothèses de la religion islamique. Médecin, musicien, astronome, mathématicien et poète, Averroès fut la personnalité la plus complète de la culture andalouse de cette époque.

Religions

La religion musulmane – Les dirigeants omeyyades qui débarquèrent en Espagne au 8e s., bien que tolérants, s'efforcèrent d'islamiser les autochtones en leur offrant des avantages comme l'exemption de l'impôt religieux. Au 10e s., 50 % des habitants d'al-Andalus étaient de religion musulmane contre 90 % au 12e s. Le royaume hispano-musulman aux trois religions ne dura que pendant les quatre premiers siècles puis les non-musulmans représentèrent la minorité.

La religion chrétienne – Les autochtones qui choisissaient de conserver leur religion étaient soumis à l'impôt. Ils avaient leur propre hiérarchie mais étaient assujettis à l'autorité musulmane et devaient payer un impôt spécial *(yizya)*.
La crise du christianisme en Espagne musulmane commença avec l'arrivée des Almoravides. Ce fut le début des conversions obligatoires, l'émigration vers des territoires chrétiens et même des déportations vers différents territoires du Maghreb.

La religion juive – Comme les chrétiens, les juifs purent continuer à pratiquer leur religion moyennant le paiement d'un impôt ; ils vivaient regroupés dans des enclaves à l'intérieur des villes. À la suite du décret de conversion ou d'expulsion dicté par le premier roi almohade, nombreux furent ceux qui rejoignirent d'autres communautés juives au Maghreb ou en Égypte. Les juifs convertis qui demeuraient en al-Andalus devaient arborer un signe distinctif comme le bonnet jaune et une ceinture spéciale.

L'architecture populaire

Les paysages sont aussi variés que l'architecture en Andalousie et pourtant, les villages présentent tous des similitudes : ruelles sinueuses, façades blanchies à la chaux, niches abritant la Vierge ou un saint, fenêtres grillagées, galeries ou balcons, terrasses ensoleillées, séchoirs... Pénétrons dans l'une des maisons et traversons le vestibule qui mène directement au patio et permet ainsi à l'air de circuler agréablement l'été. Puis revenons sur nos pas, sur ce même niveau se trouvent la cuisine et la pièce principale ; les chambres sont au premier étage et enfin au-dessus se trouve le grenier ou *soberao*, qui sert éventuellement de séchoir pour la charcuterie. Dans les milieux plus aisés, on dispose de chambres à l'étage inférieur pour l'été et à l'étage supérieur pour l'hiver. Les toitures varient d'un endroit à l'autre et sont soit en terrasse, comme à Almería, soit en tuile à deux pentes.

Plantes et fleurs à profusion

En Andalousie, fleurs et plantes abondent dans les maisons et les patios, sur les balcons et les terrasses, au détour des rues et sur les places... et au printemps l'air embaume la fleur d'oranger tandis qu'en été le jasmin répand son odeur envoûtante.
Risquez-vous à jeter un œil par la porte entrouverte du vestibule d'une maison seigneuriale et vous apercevrez un patio empli de pots de fleurs et de plantes variées, où la fougère touffue côtoie aussi bien la jacinthe que le glaïeul, le nard ou la violette. Les maisons plus simples elles aussi se cachent derrière des murs blanchis à la chaux, couverts de géraniums de toutes sortes, simples, doubles, odoriférants, lierres ainsi que d'œillets et de jasmin.
La maîtresse de maison andalouse sait parfaitement choisir les plantes selon les saisons et possède un talent exceptionnel pour les disposer à terre ou sur les murs. L'aspidistra se plaît dans les coins sombres, le géranium préfère le plein soleil et les œillets ou les fleurs qui font peu de feuillage sont installés sur les terrasses et ne sont descendus dans les patios qu'au moment de la floraison. Mais on n'achète pas les plantes, on les « vole », c'est-à-dire qu'on s'échange les boutures ou les graines entre voisins ou amis et on les fait pousser dans des récipients qui peuvent aller de la plus modeste boîte de conserve au pot de terre cuite le plus somptueux.

Dans la campagne autour de Cordoue et de Séville, on trouve des latifundios (vastes propriétés rurales) et des *cortijos*, terme employé souvent à tort pour désigner l'habitat andalou. Il s'agit d'exploitations agricoles et d'élevage où l'on cultive la vigne et l'olivier. Ces grandes propriétés s'articulent généralement autour de deux cours ou patios, l'une, très vaste sur laquelle donnent les écuries, les entrepôts et les habitations des employés, et l'autre, plus petite autour de laquelle s'ordonne la demeure des propriétaires.

B. Kaufmann/MICHELIN

L'art de chauler sa maison

Jusqu'au 19e s., les villes étaient constituées de maisons individuelles mitoyennes mais l'exode rural a entraîné de nouvelles constructions. C'est ainsi que l'on a vu naître les *corrales de vecindad* ou maisons de rapport à clientèle populaire, créées parfois dans d'anciens couvents abandonnés. De nos jours, elles ont été souvent réhabilitées et sont très prisées des artistes et des professions libérales. C'est au début du 20e s. que l'on a commencé à construire des immeubles.
Enfin, il convient de mentionner ces habitations particulièrement originales que sont les maisons troglodytiques dans les provinces de Grenade (notamment à Guadix) et d'Almería, les cabanes à colombages de bois et recouvertes de joncs de Doñana, les maisons des Alpujarras inspirées directement de l'architecture mauresque, les galeries et les arcades des villages de la Axarquía (province de Malaga) et enfin les inoubliables villages blancs des provinces de Cadix et Malaga.

Une terre d'inspiration

L'Andalousie a vu naître de nombreuses célébrités dans bien des domaines : depuis le philosophe **Sénèque**, en passant par certains prix Nobel de Littérature comme **Juan Ramón Jiménez** (auteur de *Platero y yo*) ou **Vicente Aleixandre**, sans oublier **Luis de Góngora**, la liste est infinie. Certains sont restés en Andalousie ou lui sont demeurés très attachés, d'autres ont quitté leur terre d'origine. De plus, cette région complexe et toute en contraste n'a cessé d'inspirer de grandes personnalités étrangères dont nous ne citerons ici que quelques noms.

En littérature

Tirso de Molina (1579-1684), probable auteur du *Trompeur de Séville*, a imaginé les aventures de don Juan Tenorio au bord du Guadalquivir. Ce grand conquérant allait ainsi devenir l'un des plus grands mythes de la littérature mondiale aux côtés de don Quichotte et de Faust grâce à José Zorrilla. Écrivain romantique prolifique, il a été le contemporain de quelques auteurs étrangers qui ont trouvé en Andalousie l'exotisme et le mystère qu'ils recherchaient. Des écrivains britanniques tels **Richard Ford** et George Borrow, des Français comme **Téophile Gautier**, Victor Hugo et Latour, des Américains comme **Washington Irving** et des Italiens comme Edmundo d'Amicis ont été les premiers voyageurs étrangers à se rendre dans le Sud de l'Espagne. Et c'est ainsi qu'est né le mythe de l'Andalousie terre de bandits, de toreros, de gitans sans cœur et de gens insouciants, mythe si apprécié et pourtant sans grand lien avec la réalité. Entre-temps en Espagne, le poète sévillan **Gustavo Adolfo Bécquer** écrivait ses célèbres *Rimas* qui ont été considérées par certains auteurs comme la parfaite association du lied allemand, des *siguiriyas* et du fandango andalous (chants et danses populaires).
Dans la première moitié du 20e s., la poésie andalouse a atteint ses lettres de noblesse grâce à certains membres de la génération de 1927. **Antonio Machado** (1875-1939), auteur de ce qu'il nommait des *cantares* et de *Coplas elegidas*, évoque toujours avec mélancolie son enfance dans un patio de Séville et chante, de même que son frère **Manuel Machado** (1874-1947, auteur du *Chant profond*), sa profonde nostalgie de l'Andalousie. **Federico García Lorca** (1898-1936), écrivain à l'étonnante personnalité, a mené le lyrisme andalou à son paroxysme dans le *Romancero gitan* et le *Chant funèbre pour Ignacio Sànchez Mejías*. **Rafael Albertí** (1902-1999), peintre et poète, héritier de Góngora, de Bécquer, de Juan Ramón Jiménez et d'Antonio Machado, révèle une poésie personnelle très andalouse, à la fois plaisante et populaire *(Marin à terre)*.
Dans la seconde moitié du 20e s., la littérature andalouse est illustrée par les grands noms de **Félix Grande**, **José Caballero Bonald**, **Antonio Muñoz Molina** et surtout **Antonio Gala** (1936), grand auteur originaire de Cordoue qui a su comme personne saisir la réalité de l'Andalousie contemporaine et la grandeur de celle des siècles passés.

En musique

Trois grands compositeurs espagnols classiques en marge de la musique populaire, mais s'en inspirant directement, ont su parfaitement véhiculer l'âme andalouse dans leurs œuvres. L'un deux était un enfant du Sud mais les deux autres, étrangement, étaient catalans.
Né à Cadix, **Manuel de Falla** (1876-1946) est certainement le plus illustre compositeur espagnol du 20e s. : musicien classique d'inspiration régionale et non folklorique, il révèle sa passion pour le cante hondo et l'éclat du flamenco dans ses deux ballets les plus célèbres, *L'Amour sorcier* et *Le Tricorne*.
Originaire de Gérone, **Isaac Albéniz** (1860-1909), grand représentant du mouvement nationaliste espagnol, a dédié à l'Andalousie certains de ses chefs d'œuvre comme *Caprices andalous* ainsi qu'une grande partie de la suite *Iberia*. Le catalan **Enrique Granados** (1867-1916), de renommée mondiale, a consacré à l'Andalousie l'une de ses trois *Danses espagnoles*.
Et n'oublions pas, bien entendu, les deux célèbres opéras, *Carmen* de Bizet et *Don Giovanni* de Mozart.

Au cinéma

Le cinéma espagnol s'est toujours inspiré de thèmes andalous, considérés comme les plus représentatifs de l'Espagne. Dans son inoubliable *Bienvenue M. Marshall*, Berlanga a caricaturé cette tendance qui a progressivement disparu mais Carlos Saura a su remettre à l'honneur avec brio le folklore andalou dans des œuvres comme *Noces de sang*, *Flamenco* et *Svillanes*.
Récemment, après le succès de *Solas*, la critique a vu chez **Benito Zambrano** le premier représentant du nouveau cinéma andalou.

Traditions populaires

Les Andalous ont le sens de la fête, ils la vivent tous ensemble à leur manière et intensément. Il y a plus de trois mille fêtes tout au long de l'année, la plupart d'inspiration religieuse (processions et pèlerinages), d'autres d'inspiration profane comme les célèbres ferias, les carnavals et les fêtes des Maures et des Chrétiens.

La Feria

Les ferias andalouses, si colorées, pleines de musique, de danses et de gaieté sont issues des traditionnelles foires au bétail du printemps et de l'automne qui avaient été créées en Andalousie comme dans tout le reste de l'Espagne, au Moyen Âge. Au fil du temps et avec l'évolution des marchés, ces fêtes ont perdu leur sens primitif et sont devenues des sortes de foires où l'on se rend vêtu de ses plus beaux atours avec chevaux et calèches dans le but de passer un bon moment. Chaque feria a ses particularités mais toutes présentent un peu les mêmes points communs.

B. Morandi/DIAF

La Feria

Curieusement, la Feria de Séville qui est de renommée mondiale et sert de modèle à d'autres grandes ferias comme celles de Cordoue, Malaga ou Jerez, est assez récente et ne date que de 1847.
L'enceinte de la Feria est un terrain clos auquel on accède par une grande porte décorée d'ampoules multicolores. À l'intérieur, les différents espaces sont clairement délimités : le secteur des attractions foraines (la grande roue, les montagnes russes, les stands de tir, la tombola) où les rues portent des noms évocateurs : **calle del Infierno** (enfer), du **Recreo** (plaisance)..., le secteur commerçant ou Rastro (uniquement dans les villages) et enfin le **Real** de la Feria : c'est là que sont installées les **« casetas »**, fragiles et éphémères pavillons de bois et de toile décorés de lanternes, de tableaux et de mobilier plus ou moins luxueux où l'on mange, chante et danse tout au long du jour et de la nuit. Certaines casetas sont privées, à l'accès strictement limité, d'autres sont publiques et tout le monde peut y accéder.
Même si cela ne semble pas très évident pour celui qui assiste à la Feria pour la première fois, le programme est rigoureusement établi à l'avance, comme dans les autres fêtes traditionnelles d'Andalousie. De midi à quatre heures de l'après-midi environ, tout le monde se rend au Real en costume typique. La musique bat son plein dans les casetas et tandis que les uns dansent, les autres se promènent dans les rues à pied, à cheval, sur de superbes chevaux harnachés ou dans des calèches. Après la sieste ou la corrida, les enfants sont les rois de la fête. Le soir, les gens viennent dîner à la Feria, vêtus cette fois-ci simplement, prêts à faire la fête toute la nuit. Ainsi s'écoule la semaine de la Feria où l'on réussit à travailler une bonne partie de la journée même si... l'on dort très peu...

La Semaine sainte

Les longs défilés de la Semaine sainte, la plus grande fête d'Andalousie, s'ébranlent au rythme des tambours. Les vêtements richement brodés scintillent à la lumière des chandelles, les statues majestueuses glissent entre les orangers au clair de lune, les incantations spontanées *(saetas)* jaillissent des balcons au passage de la Vierge et de son Fils...

Malaga, Séville, Grenade, toutes les villes comme tous les villages d'Andalousie commémorent la Passion et la Mort du Christ en sortant pour les processions de magnifiques œuvres d'art réalisées par d'illustres sculpteurs comme Alonso Cano, Martínez Montañés ou Pedro de Mena. Ces statues sont placées sur les **pasos** (Séville) ou les **tronos** (Malaga), sortes de chars en bois sculpté, rehaussés d'argent ciselé et ornés d'innombrables fleurs. Sous ces chars, cachés sous de lourdes jupes de velours, les porteurs, ou **costaleros**, avancent lentement, supportant chacun quatre-vingts kilos soit un poids total de trois tonnes ! Cet effort magistral nécessite un entraînement préalable qui s'effectue entre Noël et la Semaine sainte et les porteurs les moins expérimentés s'exercent en parcourant le chemin de la procession avec une charge égale à celle qu'ils supporteront tout au long de la Semaine sainte.

D. Lerault/DIAF

Dans la procession

En Andalousie, près de mille **Cofradías** ou **Hermandades de Pasión** (confréries) assument les frais de la réalisation et de l'entretien des pasos. Les dons des particuliers ainsi que diverses tombolas permettent d'entretenir ou d'enrichir les pasos. N'oublions pas que les statues de la Vierge disposent d'une impressionnante garde-robe changée à chaque occasion par la *santera* responsable de son vestiaire.

Tandis que les processions parcourent la ville, on se déplace en différents endroits pour admirer l'adresse des costaleros lors de passages difficiles ou simplement pour s'extasier devant le magnifique spectacle d'un paso qui illumine une rue sombre. Les rues grouillent de monde, les terrasses des bars se remplissent et ce bouillonnement pourrait en surprendre plus d'un. Mais il est inutile d'essayer de comprendre, c'est encore l'un des aspects de la religiosité andalouse.

¡ « Al cielo con Ella »! (Au ciel avec elle !)... Le paso s'ébranle et le cortège se met en marche...

Les pèlerinages

Les Andalous vouent une dévotion toute particulière à la Vierge à tel point que l'on dit que « l'Andalousie est la terre de la Très Sainte Vierge ». Toutes les régions comptent d'innombrables sanctuaires où l'on vénère la Vierge sous divers vocables : Vierge de la Tête, Vierge de la Beauté et de la Règle, de la Lune et du Soleil, du Roc et de la Montagne...

Si chaque pèlerinage présente ses particularités, parfois assez originales, tous se déroulent à peu près de la même manière : on se rend d'abord à l'église (souvent en carrioles décorées menées par des chevaux), puis ont lieu la cérémonie religieuse et la procession, enfin le repas et pour finir le dîner dans la campagne rythmé par les chants et les danses jusqu'à l'aube ou même au lendemain.

Le pèlerinage andalou le plus célèbre est celui de la **Vierge du Rocío** (Huelva), événement exceptionnel tant religieux que social auquel participent environ un million de pèlerins regroupés en confréries originaires de toute l'Espagne et même de certains pays d'Europe *(voir p. 273)*.

Les croix de mai

La fête des Croix, qui a lieu le 3 mai, est célébrée à l'occasion de la fête religieuse de l'Invention de la Sainte Croix. La tradition veut qu'au 6e s. de notre ère, la mère de l'empereur Constantin découvrit la croix (Lignum crucis) sur laquelle fut crucifié le Christ et la divisa en petits fragments qui furent répartis dans tout le monde chrétien.

La Croix de Mai est célébrée partout en Andalousie mais de différentes manières : dans certains villages, les croix sont fixes et vénérées tout au long de l'année (La Palma del Condado) ; dans d'autres, on dresse la croix spécialement à cette occasion (Conil). Mais partout, les croix sont décorées de branches de romarin et de fleurs et vénérées, puis l'on chante et l'on danse une bonne partie de la nuit. Les Croix de Mai de Cordoue, installées dans toute la ville, se révèlent les plus originales et les plus somptueuses.

Le carnaval

Dans la plupart des capitales andalouses, le carnaval est une fête traditionnelle que Séville lança à son époque de gloire, mais c'est à Cadix qu'il tient la plus grande place. Après des mois d'essayages et de travaux de couture pour préparer les costumes et mettre sur pied des animations où on laisse libre cours à l'imagination, le carnaval se déroule sous le signe de la gaieté et de la bonne humeur. Les héros de la fête sont les **comparsas**, ces groupes vêtus à l'identique, qui parcourent les rues en chansonnant les récents événements politiques ou sociaux.
Dans les villages plus proches de la Meseta, le carnaval, nettement plus sobre, fête « l'enterrement de la sardine », en référence au poisson que l'on mangeait en période de Carême.
Mais le carnaval le plus spectaculaire demeure celui de **Cadix** car les Sévillans réservent toute leur énergie pour la Semaine sainte et la Feria.

Les costumes typiques

Chaque province andalouse possède son propre costume régional qui diffère totalement d'un endroit à l'autre. À Malaga, par exemple, le costume de **verdiales** surprend par le chapeau masculin totalement recouvert de fleurs naturelles et de rubans de couleurs tandis qu'à Cadix, le costume de **piconera** est composé d'une jupe de satin, d'une blouse blanche, d'un tablier noir et d'un filet à pompons qui retient les cheveux ; dans les Alpujarras grenadines, la jupe à rayures de couleurs se porte avec une blouse à manches courtes et un petit châle à fleurs...
Mais malgré toute cette variété, le véritable costume andalou reste par excellence celui qui était porté traditionnellement à Cordoue et à Séville mais qui a subi certaines transformations dans la seconde moitié du 20e s. Dans tous les cas, le costume andalou est le seul au monde à avoir sa propre mode dont les couleurs, le nombre et la longueur des volants ou la forme des manches varient d'une année à l'autre.
Mises à part certaines variantes, le **traje de faralaes** ou costume flamenco sied particulièrement aux femmes aussi bien par ses couleurs vives que par sa coupe ajustée qui affine la silhouette ; le profond décolleté et les volants qui soulignent la partie inférieure de la robe confèrent un charme particulier à ce costume qui s'accompagne parfois d'un petit châle à franges. Enfin, la touche finale est donnée par les boucles d'oreille *(zarcillos)* et les bracelets assortis à la robe ainsi que les fleurs naturelles ou artificielles piquées dans les cheveux. Quand elle doit monter à cheval, la femme andalouse revêt un costume plus rustique, composé d'une jupe d'amazone, d'une blouse à jabot de dentelle et d'une veste courte noire.
Le costume des hommes, noir, gris ou marron foncé, se compose d'une veste courte, d'une chemise blanche sans cravate, d'un pantalon ajusté et de guêtres de peau ou de bottes en veau retourné. Enfin, le célèbre chapeau de Cordoue à larges bords ou le sévillan un peu plus petit complètent cette tenue.

La tauromachie

La corrida qui suscite tant de passions enflammées entre partisans et détracteurs est plus qu'un univers propre à la culture andalouse ; c'est un phénomène que tout voyageur en Andalousie ne peut ignorer.
Sans la corrida, il n'y aurait pas la longue tradition d'**élevage** des prestigieux taureaux de combat Miura, Pablo Romero ou Concha Sierra, et on n'élèverait pas non plus tant de **chevaux** exceptionnels dans les *cortijos*.
Et que dire de la poésie et de la chanson andalouses si les **toreros** n'avaient jamais existé ? Ce sont eux qui ont inspiré des compositions déjà classiques comme le *Chant funèbre pour un torero* de García Lorca ou les paso-dobles et les chansons qui appartiennent à la culture de la région et à toute l'Espagne.
Toreros, idoles de l'iconographie populaire, élevés au rang de dieux et devenus héros de légende des jeunes sans d'autre richesse que leur courage ! Même si les choses sont différentes aujourd'hui (il existe maintenant des écoles de tauromachie), ils suscitent toujours autant l'admiration comme à l'époque de Joselito, dont on pleura la mort à un point tel que même la Vierge sévillane de la Macarena prit le deuil.
Sans la corrida, les magnifiques **arènes** de Ronda n'existeraient pas, les tailleurs de **vestidos de toreros** (que l'on nomme à tort vêtements de lumières) brodés d'or et confectionnés dans des soieries chatoyantes n'exerceraient pas leur art. Et qui remplacerait ces **peintres d'affiches** qui réalisent parfois de véritables œuvres d'art ?

R. Mattès

Le flamenco

Le flamenco, la plus authentique manifestation artistique andalouse, est né au milieu du 19e s. et est le produit de différentes formes musicales qui existaient déjà en Andalousie, telles que la musique juive, byzantine, arabe et même hindoue. Actuellement, les spécialistes ne sont toujours pas d'accord sur l'influence de ces formes musicales, mais en revanche le berceau du flamenco semble être la Basse Andalousie (Jerez, Utrera, Lebrija, Cadix...) où des familles ont perpétué la tradition artistique de père en fils. On reconnaît en outre que si le flamenco n'est pas le pur produit des gitans, ils lui ont tout de même apporté leur touche personnelle et leur magistrale capacité d'interprétation.

B. Gardel/HEMISPHERES

Le flamenco fut longtemps associé par la bonne société andalouse, soutenue par des intellectuels comme Azorín, Baroja et Unamuno, aux « petites gens ». Mais en puisant leur inspiration dans le folklore, García Lorca et Manuel de Falla lui permirent d'acquérir ses lettres de noblesse et d'apparaître comme une manifestation culturelle du peuple andalou.

Depuis, le **cante** (chant) a compté des noms mythiques (Antonio Mairena, Fosforito, la Niña de la Puebla...) auxquels se sont ajoutées d'autres grandes figures comme le célèbre **Camarón de la Isla** et de grands interprètes du **toque** (art de la guitare) comme Paco de Lucía et du **baile** (danse) comme Lucía Hoyos.

Les générations récentes ont su démontrer que le flamenco est toujours vivant et qu'il est ainsi à même d'évoluer et d'assimiler de nouveaux rythmes. Ce n'est certes pas l'avis des puristes mais des groupes tels que Ketama et Navajita Plateá, des *tocaores* (musiciens) comme Raimundo Amador et des *bailaores* (danseurs) comme Joaquín Cortés et Antonio Canales prouvent que le flamenco est capable de s'orienter vers de nouvelles voies.

Bulerías, peteneras, siguiriyas, cantes de ida y vuelta, fandangos, soleás...(chants et danses populaires andalous), les différents styles et rythmes du flamenco ne sont pas toujours aisés à saisir pour qui n'est pas andalou. « Il faut du temps... »

L'artisanat

L'artisanat andalou offre une large gamme de produits dont les caractéristiques varient selon les régions surtout en ce qui concerne la poterie et la céramique, mais les traditions sont communes à la majorité des provinces. Ces dernières années, de gros efforts ont été déployés pour remettre à l'honneur des techniques et des motifs presque oubliés. Mais certains arts décoratifs, comme par exemple le tissage de la soie qui était une industrie prospère sous la période musulmane, ont malheureusement disparu à jamais.

Travail du métal et du fer forgé – Dans de nombreux villages, on continue de travailler le fer selon les méthodes traditionnelles, c'est-à-dire avec la forge et l'enclume, et l'on fabrique des grilles, des escaliers ou des grilles pour portes et fenêtres comme dans la région d'Arcos de la Frontera ou dans la région de Torredonjimeno. En outre, certains villages de la région de Malaga, comme Arroyo de la Miel, Cártama et Estepona, se sont spécialisés dans la production de fer forgé d'art.

N'oublions pas de mentionner les originales lanternes de fer blanc et de verre d'Úbeda ainsi que les curieuses cloches de Cortegana ou les attelages de Bollulos del Condado, qui présentent à la fois un travail de fer forgé et d'ébénisterie.

Travail du cuir – Le monde des chevaux occupe une telle place en Andalousie qu'il a favorisé le développement d'une importante fabrication de selles et, bien entendu, de culottes de cuir, de besaces ainsi que de tout équipement d'équitation et de chasse. Les centres les plus importants se situent à Jerez de la Frontera, Alcalá de los Gazules, Villamartín, Almodóvar del Río, ainsi que dans la province de Huelva (Almonte et Zalamea la Real).

Ubrique et Prado del Rey sont devenues les capitales de la maroquinerie et tous leurs ateliers confectionnent des articles de petite maroquinerie (sacs, ceintures, gants) pour des sociétés du monde entier.
L'industrie de la chaussure est aussi présente avec les bottes de Valverde del Camino et les chaussures cousues main de Montoro.
Enfin, on ne peut terminer cette énumération sans citer les magnifiques cuirs repoussés de Cordoue au décor moderne ou traditionnel.

Le bois – Si les ateliers perpétuent la tradition depuis des siècles, comme les sculpteurs sévillans qui s'inspirent des créations de Martínez Montañés et de Pedro Roldán, le travail du bois revêt également son importance avec la fabrication de meubles qui est une caractéristique de l'Andalousie.
Au 19e s., après l'achat de chais par des Anglais, les habitants de la région de Cadix (Sanlúcar de Barrameda et San Fernando), experts dans la fabrication de tonneaux et de barriques de bois, se sont tournés vers l'ébénisterie et ont commencé ainsi à créer des meubles d'acajou, de style anglais, travaillés et assemblés à la main. À Ronda, on fabrique plutôt du mobilier rustique.
Les artisans de la région de Grenade sont renommés pour leur parfaite habileté dans le travail de la marqueterie (avec incrustations d'os, de nacre, d'ambre ou d'ivoire) et de la dorure. Certains villages de la province se sont spécialisés avec le temps comme c'est le cas de Capileira ou de Baza où l'on fabrique des meubles de style mudéjar ou des meubles de style Renaissance.
Les « chaises de Séville », aux couleurs vives décorées de motifs floraux, sont fabriquées dans plusieurs villages de la province de Huelva (Valverde, Galorza, Zalamea).

M. Raurich/STOCK PHOTOS

Produits d'artisanat dans un village blanc

Poterie et céramique – Dans ce domaine, la gamme de produits est infinie car elle comprend aussi bien des pièces dont l'usage est tombé en désuétude, comme les cruches, les pots de grès et les terrines, qui sont uniquement des pièces décoratives, que la somptueuse faïence artistique de Pickman-La Cartuja de Séville, de grande qualité, aux motifs gris, roses et verts.
Les fours de la région d'Almería à Albox, Níjar et Sorbas sont quasiment les mêmes qu'à l'époque arabe. Dans la province de Grenade, on trouve beaucoup de fours à bois du 19e s. et à Guadix, les tours sont toujours scellés dans le sol.
Dans le quartier de Triana à Séville, il y a encore de nombreux ateliers de céramique ou de fabrication d'azulejos (dans les tons bleus, jaunes, oranges et mauves) tandis que Sanlúcar la Mayor est en train de réaliser un grand travail de reproduction de dessins hispano-arabes de céramique aux reflets métalliques.
Dans la région de Jaén, terre de potiers, c'est la céramique bleue et blanche d'Andújar qui est la plus célèbre. À Cordoue, on trouve des reproductions de céramique aux décors géométriques, végétaux et animaux de l'époque du califat.
N'oublions pas non plus les marbres de Macael et les jarapas ou catalognes de Níjar qui sont des tapis aux tons doux faits de bandes de tissu, les couvertures de Grazalema, les tapis faits main de Malaga, de Marbella et d'Estepona, la vannerie de Lanjarón, la bijouterie de Cordoue, les éventails, les châles et les grands peignes de Séville, les costumes régionaux d'Antequera et les guitares de Grenade, de Cordoue et de Marmolejo.

La gastronomie

La présence arabe a profondément marqué la culture andalouse et exercé une influence indéniable sur la gastronomie locale. Les nouvelles techniques agricoles fondées sur l'utilisation maximale de l'eau ont permis la culture de terres qui jusque là n'étaient pas exploitées et c'est ainsi que l'on a pu disposer de fruits et de légumes tout au long de l'année. De nouvelles cultures sont ainsi apparues (riz, aubergines, artichauts, asperges) ainsi que des épices jusque là inconnues du monde occidental comme le poivre, la cannelle ou le cumin. D'autre part, ce sont les Arabes qui ont établi un ordre dans la présentation des plats car jusque-là, on disposait tous les plats à la fois sur la table.
Bien qu'ils aient longtemps occupé le pays, les Arabes n'ont pas étouffé les traditions alimentaires andalouses, fondées sur les produits de la vigne et de l'olivier. Les vins andalous sont désormais appréciés dans le monde entier *(voir encadré p. 234)* et les différents types d'huile d'olive, avec deux appellations contrôlées – Baena (Cordoue) et Sierra de Segura (Jaén) –, sont très prisés.
La gastronomie andalouse présente des tendances bien distinctes entre les **zones côtières** et l'**intérieur des terres :** ici, un climat plus frais s'accompagne d'une cuisine où dominent potages, salades et gibier, là, on accommode les produits de la mer.

Le gazpacho

Ce potage froid, rafraîchissant et très nourrissant est connu dans le monde entier. Il se compose de tomates, de concombres, de poivrons, d'huile, de vinaigre, d'ail et de sel et on y ajoute parfois de la mie de pain pour épaissir, de l'oignon ou même de l'œuf dur haché. Les proportions varient légèrement selon les goûts des familles. Chaque *gazpacho* est différent et certains autres plats comme le *salmorejo* (pain écrasé avec des tomates, de l'ail, de l'huile, du vinaigre et du sel) ou l'*ajo blanco* (qui lui ressemble un peu mais les tomates sont remplacées par des amandes et le mets s'accompagne de raisin et de melon) sont des variantes du gazpacho car ils se consomment frais également.

Mimo/STOCK PHOTOS

Même si le poisson frit *(pesca'to frito)* se sert dans tous les bars de la côte, la cuisine andalouse repose sur les **plats cuisinés**. Le *cocido* andalou (genre de pot-au-feu), qui porte aussi le nom de *olla* ou de *puchero*, est préparé dans toutes les provinces mais varie selon les produits locaux. Il se compose de viande de porc ou de poulet cuisinée avec des légumes, des pois chiches et des haricots. La viande et le lard consommés à part constituent le **« pringá »**, tapa des bars sévillans.
Dans les régions montagneuses de l'intérieur, d'excellents plats de gibier apportent toutes les calories nécessaires pour combattre le froid. Sur la côte, on trouve une multitude de **poissons** cuisinés de manière très variée : cuits ou *a la plancha*, c'est à dire, grillés à même une plaque de métal (grosses crevettes et gambas de Sanlúcar), cuisinés (plats de poissons de Cadix), frits (anchois, limandes, petites seiches...), grillés (sardines de Malaga ou orphies).
L'Andalousie, terre de contrastes, possède également une grande diversité de fruits et de légumes frais, on trouve aussi une excellente **charcuterie**. Le **jambon**, le gros boudin et le jambon de Jabugo, la terre par excellence du porc ibérique nourri de glands, la saucisse de Ronda ainsi que les saucisses et les jambons de Trévelez feront la joie des amateurs de charcuterie.

Et pour le petit déjeuner...

Vous pourrez déguster dans presque tous les bars ou les cafétérias le petit déjeuner typique d'Andalousie qui se compose d'une baguette ou d'une demie baguette de pain à l'huile d'olive ou au beurre *coloré*. C'est un véritable régal. Et surtout, si vous optez plutôt pour les *churros* (sortes de beignet), n'oubliez pas qu'ils ne portent pas le même nom partout *(calentitos, tejeringos, jeringos...)*

Les fromages andalous sont peu connus en dehors de la région et sont faits à partir de lait de chèvre ou de brebis, mais rarement avec du lait de vache. Ils sont assez forts et ne se prennent jamais en fin de repas mais plutôt à l'apéritif, accompagnés de vins de *manzanilla*, *finos* ou *olorosos* (variété aromatique de xérès). Ils proviennent généralement des montagnes d'Almería et de Grenade, de la Serranía de Ronda et de la Sierra de Grazalema.
L'influence arabe ou juive est très nette également dans la **pâtisserie** andalouse, délicieuse et très variée. À Estepa, on fabrique les *polvorones* (petits gâteaux à base de farine, de suif et d'amandes) et *mantecados* que l'on déguste à Noël dans l'Espagne toute entière ; les délicieux *tocinos de cielo* (sorte de flan) sont fabriqués à Jerez ; et que dire des petits pains de toutes sortes, des mille-feuilles, des beignets au miel... Aujourd'hui, ces pâtisseries sont souvent réalisées dans des couvents suivant des recettes traditionnelles, ce qui explique peut-être leurs noms si évocateurs... *huesos de santos* ou os de saints, *cabellos de ángel* ou cheveux d'ange, *suspiro de monjas* ou soupir de nonne, *tocino de cielo* ou lard céleste !

Les tapas

Le *tapeo*, invention andalouse et plus spécialement sévillane, est une coutume indissociable de la gastronomie espagnole et célèbre au-delà des frontières de l'Espagne. Même si initialement les tapas (une fine tranche de jambon, une grosse crevette, un petit morceau d'omelette) s'accompagnaient d'un verre de bon vin, les portions sont devenues plus variées au fil du temps à tel point qu'aujourd'hui de nombreux bars d'Andalousie ne servent que des tapas.

Vins andalous

Avec ses 86 000 hectares de vignobles, l'Andalousie est une zone viticole dont les produits sont célèbres dans le monde entier.
Les vins andalous s'obtiennent essentiellement à partir de deux variétés de raisin blanc, le Palomino, utilisé à Jerez et à Sanlúcar, et le Pedro Jiménez, employé pour les vins doux de xérès, certains Malaga et les Moriles-Montilla.
Il existe en Andalousie quatre appellations d'origine (denominaciones de origen, ou D.O.) : Xérès, Montilla-Moriles, Condado de Huelva et Malaga. Chacune produit surtout des vins généreux, mais ces dernières années, la diversification aidant, on a vu apparaître sur les marchés des vins de table jeunes, légers et fruités.

D.O. Jerez – Ce sont les vins les plus prestigieux, bien connus des Français sous le nom de Xérès. Cette appellation regroupe le *fino* (vin sec, pâle et un peu doré), le *manzanilla* (produit à Sanlúcar de Barrameda), l'*oloroso* sombre et long en bouche, le *dulce* (vin doux) comme le Moscatel et le Pedro Ximénez ; elle compte également l'*amontillado* (vin de xérès très sec, ambré, au bouquet aromatique), soumis à un long processus d'oxydation.

D.O. Montilla-Moriles – Ces vins forts en degré produits dans la province de Cordoue sont très différents des xérès mais présentent les mêmes critères de classement.

Ph. Body/HOA QUI

Cave à Jerez

D.O. Malaga – Jusqu'à il y a une centaine d'années, les vins doux de Malaga figuraient sur toutes les grandes tables européennes. Aujourd'hui, ils occupent une place moins importante car les goûts ont changé. Néanmoins, ils accompagnent toujours parfaitement les desserts ou les sucreries.

D.O. Condado – Ces vins blancs, jeunes, pâles et fruités sont élaborés à partir d'une variété de raisin, le Zalema. Les vins généreux sont de deux types, le Condado Pálido, qui rappelle les vins fins de xérès ou le manzanilla, et le Condado Viejo, un grand *oloroso*, qui peut atteindre 23°.

Hormis ces grandes régions vinicoles, d'autres territoires andalous produisent des vins purement régionaux. Citons les vins d'Aljarafe et de Los Palacios (prov. de Séville), de Villaviciosa de Córdoba (prov. de Cordoue), de Bailén, Lopera et Torreperogil (prov. de Jaén), de Costa-Albondón (prov. de Grenade) et de Laujar (prov. d'Almería).

Comment les boire? – Les vins généreux andalous jouissent d'une qualité uniforme tout au long de l'année en raison de leur mode d'élevage et se dégustent dans des verres à pied étroits et allongés.
Chaque variété se boit à une température différente:
– le fino doit se prendre entre 8 et 10 °C. Une fois ouverte, la bouteille doit être consommée très rapidement,
– l'amontillado est à sa température idéale entre 12 et 14 °C,
– les olorosos développent tout leur arôme à 18 °C.

... mais n'oublions pas les alcools

La qualité des vins andalous ne doit pas non plus faire oublier l'importance du marché des alcools. L'anis, le brandy et le rhum sont consommés en Andalousie ou exportés.
Les **anisettes** sont nées à Ojén (prov. de Malaga) près du premier haut-fourneau d'Espagne, à une époque où l'on prêtait à l'anis des vertus médicinales sur les voies respiratoires affectées par les mines et la sidérurgie. Actuellement, les principaux centres de production sont Montilla (prov. de Cordoue), où l'on produit des anisettes à forte teneur en alcool et à l'arôme léger, Cazalla et Constantina (prov. de Séville), d'où provient la *cazalla* (eau-de-vie d'anis dure et forte), et Zalamea la Real et Alosno (prov. de Huelva), qui fabriquent une eau-de-vie sèche et forte.
La plupart des **brandys** consommés en Espagne proviennent des caves andalouses. Jerez de la Frontera, Sanlúcar de Barrameda et Puerto de Santa María sont les seules régions inscrites au conseil de surveillance du brandy, mais cet alcool est aussi élaboré à Rute y Montilla (prov. de Cordoue) ainsi qu'à Malaga et à La Palma del Condado (prov. de Huelva).
N'oublions pas que les techniques d'élaboration du **rhum**, tout comme la canne à sucre qui fournit les jus nécessaires à cette distillation, ont été introduits à Cuba par les Espagnols. Des siècles plus tard, après la prise de pouvoir de Fidel Castro, certains producteurs cubains émigrèrent en Andalousie. De nos jours, Malaga et Grenade sont les seules régions d'Europe productrices de canne à sucre et de rhum.

Grenade : La cour des Lions, à l'Alhambra

Villes et curiosités

AGUILAR DE LA FRONTERA★

Cordoue – 13 397 habitants

Carte Michelin n° 446 T 16

Le village d'Aguilar s'étend sur une petite colline formant une tache blanche allongée au milieu des vignobles verdoyants.

Après la Reconquête, au 13ᵉ s., le village musulman de Bulay prit le nom d'Aguilar, complété rapidement par *de la frontera* (de la frontière) en raison de la proximité des frontières du royaume de Grenade. L'histoire de ce village est intimement liée à celle de la famille Fernández de Córdoba, dont les membres reçurent le titre de seigneurs d'Aguilar en 1370.

CURIOSITÉS

> **Goûtez sans hésitation...**
>
> ... aux *risaos* (préparation à base d'amandes, de sucre, de jaune d'œuf avec un zeste de citron) ainsi qu'aux excellentes meringues au café ou à la fraise.

Il est préférable de se garer dans le Llano de las Coronadas, près du Paseo de Vicente Aranda qui forme un agréable espace vert dans le village. Tout le quartier ancien a conservé nombre de demeures seigneuriales et d'églises baroques qui lui confèrent un indéniable cachet.

Remarquez les demeures des 17ᵉ et 19ᵉ s. de la **Calle Arrabal** *(nᵒˢ 5, 11 et 13)*.

En arrivant sur la placilla Vieja, monter la cuesta de Jesús.

★**Nuestra Señora del Soterraño** ⌚ – L'église principale du village, consacrée à sa patronne, fut construite au 16ᵉ s. grâce à Catalina Fernández de Córdoba.

Extérieur – Deux portails de pierre ornent la façade : à gauche, un portail baroque très représentatif du 17ᵉ s., comme plusieurs autres du village, provenant d'une église qui n'existe plus, à droite, un portail plateresque délicatement ouvragé.

Intérieur – Les chapelles sont d'une richesse étonnante. Les trois vaisseaux sont séparés par des arcs en ogive reposant sur des piliers cruciformes. L'abside triple est rectiligne, comme souvent dans ces régions. Dans la nef centrale, il ne reste qu'une partie du plafond *artesonado* mudéjar. La *capilla mayor* présente une voûte en croisée gothique. Un grand retable baroque de sept panneaux, présidé par une statue de la patronne du village, orne le *presbiterio*.

Un lutrin et de belles **stalles** de noyer du 18ᵉ s. occupent le fond de la nef centrale. Chaque dossier est orné d'un médaillon octogonal où figure un relief : saints, apôtres, vierges, etc. Appréciez la vigueur de l'expression malgré la technique assez primitive de l'ouvrage.

La **chapelle du Sacré-Cœur**★ et celle de l'**Immaculée** *(à gauche et à droite de la capilla mayor)* possèdent de remarquables stucs du 18ᵉ s. Dans la première se trouve un curieux **haut-relief de la Dernière Cène**.

La **chapelle de Jésus de Nazareth**★ se situe dans le bas-côté droit. Ce grand ensemble baroque du 18ᵉ s., coiffé d'une coupole en ove totalement recouverte de stucs, abrite une statue de Jésus à laquelle on voue une grande dévotion. Dans la partie postérieure, un *camarín* offre une décoration exubérante.

Derrière l'église, sur la petite colline, on aperçoit les rares vestiges du château de Poley.

Du Llano de las Coronadas, prendre la calle Santa Brígida

Église de l'hôpital de Santa Brígida – Cette église du 16ᵉ s. a subi d'importantes modifications aux 17ᵉ et 18ᵉ s. Remarquez la curieuse façade avec sa tour centrale flanquée de deux simples portails baroques. Cette tour du 18ᵉ s. presque néoclassique, aux proportions harmonieuses, diffère totalement des tours baroques des autres églises du village.

Retourner au Llano de las Coronadas et prendre la calle Moralejo.

Couvent des Carmélites (Monasterio de San José y San Roque) – La construction du monastère fondé en 1668 s'acheva en 1761. L'intérieur de l'église *(ouverte uniquement à l'heure des offices)* est d'une richesse surprenante et c'est bien le joyau de toute l'architecture baroque d'Aguilar. Aucun espace n'est épargné par la décoration, retables, peintures et plâtres au décor de feuilles, de volutes et d'angelots forment un ensemble à l'unité de style remarquable.

Observez les maisons seigneuriales des calles Moralejo et Carrera.

Dans la calle Moralejo, prendre la calle Granada ou la calle Mercaderes.

★**Plaza de San José** – Quatre arcs voûtés desservent cette grande place octogonale à l'architecture néoclassique (elle a été achevée en 1810) assez originale en Espagne. Remarquez l'hôtel de ville et appréciez la simplicité et l'harmonie qui se dégagent du tout.

Quitter la plaza de San José par la calle Don Teodoro.

★ **Torre del Reloj** – Tour baroque du 18e s., la **tour de l'Horloge** s'élève majestueusement sur la plaza de los Desamparados mais n'a jamais fait partie d'un édifice religieux ; ce fut toujours un bâtiment civil malgré son clocher typiquement andalou. Elle est surmontée d'un dôme orné d'azulejos et d'une tourelle.

B. Kaufmann/MICHELIN

Détail de la tour de l'Horloge

La calle del Carmen – On y accède par la calle Desamparados dont les maisons se découpent merveilleusement sur les vignobles des alentours. Sur la **petite plaza del Carmen**, près de l'église du même nom, un modeste Christ aux Lanternes n'est pas sans rappeler celui de Cordoue.

Reprendre la calle Moralejo puis Vicente Núñez. Au nº 2, la curieuse **demeure seigneuriale du cheval de saint Jacques** doit son nom à un saint Jacques à cheval qui orne le balcon central.

ENVIRONS

Laguna de Zóñar – *Prendre la A 309 en direction de Puente Genil.* Au bord de la route, le **centre d'accueil** *(centro de visitantes)* **des zones humides El Lagar** présente les caractéristiques géographiques, ainsi que la faune et la flore de ces écosystèmes formés par trois étangs. Plus loin, le **centre d'accueil Zoñar** (centro de visitantes Zoñar ⓥ) propose une exposition interactive sur l'étang. Depuis l'observatoire, on peut apercevoir des **érismatules à tête blanche**, sorte de canard dont l'espèce aujourd'hui protégée était en voie de disparition il y a une dizaine d'années.

Puente Genil – *18 km par la A 309.* Ce lumineux village de la *campiña* établi au bord du Genil doit son nom au pont du 16e s. (dessiné par Hernán Ruiz) qui enjambe la rivière que longe une agréable promenade offrant une belle vue. Puente Genil est réputé pour ses fameuses pâtes de coing qui séduiront tous les amateurs.
Le cœur historique compte plusieurs maisons seigneuriales, surtout calle Don Gonzalo, ainsi qu'un petit **Musée archéologique et ethnographique** (Museo Arqueológico y Etnográfico ⓥ), qui expose des vestiges trouvés dans les gisements archéologiques de la région. Certaines églises méritent d'être visitées : **N.-D.-de-la-Conception** (17e s.), avec son portail encadré de tours et son retable principal de stuc polychrome ; l'**église de la Purification**, dont le joli clocher du 19e s. est rehaussé d'une flèche, et qui recèle une Vierge Immaculée de Pedro Duque Cornejo ; l'**église du couvent St-François**, dotée de belles statues (N.-D. de los Ángeles, de La Roldana) ; enfin, l'**église de Jésus-de-Nazareth**, décorée de peintures d'artistes locaux du 19e s., hébergeant une statue très vénérée du patron de la localité, qui a donné son nom à l'église.

La particularité de la Semaine sainte

En passant par Puente Genil, vous remarquerez peut-être les curieux noms de certaines maisons : *Imperio Romano* (empire romain), *Cien Luces* (cent lumières), *Los Levitas* (les Lévites)... C'est ici que se réunissent tout au long de l'année les soixante-cinq corporations qui accompagnent les confréries pendant ces originales processions de la Semaine sainte où défilent des personnages issus du Nouveau ou de l'Ancien Testament.

ALCALÁ LA REAL★

Jaén – 21 493 habitants

Carte Michelin nº 446 T 18

Située au Sud de la province, dans une région vallonnée et quadrillée d'oliviers, Alcalá la Real est une ville frontalière, d'origine préhistorique, qui, en raison de sa situation stratégique, fut l'un des principaux champs de lutte entre chrétiens et musulmans. L'ancienne *Qalat* – qui signifie « ville fortifiée » en andalou – a atteint son apogée sous la période de domination arabe qui dura plus de six cents ans. Alphonse XI reconquit la ville en 1341.
Aujourd'hui, cette charmante ville est un centre agricole et commerçant vivant dont les principaux magasins se pressent calle San Fernando. Ne manquez pas d'ailleurs de goûter au *pollo a la secretaria*, préparation culinaire locale à base de poulet.
Alcalá a vu naître le grand poète Juan Ruiz, connu sous le nom d'**archiprêtre de Hita**, ainsi que les sculpteurs médiévaux **Juan Martínez Montañés** et **Pablo de Rojas**.

R. Mattès

Dominant Alcalá la Real, la forteresse de la Mota

★★**Fortaleza de la Mota** ⓥ – Cette forteresse qui s'élève sur la colline de la Mota offre des **vues panoramiques**★ fantastiques sur le village et ses alentours. Les pierres et les rochers se fondent dans la muraille percée par sept portes – remarquez la porte principale qui ressemble étonnamment à la porte de la Justice de l'Alhambra de Grenade.
La forteresse présente deux ensembles d'époque différente : la forteresse arabe et les églises abbatiales. La première est un château avec une cour d'armes et trois tours, celle de Mocha, celle de la Campana et le donjon. À l'intérieur du château, sur les vestiges de l'ancienne mosquée, l'**église St-Dominique**★, de style gothico-mudéjar, a été édifiée par Alphonse XI. Elle conserve la tour de l'ancien minaret – une des images les plus populaires d'Alcalá – et accueille un beau retable du 15ᵉ s. L'**église Ste-Marie-Majeure**, fortement endommagée pendant la guerre d'Indépendance, s'élève sur l'esplanade de la forteresse. Diego de Siloé participa à la construction de cet édifice qui présente une belle **façade** Renaissance plateresque. Le donjon renferme, quant à lui, un **Musée archéologique** (Museo Arqueológico ⓥ) intéressant dont les collections proviennent de la ville et de la région.

Nuestra Señora de las Angustias – Cet imposant bâtiment au plan octogonal fut érigé par Ventura Rodríguez au 18ᵉ s. Il recèle un ensemble exceptionnel de **plaques médiévales**★, ainsi que les fonts baptismaux où furent baptisés les artistes Martínez Montañés et Rojas.

Le paseo de los Álamos

Cette agréable promenade qui débouche sur la fontaine est un lieu idéal pour se reposer après une épuisante journée de voyage. Installés aux terrasses et au comptoir des bars à tapas devant un verre de vin bien frais de la région, les habitants échangent les derniers potins de la ville.

Se loger

À BON COMPTE

Río de Oro – *Abad Moya, 2 – ☏ 953 58 03 37 – 10 chambres – 4 000 ptas.*
Hôtel familial situé en plein cœur de la ville. Les chambres sont correctes, certaines bénéficient d'un balcon avec vue sur la placette et le parc. Bon rapport qualité/prix.

Torrepalma – *Conde de Torrepalma, 2 – ☏ 953 58 18 00 – fax 953 58 17 12 – 38 chambres – 7 000 ptas.*
Hôtel moderne aux grandes chambres confortables. Seul désagrément : sa situation à deux pas de la rue la plus commerçante et bruyante de la ville.

Se restaurer – Tapas

El Curro – *Ramón y Cajal, 6 – ☏ 953 58 30 50.*
Ce restaurant d'aspect anodin est avant tout un bar populaire fréquenté par les habitants de la ville. Les clients habituels ne dînent pas dans le salon-restaurant mais devant la cheminée d'une salle plus typique au plafond bas. Spécialités : grillades et jambon.

Ayuntamiento – Sur l'agréable **plaza del Arcipreste de Hita**, l'hôtel de ville occupe un magnifique bâtiment baroque (18e s.) flanqué de deux tours. Réalisé par Fernando Tapia, un **cadran lunaire★** d'une grande valeur artistique lui fait face.

Palacio Abacial – Ce sobre bâtiment néoclassique au portail en relief orné d'armoiries se dresse devant la belle fontaine des Álamos. Le balcon sur la façade est d'inspiration Renaissance.

ENVIRONS

Castillo de Locubín – *12 km au Nord par la J 2340.* La route serpente jusqu'au col où s'élève le petit village blanc, d'où l'on bénéficie de splendides **vues panoramiques★** sur le río de San Juan et le lac de Víboras. Les vestiges de l'**ancien château arabe** méritent une visite. Le château, comme ceux d'Alcaudete et d'Alcalá la Real, faisait partie du système défensif de la frontière avec le royaume maure.

EXCURSION

Alcaudete – *26 km au Nord-Est par la N 432.* Ce village établi au flanc d'un petit promontoire se cache entre les oliveraies. Il fut conquis en 1408 par l'infant Ferdinand d'Antequera avant de devenir l'un des bastions de la frontière avec le royaume maure de Grenade. Localité réputée pour ses gâteaux, ses *hojaldrinas*, ses *empanadillas* au cidre et ses *roscos* au vin préparés par les religieuses du couvent Ste-Claire.

Ruines du château – Il ne reste que quelques vestiges des murailles et du donjon de la forteresse arabe érigée sur le site d'une ancienne forteresse romaine.

Santa María – La silhouette solennelle de cette ancienne église gothique au portail latéral plateresque se dresse au pied du château. Remarquez à l'intérieur le beau **plafond à caissons**, les grilles Renaissance du maître-autel et les portes de la sacristie.

San Pedro – Église mudéjare du 16e s. dans laquelle trône un retable intéressant.

Plaza Mayor – La grand-place se trouve au cœur d'un quartier aux ruelles étroites bordées de magasins, bars et autres établissements de détente. L'hôtel de ville (18e s.) surgit après avoir dépassé l'Arco de la Villa.

ALGECIRAS

ALGÉSIRAS – Cadix – 101 972 habitants

Plan dans le Guide Rouge España & Portugal – Carte Michelin n° 446 X 13

De tout temps, Algésiras a été l'un des ports les plus importants de la péninsule. Les Arabes l'avaient baptisée « al-Yazirat al-jadra », ou « île Verte » et, dès le début de l'occupation musulmane, ce fut l'un des principaux ports de débarquement des troupes maures. C'est sous la domination arabe (711-1344) qu'Algésiras, alors province du territoire de Cadix, connut sa plus belle période de splendeur. Au 18e s., après la prise de Gibraltar par les Anglais, la ville recouvrit son importance stratégique, sa population augmenta et elle contrebalança la domination britannique sur le détroit. En 1906, la **conférence d'Algésiras** vit les puissances européennes se répartir les zones d'influence au Maroc.

De nos jours, Algésiras est le premier port de voyageurs d'Espagne. Elle n'est certes pas la plus jolie ville andalouse, mais on appréciera tout de même sa gaieté. On n'y trouvera pas de grands monuments, mais l'animation qui règne dans les rues en fait une ville très plaisante.

Museo Municipal – Ce musée est installé dans une grande maison au sein du joli parc des Acacias. Il expose de nombreux objets datant de l'époque romaine comme des amphores et leurs bouchons, qui témoignent de l'importance commerciale des eaux de la baie d'Algésiras. À voir aussi, les pièces relatives au **siège d'Algésiras** (1342-1344), au cours duquel les troupes d'Alphonse XI firent preuve de tant d'ingéniosité.

Marché – Il est situé sur la plaza Palma et cette structure de béton et d'acier a été dessinée par l'ingénieur espagnol **Eduardo Torroja** dans les années 1950. Son originalité réside dans le fait que la toiture ne s'appuie que sur quatre points, ce qui était à l'époque une prouesse technique.

Plaza Alta – C'est le cœur emblématique de la ville. Remarquez la fontaine néo-mudéjare de briques et d'azulejos des années 1930, toute entourée de palmiers. Sur cette place s'élève l'**église N.-D.-de-la-Palme**, du 18e s., de style baroque et néo-classique ainsi que la petite église baroque **N.-D.-de-l'Aurore**.

Baños Meriníes – En 1999, la mairie transféra dans le **parc María Cristina** les vestiges de ces bains du 13e s., qui faisaient partie de la résidence des Mérinides, dynastie marocaine qui régna quelque temps sur Algésiras. Une noria et un puits ont été reconstitués et leur fonctionnement est expliqué.

ENVIRONS

Route de Tarifa – Le tronçon de route d'à peine 21 km, qui sépare Algésiras de Tarifa est le plus méridional d'Europe. D'ici on bénéficie de **vues★★★** spectaculaires sur toute la côte rocheuse d'Afrique. Les voitures peuvent s'arrêter au **belvédère du détroit** (mirador del Estrecho, à 13 km d'Algésiras), bien que les vues soient belles près d'Algésiras. À droite de la route, sur la montagne Ahumada, les **moulins à vent** modernes forment un paysage tout droit sorti du *Don Quichotte*.

La Línea de la Concepción – *17 km à l'Ouest d'Algésiras.* La localité, l'une des plus jeunes d'Espagne, remonte au 18e s. Après la conquête de Gibraltar par les Anglais, une ligne défensive, dite ligne de Gibraltar, fut établie ; à côté des bastions s'établit un hameau qui grandit peu à peu et reçut le statut de village en 1870, avec le nom de la Línea de la Concepción en l'honneur de l'Immaculée Conception, alors patronne de l'armée. La ville ne présente pas grand intérêt pour le touriste. Le centre, assez défiguré, s'organise autour de la calle Real et de l'église de l'Immaculée Conception, de 1879.

Se loger à La Línea de la Concepción

Almadraba – *Los Caireles, 2 – ☎ 956 17 55 66 – fax 956 17 15 63 – 84 chambres – 11 450 ptas.*
Face au rocher de Gibraltar. Grandes chambres modernes bénéficiant de terrasses. Hors saison, la suite est au même prix que les chambres.

★Gibraltar *Plan dans le Guide Rouge España & Portugal*

20 km à l'Est. Territoire britannique. Pièce d'identité exigée à l'entrée. Avant d'entrer, renseignez-vous auprès de la douane : les formalités pour sortir en voiture du territoire demandent parfois près d'une heure, et il vaut mieux alors laisser le véhicule en territoire espagnol.

Gibraltar, c'est avant tout le Rocher, cet extraordinaire piton calcaire qui s'élève à quelque 500 m au-dessus du niveau de la mer et qui se distingue de tous les points de la baie. Plus on s'en approche, plus sa dimension et sa beauté frappent, à tel point que l'on en oublie toute autre considération sur le Rocher, qu'il s'agisse des critères d'urbanisme, son histoire ou même sa raison d'être politique.

Le Rocher de Gibraltar

L'histoire de Gibraltar est intimement liée à sa position stratégique. C'est ici que débarqua en 711, **Tarik-ibn-Zeyad** à la tête des troupes maures qui allaient conquérir toute la péninsule. Appelée dans l'Antiquité Calpe, Gibraltar tire son nom actuel de « Djebel Tarik », qui signifie le « mont de Tarik ». Au 14e s., ce fut le théâtre d'affrontements terribles entre musulmans et chrétiens, avant d'être définitivement reconquis par le duc de Medina Sidonia en 1462. Puis, la place sombra peu à peu dans l'oubli jusqu'à ce qu'au 18e s., pendant la **guerre de Succession d'Espagne**, les Anglais l'envahissent. Philippe V et Charles III s'efforcèrent, en vain, de la reprendre...

Museum ⓥ – Bon début pour la visite, il est situé au centre, tout près de l'Office de tourisme, dans une simple maison coloniale construite sur des **bains arabes**★ du 14e s. On y trouve divers objets qui évoquent l'histoire du Rocher, depuis le célèbre **crâne de Gibraltar** (celui d'une femme néandertalienne découvert en 1848) jusqu'au rôle de Gibraltar pendant la Seconde Guerre mondiale. À voir absolument l'immense **maquette**★ de 1865.

Main Street – C'est la rue principale de Gibraltar, où sont regroupés presque tous les commerces. Les prix ne sont plus aussi compétitifs qu'il y a quelques années, mais elle mérite le détour. La peseta est acceptée presque partout. C'est là que se trouvent la **cathédrale catholique**, élevée sur l'emplacement de l'ancienne grande mosquée musulmane, et le **Couvent**, où réside le gouverneur depuis 1728. Plusieurs fois par jour, on peut assister à la relève de la garde.

Les « llanitos »

C'est ainsi que l'on surnomme les habitants de Gibraltar, étrange mélange d'Anglais et d'Andalous, qui s'expriment aussi bien dans un anglais châtié d'Oxford que dans un espagnol à l'accent très nettement andalou.

À l'extrémité Sud du rocher, on a de belles **vues de l'Afrique** depuis le **phare de la pointe de l'Europe**. Dans les alentours, on trouve la chapelle N.-D.-d'Europe, patronne de Gibraltar, et la mosquée d'Ibrahim-al-Ibrahim.

Se loger à Gibraltar

Cannon – *9 Cannon Lane – ☎ 350 517 11 – fax 350 517 89 – 18 chambres – 34.50 £.*
Tout près de Main Street. Hôtel doté de chambres correctes, sans télévision ni téléphone. Le petit déjeuner anglais est servi dans un patio.

S'y restaurer

Water Front – *Queensway Quay.*
Grand restaurant avec terrasse sur la mer. Spécialités de viande et de brochettes au gril accompagnées de pommes vapeur.

Bunters – *College Lane, 1 – ☎ 350 704 82 – fermé au mois d'août.*
Dans une petite rue perpendiculaire à Main Street, ce restaurant très accueillant, tenu par un Anglais très « british », vient d'ouvrir ses portes.

Partie haute du rocher – Cette partie du rocher, déclarée **réserve naturelle**, est l'un des endroits les plus plaisants de Gibraltar. On remarquera les célèbres singes, ramenés d'Afrique du Nord par les troupes anglaises à la fin du 18e s.

Moorish Castle – Le château arabe a une position stratégique d'où l'on peut surveiller toute la baie. Il fut édifié au 14e s., très certainement sur les ruines d'un château du 8e s. Voir le donjon.

> Empruntez donc le **funiculaire**, au pied du rocher, pour aller visiter cette petite enclave naturelle...

The Great Siege Tunnels – Il est possible de visiter cet impressionnant ensemble de galeries (près de 60 km), dites **tunnels du Grand Siège**, et creusées par les Anglais pour défendre le rocher lors du siège (1779-1783).

St. Michael's Cave – La tradition raconte que cette grotte n'a pas de fond et qu'un tunnel communique avec la côte africaine. En fait, c'est une grotte calcaire qui descend jusqu'à 62 m dans sa partie la plus profonde et où stalactites et stalagmites ont donné naissance à d'étranges formations. La salle principale a été aménagée en salle de spectacle.

ALHAMA DE GRANADA★

Grenade – 5 894 habitants

Carte Michelin nº 446 U-V 18

Alhama est certainement l'un des plus beaux villages d'Andalousie. Littéralement suspendu au-dessus d'une gorge impressionnante, sa situation particulièrement romantique n'a eu de cesse d'inspirer poètes et voyageurs tout au long de son histoire. Ses maisons blanches et ses ruelles semblent raconter des histoires légendaires. Les Arabes lui donnèrent le nom d'Al-Hamma, ou source chaude, en raison de la présence de sources thermales ; et sa renommée fut telle qu'à l'époque de la Reconquête les chrétiens n'hésitaient pas à dépenser des sommes exorbitantes pour en profiter.

★UNE PROMENADE DANS LE QUARTIER ARABE

Alhama a conservé un intéressant quartier arabe qu'il faut visiter. Le mieux est de commencer au belvédère situé derrière l'**église du Carmel**, d'où l'on embrasse une impressionnante vue **panoramique**★ sur le célèbre précipice du río Alhama. Contourner l'église par la splendide chapelle baroque de Jésus le Nazaréen pour laisser sur la gauche l'ancienne *alcazaba* arabe, qui n'est plus de nos jours qu'un simple pastiche du 19e s., puis monter la calle Baja de la Iglesia jusqu'à l'étonnante tour de l'**église de l'Incarnation**, qui surgit entre les murs chaulés des maisons.

★**La Encarnación** – Pour marquer la suprématie de la foi chrétienne sur l'Islam, cette église fut bâtie sur l'ancienne grande mosquée dont les pierres de taille se distinguent encore sur la façade Sud. Le portail baroque que nous contemplons aujourd'hui cache la façade primitive gothique ornée de gargouilles et d'animaux fantastiques. L'intérieur, à nef unique, est assez sobre et coiffé d'une voûte en croisée assez complexe. Le petit musée, installé dans la sacristie, conserve un ensemble de vêtements sacerdotaux du 16e s., d'une valeur inestimable.

Se loger

À BON COMPTE

El Ventorro – *À 3 km d'Alhama de Granada direction Jatar par la GR 141 – ☎ 958 35 04 38 – 19 chambres – 6 000 ptas.*
Au bord de la rivière. Les chambres, petites, sont sobres et rustiques mais décorées avec goût. La cuisine du restaurant est très simple mais excellente.

VALEUR SÛRE

Hotel Balneario – *Sur la route de l'établissement thermal, à tout juste 1 km en direction de Grenade – ☎ 958 35 00 11 – fax 958 35 02 97 – 110 chambres – 9 500 ptas – ouvert de mai à octobre.*
Déjà connues des Romains, les eaux acquirent une grande réputation à l'époque califale. Le bâtiment est du 19e s. La partie la plus spectaculaire est la ravissante **citerne arabe**★ (où jaillit la source), construite sur un soubassement romain, dont la voûte d'arête octogonale est soutenue par des arcs en fer à cheval (11e s.). Les propriétaires possèdent un autre hôtel, le **Baño Nuevo** *(chambres à 5 000 ptas)*. Clientèle d'âge mur.

La citerne arabe à l'intérieur des thermes

En sortant de l'église à droite, on trouve la **maison de l'Inquisition**, bâtiment de style gothique isabélin qui fut démoli puis reconstruit dans les années 1950. De l'autre côté de la tour, on appréciera la charmante plaza de los Presos sur laquelle s'élève, à droite, l'ancienne **prison** du 17e s. et en face, la belle façade en parfait état de conservation du **grenier à grain communal** du 16e s. La calle Vendederas mène à un hôpital de premier secours (1485), le premier du royaume de Grenade, dans lequel est actuellement installé l'**Office de tourisme**.

Contourner l'édifice et prendre la calle Caño Wamba. Remarquez une curieuse fontaine du 16e s. et un peu plus loin les ruines de l'**église des Angoisses**.

Descendre par la calle de la Mina. On arrive alors aux **prisons arabes**, étranges cavités creusées dans le roc, utilisées autrefois comme silos et très certainement aussi comme prisons.

¡Ay de mi Alhama!

Disait le romance qui chantait la prise d'Alhama par les troupes du Castillan **Ponce de León** en 1482. Cet événement allait marquer le début de la **guerre de Grenade** qui devait s'achever par la prise de la capitale nasride en 1492. Le site privilégié de cette ville quasiment imprenable, les champs fertiles l'entourant, et surtout les thermes connus pour leurs vertus médicinales depuis l'époque romaine avaient fait d'Alhama l'un des joyaux de la couronne nasride, ô combien regretté après sa perte.

ALMERÍA

168 025 habitants

Carte Michelin nº 446 V 22

Dans une région particulièrement aride, Almería s'étend au pied de sa forteresse, face à un horizon d'un bleu si intense que ciel et mer semblent se confondre. Chef-lieu d'une province historiquement isolée dont la mer était pratiquement le seul accès, cette ville a vu son destin évoluer avec l'implantation d'infrastructures modernes et le développement d'une technologie agricole avancée qui la place maintenant à la tête de l'agriculture espagnole. Enfin, le tourisme, favorisé par un climat exceptionnel, contribue très nettement au développement de toute la région.

UN PEU D'HISTOIRE

La province d'Almería compte les importants sites préhistoriques de Los Millares et El Argar, et des colonies phéniciennes, carthaginoises et romaines, implantées plus tard.

La ville arabe – C'est Abd-er-Rahmán II qui fonda Almería au 9e s. Un siècle plus tard, Abd-er-Rahmán III fit construire l'*alcazaba* et les murailles de la ville, dont il fit l'un des ports les plus importants d'Al-Andalus. Après la chute du califat (11e s.), Almería devint la capitale d'un royaume de *taifa* gouverné par Jairan, qui en fit une grande ville commerçante dotée d'une solide industrie textile (on y comptait plus de dix mille métiers à tisser). Les Aragonais s'inquiétant de son expansion menaçante sur la Méditerranée organisèrent quelques incursions contre la ville. Et c'est lors de l'une d'entre elles qu'Alphonse VII de Castille parvint à s'en emparer. De nouveau reprise par les Arabes, elle fut annexée au royaume nasride de Grenade, puis définitivement reconquise par les Rois catholiques en 1489.

Le déclin – Le 16e s. vit le début de la décadence d'Almería : les attaques berbères se répétèrent et les tremblements de terre de 1512, 1522 et 1550 assénèrent un coup fatal à la population, le pire d'entre eux étant celui de 1522 qui détruisit presque toute la ville. Enfin, l'expulsion définitive des Morisques contribua également au déclin.

La reprise – La période sombre dura jusqu'au 19e s. où l'on commença à tirer profit des abondantes ressources minières de la région. Le renouveau économique assura un tel développement urbain qu'il fallut abattre les anciennes murailles et édifier de nouveaux quartiers. La Première Guerre mondiale toucha de plein fouet le secteur minier et, par voie de conséquence, la ville entière, car les compagnies exploitantes, pour la plupart étrangères, se retirèrent. Mais depuis, Almería s'est redressée et tire ses revenus principaux du tourisme et de l'agriculture.

Fêtes

Même si sa renommée n'égale pas celle d'autres villes d'Andalousie, Almería célèbre néanmoins la **Semaine sainte** avec tout le faste habituel et les plus surprenantes *saetas* chantées lors des processions.
Le 3 mai, c'est la célébration des **Croix de Mai** et on dépose des croix toutes ornées de fleurs dans les rues.
La **nuit de la Saint-Jean** (nuit du 23 au 24 juin), on allume sur la plage les célèbres bûchers et on chante et danse autour de ces feux de joie.
La **Feria** se tient à la fin du mois d'août en l'honneur de la patronne de la ville, la Vierge de la Mer.

★ALCAZABA

Du haut de sa colline, l'alcazaba domine Almería et toute la baie, occupant ainsi un emplacement privilégié. Abd-er-Rahmán III fit construire la forteresse au 10e s. pour défendre la ville ; puis elle fut agrandie par Soliman Ier Musta'in, qui créa un magnifique palais maure ; enfin, après la Reconquête, les Rois catholiques élevèrent un alcazar chrétien, mais lors du tremblement de terre de 1522 tout l'ensemble subit de graves dommages.
Pour y accéder, franchir l'arc et emprunter la promenade en escaliers qui mène aux trois enceintes fortifiées.
La **première enceinte** contient de beaux jardins et la citerne. Le mur de la tour de guet couronné d'un clocher-mursepare la première enceinte de la suivante. La cloche servait à prévenir la population des attaques des pirates. Au Nord, les murailles relient l'alcazaba à la colline San Cristóbal.

B. Kaufmann/MICHELIN

Almería entre ciel et mer

Se loger

L'idéal pour se loger est la petite plaza de Flores sur laquelle se trouvent trois hôtels de différente catégorie, **Torreluz**, **Torreluz II** et **AM Torreluz**, un restaurant et un bar à tapas.

À BON COMPTE

Nixar – *Antonio Vico, 14 – ☎ 950 23 72 55 – 40 chambres – 5 500 ptas.*
Petit hôtel sans charme particulier (pas d'ascenseur). Malgré tout, les chambres sont correctes pour dormir à prix raisonnable. Celles qui donnent sur la rue sont plus claires et ont un balcon.

VALEUR SÛRE

Torreluz II – *Plaza de Flores, 3 – ☎ et fax 950 23 43 99 – 64 chambres – 10 674 ptas.*
Hôtel moderne doté de vastes chambres. Les mêmes propriétaires possèdent l'hôtel **Torreluz**, à côté : un peu moins bien *(chambre double à 8 266 ptas)*.

Costasol – *Paseo de Almería, 58 – ☎ et fax 951 23 40 11 – 55 chambres – 10 425 ptas.*
Dans la plus grande rue commerçante de la ville. Grandes chambres bien arrangées, dont certaines avec balcon. Parking privé.

AM Torreluz – *Plaza Flores, 5 – ☎ et fax 950 23 49 99 – 105 chambres – 17 000 ptas.*
Hôtel de luxe en plein centre d'Almería. Garage privé, piano-bar, restaurant, piscine et salle de musculation.

Se restaurer

Balzac – *Calle Gerona, 29 – ☎ 950 26 61 60 – fermé le dimanche.*
Restaurant original tant par son décor médiéval (grilles, armures et épées) que par sa cuisine méditerranéenne élaborée par un Marseillais. Dîners très plaisants.

La Gruta – *5 km à l'Ouest par la N 340 – ☎ 950 23 93 35 – ouvert uniquement le soir.*
Plus de 700 m^2 de grottes et quatre mille bouteilles de vin stockées ; vous imaginez ainsi la taille du restaurant... Spécialité de viande grillée préparée à l'entrée de la grotte comme au temps jadis.

Tapas

Las Botas – *Fructuoso Pérez, 3 – ☎ 950 26 22 72.*
C'est une tête de taureau qui préside cet endroit où les tonneaux font office de tables et les affiches de corrida couvrent les murs. Excellentes tapas appréciées de la clientèle locale. Les propriétaires possèdent aussi le restaurant **Valentín**, de la calle Tenor Iribarne.

Dans la **seconde enceinte** se tient la cité palatiale dont on a conservé quelques constructions : la citerne califale (salle d'expositions), un ermitage mudéjar, une maison musulmane reconstituée, un bassin et les bains de la troupe. La grande esplanade était la cour d'armes du palais d'Almotacín. Dans un angle se trouvent les bains privés de la reine.
La **troisième enceinte**, le plus à l'Ouest, défend le château que les Rois catholiques firent construire. Remarquez dans le grand patio le robuste donjon et son portail gothique.
Des chemins de ronde, les **vues**★ se succèdent sur la ville et le port entre les collines arides et une mer resplendissante. Remarquez le quartier populaire de **La Chanca** dont les modestes maisons troglodytiques sont peintes de toutes les couleurs.

LE CENTRE-VILLE

★**Cathédrale** ⓥ – Cette étrange cathédrale qui ressemble davantage à une forteresse qu'à une église a été construite au 16e s. sur l'emplacement de l'ancienne mosquée. Les attaques fréquentes des pirates berbères expliquent son allure de forteresse, ses tours crénelées et ses solides murs jalonnés de grands contreforts. Sur le côté, où s'ouvre la porte principale, une grande tour (17e s.) abritant les cloches se termine en un petit clocher-mur.
Le beau **portail principal**★ Renaissance forme un contraste avec l'austérité de la façade mais la richesse du décor n'altère en rien les lignes classiques. Sur le fronton de la porte, on remarquera les armes de l'évêque fondateur et, sur le registre supérieur, celles de Charles Quint avec l'aigle à deux têtes ; sur les médaillons, saint Pierre et saint Paul. Le portail d'entrée, dans un style similaire, est plus simple que le portail principal.
Juste avant d'entrer dans la cathédrale, jetez un coup d'œil au curieux **soleil de Portocarrero**★ – un soleil animé, symbole de la ville – sculpté sur le chevet.

ALMERÍA

A
B
N 340
Cam. de Largo Caballero
Los Genoveses
Ceuta
Paseo de la Caridad
Las Alfarerías
Av. de Pablo Iglesias
Restoy
Ramos
14
Calvario
la Palma
FUENTECICA
La Fuentecica
Regocijos
Cámaras
Rbla. Alfareros
Las Cruces
Granada
Barranco Bolas
LA HOYA
A. Vico
Cerro de S. Cristóbal
ALCAZABA
Santiago
35
45
47
S. SEBASTIAN
Rbla Obispo
20
Las Claras
H
12
Real
Paseo de Almería
S. Pedro
Navarro Rodrig
Reducto
Arquímedes
Plaza de Pavía
S. Juan
Almedina
Las Puras
8
PAL. EPISCOPAL
M
M. Núñez
7
CATEDRAL
E. Perez
49
Gen. Luque
Pedro Jover
Séneca
Rueda López
10
28
Parque de Nicolás Salmerón
Hospital Real
Real
N. S. del Mar
T
Gen. Tamayo
U
Gerona
6
Gen Segura
E
Rambla
G
18
28
P
J
Reina Regente
Carre
C
Paseo
PUERTO COMERCIAL
0
200 m

Doctor Carracido . . . . CY
Doctor Gregorio Marañón . . CZ
Doctor Paco Pérez . . . . BY 14
Eduardo Pérez . . . . BZ 16
Emilio Pérez (Pl.). . . . . BZ 18
España (Pl.) . . . . CZ
Estación (Av. de la) . . . . CZ
Flores (Pl.) . . . . BY 20
Federico García
Lorca (Av.) . . . . BCYZ

Fuentecica (La). . . . . AY
Gen. Luque . . . . AZ
Gen. Segura . . . . BZ
Gen. Tamayo . . . . BZ
Los Genoveses. . . . . AY
Gerona . . . . BZ
Granada . . . . BCY
Guadalquivir . . . . CY
Guatemala . . . . CZ
Hermanos Machado . . . . . BZC

Hermanos Pinzón . . . . CYZ
Humilladero . . . . CY 25
Javier Sanz. . . . . BCZ
José Morales Abad. . . . . . . CZ
Juan Lirola . . . . BCY
Largo Caballero
(Camino de). . . . . ABY
María Auxiliadora . . . . CY
Marina . . . . CZ
Marítimo (Paseo) . . . . BCZ
Méndez Núñez . . . . BZ
Mercurio . . . . CY
Murcia . . . . CY
Navarro Rodrigo . . . . BY
Nicolás Salmerón
(Parque). . . . . ABZ 28
Nuesta Señora
de Montserrat (Av. de) . . CZ
Obispo Orbera (Rambla) . . BCY
Pablo Iglesias (Av. de). . . . . BY
Pablo Ruiz Picasso . . . . CY
Padre Méndez . . . . CY
La Palma . . . . BY
Pedro Jover . . . . AZ
Poeta Paco Aquino . . . . CY 33
Purchena (Pta de) . . . . BY 35
Ramos . . . . BY
Real del Barrio Alto. . . . . . . CY
Real . . . . BYZ
Reducto . . . . AY
Regocijos . . . . BY
Reina Regente . . . . BZ
Restoy . . . . BY
Ronda (Carret. de) . . . . . . BCZ
Rueda López . . . . BZ
Sagunto . . . . CZ
San Juan Bosco (Av. de) . . . CY
San Leonardo. . . . . BCY
Santa Isabel (Av. de) . . . . . . CY
Santos Zárate . . . . CY
Séneca . . . . BZ
Silencio . . . . CY
Tenor Iribarne. . . . . BY 45
Tiendas . . . . BY 47
Trajano . . . . BZ 49
Vichez (Av. de) . . . . BY 52
Zagal . . . . CY

Alcazaba. . . . . AY
Aljibes árabes . . . . BY A
Archivo Histórico. . . . . BZ M[1]
Ayuntamiento . . . . ABY H
Basílica de Nuesta
Señora del Mar. . . . . . . BZ
Biblioteca Villaespesa . . . . CZ M[2]
Cable Inglés . . . . BZ C
Catedral . . . . ABZ
Delegación
del Gobierno de la Junta BZ E
Estación de Tren. . . . . CZ F
Hospital Real . . . . ABZ
Iglesia de las Claras . . . . . BY
Iglesia de las Puras . . . . . ABZ
Iglesia de San Juan. . . . . . AZ
Iglesia de San Pedro . . . . . BY
Iglesia de Santiago . . . . . . BY
Parque de Nicolás
Salmerón . . . . ABZ
Teatro Cervantes. . . . . BZ T

AM Torreluz . . . . BY e
Costasol. . . . . BZ u
Nixar . . . . BY z
Torreluz II. . . . . BY v

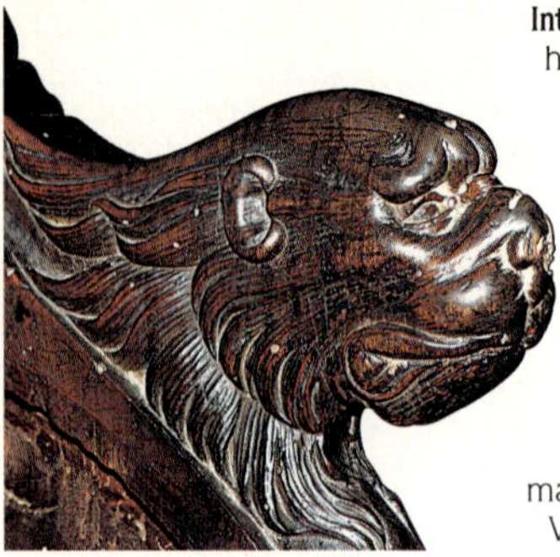
B. Kaufmann/MICHELIN

Détail des stalles

Intérieur – Les trois nefs gothiques de cette église-halle sont couvertes de voûtes nervurées qui reposent sur des colonnes fasciculées. La *capilla mayor*, qui a conservé sa voûte gothique, a été repensée au 18e s. (tabernacle, retable, arcs du déambulatoire).

Les stalles Renaissance du **coro** méritent d'être mentionnées, tout particulièrement ces étranges médaillons ornés de visages de profil sur les stalles hautes, sans oublier les sculptures de personnages au mouvement vigoureux. Le *trascoro* néoclassique, de marbres de différentes couleurs, est l'œuvre de Ventura Rodríguez. Au niveau du transept, une porte de style gothique flamboyant communiquait anciennement avec le cloître.

Trois chapelles s'articulent autour du **déambulatoire** : la chapelle axiale, gothique, recèle le Christ de l'Écoute, particulièrement vénéré à Almería ; les chapelles latérales sont Renaissance. Saint Indalecio, patron d'Almería, repose dans celle de droite et on reconnaîtra différentes peintures d'Alonso Cano dans celle de gauche.

Santo Cristo de la Escucha

La légende veut que ce Christ, que l'on avait emmuré de peur qu'il ne tombât aux mains des Arabes, répétait sans cesse le mot « écoute ». Après la reconquête de la ville, à force d'entendre « écoute » chuchoté derrière le mur, on retrouva la statue... d'où son étrange nom.

Sur la **Plaza de la Catedral**, on remarquera le palais épiscopal qui date de la fin du 19e s. et l'église de las Puras, qui fait partie d'un ancien couvent fondé au 16e s.

Las Puras – L'église et la tour datent du 17e s. Le portail baroque est orné d'un blason flanqué de deux têtes de lions et de vases ornementaux décorés d'un soleil et de la lune. À l'intérieur, retable baroque d'Alonso Cano représentant une Immaculée Conception.

Plaza Vieja ou plaza de la Constitución – Cette agréable place à arcades présidée par l'**hôtel de ville** n'a pris son aspect actuel qu'au 19e s. même si elle existait déjà sous la domination arabe avec ses bâtiments administratifs et ses bazars. La colonne du centre rend hommage aux libéraux morts dans leur lutte contre le despotisme en 1824.

Las Claras – Derrière une élégante porte sans prétention se cache cette petite église du 17e s. ; remarquez la coupole du transept ornée de plâtres et de blasons.

San Pedro – Même si elle fut fondée par les Rois catholiques, l'église actuelle de style néoclassique n'a été bâtie qu'au 18e s. À l'intérieur, un balcon qui court sous une voûte en berceau à lunettes accentue encore la longueur de la nef centrale.

Santiago – L'église St-Jacques (16e s.) se trouve dans la petite rue commerçante de las Tiendas qui est l'une des plus anciennes de la ville. Son beau **portail Renaissance★** se rapproche très nettement de celui de la cathédrale, tant par sa disposition que par la technique employée. Notez le superbe relief de saint Jacques le « Matamore » (tueur de Maures). Les attributs du saint, coquilles et croix patriarcale, décorent les espaces entre les colonnes. Au bas de l'église s'élève une solide tour percée par des arcs dans sa partie inférieure.

Tout près, dans la calle Tenor Iribarne, ne manquez pas de jeter un œil aux anciennes **citernes arabes** du 11e s. qui approvisionnaient la ville, si vous avez la chance de les trouver ouvertes.

Puerta de Purchena – Cette place est le centre névralgique de la ville. La plupart de ses demeures seigneuriales datent de la fin du 19e s.

Paseo de Almería – Dans la rue principale d'Almería, des constructions du début du 20e s. cohabitent avec des tours modernes. On y trouve toutes sortes de commerces, des banques, des cafétérias et des bars qui en font un endroit très animé. Remarquez le **cercle des Marchands**, dont une partie de la décoration date de 1920 (plafonds, plâtres peints, soubassements d'azulejos). Derrière se situe le **théâtre Cervantès** une véritable institution dans la ville, inauguré en 1921. À proximité, la **basilique N.-D.-de-la-Mer** recèle la statue vénérée de la patronne d'Almería ; l'**école des Beaux Arts** est installée dans son joli cloître du 18e s.

Reprendre le paseo de Almería.

Le nº 64 est un bâtiment du 19e s., anciennement un casino, dans lequel est actuellement installée la **délégation du gouvernement de la Junta**, avec un patio central et des salons de réception. Au bout de la rue, près de la plaza Emilio Pérez, remarquez la maison Montoya, étrange construction de style montagnard (typique du Nord de l'Espagne).

Parque de Nicolás Salmerón – Un plaisant axe de verdure agrémenté de fontaines et de pièces d'eau longe le port dans un endroit autrefois occupé par d'anciens entrepôts.

Hospital Real – Bien que fondé au 16e s., ce grand hôpital royal a une façade et un portail tout à fait néoclassiques (18e s.).

San Juan – Le sobre portail à colonnes annelées, le fronton et le blason donnent plutôt à l'église une allure de bâtiment civil. Mais à l'intérieur, le mihrab (12e s.) et le mur de la *quibla* indiquent que l'église St-Jean a été bâtie sur les vestiges d'une mosquée du 10e s.

AUTRES CURIOSITÉS

Museo de Almería – En attendant la construction d'un nouveau bâtiment, les collections sont partiellement exposées à la bibliothèque Villaespesa et aux Archives historiques.

Biblioteca Villaespesa ⏲ – Elle présente du matériel provenant des gisements archéologiques de la province, dont surtout des pièces trouvées à El Argar et Los Millares.

Archivo Histórico ⏲ – Les Archives occupent l'ancien palais des vicomtes d'Almansa (19e s.) et présentent un choix de pièces des civilisations établies à Almería : céramique grecque et romaine, mosaïques, sarcophages, etc.

Estación – Belle construction de la fin du 19e s., en brique, la **gare** est décorée de céramiques et de fer forgé.

Cable inglés – On donne cette appellation de « câble anglais » au prolongement de la voie ferrée réalisé au début du 20e s. depuis la gare jusqu'à l'embarcadère et constitué d'un viaduc de pierre qu'emprunte la voie et que prolonge un pont roulant.

ENVIRONS

★ **Los Millares** ⏲ – *19 km au Nord-Est par la A 92 puis la A 348 à gauche de Benahadux. Bureau d'accueil le long de la route.* Ce gisement qui date de l'âge du cuivre, le plus important d'Europe par sa taille et son contenu, est un passage obligé pour ceux qui apprécient l'archéologie. De 2700 avant J.-C. environ à 1800 avant J.-C., il exista ici un village qui compta, estime-t-on, jusqu'à 1 500 habitants, ce qui révèle une société déjà orientée vers le modèle urbain. Les habitants étaient des cultivateurs et des bergers ; ils travaillaient le cuivre et développèrent leur propre céramique rituelle. Le plateau sur lequel il est établi, et qui domine la vallée de l'Andarax, était un lieu privilégié à l'époque : on y jouissait d'un climat méditerranéen plus humide et d'un paysage moins aride que de nos jours, les champs étaient fertiles et propices à la culture, la chasse abondante et les mines de cuivre se trouvaient dans la toute proche Sierra de Gádor.
On peut noter les vestiges d'un système compliqué de défense, avec murailles et fortins. La muraille extérieure est la plus longue de cette époque que l'on connaisse, et elle est entrecoupée de tours semi-circulaires à intervalles réguliers. Les maisons étaient des cabanes rondes de 4 à 7 m de diamètre. Remarquez surtout les restes de la **nécropole**, qui contient une centaine de tombes collectives. L'une d'elles a été conservée et révèle parfaitement leur conception et leur structure : atrium, couloir doté de branches séparées par des pierres perforées et chambre circulaire couverte en encorbellement intérieur irrégulier, le tout enfoui sous un tumulus de terre.

Castillo de ALMODÓVAR DEL RÍO★★

Château d'ALMODÓVAR DEL RÍO – Cordoue

Carte Michelin nº 446 S 14

Almodóvar provient de l'arabe *al-Mudawwar* qui signifie le rond. Ce terme fait clairement allusion au coteau sur lequel se dresse le château. Au 8e s., une forteresse existait déjà du temps de la domination musulmane. Almodóvar appartint à plusieurs royaumes de *taifas* avant d'être finalement reconquis par Ferdinand III de Castille en 1240.

Contourner le village par la route et monter jusqu'au château. Il est possible d'accéder en voiture à la forteresse en empruntant une route non goudronnée.

Le **château** ⏲ actuel, érigé au 14e s. dans le style gothique, est l'un des plus importants d'Andalousie en raison de son état de conservation et sa beauté. Restauré au début du 20e s., il accueillit en son sein une demeure néogothique, tandis que le village s'étendait à ses pieds, côté Sud, à proximité du Guadalquivir.

Castillo de ALMODÓVAR DEL RÍO

B. Kaufmann/MICHELIN

Du château, on bénéficie de magnifiques **vues★** sur le fleuve et la campagne de Cordoue. L'édifice compte deux enceintes fortifiées – l'une faisant fonction de barbacane – et huit tours de différentes tailles, dont la plus imposante, une tour flanquante, faisait office de **donjon**. Une promenade sur le chemin de ronde, dans les tours et la cour d'armes vous transportera dans un monde évocateur.

La légende veut que...

chaque année, le 28 mars, une dame vêtue de blanc apparaisse dans l'une des tours en gémissant. Ce serait le spectre de la princesse Zaida, emprisonnée par les Almoravides, qui mourut de chagrin dans les oubliettes du château lorsqu'elle apprit la mort de son mari au combat.

ENVIRONS

Embalse de la Breña – *5 km au Nord-Ouest. Revenir vers le village et prendre la bifurcation signalée sur la gauche.* Une route traverse des collines plantées d'oliviers avant d'arriver à la **retenue** de la Breña. Les barques du club nautique de Cordoue *(privé)* évoluent sur le plan d'eau. Au retour, on embrasse à la sortie d'un virage une vue magnifique sur la majestueuse silhouette du château d'Almodóvar.

ALMUÑÉCAR

Grenade – 20 997 habitants

Carte Michelin n° 446 V 18

Les Romains baptisèrent cet ancien site phénicien Sexi Firmun Julium. Le nom actuel provient de l'arabe *Hins-al-Monacar* qui signifie « ville forteresse » et évoque la situation stratégique d'Almuñécar au sommet d'une colline. La ville est située dans la vallée fertile du río Verde, protégée du froid par la chaîne qui longe la côte et tempérée par les vents chauds du Nord de l'Afrique. Elle accueille des touristes toute l'année. Les cultures sous plastique qui prolifèrent, grâce au climat chaud, le long de toute la côte, ainsi que le tourisme, sont les principales ressources économiques d'Almuñécar.

CURIOSITÉS

Palacete de la Najarra Ⓥ – L'Office de tourisme occupe ce petit palais de style néo-arabe de la fin du 19e s., qui contient un jardin exotique.

★**Castillo de San Miguel** Ⓥ – Cette forteresse d'origine romaine est aujourd'hui le reflet de ses occupants successifs : Omeyyades, Almoravides, Almohades, Nasrides et chrétiens. Le château fut sérieusement endommagé lors de la guerre

Se loger

VALEUR SÛRE

Casablanca – *Plaza San Cristóbal, 4 – ☎ 958 63 55 75 – fax 958 63 55 89 – 15 chambres – 9 000 ptas.*
La terrasse de ce petit hôtel, à 30 m de la mer, domine une belle place. L'hôtel attenant, **Playa de San Cristóbal** *(☎ 958 63 36 12)*, propose des chambres à 6 500 ptas, de qualité inférieure.

Se restaurer

Antonio – *Bajos del Paseo, 12 – ☎ 958 63 00 20.*
Spécialités de poissons et de fruits de mer font la solide réputation de l'établissement depuis trente ans (« Ici, les surgelés sont bannis, nous n'avons que des produits frais. »). Langouste, espadon et jambon de Jabugo.

Los Geranios – *Plaza de la Rosa, 4 – ☎ 958 63 07 24 – fermé le dimanche et du 15 novembre au 15 décembre.*
Le personnel du restaurant, situé sur une placette piétonne, s'exprime en plusieurs langues. Spécialités : poulet au citron, brochette de morue et paella.

contre les Français en 1808, puis abandonné pendant de longues années. De l'époque nasride, où il était le palais des rois de Grenade, datent un cachot et une maison, tandis que les massives tours de l'entrée furent élevées sous le règne de Charles Quint. D'intéressantes **maquettes** de la région d'Almuñécar sont exposées dans le petit musée.

Cueva de los Siete Palacios (Museo Arqueológico) ⏲ – Divers objets extraits des nécropoles phéniciennes de Laurita et Puente Nov sont exposés dans ce musée qui occupe un sous-sol d'origine romaine. Le musée recèle ce que l'on peut considérer comme le document écrit le plus ancien de la péninsule : l'**urne funéraire★** égyptienne de marbre gris d'Apophis Ier.

Parc « El Majuelo » – Dans ce petit parc botanique qui répertorie un grand nombre de plantes subtropicales, dont qutre cents espèces de palmiers, se dressent les vestiges d'une ancien **atelier phénicien** de salaison ; le **garum** *(voir p. 321)* élaboré ici jouissait d'une excellente réputation à l'époque romaine comme l'attestent les propos de Strabon et Galien.

Adresses utiles

La Herradura est un lieu très prisé des amateurs de plongée sous-marine. Plusieurs centres de plongée proposent des stages.

Buceo La Herradura : *Port de plaisance de Marina del Este – ☎ 958 82 70 83.*

Granada Sub : *Paseo Andrés Segovia, 6 – ☎ 958 64 02 81.*

ENVIRONS

La Herradura – *8 km à l'Ouest.* Cette baie spectaculaire se situe entre la pointe de la Mona et le **cerro Gordo**, deux promontoires qui protègent la **plage de La Herradura**. Le paysage est somptueux, la montagne marquée par le temps s'en remet à la mer pour trouver son repos. À la pointe de la Mona se trouve le **port de plaisance Marina del Este**. La route mène au cerro Gordo qui dispense de splendides **panoramas**.

La Costa Tropical – Côte tropicale désigne les cent et quelques kilomètres de littoral de la province grenadine, de La Herradura à La Rábita. Les petites criques de la côte escarpée et soulignée de falaises sont difficiles d'accès. À partir de **Motril**, la route longe la mer et traverse les villages de Torrenueva, **Carchuna**, **Calahonda** et Castell de Ferro. Les plages sont plus longues et plus larges que celles d'Almuñécar. La route est jalonnée de tours de guet de l'époque médiévale (Torre de Carchuna, Torrenueva et La Rábita). De La Rábita, on peut procéder à une excursion de 5 km jusqu'à **Albuñol**, petit village blanc de la Sierra de la Contraviesa.

★**Salobreña** – *15 km à l'Est d'Almuñécar.* Au sommet d'une colline où se dresse un **château** imposant, dominant une mer d'un bleu indigo profond et entouré de champs de canne à sucre et de vergers, Salobreña est probablement le plus beau village de la côte grenadine. Le hameau blanc tapisse la colline, tandis qu'abondent dans les ruelles escarpées les bougainvilliers. Il convient de citer le château et l'**église de la Vierge du Rosaire**. La **plage d'El Peñón** est une des belles plages de Salobreña.

Se loger sur la Côte tropicale

Salobreña – *Sur la N 340, à 3 km de Salobreña vers Malaga* – ☎ *958 61 02 61 – fax 958 61 01 01 – 192 chambres – 10 500 ptas.*
Complexe touristique qui se décline en un chapelet d'immeubles modernes. Chambres avec vue sur la mer ou la côte, jardin avec piscine et vues sur la Méditerranée. On entend le bruit des vagues, grâce à l'éloignement de la route...

S'y restaurer

El Peñón – *Playa de El Peñón* – ☎ *958 61 05 38 – ouvert de 10 h à minuit.*
Romantique petit restaurant, au bout de la plage de Salobreña, où l'on peut contempler un magnifique coucher de soleil. Spécialités : paella et poissons.

Château ⓥ – *La route d'Almuñécar offre la meilleure vue sur le château.* D'après certaines sources, cette forteresse existait déjà au 10e s. Au 14e s., elle connut sa période de gloire et fut l'une des luxueuses résidences des monarques nasrides ainsi qu'une prison royale.
On pénètre à l'intérieur par une porte d'angle jusqu'à la première enceinte défensive qui dissimule à l'arrière la forteresse. Remarquez les deux réservoirs à grains et le donjon.

Un château légendaire...

Washington Irving raconte que le roi de Grenade Mohammed IX enferma ses trois filles, les princesses Zaida, Zoraida et Zorahaida, dans le château afin qu'elles échappent à un présage annoncé par les astrologues du roi. Les princesses devaient se tenir à l'écart des dangers mondains. Les trois princesses vécurent choyées dans le château pendant des années. Un jour, leur père vint les chercher pour les conduire au palais de l'Alhambra. Elles n'échappèrent pas à leur destin malheureusement ; les jeunes musulmanes s'éprirent de trois prisonniers chrétiens que le cortège croisa sur la route.

Motril – *21 km à l'Est d'Almuñécar.* Avec plus de 50 000 habitants, Motril est aujourd'hui la ville la plus peuplée de la Côte tropicale. Hier encore, il n'était que le petit village connu, où résidait la mère de Boabdil. Au 18e s., la canne à sucre envahit le paysage et Motril fut surnommé « la petite Cuba ». Peu d'attraits pour les touristes. Presque tous les hôtels bordent la **plage du Poniente** *(environ 4 km au Sud-Ouest).*

Les ALPUJARRAS★

Grenade – Almería

Carte Michelin n°446 V-19-20-21

Dernier bastion nasride après la conquête de Grenade, siège de la révolte des morisques en 1568, région ensuite oubliée pendant trois siècles et finalement redécouverte par les voyageurs romantiques au 19e s., les Alpujarras (dérivé de l'arabe *al-bucharrat* qui signifie les pâturages) sont aujourd'hui une des principales destinations touristiques d'Andalousie. Malgré l'affluence des visiteurs, elles conservent leur charme, coutumes et traditions. Cette région parsemée de petits villages blancs, aux montagnes escarpées et aux vallées boisées, s'étend sur les provinces de Grenade et Séville, entre les **Sierras de la Contraviesa** et **de Gádor** au Sud et le **parc national de la Sierra Nevada** au Nord.

Un peu d'histoire – La conquête arabe en 711 marque l'arrivée des premiers habitants de ces vallées. Ces tribus berbères, habituées aux terrains montagneux et austères d'Afrique du Nord, se consacrèrent à la culture de l'olivier et de la vigne, ainsi qu'à l'élevage des vers à soie. Cette région connut son apogée à l'époque nasride, entre les 13e et 15e s. Les Alpujarras étaient alors administrativement divisées en *tahas (voir plus loin Pitres)*, la population s'accrut et l'industrie textile, entre autres, prospéra. Après la conquête de Grenade, les Rois catholiques cédèrent ces terres à Boabdil qui en devint le seigneur. L'intolérance religieuse se manifesta de plus en plus à l'encontre des musulmans. En 1499 éclata la première rébellion des Alpujarras ; en 1569, Ferdinand de Valor, connu ensuite sous le nom de **Mohammed Aben-Humeya**, dirigea un vaste soulèvement. La guerre et l'expulsion des Morisques, ordonnée par Philippe II, bouleversèrent la région qui amorça une période de déclin.

RENSEIGNEMENTS PRATIQUES

Offices de tourisme – **Oficina de Información del Legado Andalusí**, à **Lanjarón**, avenida de Madrid *(☎ 958 77 02 82)*.

Centro de Interpretación del Parque Nacional de Sierra Nevada (NEVADENSIS), à **Pampaneira**, plaza de la Libertad *(☎ 958 76 33 01)*. Le centre d'accueil du Parc national de la Sierra Nevada organise des randonnées à travers les Alpujarras, des ascensions de la Sierra Nevada, des circuits équestres et des descentes de ravins.

Centro de Información del Puerto de la Ragua, sur la route du col de la Ragua *(☎ 950 52 40 20)*. Renseignements, entre autres, sur le ski de fond et des randonnées en traîneau tiré par des chiens.

Rustic Blue, à **Bubión** *(☎ 958 76 33 81)*. Entreprise privée spécialisée dans le tourisme rural dans la province de Grenade. Renseignements sur les modes d'hébergement et les activités proposées.

Se loger dans les Alpujarras

BUBIÓN

Villa Turística de Bubión – *Barrio Alto – ☎ 958 76 31 11 – fax 958 76 31 36 – 43 appartements – 12 000 ptas.*
Appartements simples et traditionnels avec cuisine, salon, salle de bains et chambre à coucher. L'un des meilleurs restaurants de la région. Spécialités : chevreau, truite et charcuterie régionale.

BUSQUÍSTAR

Alcazaba de Busquístar – *Route GR 421, à 4 km de Trevélez vers Juviles – ☎ 958 85 86 87 – fax 958 85 86 93 – 44 chambres – 10 000 ptas.*
Construction et décor inspirés de l'architecture locale. Forteresse recouverte d'éclats de pierres, aux dallages en terre cuite et aux murs blanchis à la chaux. Grandes chambres avec vues sur la sierra.

Jambons au séchage

CÁDIAR

Alquería de Morayma – *Route A 348, à 2 km de Cádiar vers Torvizcón – ☎ et fax 958 34 32 21 – 15 chambres – 7 500 ptas.*
Petit hôtel de campagne avec vues sur la sierra et le petit village de Cádiar. Bar, restaurant. Des tonneaux d'argile décorent la cave. Bon rapport qualité/prix.

LANJARÓN

España – *Avenida de la Alpujarra, 42 – ☎ et fax 958 77 01 87 – 40 chambres – 5 800 ptas.*
Hôtel central (début du 20e s.) qui compte au nombre de ses illustres clients García Lorca et Manolete. Belle hauteur sous plafond dans les chambres.

LAROLES

Refugio de Nevada – *Route de Mairena – ☎ 958 76 03 20 – fax 958 76 03 04 – 12 chambres – 6 800 ptas.*
Hôtel perché en haut du village. Chambres simples avec poste de télévision et salle de bains, malheureusement sans terrasse, malgré la vue magnifique, notamment en hiver, des sommets recouverts de neige.

TREVÉLEZ

La Fragua – *Barrio Medio, San Antonio, 4 – ☎ 958 85 85 73 – fax 958 85 86 14 – plusieurs chambres – 5 500 ptas.*
Hôtel situé dans une ruelle escarpée, bordée de maisons blanchies à la chaux. Chambres simples avec téléphone et salle de bains. Certaines sont agrémentées d'une terrasse dominant le village et la sierra.

Achats

Jarapas – Ces tapis, à l'origine faits de morceaux de couleurs vives cousus les uns aux autres, sont maintenant tissés d'un seul tenant et selon des formes diverses. En général bon marché, ils sont en vente dans toute la région. Fabrication artisanale dans deux ateliers de Pampaneira : **Hilacar** *(calle Viso – ☎ 956 76 32 26)* et **La Rueca** *(calle José Antonio, 4 – ☎ 958 76 30 27).*

Jambons – Plusieurs séchoirs à Trevélez, endroit idéal pour l'achat des jambons. Le prix au kilo varie entre 1 000 et 1 500 ptas.

★★1 L'ALPUJARRA GRENADINE

De Lanjarón à Bayárcal

100 km (127 km si l'on effectue l'excursion au col de la Regua) – compter environ deux jours.

Lanjarón – Porte des Alpujarras quand on vient de Grenade, Lanjarón est célèbre pour ses eaux minérales qui attirent chaque année un nombre important de curistes, dont l'afflux a provoqué une véritable inflation hôtelière. Il convient de citer également le **château** du 16e s. remarquablement bien situé sur un promontoire qui domine l'entrée de la vallée.

On quitte Lanjarón par la route A 348 qui réserve des vues exceptionnelles sur le paysage aride et imposant de la Sierra de Lújar.

9 km à l'Est de Lanjarón, avant d'arriver à Órgiva, prendre à gauche la GR 421 qui suit le versant Nord des Alpujarras (étroite route de montagne, conduire prudemment).

Avant Pampaneira, la route traverse trois petits villages, **Cañar**, où s'ouvrent de belles vues, ainsi que Carataunas et Soportújar, oubliés des touristes.

★★ **Pampaneira** – *Laisser la voiture au parking à l'entrée du village, et se promener à pied.* Le **défilé de Poqueira**★★ regroupe trois villages. Pampaneira est le plus traditionnel, malgré l'invasion récente des touristes. La rue principale, bordée de boutiques de produits régionaux, mène à la **plaza de la Libertad**, où se dresse l'église baroque de la Ste-Croix (17e s.). La meilleure façon de découvrir ces villages charmants est de flâner au hasard des ruelles. À Pampaneira, plusieurs ateliers de tissage confectionnent encore des *jarapas* de façon artisanale. Le **bureau d'accueil** Ⓥ organise des excursions.

B. Kaufmann/MICHELIN
Ruelle de Pampaneira

Reprendre la route GR 421 sur 2 km, puis bifurquer vers Bubión et Capileira.

Bubión – Situé à 1 296 m d'altitude, Bubión est devenu célèbre pendant la révolte de 1569. La tour fut un bastion important de la résistance morisque. À l'instar des autres villages du défilé, les maisons, aux murs crépis et chaulés et aux toits plats, évoquent l'Afrique du Nord.

Capileira – À 1 436 m d'altitude, Capileira est le plus haut des trois villages. L'église paroissiale (16e s.) accueille un beau retable baroque. Installé dans une des maisons, le **musée des Arts et des Coutumes populaires** (Museo Alpujarreño de Artes y Costumbres Populares Ⓥ) restitue la vie dans les Alpujarras au 19e s.

Revenir sur la GR 421.

Mecina Fondales – Belles randonnées au départ de Fondales dans la vallée formée par le río Trevélez. Une petite route relie le village à Ferreirola, qui doit son nom à l'abondance du minerai de fer dans la région.

La route traverse un paysage d'une rare beauté et s'enfonce peu à peu dans la vallée du río Trevélez.

Pitres – C'est le plus grand des sept villages de la **Taha**, ancienne organisation territoriale arabe regroupant Pitres, **Capilerilla**, Mecina, Mecinilla, Fondales, Ferreirola et Atalbéitar.

Pórtugos – Village réputé pour sa **source Agria** d'eau ferrugineuse située derrière l'ermitage N.-D.-des-Angoisses, à la sortie du village. On dit que l'eau jaillissant de chacune des cinq bouches a un goût différent : libre à chacun de procéder à un test ! En face, en montant les marches, vous parviendrez au **Chorreón**, une cascade de couleur rougeâtre qui révèle la composition ferreuse du terrain.

La maison des Alpujarras

Elle évoque indéniablement le passé arabe de la région et les similitudes avec l'Afrique du Nord sont flagrantes. De deux étages en général, aux murs totalement enduits de chaux, elle est orientée plein Sud, de façon à capter la chaleur solaire. Répartie sur plusieurs niveaux, elle épouse la forme du terrain et s'étage en terrasses, formant ainsi des ruelles pentues, qui laissent l'eau dévaler. Elle se caractérise par le **terrao**, toit plat fait de grandes poutres de châtaignier et de planches recouvertes d'un mortier obtenu à partir d'une argile grise, la **launa**. Ces terrasses servaient autrefois de lieux de réunion. Aujourd'hui encore, certaines femmes y tendent leur linge ou s'en servent comme séchoir ou garde-manger.

Busquístar – Paisible village de style mozarabe situé à l'entrée de la spectaculaire **vallée du río Trevélez★**. Une route relie Busquístar au village qui donne son nom à toute la vallée. Les maisons, d'une blancheur agressive, sont moins intéressantes que celles du village voisin de Poqueira.

★**Trevélez** – Les trois quartiers de la commune la plus haute d'Espagne s'échelonnent (le plus élevé se situe à 1 600 m d'altitude). Les maisons, d'une blancheur aveuglante, sont moins intéressantes que celles du village voisin, Poqueira. Le **Mulhacén** (3 482 m), point culminant de la péninsule, se dresse tel un vigile en toile de fond.

Après Trevélez, la GR 421 redescend la vallée du côté Est. On peut, après avoir parcouru 6 km, prendre à droite la GR 413 – qui passe devant les anciennes mines du Conjuro –, gagner Torvizcón et la A 348, et parcourir la partie Sud des Alpurrajas. En empruntant la GR 421 jusqu'à Juviles, on poursuit la visite de la partie Est.

Juviles – Le paysage change ici radicalement, et à la verdure des deux vallées précédentes succède un paysage beaucoup plus inhospitalier. L'**église Ste-Marie-de-Grâce** (16e s.) est l'une des plus belles de l'Alpujarra grenadine.

Après Bérchules, on débouche sur la A 348, que l'on prend à gauche.

Mecina Bombarón – Ici, le milieu naturel, beaucoup plus sec, convient à un type de végétation plus méditerranéen, et il n'est donc pas surprenant que s'étende au Sud la **Contraviesa**, région réputée pour ses vins. Le village, jadis appelé Mecina Buenvarón, est traversé de petits ravins qui isolent ses différents quartiers. À la sortie et à côté du pont moderne, un pont romain enjambe le río Mecina.

Yegen – L'hispaniste anglais **Gerald Brenan**, auteur du roman *Al Sur de Granada*, excellent recueil des traditions et coutumes de la région des Alpujarras, vécut entre 1923 et 1934 dans ce village anodin, qui lui doit aujourd'hui sa célébrité. Une plaque commémorative a été fixée sur le mur de sa maison.

Du jambon, rien que du jambon...

La reine **Isabelle II** ayant vanté les mérites de ses **jambons**, le nom de Trevélez est depuis étroitement lié à sa succulente charcuterie. Ce sont des jambons de porc blanc, grands (10 kg) et un peu enrobés. Les conditions climatiques (froid et sec) et l'emploi exclusif de sel marin sont les secrets du séchage.

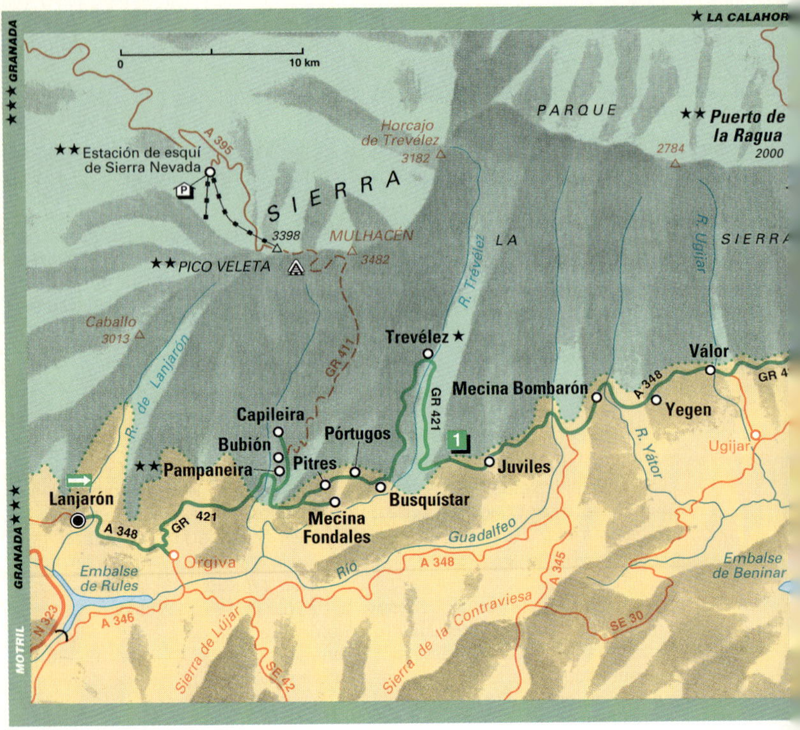

Válor – C'est le plus grand village de cette partie de l'Alpujarra. L'**église St-Joseph** (16e s.) est de style mudéjar comme la plupart des églises de la région. Sur la place trône une fontaine (fin du 18e s.). Ferdinand de Valor, mieux connu sous le nom de **Mohammed Aben-Humeya**, instigateur de la révolte des morisques en 1568, naquit et vécut à Válor.

Peu après Válor, prendre à gauche la GR 431.

Laroles – De ce petit village situé au pied du col de la Ragua, on retiendra l'étrange tour de son église paroissiale. Les hameaux de Picena et Cherín se trouvent plus au Sud.

2 km après Laroles, une route très étroite permet de rejoindre directement Bayárcal, premier village de l'Alpujarra almérienne. En poursuivant vers le Nord par la A 337, on peut monter jusqu'au col de la Ragua, par la seule route reliant les deux versants de la Sierra Nevada (fermé en hiver).

★★ **Puerto de la Ragua** – Jusqu'au col (2 000 m), la route grimpe doucement et la végétation devient peu à peu celle de la haute montagne. Après le col, la route, plus étroite et plus escarpée, descend vers le haut plateau de Guadix, réservant des vues magnifiques sur le **château de la Calahorra**★★ *(voir Guadix)*.

Faire demi-tour, et revenir vers Bayárcal par le versant Est de la vallée.

★2 L'ALPUJARRA ALMÉRIENNE

De Bayárcal à Alhama d'Almería

73 km – compter environ trois heures.

Bayárcal – Accrochée au flanc de la montagne, Bayárcal est la localité la plus élevée de la province d'Almería (1 275 m), et sa chênaie est également l'une des plus étendues. De divers points de ce très agréable village, beaux panoramas. L'**église St-François-Xavier** (16e s.), de style mudéjar, abrite quelques sculptures intéressantes : saint François Xavier, le saint patron du village, une Immaculée d'Alonso Cano et un *Ecce Homo*.

Se loger à Laujar de Andarax

Almirez – *Sur la A 348, en sortant de la localité vers Alcolea – ☎ et fax 950 51 35 14 – 20 chambres – 5 000 ptas.*
Petit hôtel-restaurant sans attrait particulier mais bon marché.

Villa Turística de Laujar – *Camino del Caleche – ☎ 950 51 30 27 – fax 950 51 35 54 – 47 chambres – 9 600 ptas.*
Complexe hôtelier situé à la sortie du village. Appartements pour 1 à 6 personnes. Dénué de charme mais chambres très confortables.

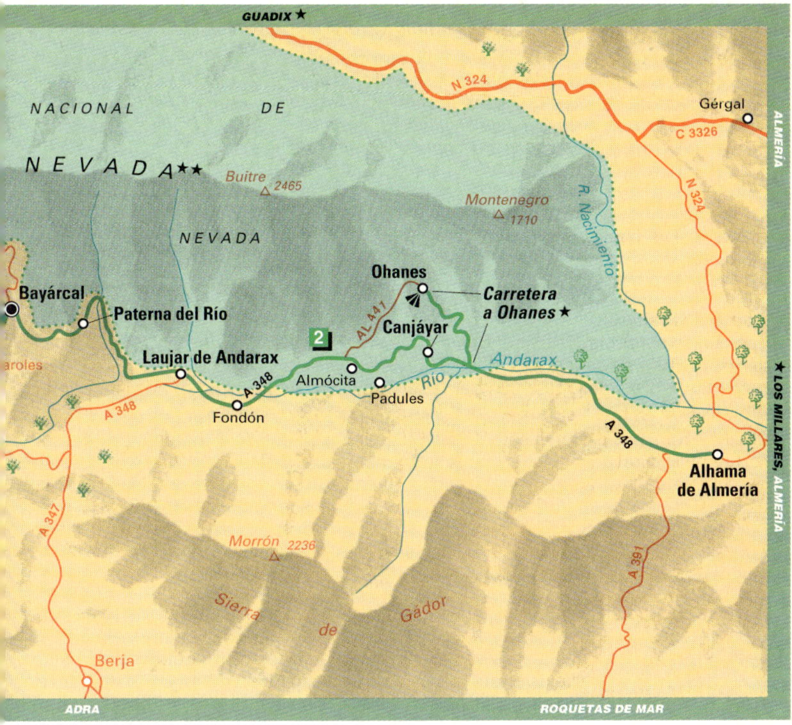

Paterna del Río – *7 km à l'Est de Bayárcal.* Ce village de la sierra est entouré de châtaigniers, de chênes verts et de peupliers. L'**église St-Jean-Baptiste** conserve un plafond *artesonado* mudéjar.

Laujar de Andarax – Laujar, principale localité de l'Alpujarra almérienne, est située à deux pas de la source du río Andarax, entre les Sierras Nevada et de Gádor. Quelques maisons seigneuriales des 16e et 17e s. s'alignent le long de ses rues, qui comptent aussi de nombreuses fontaines. Laujar vit naître l'écrivain **Francisco Villaespesa** (1877-1936), admirateur et divulgateur de Rubén Darío en Espagne. Deux plaques commémoratives lui sont dédiées : l'une au belvédère de la Vega, proche de la plaza de l'Alpujarra, et l'autre sur le mur de sa maison natale.

Un fait d'histoire

L'instigateur de la révolte des Alpujarras en 1568 *(voir p. 32)*, **Mohammed Aben-Humeya**, fut assassiné à Laujar par d'autres chefs de la rébellion le 20 octobre 1569. En 1571, après le soulèvement, les morisques furent expulsés de Grenade.

La Encarnación – Église en brique (16e s.) dédiée au mystère de l'Incarnation, dont le clocher domine le chevet. La nef unique recèle un beau retable baroque ornant le maître-autel et une Immaculée Conception réalisée par Alonso Cano.

Hôtel de ville – La façade de cette construction en brique du 18e s. est équilibrée et d'une grande sobriété. À gauche se trouve le **pilier aux quatre bouches**, une jolie fontaine publique en pierre (17e s.).

Source de l'Andarax – *À 1,5 km. Suivre l'indication « Nacimiento » à gauche de la place.* Site agréable aux pinèdes touffues, où prend sa source le río Andarax. Une aire de pique-nique avec tables et grils a été aménagée.

Prendre la A 348 vers l'Est.

De Laujar à Canjáyar – La route traverse le fertile bassin de l'Andarax parmi les champs d'orangers, de figuiers de Barbarie et quelques vignes qui donnent le raisin si prisé d'Almería.

Entre Laujar de Andarax et Canjáyar, on traverse entre autres villages **Fondón** et **Almócita**, typiques des Alpujarras avec leurs maisons blanches et leurs belles églises paroissiales.

La route dispense une belle vue sur **Padules** et son église du 16e s., qui domine le village posé sur une colline.

Un vin rosé ou clairet est élaboré à Laujar. La région compte plusieurs caves, dont une écologique, le Cortijo del Cura.

Étrange dévotion

De petits ermitages s'élèvent aux entrées de nombreux villages comme Laujar, Fondón, Ohanes ou Canjáyar. Ils sont appelés *Ánimas* ou âmes en français. Ces petites chapelles abritent un autel orné d'une peinture représentant la Vierge du Carmel sauvant des flammes les âmes à l'aide des anges. Un judas sur la porte d'entrée permet de voir à l'intérieur.

Canjáyar – Sur un coteau, au pied de l'ermitage San Blas, s'étire le village aux rues blanches, qui conservent leur allure mauresque. L'église paroissiale est dédiée à la Sainte Croix.

Poursuivre sur la A 348, et 3 km après Canjáyar bifurquer à gauche vers Ohanes.

★ **Route d'Ohanes** – La route sinueuse qui grimpe jusqu'au village d'Ohanes (958 m) épouse les contours de la montagne et réserve des **vues**★ de plus en plus spectaculaires. Aucun village, aucune trace de civilisation ne vient troubler le charme de ce magnifique paysage. Vaste panorama saisissant, où se profilent au loin les sommets de la Sierra de Gata. Le village apparaît au détour d'un virage.

Ohanes – Sur un **site**★ privilégié, Ohanes domine la vallée de l'Andarax. Ses maisons forment une tache blanche sur le vert manteau du flanc montagneux. L'église paroissiale en pierre ajoute une touche de couleur ocre au beau tableau. Les rues étroites et escarpées, littéralement suspendues dans le vide, se détachent sur le ciel bleu vif de la province d'Almería.
Sur les pentes, au pied du village, des terrasses portent des vignobles.

Revenir vers la A 348 et poursuivre vers Alhama.

Alhama de Almería – Remarquez le contraste des paysages autour de la localité : d'un côté, le désert de Tabernas et la vallée de l'Andarax, de l'autre, la Sierra de Gador. Station thermale – les eaux atteignent une température de 46 °C –, Alhama possède quelques maisons seigneuriales et un vieux café du début du 20e s., le Tertulia. Alhama vit naître en 1838 **Nicolás Salmerón**, président de la Ie République, qui préféra démissionner de son poste plutôt que signer une condamnation à mort. Dans un autre registre, ne manquez pas de goûter aux délicieuses gimblettes *(rosquillas)* d'Alhama.

Sanguinetti/MARCO POLO

Ohanes

ANDÚJAR★

Jaén – 35 803 habitants

Carte Michelin n° 446 R 17

Premier producteur d'olives d'Espagne, l'ancienne Isturgis ibère, qui reçut les Romains puis les Arabes – auxquels on doit la monumentale muraille du 9e s. –, fut définitivement reconquise par Ferdinand III de Castille en 1225. D'illustres voyageurs ont séjourné dans cette charmante ville sobre, dont Francisco de Quevedo qui y prépara un voyage de Philippe IV, Côme de Médicis, dont la suite traversa la ville alors qu'il regagnait l'Italie après un séjour à Cordoue, enfin plus tardivement, aux 18e et 19e s., Joseph Towsend, célèbre voyageur britannique, ainsi que Leandro Fernández de Moratín et Prosper Mérimée.

De nos jours, Andújar est un important pôle agricole et industriel, tandis que le cœur historique conserve ses tortueuses ruelles pavées et ses vieux édifices. À tout ceci s'ajoute le cadre attrayant de la localité qui s'enorgueillit du **Parc naturel de la Sierra de Andújar**, spectaculaire zone boisée creusée de petits cours d'eau et qui abrite le célèbre sanctuaire de la Vierge de la Tête. Enfin, citons la fameuse céramique d'Andújar (cendriers, plats, vaisselle, etc.) et la délicieuse gastronomie régionale, aux plats appétissants comme l'*ajo blanco* (sorte de potage à l'ail), les *espárragos esparragaos* (asperges sauvages) et les *flamenquines*.

Santa María – Située sur l'élégante place du même nom, l'église Ste-Marie (fin 15e-début 17e s.) offre une intéressante diversité architecturale. À l'intérieur, vous remarquerez la variété des voûtes en croisée d'ogive, circulaires ou sur pendentifs, ainsi que les remarquables œuvres qu'elle recèle telles *L'Assomption de la Vierge* par Pacheco *(absidiole à gauche)*, une Vierge de Giuseppe Cesari, un manuscrit de saint Jean de la Croix et surtout le ***Christ au jardin des oliviers***★★, du Greco, dans une chapelle à gauche, fermée par une élégante **grille**★ du maître Bartolomé (16e s.). Cette grande toile, qui a inspiré diverses légendes ou interprétations, montre le Christ, vêtu d'une élégante tunique rouge, et éclairé du haut du ciel par un flot de lumière vive, l'isolant des autres personnages : un ange vêtu de blanc et les apôtres saint Pierre, saint Jacques et saint Jean qui semblent assoupis à ses pieds.

Se loger

À BON COMPTE

Don Pedro – *Gabriel Zamora, 5 – ☎ 953 50 12 74 – fax 953 50 47 85 – 29 chambres – 5 200 ptas.*
Hôtel central qui ne présente rien d'exceptionnel mais dont les chambres modernes et tout à fait correctes sont équipées de téléphone, télévision, air conditionné et salle de bains. Patio avec terrasse et bar l'été.

Se restaurer-Tapas

Las Perolas – *Serpiente, 6 – ☎ 953 50 67 26.*
La propriétaire, Ana Domínguez, possède dans la région une réputation d'excellente cuisinière. Il suffit d'humer les effluves des délicieux sautés de porc, de lapin et de taureau qu'elle concocte et qu'elle sert au comptoir dans des casseroles. Ambiance familiale assurée.

El Mesón – *Isidoro Miñón – ☎ 953 51 17 69.*
Bar à tapas central avec terrasse, fréquenté plutôt par une clientèle jeune. Spécialité : le *serranito* (filet de porc au jambon et piment).

Ayuntamiento – L'**hôtel de ville**, édifice du milieu du 17e s., conserve l'ancienne salle de théâtre.

San Miguel – L'**église St-Michel** s'élève majestueusement sur la plaza de España dite plaza del Mercado. À noter à l'intérieur les curieuses peintures murales des 17e et 18e s., un singulier *coro* ainsi qu'un beau tambour, tous deux ornés de reliefs savamment sculptés.

Palacio de Los Niños de don Gome – Élégante construction du 16e s., dont la décoration de la sobre tour est d'influence indienne. Le palais des Enfants de don Gome possède un joli patio à portiques et des écuries dont on a conservé les anciennes mangeoires.

San Bartolomé – Église fin 15e s. On s'attardera surtout sur la façade : les trois élégants **portails gothiques**★ sont décorés de remarquables dentelles de pierre.

Torre del Reloj – La calle Silera et les donjons de la Fuente Sorda et de Tavira ainsi que cette ancienne tour de guet sont les uniques vestiges de la muraille arabe.

Des forêts de chênes... magiques ?

L'olivier est certes l'arbre qui a la vedette dans la région de Jaén mais il ne faut pas pour autant négliger d'évoquer les magnifiques forêts de chênes qui peuplent la Sierra de Andújar. Ces superbes arbres adoptent des teintes et des formes différentes suivant les heures de la journée. La légende raconte aussi que la nuit, les chênes dansent et ne s'arrêtent qu'aux premiers rayons du soleil... Il est donc impossible de les reconnaître en plein jour !

ENVIRONS

Villanueva de la Reina – *14 km au Sud-Est par la JV 2310.* Ce village tranquille au bord du Guadalquivir permet d'apprécier une merveilleuse vue sur les profils de la sierra qui contrastent avec la Meseta. Dans le vieux quartier se trouve l'**église N.-D.-de-la-Nativité** (18e s.).

★**Parque Natural de la Sierra de Andújar** ⓥ – *Quitter Andújar par la J 5010 vers le Nord.* La route en corniche grimpe à travers les forêts de chênes, de chênes-lièges, les oliviers sauvages et les arbousiers... Les **vues**★★ sont superbes...
Sur les premiers contreforts de la Sierra Morena, dominant la vallée du Guadalquivir, les 60 800 ha du parc offrent une large palette de paysages : les prairies où paissent les troupeaux sauvages alternent avec les ravins obscurs, où l'épaisse végétation constitue l'habitat privilégié des cerfs, daims, lynx et sangliers. Les eaux impétueuses des ríos Jándula et Yeguas se prêtent à la pêche tandis que les randonneurs apprécieront les nombreux sentiers balisés traversant les merveilleuses forêts de chênes, le maquis, ou les tapis de jasmin sauvage et de lentisque.

Santuario de la Virgen de la Cabeza ⓥ – Le sanctuaire se blottit au cœur du parc, non loin du superbe **Coto Nacional de Lugar Nuevo** à environ 32 km d'Andújar. Selon la tradition, la Vierge apparut sur cette hauteur en forme de tête *(cabeza)*. Pour commémorer le miracle, on édifia un sanctuaire, qui se doubla plus tard d'un monastère détruit durant la guerre civile. C'est aujourd'hui l'un des principaux pèlerinages mariaux d'Andalousie, qui voit se presser une foule importante lors de la « **romería** » (dernier dimanche d'avril).

Bailén – *23 km au Nord-Est par la N IV.* Localité célèbre en raison de la **bataille** (1808) qui se déroula aux alentours, opposant l'armée française sous les ordres du général Dupont de l'Étang aux troupes espagnoles commandées par le général Castaños, et marqua le début de la déroute française en Espagne.
Village typiquement andalou, aux maisons chaulées et aux agréables places. Le principal monument est l'**église de l'Incarnation**, de style gothico-Renaissance (16e s.), abritant le tombeau du général Castaños.

Carnet d'adresses

Se loger dans la Sierra de Andújar

La Mirada – *Sanctuaire Virgen de la Cabeza, à 30 km environ d'Andújar – ☎ 953 50 21 11 – 15 chambres – 6 000 ptas.*
En plein cœur du Parc naturel d'Andújar. Chambres correctes, propres et modernes, pouvant atteindre les 100 000 ptas au moment du pèlerinage. Bonne adresse accessible le reste de l'année.

ANTEQUERA★

Malaga – 40 239 habitants

Carte Michelin nº 446 U 16

Au cœur de la province de Malaga et au pied de la Sierra del Torcal, Antequera – l'*Antikaria* romaine ou cité antique – s'étend face à la Peña de los Enamorados. Conquise par Ferdinand d'Aragon en 1410, la ville connaît un rayonnement sans précédent entre les 16e et 18e s., comme l'attestent tous les monuments religieux ou civils construits à cette époque. Cependant, Antequera a su parfaitement intégrer les constructions modernes à ses églises monumentales et à ses *paseos* ; la ville a su également conserver ses ruelles pavées si andalouses, ses petites maisons chaulées aux fenêtres grillagées et ses balcons tous parés de fleurs. De nos jours, la vallée fertile où elle s'étire en a fait un important centre industriel et agricole. La **Semaine sainte**, si populaire et riche en

Se loger

À BON COMPTE

Nuevo Infante – *Infante D. Fernando, 5 – ☎ 952 70 02 93 – fax 952 70 00 86 – 18 chambres – 5 000 ptas.*
Petit hôtel situé dans une rue commerçante. Les chambres donnent sur un patio intérieur. La réception se trouve au second étage.

VALEUR SÛRE

Parador de Antequera – *García del Olmo – ☎ 952 84 09 01 – fax 952 84 13 12 – 55 chambres – 13 500 ptas.*
Ce parador moderne se trouve en dehors de la ville et domine toute la vallée. Chambres de bonne taille.

Se restaurer

Lozano – *Avenida Principal, 2 – ☎ et fax 952 84 27 12 – chambres à 6 500 ptas.*
Malgré sa situation dans un quartier industriel apparemment peu attrayant, c'est l'un des meilleurs restaurants de la ville. Spécialités de viandes et de poissons servies dans une grande salle pleine d'animation.

El Escribano – *Plaza de los Escribanos, 11 – ☎ 670 85 56 64 – ouvert de 11 h à minuit.*
Dans la partie la plus haute du village. Restaurant et bar avec terrasse qui donne sur la collégiale Ste-Marie.

La Espuela – *Plaza de Toros – ☎ 952 70 34 24 – ouvert de 12 h à minuit*
Ce restaurant situé au pied des arènes propose toute une variété de plats régionaux ou du pays.

émotions avec ses merveilleux *pasos*, est particulièrement poignante la nuit du Vendredi saint, sur la plaza de San Sebastián : les deux confréries de la Santa Cruz de Jerusalén et du Dulce Nombre de Jesús, toutes deux fondées au 16e s., procèdent à leurs « adieux ». Enfin, on appréciera la gastronomie de la région, qui propose d'excellents plats comme la *porra antequerana* (variante du *salmorejo* ou saupiquet), les pieds de porc aux haricots et le *bienmesabe*, un gâteau d'origine arabe à base d'amandes.

Alcazaba ⓥ – On rejoint la forteresse après avoir emprunté sous des frondaisons touffues une promenade réservant de belles **vues★** sur la Sierra del Torcal, la plaine d'Antequera, avec la Peña de los Enamorados (rocher des Amoureux) en toile de fond, et le centre-ville dont on aperçoit les jolis toits peints et les élégants clochers. Première forteresse du royaume de Grenade conquise par les chrétiens (1410), elle fut reprise rapidement par les Arabes. Les murailles (15e s.), construites avec des matériaux romains récupérés, enserrent aujourd'hui un agréable jardin, propice au repos et à la méditation dans ce quartier paisible de la ville. À noter, la tour de l'Étoile (Estrella), la tour Blanche et surtout le donjon, dénommé couramment Papabellotas, et surmonté d'un petit temple abritant la populaire cloche d'Antequera.

Hidalgo-Lopesino/MARCO POLO

Antequera, à la tombée de la nuit

Peña de los Enamorados

C'est une légende toute empreinte de romantisme qui a rendu populaire ce beau rocher situé à mi-chemin entre Antequera et Archidona. On raconte que Tagzona, la fille du chef arabe de la région, était tombée éperdument amoureuse de Tello, jeune chrétien alors prisonnier dans un village proche d'Antequera. Tous deux décidèrent de s'enfuir, mais furent découverts par les gardes du père de Tagzona, qui les poursuivit jusqu'au sommet d'un rocher situé aux abords de la ville. Pris au piège et voyant tous les archers pointer leurs arcs vers le cœur de Tello, les deux amants se précipitèrent dans le vide main dans la main, scellant ainsi leur amour pour l'éternité.

★**Santa María** ⓥ – Au bas des jardins du château, sur la plaza Santa María, cette collégiale du 16e s. constitue un bel exemple de l'art du début de la Renaissance. On y accède par l'**arc des Géants** (16e s.), construit par le réemploi de pierres et de sculptures provenant de monuments romains voisins. La collégiale est une église monumentale présentant trois vaisseaux coiffés de voûtes mudéjares et séparés par des arcs en plein cintre reposant sur des colonnes ioniques. Appréciez la superbe **façade**, inspirée des arcs de triomphe romains et surmontée de légers pinacles, ainsi que la *capilla mayor*, au plan rectangulaire, coiffée d'une voûte gothico-mudéjare. Siège de la chaire de grammaire et de latin au siècle d'Or, elle réunit d'importants poètes d'Antequera.

El Carmen ⓥ – Unique vestige d'un ancien couvent, l'**église du Carmel** fut élevée entre les 16e et 17e s. Sa nef unique aux proportions avantageuses est couverte d'un élégant plafond **« artesonado »** mudéjar. Abondamment décorée à l'intérieur de peintures et de stucs polychromes, elle a conservé au maître-autel un beau **retable** du 18e s., réalisé en bois brut par Antonio Primo, et qui loge dans sa partie centrale un *camarín* orné de peintures.

Museo municipal ⓥ – Installé dans le **palais de Nájera** (17e s.), le musée possède une belle tour-mirador et une remarquable collection d'archéologie dont la pièce maîtresse est l'**éphèbe d'Antequera**★. Cette superbe sculpture en bronze de l'époque romaine (1er s.) représente un adolescent nu, dont les mains semblent porter un objet qui a disparu de nos jours. Appréciez la légèreté de ce chef-d'œuvre et l'expression toute contenue du personnage.

Convento de San José ⓥ – La façade du couvent St-Joseph est un exemple intéressant d'art baroque local. Cet ensemble tout à fait original se compose d'un portail à arc en plein cintre, lequel repose sur des gaines et des décors à base de personnages faisant office de consoles et soutenant une corniche ornée de formes végétales finement travaillées et de masques de grotesques. À l'intérieur, il accueille une intéressante collection de peinture ancienne.

Convento de la Encarnación – L'église du 16e s. à haute capilla mayor, présente quelques points communs avec certaines églises mudéjares de Grenade. Le portail de la calle Encarnación se compose d'un arc en plein cintre ; sur les pendentifs figurent l'Ange et la Vierge, qui forment ainsi une Annonciation. À l'intérieur, intéressantes sculptures du 18e s.

San Sebastián – Le portail principal de cette église du 16e s. est un intéressant exemple de style plateresque ; il est surmonté d'une élégante tour du 18e s. formée de quatre corps, image emblématique d'Antequera. À l'intérieur, parmi les nombreux chefs-d'œuvre, remarquez la sculpture de la Vierge de l'Espérance du 15e s., ainsi que quelques œuvres d'Antonio Mohedano, peintre maniériste.

« Salga el sol por Antequera... »

Cette expression, devenue en Espagne un dicton populaire employé pour s'armer de courage avant une entreprise difficile, tire son origine de la reconquête de la ville. En 1410, l'infant Ferdinand de Castille, assiégeant en vain depuis cinq mois Antequera, hésitait sur la stratégie à adopter. Une nuit, dans son sommeil, une belle jeune fille entourée de lions lui serait apparue et lui aurait dit : « Mañana, salga el sol por Antequera y que sea lo que Dios quiera » (Demain, que le soleil se lève sur Antequera, et qu'il en soit selon la volonté de Dieu). Le lendemain, 16 septembre, fête de sainte Euphémie de Chalcédoine, les troupes chrétiennes s'emparèrent de la ville, qui fut consacrée à la sainte, identifiée comme inspiratrice de l'infant. Une autre version veut que le mot ait été prononcé par Ferdinand lui-même pour conclure une discussion. Ferdinand ne fut plus connu que sous le nom de Ferdinand d'Antequera, avant d'être élu au trône d'Aragon en 1412.

San Agustín ⓥ – Construite par Diego de Vergara, celui même qui édifia la cathédrale de Malaga, cette église du 16e s. possède une nef coiffée d'une voûte en croisée gothique et une jolie tour des 17e-18e s. Le portail maniériste est un arc en plein cintre orné d'un balcon au-dessus duquel apparaissent des niches abritant des sculptures religieuses. Sur le maître-autel, d'intéressantes toiles de Mohedano illustrent la vie de saint Augustin.

Palacio Municipal – Cet ancien couvent de moines franciscains présente une étrange façade néobaroque réalisée en 1953. À voir, le cloître formé de deux élégantes galeries, la galerie inférieure se composant d'arcs en plein cintre et de voûtes d'arêtes, et la supérieure offrant de grandes ouvertures rehaussées de frontons. L'escalier baroque est coiffé d'une voûte recouverte de stucs et décoré de marbre polychrome.

Convento de Nuestra Señora de los Remedios ⓥ – L'église du 17e s., dédiée à Notre-Dame de Recouvrance, patronne d'Antequera, possède un plan en croix latine avec deux chapelles latérales, ainsi qu'une somptueuse décoration reprenant des thèmes d'iconographie franciscaine et des motifs végétaux. Sur le maître-autel, un beau retable en bois doré abrite un camarín orné de stucs dans lequel trône la Vierge de la Recouvrance (16e s.).

Real Convento de San Zoilo – Cette construction de la fin du gothique (16e s.) présente un décor chargé à base de stucs polychromes formant des motifs végétaux et des géométriques. À noter, le plafond artesonado mudéjar, un retable composé de panneaux Renaissance (16e s.) et le célèbre Christ Vert, statue Renaissance attribuée à Pablo de Rojas.

Convento de Belén – L'église de ce couvent du 18e s. présente trois vaisseaux à l'ornementation chargée. La nef centrale est coiffée d'une voûte en berceau à lunettes, tandis que les bas-côtés, distribués comme des chapelles, sont séparés par des arcs en plein cintre. Dans les bras du transept, qui est surmonté d'une coupole en demi-cercle, on remarquera deux autels ; celui du croisillon droit possède un *camarín* orné de stucs qui recèle une statue du Christ de José Mora. Les religieuses du couvent confectionnent d'excellentes pâtisseries qu'elles proposent à la vente.

★ **Dolmens de Menga y Viera** ⓥ – *À la sortie d'Antequera par la A 354, direction Grenade.* Ces énormes tombeaux collectifs situés au pied du Cerro de la Cruz, remontent à l'âge du bronze. Démontrant par là la maîtrise de techniques astucieuses, les bâtisseurs avaient imaginé une tranchée latérale afin de glisser les pierres. Le **dolmen de Menga** (2500 avant J.-C.) est une sorte de grotte artificielle dotée d'une vaste chambre ovale précédée d'une galerie d'environ 25 m de long, 7 m de large et 2,70 m de haut ; celle-ci présente dix monolithes latéraux et cinq en couverture. La chambre, recouverte d'une énorme dalle, est constituée de sept grands monolithes de chaque côté et d'une pierre au chevet. Remarquez le troisième monolithe à gauche dans la galerie, sur lequel apparaissent des représentations humaines et des symboles solaires. Le **dolmen de Viera** (2200 avant J.-C.) se compose d'une longue galerie qui aboutit à la chambre funéraire, laquelle forme une espèce de cube composé de quatre monolithes verticaux et d'une grande dalle en couverture.

ENVIRONS

★ **Dolmen d'El Romeral** ⓥ – *4 km au Nord-Est. Quitter Antequera par la A 354, parcourir 3,5 km et tourner à gauche (signalisation).* Ce dolmen datant de 1800 avant J.-C. possède une structure nettement plus complexe que ceux de Menga et de Viera : des murs de pierres plates en encorbellement, deux salles circulaires et une galerie couverte de pierre calcaire. La première salle est fermée par un grand monolithe derrière lequel une porte ouvragée accède à la seconde chambre, où se trouve une sorte d'autel destiné aux offrandes.

★★ **Parque Natural de El Torcal** ⓥ – *14 km au Sud-Est. Prendre la C 3310 en direction de Villanueva de la Concepción, tourner à droite vers l'entrée du parc (signalisation).* Ce parc naturel de plus de 12 ha assure la préservation de l'un des paysages karstiques les plus impressionnants de la péninsule. L'érosion du vent tout comme la pluie chargée d'anhydre de carbone ont donné naissance à des gouffres, des obélisques et des formations des plus variées. La flore (scille espagnole et ombilic de Vénus) confère au parc des tons et des odeurs extraordinaires, tout particulièrement au printemps. C'est un lieu magique où il ne faut pas hésiter à laisser vagabonder son imagination au sein d'une nature extrême et toute en contraste.

Pour éviter de se perdre, il est préférable de se rendre à l'accueil et de suivre l'un des deux sentiers balisés ; le plus court *(1 h AR)* va par le chemin de la Losa jusqu'à la dépression de la Maceta ; du belvédère de las Ventanillas, l'un de ses points culminants, on embrasse une **vue exceptionnelle**★★. L'itinéraire le plus long *(3 h AR)* passe par le gouffre del Chamorro, le rocher del Pizarro et le chemin de los Topaderos.

Archidona – *19 km au Nord-Est. Quitter Antequera par la A 354 et gagner la A 92 que l'on quitte à la sortie 163 en direction d'Archidona.* Ce village qui a conservé de nombreux vestiges arabes dans son quartier ancien se situe au bas de la Sierra de Gracia, au pied du pic del Conjuro, dans un paysage ondulé de collines plantées d'oliviers.

★ **Plaza Ochavada** – La place, l'un des symboles les plus populaires d'Archidona, doit son nom d'Octogonale à sa forme de polygone à huit côtés. Construite au 18e s. par les architectes Francisco Astorga et Antonio González, elle mêle les éléments d'urbanisme français à des caractéristiques typiquement andalouses. Les façades voient alterner sur la place briques rouges (arcs et piliers), murs blancs et balcons fleuris typiquement andalous. Cette place faisait autrefois office d'arène.

Ermita de la Virgen de Gracia ⓥ – Cet ermitage se situe tout en haut de la ville, à l'intérieur de l'ancien château arabe dont il ne reste que quelques pans de murailles, le donjon, les ruines d'une citerne et la Puerta del Sol toute restaurée. Cette petite église est couronnée d'une coupole semi-sphérique dont la calotte elliptique (18e s.) présente des ouvrages de plâtre. Elle a conservé divers éléments d'ornementation de l'ancienne mosquée musulmane. De là, la vue s'étend sur Archidona et les alentours.

Santa Ana ⓥ – Remarquez la superbe façade baroque 18e s. de cette construction à la base gothique, la solide tour triangulaire surmontée d'un pinacle en forme de pyramide coiffée de tuiles vernissées vertes et blanches ; voir aussi à l'intérieur d'intéressantes œuvres d'art.

Convento de las Mínimas – Admirez le portail baroque (18e s.) de cet ancien couvent et sa tour polygonale de briques rouges ornée de céramique vernissée.

Las Escuelas Pías ⓥ – L'église recèle une statue très vénérée de Jésus de Nazareth.

★ **Laguna de la Fuente de Piedra** – *22 km au Nord-Est. Quitter Antequera par la A 354 et prendre la A 92 en direction de Séville. À la sortie 132, prendre la MA 701 jusqu'à Fuente de Piedra. Arrivé au village, suivre les indications.* Ce grand lac salé à la flore variée (soude, joncs, etc.) héberge une faune variée : citons l'importante colonie de flamants roses – l'une des plus grandes d'Europe –, les cigognes, les mouettes rieuses, les grues et autres espèces. Au crépuscule, tous ces oiseaux forment sur l'eau un ballet féerique aux couleurs étonnantes.

★ VALLÉE DU GUADALHORCE

D'Antequera jusqu'à la grotte de doña Trinidad Grund

70 km au Sud-Ouest – compter une demi-journée.

Le fleuve Guadalhorce a creusé une vallée tortueuse magnifique à travers la Serranía de Ronda et les monts de Malaga, qui aboutit au barrage de Guadalteba-Guadalhorce. Des paysages variés (oliveraies et terres cultivables non irriguées) séparent la plaine alluviale de la montagne et, sur les collines, on aperçoit de petits hameaux blancs accrochés ou d'inaccessibles parois rocheuses formant un ensemble surprenant ; très belles **vues**.

Quitter Antequera vers le Sud par la A 343 (avenida de la Legión) en direction d'Álora.

La **route** en lacet dessert des paysages superbes et, après la vallée d'Abdalajís, se poursuit en corniche jusqu'à Álora.

★ **Álora** – La patrie de la *malagueña*, l'une des expressions les plus authentiques du *cante jondo*, s'élève sur une colline au bord du Guadalhorce, au pied du mont Hacho. Le château, d'où l'on a une très belle vue sur les alentours, s'élève dans le centre, au milieu d'un dédale de ruelles tortueuses bordées de maisons chaulées.

À la sortie d'Álora par la M 441, prendre à droite la MA 444 en direction d'El Chorro (signalisation).

La **route**★ en corniche traverse un magnifique décor montagneux et aboutit à la Garganta del Chorro.

★★ **Défilé de los Gaitanes** – Cet étonnant défilé est le principal attrait du Parque de Ardales. Il est préférable de laisser la voiture au camping El Chorro et de continuer à pied par une route goudronnée *(une demi-heure AR)* qui monte jusqu'à un pont métallique d'où l'on bénéficie d'un **panorama**★★★ spectaculaire. Ce pont suspendu au-dessus du lit du fleuve encaissé entre des roches immenses dans un paysage sauvage semble totalement détaché

Attention !

L'itinéraire du défilé de los Gaitanes étant très dangereux, nous vous conseillons de terminer votre promenade au pont suspendu sur les gorges d'El Chorro, car au-delà de cette limite, vous courez des risques inutiles.

du monde terrestre. À l'extrémité du pont, un escalier de bois et de cordes en mauvais état, le « caminito del Rey », s'étire le long des parois rocheuses et mène à un autre pont nettement plus rudimentaire et pratiquement détruit.

Du camping, revenir sur la MA 444 et prendre la direction d'Ardales : à un croisement signalisé, tourner à gauche et prendre la piste.

Cette **piste goudronnée★★** en corniche traverse des montagnes désertes et silencieuses avant d'aboutir au barrage Tajo de la Encantada.

Laisser la voiture sur la route et prendre le sentier indiqué : compter 30 minutes AR.

Ruines de Bobastro – C'est dans l'ancienne Bobastro qu'Omar ben Hafsun, né d'un couple mixte, descendant d'un noble wisigoth, avait établi son quartier général et regroupé des mozarabes et autres groupes islamiques afin de défendre la vie à la campagne, s'opposant ainsi à l'organisation étatique omeyyade. Depuis les Mesas de Villaverde, cimes inaccessibles, ce chef intrépide prit la tête d'une rébellion contre l'émirat de Cordoue avant d'embrasser la foi chrétienne. De nos jours, il ne reste de Bobastro que les ruines des murailles de l'alcazar, quelques grottes et surtout, une église inachevée (10e s.) de plan basilical, dotée de chapelles orientées. Creusée dans la roche, elle est une synthèse architecturale étrange entre l'art romain de la péninsule, l'art wisigoth et l'art musulman.

Reprendre la MA 444. Après avoir parcouru 2 km, tourner à droite et se rendre aux points d'information du parc de Ardales, face au barrage Conde de Guadalhorce.

★ **Barrage du Guadelteba-Guadalhorce** – Au cœur du parc d'Ardales, au milieu de bois épais, de roches claires et de vastes zones de promenade, ce barrage constitue avec ceux de Gaitejo, de Tajo de la Encantada et Conde de Guadalhorce un lieu merveilleux propice au tourisme rural. De nombreux sentiers longent des eaux cristallines ou bien traversent des endroits totalement sauvages. Le silence surprenant, en particulier l'hiver, la pureté de l'air, le climat extraordinaire, en font un lieu agréable et accessible toute l'année ; très jolies vues depuis les collines qui entourent le barrage.

Du barrage Conde de Guadalhorce, reprendre la MA 444 vers Ardales. Avant ce village, prendre la A 357 en direction de Málaga ; la grotte se situe 3 km plus loin.

★ **Cueva de doña Trinidad Grund** ⌚ – Cette grotte est un gisement archéologique de 1 600 m de long dont les vestiges indiquent qu'elle a été occupée du paléolithique à l'âge du bronze. Remarquez les peintures rupestres (cinquante-quatre représentations d'animaux et cent trente symboles), qui constituent un étrange spécimen de l'art du quaternaire. L'illustration schématique du « grand cerf » au cœur et aux pattes peints en rouge est particulièrement impressionnante.

ARACENA★

Huelva – 6 500 habitants

Carte Michelin nº 446 S 10

Schéma : Parque Natural de la Sierra de ARACENA Y PICOS DE AROCHE

Au cœur de la Sierra de Aracena, la localité du même nom s'échelonne sur le flanc d'une colline couronnée par les vestiges du château des Templiers. Un bel ensemble de maisons basses, d'une blancheur qui contraste avec les pavés des rues, compose le centre. Les sombres porches ornés de grilles en fer forgé des grandes demeures qui bordent ses rues offrent un magnifique abri pour se protéger de la chaleur estivale. Le **musée en plein air de Sculpture contemporaine**, dont les œuvres parsèment les rues et les places d'Aracena, apporte une pointe de modernité à ce pittoresque bourg.
La gastronomie locale est au menu de nombre d'auberges, le **jambon serrano** y occupe une place privilégiée.

★★★ **Gruta de las Maravillas** ⌚ – Située au cœur du village, la grotte des Merveilles est une spectaculaire formation géologique qui descend sous terre à plus de 100 mètres de profondeur. Le film *Tarzan et les mines du roi Salomon* a été tourné dans ce décor exceptionnel. Une musique d'ambiance accompagne le visiteur qui traverse des salles de stalagmites et stalactites aux reflets verts, bleus et roses, dus aux oxydes métalliques. Les plafonds calcaires d'une singulière beauté se reflétant dans les eaux d'extraordinaires lacs intérieurs complètent la visite qui comprend en particulier le salon des Orgues, la salle de la Cathédrale, présentant une formation calcaire ressemblant à la silhouette d'une Vierge à l'enfant, le lac des Émeraudes, le bain de la Sultane, le salon des Brillants recouvert d'une multitude de points lumineux, la salle des Nus et le **salon de la Verrerie de Dieu★★**, où les reflets lumineux produisent un effet réellement prodigieux. La grotte héberge également le **Musée géologique minier** (Museo Geológico Minero ⌚), dont une intéressante collection de minéraux, roches et fossiles.

Hidalgo-Lopesino/MARCO POLO

L'intérieur spectaculaire de la grotte

Château – Juchée sur un promontoire, sa silhouette domine le village et les alentours. Les sombres pinèdes entourent l'édifice pour laisser place ensuite à de majestueuses châtaigneraies qui s'étirent à perte de vue. Le château du 9e s., érigé sur les vestiges d'une forteresse almohade, héberge une église gothique et une **tour de style mudéjar**, ancien minaret, dont la face Nord présente des pans de *sebka* ressemblant à ceux de la Giralda de Séville.

Nuestra Señora del Mayor Dolor – Élevée entre le 13e et le 14e s. sur un site extraordinaire dispensant d'exceptionnels **panoramas★★**, l'église recèle la statue de la Vierge, patronne de la ville, ainsi que le gisant de Pedro Vázquez.

Plaza Alta – Cette paisible place, vrai centre névralgique de la vie locale, est bordée d'intéressants édifices, comme l'église N.-D.-de-l'Assomption et l'ancien hôtel de ville.

Nuestra Señora de la Asunción – Cette église de style Renaissance (16e et 17e s.) est un lieu solennel, à l'extérieur soigné. De jolis détails décoratifs et des baies raffinées ornent la façade.

Cabildo Viejo – L'ancien magasin municipal et hôtel de ville (15e s.) héberge un **centre d'information** (Centro de información del Parque Natural de la Sierra de Aracena y Picos de Aroche), retraçant l'histoire de la région et présentant son environnement géographique.

Se loger

À BON COMPTE

Los Castaños – *Avenida de Huelva, 5 – ☎ 959 12 63 00 – fax 959 12 62 87 – 55 chambres – 7 000 ptas.*
Bel hôtel en plein centre. Chambres modernes et soignées, dont certaines ouvrant sur le grand patio intérieur.

VALEUR SÛRE

Finca Valbono – *Carretera de Carboneras (à 1 km de la ville) – ☎ 959 12 77 11 – fax 959 12 76 79 – 44 chambres – 8 750 ptas.*
Ce complexe hôtelier en pleine campagne (chambres, bungalows et maisons individuelles pour huit personnes) est doté d'une piscine, d'un centre équestre et d'un terrain de handball. La terrasse embrasse des vues sur la campagne où sont élevés des cochons *pata negra*. Locations de vélos.

Se restaurer

La Despensa de José Vicente – *Avenida de Andalucía, 53 – ☎ 959 12 84 55 – fermé le vendredi et du 1er au 15 juin.*
L'un des meilleurs restaurants de la région qui ne sert que « des produits frais, comme des champignons par exemple » au dire du propriétaire. Des champignons récoltés localement et des mets à base de porc composent le menu de ce petit bar-restaurant décoré avec soin.

Tapas

Casino de Arias Montano – *Plaza del Marqués de Aracena.*
Ce magnifique édifice (1910), orné de colonnes sur la façade, s'élève sur la grand-place. Ses salons affichent une belle hauteur sous plafond. Lieu de réunion très prisé des retraités.

Parque Natural de la Sierra de ARACENA Y PICOS DE AROCHE★★

Parc naturel de la Sierra de DE ARACENA Y PICOS DE AROCHE – Huelva

Carte Michelin nº 446 S 9-10

La visite de ce merveilleux parc naturel et de ses pittoresques villages éveille tous les sens. Les quelques rochers pointus qui parsèment les vastes superficies boisées offrent des **panoramas** exceptionnels. Dans cet environnement très contrasté, le murmure de l'eau se mêle au sifflement du vent qui fait danser les cimes feuillues des arbres avant de s'engouffrer dans les ruelles des villages de montagne.

Points d'information

– Le point d'information du **château d'Aroche** est consacré au vautour noir, espèce en voie d'extinction. Les terres du parc accueillent l'une des principales colonies d'élevage en Espagne.
– Celui du **château de Cortegana** montre l'évolution des systèmes architecturaux défensifs des villages du parc.
– Le point d'information de l'**hôtel de ville d'Almonaster** recense les activités proposées dans le parc et les randonnées.
– Celui du **Cabildo Viejo d'Aracena** présente une exposition avec des panneaux explicatifs sur l'évolution historique de la région et son environnement géographique.

D'Aroche à Aracena

64 km – compter une journée.

Aroche – C'est l'un des plus anciens villages de la sierra, comme en témoignent les célèbres **pierres du Diable** (Piedras del diablo), ensemble de dolmens situé 3 km au Sud-Ouest par la H 9002, à deux pas de l'ermitage de San Mamés, au milieu d'un bel environnement paysager. Un labyrinthe de ruelles tortueuses bordées de maisons seigneuriales, de bâtiments vétustes et de petits ateliers spécialisés dans la fabrication de selles, grimpe jusqu'au **château**★ ⓥ qui abrite les arènes. Cette sobre construction du 12ᵉ s., refuge du roi Sanche IV le Brave, accueille le point d'information du parc. La vaste **église N.-D.-de-l'Assomption** (13ᵉ s.) et le **couvent des Hiéronymites** méritent une visite.

D'Aroche, prendre la N 433 vers Séville et le Sud-Est.

Cortegana – En plein cœur d'un paysage naturel d'une singulière beauté, cet agréable village est l'un des centres névralgiques de l'industrie et de l'artisanat montagnards. Cortejana est devenu un foyer commercial actif. La viande de Cortejana, ses usines de liège, ses balances romaines artisanales et ses poteries attirent de nombreux visiteurs. Les bâtiments les plus connus de la ville sont l'**église du Sauveur**, élégant édifice de style gothique mudéjar (16ᵉ s.), l'**église St-Sébastien** de style gothique Renaissance, et surtout, le **château** ⓥ médiéval. Cette forteresse monumentale, érigée à la fin du 13ᵉ s., offre de belles **vues panoramiques** sur la ville et les alentours et accueille un point d'information du parc.

Prendre la A 470 vers le Sud-Est.

Se loger à El Repilado

Posada de Cortegana – *Route N 433 – ☎ 959 50 33 01 – 8 000 ptas.*

El Repilado réunit plusieurs usines de salaisons. Les bungalows de La Posada se trouvent en pleine nature à l'ombre des arbres. Des troupeaux de moutons et de porcs dits « pattes noires » paissent le long du chemin de terre qui y conduit *(1 km environ).*

Ou à Galaroza

Galaroza Sierra – *Sur la N 433, à l'Ouest de la localité – ☎ 959 12 32 15 – fax 959 12 32 36 – 26 logements – 6 000 ptas.*

Hôtel moderne et tranquille doté de vingt chambres, six bungalows et un restaurant.

★**Almonaster La Real** – Cette localité est une véritable petite surprise nichée au beau milieu d'un épais manteau végétal de châtaigniers, d'eucalyptus, de chênes-lièges et de chênes verts, tapissant les rochers alentours. Son architecture blanche s'étire sur ce singulier **site**. Le temps semble s'être figé dans les ruelles silencieuses bordées de grandes demeures coloniales et de vestiges de grandes propriétés andalouses. La gastronomie – mets à base de porc – et le folklore – à ne pas manquer, les fêtes des Croix de mai – complètent l'offre de ce village attrayant. L'**hôtel de ville** accueille un point d'**information du parc** ⓥ.

Hidalgo-Lopesino/MARCO POLO

Intérieur de la mosquée

★**Mezquita** ⓥ – Située à l'intérieur d'une enceinte fortifiée, la mosquée est l'un des rares exemples de l'architecture califale (10e s.) encore présents dans la région. Ses murs rougeâtres adossés à la roche règnent dans le ciel limpide et silencieux de la sierra. À proximité se trouvent d'étranges arènes et intra muros la forteresse dispense de belles **vues** sur le village.

San Martín – Sobre bâtiment où se mêlent les styles gothique et mudéjar.

Poursuivre sur la A 470 en direction d'Aracena à l'Est. Au croisement avec la N 435, prendre celle-ci à gauche vers le Nord.

Castaño del Robledo – Cette localité est devenue l'un des lieux de prédilection des amateurs de randonnée du fait de sa situation géographique privilégiée. Se promener dans les forêts de châtaigniers, faire une halte sur un promontoire, apercevoir au loin le vol rythmé des compagnies d'oiseaux constituent sans doute les principaux attraits de Castaño.

Continuer vers le Nord par la N 435.

Jabugo – Ce petit village tranquille perdu en plein cœur de la sierra est néanmoins connu dans le monde entier. Il doit sa réputation à ses célèbres **jambons** et **charcuteries**, disponibles dans chacune de ses nombreuses usines.

On retrouve la N 433 que l'on reprend en direction de Séville. À Fuenteheridos, tourner à droite.

★**Alájar** – Ce pittoresque village blanc aux maisons basses regroupées autour de l'église et de son clocher pointu, se trouve sur un charmant site naturel. Alájar et ses environs sont un vrai paradis pour les randonneurs car ils offrent au visiteur un éventail complet des attraits du parc : bois sombres de chênes-lièges et chênes verts, rochers escarpés, vues spectaculaires, etc.

Peña Arias Montano – Site naturel à quelques kilomètres au Nord du village, dispensant d'extraordinaires **vues panoramiques★★**. Il porte le nom du savant et érudit **Benito Arias Montano**, maître de Philippe II, bibliothécaire du monastère de l'Escurial et diplomate qui contrôla pour le roi l'édition de la *Bible polyglotte* et, après une vie intellectuelle agitée, choisit de s'exiler sur ces terres pour s'adonner à la contemplation. L'**ermitage N.-D.-des-Anges** accueille nombre de visiteurs le week-end.

Le patte noire

Le jambon de Jabugo *pata negra* est tout aussi célèbre et inimitable que Chanel n° 5 ou une Ferrari. Son goût caractéristique, son arôme, le soin particulier dont il fait l'objet et bien entendu son prix en font un mets exquis.

On retrouve la A 470, que l'on emprunte vers l'Est jusqu'à Aracena.

★**Aracena** – *Voir ce nom.*

ARCOS DE LA FRONTERA★★

Cadix – 27 897 habitants

Carte Michelin n° 446 V 12 – Schéma : Ruta de los PUEBLOS BLANCOS

Juchée sur sa colline, la ville d'Arcos jouit d'une **situation★★** exceptionnelle en Andalousie et ses maisons semblent plonger tout droit dans l'incroyable précipice formé par le río Guadalete. Et c'est bien cette situation stratégique d'où l'on domine toute la vallée qui a incité bon nombre de populations à s'établir ici. Le nom actuel d'Arcos vient de la colonie romaine d'Arx-Arcis (qui signifie forteresse haut perchée), mais d'après la légende ce nom viendrait d'Arcobrigán, l'arche du petit-fils de Noé, Brigo. Quoi qu'il en soit, ce fut une importante ville musulmane et, au 11ᵉ s., la capitale d'un royaume de *taifa*. Néanmoins, après une première tentative de Ferdinand III, la ville ne fut définitivement reconquise par Alphonse X qu'en 1264.

Points de vue

En venant de Jerez de la Frontera par la A 382, la **vue★★** sur la ville est superbe, et de Grazalema (A 372), on embrasse également de très jolis **panoramas★**.

Se loger

VALEUR SÛRE

El Convento – *Maldonado, 2 – ☎ 956 70 23 33 – fax 956 70 41 28 – 11 chambres – 10 000 ptas.*
Hôtel installé dans un ancien couvent du 17ᵉ s., dans une petite rue du centre. Chambres calmes ; la plupart bénéficient de la vue sur la vallée. Terrasse sur le toit.

Marqués de Torresoto – *Marqués de Torresoto, 4 – ☎ 956 70 07 17 – fax 956 70 42 05 – 15 chambres – 10 425 ptas.*
Ancien palais du 17ᵉ s. situé au centre, dans la partie historique de la ville. Chapelle baroque et joli patio à arcades. Meubles d'époque dans les chambres.

Se restaurer

El Convento – *Marqués de Torresoto, 7 – ☎ 956 70 32 22.*
En face de l'hôtel Marqués de Torresoto, le restaurant fait partie du même ensemble mais dispose d'une entrée indépendante. Décoration traditionnelle et patio à colonnes. Spécialités : soupe d'asperges, faisan *al paraíso* et perdrix nappée d'une sauce aux amandes.

Tapas

Alcaraván – *Calle Nueva, 1.*
Dans la muraille du château et aisément reconnaissable à ses pots de terre cuite qui décorent la façade. On peut y déguster des viandes grillées, des poivrons farcis ou du sauté d'agneau, le tout accompagné de musique de flamenco. Le prix de poésie « Alcaraván » est décerné depuis 50 ans dans la ville d'Arcos de la Frontera.

Une boutique originale...

Au 14 du paseo de Boliches, José Moreno « el Mochuelo » travaille le cuir depuis sa plus tendre enfance et perpétue une longue tradition en voie de disparition ; dans son petit atelier vous trouverez tout le matériel d'équitation le plus insolite.

VISITE – *2 heures*

Il vaut mieux parcourir ce genre de ville à pied pour profiter pleinement d'une visite agréable. Le plus simple est de se garer dans la ville basse (Paseo de Boliches) et de se promener ensuite.

Prendre la cuesta de Belén qui relie la partie moderne (19e s.), très animée avec tous ses commerces, à la partie haute de la ville : nous nous trouvons ici dans la partie médiévale caractérisée par ses étroites ruelles escarpées et ses maisons chaulées. La porte de Jerez, qui se trouvait à cet emplacement, était l'une des trois entrées à la ville arabe fortifiée. Après avoir dépassé le **callejón de Juan del Valle**, admirez sur la droite la **façade★** gothico-mudéjare (15e s.) du **palais des comtes d'Águila**, dont le splendide portail, encadré d'un *alfiz* au fin tracé, est surmonté de deux personnages ; admirez aussi la belle fenêtre à meneaux.

À droite, prendre la calle Nueva qui longe le mur du château.

Plaza del Cabildo – La tour imposante de l'**église Ste-Marie** s'élève sur cette place qui constitue le cœur de la partie ancienne d'Arcos. C'est ici que se trouvent également l'**hôtel de ville**, le *parador*, installé dans l'ancienne demeure du corregidor (officier de justice) ainsi que le château *(privé)*. À l'Ouest, une terrasse domine la vallée et offre une **vue★** merveilleuse sur l'entaille formée par le fleuve et sur l'église St-Pierre.

★**Santa María de la Asunción** ⓥ – Construite vers 1530 sur le site d'une église du 14e s., cette église porte le titre de basilique mineure depuis 1993 et occupe l'emplacement de l'ancienne grande mosquée musulmane. La **façade principale★**, ouvrage d'Alonso de Baena, est une parfaite illustration de l'art plateresque. L'entrée se fait par la façade latérale droite, de style néoclassique. À l'intérieur, les trois vaisseaux sont séparés par de robustes colonnes qui soutiennent des voûtes en étoiles à tiercerons. Au maître-autel, un **retable** du 17e s., œuvre de Jerónimo Hernández et de Juan Bautista Vázquez, représente l'Assomption de la Vierge et camoufle l'abside polygonale de l'église primitive mudéjare. Les **fresques★** représentant *Le Couronnement de la Vierge*, qui ornaient le maître-autel primitif, ont été déplacées sur le mur latéral gauche dans les années 1960.

Hidalgo-Lopesino/MARCO POLO

Façade du palais del Mayorazgo

Prendre le paseo qui contourne la façade Ouest et s'engager dans le callejón de las Monjas. Les arcs-boutants ont été élevés au 17e s. pour freiner la poussée de l'église. Dépasser la **façade Renaissance★** du couvent de l'Incarnation et poursuivre par la calle del Marqués de Torresoto où, au no 4, on peut admirer le patio classique (17e s.) du **palais des marquis de Torresoto**. Au bout de la rue, sur la petite place Boticas, s'élève le **couvent des religieuses de l'ordre de la Merci** (Mercedarias Descalzas – *clôture, vente de pâtisseries*) et la maison inachevée des Jésuites (18e s.), de nos jours marché de la ville.

Par la calle Boticas et la calle Nuñez de Prado on accède à un autre noyau important d'Arcos.

Autour de l'église St-Pierre se trouvent la **chapelle de la Miséricorde**, ornée d'une arcade brisée aveugle, et le **palais del Mayorazgo**, actuel conservatoire de musique, avec son étroite façade terminée par une jolie loggia Renaissance.

San Pedro ⓥ – Édifiée au début du 15e s., l'église a longtemps rivalisé en importance et en élégance avec Ste-Marie. La façade s'orne d'un imposant clocher néo-classique. L'intérieur à nef unique est couvert d'une voûte en croisée à tiercerons.

Au n° 7 de la calle San Pedro, derrière une façade plateresque, vous trouverez une boutique de céramique. Prendre la calle Cadenas.

On trouve ici deux intéressants exemples de demeures seigneuriales : à gauche, dans la calle Juan de Cuenca, le palais du même nom, et un peu plus loin, sur la petite plaza del Cananeo, l'ancien palais des marquis de Torresoto.

Les « armaos »

On donne le nom d'*armaos* à ces hommes en costumes romains qui défilent le **Vendredi saint** dans les rues d'Arcos. Rien ne manque à cet étonnant défilé : les casques, les étendards, les lances et les armures colorent étrangement les processions de la Semaine sainte.

Continuer par la calle Bóvedas.

À l'angle avec la calle Boticas s'élève la maison des Gamaza.

Pour retrouver la plaza del Cabildo, le plus simple est de continuer par la calle Boticas et, sur la plazuela de Boticas, de prendre la charmante calle de los Escribanos, en n'oubliant pas de jeter un coup d'œil aux beaux balcons de fer forgé.

AUTRE CURIOSITÉ

★**Convento de la Caridad** – Ce couvent du milieu du 18e s. situé sur la plaza de la Caridad, dans la partie basse d'Arcos, en dehors de la ville médiévale, a un aspect colonial. Beau porche à l'entrée de l'église.

LA AXARQUÍA★

Malaga

Carte Michelin n° 446 V 17 et 18

La contrée de la Axarquía se situe à l'extrémité orientale de la province de Malaga. Ses terres dévalent le versant méridional de la Sierra de Almijara jusqu'à la mer. Tout au long du littoral se dressent les vestiges des tours de guet élevées après la Reconquête pour surveiller la mer et prévenir les attaques des pirates berbères qui assaillirent la région jusqu'au 18e s. C'est cette menace qui poussa les habitants à édifier leurs villages dans la montagne. Les stations balnéaires modernes et animées de la côte contrastent avec les paisibles villages traditionnels de l'intérieur. Bénéficiant d'un climat exceptionnel, La Axarquía s'adonne aux cultures de la vigne (vins et raisins de table), de l'olivier, des fruits et des plantes subtropicales (canne à sucre, avocats, cachimentiers, etc.). On peut déjà voir dans la région les immenses serres sous plastique, si caractéristiques de la province almérienne *(voir Almería)*.

DE MALAGA À NERJA

99 km avec les excursions vers l'intérieur.

Malaga – *Voir ce nom.*

Quitter Malaga par la N 340 – E 15 vers l'Est. À la première sortie pour Rincón de la Victoria, suivre l'indication « Cueva del Tesoro ».

★**Cueva del Tesoro ou del Higuerón** ⓥ – La tradition veut qu'à l'époque arabe un grand trésor ait été dissimulé dans cette grotte, que nul ne parvint à retrouver. Formée par l'érosion marine, elle émergea lors des soulèvements de la croûte terrestre. Ses salles

B. Kaufmann/MICHELIN

La plage de Rincón de la Victoria

Se loger à Rincón de la Victoria

Molino de Santillán – *Route MA 106 vers Macharaviaya – ☎ 952 11 57 80 – fax 952 11 57 82 – 9 chambres – 13 900 ptas.*
Un chemin de terre conduit à cette ferme située en pleine campagne où règnent tranquillité et paix. Établissement plus facile à localiser de jour.

Se loger à Torrox Costa

Cortijo Amaya – *☎ et fax 952 53 02 45 – 14 chambres – 8 000 ptas.*
Ancienne ferme ouvrant sur la mer et les serres. Chambres simples et confortables. Piscine et courts de tennis.

S'y restaurer

Magasins, bars et restaurants se succèdent sur le front de mer. Il convient de citer **Antonio**, restaurant spécialisé dans les poissons et les fruits de mer.

curvilignes remarquables par leur grande beauté et leur aspect à la fois artificiel et onirique et ses formes usées par l'érosion pourraient bien avoir inspiré Gaudí (Casa Milà à Barcelone).

Rincón de la Victoria – Station balnéaire dotée de nombreux hôtels et grands immeubles résidentiels. Longue plage de sable de plus de 3 km.

Reprendre la N 340 – E 15 et poursuivre vers l'Est, jusqu'à la sortie n° 272.

Torre del Mar – Cette localité côtière est en réalité la plage de Vélez-Málaga. Importante station balnéaire, son immense plage est bordée d'un élégant front de mer.

Prendre la A 335 vers le Nord.

Vélez-Málaga – Le donjon de l'ancienne forteresse, qui fut détruite par les troupes napoléoniennes, domine Vélez-Málaga, première ville de la Axarquía. Ses rues escarpées, ses maisons blanches et son église Ste-Marie (16e s.), de style mudéjar, avec son beau clocher, se déroulent sur le flanc de la colline au pied du donjon. Le **quartier de la Villa**, d'origine maure, dispense de magnifiques panoramas sur la plaine cultivée. On y accède en quittant la plaza de la Constitución, où s'élèvent l'église St-Jean-Baptiste, et son ostensible clocher, ainsi que quelques pans et bastions de l'ancienne muraille.
Au centre se trouve l'hôtel de ville, installé dans le palais des marquis de Beniel (17e s.), à la façade sobre et élégante.

Revenir sur la N 340 – E 15, que l'on quitte à la sortie n° 277 vers Algarrobo.

Algarrobo – Les maisons blanches de ce typique village arabe dominent la mer du haut d'une colline (190 m). Ses ruelles tortueuses grimpent vers la partie la plus haute, où se trouvent l'ermitage St-Sébastien et ses jardins soignés, d'où l'on peut voir la côte.

Revenir vers la côte, et juste avant la route côtière, prendre à gauche la bifurcation indiquant la direction de la nécropole de Trayamar.

Necrópolis de Trayamar – Des tombes puniques et phéniciennes, dont certaines dateraient des 8e et 7e s. avant J.-C., figurent au nombre des vestiges de cette importante nécropole.

Poursuivre le long de la côte par l'ancienne N 340.

Remarquez deux tours de guet sur le trajet.

Torrox Costa – Ce fut jadis le site d'une ville romaine. Sur la plage, à deux pas du phare *(prendre la direction du phare)*, de petits bassins qui servaient autrefois à l'élaboration du *garum* *(voir encadré p. 321)*, furent mis au jour ; certains même servirent de sépulture. Belles plages.

Torrox – *4 km à l'intérieur des terres.* Le village est juché sur une colline, d'où l'on domine la côte et les oliveraies en terrasses.

Poursuivre à l'intérieur vers le Nord.

De Torrox à Cómpeta – La route sinueuse grimpe sur les contreforts de la Sierra de la Almijara. Les villages et les fermes maculent les montagnes de taches blanches, tandis qu'au détour d'un virage on bénéficie d'un beau panorama sur **Cómpeta**, qui déploie ses maisons blanches sur un versant. Au centre du village se dresse le clocher en brique de l'église paroissiale.

Revenir par la même route sur la N 340 – E 15 et poursuivre sur 8 km.

B. Kaufmann/MICHELIN

Promenade dans Frigiliana

★ **Nerja** – *Voir ce nom.*

★★ **Cueva de Nerja** – *Voir Nerja.*

Quitter Nerja vers le Nord et l'intérieur des terres par la MA 105.

★ **Frigiliana** – Ce ravissant village blanc s'échelonne sur les versants méridionaux de la Sierra de la Almijara. Dans sa partie la plus haute, il conserve son **quartier mauremudéjar★★**, bel exemple d'architecture andalouse très soigné, où la sobriété du blanc contraste avec le bleu azur du ciel et les touches de couleur des fleurs, composant ainsi un cadre enchanteur. Les rues piétonnes pavées et escarpées ou coupées de marches espacées, grimpent parmi les maisons blanches aux belles entrées, les recoins pittoresques et les belvédères balayant la plaine. Dans les rues, des azulejos sur les murs commémorent les batailles opposant Maures et chrétiens.

AYAMONTE★

Huelva – 17 000 habitants

Carte Michelin n° 446 U 7

C'est sa position géographique qui fait tout l'intérêt de cette agglomération située à l'embouchure du Guadiana, face aux terres portugaises dont elle n'est séparée que par un moderne pont de fer très fréquenté. Ayamonte est une petite ville toute en contraste, ouverte, dynamique et marquée par la présence d'un port où le va-et-vient des bateaux et le brouhaha des ventes à la criée se mêlent à l'activité animée de la population et à la musique des terrasses sur le paseo de la Ribera, face à la darse. À l'écart du port et escaladant les flancs d'une colline s'élève le noyau urbain, formé de ruelles tortueuses pentues, de modestes maisons blanchies à la chaux ornées d'élégantes fenêtres closes par des grilles de fer forgé et de petites places aux arcades où il fait bon s'abriter des chaleurs estivales. Car ces charmantes placettes abondent à Ayamonte ; on appréciera la délicatesse et la variété du décor de chacune d'elles, lanternes, fontaines ou niches accueillant des sujets religieux..., ainsi que les maisons aux couleurs vives construites par des Espagnols revenus d'outre-Atlantique à la fin du 19e s., qui confèrent à Ayamonte une allure coloniale. Enfin, la gastronomie locale variée reste à découvrir, comme ces beignets au miel *(pestiños)* et la célèbre *coca* (tourte salée à base de poivrons et tomates) d'Ayamonte.

Las Angustias – Coincée entre des petites maisons anciennes, l'**église des Douleurs**, de type basilical, à l'air colonial (16e s.), est remarquable par ses vastes dimensions ; sa tour se détache harmonieusement sur le ciel limpide d'Ayamonte.

Se restaurer

Casa Barberi – *Plaza de la Constitución – ☎ 959 47 02 89 – fermé le mardi.*

Ce restaurant tenu par la même famille depuis 1917 et situé sur la grand-place est l'un des meilleurs de la ville. Spécialités de poissons et de paella.

Le carnaval d'Ayamonte

C'est la fête la plus courue des habitants de la ville et des villages voisins, qui se retrouvent avec plaisir pour partager un spectacle très divertissant de bals costumés, de cortèges masqués et de danses régionales, qui dure jusqu'à l'aube.

Convento de San Francisco – Cette construction Renaissance du 16e s. est intéressante par son élégant clocher-mur et son superbe intérieur ; remarquez le magnifique plafond artesonado mudéjar polychrome, les colonnes recouvertes d'inscriptions anciennes et l'immense retable du maître-autel.

El Salvador – L'**église du Sauveur** (13e s.) s'élève sur l'emplacement d'une ancienne mosquée. Notez surtout la porte et la tour avec leurs décors de plâtre.

Muelle de Portugal – Ce bassin récent est le point de départ de différents circuits touristiques en bateau vers le Portugal et la localité voisine de Sanlúcar de Guadiana.

ENVIRONS

Isla Cristina – *14 km à l'Est. Prendre la N 431 direction Lepe, puis tourner à droite dans la H 412.* Cette localité se divise en deux pôles, le centre ancien composé de maisons basses ornées d'azulejos et le front de mer avec son port de plaisance et ses marais *(marismas)* préservés, déclarés site naturel, ainsi que les belles plages de la pointe del Caimán, Central, del Hoyo, Casita Azul et La Redondela.

Isla Canela – *7 km au Sud-Est par la H 410.* C'est l'une des principales stations balnéaires de la province de Huelva. La grande plage de sable fin est bordée de complexes résidentiels et d'un club de golf.

Punta del Moral – *9 km au Sud-Est par la H 410.* Ce petit village séduira les amateurs de pêche et de poissons que l'on pourra apprécier dans les nombreux petits bars et restaurants.

Carnet d'adresses

Se loger à Isla Cristina

Sol y Mar – *Playa central – ☏ 959 33 20 50 – 16 chambres – 10 000 ptas.*
Hôtel sans grand cachet mais dont les chambres avec terrasse donnent sur la mer. À côté, deux autre hôtels (**Paraíso Playa** et **Los Geranios**) offrent de meilleures prestations mais sont plus éloignés de la plage.

S'y restaurer

Acosta – *Plaza de las Flores, 13 – ☏ 959 33 14 20.*
Ce restaurant familial situé sur une jolie place propose poissons et fruits de mer. La cuisine est si bonne qu'on en oublie la décoration.

Casa Rufino – *Avenida de la Playa – ☏ 959 33 08 10 – fermé en novembre ; de décembre à juin, ouvert uniquement à midi ; en juillet et août, ouvert à midi et le soir.*
À deux pas de la mer, ce restaurant de poissons et de fruits de mer propose à ses clients le célèbre « *Tonteo* », un menu composé de huit plats de poisson (pour 4 personnes). Clientèle touristique.

BAENA

Cordoue – 20 057 habitants

Carte Michelin n° 446 T 17

Les maisons de Baena recouvrent de leur manteau blanc une colline qui descend jusqu'à la vallée, dans un paysage légèrement vallonné, planté des oliviers qui sont à l'origine du fameux liquide doré de Baena, son huile d'olive vierge. Baena se compose de deux quartiers très différents : son quartier ancien, le barrio alto, où se dresse le clocher de Ste-Marie-la-Grande, et le quartier moderne et commerçant, dit le Llano.
Le **tambour**, emblème de la ville, est le héros de l'exceptionnelle Semaine sainte de Baena, si trépidante.

Enfants célèbres – Baena fut le berceau de Juan Alfonso de Baena (16e s.), célèbre troubadour auteur du *Cancionero de Baena*, et de la famille Río (José Amador, écrivain et politicien, et Demetrio, architecte, qui entama la restauration de la cathédrale de Léon, au Nord de l'Espagne).

Baena fleure bon l'huile

Et c'est vrai ! De nombreuses études médicales ont récemment démontré les bienfaits de l'huile d'olive sur la santé. Base de l'alimentation méditerranéenne, l'huile d'olive vierge andalouse mérite son excellente réputation, qui remonte à l'époque romaine ; plus encore, celle de Baena, qui bénéficie d'une appellation d'origine, est l'une des meilleures. Issue d'une variété d'olive, dite *picuda*, elle est aussi bien utilisée pour les salades, les plats cuisinés ou la friture.

BARRIO ALTO

Ancien quartier musulman au Moyen Âge, la partie haute de la ville se compose de rues étroites et escarpées. On peut encore y voir des restes des fortifications qui protégeaient la ville arabe.

Santa María la Mayor – L'église du 16e s., qui se dresse sur le site de l'ancienne mosquée, a souvent été remaniée. L'élément le plus remarquable est le portail de l'Ange, de style plateresque ; le quadrillage qui encadre la porte, trois blasons et deux colonnes torses constituent son décor, simple mais élégant. L'ancien minaret, légèrement incliné, composé de deux corps baroques surmontés d'une flèche recouverte d'azulejos vert et bleu, sert de clocher.

Église du couvent Madre de Dios – *Le couvent ne se visite pas.* Fondée au début du 16e s. par Diego Fernández de Córdoba, cinquième seigneur de Baena, l'église fut commencée dans le style gothique et achevée dans le style Renaissance. La nef unique est dotée d'un **chœur**★ intéressant, en partie réalisé par Hernán Ruiz II et dessiné par Diego de Siloé. Une belle grille plateresque ferme la *capilla mayor*. L'abside polygonale expose des peintures de l'atelier de Bassano au maître-autel, surmonté d'une demi-coupole, aux décors sculptés, à l'effigie d'apôtres et anges entre les oves.
À l'extérieur, beau portail gothique tardif. À noter, les restes de peinture murale sur les corniches.

LE LLANO

Casa del Monte – Située sur la plaza de la Constitución, ou Coso, cet imposant bâtiment de trois étages, à la large façade, date de 1774. La même place accueille l'hôtel de ville.

Guadalupe Ⓥ – *À proximité de la plaza de España.* Élevée au 16e s, l'église de Guadalupe se distingue par sa capilla mayor carrée, au beau **plafond à caissons mudéjar**★ et présentant un retable baroque du 18e s. Dans le bas-côté gauche, à l'entrée de l'église, s'ouvre la **chapelle de la Vierge de Guadalupe**, elle aussi dotée d'un *artesonado* mudéjar et ornée d'un autel baroque. C'est en 1617 qu'y fut transférée la fresque de la Vierge (fin du 15e s.).

Ancien couvent de San Francisco – *Actuellement maison de retraite. À la sortie du village vers Cordoue, prendre à gauche juste après la station-service une rue encaissée.* L'**église baroque** (18e s.), au plan en croix latine, est couverte de voûtes en plein cintre à lunettes. La coupole du transept présente la particularité d'être ovale et transversale. Les peintures des murs sont à fresque, tandis que celles des plafonds ne subsistent que dans les bras du transept. Un retable baroque domine le chœur.
Dans le bas-côté gauche, le **Christ de Nazareth** (18e s.) aurait été, au dire d'une inscription lapidaire, mitraillé onze fois pendant la guerre civile sans subir de dégradation.

R. Kaufmann/MICHELIN

Zuheros se détachant sur une mer d'oliviers

ENVIRONS

★**Zuheros** – *17 km au Sud par la CV 327.* Ce pittoresque village assis sur un socle calcaire au bord de la sierra bénéficie d'un **site**★★ magnifique. Vous serez séduit par sa silhouette dominée par l'imposant château taillé dans le roc, en équilibre sur le précipice. Belle démonstration d'architecture populaire avec ses étroites rues blanches soignées et escarpées, bordées de recoins fleuris.

Plaza de la Paz – Ce vaste belvédère naturel *(à 622 m d'altitude)* dispense des **panoramas**★★ sur les collines plantées d'oliviers, avec Baena en toile de fond. À gauche, sur un muret, au pied de l'imposante masse rocheuse sur laquelle se dresse le château, vous remarquerez une pierre pré-romaine.

Museo Arqueológico – Le Musée archéologique expose plusieurs pièces de la préhistoire à l'époque romaine trouvées dans la grotte de los Murciélagos (chauves-souris).

Château ⓥ – C'est ici même que les Romains élevèrent une forteresse. Les vestiges datent de deux époques différentes : la robuste tour carrée et crénelée est d'origine arabe *(escalier à l'intérieur)*, tandis que, du côté opposé, les restes du palais Renaissance datent du 16ᵉ s. De la cour d'armes, on voit les remparts et une autre grosse tour isolée, qui faisait partie jadis de l'enceinte défensive.

Cueva de los Murciélagos ⓥ – *4 km à l'Est de Zuheros par la route signalée à la sortie du village.* L'ascension jusqu'à la grotte offre d'agréables **vues**★★ panoramiques.

La splendide grotte naturelle, aux salles ponctuées de stalactites et stalagmites, recèle un important fonds archéologique du néolithique, comprenant des peintures schématiques, des gravures, une intéressante chambre funéraire et divers outils, ornements et poteries. Les restes mis au jour sont datés de 4300 à 3980 avant J.-C.

Se loger à Zuheros

Zuhayra – *Mirador, 10 – ☎ 957 69 46 93 – fax 957 69 47 02 – 18 chambres – 6 200 ptas.* Hôtel typique, aux chambres rustiques. Vue exceptionnelle de la tour en ruines sur le paysage d'oliviers et des terres environnantes aux tonalités rouges, blanches et grises. Bon rapport qualité/prix.

Luque – *5 km au Nord-Est de Zuheros par la CO 240. Laisser la voiture sur la place.* Le village s'étend au pied d'un rocher, dominé par une forteresse d'origine arabe, qui fut transformée. Sur la place se dresse l'**église de l'Assomption** (16ᵉ s.), de style Renaissance, attribuée à Hernán Ruiz II et Hernán Ruiz III. On retiendra son élégant clocher orné de colonnes et d'un toit conique, recouvert d'éléments décoratifs sphériques. À l'intérieur, la capilla mayor recèle un retable baroque du 18ᵉ s., où trône une Assomption.
Derrière l'hôtel de ville s'élèvent les **vestiges du château** sur un piton rocheux. L'escalier conduisant au pied des remparts dispense de belles vues sur le village et ses environs.

BAEZA★★

Jaén – 17 691 habitants

Carte Michelin nº 446 S 19

Au centre de la province de Jaén et sur la rive gauche du Guadalquivir, s'étend Baeza, sur une petite colline – La Loma – où la culture des céréales côtoie celle des oliviers ; le poète Antonio Machado l'immortalisa ainsi : « Campagnes de Baeza, je vous verrai en rêve quand vous serez loin de moi. » Cet ensemble monumental à l'aspect paisible et au riche passé est de nos jours un important centre économique et culturel. On ne peut que conseiller la visite de ce bourg lors de la **Semaine sainte** ou à la **Fête-Dieu**, car c'est l'occasion d'assister à des processions solennelles. Enfin, il faut apprécier la gastronomie régionale, comme la morue cuisinée à la Baeza, le pot-au-feu de la mer et les typiques *ochíos*, à base de mie de pain et d'huile et roulés dans le poivre.

Un peu d'histoire – L'origine de Baeza remonte à l'âge du bronze, mais c'est à l'époque romaine qu'elle reçoit le titre de ville et on lui donne le nom de *Biatia*. C'est un siège épiscopal au 7e s. sous la domination wisigothe, puis la capitale d'un royaume de *taifa* qui englobe le Guadalquivir jusqu'à la Sierra Morena. À cette époque, on voit le commerce se développer intensément et la ville détient une place importante dans la vie politique. Reconquise en 1227 par Saint Ferdinand III, Baeza occupe une situation de choix dans la christianisation d'al-Andalus, ce qui lui valut le surnom de « nid royal des éperviers ». Mais c'est entre les 16e et 17e s. que la ville connaît sa période de rayonnement. On assiste alors à la construction de magnifiques édifices Renaissance formant le cœur historique de la ville et à la création de la prestigieuse université, dont le dynamisme culturel perdurera jusqu'au 19e s. C'est à cette période (16e et 17e s.) que Baeza reçoit la visite d'importantes personnalités du monde des lettres, d'architectes et de poètes dont saint Jean d'Avila, Andrés de Vandelvira et surtout saint Jean de la Croix qui achèvera à Baeza son célèbre ***Cantique spirituel***. Entre 1912 et 1919, l'écrivain Antonio Machado donne des cours de français à l'université après avoir quitté Soria après le décès de son épouse Leonor.

★★★CENTRE MONUMENTAL *une demi-journée*

Voir l'itinéraire de visite sur le plan.

★**Plaza del Pópulo** – C'est au centre de cette jolie place que s'élève la **fontaine des Lions** (fuente de los Leones), l'une des images les plus populaires de Baeza. Construite avec des éléments issus des ruines de la ville voisine de Cástulo, elle est présidée par une statue qui représenterait Imilce, l'épouse d'Hannibal. Autour de la place se dressent les anciens abattoirs et l'ancien tribunal (Casa del Pópulo). À l'un des angles apparaît l'**arc de Villalar**, érigé en souvenir de la victoire de Charles Quint sur les *comuneros* puis à sa suite, la **porte de Jaén**, élevée à l'occasion du passage de l'empereur dans la ville alors qu'il se rendait à Séville épouser Isabelle de Portugal. Cette fortification dont il ne reste que des vestiges est reliée à l'ancien tribunal par un petit balcon où fut célébrée la première messe après la conquête de Baeza.

Antigua Carnicería – Les **anciens abattoirs** occupent une demeure seigneuriale Renaissance d'une rare noblesse en dépit de son usage. Remarquez le blason de Charles Quint à l'étage supérieur, là où se tenait l'ancien tribunal de justice.

Se loger

À BON COMPTE

El Patio – *Conde de Romanones, 13 – ☎ 953 74 02 00 – plusieurs chambres – 4 000 ptas.*
Hôtel avec patio, un peu désuet et sombre mais dont les chambres sont propres et soignées malgré la modicité du prix.

VALEUR SÛRE

Hospedería Fuentenueva – *Paseo Arca del Agua – ☎ 953 74 31 00 – fax 953 74 32 00 – 12 chambres – 9 100 ptas.*
Ancienne prison pour femmes, c'est désormais un petit hôtel aux chambres modernes, malheureusement un peu loin de la ville, sur la route d'Úbeda.

Santa Ana – *Vieja, 9 – ☎ 953 74 07 65 – fax 953 74 16 57 – 15 chambres – 10 000 ptas.*
Jolie demeure (16e s.) du centre historique qui compte plusieurs patios, une salle à manger et des chambres tout à fait classiques.

Se restaurer

Vandelvira – *San Francisco, 14 – ☎ 953 74 81 72 – fermé le lundi.*
Élégant établissement occupant une partie du monastère St-François (16e s.). L'entrée s'effectue par un impressionnant cloître ; la salle à manger est au premier étage ; menu à 2 100 ptas.

BAEZA

Aguayo	Y	2
Barbacana	Z	3
Cardenal Benavides (Paseo)	Y	5
Compañía	Z	6
Conde Romanones	Z	7
Constitución (Plaza de la)	Z	8
Córdoba (Puerta de)	Z	9
Gaspar Becerra	Y	12
General Cuadros	Y	13
José M. Cortés	Y	15
Magdalena	Y	16
Obispo Mengíbar	Z	17
Real (Camino)	Z	19
Sacramento	Z	20
San Andrés	Y	21
San Felipe Neri (Cuesta)	Z	23
San Francisco	Y	
San Gil (Cuesta de)	Z	25

Antigua Carnicería	Z	A
Antigua Universidad	Z	E
Ayuntamiento	Y	H
Casas Consistoriales Altas	Z	K
Ruinas de San Fransisco (Auditorio)	Y	R
Seminario de San Felipe Neri	Z	S

Hostal El Patio	Z	e
Santa Ana	Y	s

Casa del Pópulo – Ancien siège de la confrérie des Caballeros Hijosdalgos de Baeza et de l'Audience Civile – autrefois au premier étage –, cet édifice abrite de nos jours l'**Office de tourisme.** Admirez ses proportions harmonieuses, la délicatesse du décor de la façade, les médaillons et les ouvertures ; les six portes correspondaient à autant de bureaux de greffiers.

Plaza de Santa María – La grande **fontaine** décorée de cariatides et d'atlantes est l'œuvre de Ginés Martínez. Sur l'un des côtés de la place, la façade du **séminaire St-Philippe-Neri** (17e s.) porte encore des inscriptions : c'était un privilège accordé aux étudiants à l'obtention de leur diplôme que d'y inscrire leur nom et la date de leur succès avec du sang de taureau. Sur la gauche, remarquez les deux belles fenêtres géminées des **Casas Consistoriales Altas** qui encadrent les blasons de Jeanne la Folle et Philippe le Beau.

B. Kaufmann/MICHELIN

Détail de la chaire

★**Cathédrale** ⓥ – Saint Ferdinand III la fit construire sur une ancienne mosquée. Derrière elle, une kyrielle de ruelles pavées inhabitées prend une allure étrange et mystérieuse à la lueur du crépuscule…

Extérieur – La façade principale Renaissance contraste avec le côté Ouest où figurent les éléments les plus anciens, comme la porte de la Luna (style gothico-mudéjar du 13e s.) et la grande rosace gothique du 14e s. Sur le mur Sud s'ouvre la porte du Pardon (15e s.).

★★**Intérieur** – Ici, l'austérité de l'architecture castillane est adoucie par la lumière diaphane d'Andalousie. La cathédrale fut reconstruite au 16e s. d'après un projet d'Andrés de

Vandelvira qui a couvert les trois nefs de voûtes sur pendentifs. De nombreuses chapelles méritent que l'on s'y arrête : la chapelle Dorée, à côté des fonts baptismaux, d'inspiration italienne ; la chapelle St-Jacques, sur la gauche ; celle de St-Joseph, ornée de cariatides et surtout, la belle **chapelle du Sacré-Cœur** au fond à droite, où est exposé un **ostensoir** baroque en argent utilisé en procession le jour de la Fête-Dieu. Notez la porte plateresque de la sacristie ornée de délicats reliefs, la **chaire** de métal repoussé et peint à la croisée du transept (1580), le retable baroque du maître-autel et la singulière **grille** de Bartolomé qui ferme la première travée de la nef. Dans le cloître, vous remarquerez quatre chapelles mudéjares décorées d'atauriques et d'inscriptions arabes.

★**Palacio de Jabalquinto** – L'ancienne résidence de Juan Alfonso de Benavides, plus connu sous le nom de Capitán de Lorca, est un parfait exemple de gothique flamboyant. La **façade**★★ exceptionnelle attribuée à Juan Guas et à Enrique Egas, est une pure merveille dont on appréciera d'autant plus la beauté au soleil couchant ; elle traduit parfaitement l'engouement de la noblesse de l'époque pour une décoration chargée (formes pyramidales, fleurons de pierre, légers pinacles, blasons somptueux...). À l'intérieur, un gracieux patio Renaissance aux colonnes corinthiennes de marbre et un escalier baroque monumental complètent l'ensemble.

B. Kaufmann/MICHELIN

Détail de la magnifique façade du palais de Jabalquinto

Santa Cruz – On remarquera dans cette petite église romane une chapelle gothique et des fresques dans l'abside.

Antigua Universidad – Près de la porte de Jaén, on franchit l'arc del Barbudo, unique vestige de l'enceinte fortifiée. Fondée au 16e s. par Rodrigo López et Juan de Ávila, l'université devint un établissement d'enseignement secondaire en 1875. Admirez sur la façade le médaillon représentant la Sainte Trinité et appréciez le charmant **patio** intérieur Renaissance où Antonio Machado écrivit certains de ses poèmes les plus mélancoliques.

Plaza del Mercado Viejo ou de la Constitución – Les bâtiments de l'ancienne halle aux grains et de l'ancien hôtel de ville s'élèvent sur cette place centrale de Baeza qui abrite sous ses arcades des bars animés ou des cafés au charme désuet...

Antigua Alhóndiga – Ce bâtiment de trois étages est l'**ancienne halle aux grains** du 16e s.

Casas Consistoriales Bajas – L'**ancien hôtel de ville** fut élevé au 18e s. et ses fenêtres servaient de tribune officielle lors des fêtes (corridas, feux d'artifice...) données sur la grand-place.

★**Ayuntamiento** – L'**hôtel de ville** occupe l'ancien palais de justice et la prison ; la façade de ce monument plateresque formé de deux étages séparés par une corniche cannelée s'orne de quatre fenêtres qui encadrent le blason de la ville, celui de Philippe II et du corregidor Juan de Borja.

Ruines de San Francisco – Ce magnifique couvent Renaissance durement atteint par les pillages et les catastrophes naturelles était considéré à son époque comme l'un des chefs-d'œuvre de Vandelvira. Le transept monumental et l'abside, les colonnes fasciculées et les somptueux retables de pierre permettent d'imaginer la magnificence de cet ouvrage qui fait office actuellement d'**auditorium**.

Palacio de Montemar (ou de los Condes de Garcíez) – Cette maison noble du 16e s. possède de jolies fenêtres gothiques et un patio intérieur plateresque à double arcade.

Les patios de Baeza

À Baeza, les monuments abondent et la visite de la ville nous mène d'émerveillement en émerveillement : un élégant palais, un petit détail d'ornementation, une église monumentale, une ruelle, tout est un véritable enchantement. Mais il ne faut pas pour autant négliger les patios de Baeza qui occupent une place de choix : derrière de belles grilles ouvragées se cachent de véritables havres de paix... Prenez le temps de les découvrir en été sous la chaleur, au printemps quand ils regorgent de fleurs, en hiver quand l'élégance de l'architecture est mise en valeur, ou tout simplement en automne, car la lumière est alors particulièrement belle.

San Pablo – La façade Renaissance dissimule un intérieur gothique formé de trois larges nefs appuyées sur des piliers gothiques. Elle a conservé quelques panneaux peints sur bois et une statue du *Christ de l'Expiration*.

AUTRES CURIOSITÉS

San Andrés – C'est après la Reconquête que Saint Ferdinand III fonda dans cette église au portail plateresque la « Compañía de los Doscientos Ballesteros del Señor Santiago », institution militaire composée de chevaliers de Baeza qui devaient obéissance au roi et avaient l'obligation de résider à moins de six lieues de la ville. Remarquez dans la **sacristie** une intéressante collection de neuf **peintures gothiques sur bois★**, dont les coloris témoignent de la qualité de la peinture andalouse.

Convento de la Encarnación – C'est dans cet édifice occupé par des carmélites, parfait exemple de la transition entre la Renaissance et le baroque, que saint Jean de la Croix acheva son *Cantique spirituel*.

BAZA

Grenade – 20 113 habitants

Carte Michelin n° 446 T 21

L'origine de Baza remonte au 4e s. avant J.-C., époque où les habitants de Bastetania, une peuplade primitive d'Hispanie, s'établirent, à 2 km de la ville actuelle, sur le site de Basti, où des fouilles mirent au jour la célèbre **dame de Baza**, une sculpture assise représentant une déesse ibère. Les Arabes fondèrent sur l'emplacement actuel la ville de Madinat Bastha. Bien que l'ocupation arabe ait duré de 713 à 1489, il ne subsiste malheureusement que les bains. L'expulsion des Morisques à la fin du 16e s. ouvrit une longue période de déclin. Aujourd'hui, la ville subit les conséquences d'un lourd processus de désindustrialisation.

B. Kaufmann/MICHELIN

Plaza Mayor

CURIOSITÉS

★Santa María de la Encarnación – Cette imposante collégiale austère ressemble à une forteresse s'abritant derrière un étonnant mur de contreforts. Elle est construite sur l'emplacement de la grande mosquée musulmane. L'église présente un plan parfaitement classique d'église-halle.

Sur la **plaza Mayor** s'élève le bâtiment Renaissance de l'ancien hôtel de ville où se trouve actuellement le **Musée municipal** ⓥ qui présente une reproduction de la dame de Baza *(l'original est au Musée archéologique de Madrid)*.

Quitter la plaza Mayor par l'arc de la Magdalena, près du clocher (18e s.), et s'engager à gauche dans la calle Zapatería qui mène à l'ancien quartier morisque de la ville.

Dans ce dédale de ruelles qui témoignent bien du passé morisque de Baza se dressent l'**église St-Jean-Baptiste**, de style mudéjar, le **couvent de la Merci**, qui recèle la Vierge de Pitié, ainsi qu'une maison agrémentée d'un ravissant balcon de bois très représentatif du 17e s.

Retourner sur ses pas vers l'arc de la Magdalena et descendre la calle Zapatería. Sur la gauche, remarquez les **anciennes boucheries**, qui datent de 1568. *Continuer jusqu'à la plaza de Santo Domingo.*

Sur la place, le **couvent St-Dominique** est dans un état d'abandon total ; on a réussi à conserver un peu mieux le cloître du 17e s., dissimulé à l'intérieur d'un bâtiment du début du 20e s. qui servit une fois de théâtre.

Prendre la calle Dolores. L'**église des Douleurs** (17e-18e s.) a un étonnant portail baroque encadré de deux puissantes colonnes torses.

Continuer par la calle Dolores et prendre à gauche la calle del Agua. Descendre jusqu'à la calle Caniles.

Le « Cascamorras »

L'origine de cette curieuse fête remonte au 15e s ; la légende veut qu'un habitant de Guadix qui travaillait dans un ancien ermitage mozarabe aux alentours de Baza découvrit une belle statue de la Vierge. Très vite, les deux villages se la disputèrent. Le conflit alla jusqu'au tribunal qui conclut que la ville de Baza conserverait la Vierge, mais que sa fête serait célébrée une fois par an à Guadix. Au moment de faire valoir leurs droits, des habitants de Guadix, avec à leur tête le premier Cascamorras, réclamèrent la Vierge et furent expulsés de Baza à coups de bâton. De retour à Guadix, leurs concitoyens, furieux de leur échec, les reçurent tout aussi mal. C'est pourquoi de nos jours, chaque année le **6 septembre**, un habitant de Guadix, couvert d'oripeaux bariolés, tente d'atteindre l'**église de la Merci**. Et sur son chemin, les habitants de chaque village malmènent le malheureux Cascamorras.

★ **Bains arabes** ⓥ – *Quartier de Santiago, dans la calle Caniles.* Ces bains datant de l'époque califale (10e s.) se situent dans l'ancien quartier juif, près de l'église, et sont les plus anciens d'Europe. La salle principale est séparée par des arcs en fer à cheval qui reposent sur de fines colonnettes de marbre ; les voûtes primitives qui étaient éclairées par des lucarnes en étoile n'existent plus. Deux salles rectangulaires à usage de vestiaire et de chaudière sans doute complètent l'ensemble.

ENVIRONS

Parque Natural de la Sierra de Baza ⓥ – *15 km par la A 92 N en direction de Guadix. Suivre la signalisation. En quittant la voie rapide, on parcourt 5 km avant d'arriver au centre d'accueil de Narváez.*

Ce parc récemment créé et à l'infrastructure encore modeste séduira cependant les amateurs de randonnées pédestres. La Sierra de Baza, très montagneuse, possède des pics qui dépassent les 2 000 m. On y trouve surtout des chênes et des pins, parfois des pins sylvestres. Elle accueille également une importante colonie de rapaces.

BELALCÁZAR

Cordoue – 3 879 habitants

Carte Michelin n° 446 Q 14

Gaete, petit village du Nord de la province de Cordoue, prit le nom de Belalcázar au 15e s., en hommage à sa superbe forteresse (*Bello Alcázar* en espagnol). Ce fief des Sotomayor, seigneurs du comté de Belálcazar, fut également le berceau d'un célèbre conquistador, **Sébastián de Belalcázar**, fondateur de la ville de Quito et conquérant du Nicaragua.

CURIOSITÉS

Se garer plaza de la Constitución.

Santiago ⓥ – Au bout de l'agréable plaza de la Constitución, l'**église** paroissiale **St-Jacques** (16e-17e s.) présente une façade datée de la fin de sa construction et, en son centre, un clocher inachevé. Une grande austérité se dégage de l'ensemble de granit, soulignée par les robustes contreforts latéraux qui lui donnent une allure de forteresse.

La romería de « La Chiquinina »

La dernière semaine d'avril, on célèbre le pèlerinage de Notre-Dame-de-Grâce de la Alcantarilla, sainte patronne de Belalcázar, dite « La Chiquinina ». Le samedi matin, les pèlerins vont à l'ermitage situé à 20 km du village, puis reviennent le dimanche avant l'aurore avec la statue. Si ces règles n'étaient pas respectées scrupuleusement, le village de Monterrubio de la Serena (province de Badajoz) conserverait la statue.

À l'**intérieur**, on retrouve le plan d'une église vouée à la prédication, avec sa nef unique et ses chapelles latérales entre les contreforts. Le chœur, détruit lors de la guerre civile, est récent. Le couvrement d'origine de la nef s'étant effondré, on le remplaça par un plafond beaucoup plus bas, ce qui eut pour effet de condamner la partie haute des fenêtres et de rompre l'équilibre architectural. Néanmoins, l'ensemble demeure assez séduisant grâce aux belles pierres de taille admirablement sculptées, qui ornent certains arcs à l'entrée des chapelles.

Hôtel de ville – Sur cette la même place, le corps central de l'édifice (19e s.) de granit est rehaussé d'un fronton dont le tympan s'orne d'une horloge.

À droite de l'église, prendre la calle Sebastián de Belalcázar, menant à la fontaine del Pilar.

Le bassin de la **fontaine del Pilar** (1570) servait autrefois d'abreuvoir. D'ici, vous bénéficierez d'une superbe vue sur le château.

★**Château** – Situé au Nord du village, sur une hauteur, ce château de la seconde moitié du 15e s. fut sans doute érigé sur l'emplacement d'une forteresse romaine. Le château, de forme quadrangulaire, est doté de tours aux angles et au centre des murs, tandis qu'une ligne de modillons longe le haut des murs et des tours.
On s'intéressera surtout à l'imposant donjon qui domine l'ensemble et dont les proportions attirent particulièrement l'attention. En haut de la tour, des échauguettes semi-cylindriques reposant sur de petites consoles de style gothique flamboyant sont ornées d'immenses écus aux armes des Sotomayor, seigneurs du château.

On trouve encore à Belálcazar quelques maisons nobles comme la Casa Grande et la Casa de la Administración de los Osuna ; à proximité, on remarquera le pont sur lequel passait la voie romaine.

Santa Clara ⓥ – *800 m au Sud-Est du village par la A 420, puis une route signalée à gauche.* Ce monastère, fondé en 1476 pour une communauté de moines, devint en 1483 un couvent de religieuses, ce qui obligea la communauté monastique masculine à fonder non loin le **couvent St-François**, à l'état de ruine actuellement. De style gothique tardif, c'est l'un des principaux couvents de la province de Cordoue.
L'église, à nef unique, est dominée par un *Christ à la colonne* ; les voûtains de la voûte à croisée d'ogives du chœur sont peints à fresque. À l'extérieur, le portail s'orne d'un arc surbaissé, rehaussé de trois statues mutilées, sans doute le Christ, sainte Madeleine et sainte Claire, encadrés d'un arc trilobé.
Installée dans des dépendances du couvent, une **école-atelier** invite le visiteur à admirer les travaux des apprentis *(entrée à gauche de l'église)*. Au rez-de-chaussée, on s'attardera dans la salle des colonnes, aux arcs longitudinaux ; à l'étage supérieur, les anciennes cellules des religieuses conservent leurs plafonds à caissons d'origine, tandis que l'infirmerie est dotée d'un étonnant plafond très profond, en carène de bateau renversée.

Pour les amateurs de pâtisserie...

Halte obligée au couvent de clarisses dont la renommée n'est plus à faire dans ce domaine. Spécialités variées et surtout à ne pas manquer, les *flores de almendra* et les *repelaos* (en général sur commande). *Horaires de vente : de 9 h 30 à 13 h 30 et de 16 h 30 à 18 h 30.*

ENVIRONS

Hinojosa del Duque – *8,5 km au Sud.* Dans ce village de la sierra cordouane, on remarquera surtout l'église St-Jean-Baptiste, monument le plus important du Nord de la province de Cordoue .

Suivre les indications « Catedral de la Sierra ».

★**San Juan Bautista** ⓥ – Répondant au surnom de cathédrale de la Sierra, l'église St-Jean-Baptiste (15e -16e s.) a été érigée par les architectes cordouans Hernán Ruiz Ier, Hernán Ruiz II et Juan de Ochoa.

La **façade principale★** présente un beau portail Renaissance encadré de colonnes corinthiennes. À droite du portail, la **sacristie**, couronnée d'une magnifique **crête** et trois fenêtres, forment un superbe ensemble agrémenté de blasons, de coquilles St-Jacques, de niches, etc. À gauche du portail, une curieuse **fenêtre** produit un effet marqué de profondeur grâce au jeu des colonnes et des niches. À l'entrée de l'église, le **clocher** (1590) sert chaque année de lieu de rendez-vous aux cigognes.
À l'**intérieur**, la pierre des arcs, les piliers et les nervures des voûtes contrastent avec les murs chaulés, qui mettent en valeur le décor architectural. La nef centrale est couverte d'un beau plafond *artesonado* mudéjar, les collatéraux de voûtes en croisée et la *capilla mayor* d'une voûte d'ogives ornée de peintures à fresque.
Sur la place, à droite de l'église, se dresse, parmi les maisons, l'**église de la Vierge du Château**, qui fait actuellement office de salle d'exposition.

Convento de las Madres Concepcionistas – La sobre **façade Sud** du couvent (16e s.), composée d'une succession de solides contreforts entre les arcs, est couronnée d'un svelte clocher-mur où viennent nicher les cigognes.

BUJALANCE

Cordoue – 8 204 habitants

Carte Michelin n° 446 S 16

Ce joli village de la plaine cordouane est entouré d'oliviers et tout le charme de l'architecture andalouse se retrouve dans ses nombreuses maisons nobles, bâties au 17e s. pour la plupart. L'influence arabe quant à elle se manifeste dans les vestiges de sa forteresse et sa toponymie. Bujalance doit son nom à l'arabe *Bury al-Hansh* qui signifie la tour du serpent.

Suivre les indications « centro ciudad » et se garer à côté de la plaza Mayor.

Plaza Mayor – C'est sur cette place rectangulaire, inclinée et festonnée d'orangers que se détache le clocher de l'église de l'Assomption. La partie haute de la même place est close par l'**hôtel de ville** (18e s.), aux ornements héraldiques, à proximité d'un arc en plein cintre qui l'unit à l'église.

La Asunción – *On accède à l'église par la sacristie (première maison à gauche en quittant la plaza Mayor par l'arc).* Élevée sur le site d'une première église, l'**église de l'Assomption** date du 16e s. Son plan à trois vaisseaux sans transept, avec triple abside plane, s'inspire de celui de la plupart des églises cordouanes de la même époque. Les collatéraux sont couverts d'un plafond de bois, la nef principale d'une voûte (18e s.), la *capilla mayor* de voûtes gothiques en croisée d'ogive et les chapelles orientées de voûtes à tiercerons.
L'église renferme deux œuvres d'art particulièrement intéressantes : le retable Renaissance sculpté et peint du *presbiterio* (16e s.) et le retable baroque de la chapelle orientée de droite.
À l'extérieur s'élève une belle **tour** baroque (18e s.), la plus haute de la province (55 m).

Forteresse – *L'entrée s'effectue à gauche de l'église.* De grosses tours et des pans de muraille en ruines sont les seuls vestiges de son enceinte extérieure. Érigée sous le règne d'Abd-er-Rahman III, elle fut remaniée après la Reconquête. Les sept tours figurent sur le blason de la localité.

San Francisco – *Quitter la plaza Mayor puis descendre la calle E. Sotomayor jusqu'à la calle Ancha de Palomino.* L'église est de construction récente, à l'exception du portail. L'ancienne église, véritable joyau du baroque cordouan, fut détruite pendant la guerre civile ; seule son élégante tour baroque fut épargnée.

Ermita de Jesús – *Situé aux abords du village. Descendre la calle San Antonio, à gauche de l'église St-François.* L'ermitage de Jésus est situé dans le parc du même nom, tout en haut d'un promontoire d'où l'on voit les oliveraies à perte de vue. L'édifice illustre parfaitement le style architectural du 18e s., bien que sa fondation soit antérieure. Le portail baroque est orné de colonnes diminuées et d'une abondante décoration ouvragée.

Parque Natural de CABO DE GATA-NÍJAR★★

Parc naturel du CAP DE GATA-NÍJAR – Almería

Carte Michelin nº 446 V 23

Le **Parc naturel maritime et terrestre du cap de Gata-Níjar** allie paysages isolés et plages sauvages. Il se situe au Sud de la chaîne volcanique du cap de Gata, orientée Sud-Ouest Nord-Est, et qui longe la côte, succession de falaises abruptes, belles plages et criques. Seuls les figuiers de Barbarie, les agaves et autres espèces végétales adaptés au climat désertique agrémentent ce sol aride, qui enregistre la plus faible pluviométrie du pays.

Plongée sous-marine

Mer calme, eaux cristallines, températures douces et splendides fonds marins caractérisent la réserve marine du Parc naturel du cap de Gata, l'une des plus importantes d'Europe, un vrai paradis pour les amateurs de plongée sous-marine. Les conditions favorables de la réserve (bonne visibilité, grande richesse biologique, grottes labyrinthiques, colonnes basaltiques) offrent nombre de sites de plongée : Cala San Pedro, Playazo de Rodalquivar, Cala del Embarcadero *(Los Escullos)*...

Informations pratiques – La pêche sous-marine est formellement interdite. La pratique de la plongée en apnée n'est subordonnée à aucune autorisation, en revanche, pour utiliser du matériel de plongée, il faut être titulaire d'un document délivré par la Consejería de Medio Ambiente de la Junta de Andalucía. Renseignements auprès des clubs de plongée de la région.

NÍJAR

En dehors du parc, au Nord.

Beau village d'origine arabe, au Sud de la Sierra de Alhamilla, campé sur le flanc d'une colline qui domine et réserve de belles vues sur la plaine agricole du **Campo de Níjar**. Autrefois aride, la région est aujourd'hui fertile grâce à l'irrigation. Fort de ses petites maisons blanches, de ses rues étroites et escarpées, parsemées de coins tranquilles, Níjar est une belle démonstration d'architecture populaire.

B. Kaufmann/MICHELIN

Les typiques *jarapas*

Artisanat – La tradition artisanale de Níjar est bien ancrée : sa **céramique** bleue ou verte, à base d'argile et de marne, puis trempée dans un bain de kaolin, est très appréciée. En outre, les typiques *jarapas*, ces bandes de coton ou de laine assemblées pour la confection de ponchos, châles ou couvertures, sont encore plus caractéristiques.

Église paroissiale ⓥ – (15e s.) Elle se dresse à deux pas de la place. Son clocher arbore les armes de Philippe II, avec l'aigle bicéphale. L'intérieur, au plafond de bois, présente également un bel *artesonado* mudéjar.

Tour de guet – Monter à pied de la place de l'église à la place du marché (plaza del Mercado), où s'élèvent une fontaine en céramique du 19e s. et quatre peupliers centenaires. Puis, grimper le sentier rocailleux et escarpé qui se faufile entre les maisons *(les derniers mètres sont les plus difficiles)*. Perchée sur la colline, la tour domine le village, et dispense un large **panorama**, embrassant la plaine de Níjar, avec le cap de Gata et la Méditerranée en toile de fond.

★★EXCURSION DANS LE PARC NATUREL

90 km – compter une journée.

De Níjar, prendre la E 15 vers Almería, puis à la sortie ni 467, prendre à gauche, puis encore à gauche, avant d'atteindre Retamar, au Sud.

La route traverse une région plate et désertique, avec la mer à droite et la chaîne vallonnée au fond.

M. Raurich/STOCK PHOTOS

Le récif des Sirènes

En arrivant à une bifurcation, tourner à droite.

Le petit village de **San Miguel de Cabo de Gata** borde la mer.

Marais salants – Les 300 ha de marais salants du cap de Gata s'étendent sur 4,5 km au Sud-Est du village. Cette réserve d'oiseaux limicoles, hautement protégée, accueille des milliers d'oiseaux migrateurs. Se munir de jumelles pour mieux les observer.

Cap de Gata – La route sinueuse, qui grimpe jusqu'au phare, réserve de belles vues sur les eaux cristallines et les singulières formations rocheuses volcaniques, comme les récifs dits des Sirènes et du Doigt, le long du littoral. À côté du phare, vous trouverez un belvédère et un point d'information.

Revenir à la bifurcation, puis prendre à droite.

Centro de Visitantes Amoladeras ⓥ – Au bureau d'accueil, à deux pas du phare, exposition thématique sur le parc. Librairie.

Cette route à l'intérieur des terres traverse des cultures sous plastique, si caractéristiques de la province d'Almería. Vous apercevrez à droite le **CEMA** (Centre d'expérimentation Michelin d'Almería), où des tests sont effectués sur les nouveaux pneus Michelin.

À 13 km environ, prendre l'embranchement vers Los Escullos.

Los Escullos – Petit port de pêche longeant une très belle plage immense, où se dresse à l'une de ses extrémités une tour de guet, la Calahiguera (18e s.), ainsi qu'une batterie côtière, de la même époque.

Se loger près des marais salants

VALEUR SÛRE

Las Salinas de Cabo de Gata – *La Almadraba de Monteleva – ☎ 950 37 01 03 – fax 950 37 12 39 – 14 chambres – 14 000 ptas – fermé de juin à septembre.*
Pour se perdre parmi rochers, mer et sel, près d'une église en ruine.

Se loger à San José

À BON COMPTE

Puerto Genovés – *Arrastre – ☎ et fax 950 38 03 20 – 18 chambres – 5 000 ptas (8 000 ptas en août).*
À 200 mètres de la mer, petite pension de famille. Chambres impeccables et modernes, mais sans téléphone. Bar avec billard.

VALEUR SÛRE

San José – *Correo – ☎ 950 38 01 16 – fax 950 38 00 02 – 8 chambres – 18 400 ptas. (demi-pension) – fermé de mi-octobre à mars.*
Petit hôtel de charme, avec chambres sur la mer. Demi-pension obligatoire.

S'y restaurer

Au port, restaurants de poissons et fruits de mer. À retenir, le **Mesón El Tempranillo** et ses excellentes paellas pour deux.

Sur la route vers Rodalquilar se trouvent la crique de l'**Isleta del Moro** et le **belvédère des Amatistas**, qui offre de beaux panoramas sur la côte (Los Escullos et l'Isleta del Moro).

Rodalquilar – Village minier déserté dans les années 1960. Dans la partie haute, on voit les anciennes installations minières.

Le chemin de terre qui mène à la **plage del Playazo** est bordé de quelques constructions typiques : une noria, la tour de Rodalquilar ou des Alumbreras (16e s.) et, sur la côte, la batterie côtière St-Romain (18e s.).

Noces de sang

En 1928, le Cortijo del Fraile, proche de Rodalquilar, fut le théâtre de la tragédie qui inspira **Federico García Lorca**. Une jeune mariée prit la fuite avec l'un de ses cousins, le jour de son mariage. La fin de l'histoire est malheureuse puisque l'amoureux fut assassiné.

Revenir jusqu'à l'embranchement de Los Escullos, puis prendre la direction de San José. Point d'information à El Pozo de los Frailes.

San José – Petit village côtier, doté d'une agréable plage, très fréquenté l'été. Les maisons blanches s'échelonnent sur le flanc de la montagne. Se détachent les dômes de certaines maisons, caractéristiques de l'architecture populaire de la province d'Almería, destinés à rafraîchir la température de la pièce principale. Petit port de plaisance.

Plages – Éloignées du centre et situées aux confins de la localité, les deux superbes plages, de los Genoveses et Monsul, sont parfaitement signalées à l'entrée du village. Deux kilomètres plus loin environ, sur un chemin non goudronné mais praticable, apparaît à gauche dans une vaste baie la **plage de los Genoveses★**, où l'on a pied longtemps. À 2,5 km, la **plage de Monsul★** est une superbe étendue de sable fin, nichée entre deux contreforts montagneux, qui s'avancent dans la Méditerranée. Au centre, un grand rocher ajoute à son charme. Sur la gauche, se dresse une dune mouvante, et, sur la droite, un passage permet d'accéder à l'anse de la Media Luna.

CABRA

Cordoue – 20 057 habitants

Carte Michelin nº 446 T 16

Niché dans un paysage vallonné, tapissé d'oliviers, Cabra forme une tache blanche sur le flanc de la chaîne du même nom. Sur une petite colline se dressent le château et l'église paroissiale de l'Assomption et des Anges.

La Vierge de la Sierra – Tout au long de l'année, le sanctuaire de la Vierge de la Sierra est un lieu de pèlerinage très couru, dédié à la patronne de la ville. La statue de la Vierge est portée jusqu'au village une fois par an, à l'occasion de la Feria de Notre-Dame de la Sierra *(du 3 au 8 septembre)*.

PLAZA ALTA

La rue, qui relie la plaza Vieja à une esplanade où s'élèvent l'église de l'Assomption et des Anges, ainsi que les vestiges du château, grimpe entre cyprès et palmiers. Remarquez en montant, les petits bancs de pierre et les murets, dont certains conservent des fossiles.

La Asunción y Ángeles – L'église principale du village fut érigée sur le site d'une ancienne mosquée, ce qui explique probablement le plan à cinq vaisseaux. Le bâtiment actuel a subi maintes transformations entre le 17e s. (abside) et le 18e s. (nef). À l'extérieur se détachent la tour en brique apparente et le portail latéral en marbre, de style baroque, orné de colonnes diminuées et torses. À l'intérieur, les retables de marbre, les stalles et la couverture des fonts baptismaux, œuvre de Benlliure, sont les éléments les plus intéressants.

Du côté opposé, l'esplanade est fermée par un tronçon de muraille crénelé.

Torre del Homenaje – Le **donjon** appartenait, tout comme les remparts, au château des comtes de Cabra, une forteresse d'origine arabe reconstruite après la Reconquête. Aujourd'hui, la tour restaurée se trouve à l'intérieur d'un collège. Pour l'admirer de près, entrer dans la cour de l'école *(sonner à la grille)*. À noter, la présence du salon octogonal au décor néomudéjar (1887).

Barrio de la Villa – Le quartier de la Villa s'étend derrière l'église, à l'intérieur de l'enceinte crénelée, tandis que la calle Villa dessert un jardin belvédère entouré du chemin de ronde.

Les gourmands...

devraient faire un tour au couvent des Mères Augustines *(Plaza de San Agustín)* pour acheter une boîte de biscuits glacés.

AUTRES CURIOSITÉS

Quartier musulman « El Cerro » – *Cuesta de San Juan.* Les étroites rues blanches, escarpées et sinueuses, parfois dotées d'arcs, comme la **Puerta del Sol**, nous racontent le passé arabe de Cabra.

Santo Domingo – Fondé au 15e s., le couvent renferme l'église St-Dominique, dont la façade, bien que remaniée, présente deux intéressants portails baroques en marbre (18e s.). Le simple portail principal est orné de colonnes torses.

Instituto Aguilar y Eslava – Une Vierge domine l'élégant portail classique de marbre rouges (17e s.), au décor héraldique. Le patio est recouvert d'une verrière arborant le blason des comtes de Cabra.
En face de l'institut s'élève l'**église de la Vierge de la Solitude** (18e s.). Sa façade de pierre est surmontée d'un clocher-mur. À l'intérieur, on admirera les décors de plâtre sur la coupole et dans le *camarín* de la Vierge.

Demeures seigneuriales – Elles bordent les calles Priego et José Solís du quartier ancien.

Museo Arqueológico ⓥ – *Calle Martín Belda.* Le patrimoine du Musée archéologique recense des objets mis au jour dans la région lors de fouilles. Exposition bien présentée et adaptée aux non-voyants.

Un enfant illustre

C'est au n° 13 de la rue Solís que naquit, au sein d'une famille noble, l'écrivain **Juan Valera** (1824-1905). Ce diplomate cultivé et raffiné, qui fréquenta la haute société madrilène de l'époque, est l'auteur de romans connus : *Pepita Jiménez* et *Juanita la Larga*.

Parque Alcántara-Romero – Connu également sous le nom de Paseo, ce rectangle de verdure date du milieu du 19e s. Agréable lieu de repos et de promenade très ombragé.

ENVIRONS

★**Ermita de la Virgen de la Sierra** ⓥ – *Prendre la C 336 vers Priego de Córdoba, parcourir 5 km et tourner à gauche. Embranchement indiqué.* La route sinueuse et escarpée *(7 km)* traverse une terre aride et rocailleuse. Attention aux troupeaux de moutons ! Le sanctuaire s'élève dans un **cadre**★ magnifique au sommet de la Sierra de Cabra (1 223 m), et dispense de vastes **panoramas**★★ sur les Sierras Subbéticas et la plaine de Cordoue. À côté de l'antenne, sur la gauche, belvédère avec table d'orientation.
Reconstruit au 16e s., l'ermitage date en fait du Moyen Âge. À l'intérieur, on retiendra surtout le riche retable en marbre (17e s.) et son camarín recélant une statue de la sainte patronne revêtue de ses plus beaux atours. Le cloître fut ajouté au 18e s.

Parque Natural de las Sierras Subbéticas – Le parc couvre les communes de Cabra, Carcabuey, Doña Mencía, Zuheros, Luque, Priego de Córdoba, Iznájar et Rute.

Centro de acogida Santa Rita – *Sur la A 340, le long de la route.* Le centre d'accueil Santa Rita, situé au col de Mojón, fournit des renseignements détaillés sur le parc, notamment sur ses chemins balisés et ses terrains de camping.
Ce beau site naturel est un paysage montagneux, aux précipices et escarpements raides. On distingue trois zones : le massif de Cabra, le défilé de Carcabuey et les Sierras de Rute et la Horconera.
Le massif de Cabra est un terrain calcaire jalonné de reliefs karstiques comme ceux de Lapiaz de Las Lanchas, Los Hoyones, La Nava (au pied du pic de l'ermitage de la Vierge de la Sierra) et la Cueva de los Murciélagos *(voir Baena)*. L'olivier prédomine dans le défilé de Carcabuey, qui accueille la plupart des villages, ainsi que dans les Sierras de Rute et la Horconera, jusqu'à une certaine altitude. Ces chaînes, dont le point culminant est le pic de La Tiñosa (1 570 m), offrent les paysages les plus spectaculaires et les plus élevés du parc.

CÁDIZ★★

CADIX – 143 129 habitants

Carte Michelin n° 446 W 11

Comme une île ouverte sur l'océan, comme un navire prêt à larguer les amarres, c'est ainsi qu'apparaît Cadix, lumineuse et étincelante, plus marine que jamais... « Cadix, à la salinité marine... » chante le poète Manuel Machado. Et fière de ses origines, elle revendique avec passion ses racines mythiques, sa place de choix dans la péninsule. Ville paisible, elle vit sereinement l'originalité de sa situation géographique, rattachée au continent par un fil ténu qui lui confère son statut quasi insulaire.

Mythe et histoire – D'après la légende, Cadix fut la première ville fondée en Europe vers 1100 avant J.-C. par les Phéniciens de Tyr, qui, après plusieurs tentatives sur les côtes de Grenade et de Malaga et poussés par des nécessités économiques, gagnèrent ces côtes pour fonder la ville fortifiée de Gadir sur un îlot posé sur l'eau et rattaché au continent par un étroit banc de sable. Cette première fondation s'étendait du château de Santa Catalina jusqu'à l'île de Sancti Pietri. Cinq siècles durant, Gadir déploya une intense activité commerciale, en dépendant tout d'abord de Tyr, puis de Carthage jusqu'en 206 avant J.-C., où la ville fut définitivement rattachée à Rome. À l'époque romaine, Gadir rebaptisée Gades devint un important port d'échange commercial entre la Bétique et Rome. On a peu d'informations sur la suite de l'histoire de la ville : il semblerait que son importance fût toute relative à l'époque wisigothique ou pendant l'occupation arabe. Conquise en 1240 par Saint Ferdinand III le Catholique, elle fut définitivement occupée en 1262 par son fils Alphonse X le Sage, qui en fit un port stratégique à l'importance économique encore assez faible. Ce noyau primitif occupait le quartier actuel du Pópulo et était ceint d'une muraille dont il reste trois des quatre portes d'origine : les **arcs des Blancs, du Peuple** et **de la Rose**. Au 15e s., après la découverte des Amériques, la ville s'étendit au-delà de l'arc des Blancs ; c'est alors que fut fondé le quartier actuel de Santa María. Cette période de croissance, favorisée par le commerce transatlantique, régressa après l'assaut mené par le comte d'Essex (1596), qui détruisit une bonne partie de la ville. Au 17e s., en revanche, la ville connut une expansion considérable, comme en témoignent les nombreux édifices baroques toujours existants. Enfin, 1717, l'année du transfert de la Chambre de Commerce de Séville à Cadix, illustre l'âge d'or de la ville, qui devint la passerelle portuaire du commerce outre-atlantique.

Une ville du 19e s.

La ville actuelle, qui nous étonne par sa belle architecture, a déçu plus d'un voyageur au 19e s. Cadix était loin d'être la ville romantique au passé passionnant qu'ils s'étaient imaginés. Il ne restait rien de la forteresse de Gerión, aucun vestige de la présence arabe, à peine quelques traces du Moyen Âge, enfin, tout semblait être une imitation pâle de Londres ou de Paris. Cependant aujourd'hui, tout le charme de Cadix tient en sa configuration classique, rationnelle et ordonnée du 19e s., ses édifices élevés hauts en couleur, ses rues droites et toutes ses places à la végétation exotique et à l'allure coloniale.

1 Quartiers de Santa María et du Pópulo

Cette promenade fera découvrir deux quartiers de Cadix particulièrement typiques et singuliers, habités par l'esprit gitan, et où les traditions du flamenco, de la guitare et de la danse se mêlent au quotidien. Le quartier del Pópulo correspond à la ville médiévale primitive, tandis que le quartier de Santa María est un faubourg né au 15e s., au-delà de l'arc des Blancs. Mais malgré leur beauté, ces deux quartiers demeurent les plus pauvres et les plus dégradés de Cadix. On a heureusement entrepris ces derniers temps d'importants travaux de restauration et de réhabilitation des maisons (dont beaucoup sont du 17e s.) et des voies.

Plaza de San Juan de Dios – Appelée autrefois plaza de la Corredera, cette place est la plus ancienne de la ville avec la plaza de San Antonio, car elle existe depuis le 16e s. Sa situation face au port en a fait le cœur de la ville, et elle fut très longtemps le site du marché. Sur l'un des côtés se détache la façade néoclassique de l'**hôtel de ville**, réalisée par Torcuato Benjumeda en 1799, et, à côté, la tour baroque de l'**église St-Jean-de-Dieu**. C'est ici également que se trouve l'**Office de tourisme** *(n° 11)*, dans une belle maison néoclassique.

Prendre la calle Sopranis, à gauche de l'église St-Jean-de-Dieu.

Calle Sopranis – C'est dans cette rue que sont regroupés certains des meilleurs exemples d'architecture civile baroque de la ville. On retiendra les façades des nos 9-10 (appelée aussi « maison des lilas » en raison du décor du portail) et le patio des nos 17-19, dont l'escalier vaut le coup d'œil. Au bout de la rue, à gauche, au croisement avec la calle Plocia, le bâtiment de brique et de fer qu'occupe le palais des Congrès est l'ancienne **manufacture de tabac**, un parfait exemple de l'architecture industrielle du 19e s. En face se trouve le **couvent St-Dominique**.

Se loger

À BON COMPTE

Fantoni – *Flamenco, 5 – ☎ 956 28 27 04 – 17 chambres – 5 500 ptas.*
Hôtel tout simple très agréable : préférez les chambres avec salle de bains, qui donnent sur la petite voie piétonne. Nombreux hôtels du même style dans les rues du quartier.

VALEUR SÛRE

Bahía – *Plocia, 5 – ☎ 956 25 91 10 – fax 956 25 90 61 – 21 chambres – 8 100 ptas.*
Petit hôtel très bien situé dans le cœur historique. Chambres modernes et propres. Bon rapport qualité/prix.

Francia y París – *Plaza de San Francisco, 2 – ☎ 956 21 23 18 – fax 956 22 24 31 – 57 chambres – 10 000 ptas.*
Hôtel installé dans un bâtiment du début du 20e s. et niché sur une place piétonne du centre. Chambres correctes. Bar américain.

Parador H. Atlántico – *Avenida Duque de Nájera, 9 – ☎ 956 22 69 05 – fax 956 21 45 82 – 15 000 ptas.*
Parador moderne merveilleusement situé dans le parc Genovés.

Se restaurer

El Faro de Cadix – *San Félix, 15 – ☎ 956 21 10 68.*
Restaurant et bar à tapas d'excellente qualité. Décoration moderne où le bois domine, cuisine soignée. Les enfants des propriétaires tiennent deux autres restaurants tous deux appelés « El Faro » ; l'un est situé sur la route de San Fernando et l'autre à El Puerto de Santa María.

Terraza – *Plaza de la Catedral, 3 – ☎ 956 28 26 05.*
Restaurant situé sur la place piétonne de la cathédrale. Spécialités de poissons et de fruits de mer. Établissement sans prétention, au décor sobre.

La Marea – *Paseo Marítimo, 1 – ☎ 956 28 03 47.*
Sur la plage de Cadix (à deux pas de l'hôtel Meliá). Spécialités de poissons et de fruits de mer, vendus au poids.

Tapas

Taberna Manteca – *Corralón de los Carros, 66 – ☎ 956 21 36 03.*
Les vieilles affiches nous rappellent que le propriétaire de ce bar traditionnel était torero dans son jeune temps. À conseiller aux amateurs de charcuterie.

El Cañón – *Rosario, 49 – ☎ 956 28 50 05.*
Petit bar traditionnel du 19e s. avec comptoir et boutique, où l'on peut se procurer des produits ibériques et des vins locaux. Sur le trottoir d'en face, **La Manzanilla** est un lieu idéal pour savourer les vins du terroir.

Joselito – *San Francisco, 38 – ☎ 956 25 45 57.*
Peu de charme pour l'un des bars les plus réputés de la ville, spécialisé dans les grosses crevettes et les fruits de mer. Comptoir, et petite terrasse, située dans le paseo de Canalejas.

Aurelio – *Zorrilla, 1 – ☎ 956 22 10 31.*
Petit bar spécialisé dans les fruits de mer et les poissons. Souvent plein. On est servi au comptoir.

Sortir

L'hiver, toute l'animation se concentre dans le **cœur** de la ville, en particulier dans les rues et sur les places du quartier commerçant. En été, elle se déplace vers la **plage de la Victoria** et son **front de mer** (Paseo Marítimo). Dans la **calle General Muñoz Arenillas**, on trouve des bars destinés à un public plus jeune qui appréciera aussi, à l'autre bout de la ville, la **Punta de San Vicente**.

Café Parisien – *Plaza de San Francisco, 1 – ouvert de 9 h à 23 h.*
Situé sur une petite place tranquille, ce vieux café est apprécié à tout âge. Les tables sur la place sont très demandées. Des repas y sont également servis.

El Café de Levante – *Rosario – ouvert de 16 h à 3 h du matin.*
Ce tranquille café, à la décoration moderne, est situé dans le cœur historique de la ville et accueille différents clients, qui aiment y prendre un verre dans une atmosphère propice à la détente et à la discussion. Concerts variés le jeudi soir.

La Mirilla – *Plaza Asdrúbal, 8-9 – ouvert de 16 h à minuit environ.*
Idéal pour prendre un verre ou un café (carte variée) tranquillement, avec vue sur l'Atlantique.

O´Conels – *Sagasta, près de la plaza de San Francisco – ouvert de 13 h à 3 h 30.*
La jeunesse de Cadix jusqu'aux touristes étrangers apprécient cet endroit accueillant, au décor typiquement irlandais. Grand choix de bières et de whiskies. Repas servis jusqu'à la fermeture.

Yogui – *General Muñoz Arenillas, 9 – ouvert de 22 h à 4 h du matin.*
C'est le lieu de prédilection des jeunes, l'été. Cet endroit très soigné, fréquenté par une clientèle un peu plus mûre qu'ailleurs, propose quatre-vingts variétés de bières ; karaoké le jeudi et le dimanche. Musique espagnole des années 1980, classiques en tous genres.

Lèche-vitrines

Le quartier commerçant le plus typique de Cadix se concentre dans quelques rues du cœur historique, dans de longues rues étroites, où abondent aussi bien les boutiques traditionnelles que les magasins des grandes chaînes commerciales. Un exemple : le carré formé par les **calles San Francisco**, **Columela**, **Compañía** et **Pelota**, ou la **calle Ancha** et la **plaza de San Antonio**.
Vous trouverez aussi dans ces rues des pâtisseries régionales traditionnelles comme le **Horno Compañía** *(calle Compañía, 7)*, qui propose des produits typiques comme le pain de Cadix.

Marchés – Les petits marchés de produits artisanaux sont courants à Cadix. Pour y goûter, rendez-vous le dimanche sur celui qui se dresse près de l'**arc du Peuple**, ou tôt le lundi matin, sur l'avenida de la Bahía, au célèbre marché d'**« El Piojito »** : vous y trouverez de tout. Animation assurée.

O. Torres/MARCO POLO

Le carnaval de Cadix...

Loisirs

Informations – L'hôtel de ville publie tous les mois un guide intitulé *Cádiz entre columnas*, donnant toutes les informations sur les activités culturelles et distribué gratuitement dans les centres culturels, les Offices de tourisme, etc.
Cadix a une vie culturelle très régulière, aussi bien l'hiver que l'été. Le **Gran Teatro Falla** *(plaza Falla)* propose une saison de théâtre et de concert, tandis que les **centres culturels** de la ville *(El Palillero, El Bidón, La Viña, La Lechera)* offrent aussi une grande variété d'expositions, d'ateliers... ou encore les concerts de flamenco du **bastión de la Candelaria** *(Alameda de Apodaca)*.

Transports

Aéroport – L'aéroport de Jerez de la Frontera est à 30 mn par la A 4. ☎ *956 15 00 00.*

Trains – La gare est située sur la plaza de Sevilla près du centre et du port. Au départ de Cadix, toutes les demi-heures environ, des trains desservent les principales villes d'Espagne, dont Séville, Madrid et Barcelone, et de la province. ☎ *956 25 43 01.*

Autocars interurbains – Trois points de départ :

– **Transportes Generales Comes** *(Plaza de la Hipanidad, 1)* vers toute la province et vers Séville. ☎ 956 21 17 63.
– **Transportes Los Amarillos** *(Avenida de Ramón de Carranza, 31)* essentiellement vers les Provinces de Séville et Malaga. ☎ *956 28 58 52.*
– **Sevibus** *(Plaza Elios, 1)* vers Séville et Madrid. ☎ *956 25 74 15.*

Autobus – Les principaux arrêts sont sur la plaza de España et tout près du port. Billet simple : 115 ptas ; coupon de 10 voyages : 830 ptas. ☎ *956 28 38 04*

Taxis – ☎ *956 21 21 21, 956 21 21 22, 956 21 21 23.*

Calèches – L'été, on peut se promener une heure environ en calèche dans le quartier touristique. 4 000 ptas environ ; arrêt : plaza de San Juan de Dios.

Prendre la calle Botica jusqu'à la calle Concepción Arenal.

★**Cárcel Real** – Élevée en 1792 par l'architecte local Torcuato Benjumeda, la **prison royale** est le premier édifice néoclassique de Cadix, tout à fait représentatif de ce style en Andalousie. La façade est précédée d'une sorte d'arc de triomphe doté de quatre grandes colonnes adossées dans le style toscan et surmonté de deux lions, qui encadrent le blason de la monarchie espagnole. À l'intérieur, les tribunaux aménagés en 1990 s'organisent autour d'un grand patio et de deux patios latéraux.

Prendre la calle Santa María jusqu'à l'église du même nom.

Santa María – L'église (17e s.) de l'ancien couvent Santa María a donné son nom à tout le quartier. Nichée au bout de la rue, sa façade, de style maniériste, présentant de très nettes réminiscences de Juan de Herrera, est l'œuvre d'Alonso de Vandelvira, fils du célèbre architecte Renaissance Andrés de Vandelvira *(voir index)*. Elle est surmontée d'un clocher couronné d'une flèche (18e s.), ornée d'azulejos. À l'intérieur, on remarquera le dynamisme du retable baroque, et les **carreaux de Delft**, qui décorent le soubassement de la chapelle du Nazaréen.

Au nº 11 de la calle Santa María, la **Casa Lasquetty** illustre l'architecture civile baroque en marbre du début du 18e s.

Traverser la calle Félix Soto en direction de l'arc des Blancs.

L'**Arco de los Blancos**, nous conduit dans le fameux quartier populaire du Pópulo. Élevée au 13e s., cette porte s'appelait autrefois porte de la Terre.

Franchir la porte et continuer par la calle Mesón Nuevo jusqu'à la petite plaza de San Martín.

Casa del Almirante – Édifiée par l'amiral Diego de Barrios à la fin du 17e s., la demeure est un bel exemple de palais baroque. On retiendra une caractéristique commune à ce type de palais, la prédominance accordée au **portail**★★ en marbre de Gênes, qui mêle des colonnes toscanes dans le registre inférieur et des colonnes torses dans le registre supérieur.

Prendre à gauche la calle Obispo José María Rancés, poursuivre jusqu'à la plaza Fray Félix.

Cette petite place est le centre religieux de la ville depuis des siècles, puisque l'église Santa Cruz est bâtie sur le site de l'ancienne mosquée musulmane. Au nº 1 se trouve la maison baroque d'Estopiñán.

★**Santa Cruz** – Érigée à la fin du 16e s. sur le site de la première (13e s.), les Gaditans la désignent l'ancienne cathédrale. La sobriété extérieure de l'ensemble n'est égayée que par quelques éléments de céramique vernissée. Les trois vaisseaux, de belles proportions, sont séparés par de robustes colonnes de style toscan.

★**Casa de la Contaduría (Museo Catedralicio)** – Cet ensemble de quatre édifices admirablement restaurés et arborant un **patio mudéjar**★ (16e s.) abrite le musée de la cathédrale, qui expose des objets, vêtements et divers documents liturgiques, dont

Façade de la cathédrale

une lettre signée de sainte Thérèse de l'Enfant-Jésus. On remarquera plus particulièrement un ostensoir en argent doré réalisé par Enrique Arfe dit **Custodia del Cogollo★** et l'**ostensoir du Million** (18e s.), comportant, dit-on, près d'un million de pierres précieuses.

Teatro Romano ⓥ – Situé juste derrière l'église Santa Cruz, le théâtre romain a conservé en bon état une partie des gradins et quelques galeries souterraines.

De la plaza Fray Félix, s'engager dans le pittoresque callejón de los Piratas jusqu'à la plaza de la Catedral.

★★ **Cathédrale** ⓥ – D'un style différent, la cathédrale ne laisse personne insensible. Commencée en 1722 dans un style baroque très épuré, elle ne fut achevée, après bien des difficultés, qu'en 1883. La façade est un jeu de surfaces concaves et convexes flanquées de deux tours surmontées de petits temples, ressemblant à des observatoires astronomiques. 1844 marqua l'achèvement du grand cul-de-four couvrant le transept ; depuis, le dôme, par certains jours de brume, semble flotter au-dessus de la ville. L'intérieur, présentant un plan en croix latine et déambulatoire, surprend par sa taille et sa luminosité.

Une pause agréable...

Deux endroits plaisants sur la plaza de San Juan de Dios : le classique **Novelty Café** et **La Caleta**, avec son comptoir en forme de bateau.

La calle de la Pelota si populaire nous ramène plaza de San Juan de Dios.

2 De la plaza San Juan de Dios à la cathédrale

Partir de la calle Nueva et prendre à gauche la calle Cristóbal Colón.

Casa de las Cadenas – Édifiée à la fin du 17e s. suivant la mode baroque de l'époque, la maison présente un **portail★** en marbre réalisé à Gênes. Très semblable à la casa del Almirante, elle s'en distingue par les deux colonnes torses qui encadrent la porte.

Poursuivre par la calle Cristóbal Colón, tourner à droite calle Cobos, puis à gauche, calle Nicaragua jusqu'à la plaza de la Candelaria.

Plaza de la Candelaria – On s'arrêtera surtout au n° 6, construction de fer et de verre de la fin du 19e s. et au petit palais isabélin du n° 15. À côté se trouve la maison natale d'un homme politique espagnol, Emilio Castelar, dont le buste trône au centre de la place.

De là, continuer par la calle Santo Cristo avant de rejoindre la calle Nueva. Poursuivre jusqu'à la plaza de San Agustín.

Plaza de San Agustín – C'est ici que se trouvait le couvent St-Augustin dont il ne reste que l'église baroque et le joli **patio** néoclassique, à l'intérieur du collège actuel.

Emprunter la calle Rosario.

★**Oratorio de la Santa Cueva** ⓥ – Cette petite chapelle, véritable joyau de l'art néo-classique, présente une décoration exubérante. De forme elliptique, elle est couverte d'une coupole à lunettes portée par des colonnes ioniques. Les trois **peintures**★★ (1795) de Goya ont été restaurées récemment.

Plaza de San Francisco – Sur l'un des côtés de cette petite place animée se dresse l'**église St-François**, ornée d'une sobre façade, dont seule la tour du 18e s. émerge du corps central. L'intérieur, à l'origine du 16e s., a été modifié au 18e s. dans un style baroque chargé de rocaille et de plâtres. Sous la fausse coupole sur pendentifs, admirez les deux anges portant des lampes et attribués à Pedro Roldán.

À l'angle de la calle Sagasta et du callejón del Tinte, se détache un **élégant bâtiment** d'origine baroque modifié au 19e s. suivant le style isabélin avec de jolies baies, puis, callejón del Tinte, au n° 2, remarquez le beau spécimen d'architecture néoclassique. En face, un impressionnant dragonnier millénaire.

★★**Plaza de Mina** – C'est au 19e s. que furent créées plusieurs places sur les terrains dont furent expropriés des ordres religieux. Créée en 1838 dans le jardin du couvent St-François, l'une de ces premières places fut la plaza de Mina. Aujourd'hui, c'est l'une des places les plus charmantes de Cadix avec sa végétation exubérante qui lui confère son air colonial, certain ; notamment aux nos 11 et 16, remarquez les maisons qui illustrent parfaitement le style isabélin.

★**Museo de Cádiz** ⓥ – Installé dans un petit palais néoclassique du milieu du 19e s., à la façade sobre, le musée de Cadix recèle une collection archéologique organisée selon des critères didactiques très précis ; on retiendra surtout la partie consacrée au monde phénicien : les pièces les plus remarquables sont deux superbes **sarcophages anthropomorphes**★★ de marbre blanc (5e s. avant J.-C.), qui imitent des modèles égyptiens et furent très certainement l'œuvre d'artisans grecs. Le réalisme des visages et des mains était la meilleure façon d'immortaliser le défunt. Dans la section des Beaux-Arts, ne pas manquer de voir les neuf saisissants **tableaux sur bois**★ de Zurbarán (peints entre 1638 et 1639 pour la chapelle du Sacré-Cœur de la chartreuse de Jerez), qui révèlent la parfaite maîtrise du peintre dans les jeux d'ombre et de lumière.

Plaza de San Antonio – Cette grande place dépouillée est l'une des plus anciennes de Cadix. Elle fut le lieu de résidence préféré de la bourgeoisie au 17e s., avant de devenir la place principale au 19e s. Elle fait parfois office d'arènes ou de salle de cinéma. Sur l'un des côtés se détache la façade baroque de l'**église St-Antoine**. Quelques élégants bâtiments du 19e s. Au n° 15, on remarquera le Casino de Cadix et son impressionnant patio néomudéjar.

Continuer calle San José jusqu'à la plaza San Felipe Neri. Au n° 34 de la calle San José, bel exemple d'architecture Art nouveau.

Oratorio de San Felipe Neri ⓥ – Construite entre 1688 et 1719, cette église baroque est l'une des rares en Andalousie à avoir un plan elliptique. Son dôme subit d'importants dommages lors du tremblement de terre de Lisbonne de 1755, avant d'être restauré en 1764. Deux niveaux en compartimentent l'intérieur. Au rez-de-chaussée, des pilastres rythment une alternance de niches et de chapelles richement décorées, et on remarquera sur le retable du maître-autel une ***Vierge*** par Murillo dont la particularité est d'être noire (la mort du peintre intervint alors que l'œuvre était en cours de réalisation). Le second niveau, marqué à la base par une tribune, est décoré de pilastres d'ordre toscan soutenant une coupole à calotte surhaussée dont chaque étage est souligné par un balcon. L'oratoire s'inscrit dans l'histoire du libéralisme espagnol, car c'est ici que se réunirent les Cortes de Cadix en 1812, à la suite de la prise de San Fernando par les troupes napoléoniennes.

Prendre la calle Santa Inés jusqu'à la calle Sagasta.

San Lorenzo – Sobre église baroque, dont la tour polygonale est décorée d'azulejos typiques dans les tons blanc et bleu.

Reprendre la calle del Hospital de Mujeres

Cadix en 1777

En 1777, Charles III chargea l'ingénieur militaire Alfonso Ximénez, par l'intermédiaire de l'ubiquiste Sabatini, de réaliser une **maquette**★ de la ville de Cadix à l'échelle 1/250. Ce souhait, qui a toute l'apparence d'un caprice royal, revêt tout son sens si l'on considère qu'au 18e s. l'État tendait à se consolider : recensement de la population, établissement d'un cadastre, normalisation de la langue, etc. Le résultat de cette entreprise est une merveilleuse maquette de 25 m² en acajou, ébène et ivoire, d'une grande précision ; on reconnaîtra une bonne partie des édifices actuels de Cadix et on pourra juger de l'évolution de certains secteurs, telles la plaza de Mina ou la place de la Cathédrale. La maquette est exposée au **Museo Iconográfico e Histórico de las Cortes y Sitio de Cádiz** ⓥ *(calle Santa Inés, 9).*

Ancha . . . . BY 2
Antonio López . . . . BCY
Apodaca (Alameda de) . . . . BY
Argüelles (Pl.) . . . . CY
Benito Pérez Galdós . . . . . AY
Benjumeda . . . . BY
Calderón de la Barca . . . . . BY 3
Calesas . . . . CZ
Campo del Sur . . . . ABZ
Candelaria (Pl.) . . . . BZ 4
Cardoso . . . . BZ
Carlos III (Av.) . . . . ABY
Ceballos . . . . ABY
Cervantes . . . . BY
Concepción Arenal . . . . CZ
Columela . . . . BYZ
Compañía . . . . BZ 5
Constitución (Pl. de la) . . . . CZ
Cristóbal Colón . . . . CZ 6
Diego Arias . . . . AY
Doctor G. Ulla (Av.) . . . . . . AY
Doctor Marañón . . . . AY 7
Duque de Nájera (Av.) . . . AYZ
España (Pl. de) . . . . CY
Falla (Pl. de) . . . . AY
Fernando el Católico . . . . . CY 8
Fray Félix (Pl.) . . . . BZ 9
Honduras . . . . CY
Marqués de Comillas (Alameda) . . . . BY
Mentidero (Plaza del) . . . . . BY 10
Mesón Nuevo . . . . CZ 12
Mina (Pl. de) . . . . BY
Montañés . . . . BZ 13
Moreno de Mora . . . . AYZ
Novena . . . . BY 15
Nueva . . . . CZ 16
Pelota . . . . CZ 17
Piratas (Callejón de los) . . . BZ 18
Plocia . . . . CZ
Puerto (Avenida del) . . . . . CYZ
Ramón de Carranza (Av.) . . CZ 19
Rep. Argentina . . . . CY
Rosario . . . . BY
Sacramento . . . . ABY
Sagasta . . . . ABYZ
San Agustín (Pl. de) . . . . . . CY 20
San Antonio (Pl. de) . . . . . . BY 21
San Francisco . . . . BCY 22
San Francisco (Pl. de) . . . . . BY 23
San José . . . . ABYZ
San Juan . . . . BZ
San Juan de Dios . . . . CZ 24
San Juan de Dios (Pl. de) . . CZ 25
San Martín (Pl.) . . . . CZ 26
San Roque . . . . CZ 27
Santa María . . . . CZ 28
Santo Cristo . . . . BCZ 29
Sopranis . . . . CZ 30
Topete (Pl.) . . . . BZ 31
Vea Murguia . . . . BY
Virgen de la Palma . . . . AZ
Viudas (las) . . . . BY

Arco de los Blancos . . . CZ A¹
Arco del Pópulo. . . . . . . CZ A²
Arco de la Rosa. . . . . . . BZ A³
Ayuntamiento . . . . CZ H
Baluarte de la Candelaria BY
Cárcel Real (Palacio de Justicia). . CZ J
Casa del Almirante . . . . BZ B¹
Casa de las Cadenas . . . CZ B²
Casa de la Contaduría (Museo Catedralicio) . CZ M¹
Casa Lasquetty . . . . CZ B³
Castillo de San Sebastián AZ
Castillo de Santa Catalina AY
Catedral . . . . BZ
Convento de Santo Domingo . . . . . CZ
Fábrica de Tabacos (Palacio de Congresos) CZ K
Gran Teatro Falla. . . . . . AY T¹
Hospital de Mujeres . . . BZ
Iglesia del Carmen. . . . . BY
Iglesia de la Palma . . . . AZ
Iglesia de San Antonio. . BY
Iglesia de San Francisco BY
Iglesia de San Lorenzo. . BZ
Iglesia de Santa Cruz . . BCZ
Iglesia de Santa María . . CZ
Museo de Cádiz . . . . . . BY M²

★ **Hospital de Mujeres** ⓥ– C'est l'un des principaux édifices baroques de Cadix. Pour pallier le manque d'espace, l'architecte avait imaginé une façade étroite et de grands volumes intérieurs. Le bâtiment s'organise autour de deux patios reliés par un extra-

Tours-miradors

Dans un paysage urbain compliqué comme celui de Cadix, où les ruelles étroites se mêlent aux bâtiments élevés, la quête de lumière, d'espace et de vues, dont étaient privés la plupart des habitants, était permanente. Aux 17e et 18e s., les commerçants de Cadix firent ériger plus de cent soixante tours pour surveiller l'arrivée de leurs bateaux, mais aussi comme symboles de prospérité et de prestige. C'est le couronnement qui différencie chaque tour.

Museo Iconográfico e Histórico de las Cortes y Sitio de Cádiz . . . . . . BY M³
Oratorio de la Santa Cueva . . . . . . BY
Oratorio de San Felipe Neri BY
Parque Genovés. . . . . . . AY
Playa de la Caleta. . . . . AYZ
Teatro Romano . . . . CZ T²
Torre Tavira . . . . BY

Hostal Fantoni . . . . CZ a
Hotel Bahía . . . . CZ c
Hotel Francía y Paris . . . . BY e
Parador H. Atlántico . . . AY n

ordinaire **escalier**★★ monumental sous une voûte. Dans le patio, remarquez le *Chemin de Croix* d'azulejos de Triana (18ᵉ s.). L'église conserve un ***Saint François*** du Greco *(demander au gardien)*.

★**Torre Tavira** – Sa situation, dans la partie haute de la ville, en a fait en 1778 la tour de guet officielle. Les entrées et les sorties des navires étaient contrôlées de cette tour, moyennant un système compliqué de pavillons. On y a aménagé en 1995 la première **chambre obscure** d'Espagne, où un ingénieux dispositif de miroirs et de lentilles dispense des vues de la ville.

Descendre vers la plaza del Mercado. Derrière le bâtiment de briques de la poste se trouve la plaza de las Flores.

Plaza de las Flores – La « place des Fleurs » est la désignation populaire de la plaza Topete. Les fleuristes, cafés et boutiques en font l'une des places les plus animées, d'où partent quelques rues commerçantes comme la calle Columela et la calle Compañía.

Un conseil...

L'été est la saison du maquereau. Dans le quartier de la Viña, de nombreux vendeurs à la sauvette proposent ce délicieux poisson. L'endroit idéal pour le déguster est le bar de la **plaza del Tío de la Tiza**.

AUTRES CURIOSITÉS

Barrio de la Viña – Ce quartier populaire traditionnel est l'un des plus typiques de la ville. À l'origine, c'était un modeste quartier, loin du port et des commerces, et souvent frappé par les intempéries. De nos jours, il est connu pour accueillir tous les ans, au mois de février, le **carnaval de Cadix**★★, sans nul doute l'un des plus colorés et animés de la péninsule. Autour de l'église de la Palma abondent les bars à tapas, où vous pourrez déguster de délicieux poissons.

La Palma – L'église de plan circulaire et baroque (début du 18e s.) est rapidement devenue l'église du quartier.

Playa de la Caleta – Ancien port naturel de la ville, c'est aujourd'hui la plage du quartier ancien. À l'une de ses extrémités, sur une petite île reliée au littoral par un bras de terre, se trouve le **château de San Sebastián** (18e s.), toujours à usage militaire. D'après la légende, ce site aurait accueilli le temple de Cronos. Au beau milieu de la plage fut construit le **Balneario de la Palma**, établissement de bains récemment restauré.

Castillo de Santa Catalina ⓥ – Situé à l'autre bout de la plage de la Caleta, ce bastion militaire à plan en étoile fut érigé par Cristóbal de Rojas en 1598, à la suite du pillage par les troupes du comte d'Essex. Il est actuellement en cours de restauration.

★**Parque Genovés** – Désigné autrefois sous le nom de paseo del Perejil, le parc est, de nos jours, le poumon de la ville, un endroit calme, propice à d'agréables promenades. En face, l'ancienne caserne de Charles III est maintenant le siège de l'université.

Baluarte de la Candelaria – Élevé au 17e s., ce bastion faisait partie de l'enceinte qui fermait trois des côtés de la ville. À l'époque, il servait de plate-forme pour les canons. Largement réhabilité au 19e s., les modifications conférèrent en particulier à sa façade intérieure son actuelle apparence néoclassique.

B. Kaufmann/MICHELIN

Clocher-mur de l'église du Carmen

Carmen – Église la plus américaine de Cadix, elle illustre parfaitement les influences réciproques de la métropole et des colonies. Érigée au milieu du 18e s., elle se distingue surtout par sa **façade baroque**★. Le sobre portail de marbre est encadré par deux clochers-murs richement ornés de volutes et de colonnes diminuées.

ENVIRONS

San Fernando – *9 km au Sud-Est par la N IV.* Telles deux sœurs siamoises, San Fernando et Cadix sont étroitement liées. D'origine mythique, San Fernando a commencé à prendre de l'essor au 18e s., en devenant une importante place militaire et commerciale, parallèlement à Cadix, sa voisine, qui connaissait alors sa plus forte période d'expansion. En 1766, Charles III y déplaça le ministère de la Marine, ce qui explique le lien indéfectible unissant la ville à l'armée et la marine. Entre 1810 et 1811, elle reçut les députés espagnols, qui promulguèrent la première Constitution, et Ferdinand VII, en hommage à sa lutte contre la France, lui conféra le statut de ville et son nom de **San Fernando**.

La ville s'organise autour de la calle Real, où se trouve l'hôtel de ville, **l'église du Carmel** et le **musée municipal d'Histoire** ⓥ. Tout près, la place de l'église accueille l'**église Majeure**, bâtiment néoclassique dédié aux saints Pierre et Paul, et le théâtre des Cortes, où se réunirent les députés en 1811.
Le principal bâtiment civil de San Fernando est l'**observatoire astronomique de la Marine**, édifice néoclassique fondé par Jorge Juan en 1753, et précédant la construction de l'observatoire de Madrid.
En quittant San Fernando, le **pont de Suazo**, d'origine romaine, était encore récemment la seule voie de communication entre San Fernando et la péninsule.

Chiclana de la Frontera – *25 km au Sud-Est par la N IV.* Entourée de marais salants et de champs, la localité n'en demeure pas moins l'une des stations balnéaires les plus importantes de la province. À 7 km à peine, la **plage de la Barrosa★★**, l'une des plus belles du littoral andalou, offre 8 km de sable fin. Elle propose nombre d'activités de loisirs, ainsi qu'un grand choix d'hôtels (**Sancti Petri** et **Novo Sancti Petri**). À Chiclana, ne manquez pas de voir sur la plaza Mayor l'imposante église néoclassique **St-Jean-Baptiste**, de Torcuato Cayón.

CARMONA★★

Séville – 25 326 habitants

Carte Michelin nº 446 T 13

Juchée sur un vaste tertre dominant l'immense plaine fertile qu'arrose le río Corbones, Carmona est l'une des plus vieilles villes d'Andalousie. Fondée par les Carthaginois, elle se développa considérablement sous l'occupation romaine, devenant un important municipe au rôle politique actif. La ville garda son influence tant à l'époque arabe qu'après la Reconquête. Son riche passé se concentre dans la vieille ville, quartier monumental où le visiteur découvrira des palais élégants, des maisons nobles et de majestueux édifices religieux.
Il convient encore de citer le populaire **carnaval**, célèbre dans toute la province pour son caractère burlesque, et la **Semaine sainte**, une bonne occasion d'apprécier la beauté des processions qui arpentent les ruelles silencieuses de la vieille ville.

Se loger

À BON COMPTE

Pensión Comercio – *Torre del Oro, 30 – ☎ 954 14 00 18 – 13 chambres – 5 000 ptas.*
La même famille gère cet établissement depuis quatre générations. L'hôtel occupe une maison du 16e s. agrémentée d'un beau patio. Chambres simples et correctes.

VALEUR SÛRE

Parador de Turismo de Carmona – *Dans l'Alcázar – ☎ 954 14 10 10 – fax 954 14 17 12 – 63 chambres – 18 500 ptas.*
Magnifique hôtel, cette ancienne résidence des Rois catholiques dispense une vue panoramique sur la plaine du Corbones. Le restaurant est l'un des plus beaux de la chaîne de *paradors*. Spécialités : épinards de Carmona et perdrix.

UNE PETITE FOLIE !

Casa de Carmona – *Plaza de Lasso, 1 – ☎ 454 19 10 00 – fax 954 19 01 89 – 29 chambres – 23 000 ptas.*
Dans le cœur historique de la ville, délicieux palais du 16e s. qui appartint à un gouverneur du Chili. Grands salons aristocratiques, patio, fontaine et jardin arabe.

Se restaurer

La Almazara – *Santa Ana, 33 – ☎ 954 19 00 76.*
Le bar est installé dans un ancien moulin à huile. Décor accueillant, plafond voûté en bois. Spécialités : épinards, perdrix et cochon de lait.

La porte de Séville

★VIEILLE VILLE *compter une demi-journée*

Laisser la voiture dans la partie basse de la ville près de la porte de Séville.

Remparts – On accède à la vieille ville par la **porte de Séville★**, au double arc en fer à cheval, l'un des rares vestiges de l'ancienne forteresse de la ville basse. Des restes des imposantes murailles élevées par les Carthaginois puis renforcées par les Romains parsèment la vieille ville. L'un des éléments les plus spectaculaires en est la **porte de Cordoue★**, où vous remarquerez les deux grosses tours octogonales d'origine romaine et la porte ajoutée au 17e s.

★**San Pedro** ⓥ – Sur l'élégant paseo del Estatuto, l'église St-Pierre (15e s.), remaniée à l'époque baroque, est ornée d'un beau **clocher★** appelé la « Giraldilla » en raison de sa ressemblance avec la Giralda de Séville. À l'intérieur, notez les remarquables décors de la somptueuse **chapelle du Sacré-Cœur** et les **fonts baptismaux** en céramique verte (16e s.).

Convento de la Concepción ⓥ – Le **cloître** et l'église mudéjare sont ses éléments les plus remarquables.

Franchir la porte de Séville.

San Bartolomé – D'origine gothique, l'église St-Barthélemy fut reconstruite aux 17e et 18e s. selon un plan basilical. Elle est ornée d'une gracieuse tour néoclassique. Intéressante chapelle tapissée d'azulejos Renaissance *(à gauche du maître-autel).*

★**San Felipe** – L'église St-Philippe est une belle illustration de l'architecture mudéjare (14e s.) avec son élégante tour, son plafond *artesonado* orné des armes des Hurtado de Mendoza et sa *capilla mayor* couverte d'azulejos colorés du 16e s.

Plaza Mayor ou de San Fernando – Paisible place bordée d'élégantes demeures mudéjares et Renaissance.

Hôtel de ville ⓥ – Cet intéressant bâtiment baroque au cœur de la vieille ville conserve dans son patio une élégante **mosaïque** romaine.

El Salvador ⓥ – La belle place Cristo Rey accueille cette grande église baroque, au plan en croix latine, élevée entre les 17e et 19e s. sur les vestiges d'une église de la Compagnie de Jésus. Notez le splendide **retable** churrigueresque et l'intéressante collection de tableaux, retables et pièces d'orfèvrerie religieuse des 17e et 18e s.

★**Santa María la Mayor** ⓥ – Cette grande église gothique (15e s.) remaniée dans les styles Renaissance et baroque s'élève dans la vivante calle San Ildefonso sur l'emplacement d'une ancienne mosquée dont subsistent une cour intérieure, le patio des Orangers, et quelques arcs outrepassés d'une grande beauté. À remarquer également le **calendrier wisigothique** (6e s.) sur le fût d'une colonne.

L'intérieur, à trois vaisseaux, est dominé par un monumental **retable plateresque**★ illustrant des scènes de la Passion sculptées avec la plus grande délicatesse. Les chapelles latérales, comme celle du Christ des Martyrs, conservent des retables d'une rare beauté derrière les **grilles plateresques** (16e s.) minutieusement ouvragées. La sacristie abrite une collection de pièces d'orfèvrerie de valeur, dont une custode processionnelle d'époque Renaissance, œuvre d'Alfaro.

> ### Les pâtisseries des couvents
> Impossible de quitter Carmona sans avoir acheté ses célèbres pâtisseries élaborées dans les nombreux couvents de la ville. Les biscuits marocains, les couronnes imbibées de sirop, les galettes et les petits pains à l'huile sont délicieux.

★**Convento de las Descalzas** – Magnifique exemple du baroque sévillan (18e s.), au plan en croix latine, doté d'une tour à deux clochers et orné d'azulejos.

Santa Clara ⏲ – Fondé au milieu du 15e s., le monastère conserve deux agréables cloîtres et une belle église mudéjare qui expose plusieurs peintures de Valdés Leal ainsi qu'une belle collection de portraits de femmes où se lit l'influence de Zurbarán.

Arquillo de la Judería	AY 2
Arquillo de San Felipe	BYZ 4
Bernardo Enrique Cerezo	AY 6
Blas Infante (Pl.de)	AZ 9
Cenicero (Ronda del)	AZ 12
Costanilla del Postigo	AY 15
Cristo Rey (Pl. de)	BY 17
Descalzas (Pl.de las)	BY 21
Dolores Quintanilla	BY 23
Domínguez Pascual	BYZ 24
Duquesa (Pas. de la)	BY 27
Fermín Molpeceres	BY 32
Fernando Barrera	BY 35
La Fuente	AZ 36
General Chinchilla	BZ 37
General Freire	BY 39
José Arpa	AY 42
Juan Caballero (Pl. de)	AY 44
Juan de Ortega	ABY 45
Lonja Alta Carlota Quintanilla	BY 49
María Auxiliadora	BY 52
Marqués de las Torres (Pl.)	BY 53
Palenque (Pl.del)	AZ 58
Portugal (Av.de)	AZ 60
Raso de Santa Ana	AY 62
Sacramento	BY 69
El Salvador	BY 70
San Bartolomé	AZ 71
Santa María de Gracia	BY 73
Sevilla	AZ 75
Torno de Madre de Dios	AY 79

Casa de los Lasso ..... BY E — Casa de los Rueda ..... BY K

Casa de Carmona ..... BY e — Parador de Turismo de Carmona BY a — Pensión Comercio ..... AYZ v

Maisons nobles – Nombre de demeures des 17e et 18e s. bordent les places de la ville. Il convient de citer la maison des **Rueda**, celles des **Domínguez**, des **barons de Gracia Real**, des **marquis del Saltillo**, des **Lasso** et la **maison des Eaux**. Ces élégantes constructions, qui habillent Carmona de raffinement et de noblesse, contrastent avec les bâtiments vétustes situés au cœur du vieux quartier.

AUTRES CURIOSITÉS

Alcázar de Arriba – Cette ancienne forteresse romaine offre de fantastiques **vues**★ sur les environs de Carmona. Agrandie par les Almoravides, elle devint, plus tard, le palais de Pierre Ier. Du bâtiment primitif, il ne reste aujourd'hui que quelques pans de mur, des tours et le corps de casernement, occupé par le **parador**.

★ **Nécropole romaine** ⓥ – *Accès signalé par la route de Séville, au bout de la calle Jorge Bonsor.* Ce remarquable site archéologique (1er s.) est l'un des plus importants d'Andalousie. Plus de trois cents tombes, des mausolées et des fours crématoires occupent pour la plupart des chambres funéraires voûtées, où des niches recevaient les urnes cinéraires. La plus surprenante est la **tombe de l'Éléphant**, qui doit son nom à une statue que l'on y trouva et qui comprend trois salles à manger et une cuisine ; la **tombe de Servilia**, creusée dans la roche, est aussi vaste qu'une demeure patricienne ; notez aussi le colombarium et un vaste mausolée circulaire. Dans les limites de la nécropole se trouvent les restes d'un amphithéâtre et un petit musée exposant une intéressante collection de vestiges mis au jour sur place.

ENVIRONS

Viso del Alcor – *12 km au Sud-Ouest par la A 392.* Localité d'origine celte. Viso se situe sur la partie la plus élevée d'une ligne de coteaux *(alcores)*. Son monument principal est l'**église Ste-Marie-du-Coteau**, excellent témoignage d'art mudéjar tardif, dont les trois vaisseaux sont couverts de voûtes en croisée d'ogives et le *presbiterio* surmonté d'une sobre coupole Renaissance. Elle conserve la statue de la Vierge du Coteau et une intéressante collection de tableaux de l'école vénitienne du 17e s. L'**église de la Merci** (15e s.), autre partie du patrimoine artistique local, recèle une singulière collection de retables peints et sculptés des 17e et 18e s.

Mairena del Alcor – *16 km au Sud-Ouest par la A 392.* Cette paisible localité aux rues silencieuses bordées de maisons blanches s'étire dans une petite plaine, à l'ombre de quelques grosses tours, seuls vestiges du château musulman. Son principal attrait, l'**église de l'Assomption**, de style mudéjar mais excessivement remaniée, abrite un beau **retable** (17e-18e s.) et plusieurs peintures baroques exposées dans la sacristie.

Alcolea del Río – *17 km au Nord par la SE 112, puis la SE 129 à partir de Guadajoz.* Située sur les rives du Guadalquivir, entre la Sierra Morena et la plaine de Séville, Alcolea possède deux moulins, celui de la Aceña et celui de la Peña de la Sal, qui témoignent du rôle du fleuve dans le développement du village. Deux églises s'y dressent, celle du Christ, baroque (18e s.), et celle de **St-Jean-Baptiste**, bel exemple d'architecture mudéjare (15e s.), qui accueille la statue de la Vierge de la Consolation, patronne du village.

La CAROLINA

Jaén – 14 674 habitants

Carte Michelin nº 446 R 19

Située à 10 km au Sud du **Parc naturel de Despeñaperros**★ *(voir ce nom)*, La Carolina doit son nom au plan de repeuplement de la Sierra Morena conduit par Charles III (1767), qui fit de cette petite ville la principale d'un ensemble de localités dispersées dans la montagne. Ses rues larges et perpendiculaires au tracé régulier révèlent bien le goût prononcé du siècle des Lumières pour l'ordre en matière d'urbanisme. Le grand poète mystique **saint Jean de la Croix** y demeura quelque temps comme le commémore la statue élevée sur la plaza del General Moscardó.

La Inmaculada Concepción – Édifiée sur les vestiges de l'ancien couvent de La Peñuela, où saint Jean de la Croix séjourna, cette vaste église au sobre portail accueille à l'intérieur une belle statue de la Vierge des Douleurs (15e s.) ainsi que le *Martyre de saint Dominique*, de l'école de Ribera.

Palacio del Intendente Olavide – C'était la propriété de don Pablo de Olavide, qui avait dirigé la mise en valeur de la région. Remarquez sa façade monumentale néoclassique couronnée d'un grand blason royal.

Antigua cárcel – C'est dans l'**ancienne prison** de style néoclassique que fut retenu, avant d'être envoyé à Madrid pour son exécution, le général **Rafael del Riego** (1785-1823), qui, en 1820, avait contraint le roi Ferdinand VII à accepter la Constitution de Cadix, puis s'était opposé par les armes à l'intervention française destinée à restaurer l'absolutisme royal.

CAZORLA★

Jaén – 8 527 habitants
Carte Michelin n° 446 S 20
Schéma : Parque Natural de las Sierras de CAZORLA, SEGURA Y LAS VILLAS

L'ancienne Carcesa romaine, peuplée plus tard par les Arabes, semble pointer son nez entre les profils escarpés du rocher des Halcones. Cazorla occupe un **site★** fantastique dans le noyau vert du **Parc naturel des Sierras de Cazorla, Segura et Las Villas★★★** *(voir chapitre suivant)*. Ses rues bordées de maisons blanches aux balcons abondamment fleuris constituent un cadre parfait pour flâner tranquillement en s'arrêtant dans les boutiques artisanales ou sur une des belles places de la ville. Les soirs d'été, Cazorla est une ville très animée, les terrasses et les bars à tapas regorgent de touristes.
La fête patronale de Saint Isicio a lieu le **14 mai**. À la tombée de la nuit, les typiques *caracoladas* illuminent les façades des maisons. Les habitants utilisent ces coquilles d'escargots pleines d'huile pour dessiner des formes géométriques lumineuses, ou celles de clovisses, collées sur les murs avec de l'argile.

Castillo de la Yedra 🕓 – *Accès en voiture par la rue escarpée qui longe le río Cerezuelo.* Cette ancienne forteresse d'origine romaine se dresse sur le point le plus élevé de Cazorla. Elle a été restaurée par les Arabes dans un premier temps puis au 14e s. Le donjon offre de belles **vues** sur la ville et les alentours. Une chapelle abrite un Christ roman grandeur nature d'inspiration byzantine, qui est entouré de douze peintures des Apôtres.

Plaza de Santa María – Au centre de cette place agréable, noyau du quartier ancien, s'élève la monumentale **fontaine des Chaînes** de style Renaissance. Les ruines de l'église Ste-Marie, une réalisation de Vandelvira aujourd'hui utilisée comme auditorium, bordent un côté de la place.

Ayuntamiento – L'hôtel de ville occupe l'ancien couvent de la Merci, royal bâtiment de briques doté d'une grande arcade à sa base et d'une tour élancée.

San Francisco – L'**église St-François** faisait partie d'un couvent franciscain (17e s.). Elle recèle la statue du Saint Christ de la Consolation, très vénérée par le village.

Se loger

À BON COMPTE

Guadalquivir – *Calle Nueva, 6 – ☎ et fax 953 72 02 68 – 16 chambres – 5 700 ptas.*
Petit hôtel très banal situé dans le centre-ville. Chambres fonctionnelles avec salle de bains, téléphone et poste de télévision.

Molino La Fárraga – *À 150 m des ruines de Sta. María, au bout de la rue de la Torre camino del Ángel – Apdo. de Correos, 1 – ☎ et fax 953 72 12 49 – 8 chambres – 7 500 ptas.*
Cet hôtel occupe les dépendances d'un moulin à huile du 18e s. La machinerie est encore visible sous la maison. Chambres rustiques, jardin traversé par un petit ruisseau et piscine avec vues sur le château et la sierra.

VALEUR SÛRE

Villa Turística de Cazorla – *Ladera de San Isicio, – ☎ 953 71 01 00 – fax 953 71 01 52 – 32 appartements – 10 500 ptas.*
En face de Cazorla. Appartements équipés d'une cuisine, d'une salle de bains, d'un salon et d'une chambre à coucher. Restaurant, piscine et jardin avec arbres fruitiers, noyers et grenadiers.

Se restaurer

La Sarga – *Calle del Mercado – ☎ 953 72 15 07 – fermé le mardi et en septembre.*
Établissement soigné qui dispense de belles vues sur la sierra. Spécialités : salade à l'orange et à la morue, porc au miel et lard de San Rafael.

Tapas

La Montería – *Corredera, 20 – ☎ 953 72 05 42.*
D'énormes têtes de gibier naturalisées décorent ce bar très fréquenté à toute heure. Spécialités : jambon, fromage et viande de cerf.

Parque Natural de las Sierras de CAZORLA, SEGURA Y LAS VILLAS★★★

Parc naturel des Sierras de CAZORLA, SEGURA et LAS VILLAS – Jaén

Carte Michelin n° 446 S, R et Q 20 à 22

Le plus grand parc naturel d'Espagne se situe entre les Sierras de Cazorla, Segura et Las Villas, importante chaîne reliant la Sierra Morena et la cordillère Bétique et fermant à l'Est la dépression du río Guadalquivir. Ses 214 300 ha s'étendent à une altitude variant de 600 à 2 017 m, sur un territoire accidenté, où les montagnes, coupées de profonds ravins, sont parcourues par un réseau complexe de fleuves et de ruisseaux. Le parc compte une multitude de petits villages typiques, localités montagnardes qui renferment des splendeurs de l'art local.
Les paysages, d'une incroyable beauté, confèrent au parc tout son intérêt. Une sensation étrange envahit le touriste qui arpente ces rochers escarpés. Il se retrouve dans un lieu désert, où le silence n'est rompu que par le murmure des ruisseaux et les cris éloignés de quelques animaux, tandis que la lumière sombre de la Sierra Morena baigne la végétation dense des versants, créant ainsi une atmosphère pesante et inquiétante.

Et la flore et la faune...

L'hydrographie particulière du parc a favorisé l'abondance de la végétation. Une des plantes les plus remarquables est la violette de Cazorla, espèce endémique qui pousse dans les forêts de pins laricio, de chênes verts, de noisetiers, de chênes pubescents et de houx. Le parc recense également de nombreuses espèces animales, comme le sanglier, le cerf, le chamois, le daim – chasse autorisée à certaines périodes de l'année sur le territoire national de chasse de Cazorla –, des prédateurs comme la genette, la fouine, le chat sauvage ou le renard, des espèces aquatiques comme la loutre, ainsi que de nombreuses truites, barbeaux et crabes. Beaucoup d'oiseaux survolent le parc, essentiellement diverses espèces de rapaces (aigle royal, faucon, milan, vautour barbu, etc.).

La visite – Plusieurs routes conduisent à ce parc immense. Il est conseillé de se diriger immédiatement vers l'un des **points d'information** afin de prévoir un itinéraire permettant d'admirer l'extraordinaire beauté des paysages. Le point d'information situé dans la Torre del Vinagre est le plus réputé bien qu'il en existe d'autres (**Cazorla** ⓥ, Segura de la Sierra, Siles). Des routes locales, de nombreux chemins forestiers, des sentiers balisés ainsi que des pistes cyclables et équestres parcourent le parc naturel.

Les deux itinéraires suivants sont proposés à titre indicatif. Il existe une multitude de chemins d'accès au parc, et chacun peut définir son propre parcours en fonction de ses centres d'intérêt.

SIERRAS DE CAZORLA, LAS VILLAS ET EL POZO

1 De Tíscar au barrage du Tranco de Beas

92 km – compter une journée.

Cet itinéraire concilie l'intérêt artistique de localités comme Cazorla ou Quesada et celle des sites naturels des contreforts de la Sierra Morena.

★**Tíscar** – Le **sanctuaire de Tíscar** se trouve dans un site magnifique, encaissé entre des rochers où le murmure de l'eau se mêle aux chants lointains des oiseaux habitant les grottes. La belle **grotte de l'Eau**★, cavité naturelle où une source spectaculaire jaillit des rochers, se situe en aval du centre de pèlerinage qui abrite l'image de la Vierge.

Quesada – *20 km au Nord-Ouest de Tíscar par la C 323.* Les maisons chaulées de ce village perché sur la colline de la Magdalena dessinent une tâche blanche au milieu d'une oliveraie sombre. Le **musée** ⓥ, qui porte le nom du peintre Rafael Zabaleta (1907-1960) né à Quesada, expose de nombreuses œuvres de l'artiste qui a merveilleusement bien restitué la belle luminosité du village et l'amabilité de ses habitants. C'est aussi sur le territoire communal que se trouve la **source du Guadalquivir**, à la **Cañada de las Fuentes**, à 1 400 m d'altitude *(accès par un chemin à droite de la A 315, au Nord de Quesada)*.
À deux pas de la ville, à Cerro Vitar et dans la grotte de l'Encajero, on peut voir de belles peintures rupestres de l'époque paléolithique.

Prendre la A 315 vers Peal de Becerro et, à un carrefour, tourner à droite sur la A 319 vers Cazorla (signalisation).

★**Cazorla** – *Voir ce nom.*

Quitter Cazorla au Nord-Est par la A 319, parcourir 1,5 km et bifurquer à droite vers La Iruela.

B. Kaufmann/MICHELIN

Le château de La Iruela et la Sierra de Cazorla

La Iruela – Sur un piton rocheux dominant ce petit village fondé par les Carthaginois au 3e s. avant J.-C. se dressent les vestiges d'un château de Templiers qui offre des **vues**★★ fantastiques sur la vallée du Guadalquivir. L'église St-Dominique, édifice de style Renaissance conçu par Vandelvira, s'élève au milieu du village.

★**De La Iruela au barrage du Tranco** – Sur ses dix-sept premiers kilomètres, la A 319 serpente en corniche, dispensant de **spectaculaires vues panoramiques**★★. Un embranchement escarpé et sinueux *(8 km)* mène parmi les pinèdes au parador d'**El Adelantado**, rendez-vous des chasseurs.

Revenir à la A 319 qui longe le fleuve.

Torre del Vinagre – Ce **centre d'accueil** (Centro de Interpretación Ⓥ), d'où plusieurs sentiers s'enfoncent dans le parc, comprend un jardin botanique recensant toutes les espèces autochtones et un musée de la Chasse. Outre les précieux trophées qu'il expose (on y voit notamment les bois enchevêtrés de deux cerfs morts en luttant, comme le prouve la photographie prise lors de la découverte), il retrace l'histoire de ce sport.

Poursuivre sur la A 319 *(environ 15 km)* jusqu'au **parc cynégétique de Collado del Almendral** Ⓥ. Il est équipé de belvédères où l'on peut observer au petit matin avec des jumelles plusieurs espèces d'animaux (cerfs, chamois, daims, etc.).

Barrage du Tranco de Beas – C'est le premier plan d'eau du Guadalquivir depuis sa source. Plusieurs terrains de camping et de nombreux hôtels installés autour du lac proposent des activités aquatiques. Le lac est l'un des sites touristiques les plus fréquentés du parc. Au milieu du plan d'eau, face au fantastique **belvédère Rodríguez de la Fuente**, se trouvent l'île de Cabeza la Viña et l'**île de Bujaraiza** où se dressent les ruines d'un ancien château arabe.

Se loger à La Iruela...

Sierra de Cazorla – *À la sortie du village, en direction du parc naturel – ☎ 953 72 00 15 – fax 953 72 00 17 – 57 chambres – 8 000 ptas.*
Bâtiment moderne, mais assez mal entretenu et chambres démodées. Néanmoins, magnifiques vues sur la sierra et piscine en plein air.

... ou dans la sierra

Parador de Cazorla (El Adelantado) – *26 km à l'Est de Cazorla, dans la sierra – ☎ 953 72 70 75 – fax 953 72 70 77 – 33 chambres – 15 000 ptas.*
Le magnifique *parador* se trouve dans le parc (garde-barrières 23 km plus bas) près d'un ancien refuge de chasse. Idéal pour les amateurs de nature.

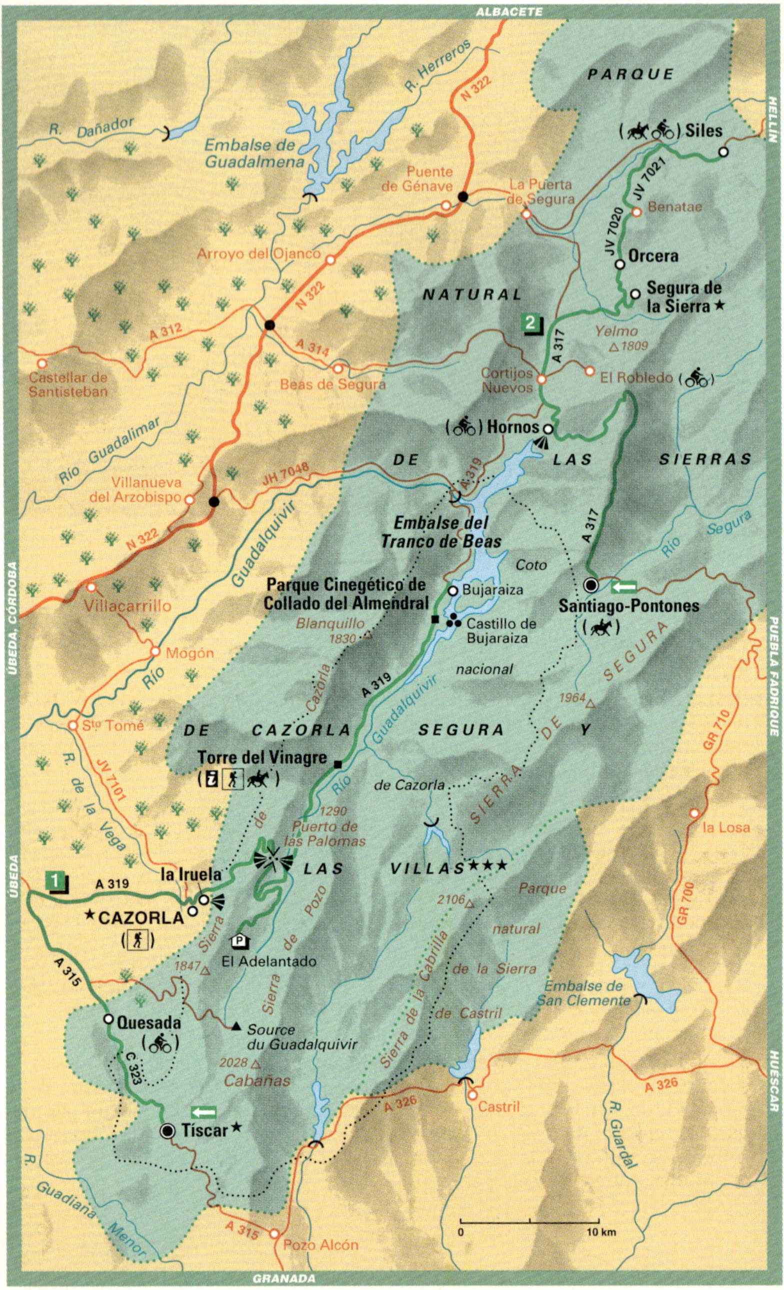

Information touristique	Promenade à pied	Bicyclette
	Parador	Équitation

Félix Rodríguez de la Fuente

Le nom de ce naturaliste et présentateur de télévision est associé pour toujours au parc naturel de Cazorla. De nombreux documentaires de la série *« L'Homme et la terre »*, qui éveilla un sentiment d'amour et de respect de la nature chez plusieurs générations d'Espagnols, furent tournés dans le parc.

SIERRA DE SEGURA

2 De Santiago-Pontones à Siles

79,5 km – compter une demi-journée.

Cet itinéraire traverse un ensemble de villages blancs, situés autour de Segura de la Sierra, où l'empreinte laissée par la culture arabe est encore apparente.

Santiago-Pontones – Cette commune, qui regroupe un ensemble de bourgades disséminées dans la montagne, compte de nombreux sites archéologiques, tels ceux de la **grotte du Nacimiento** de 9 000 ans et les peintures rupestres des **grottes de Engalbo**.

Hornos – *27 km au Nord-Ouest de Pontones par la A 317.* Le dédale de rues très escarpées de ce village-forteresse s'intègre parfaitement dans le tracé des murailles. Au sommet d'une falaise rocheuse s'élèvent les vestiges du château, qui offre des **vues**★ extraordinaires sur le barrage du Tranco et la vallée du Guadalquivir. Le premier samedi du mois, un pittoresque souk de produits artisanaux confectionnés dans la sierra s'installe à Hornos.

Prendre la A 317 vers le Nord et tourner à droite à un carrefour (signalisation).

★**Segura de la Sierra** – *24 km au Nord-Est de Hornos.* Cette charmante petite ville située à 1 240 m d'altitude au sommet d'une colline est protégée par son **château arabe**. Cette forteresse conserve la place d'armes, la chapelle Ste-Anne, et surtout le donjon, où de spectaculaires **vues panoramiques**★★ embrassent la Sierra de Segura. Les ruelles silencieuses du centre-ville sont bordées de maisons basses et de bâtiments monumentaux, dont l'**hôtel de ville** et son beau portail plateresque et l'**église paroissiale**, qui renferme une belle Vierge gothique d'albâtre polychrome et un Christ gisant attribué à Gregorio Hernández. Il convient de citer la surprenante forme carrée des arènes, la fontaine impériale, ornée du blason de Charles Quint, et surtout les **bains arabes**, à trois vaisseaux longitudinaux divisés par de doubles arcs en fer à cheval et couverts d'une voûte en plein cintre et d'ouvertures en étoiles.

Orcera – *7,5 km au Nord-Ouest de Segura par la JV 7020.* La place pentagonale de l'hôtel de ville reçoit l'église N.-D.-de-l'Assomption, au portail dépouillé de style Renaissance, et une fontaine du 16e s. À l'écart de la localité s'élèvent les trois tours massives de Santa Catalina, seuls vestiges de la forteresse arabe.

Emprunter la JV 7020 , puis la JV 7021 après Benatae.

Siles – *21 km au Nord-Est d'Orcera.* Il subsiste quelques pans de l'ancienne muraille. À proximité se trouve le site naturel de Las Acebeas, charmant espace paysager proche de la source du ruisseau de Los Molinos.

CÓRDOBA★★★

CORDOUE – 309 961 habitants

Carte Michelin n° 446 S 15

Qui n'a jamais entendu parler de la mosquée de Cordoue ou n'a jamais vu au moins une fois en photo l'éblouissante forêt de ses colonnes ? Gardons-nous cependant de n'évoquer que la mosquée et sachons découvrir le charme de cette ville emblématique, de cet extraordinaire carrefour de cultures.
Cordoue s'élève sur les rives du Guadalquivir, au centre de la province qui porte son nom, entre des chaînons où l'on a toujours pratiqué l'élevage et une plaine de cultures. Partout transparaît la splendeur du passé et l'ancienne capitale califale garde tout l'ensorcellement et la beauté qui ont inspiré tant d'artistes tout au long de son histoire. Cordoue s'offre à nous et, bien loin de veiller jalousement sur ses richesses, nous invite à les découvrir.
Mais ce n'est plus la « silencieuse Cordoue » qu'évoquait le poète Machado, c'est maintenant une ville moderne où, près du centre historique, se sont ouvertes de grandes artères. Les quartiers récents enlaçant délicatement le cœur ancien forment comme un rempart contre le tumulte du monde moderne. Cordoue est désormais une ville prospère, centre d'une importante région agricole et industrielle.

En mai...

Cordoue se pare de ses plus beaux atours pour vivre avec intensité toutes les festivités qui jalonnent ce mois de mai plein d'animation.
Les dates sont données à titre indicatif. Consultez l'Office de tourisme pour obtenir des précisions d'une année sur l'autre.

Les croix de mai – Cette fête a lieu au tout début du mois. Un concours est organisé, qui consiste à réaliser de grandes croix en fleurs ; confréries, associations... y participent. Les Cordouans peuvent venir les admirer sur les places ou dans les recoins qu'elles décorent.

Concours de patios – Ce concours a lieu pendant la première quinzaine de mai et succède aux croix de mai. Qu'elle soit de quartier ou de maître, chaque maison – surtout dans la vieille ville et le quartier San Basilio – se doit de présenter un patio décoré et de participer à ce traditionnel concours. Ne manquez pas d'être à Cordoue à ce moment-là, vous profiterez d'un merveilleux spectacle fleuri tout en couleur et en délicatesse.

Concours national de Flamenco – Tous les trois ans *(prochain concours en 2001)*, chanteurs, danseurs et guitaristes se donnent rendez-vous pour ce prestigieux concours. À conseiller aux amateurs d'authentique flamenco.

Un patio de Cordoue pendant le concours du mois de mai

La Feria – Elle a lieu fin mai. Dans des pavillons *(casetas)* qui appartiennent à des institutions publiques, à des entreprises, à des groupes d'amis ou à des confréries, on se retrouve avec un bon verre de xérès autour de tapas et on danse la sévillane jusqu'à l'aube. Divertissement assuré pour les amateurs de fêtes ! Et comme de coutume, les plus fameux toreros viendront participer aux corridas organisées à l'occasion de la Feria.

UN PEU D'HISTOIRE

L'histoire riche et hasardeuse de Cordoue connaît plusieurs périodes déterminantes. Sous la domination romaine, elle est la capitale de la Bétique et l'une des plus importantes cités de la péninsule Ibérique. Après la conquête arabe, Cordoue devient une ville raffinée et la plus cosmopolite de l'Occident. Enfin, la période de la Reconquête introduit de nombreux changements tant dans la vie quotidienne que dans l'architecture.

La ville romaine

En 152 avant J.-C., Cordoue devient une colonie romaine et demeure la capitale de la Bétique presque jusqu'à la fin de l'Empire. La construction de la via Augusta marque le début de son essor et on assiste à l'érection des premières fortifications. À cette époque, on peut déjà parler de dynamisme culturel et c'est ainsi qu'apparaissent d'illustres personnages tels **Sénèque le Rhéteur** (55 avant J.-C.-39 de notre ère), son fils le philosophe stoïcien précepteur de Néron, **Sénèque** (4 avant J.-C.-65 de notre ère), ou le poète **Lucain**, neveu de Sénèque le Philosophe et compagnon d'études de Néron, auteur du poème épique contant les guerres de César et de Pompée, *La Pharsale*. À l'époque chrétienne, Cordoue est encore le berceau d'une grande personnalité de l'époque, l'**évêque Ossius** (257-359), conseiller de l'empereur Constantin et ennemi juré de l'arianisme lors du concile de Nicée qu'il présidait lui-même.

Cordoue à l'époque arabe

Véritable creuset de cultures, Cordoue va devenir à cette époque l'une des villes phares de tout l'Occident. Après sa conquête en 711, les émirs vont y résider jusqu'en 719. En 755, Abd-er-Rahman Ier, seul survivant omeyyade du massacre ordonné par les Abbassides, crée un **émirat indépendant**, qui ne reconnaît plus en Bagdad que sa suprématie religieuse. La situation se stabilise et une structure juridique est peu à peu mise en place. Au 9e s., sous le règne d'Abd-er-Rahman II, les arts et les lettres fleurissent et le poète irakien Ziryab se rend célèbre à la cour par son raffinement.

B. Kaufmann/MICHELIN

Le califat – En 929, Abd-er-Rahman III proclame le califat de Cordoue dont il obtient l'indépendance totale. Le calife concentre tous les pouvoirs. Cordoue devient alors une ville administrative et centraliste. Le commerce, favorisé par un excellent réseau de voies, permet le développement de l'économie citadine ; l'industrie, l'agriculture et l'élevage connaissent également une grande impulsion. Le 10e s. marqué par la paix et la prospérité connaît un rayonnement culturel sans précédent. La tolérance qui y règne permet aux trois cultures – juive, chrétienne et musulmane – de cohabiter pacifiquement tout en s'enrichissant mutuellement. Cordoue devient la grande capitale de tout l'Occident, réunissant les pouvoirs politique, économique, culturel et artistique. La population dépasse les 250 000 habitants, certains chroniqueurs parlent même de chiffres frôlant le million. La ville compte environ trois mille mosquées, une multitude de souks et de bains ainsi qu'un réseau d'égouts très sophistiqué ; de plus, elle possède une célèbre université, de nombreuses bibliothèques – le calife Al-Hakam II réunit la plus grande bibliothèque de son temps – et de somptueuses constructions. Le luxe et le raffinement surprennent tous les voyageurs comme l'expriment les artistes de l'époque.

Se loger

À BON COMPTE

Séneca – *Conde y Luque, 7 – ☎ 957 47 32 34 – 12 chambres – 5 700 ptas.*
À deux pas de la mosquée, cet hôtel tranquille à la décoration plaisante possède un patio fleuri. Chambres très simples, parfois sans salle de bains.

Maestre – *Romero Barros, 4 et 6 – ☎ 957 47 24 10 – fax 957 47 53 95 – 24 chambres – 6 500 ptas.*
Dans sa catégorie, cet hôtel tout neuf situé près de la plaza del Potro offre le meilleur rapport qualité/prix. La décoration est correcte, les chambres sont de bonne taille. Les propriétaires possèdent un autre hôtel avec patio, de vingt-deux chambres *(4 750 ptas)* et sept appartements *(7 500 ptas)*.

VALEUR SÛRE

Marisa – *Cardenal Herrero, 6 – ☎ 957 47 31 42 – fax 957 47 41 44 – 28 chambres – 9 000 ptas – garage.*
Hôtel simple mais admirablement situé face à la mosquée. Dix chambres à la décoration typique ont vue sur la mosquée. Petites salles de bain.

Mezquita – *Plaza de Santa Catalina, 1 – ☎ 957 47 55 85 – fax 957 47 62 19 – 21 chambres – 9 850 ptas.*
En face de la porte principale de la mosquée. Les chambres vastes et confortables ont une décoration soignée. Bon rapport qualité/prix.

González – *Manríquez, 3 – ☎ 957 47 98 19 – fax 957 48 61 87 – 16 chambres – 9 850 ptas.*
Les chambres de cet ancien hôtel particulier du 16ᵉ s. sont pratiques et bien meublées. Patio d'inspiration arabe et restaurant. Il appartient aux propriétaires de l'hôtel Mezquita.

Albucasis – *Buen Pastor, 11 – ☎ 957 47 86 25 – fax 957 47 86 25 – 15 chambres – 9 950 pesetas – garage.*
Hôtel simple dans une maison typique du quartier de la Judería auquel on accède par un patio. Les chambres sont correctes et de bonne taille.

NH Amistad Córdoba – *Plaza de Maimónides, 3 – ☎ 957 42 03 56 – fax 957 42 03 65 – 69 chambres – 16 500 ptas – garage.*
Près de la muraille arabe, cet hôtel de catégorie supérieure se compose de deux hôtels particuliers du 18ᵉ s. Vastes parties communes et grand patio mudéjar. Les chambres sont de bon goût, confortables et fonctionnelles.

Se restaurer

El Churrasco – *Romero, 16 – ☎ 957 29 08 19.*
Restaurant typique doté d'un patio très agréable et d'un bar où l'on peut prendre l'apéritif ou des repas. Spécialité de viandes à la braise. Menu du jour à 3 500 ptas.

La Almudaina – *Jardines Santos Mártires, 1 – ☎ 957 47 43 42 – fermé le dimanche soir.*
Très agréable restaurant élégant ; ravissant patio couvert en bois. Spécialités andalouses et cuisine internationale.

Bodegas Campos – *Lineros, 32 (près de la Plaza del Potro) – ☎ 957 49 76 43 – fermé le dimanche soir.*
Dans d'anciennes caves fondées en 1908. Le restaurant s'articule autour de divers patios. À l'entrée *(à droite)*, taverne décorée de photos de célébrités.

El Caballo Rojo – *Cardenal Herrera, 28 – ☎ 957 47 53 75.*
Une véritable institution. Situé près de la mosquée et précédé d'un petit patio. Décoration classique.

Tapas

Dans la Judería

Casa Salinas – *Puerta de Almodóvar, 2.*
Bar traditionnel tranquille avec comptoir, deux salles et un petit patio. Ambiance conviviale, azulejos et nombreuses photos de célébrités.

Taberna Guzmán – *Judíos, 9 (face à la synagogue) – ☎ 957 29 09 60 – fermé le jeudi.*
Taverne traditionnelle et pleine de charme, décorée d'azulejos, de motifs tauromachiques et de belles affiches de la Feria. Charcuterie et fromages.

La Bacalá – *Medina y Corella (près de la mosquée).*
Bar avec terrasse situé sur une agréable petite place. Spécialité de morue. Musique de flamenco.

Pepe « de la Judería » – *Romero, 1 – ☎ 957 20 07 44.*
Inauguré en 1928, il a conservé le comptoir de l'époque. Patio entouré de salles où l'on déguste des tapas. Restaurant (cuisine andalouse) à l'étage.

Zone Plaza de la Corredera – Plaza del Potro

Salinas – *Tundidores, 3 (près de la plaza de la Corredera) – fermé le dimanche.*
Jolie taverne ancienne fondée en 1924. Patio couvert entouré de plusieurs salles. Spécialités : sauté de gambas et de jambon, aubergines frites et queue de taureau.

Sociedad de Plateros – *San Francisco, 6 (près de la plaza del Potro) – ☎ 957 47 00 42 – fermé le lundi.*
La Société des Orfèvres possède plusieurs tavernes dont celle-ci, très typique, qui date de 1872. Le dimanche à midi, la salle est comble.

Zone Gran Capitán – Cruz Conde

San Miguel « El Pisto » – *Plaza San Miguel, 1 (près de l'église St-Michel).*
Une incontournable taverne fondée en 1886. Magnifique comptoir de bois et patio intérieur.

B. Kaufmann/MICHELIN

Taverne San Miguel « El Pisto »

La Canoa – *Ronda de Tejares, pasaje Cajasur.*
Bar à arcades dans une lugubre galerie marchande. Les tables sont des tonneaux (nota : une *canoa* est un entonnoir pour remplir les tonneaux).

Gaudí – *Avenida Gran Capitán, 22 – ☎ 957 47 17 36 – ouvert de 8 h à 1 h du matin.*
Brasserie à la décoration moderniste. On peut y prendre le petit déjeuner, l'apéritif ou y goûter. Grande variété de tapas.

Sortir

La plupart des établissements se trouvent autour de l'avenida del Gran Capitán et dans la zone résidentielle El Brillante.

Málaga Café – *Calle de Málaga, 3 – ouvert de 16 h à 2 h du matin, le vendredi et le samedi jusqu'à 4 h du matin, le dimanche jusqu'à 22 h.*
Situé en plein centre, près de la plaza de las Tendillas, c'est un endroit tranquille à la décoration classique, avec des canapés confortables et de gros fauteuils. Idéal l'après-midi pour y prendre un verre ou un café.

Siena – *Plaza de las Tendillas – ouvert de 8 h du matin à minuit.*
Un incontournable situé sur la place principale de la ville ; à signaler la terrasse pour prendre un verre le matin ou l'après-midi.

Chato – *Calle Alhakem II, 14 – ouvert de 16 h à l'aube.*
Situé dans la zone de Gran Capitán ; décoration moderne et public tous âges confondus. Idéal pour prendre un café l'après-midi ou un verre le soir dans une ambiance plus animée.

Sojo – *Calle Benito Pérez Galdós, 3 – ouvert de 8 h à 4 h du matin.*
Clientèle de 25 ans et plus, décoration d'avant-garde. Des concerts de solistes ou des expositions de peinture, de photos ou des vidéos sont parfois organisés... Très agréable à toute heure de la journée, du petit déjeuner au soir.

El Puentecillo – *Calle Poeta Emilio Prados – ouvert en été tous les jours de 21 h 30 à 5 h du matin, en hiver le jeudi, le vendredi et le samedi de minuit à 5 h du matin.*
Petit bar situé dans la côte qui mène à la zone de El Brillante, sa décoration est chaleureuse et accueillante. Clientèle posée d'âge mur. Parfait pour prendre un verre en début de soirée.

Loisirs

Cordoue est une capitale à la vie socioculturelle animée. En hiver, le **Gran Teatro** *(avenida Gran Capitán, 3 – ☏ 957 48 02 37)* propose un programme de concerts et de théâtre. La filmothèque d'Andalousie a aussi son siège à Cordoue *(calle Medina y Corella, 5 – www.cica.es/filmo)* et offre un programme varié de cycles cinématographiques.
La municipalité édite *Qué hacer en Córdoba*, guide gratuit qui compile toutes les activités culturelles de la ville ; on peut se le procurer dans les offices de tourisme, les hôtels, etc.

Lèche-vitrines

Les rues commerçantes de Cordoue sont concentrées autour de la plaza de las Tendillas, avec des rues piétonnes animées comme les calles José Cruz Conde ou Conde de Gondomar. Dans l'avenida Ronda de los Tejares, on trouve plutôt les grands magasins comme El Corte Inglés, à l'angle de l'avenida del Gran Capitán. Enfin, Eroski est un grand centre commercial situé dans la zone de l'Arcángel, près du stade municipal.
Le travail en filigrane de l'or et de l'argent est l'activité artisanale dominante à Cordoue qui possède de nombreuses boutiques où l'on peut se procurer toutes sortes d'articles très travaillés. La Purísima, située derrière l'Alcazar, est une bijouterie très appréciée des Cordouans.
Dans la calle Judíos se trouve le Zoco Municipal *(www.aca-zoco.com – ☏ 957 20 40 33)* : c'est un marché qui s'organise autour d'une petite place et de ruelles mauresques, en plein quartier de la Judería, et où se regroupent des artisans qui travaillent la céramique, la peau, la terre cuite... *(du lundi au samedi de 10 h à 20 h).*
Des **marchés** se déroulent presque quotidiennement en divers points de la ville, comme sur la plaza de la Corredera *(le samedi matin)* ou sur l'esplanade près du stade municipal *(le dimanche matin).*

Transports

Aéroport – *Avenida Aeropuerto – ☏ 957 23 23 00.* L'aéroport de Cordoue n'est desservi que par des vols nationaux. Pour les vols internationaux, le plus proche est celui de Séville *(☏ 954 44 90 00)*, à 140 km. Cordoue et Séville sont très bien reliées par train ou autobus.

Réservations nationales : *☏ 901 33 31 11*

Réservations internationales : *☏ 901 33 32 22*

Renseignements : *☏ 957 47 12 27*

Trains – *Carretera Conde de Guadalhorce – ☏ 957 49 02 02.* Cordoue et Séville sont reliées à Madrid par l'AVE (le TGV). On peut ainsi se rendre en 2 heures à Madrid. Lignes régulières vers toutes les villes de la province ou de l'Espagne.

RENFE – *Ronda de los Tejares 10. ☏ 957 47 58 84.*

Autobus urbains – AUCORSA – *☏ 957 25 57 04 ou 957 25 13 93.* Cordoue possède un vaste réseau qui dessert toute la ville. Prix du billet : 115 ptas ; coupon de 10 billets : 810 ptas avec changements. Abonnement mensuel : 4 750 ptas.

Gare routière – *Calle Federico García Lorca, 3 – ☏ 957 50 16 32.* C'est d'ici que partent des autobus vers toutes les villes d'Andalousie ou d'Espagne.

Taxis – *☏ 957 25 19 95, 957 23 20 42, 957 47 48 71, 957 47 51 53.*

Calèches – Un service de calèches sillonne toute la zone touristique de la ville. Stations dans la calle Torrijos (près de la mosquée) et au Campo Santo de los Mártires.

Ne manquez pas :
- la mosquée illuminée de nuit ;
- la vue de la ville depuis la terrasse de la tour de la Calahorra ;
- le minaret de la mosquée depuis la Calleja de las Flores.

Un royaume de « taifa » – Le premier tiers du 11e s. est marqué par des luttes acharnées qui aboutissent à la dissolution du califat en 1031. Certaines villes puissantes déclarent leur indépendance, donnant naissance ainsi aux royaumes de taifas. Mais la tradition califale se poursuit et aucune rupture n'apparaît dans le domaine culturel ou artistique. Cordoue n'est qu'un royaume de taifa parmi les autres jusqu'à sa reconquête en 1236. De nombreuses personnalités illustrent cette période tant dans le domaine des sciences (astronomie, mathématiques, médecine...) que dans celui de la philosophie ; nous retiendrons surtout Averroès (1126-1198) et Maimonide (1135-1204), qui se distinguent dans cet étonnant olympe intellectuel. Les commentaires du musulman **Averroès** sur l'œuvre d'Aristote vont exercer une influence sans précédent sur le monde occidental du Moyen Âge. Quant au juif **Maimonide**, il doit sa célébrité à ses connaissances médicales et philosophiques. Son *Guide des égarés*, dans lequel il établit une conciliation entre la foi et la raison, influencera non seulement les juifs et les musulmans mais également toute la scolastique chrétienne, comme saint Thomas d'Aquin essentiellement.

La ville chrétienne

Le 29 juin 1236, **Saint Ferdinand III** reprend Cordoue. L'arrivée des chrétiens transforme radicalement le paysage architectural de la ville et on construit quatorze églises dites « ferdinandines ».
Au 15e s., c'est à Cordoue que **Christophe Colomb** rencontre pour la première fois les Rois catholiques (1486), auxquels il soumet son projet de voyage aux Indes. Après des années difficiles, la couronne décide de soutenir ce projet et les Capitulations de Santa Fe *(voir p. 197)* sont signées à Grenade : c'est le point de départ d'une aventure qui va changer tout le cours de l'histoire.

★★★ 1 LE QUARTIER DE LA MOSQUÉE

★★★ Mezquita-Catedral

C'est l'histoire d'une époque fascinante que nous conte l'architecture de ce monument unique au monde, témoignage vivant de la foi des musulmans et des chrétiens. La mosquée a été érigée entre le 8e et le 10e s. sur l'emplacement de l'église wisigothique St-Vincent. Après la Reconquête, les chrétiens élevèrent une cathédrale gothique au cœur de ses délicats vaisseaux. La mosquée et la cathédrale révèlent chacune à leur manière une croyance distincte, mais toutes deux ont en commun une sensibilité inégalée. C'est ainsi que de nos jours, le visiteur se trouve face à un édifice hétérogène fait de deux lieux de prière aussi splendides qu'ils sont différents.

Mosquée – C'est sans aucun doute un chef-d'œuvre de l'art musulman. Son plan répond au schéma traditionnel de la mosquée arabe, qui s'inspire de la maison du prophète Mahomet à Médina : enceinte rectangulaire crénelée, patio des ablutions, salle des prières et minaret. Les musulmans se satisfirent d'abord de partager avec les chrétiens l'église wisigothique St-Vincent ; mais, leur part de l'édifice s'avérant vite trop petite, Abd-er-Rahman Ier (756-788) acheta la partie chrétienne et vers 780 entreprit la construction d'une splendide mosquée de onze vaisseaux ouvrant chacun sur la cour des Orangers. Dans la construction furent réemployés des colonnes de marbre et des chapiteaux d'autres édifices romains et wisigothiques. Une innovation architecturale et unique en son genre la rendit célèbre : pour augmenter la hauteur sous plafond, on eut recours à la superposition de deux étages d'arcs en édifiant au-dessus des colonnes un second étage avec des piliers. Abd-er-Rahman II (833-848) fut à l'origine du premier agrandissement en déplaçant le mur de la *quibla* jusqu'à l'endroit où se trouve la chapelle de Villaviciosa ; Al-Hakam II (961) le déplaça à nouveau et construisit l'actuel mihrab ; enfin, Al-Mansour (987) ajouta huit vaisseaux parallèles aux premiers *(on les reconnaît au pavement de briques rouges)* et lui donna ainsi ses dimensions définitives.

Patio de los Naranjos – La **cour des Orangers** bordée de galeries sur trois de ses côtés doit son nom aux orangers plantés par les chrétiens après la Reconquête ; tout son charme réside dans la simplicité de ses arbres et dans le parfum si particulier qu'ils développent. Comme la mosquée, elle pouvait être agrandie si besoin était. Avant de commencer leurs prières, les musulmans procédaient aux ablutions dans la fontaine pour purifier symboliquement leurs cinq sens. Certains jets sont d'époque, d'autres sont mudéjars et la **citerne d'Al-Mansour** (**1**) du 10e s. Le sol est en galets.

La mosquée : une architecture au service de la population

Pendant la période arabe, Cordoue comptait trois mille mosquées. Nous nous trouvons ici dans la grande mosquée où se rendaient les musulmans pour la prière du vendredi. Au fur et à mesure que la population croissait, on agrandissait la mosquée.
La conception de la mosquée, très différente de celle d'une église, permettait de l'agrandir aisément sans nuire à la beauté de l'ensemble : la juxtaposition de vaisseaux parallèles permettait d'en ajouter d'autres sans affecter l'unité de l'édifice.

A
Las Ermitas
B
N 432 BADAJOZ, ALMAD
CÓRDOBA
0
200 m
La Malmuerta
Pl. de Colón
Santa Marina de Aguas Santas
PALACIO DE VIANA
Cristo de Los Faroles
PL. DE LOS CAPUCHINOS
SAN MIGUEL
S. Andrés
S. PABLO
Pl. de las Tendillas
Mausoleo romano
S. Nicolás de la Villa
Pl. de la Corredera
Sta Victoria
S. Francisco
Pl. del Potro
JUDERÍA
Calleja de Las Flores
Sinagoga
Zoco
MEZQUITA-CATEDRAL
Palacio de Congresos
Puerta del Puente
Campo Santo de los Mártires
ALCÁZAR
Puente Romano
Torre de La Calahorra
GUADALQUIVIR
MOLINOS ARABES
Plaza Sta Teresa
S. BASILIO
Y
Z
Medina Azahara
A 431 SEVILLA, HUELVA
N 437
N IV-E 5 SEVILLA
N 432 GRANADA

Lope de Hoces . . . . AY
López Diéguez . . . . BY
Lucano . . . . BZ
M. González Francés . . . . . . BZ 43
Madre de Díos (Campo) . . . CY
Manca (R. de la) . . . . CY
María Auxiliadora . . . . CY
Mártires (R. de los) . . . . CZ
Mayor de Sta Marina . . . . . BY
Montero . . . . CY
Mozárabes (Av. de los) . . . . AY
Muñices . . . . CY
Nuestra Señora de
la Fuensanta . . . . CZ
Ollerías (Av. de las) . . . . BY
Potro (Pl. del) . . . . BYZ
Rabanales (Av. de) . . . . CY
Realejo (Pl.) . . . . CY 64
República Argentina
(Av.) . . . . AYZ
Rey Heredia . . . . BZ
Ribera (Pas. de la) . . . . BZ
Ribera . . . . BY
Rincón (Pta del) . . . . BY
Roano . . . . AZ
Romero . . . . AZ
Ruano Girón . . . . CY
San Andrés (Pl. de) . . . . BY 68
San Antón (Campo) . . . . CY
San Felipe . . . . AY
San Fernando . . . . BZ
San Juan (Pl.) . . . . AY
San Juan de Letrán . . . . CY 72
San Pablo . . . . BY
San Rafael (Pl. de) . . . . CY 74
Santa Isabel . . . . BY
Sánchez de Feria . . . . AZ
Santa María
de Gracia . . . . CY
Santa Teresa (Plaza) . . . . . . BZ
Santo Cristo . . . . BZ
Santo de los Mártires
(Campo) . . . . AZ
Tejares (R. de los) . . . . AY
Tendillas (Pl. de las) . . . . . . BY
Torrijos . . . . AZ 81
Valladares . . . . AYZ
Victoria (Pas. de la) . . . . . . AYZ

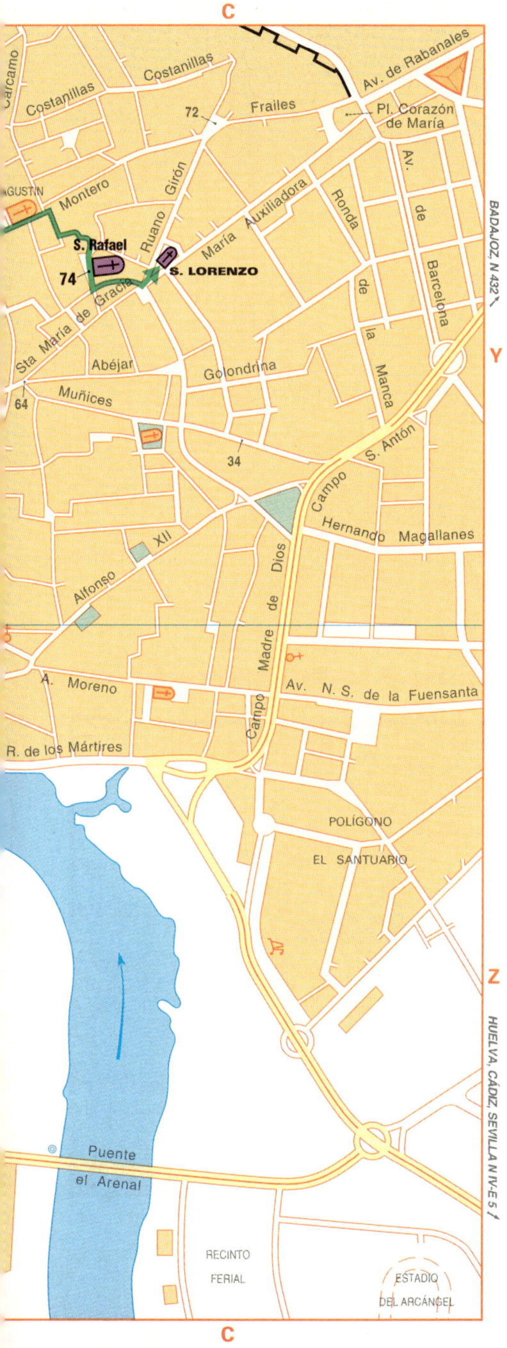

Alcázar de los Reyes
Cristianos . . . . AZ
Caballerizas Reales . . . . . . AZ A
Casa de los Luna . . . . BY B
Convento de Santa Isabel . BY C
Cristo de Los Faroles . . . . BY
Facultad de Filosofía
y Letras . . . . AZ U
Iglesia de San Andrés . . . . BY
Iglesia de San Francisco . . BZ
Iglesia de San Lorenzo . . . CY
Iglesia de San Miguel . . . . BY
Iglesia de San Nicolás
de la Villa . . . . AY
Iglesia de San Pablo . . . . . BY
Iglesia de San Rafael . . . . CY
Iglesia de Santa Marina
de Aguas Santas . . . . . BY
Iglesia del colegio
de Santa Victoria . . . . . BY
Judería . . . . AZ
Mausoleo Romano . . . . . . AY
Mezquita-Catedral . . . . BZ
Monumento a Manolete . . BY F
Museo Arqueológico
Provincial . . . . BZ M1
Museo de Bellas Artes . . . BZ M3
Museo Diocesano
de Bellas Artes . . . . . . ABZ M5
Museo Julio Romero
de Torres . . . . BZ M7
Museo Municipal Taurino . AZ M9
Palacio de Exposiciones y
Congresos . . . . AZ
Palacio de la Diputación . . AY D
Palacio de Viana . . . . BY
Palacio de los Villalones . . BY N
Puente Romano . . . . BZ
Puerta de Almodóvar . . . . AZ R
Puerta del Puente . . . . BZ
Sinagoga . . . . AZ
Templo Romano . . . . BY S
Torre de La Calahorra
Museo vivo
de Al-Andalus . . . . BZ
Torre de la Malmuerta . . . BY
Triunfo de San Rafael . . . . BZ V
Zoco . . . . AZ

Albucasis . . . . AZ x
González . . . . AZ e
Hostal Séneca . . . . AZ n
Maestre . . . . BZ s
Marisa . . . . BZ a
Mezquita . . . . BZ r
NH Amistad Córdoba . . . . . AZ v

L'intérieur de la mosquée

Intérieur – *Entrée par la porte des Palmes.* Le spectacle est surprenant ; on est plongé dans une véritable forêt de colonnes et d'arcs dans laquelle jouent ombres et lumière. Les arcs en fer à cheval d'inspiration wisigothique sont formés de claveaux alternativement blancs (pierre) et rouges (brique). Cette bichromie est rehaussée par la tonalité grise et rose des fûts des colonnes. Enfin, le rôle de la lumière est déterminant : elle adoucit les tonalités et crée ainsi une atmosphère irréelle et fascinante qui fait tout le charme de cette visite.

La **visite** débute par la partie ancienne de la construction. Le vaisseau situé dans l'axe de la porte est un peu plus large que les autres ; c'était la nef centrale de la mosquée primitive et au fond se trouve le mihrab, que l'on ne distingue pas. Les vaisseaux sont perpendiculaires au mur de la quibla vers lequel se tourne le musulman pour la prière. Dans toutes les mosquées, ce mur doit être orienté vers La Mecque mais on ignore pourquoi celui de la mosquée de Cordoue ne suit pas cette règle : simple erreur de calcul ou autre raison inconnue ?

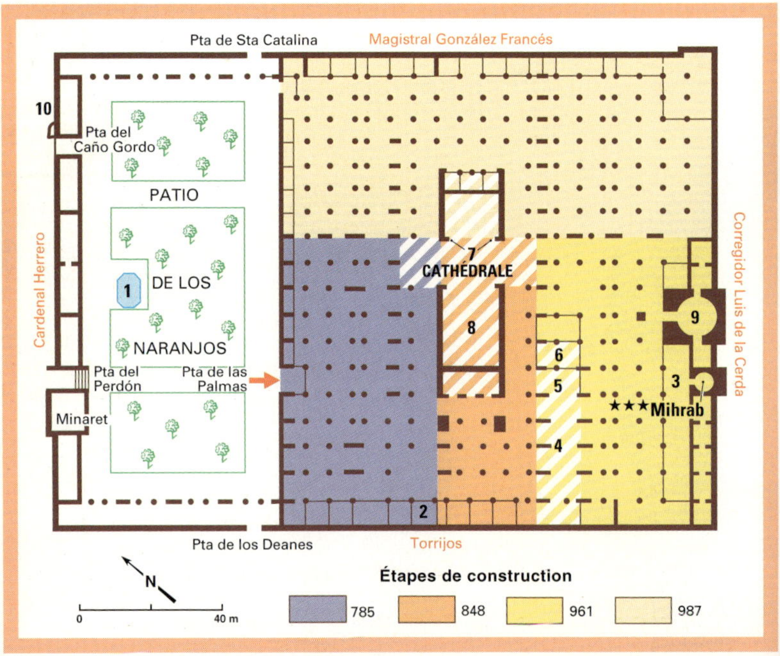

Décoration : tout sauf la représentation de figures humaines

Les principes religieux musulmans interdisent la représentation de la figure humaine. On favorise ainsi au maximum les éléments décoratifs d'inspiration végétale ou géométrique : panneaux de marbre ajourés, surfaces de plâtre travaillées, stucs et mosaïques forment un décor d'un raffinement inégalable. Une autre caractéristique fondamentale de la décoration dans l'art arabe est l'emploi de l'écriture, de la Parole sacrée (versets du Coran) ; on peut en admirer un merveilleux exemple sur l'arc d'entrée du mihrab, dont l'*alfiz* est orné de caractères coufiques.

La construction d'**Abd-er-Rahman Ier** arrive jusqu'au mur de la cathédrale. Dans le vaisseau Ouest, on construisit après la Reconquête des chapelles chrétiennes, dont celle de la **Très-Pure-Conception** (**2**) (17e s.), entièrement recouverte de marbres de différentes couleurs.

Abd-er-Rahman II (833) rasa le mur de la quibla et prolongea les onze vaisseaux vers le Sud, jusqu'à la chapelle de Villaviciosa. Il conserva le même système d'arcs mais la décoration devint de plus en plus raffinée comme l'attestent les travaux d'Al-Hakam II qui réutilisa des éléments de cette époque dans la zone du mihrab. C'est dans cette partie que fut érigée la cathédrale.

L'extension d'**Al-Hakam II** est la plus somptueuse. Il prolongea les onze vaisseaux vers le Sud jusqu'aux limites actuelles. Colonnes et chapiteaux furent tous sculptés dans cette partie. Quant au **mihrab★★★** c'est une pure merveille : pour la décoration de cette niche octogonale, couverte d'une *venera* de plâtre, on fit appel à des artistes byzantins qui réalisèrent les merveilleuses mosaïques qui décorent son arc d'entrée et la superbe **coupole★★** qui le précède. Les trois coupoles de la **« maksourah »** (**3**) – espace réservé au calife, et se trouvant devant le mihrab –, qui reposent sur un réseau d'arcs polylobés, n'ont rien à voir avec les coupoles des édifices chrétiens, car les nervures s'entrecroisent pour former un polygone central à la différence des coupoles romanes ou gothiques. Ce type de coupole est d'origine orientale. Le plafond de la Chapelle royale suit exactement le même schéma.

La dernière extension, la plus grande, fut l'œuvre d'**Al-Mansour**, mais n'apporta aucune innovation d'intérêt. La proximité du fleuve ne permettant pas la construction vers le Sud comme précédemment, elle se fit donc vers l'Est, avec un ajout de huit nouveaux vaisseaux.

Les réalisations chrétiennes – Lorsque le monument fut affecté au culte chrétien, on ferma les portes sur la cour des Orangers, à l'exception de la porte des Palmes. Lors de l'édification de la **première cathédrale** (**4**), on élimina quelques colonnes et on couvrit cet espace d'un plafond à caissons gothique soutenu par des arcs brisés. Alphonse X situa le chœur dans la chapelle de **Villaviciosa** ou **Lucernario** (**5**) et à ses côtés construisit la **Chapelle royale★** (**6**) au 13e s. dans le but d'en faire une sépulture royale, décorée de stucs mudéjars en harmonie avec le style général.

Cathédrale – Au 16e s., malgré l'opposition du chapitre, l'évêque Alonso Manrique obtint l'autorisation d'élever une cathédrale au centre de la mosquée. En dépit du talent des architectes Hernán Ruiz I, Hernán Ruiz II et Juan de Ochoa, malgré la beauté et la richesse de la cathédrale, quand Charles Quint la vit pour la première fois, il ne put s'empêcher de s'exclamer : « Vous avez détruit ce que l'on ne voit nulle part pour construire ce que l'on voit partout. »

Les différents styles des 16e et 17e s se mêlent : arcs et voûtes hispano-flamandes, coupole Renaissance, voûte du chœur et maître-autel baroques. À signaler les deux **chaires★★** (**7**) de Michel de Verdiguier, en acajou, marbre et jaspe. Le **coro** (**8**) est spectaculaire. Les superbes **stalles★★** baroques sont l'œuvre de Pedro Duque Cornejo (vers 1750). En acajou sculpté, elles présentent toute une iconographie : saints, scènes de la vie du Christ ou de la Vierge et de l'Ancien ou du Nouveau Testament. Au centre, une Ascension du Christ domine. À signaler également les deux orgues des 17e et 18e s.

Trésor de la Cathédrale – *À gauche du mihrab.* Il est installé dans la **chapelle du Cardinal** (**9**), attribuée à l'architecte baroque Francisco Hurtado Izquierdo, ainsi que dans deux salles annexes. Parmi les divers objets liturgiques, on remarquera une **custode★** monumentale du 16e s. d'Enrique Arfe et un splendide Christ baroque en marbre.

Extérieur – Le **minaret** d'Abd-er-Rahman III, d'où le muezzin appelait les fidèles pour la prière, fut englobé dans une tour baroque à la fin du 16e s. ou au début du 17e s. À côté, donnant sur la rue, s'ouvre la **porte du Pardon**, de style mudéjar du 14e s., couverte de plaques de bronze repoussé.

Détail des voûtes de la cathédrale

Dans le mur Nord, un reposoir grillagé orné de lanternes abrite la **Vierge aux lanternes** (**10**), particulièrement vénérée à Cordoue. C'est une copie d'une œuvre de Julio Romero de Torres.

Il faut faire le tour de la mosquée pour admirer la décoration élégante des portes, dont la plupart sont condamnées : dans la calle Torrijos, ne manquez pas d'observer la porte St-Étienne, l'une des portes primitives de la grande mosquée réalisée sous Abd-er-Rahman Ier, puis modifiée par Abd-er-Rahman II, ainsi que la porte du Palais, richement ouvragée.

Un endroit pittoresque : la callejita del Pañuelo

Cette petite impasse à laquelle on accède par la plaza de la Concha est tout à fait singulière. Pourquoi les Cordouans lui ont-ils donné le nom de callejita del Pañuelo alors qu'elle s'appelle en réalité calle de Pedro Jiménez ? Un *pañuelo* est un foulard et dans sa partie la plus étroite, elle a tout juste la dimension d'un foulard d'homme mis en pointe. Au bout, elle s'élargit un tout petit peu et une jolie porte, une fenêtre grillagée et un jet d'eau font de cette petite impasse un endroit délicieux.

Autour de la mosquée

Une agréable promenade aux alentours de la mosquée permet de poursuivre la visite de quelques monuments ou endroits intéressants.

La calleja de las Flores – Cette étroite rue à arcades, typique de la Judería, est abondamment décorée de pots de fleurs. Elle débouche sur une petite place agrémentée d'une fontaine d'où l'on a un joli point de vue sur la tour de la mosquée.

Palacio de Exposiciones y Congresos – Le palais des Expositions occupe l'ancien hôpital St-Sébastien. Il fut ensuite un centre d'Expositions et abrite maintenant l'**Office de tourisme**.

Son **portail★** date du début du 16e s. : le tympan et les jambages sont ornés de sculptures, le mur présente un décor de bordures, d'ajours, de feuilles d'acanthe et de cordons formant un travail remarquable.
Le sobre patio en brique totalement dénué d'éléments décoratifs contraste avec l'ensemble.

Museo Diocesano de Bellas Artes ⓥ – *Près du palais des Expositions et des Congrès.* Le **musée diocésain des Beaux-Arts** est installé dans le palais épiscopal érigé au 17e s. sur les ruines de l'ancien *alcazar* arabe. On remarquera le patio et l'escalier baroque à double volée de marbre noir surmonté d'une coupole ornée de stucs.
Les salles du musée occupent le deuxième étage et présentent des sculptures, des peintures, des livres religieux et des tapisseries qui remontent au 13e s. La chapelle baroque Nuestra Señora del Pilar, qui a été restaurée, est également ouverte à la visite *(entrée par le patio, à droite de l'escalier)*.

Triunfo de San Rafael – Le « triomphe » le plus spectaculaire de la ville fut érigé au 18e s. L'archange est au sommet de la colonne et préside ce monument décoré de diverses figures allégoriques.

Saint Raphaël

À Cordoue, on voue une dévotion toute particulière à saint Raphaël depuis des siècles et son prénom est très courant dans la région. Le terrain de football de l'équipe locale porte même le nom de « El Arcángel ». Cette tradition remonte au 16e s. lors d'une apparition de l'archange qui se présenta comme le protecteur de la ville. Dans différents endroits de la ville, on a élevé des monuments originaux qui portent le nom de « triomphes » *(triunfos)*.

Puerta del Puente – De nos jours, la porte du Pont ressemble davantage à un arc de triomphe car elle ne fait plus office de porte. Construite au 16e s., elle suit un schéma classique avec de grandes colonnes doriques, un entablement, une frise et un fronton courbe orné d'un blason soutenu par deux guerriers. Observez le décor sur la partie qui donne sur le fleuve.

Puente Romano – Le pont romain enjambe le Guadalquivir entre la porte du Pont et la tour de la Calahorra. Édifié sous Auguste, il a été reconstruit plusieurs fois, particulièrement à l'époque arabe. À droite, vous pouvez apercevoir des moulins à eau d'origine arabe.
Sur le pont, à mi-chemin, un petit autel dressé sur un muret vers 1651 a reçu une statue de **saint Raphaël** à la suite d'une grande épidémie. Il est souvent orné de cierges et de fleurs témoignant de la dévotion populaire.

La Torre de la Calahorra : Museo vivo de Al-Andalus ⓥ – Située à l'extrême Sud du pont, cette forteresse arabe était à l'origine composée de deux tours reliées par un arc. Au 14e s., Henri II de Castille la fit agrandir et l'arc fut bouché. Elle connut par la suite d'autres remaniements et, au fil des siècles, servit de prison pour la noblesse, de caserne et même d'école.
Actuellement, elle héberge un **musée audiovisuel** qui retrace l'histoire de Cordoue à cette époque de grande prospérité culturelle, artistique, philosophique et scientifique que fut le califat. Les grands courants de pensée des 12e et 13e s. sont représentés par le roi chrétien Alphonse X de Castille, le juif Maimonide et les musulmans Averroès et Ibn-Arabi. Une magnifique **maquette★** représente la mosquée dans son aspect du 13e s. De la terrasse, la **vue** sur la ville est superbe.

Traverser le pont et prendre la calle Amador de los Ríos jusqu'au Campo Santo de los Mártires.

À l'emplacement du Campo Santo de los Mártires, on peut voir des fouilles de **bains de l'époque califale**.

★Alcázar de los Reyes Cristianos ⓥ – Érigée au 14e s. par Alphonse XI, les murs de cette forteresse furent les témoins d'une entrevue entre Christophe Colomb et les Rois catholiques (1486), ainsi que des menées de l'Inquisition qui y eut son siège jusqu'en 1821.
On peut y admirer un exceptionnel **sarcophage romain★** du 3e s. sur lequel visages et tissus sont traités de manière remarquable ainsi qu'une intéressante collection de **mosaïques★**, très bien mises en valeur *(Salón de los Mosaicos et Sala del Océano)*, qui nous rappellent la splendeur de Cordoue à l'époque romaine. Il est également possible de visiter des **bains** dont la structure est arabe mais dont la construction est chrétienne *(descendre l'escalier à droite, au fond du couloir)*.

Les jardins de l'Alcazar

Le patio de style mudéjar donne sur de ravissants **jardins★** arabes. Prenez le temps de faire une petite promenade sur les terrasses ; les bassins, les jets d'eau, les cyprès et les fleurs chamarrées en font un véritable délice.

Contiguës à l'Alcazar, les **écuries royales** furent fondées par Philippe II au 16e s. Le bâtiment actuel date du 18e s. et n'est pas accessible au public ; mais si par hasard il était ouvert, jetez-y un coup d'œil.
Au fond de la rue, après l'arc s'étend le **quartier San Basilio**, célèbre pour les patios que l'on y voit. À signaler au n° 50 de la calle San Basilio, celui de l'Association des Patios cordouans.

Le poumon de la ville

Le centre de Cordoue n'est pas seulement constitué d'un dédale de ruelles étroites et sinueuses, on y trouve également un grand axe aménagé, véritable havre de paix bucolique au sein de l'agitation et de la circulation de la Avenida del Conde de Valledano, du Paseo de la Victoria et de la Avenida de Cervantes.

★★La Judería

Ruelles blanches, portes entrouvertes sur des patios fleuris, grilles ouvragées et bars typiques, il semble définitivement impossible de résister au charme du quartier juif.

Murailles et Puerta de Almodóvar – Une rue piétonne, la calle Cairuán, longe les murailles de la Judería, qui ne sont qu'une petite partie de celles qui protégeaient la ville à l'origine. Cet ensemble en bon état de conservation a été bâti avec des pierres de taille ; des cyprès verdoyants procurent une note de fraîcheur et de verdure qui adoucit la rigueur de la pierre.
La porte d'Almodóvar donne sur le quartier de la Judería. D'origine arabe, elle subit une importante restauration au début du 19e s. et on lui ajouta une façade intérieure crénelée. À gauche de la porte, notez la statue de Sénèque. Ne manquez pas l'illumination de nuit.

Franchir la porte d'Almodóvar et prendre la calle Judíos.

Calle Judíos – Emblématique de la Judería, cette rue est parallèle aux murailles. Au n° 7, la bodega Guzmán est un endroit charmant ; on peut visiter au n° 12 une **maison andalouse** ⓥ du 12e s. où l'on retrace la fabrication du papier à l'époque arabe.

Synagogue ⓥ – C'est, avec les deux synagogues de Tolède, l'une des rares synagogues médiévales subsistant en Espagne. Érigée au début du 14e s., elle est de petite taille et se présente sous la forme d'une pièce carrée ouverte d'un côté sur une tribune réservée aux femmes. Toute la partie supérieure des murs est couverte de plâtres mudéjars et d'inscriptions hébraïques ; les motifs décoratifs sont géométriques et végétaux.

Zoco – *Environ 25 m plus bas.* On accède au **souk** en passant sous les arcs en brique d'une impasse. Aujourd'hui, il réunit des artisans autour de deux charmants patios.

Les juifs et Cordoue

Les juifs arrivèrent à Cordoue avant les Arabes et, très vite, occupèrent une place importante dans le commerce et l'enseignement des sciences. Ils accueillirent les musulmans avec sympathie et se regroupèrent dans ce quartier constitué d'une multitude de petites rues concentrées autour de la porte d'Almodóvar, avant d'entreprendre la construction d'une superbe synagogue dans la calle Judíos. Lorsque Ferdinand III eut achevé la reconquête de la ville (1236), les juifs conservèrent l'influence qu'ils avaient acquise grâce à leurs académies. Mais peu à peu, ils furent l'objet d'une persécution raciale (milieu du 13e s.), leur synagogue fut détruite et ils furent taxés au titre de l'entretien de l'église catholique. Par la suite, on en vint à les accuser de tous les maux jusqu'à ce qu'en 1492 Isabelle la Catholique ordonnât leur expulsion d'Espagne.

En continuant la calle Judíos une vingtaine de mètres plus loin, on passe devant la petite plaza de Tiberiades où se dresse le **monument à Maimonide**, ce juif dont la réputation de philosophe et de médecin est universellement reconnue.

Museo Municipal Taurino ⓥ – *Plazuela de Maimónides.* Installé dans une maison du 16e s., la Casa de las Bulas, on y accède tout d'abord par un patio d'influence mudéjare puis par un autre aux proportions harmonieuses, autour duquel s'ordonnent les salles du **Musée taurin**, qui réunit une collection de gravures sur la corrida, des affiches de la Feria, des photos, des habits de lumière ou des documents sur les grands toreros cordouans comme Lagartijo, Guerrita, Machaquito et Manolete. En face du musée, sur la place, remarquez la belle maison seigneuriale et à droite, l'hôtel NH Amistad.

Prendre la calle Cardenal Salazar.

Cette étroite ruelle bien tyique monte légèrement et donne sur la plazuela del Hospital del Cardenal.

Facultad de Filosofía y Letras – La faculté des Lettres et de Philosophie occupe l'ancien hôpital du cardinal Salazar. Édifiée début 18e s., elle présente un portail baroque de pierre orné d'un blason cardinalice.

De la **calle Romero** *(au fond de la plazuela)*, on peut encore admirer la tour de la mosquée. Cette rue, au même titre que la calle **Deanes**, sur laquelle elle donne, et la calle **Judería** regorgent de boutiques de souvenirs.

PLACES ET MUSÉES

★2 De la plaza de la Corredera à la plaza de Jerónimo Paéz

Plaza de la Corredera – On accède à cette vaste place rectangulaire, qui n'est pas sans rappeler les grand-places de Castille, par des passages voûtés. Pendant des siècles, ce fut un important lieu de réunion et la scène d'autodafés, de fêtes, d'exécutions, de marchés et même de corridas au 19e s. : les taureaux étaient enfermés dans une impasse étroite, la **calleja del Toril**.
Cette place toute simple et très ancienne a subi différentes transformations jusqu'au 17e s. mais depuis, elle n'a pas changé. Le samedi, elle abandonne sa quiétude habituelle et fourmille de monde car les Cordouans se rendent au **marché**.

Plaza del Potro – La place du Poulain toute en longueur doit son nom à la statuette qui couronne la fontaine située à l'une de ses extrémités. Jusqu'en 1874, cette fontaine du 16e s. était placée du côté opposé, là où se trouve actuellement un triomphe de saint Raphaël. Autrefois, cette place était très fréquentée car c'est là que se vendaient chevaux et mules.
Remarquez aussi sur la place l'**auberge du Poulain** (Posada del Potro ⓥ), si bien décrite par Cervantès dans *Don Quichotte*, qui fait maintenant office de centre culturel et accueille des expositions temporaires. Enfin, devant la fontaine, se trouve l'entrée commune au musée des Beaux-Arts et au musée Julio Romero de Torres, qui partagent le même patio aménagé en jardin.

Museo de Bellas Artes ⓥ – *À gauche du patio.* Le musée des Beaux-Arts expose principalement des œuvres d'artistes espagnols du 14e au 20e s. Il occupe l'ancien hôpital de la Charité, fondé au 15e s. L'escalier, dont le superbe plafond *artesonado* est de style mudéjar, a conservé des fresques des 16e et 17e s.
Au nombre des œuvres, il convient de remarquer une *Immaculée Conception* de Juan Valdés Leal, qui occupe une place de choix dans l'ancienne chapelle, ainsi que la collection d'art moderne cordouan et espagnol (seconde moitié du 19e s. et début du 20e) avec des œuvres de Ramón Casas, de José Gutiérrez Solana, de Rusiñol, de Zuloaga, etc. et des sculptures du Cordouan Mateo Inurria.

★**Museo Julio Romero de Torres** ⓥ – *À droite du patio.* La maison natale du peintre Julio Romero de Torres (1880-1930), qui avait une prédilection pour les femmes brunes, réunit une intéressante collection de toutes ses œuvres.
Au rez-de-chaussée, jetez un coup d'œil aux affiches de la Feria. À l'étage supérieur, observez les portraits de femmes – *La chiquita Piconera* – véritable étude psychologique et intimiste du monde de la femme, qui traite le regard avec une acuité particulière. Enfin, *La Vierge aux lanternes*, dont la copie est vénérée sur l'autel situé à l'extérieur de la mosquée, illustre parfaitement le goût de l'artiste pour les thèmes religieux.

Prendre la calle San Francisco jusqu'à la calle San Fernando. À gauche, après avoir franchi un arc du 18e s., on arrive à l'**église St-François** qui fait partie d'un ancien couvent autrefois d'importance et dont il ne reste, à gauche de la façade, qu'une partie du cloître.

Reprendre la calle San Fernando. Franchir l'arc du Portillo et s'engager dans la rue piétonne. Prendre la calle de Julio Romero de Torres qui, après quelques méandres, débouche sur la plaza de los Paéz.

★★**Museo Arqueológico Provincial** ⓥ – Le plus grand musée d'archéologie d'Andalousie est installé dans un cadre exceptionnel, le **palais Renaissance des Páez**, œuvre de Hernán Ruiz (16e s.). Il recèle des œuvres provenant de la ville et de toute la province. Observez la **façade**★ au décor original de pages, de guerriers et de blasons... mais dont la pierre calcaire a hélas subi les outrages du temps.
La visite est particulièrement agréable. Tout s'organise autour d'élégants patios : au **rez-de-chaussée** sont exposés les vestiges préhistoriques, ibères – sculptures zoomorphes – et wisigoths. Autour des patios, la **collection romaine**★ souligne l'importance de Cordoue à cette époque : personnages sculptés en toge, bas-reliefs, sarcophages, mosaïques, chapiteaux, tambours de colonnes...
L'**étage supérieur** est consacré à l'art hispano-musulman : céramique, bronze, – admirez le **cerf**★ (10e s.) de Medina Azahara décoré de motifs végétaux et la petite cloche mozarabe de l'abbé Samson (10e s.) –, ainsi qu'une singulière collection de margelles de puits musulmans et mudéjars. Parmi tous les chapiteaux, le **chapiteau des Musiciens** retient particulièrement l'attention avec ses personnages décapités.

3 De la plaza de las Tendillas à la plaza de Colón

Plaza de las Tendillas – Nous nous trouvons ici au cœur de la ville. Au centre de la place domine une statue équestre du Cordouan Mateo Inurriade représentant Gonzalve de Cordoue, dit « le Grand Capitaine ». Les jets d'eau qui jaillissent à même le sol procurent une agréable sensation de fraîcheur l'été et font la joie des enfants en offrant un spectacle gai et animé dont on peut profiter depuis les terrasses.

San Nicolás de la Villa ⓥ – La construction de cette église remonte à la fin du 13e s. et au début du 14e s., après la Reconquête. Observez l'étrange **tour**★ de style mudéjar : élevée au 15e s., elle présente une base carrée sur laquelle s'appuie un octogone de taille importante orné dans sa partie supérieure d'un encorbellement. À son sommet, les petites cloches modernes rompent un peu l'harmonie de l'ensemble. À la jointure de la base et de l'octogone, sur les demi-pyramides, notez les petits reliefs de personnages en buste et la légende de la patience et de l'obéissance. La façade, très sobre, date de la fin du 16e s.
À l'intérieur, les trois courts vaisseaux sont à deux travées. Le plafond de la nef centrale est en bois tandis que le chevet a conservé les voûtes en croisée. Cette église a subi de nombreux remaniements au 16e s. et c'est là que fut élevée la **chapelle du Baptême**, à la décoration chargée, ornée d'un relief illustrant le sacrement du baptême et d'une coupole ovale.

Retourner plaza de las Tendillas et prendre la calle V. Ribera et la calleja Barqueros.

★**San Miguel** – Cette église dite ferdinandine s'élève au centre de la plaza San Miguel dont les terrasses s'animent dès l'arrivée des beaux jours. Admirez la façade romane en ogive, soulignée par la sobriété et l'équilibre des formes. Deux contreforts encadrent la rue centrale égayée par une façade à simple archivolte en ogive et à grande rosace.
Les trois vaisseaux intérieurs sont courts : la nef centrale a conservé une voûte de bois, les voûtes en croisée du chœur sont ornées de nervures dentelées et au centre d'un retable de marbre rouge du 18e s. trône une Immaculée Conception. Notez les éléments mudéjars qui subsistent, surtout dans la chapelle du Baptême *(bas-côté droit)*.
Derrière l'église, ne manquez pas d'aller prendre un verre ou au moins jeter un coup d'œil à la célèbre **Taberna San Miguel, el Pisto**. Elle vaut le coup d'œil !

Prendre la calle San Zoilo, derrière l'église et la calle Conde de Torres.

★ **Plaza de los Capuchinos** – Le célèbre **Christ aux lanternes**, emblématique de Cordoue, semble être un *paso* de Semaine sainte abandonné de tous, au centre de cette place blanche... Le Christ de marbre blanc date de la fin du 18e s. ; il faisait partie d'un chemin de croix que les capucins avaient installé sur cette place sur laquelle donnent l'église des Capucins, ainsi que l'église de l'ancien hôpital St-Hyacinthe du 18e s. qui abrite une Vierge aux douleurs richement vêtue.

Quitter la place par la calle Cabrera vers la plaza de Colón.

Plaza de Colón – Les jardins et la fontaine qui agrémentent cette place en font un lieu plaisant, dominé à l'Ouest par un impressionnant monument baroque, le palais de la Diputación.

★ **Palacio de la Diputación** – La Diputación, assemblée provinciale comparable aux conseils généraux français, occupe un bâtiment du 18e s., l'ancien couvent de la Merci, qui avait été fondé au 13e s. Utilisé comme hôpital par les Français au cours de la guerre d'Espagne, il servit ensuite d'hospice pendant quelques années.

La façade imposante présente un grand corps central, deux ailes plus basses, le tout peint à l'imitation du faux marbre. Le portail principal de marbre blanc s'ouvre de colonnes torses, d'un fronton et de deux clochers. Remarquez à l'intérieur le patio *(entrée par la porte de gauche)*, de même style que la façade, l'escalier de marbre et l'église baroque *(entrée par la porte centrale)*, décorée de plâtres.

Torre de la Malmuerta – Cette majestueuse tour octogonale édifiée au 15e s. est en fait une tour de guet qui a conservé l'arc qui la reliait à la muraille. Elle servit alternativement de prison pour la noblesse et d'observatoire astronomique. Elle doit son nom à une légende qui narre comment un mari, furieux d'avoir une femme qui n'accomplissait pas son devoir conjugal, la tua de ses propres mains. Apprenant comment la justice avait été rendue, le roi condamna l'époux criminel à faire bâtir cette tour en souvenir de son épouse qu'il avait tuée de manière indigne, d'où l'expression *mal muerta*.

★ 4 Quartier de Santa Marina

★★ **Palacio de Viana** – Le palais de Viane a connu des agrandissements successifs entre le 14e s. et le 19e s., ce qui donne une idée de l'évolution de l'architecture civile de Cordoue à cette époque. Nous nous trouvons ici au sein d'un ensemble unique et surprenant s'étalant sur 6 500 m² environ, dont plus de la moitié est occupée par douze patios et un jardin. Mais n'oublions pas que le musée actuel était autrefois la demeure d'une famille noble. C'est en 1980 que la Caisse d'Épargne Provinciale acheta le palais aux marquis de Viana.

Sur la plaza de Don Gome, líaccËs au palais se fait par un grand portail en angle composé de deux registres : une porte à linteau ornée d'un fronton brisé et un balcon flanqué de deux guerriers arborant les armes des Argote et des Figueroa. Le balcon est couronné quant à lui par les armes des Saavedra.

À l'intérieur, on retiendra le superbe escalier principal du 16e s., de style Renaissance, le magnifique plafond artesonado mudéjar de la même époque et le mobilier en parfaite harmonie. Remarquez encore les plafonds artesonados de la salle à manger privée de la famille (Renaissance, 16e s.), du salon principal (époque mudéjare) ainsi que du bureau personnel de la marquise.

Cordoue doit sa célébrité à ses **patios**... Dans ce palais, douze merveilleux patios illustrent parfaitement cette tradition enracinée depuis des siècles. Ici, tous sont différents, mais à l'image du jardin, ils dégagent un charme et une grâce irrésistibles qui en font une véritable fête pour la vue et l'odorat.

Prendre à droite la calle Santa Isabel jusqu'à la plaza de Santa Marina.

B. Kaufmann/MICHELIN

L'entrée du palais de Viana

Les collections

Au rez-de-chaussée :
– **porcelaines** (17e s.-20e s) ; diverses provenances ;
– **arquebuses**.

À l'étage supérieur :
– **azulejos** : 236 pièces du 13e au 19e s. ;
– **cuirs** : la plus fabuleuse collection réunissant des cuirs repoussés et cordouans du 15e au 19e s. ;
– **tapisseries** : flamandes, françaises, espagnoles et quelques tapisseries réalisées d'après des cartons de Goya ;
– **plats et plateaux** ;
– **bibliothèque** réunissant plus de 7 000 volumes (16e-19e s.).

Santa Marina de Aguas Santas – Au 13e s., Saint Ferdinand III reconquiert Cordoue et on va assister à l'édification de quatorze églises dites ferdinandines. Toute recherche ornementale abandonnée, la sobre **façade★**, divisée par quatre solides contreforts, met en valeur la beauté et la robustesse de la pierre. Le portail ébrasé a de simples moulures légèrement brisées suivant le style ogival primitif. La rosace a été remaniée et la tour reconstruite au 16e s.

Face à l'église, sur la plaza del Conde Priego se dresse le **monument à Manolete** (1917-1947), ce torero mythique qui passa son enfance dans le quartier. Le mur de gauche appartient au **couvent Ste-Isabelle**.

Revenir sur ses pas et tourner dans la calle Rejas de Don Gome.

On aperçoit alors l'imposant clocher à arcade de l'église St-Augustin.

Continuer et s'engager dans la calle Pozanco pour arriver plaza de San Rafael.

Sur la **plaza de San Rafael** s'élève l'**église** (façade néoclassique) dédiée au même saint.

Prendre la rue à droite de l'église pour se rendre Plaza de San Lorenzo.

Une pâtisserie artisanale

Les religieuses du couvent Santa Isabel ont la réputation d'être d'excellentes pâtissières. Laissez-vous tenter par leurs spécialités et n'hésitez pas à leur acheter des *almendrados* (pâte d'amande), des *coquitos* (genre de palmiers), des *pasteles cordobeses* (spécialité de Cordoue), ou autres pâtisseries *(horaires de vente : de 9 h à 12 h 45 et de 17 h à 19 h 15).*

★**San Lorenzo** ⓥ – Cette église écartée, comme si elle souhaitait ainsi mettre en valeur sa beauté, est sans nul doute l'une de plus belles de Cordoue. Elle fait partie de ces églises ferdinandines bâties à la fin du 13e s. et au début du 14e s. dans un style gothique primitif. Son élégante et originale façade, qui présente une superbe **rosace★** délicatement ouvragée, est précédée, chose rare dans ces régions, d'un porche à triple arcade en tiers-point. La partie inférieure du clocher, intégré à la façade, est probablement une grosse tour ancienne de la hauteur de la nef ; le reste de la construction est postérieur, et si vous observez bien vous remarquerez que les deux parties ne sont pas tout à fait dans le même axe. Le ton de la pierre parfait l'élégance du tout.
À l'intérieur, sobriété et équilibre règnent : les arcs brisés des trois vaisseaux reposent sur des piliers cruciformes. Les voûtes des vaisseaux sont en bois et celles du chœur gothiques. Trois grands vitraux étroits éclairent l'ensemble. Enfin, remarquez dans le chevet quelques fresques du 14e s.

5 Calle Capitulares et calle de San Pablo

Templo Romano – *Calle Capitulares, à l'angle de la calle Claudio Marcelo.* Les imposantes colonnes qui se découpent dans le ciel, ultimes vestiges de ce temple du 1er s., forment un ensemble saisissant. Les colonnes cannelées sont couronnées d'un chapiteau corinthien ; d'après les fouilles, le temple qui se dressait sur un podium devait avoir un portique frontal, dix colonnes de chaque côté dont sept devaient être adossées à la cella du temple où était la statue du dieu). Face à ces vestiges, on imagine la splendeur de Cordoue à l'époque romaine...

★**San Pablo** ⓥ – L'église fait partie de l'ancien couvent St-Paul, fondé par Ferdinand III en souvenir de la reconquête de Cordoue le 29 juin 1236, jour de la saint Paul.
Un portail de style baroque a été construit en 1706 dans la calle Capitulares. Des colonnes torses flanquent l'arche d'entrée qui porte une statue de saint Paul. Après le portail, on traverse un parvis pour gagner l'église. Les cloches sont remplacées par un carillon.

À l'intérieur, trois grands vaisseaux aux proportions harmonieuses ont conservé le style transitoire du roman au gothique malgré les remaniements. Admirez les superbes **artesonados mudéjars★** des voûtes.
La chapelle à gauche du *presbiterio* recèle la statue de **Notre-Dame des Angoisses** (17e s.) de Juan de Mesa, auteur également du célèbre Christ du Gand Pouvoir de Séville. La Vierge richement vêtue a le visage baigné de larmes et tient dans ses bras son Fils mort.
À l'entrée, dans le bas-côté droit, notez le plafond à caissons et les murs couverts de stucs sur un soubassement d'azulejos de la **chapelle mudéjare** du 15e s.

Descendre la calle de San Pablo. À droite, prendre la calle Villalones.

Palacio de los Villalones – C'est la façade couronnée d'une galerie de cette magnifique demeure seigneuriale qui retient l'attention. Un décor plateresque rehausse le tour des embrasures. Mais de ce palais se dégage une atmosphère mystérieuse... On raconte qu'au 17e s., un corregidor avait une fille de toute beauté qui disparut un jour mystérieusement dans les entrailles du palais... Son père, malgré tous ses efforts, ne parvint jamais à la retrouver. Serait-ce l'esprit de la malheureuse qui hante dorénavant le palais toutes les nuits ?

Se diriger vers la plaza de San Andrés.

Plaza de San Andrés – Des orangers et une fontaine apportent ombre et fraîcheur à cette petite place où se trouve la **Casa de los Luna** (16e s.) plus connue sous le nom de casa de Fernán Pérez de Oliva. Observez les deux étranges fenêtres d'angle de la maison et appréciez le décor plateresque de la porte surmontée d'un blason et la fenêtre au sobre encadrement.
À gauche s'élève à nouveau une église ferdinandine, l'**église St-André**, reconstruite au 18e s. et à l'imposante tour en brique.

AUTRES CURIOSITÉS

Mausoleo romano – C'est au cours de travaux que l'on découvrit en 1993 ce mausolée romain dans les jardins de la Victoria. Cette solide construction circulaire du 1er s. date de l'époque romaine, époque de splendeur pour Cordoue.

Iglesia del colegio de Santa Victoria – Au fond de la plaza de la Compañía, on aperçoit la façade de l'église et ses imposantes colonnes. Ce bâtiment néoclassique date de la seconde moitié du 18e s. ; le dôme est l'œuvre de Ventura Rodríguez.

ENVIRONS

★★Medina Azahara ⓥ

Quitter Cordoue par la A 431 (à l'Ouest du plan). À 8 km, prendre à droite (signalisation). La grande tache ocre que l'on aperçoit dans la montagne est le **monastère de San Jerónimo de Valparaíso** *(cette propriété privée ne se visite pas)*, fondé au 15e s.
Abd-er-Rahman III commanda la construction de cette cité palatiale en 936. Les chroniqueurs de l'époque font état du luxe et de la splendeur déployée à Madinat al-Zahrah. Mais l'existence de cet ensemble de palais fut de courte durée car il fut pillé et incendié par les Berbères en 1013, lors de la guerre qui se solda par la chute du califat de Cordoue. Plus tard, on réutilisa les matériaux dans d'autres constructions, mais ce n'est qu'en 1911 que des fouilles archéologiques furent entreprises. Certes, elles sont loin d'être terminées, mais elles permettent aisément d'imaginer la splendeur de cet ensemble fastueux.
Bâti à flanc de colline, Medina Azahara s'étage sur des terrasses : sur la terrasse supérieure, l'Alcazar comprend la résidence du calife et des hauts dignitaires, ainsi que des dépendances militaires et administratives ; sur la terrasse intermédiaire s'étendent les jardins et le grand salon de réception ; enfin, la mosquée (mise au jour) et les bâtiments de la ville ont été érigés sur la terrasse inférieure.

Visite – *Suivre l'itinéraire indiqué.* L'accès se fait par l'extérieur de la muraille Nord, jalonnée de grosses tours carrées. On pénètre dans l'ensemble par une porte coudée, typique de l'architecture défensive musulmane.

Terrasse supérieure – À droite de la porte s'étend la **partie résidentielle**. Les bâtiments les plus importants sont ordonnés autour de deux grands patios carrés. À l'Ouest, sur la partie la plus élevée de l'Alcazar se trouve la Maison royale (Dar al-Mulk), en cours de restauration *(fermé à la visite)*.
À gauche de la porte d'entrée s'organise la **partie officielle**. Admirez la maison des Vizirs et le grand portique. La **maison des Vizirs** est un ensemble de pièces comprenant un vaste salon basilical entouré de dépendances et de patios. C'est dans le salon que le vizir donnait ses audiences civiles. Le jardin de la partie avant est moderne.

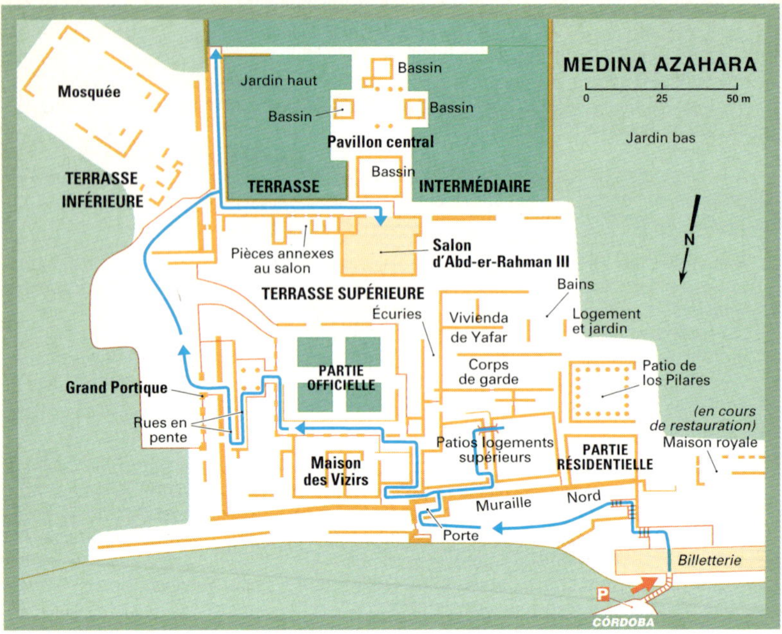

Des rues pentues mènent au grand **Portique**, qui était la façade d'une grande place d'armes. Il ne reste qu'une petite partie de ce somptueux ensemble d'arcades : quinze arches constituaient l'entrée monumentale de l'Alcazar et c'était par là que les ambassades étaient introduites.

Terrasse intermédiaire – En descendant vers cette terrasse, observez sur votre gauche les ruines de la **mosquée**, édifiée sur la terrasse inférieure. On peut distinguer les cinq nefs perpendiculaires au patio rectangulaire et sur le mur Nord-Est du patio la base du minaret.

La terrasse intermédiaire domine les jardins et compte la plus belle partie de cet ensemble archéologique, le **salon d'Abd-er-Rahman III**. Avant d'y pénétrer, jetez un coup d'œil aux bains dans les pièces annexes. Quant au salon, la restauration qui en a été faite laisse imaginer la splendeur de la ville du 10e s. et l'effet qu'elle devait produire sur ses visiteurs. Les matériaux les plus sophistiqués avaient dû être employés pour la construction et la décoration de la porte d'entrée et des trois nefs qui le composent. Arcs en fer à cheval et claveaux s'appuient sur de grandes colonnes de marbre gris et bleuté. Le pavement du sol est de marbre blanc. On retiendra les superbes panneaux de pierre sculptée qui recouvrent les murs à la décoration géométrique et végétale, stylisation de l'arbre de vie, comme il apparaît fréquemment dans l'art hispano-mauresque.

En face, au centre des jardins et entouré de quatre bassins se trouve le **pavillon central** où les visiteurs attendaient d'être reçus par le calife.

Les ermitages ⏲

13 km au Nord-Ouest de Cordoue par la carretera del Brillante ou 10 km de Medina Azahara. De ce site, revenir vers la A 431 ; au premier croisement, prendre à gauche et au suivant, suivre la pancarte « Ermitas ». Quel que soit le chemin, le **panorama★** sur la montagne et la campagne est extraordinaire.

La tradition érémitique remonte à bien des siècles, mais cet ensemble de treize ermitages et d'une église édifiés dans ce site sauvage remonte au 18e s.

Dans l'élégant Paseo de los Cipreses, un **calvaire** est là pour nous rappeler, grâce à un crâne et un court poème, la fuite du temps et combien il est nécessaire de résister au péché. Puis, à gauche suivent l'**ermitage de la Magdalena**, le cimetière des ermites et au fond l'église. Dans le narthex de l'**église** *(à droite)*, vous ressentirez peut-être un léger malaise en voyant ce crâne qui servait de tasse ou d'assiette à l'ermite. Mais ensuite, vous serez impressionné par la richesse de l'église (fruit de donations) qui contraste avec l'austérité notable des ermites. Derrière le maître-autel, dans la salle qui faisait office de salle capitulaire, admirez le soubassement d'azulejos à reflets métalliques.

Les autres ermitages sont dispersés dans la colline. En revenant sur vos pas, prenez le chemin qui mène au **balcon du Monde**. Ce grand belvédère dominé par un immense Sacré Cœur (1929) offre une **vue dégagée merveilleuse★★** sur la campagne de Cordoue et sur la ville. À droite, vous pourrez même apercevoir le château d'Almodóvar del Río, perché sur une colline.

COSTA DE ALMERÍA★

CÔTE d'ALMERÍA – Almería

Carte Michelin n° 446 V 20-24 à U 24

La côte d'Almería est une succession de plages immenses, de petites criques aux eaux cristallines, de villages de pêcheurs devenant l'été d'agréables lieux de villégiature. Elle accueille également nombre de complexes touristiques très aménagés et d'espaces naturels vierges très étonnants. Elle bénéficie d'un climat exceptionnel, d'un soleil éblouissant dans un ciel bleu azur sans égal que la pluie ne vient que très rarement perturber.

1 D'Adra à Almería

117 km – compter une demi-journée.

Adra – Bourg côtier au cœur d'une plaine fertile, cette colonie phénicienne et romaine fut le dernier bastion arabe de la péninsule Ibérique. Adra bénéficie d'un port de pêche et d'un port de plaisance, de belles plages et de quelques demeures nobles datant des 17e et 18e s. L'église de l'Immaculée Conception abrite le *Christ de l'Expiration*, attribué à Alonso de Mena. L'Office de tourisme se trouve dans la tour des Perdigones (45 m) qui faisait partie au 19e s. d'une fonderie de plomb.

Quitter Adra vers le Nord par la A 347.

Berja – L'ancienne Virgi romaine (verger) se trouve à l'intérieur des terres au pied de la Sierra de Gádor. Le village aux belles maisons blasonnées de style Renaissance ou baroque renferme de nombreuses fontaines ainsi que les vestiges d'un amphithéâtre romain.

Revenir vers Adra par la même route et prendre la N 340 (E 15) vers Almería.

Sur la gauche, la route offre de belles **vues** sur la Sierra de la Contraviesa ; le Cerrón (1 238 m) s'élève au premier plan.
Panorama sur la « mer de plastique » qui s'étend quasiment sur toute la **campagne de Dalías**. Entre Adra et Almería, la N 340 – E 15 traverse l'immense étendue de serres si caractéristiques de cette province, où l'on cultive raisin, légumes et fleurs. Ici, plusieurs récoltes se succèdent dans l'année.

À la hauteur d'El Ejido, quitter la N 340 à la sortie ni 409 et prendre la A 389 vers Almerimar.

Almerimar – Complexe touristique moderne avec pavillons, appartements et hôtels, golf et port de plaisance. Un soin particulier a été apporté à l'esthétique de cette charmante enclave sur la côte.

Revenir sur la N 340 (E 15) et sortir à l'échangeur ni 429 pour emprunter la A 391.

Roquetas de Mar – Le développement touristique a fait de ce village côtier une station balnéaire très animée avec port de plaisance, golf et parc aquatique. Près du phare, les ruines du château résistent encore au temps.
Une promenade de front de mer bordée de palmiers longe la belle plage de sable de l'**ensemble touristique** *(à 3,5 km)*. Belle vue sur le golfe d'Almería, avec le cap de Gata juste en face. L'avenida del Mediterráneo, qui débouche sur le paseo del Mar, concentre nombre de petits commerces et restaurants.

Reprendre la même route en sens inverse. À El Parador, prendre à droite.

B. Kaufmann/MICHELIN

Reflets argentés sur la « mer de plastique »

NOS SUGGESTIONS SUR LA CÔTE D'ALMERÍA

Almerimar

Se restaurer

Náutico – *Au port de plaisance – ☎ 950 49 71 62.*
Restaurant de renom spécialisé dans les poissons et les fruits de mer. Terrasse avec vue sur le port de plaisance et les voiliers.

Roquetas de Mar

Se loger

Sabinal Hesperia – *Avenida Las Gaviotas – ☎ 950 33 36 00 – fax 950 33 35 33 – 417 chambres – 13 200 ptas.*
En bord de mer, ce grand complexe hôtelier propose des chambres spacieuses avec vue sur la mer.

Se restaurer

Al-Baida – *Avenida Las Gaviotas – ☎ 950 33 38 21 – fermé le lundi, ainsi qu'en janvier et février.*
Un classique spécialisé dans les poissons et les fruits de mer. Décor sobre. Grand aquarium où baignent langoustes et homards.

Aguadulce – Cette immense station touristique presque concentrationnaire, située au cœur d'une végétation abondante à 11 km seulement d'Almería, est très animée l'été, avec ses nombreux services et son front de mer. Au Sud-Ouest, le site protégé de Punta Entinas-Sabinar offre ses dunes littorales et ses marais où poussent sabines, joncs et canne à sucre.

D'Aguadulce à Almería – On emprunte l'ancienne route nationale en corniche longeant la mer. Taillée dans de hautes falaises entre lesquelles elle disparaît dans des tunnels, on distingue Almería, la baie, le port et la forteresse.

Almería – *Voir ce nom.*

2 D'Almería à Mojácar

132 km – compter une journée.

Níjar – *Voir Parque Natural de Cabo de Gata-Níjar.*

★★ **Parc naturel du cap de Gata-Níjar** – *Voir Parque Natural de Cabo de Gata-Níjar.*

★ **Mojácar** – *Voir ce nom.*

Garrucha – *Voir Mojácar.*

De Mojácar Playa à Agua Amarga – *Voir Mojácar.*

COSTA DE HUELVA★

CÔTE de HUELVA – Huelva

Carte Michelin nº 446 U 7-8-9-10 à V 10

La côte de Huelva déroule un littoral de plages d'une éclatante blancheur, interrompu par les embouchures des fleuves qui se jettent dans la mer après un long parcours (Guadiana, Guadalquivir, Tinto, etc.). La Costa de la Luz, qui s'étire de la frontière portugaise à la pointe de Tarifa, adopte dans la province de Huelva une physionomie singulière : le ciel semble s'élargir à l'infini et la vue de la côte se fond dans l'horizon mystérieux de l'Atlantique.

1 Du Parc national de Doñana à Palos de la Frontera

49 km – compter une demi-journée.

★★★ **Parc national de Doñana** – *Voir Parque Nacional de Doñana.*

Partir du centre d'information d'El Acebuche, sur la A 483, en direction du Sud. À Torre de la Higuera, tourner à droite vers Matalascañas.

La route traverse alors une partie splendide du parc naturel.

Matalascañas – C'est l'une des stations balnéaires les plus fréquentées d'Andalousie. Des gratte-ciel résidentiels, une multitude de discothèques, de bars, de terrasses bondées et un nombre incalculable d'activités permettent de passer de bonnes vacances d'été.

Revenir à Torre de la Higuera et prendre la A 494 vers le Nord-Ouest.

Mazagón – La **plage** de sable fin s'étend sur dix kilomètres, de l'embouchure du río Tinto jusqu'à la tour du Loro. Cet endroit tranquille, sans immeubles, accueille des campings bien aménagés et un ensemble de petits pavillons. Le port de plaisance moderne propose diverses activités et le parador dispense de jolies **vues** sur la côte.

Poursuivre vers le Nord-Ouest sur la A 494.

NOS SUGGESTIONS SUR LA CÔTE DE HUELVA

Matalascañas

Se loger

Hostal Victoria – *Sector 0, 18 – ☎ 959 44 09 57 – fax 959 44 82 64 – 11 chambres – 6 000 ptas (8 000 en août) – fermé de mi-septembre à mars.*
Chambres très confortables et joliment décorées malgré l'extérieur assez laid. Bon rapport qualité/prix.

El Cortijo – *Sector E, Parcela 15 – ☎ 959 44 87 00 – fax 959 44 83 75 – 53 chambres – 15 000 ptas.*
Cet hôtel coiffé de plusieurs tours est doté d'une grande piscine, de deux restaurants et d'un bar de style andalou. Chambres confortables. L'été, l'hôtel propose diverses activités.

Se restaurer

Nombre de restaurants se sont installés sur la grand-place. Deux établissements attenants de style andalou méritent d'être mentionnés : **Manolo León**, et ses plats à base de viande, et **Manolo Vázquez**, spécialisé dans les poissons et fruits de mer.

Mazagón

Se loger

Santa María – *Avenida de Conquistadores – ☎ 959 53 60 18 – fax 959 37 72 58 – 70 chambres – 12 790 ptas.*
L'hôtel se remarque immédiatement, dès que l'on pénètre dans le village par la route de Huelva. Chambres correctes et fonctionnelles. Bar et restaurant.

Parador de Mazagón – *Plage de Mazagón, 6 km à l'Est de la station par la A 494 – ☎ 959 53 63 00 – fax 959 53 62 28 – 43 chambres – 19 000 ptas.*
Parador moderne dominant la plage. Chambres avec terrasse offrant une vue panoramique. Le restaurant propose des plats variés : poissons (loup de mer à la langouste), fruits de mer (langoustines et gambas) et viandes (aloyau de porc).

Se restaurer

El Remo – *Avenida de Conquistadores, 123 (à la sortie de la station, vers Matalascañas) – ☎ 959 53 61 38.*
L'un des meilleurs restaurants du lieu avec terrasse (chaises tapissées) et bar ouvrant sur la plage. Spécialités : poissons, fruits de mer et viandes grillées.

Palos de la Frontera

Se loger

Santa María – *Près du monastère de La Rábida – ☎ 955 53 00 01 – 18 chambres – 6 500 ptas.*
Petit hôtel mais grand restaurant dispensant une vue sur l'estuaire du Tinto. Malheureusement, une seule chambre double dispose d'une vue sur le fleuve.

La Pinta – *Rábida, 79 – ☎ 959 35 05 11 – fax 959 53 01 64 – 30 chambres – 8 000 ptas.*
En plein centre du village, petit hôtel de charme. Chambres très agréables.

Punta Umbría

Se loger

Real – *Falucho, 2 – ☎ 959 31 04 58 – fax 959 31 59 78 – 24 chambres – 6 500 ptas.*
Petit hôtel dans la zone piétonne. Chambres très simples et propres.
À côté, l'**Hotel Emilio** *(calle Ancha, 21)* est de même style.

Ayamontino Ría – *Avenida de La Ría, 1 – ☎ 959 31 14 58 – fax 959 31 14 62 – 22 chambres – 7 000 ptas.*
Hôtel qui n'a de charme que dans ses chambres ouvrant sur le port. Les demander...

Pato Amarillo – *Urbanización Everluz – ☎ 959 31 12 50 – fax 959 31 12 58 – 120 chambres – 12 500 ptas.*
Nombreuses chambres avec vue sur la mer. Hôtel agrémenté d'un jardin, d'une piscine, d'un bar et d'un restaurant.

Se restaurer

Miramar – *Miramar, 1 – ☎ 959 31 12 43.*
Restaurant en bord de plage spécialisé dans les poissons et les fruits de mer. Il s'agit plutôt d'un bar bruyant et enfumé. Les tables sont recouvertes de nappes en papier.

La **Plaza del Mercado** accueille de nombreux restaurants et bars fréquentés, où l'on peut savourer poissons et fruits de mer d'une grande fraîcheur.

El Rompido

Se restaurer

Caribe II – *Calle Nao – ☎ 959 39 90 27 – ouvert tous les jours de 11 h à 17 h (nocturne le vendredi et le samedi).*
Un bon restaurant pour le déjeuner spécialisé dans les poissons et les fruits de mer. Les délicieux calmars, les rougets, les grosses crevettes et les homards feront vos délices. Terrasse ouvrant sur le port de pêche.

★**Palos de la Frontera** – Ville natale des frères Pinzón, cette ville pittoresque s'étage sur la rive gauche du río Tinto. Les maisons blanchies à la chaux, les ruelles étroites et l'ambiance joyeuse qui se dégage des plages constituent l'attrait principal de Palos. Elle est l'une des étapes de la route des « sites colombins », comme le rappellent les azulejos à divers endroits.

Casa-Museo de Martín Alonso Pinzón ⓥ – La maison-musée de Martín Alonso Pinzón est l'ancienne résidence du célèbre marin. On y voit certains de ses effets personnels (cartes, appareils de navigation, etc.) et dans une salle, photographies, coupures de presse et autres objets commémorant le premier vol transatlantique de l'hydravion *Plus Ultra* qui relia Palos de la Frontera à Buenos Aires en 1926.

San Jorge ⓥ – Situé sur une jolie petite place, ce joyau de l'architecture gothique et mudéjare (15e s.) est célèbre. C'est dans cette église que Christophe Colomb se recueillit la veille de son départ, le 3 août 1492. Tous ses marins franchirent la « porte des fiancés » avant de gagner l'embarcadère où étaient amarrées les caravelles qui allaient les conduire vers le Nouveau Monde. L'eau chargée sur les trois bateaux fut puisée de La Fontanilla, fontaine recouverte d'un petit temple mudéjar, derrière l'église.

2 De Huelva à Ayamonte

77 km – compter une journée.

★**Huelva** – *Voir ce nom.*

Quitter Huelva par la A 497 à l'Ouest en direction de Punta Umbría.

Punta Umbría – *L'été, un bac assure une liaison entre Huelva et Punta Umbría. Très agréable traversée de l'Odiel.* Cet ancien lieu de repos des mineurs employés aux mines de Ríotinto à l'extrémité méridionale de la ria de Huelva, au centre du site naturel des marais de l'Odiel, est aujourd'hui un lieu de villégiature très prisé avec son petit port de plaisance et ses jolies plages aux eaux cristallines à l'ombre d'épaisses pinèdes. Bien équipée pour distraire les vacanciers, Punta Umbría est aussi un port de pêche où l'on peut assister à la vente du poisson à la criée ou à la pittoresque procession mariale en mer (15 août). À deux pas du centre, en direction de El Portil, s'étend un site naturel protégé, le **paraje de Enebrales de Punta Umbría**. Là, les sables marins accumulés par les vents ont été colonisés par les sabines, les genévriers, les lentisques et les aubépines, qui hébergent plusieurs variétés de lézards et des fauvettes.

Revenir sur ses pas et, après avoir parcouru 7 km, quitter la A 497 pour entrer dans El Portil.

La barre d'El Rompido

El Portil – Cette station balnéaire est l'une des plus fréquentées de la côte, en raison de la splendeur de sa plage et de la proximité du chef-lieu. La **réserve naturelle de la lagune de El Portil** et ses paysages étonnamment beaux accueillent des hérons cendrés et des grèbes.

Poursuivre vers l'Ouest par la HV 4111.

El Rompido – La magnifique plage entourée de dunes de ce petit village de pêcheurs est foulée par de nombreux touristes l'été. Aux abords du village, vers La Antilla, les sédiments déposés par le fleuve à son embouchure ont donné naissance à l'étrange **zone marécageuse du Río Piedras** et à une flèche littorale, la **barre d'El Rompido★**. Des espèces ravissantes comme la mouette rieuse, le canard pilet, l'huîtrier et l'aigrette y ont élu domicile.

Reprendre la HV 4111 vers le Nord.

Cartaya – Village espacé et lumineux, proche des principaux foyers touristiques de la côte. Sur la **plaza Redonda**, lieu bucolique où s'entremêlent orangers, citronniers et lampadaires en fer, se dressent les bâtiments les plus importants de la ville : l'église San Pedro (16e s.) et son joli clocher décoré d'azulejos, la mairie et la seigneuriale maison de la Culture.

Poursuivre par la N 431 en direction de Lepe au Sud-Ouest.

Lepe – Les habitants de ce bourg acceptent avec humour et résignation d'être la risée de l'Espagne (ils sont à l'Espagne ce que les Belges sont à la France : les protagonistes d'histoires drôles). Lepe est l'un des principaux centres agricoles de la région, réputé pour ses fraises extraordinaires, ses figues et ses melons.

Prendre la HV 412 vers le Sud.

La Antilla – Les maisons anciennes s'alignent en bord de mer. Le charme de cette localité paisible n'est pas dénaturé par le flot des visiteurs qui envahit ses plages sublimes. On peut visiter Islantilla, résidence moderne et luxueux terrain de golf, ainsi que le **port d'El Terrón** *(5 km au Nord-Est)* à l'embouchure du río Piedras, où les pêcheurs remaillent leurs filets après la journée de pêche. De nombreux restaurants proposent des fruits de mer d'une qualité exceptionnelle.

Revenir à Lepe et prendre la N 431 vers l'Ouest.

★ **Ayamonte** – *Voir ce nom*

COSTA DEL SOL★★

Malaga

Carte Michelin nº 446 V 14, W 14, 15 et 16, X 14

La côte de la province de Malaga peut se définir en trois mots : soleil, plage et divertissement. Entre mer et montagnes, certaines localités accrochées aux pentes paraissent tels des belvédères sur la Méditerranée, quand d'autres semblent flotter. Le développement du tourisme espagnol dans les années 1960 a littéralement métamorphosé la plupart de ces anciens villages de pêcheurs.
Sur la Costa del Sol, l'été est vécu différemment. Les plages sont bondées, les plus noctambules occupent encore les bars au petit matin, les luxueuses demeures et les terrains de golf – si nombreux que la côte du Soleil est surnommée **« côte du Golf »** – accueillent les stars qui ont choisi cette destination pour y passer leurs vacances.

Un climat privilégié – L'hiver, lorsque les frimas gagnent une grande partie de l'Espagne, prendre l'apéritif ou manger sans manteau sur la terrasse d'un restaurant ou d'un café en bord de mer semble difficilement imaginable. C'est le cas pourtant sur la Costa del Sol qui jouit d'un climat privilégié, aux étés chauds, aux hivers très doux et aux températures exceptionnelles presque toute l'année.

De Torremolinos à Sotogrande

234 km – compter deux jours.

Torremolinos – Dans les années 1950, de nombreux artistes et intellectuels ont élu ce tranquille port de pêche comme lieu de villégiature. L'expansion touristique de l'Espagne a provoqué le développement spectaculaire de Torremolinos, surtout dans les années 1970. Aujourd'hui, l'architecture traditionnelle a laissé place à une avalanche de tours modernes et résidences qui accueillent un flot de touristes tout au long de l'année. Attirés par le soleil, les plages immenses, les inépuisables activités récréatives, ils sont séduits par l'ambiance agréable et cosmopolite de la ville. La **calle San Miguel**, centre névralgique de la vie commerçante,

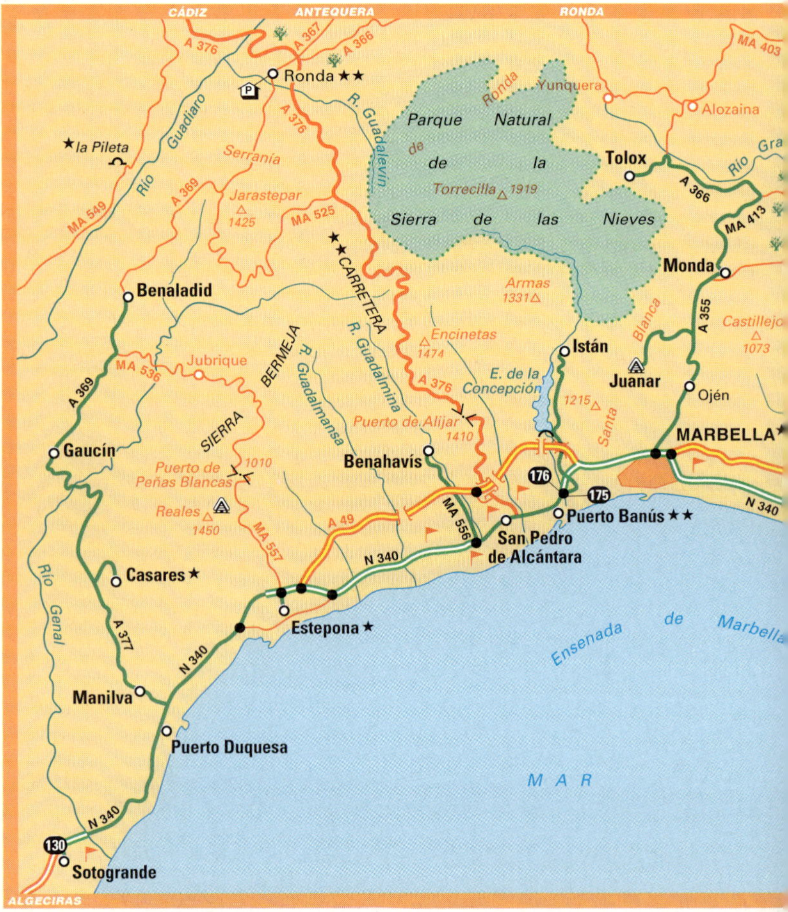

est parsemée de boutiques et de bars trépidants. Le **molino de la Torre** est l'unique représentant des nombreux moulins qui donnèrent le nom à la ville. Sur le **Paseo Marítimo**, ravissante promenade bordée d'arbres, se pressent nombre de restaurants proposant de savoureux produits de la mer. Enfin, des tavernes et des bars animés se sont installés dans le « **pueblo andaluz** », quartier neuf de style architectural traditionnel.

Prendre la N 340 vers le Sud-Est.

Benalmádena – Benalmádena Costa se trouve juste après **Arroyo de la Miel**, succession d'appartements et d'hôtels longeant la côte.

Importante station balnéaire située entre les derniers contreforts de la Sierra de Mijas et la mer, elle bénéficie de températures exceptionnelles d'avril à novembre et le nombre de touristes y est constant tout au long de l'année. La ville, réunissant de belles plages, des terrains de golf, un port de plaisance et une multitude de restaurants, discothèques, terrasses et bars, propose d'intéressantes activités ludiques et sportives.

Situé à quelques kilomètres à l'intérieur des terres, le **vieux village** conserve tout le charme des villages andalous traditionnels : éclats de rires, événements festifs dans les rues et maisons aux fenêtres parées de fleurs. Le **Musée archéologique** ⏲ et son intéressante collection d'objets précolombiens, le **château de Bil-Bil**, édifice moderne où sont organisées des activités culturelles, et les **tours de guet** Torremuelle, Torrequebrada et Torrebermeja (16ᵉ s.) méritent d'être mentionnés.

Prendre la N 340, sortir à l'échangeur 217 pour prendre la A 368.

★ **Mijas** – *Voir ce nom.*

Par la A 387, gagner Alhaurín au Nord-Est.

Alhaurín el Grande – Ce village lumineux et élégant se dresse sur une colline de la Sierra de Mijas, parmi les arbres fruitiers, les cultures de légumes, d'agrumes et d'oliviers. Son quartier ancien est un dédale de rues pavées et de maisons blanches agrémentées des typiques balcons fleuris. Il conserve quelques monuments anciens, l'**arc du Cobertizo**, porte arabe qui appartenait à l'origine à l'enceinte, et l'**ermitage de la Vera Cruz**, étrange édifice néo-gothique (20ᵉ s.).

Prendre la A 366 vers le Nord-Ouest.

Coín – Ce village se profile parmi les cultures d'agrumes. L'**église St-Jean** ⏲ (16ᵉ s.) renferme un magnifique retable baroque et de beaux azulejos dans les écoinçons et sur la corniche. L'**église Ste-Marie-de-l'Incarnation** (15ᵉ s.) est bâtie sur l'ancienne mosquée dont elle conserve le minaret ; l'**église St-André** est couverte à l'intérieur d'un joli plafond *artesonado* ; enfin, l'église du Christ-de-la-Vraie-Croix de l'ancien couvent de Trinitaires mérite également d'être mentionnée.

Revenir à Alhaurín el Grande et prendre la A 387, puis la MA 426 vers le Sud.

Fuengirola – Grand centre balnéaire de la Costa del Sol hérissé de tours modernes. Ses sept kilomètres de plage, ses installations sportives, appartements, hôtels, restaurants et bases de loisirs attirent nombre de touristes toute l'année.

Vue aérienne de la Costa del Sol

Perché sur une colline, le **château de Sohail** domine la ville. Il porte ce nom curieux car les Arabes ont découvert ici l'étoile Sohail, que nous appelons Canopus. Ses tours crénelées du 10e s. et ses murs sont d'origine. Le **quartier de Santa Fe de los Boliches** recèle d'intéressants **vestiges archéologiques** – des thermes (1er s.) et les restes d'une ville romaine – et un **musée** de peinture **en plein air** qui expose les fresques d'artistes connus (Sempere, Rafael Peinado, Elena Asins, etc.).

Gagner Marbella par la N 340.

★★ **Marbella** – *Voir ce nom.*

Excursion jusqu'à Tolox – *Voir Marbella.*

Reprendre la N 340 vers l'Ouest.

★★ **Puerto Banús** – *Voir Marbella.*

San Pedro de Alcántara – Des fermiers qui travaillaient dans les plantations de coton et de canne à sucre du marquis del Duero habitaient cet ancien village de la commune de Marbella. Aujourd'hui, c'est une grande station balnéaire en raison de sa proximité avec Marbella. D'importants vestiges archéologiques se dressent encore en bord de mer : **Las Bóvedas** ⓥ, curieuse construction thermale octogonale aux pièces voûtées (3e s.), et la **basilique de Vega del Mar**, édifice paléochrétien (6e s.) à trois vaisseaux et deux absides en vis-à-vis, où l'on a trouvé plusieurs tombes contenant de précieux trousseaux funéraires.

Une **route**★★ sinueuse relie San Pedro de Alcántara à **Ronda**★★ *(voir ce nom).*

Prendre la MA 556 vers le Nord.

Benahavís – Ce village se trouve entre la mer et la montagne sur les rives du río Guadalmina, à proximité du beau défilé de Las Angosturas. Son nom rappelle son origine arabe. Il renferme les vestiges du château de Montemayor et plusieurs tours de guet, témoignage de l'ancien système défensif musulman. Cette petite localité réunit nombre de restaurants, installés dès les années 1980 à l'initiative d'un groupe d'Anglais.

Revenir à San Pedro de Alcántara et prendre la N 340 vers le Sud-Ouest.

★ **Estepona** – *Voir ce nom.*

Prendre la N 340 jusqu'à San Luis de Sabinillas, puis la A 377 sur la gauche.

Manilva – Ce hameau s'étend sur un petit coteau de vignobles à quelques kilomètres de la mer. Son principal attrait est l'**église Ste-Anne** (18e s.) s'ouvrant par un original portail au curieux arc polylobé.

Y. Arthus-Bertrand/ALTITUDE

Belles plages sur la **côte** (la Paloma, el Salto de la Mora, Negra, etc.) entre la commune de San Luis de Sabinillas et Puerto Duquesa

Poursuivre sur la A 377 vers le Nord et prendre à droite la MA 546.

★**Casares** – Ce petit village, dont les maisons enfouies dans une luxuriante végétation semblent suspendues sur un piton de la Sierra Crestenilla, fut l'un des derniers bastions arabes dans les montagnes de Malaga. On y voit la maison natale du père du nationalisme andalou, **Blas Infante** (1855-1936) au n° 51 de la calle Carrera *(voir p. 24)*.

Son **quartier ancien**★, d'origine musulmane, est un labyrinthe de rues bordées de maisons basses typiques aux toits ocre. Sur la plaza de España se dresse l'église St-Sébastien, à vaisseau unique (17e s.) et dotée d'un élégant clocher baroque. Les vestiges de l'ancienne forteresse arabe et l'église de l'Incarnation (16e s.), très endommagée pendant la guerre civile, dominent le quartier ancien.

Revenir sur la A 377 et reprendre vers le Nord.

Gaucìn – En pleine Serrania de Ronda sur la route des villages blancs, les maisons blanches et les rues typiques de Gaucín sont accrochées à une butte rocheuse. Des vestiges de l'ancien château, on embrasse de fantastiques **panoramas**★. Le moût *(mosto)* et l'eau de vie de Gaucín, de fabrication artisanale, sont célèbres.

Benadalid – *12 km au Nord-Est par la A 369.* Ce village d'origine arabe, entouré de vastes étendues d'oliviers et d'amandiers, se dresse à l'abri d'une saillie rocheuse. Les azulejos qui décorent ses rues illustrent les légendes et les anecdotes locales. Les vestiges de l'ancienne forteresse musulmane et ses trois tours cylindriques mutilées couronnent le tout.

Revenir à San Luis de Sabinillas et reprendre la N 340.

Puerto Duquesa - *2 km au Sud.* Port de plaisance animé. De nombreux restaurants, bars et terrasses contrastent avec la sobriété du château de Sabinillas, situé aux abords du port.

Sotogrande – Résidences de luxe et élégantes demeures à proximité du populaire terrain de golf de Sotogrande, qui a accueilli l'une des éditions de la prestigieuse Ryder Cup.

M. Raurich/STOCK PHOTOS

Casares

Offices de tourisme

Benalmádena – *Avenida Antonio Machado, 10, Benalmádena Costa – ☎ 952 44 12 95 – Internet : www.benalmadena.com.*

Estepona – *Avenida de San Lorenzo, 1 – ☎ 952 80 09 13 – Internet : www.pgb.es/estepona.*

Fuengirola – *Avenida Jesús Santos Rein – ☎ 952 46 74 57/76 25 – Internet : www.pta.es/fuengirola.*

Marbella – *Glorieta de la Fontanilla, Paseo Maritimo – ☎ 952 77 14 42 – Internet : www.pgb.es/marbella.*
D'autres bureaux de tourisme se trouvent à l'entrée de la ville sur la voie rapide.

Torremolinos – *Glorieta de las Comunidades Autónomas, Playa del Bajondillo – ☎ 952 37 19 09.*

Transports

Aéroport – Le seul aéroport de la Costa del Sol est celui de Malaga, à 9 km de la ville en direction de Torremolinos *(Renseignements : ☎ 952 04 84 84/04 – Arrivées : ☎ 952 04 88 38/44 – Départs : ☎ 952 04 88 04/42).*
La liaison entre l'aéroport et toutes les villes de la côte est assurée par autocar (correspondances parfois). Trains reliant Malaga et Fuengirola, avec plusieurs arrêts entre les deux villes *(voir Trains)*. Taxis.

La **voiture** est sans aucun doute le moyen de transport idéal pour sillonner la Costa del Sol. Les transports publics fonctionnent très bien, mais le service n'est pas assuré toute la nuit (excepté les taxis). Une voie rapide, la N 340, en partie doublée d'une autoroute à péage, la A 49, traverse la Costa del Sol et permet de se déplacer très rapidement d'un lieu à un autre.

Trains

Malaga – La gare principale de la Costa del Sol se trouve à Malaga *(Avenida de Andalucía – ☎ 952 87 16 73 ; bureaux de la RENFE à Malaga – ☎ 952 36 02 02)*, certains trains ne s'arrêtant que dans cette ville.
Une ligne relie Malaga à Fuengirola en passant par La Colina, Torremolinos et Benalmádena ; certains trains s'arrêtent à l'aéroport de Malaga et d'autres villes sur le trajet. Trains toutes les demi-heures entre 6 h 33 et 23 h 15. Malaga-Fuengirola : 55 minutes de trajet, tarif : 315 ptas.

Benalmádena – *Avenida de la Estación – ☎ 952 12 80 84.*

Fuengirola – *Avenida Juan Gómez « Juanito » – ☎ 952 12 83 15.*

Torremolinos – *Avenida de la Estación – ☎ 952 12 80 85.*

Autocars interurbains

Moyen de transport très utilisé qui assure la liaison entre les différentes villes du littoral. La compagnie **Portillo** propose un transport rapide et confortable. Arrêts dans les principales villes, et, en saison, dans les ensembles touristiques et aux plages. Des services interurbains assurent la liaison entre les principales villes de la Costa del Sol, certaines villes d'Espagne et même quelques capitales européennes.

Benalmádena – Il n'y a pas de gare routière à Benalmádena. Les autocars **Portillo** relient les trois zones de Benalmádena à Torremolinos de 7 h à 22 h 30. Plusieurs arrêts sur le trajet. Tarif du billet 100 ptas environ en fonction du trajet. Achat dans l'autobus ou au kiosque situé Avenida Antonio Machado (à côté du Mc Donald's).

Estepona – Gare routière sur l'Avenida de España *(☎ 952 80 02 49).*

Fuengirola – Gare routière au coin de l'Avenida Matías Sáenz de Tejada et de la calle Alfonso XIII *(☎ 952 47 50 66).*

Marbella – La gare routière *(Avenida del Trapiche – ☎ 952 76 44 00)* est à l'origine de lignes reliant toute l'Espagne et les principales capitales européennes.

Taxis

Benalmádena – *☎ 952 44 15 45.*

Estepona – *☎ 952 80 29 00 ; 952 80 06 39.*

Fuengirola – *☎ 952 47 10 00.*

Marbella – *☎ 952 77 44 88.*

San Pedro de Alcántara – *☎ 952 78 38 38.*

Torremolinos – *☎ 952 38 06 00.*

Autobus métropolitains

Benalmádena – Des autobus relient Benalmádena Costa, Benalmádena (vieux village) et Arroyo de la Miel. Nombreux arrêts. Prix du billet : 115 ptas.

Torremolinos – Deux lignes d'autobus (L1 et L2) sillonnent la ville. Prix du billet : 110 ptas.

Fuengirola, Marbella et Estepona – Villes sans autobus.

Ports de plaisance – Les principales villes ont toutes un port de plaisance. Certains bénéficient d'une excellente réputation :

Puerto Banús – À 6 km du centre de Marbella, ce port dispose de neuf cent quinze anneaux pour des bateaux de 8 à 50 mètres de long. Il accueille certains des bateaux les plus luxueux du monde. Ce port inauguré en 1970 est aujourd'hui l'un des principaux attraits touristiques de la ville.

Puerto Marina – Situé à Benalmádena, plus récent que Puerto Banús, Puerto Marina est un port de plaisance important de mille anneaux.
Ports de plaisance également à Estepona, Marbella et Fuengirola.

C. Moirenc/DIAF

Puerto Ban´s

NOS SUGGESTIONS SUR LA COSTA DEL SOL

Benalmádena

Se loger

VALEUR SÛRE

La Fonda – *Santo Domingo de Guzmán – ☏ 952 56 86 25 – fax 952 56 86 84 – 26 chambres – 12 000 ptas.*
Lieu idéal pour profiter de la mer à l'abri des foules. Cet hôtel de charme, situé dans la Sierra de Castillejos, domine la Méditerranée. Chambres spacieuses, piscine intérieure, patios et terrasses offrant de belles vues sur les collines et la mer.

Sortir

À Benalmádena, l'animation règne autour du port de plaisance et sur la plaza Solymar, à deux pas du port. La plaza de la Mezquita de Arroyo de la Miel, également très animée, n'égale pas le port de plaisance, où abondent des établissements pour tous les goûts qui vibrent 24 h/24.
Benalmádena compte également un casino, le **Casino Torrequebrada** (*☏ 952 44 60 00*). Arroyo de la Miel programme l'été des concerts d'artistes connus à **Tívoli World**, parc d'attractions très célèbre *(ouvert tous les jours d'avril à décembre – ☏ 952 57 70 16)*.

Maracas – *Puerto Marina – ouvert de 11 h à 5 h du matin.*
Grand établissement animé toute la journée. Parfait pour prendre un verre sur la terrasse, au comptoir à l'intérieur ou pour danser sur la piste jusqu'à l'aube. Décor tropical soigné. Clientèle tous âges et tous genres confondus.

Monet – *Puerto Marina – ouvert de 11 h à 4 h du matin.*
Café le jour, pub la nuit. Grande terrasse avec sièges en osier confortables, très agréable pour boire un café l'après-midi et admirer la vue sur le port. Comptoir extérieur et intérieur pour prendre un verre la nuit avant de rejoindre la piste de danse.

Tabú – *Puerto Marina – ouvert de 11 h à 6 h du matin.*
Café-bar-discothèque dispensant de belles vues sur le port de plaisance. Décor antillais soigné. Lieu réputé pour ses innombrables cocktails et jus de fruits. Public hétéroclite de 25 à 99 ans. Discothèque 1 000 ptas (entrée et consommation). Cours de salsa pour les femmes le jeudi et le dimanche.

Disco Kiu – *Plaza Solymar, Benalmádena Costa – ouvert de minuit à 7 h du matin.*
Immense discothèque typique des années 1980. Plusieurs salles de danse (salsa, musique commerciale et techno). Public jeune de toutes les nationalités.

Lèche-vitrines

La zone commerçante se concentre essentiellement à Benalmádena Costa et sur le port de plaisance. L'après-midi, des artisans vendent leurs produits sur les placettes et les rues du quartier du port. L'avenida d'Antonio Machado accueille un grand nombre de boutiques. À Arroyo de la Miel, les magasins traditionnels se trouvent calle de las Flores et aux alentours.
Le vendredi matin, sur le parking de Tívoli Park se tient le **marché** qui se déplace dans les localités de la côte en vendant un peu de tout. Au même endroit, le dimanche, le marché propose des objets d'occasion.
Le commerce est moins développé à Benalmádena Pueblo. Néanmoins, la Casa del Artesano sur la plaza de España mérite le détour. Le samedi, des artisans de tous les corps de métier y fabriquent leurs objets.

Estepona

Se loger

À BON COMPTE

La Malagueña – *Rafael, 1 – ☎ 952 80 00 11 – 17 chambres – 6 000 ptas.*
Pension de famille située sur la place du village. Chambres simples et correctes.

VALEUR SÛRE

Santa María – *Sur la N 340, à quelques kilomètres d'Estepona vers Malaga – ☎ 952 88 81 77 – fax 952 88 81 80 – 37 chambres – 12 350 ptas – ouvert d'avril à octobre.*
Hôtel avec bungalows et chambres ouvrant sur le jardin. Piscine, restaurant thaïlandais et bar au pied de la plage. Il est recommandé de réserver longtemps à l'avance, car les agences de voyage sont prioritaires.

Se restaurer – Tapas

La Rada – *Avenida de España et calle Caridad, Edif. Neptuno – ☎ 952 79 10 36.*
Établissement fort agréable et... incontournable. Poissons et fruits de mer savoureux.

Los Rosales – *Damas – ☎ 952 79 29 45.*
Ce bar spécialisé dans les poissons et les fruits de mer est situé dans l'une des ruelles de la pittoresque plaza de las Flores.

Sortir

La **calle Real**, au centre de la localité, et le **port de plaisance** sont les endroits les plus animés. L'après-midi, le port est un lieu paisible pour se promener ou prendre un verre sur une terrasse. En début de soirée, la calle Real s'anime et vibre toute la nuit, mais c'est sur le port que s'achève la nuit au petit matin.
L'été, la plage est la scène de concerts pop et rock.

Jazz Pub – *Tour de contrôle du port de plaisance – ouvert de 16 h à 3 h du matin.*
Ce pub calme et accueillant aux fauteuils confortables est fréquenté par une clientèle d'âge mur. Grande variété de cocktails. Concerts de musique douce de qualité le vendredi et le dimanche soir. Terrasse fort agréable l'après-midi.

Melodie Cool – *Calle Real, 25 – ouvert de 18 h à 3 h du matin.*
Petit établissement étonnant au décor pop et cybernétique, fréquenté par un public cosmopolite. Grande variété de cafés, boissons et cocktails.

Chico Diez – *Port de plaisance, local 27 – ouvert tous les jours en été et le week-end l'hiver, de 22 h à 5 h du matin.*

Ático – *Port de plaisance, niveau supérieur – ouvert tous les jours en été et le week-end l'hiver, de 22 h à 6 h du matin.*

Sirocco – *Port de plaisance, niveau supérieur – ouvert tous les jours en été et le week-end l'hiver, de 21 h à 5 h du matin.*
Ambiance assurée. L'été, ces trois établissements ne désemplissent pas. Clientèle de 20 à 40 ans. Les plus âgés préfèrent Chico Diez.

Lèche-vitrines

La rue commerçante d'Estepona est la calle Real (rue piétonne), entre l'avenida Juan Carlos I et la calle Terraza. Les magasins abondent également dans les rues transversales (Valladolid, Granada, Córdoba, Valencia).
Un **marché** se tient avenida Juan Carlos I le mercredi de 9 h à 14 h. Le dimanche matin, de petits artisans s'installent sur le port de plaisance.

Fuengirola

Sortir

La majorité des endroits appréciés des noctambules se concentrent au cœur de la ville, dans le quartier de la plaza de la Constitución et aux alentours. Les calles Miguel de Cervantes et Emancipación ou encore le paseo Rey de España sont très animés.
La mairie organise en juillet, août et septembre diverses manifestations culturelles (expositions, concerts et représentations théâtrales).

Café La Plaza – *Plaza de la Constitución, 9 – ouvert du lundi au samedi de 8 h à 2 h du matin.*
Dans une maison ancienne, sur la plaza de Fuengirola, ce café sur deux étages, au décor traditionnel, est agréable pour prendre un petit déjeuner ou goûter quelques tapas. Clientèle principalement locale, tous âges confondus.

Pihama – *Calle Cervantes, 14 – ouvert de 22 h 30 à 5 h du matin, tous les jours en été, uniquement le week-end en hiver.*
Agréable petit établissement. Bonne ambiance dans un décor soigné. Le vendredi l'hiver : concerts de rumbas, sevillanas... des groupes connus s'y produisent parfois. Public de 20 ans et plus. L'animation bat son plein entre minuit et 3 h du matin.

El Piso – *Avenida Condes de San Isidro, 24 (entrée calle Estación) – ouvert du lundi au samedi de 22 h à 3 h du matin.*
Cet établissement occupe le premier étage d'un édifice qui dispense une très belle vue sur la plaza de Fuengirola. Endroit paisible et accueillant décoré à l'ancienne. Les mardi, mercredi et jeudi, concerts de flamenco, musique latine, etc. Parfait pour discuter tranquillement.

Mahama – *Sur la route de contournement, à Mijas Costa – ouvert de 22 h à 7 h du matin tous les jours en juillet et août, le week-end en septembre.*
Vaste établissement autour d'un grand patio où l'eau et les plantes occupent une place déterminante. Mahama ressemble à une hacienda andalouse. Décoration très soignée. Coins tranquilles pour discuter. Immense piste de danse. Mahama est fréquenté essentiellement par des Espagnols tous âges confondus. Plus on s'enfonce dans la nuit, et plus la moyenne d'âge diminue. Un grill ouvert toute la nuit propose des plats pour calmer la faim.

Lèche-vitrines

La plupart des boutiques rayonnent autour de la plaza de la Constitución, l'avenida Matías Sáenz de Tejada y Ramón y Cajal, où abondent des petits commerces plus traditionnels. Les magasins plus modernes se sont installés dans le quartier de Los Boliches.
Le plus grand **marché** de toute la côte se tient le mardi dans le Recinto Ferial. Le samedi matin, au même endroit, un petit marché aux puces très populaire vend des objets d'occasion.

Marbella

Se loger

À BON COMPTE

Enriqueta – *Los Caballeros, 18 – ☎ 952 82 75 52 – 15 chambres – 6 420 ptas – fermé en janvier et février.*
Pension de famille dans une ruelle pittoresque du cœur historique. Chambres très simples mais correctes, plus lumineuses sur la rue.

VALEUR SÛRE

Lima – *Avenida Antonio Belón, 2 – ☎ 952 77 05 00 – fax 952 86 30 91 – 64 chambres – 12 000 ptas.*
À 60 mètres de la plage et à 100 mètres du centre historique de Marbella.

El Fuerte – *Avenida del Fuerte – ☎ 952 86 15 00 – fax 952 82 44 11 – 249 chambres – 18 800 ptas.*
Hôtel de luxe en bord de mer. Jardins tropicaux et vestiges des remparts du 16e s.

Se restaurer

El Balcón de la Virgen – *Remedios, 2 – ☎ 952 77 60 92.*
Dans une rue pittoresque, où les terrasses de restaurants se succèdent sans interruption, l'établissement se remarque facilement : la Vierge trône sur la façade. Cuisine andalouse très touristique.

Tapas

La Venencia – *Avenida Miguel Cano, 15 – ☎ 952 85 79 13.*
Bar typique à deux pas de la mer. Les tapas se dégustent sur des tonneaux dressés sur le trottoir. Vous trouverez une petite place si vous avez de la chance.

Altamirano – *Plaza Altamirano, 3.*
Sur une placette du quartier ancien de Marbella, restaurant sans prétentions spécialisé dans les poissons et les fruits de mer. Tables en plastique sur la place et azulejos sur la façade.

Sortir

La capitale de la côte propose nombre d'activités ludiques, le touriste distrait peut s'y perdre facilement. On distingue plusieurs zones. Des établissements tranquilles et très agréables se dissimulent dans les rues et les places peu fréquentées, de style andalou, du **quartier ancien** de Marbella, surtout aux abords de la plaza de los Naranjos. Les plus jeunes, de 16 à 20 ans, se donnent rendez-vous au **port de plaisance** de **Puerto Banús** où se concentre le plus grand nombre d'établissements branchés pour tous les goûts et tous les âges. Ils vibrent toute la journée. Quelques endroits très connus se trouvent un peu à l'écart le long de la voie rapide.
L'été, la mairie de Marbella organise nombre d'événements culturels. Des concerts de genres divers et des représentations théâtrales sont donnés à l'**auditorium** du parc de la Constitution. La **galerie d'art municipale** *(Plaza José Palomo)* et le **musée de la Gravure espagnole contemporaine** *(calle Hospital Bazán)* proposent de nombreuses expositions de peinture et de photographie notamment. Le **casino** *(Hotel Andalucía Plaza, ☎ 952 81 28 44)* organise des spectacles variés et des expositions en sus de ses activités courantes.

Sinatra Bar – *Puerto Banús – ouvert de 9 h à 3 h du matin.*
Agréable terrasse dispensant de magnifiques vues sur le port de plaisance. Lieu fréquenté essentiellement par des étrangers de moins de 40 ans. Idéal pour prendre un verre devant le spectacle des voitures et des yachts de luxe. Petits déjeuners et repas sont également servis.

La Abadía – *Calle Pantaleón (à deux pas de la plaza de los Naranjos) – ouvert du 15 mai au 15 septembre et pendant la Semaine sainte de 21 h à 4 h du matin.*
Difficile à trouver, l'établissement se cache dans une ruelle pleine de charme du quartier ancien de Marbella. Ambiance exceptionnelle de minuit à 2 h du matin pour débuter la soirée. Public de 20 à 35 ans. Bonne musique commerciale. Vaut le détour.

Trocadero – *Paseo Marítimo, Puerto Banús – ouvert de 19 h à 4 h du matin en été et pendant la Semaine sainte.*
Tranquille établissement moderne en bord de mer. Agréable pour prendre un verre et discuter paisiblement. Musique branchée. Clientèle trentenaire.

Café del Mar / The Club – *Hotel Puente Romano, route de Cadix – Le Café del Mar ouvre de 22 h à 4 h et The Club de minuit à 6 h 30. Entrée 3 000 ptas pour les non-membres ou ceux qui n'ont pas d'invitation.*
Ces deux établissements de luxe sont le rendez-vous des personnalités. La soirée débute en prenant un verre après le dîner au Café del Mar (belles vues sur la Méditerranée) et se poursuit en dansant au Club jusqu'au petit matin. Ambiance VIP.

Espartaco Santoni – *Puerto Banús – ouvert de 0 h 30 à 5 h 30 du matin.*
Discothèque exotique, quelque peu extravagante mais divertissante, fréquentée par un public hétéroclite, principalement des étrangers, de 25 ans et plus. La musique latine règne. Des concerts y sont parfois donnés.

Olivia Valère – *Route d'Istán – ouvert de 21 h à 7 h du matin. Entrée 5 000 ptas.*
C'est l'endroit le plus luxueux et le plus privé de la côte. Dans ce palais de style arabe se succèdent patios, terrasses et jardins, l'ambiance diffère en fonction du lieu. Certains dînent, d'autres prennent un verre en profitant d'un concert, d'autres encore se ruent sur la discothèque pleine à craquer. C'est le grand rendez-vous des personnalités et de la jet-set de Marbella.

Oh! Marbella – *Beach Hotel Don Carlos, route de Cadix – ouvert en juillet, août et pendant la Semaine sainte, de 23 h à 6 h du matin. Entrée 3 000 ptas pour les non-membres.*
Grande discothèque de luxe réputée, la piste de danse est fantastique et la terrasse avec vue sur la mer très agréable. La soirée débute par de la musique latine, suivie de la *house* plus commerciale. Fréquentée par un grand nombre d'étrangers de 20 à 40 ans. Parfait pour des nuits effrénées.

Lèche-vitrines

La « capitale » de la côte exerce également une hégémonie commerciale. Les boutiques des principales marques internationales profitent du pouvoir d'achat élevé des clients de Marbella et les magasins de mode réputés en Italie, en France ou aux États-Unis servent une clientèle chic. La plupart de ces boutiques se sont installées à Puerto Banús, grand conglomérat d'établissements modernes et intéressants, dans le quartier ancien de Marbella et autour de l'avenida Ricardo Soriano y Ramón y Cajal. Puerto Banús héberge également le plus grand centre commercial de toute la côte.
Tous les lundis, à côté du stade de football de Marbella, se tient un petit **marché** populaire. Le samedi matin, le grand marché itinérant, proposant objets de tout genre, s'installe près de Puerto Banús, à deux pas des arènes de Nueva Andalucía.

San Pedro de Alcántara

Se loger

VALEUR SÛRE

Breakerslodge – *Avenida Mimosas, 189 – ☎ et fax 452 78 47 80 – 6 chambres – 14 000 ptas – ouvert de juin à octobre.*
À 300 m de la mer, agréable maison dans un quartier résidentiel, dotée de six grandes chambres joliment décorées dans cette propriété britannique.

Torremolinos

Se loger

À BON COMPTE

Guadalupe – *Peligro, 15 – ☎ 952 38 19 37 – 10 chambres – 5 500 ptas (8 000 ptas. en août).*
Auberge à 50 m de la plage, dans une ruelle commerçante. Chambres sobres et propres.

VALEUR SÛRE

Mediterráneo Carihuela – *Carmen, 43 – ☎ 952 38 14 52 – fax 952 05 19 74 – 35 chambres – 8 000 ptas (12 000 ptas en août pour les chambres sur la mer).*
Dans l'un des plus beaux quartiers de la ville, également très animé. Chambres correctes avec terrasse dominant le front de mer.

Tropicana – *Trópico, 6 – ☎ 952 38 66 00 – fax 952 38 05 68 – 84 chambres – 18 000 ptas.*
Hôtel de luxe à l'architecture exotique, disposant d'une plage privée, d'un jardin avec piscine et d'un restaurant (Mango).

Se restaurer - Tapas

Le quartier piétonnier de **La Carihuela**, qui longe la plage, est la zone la plus pittoresque et commerçante de la ville. Plusieurs dizaines de bars, restaurants, hôtels et boutiques en tous genres se sont installés dans ces rues. Parmi les restaurants, **Casa Juan**, spécialisé dans les poissons et les fruits de mer depuis plus de trente ans, et **El Roqueo**, un classique avec terrasse sur la promenade de front de mer, sont de bonnes adresses.

B. Kaufmann/MICHELIN

La Carihuela

Sortir

Il n'y a pas vraiment de saison pour les touristes étrangers de Torremolinos bien que la population de la ville grossisse considérablement l'été. La mairie propose de nombreux spectacles sur la place tout au long de l'année. L'hôtel de ville et l'Office de tourisme distribuent un programme compilant toutes les activités culturelles et récréatives.

La calle San Miguel, la plaza Costa del Sol et l'avenida Palma de Mallorca comptent nombre d'établissements, mais les noctambules ont une préférence pour Puerto Marina et Benalmádena.

Lepanto – *Calle San Miguel, 54 – ouvert de 9 h à 22 h.*
Inauguré il y a trente-cinq ans, Lepanto fait partie d'une chaîne de cafétérias et de pâtisseries, représentée aussi à Fuengirola et Malaga. Excellentes pâtisseries. Confortable salon de thé traditionnel.

El Molino de La Torre – *Calle Cuesta del Tajo, 8 – ouvert de 12 h à 24 h.*
Café-restaurant idéal pour prendre un verre en bénéficiant de vues spectaculaires sur la côte.

The Red Lion – *Calle Cuesta del Tajo, 30 – ouvert de 12 h à 24 h.*
Pub anglais inauguré en 1975 où les touristes britanniques se précipitent forcément... Dans l'une des rues les plus fréquentées de Torremolinos. Grande variété de bières d'importation. Repas anglais servis jusqu'à 22 h.

Lèche-vitrines

La calle San Miguel, au cœur du village, est une voie piétonne animée où se pressent nombre de magasins. Cet axe commerçant se poursuit avenida Palma de Mallorca et dans les rues attenantes, concentrant boutiques modernes et magasins plus traditionnels. Au n° 4 de la calle Isabel Manoja, le magasin fondé en 1908, vend les *tortas* typiques de Torremolinos. La Cuesta del Tajo réserve quelques vues spectaculaires sur la mer tandis que des stands ambulants plus traditionnels et pittoresques animent cette rue en pente.

Le **marché** itinérant se tient le jeudi matin dans El Calvario.

CUEVAS DE ALMANZORA

Almería – 9 114 habitants

Carte Michelin nº 446 U 23

Cuevas de Almanzora se situe à deux pas du barrage homonyme, dans une région très riche en gisements miniers et fouilles archéologiques. Le village a connu son apogée au 19e s. avec la découverte d'un filon d'argent dans la Sierra de la Almagrera. Quelques belles demeures dans le centre et la chapelle del Carmen de l'église N.-D.-de-l'Incarnation, construite par une société minière, témoignent encore de la grandeur de cette époque. Des grottes troglodytiques ont été creusées dans les montagnes à proximité du village.
Un parc aquatique se trouve sur la route en direction de Vera.

Château – Il a été édifié au 16e s. par le marquis de los Vélez. Aujourd'hui, la Casa de la Tercia, extension néoclassique du château (18e s.), accueille la bibliothèque municipale. Le château conserve une enceinte fortifiée.

Museo Antonio Manuel Campoy ⓥ – Le musée occupe un pavillon restauré et une grosse tour. À sa mort, un critique d'art célèbre du journal ABC a légué une collection privée d'œuvres d'art contemporaines espagnoles (tableaux, dessins et gravures), une collection d'armes ainsi que de nombreux bibelots personnels.

Museo de Arqueología ⓥ – Il rend hommage à la culture de El Argar et expose des pièces trouvées dans les sites archéologiques de la région (Antas, Fuente Álamo, etc.).
Vue sur les grottes troglodytiques à gauche en sortant du château.

ENVIRONS

Vera – *6 km au Sud-Est.* Sur la plaza Mayor, l'imposante **église de l'Incarnation** (16e s.), flanquée aux quatre coins de massives tours carrées, ressemble plutôt à une forteresse. À gauche de l'église, on remarque l'**hôtel de ville** (19e s.) et son portail en pierre – une bannière offerte à la ville par les Rois catholiques est exposée dans le salon des séances plénières –, ainsi que le **musée d'Histoire** (Museo Histórico Municipal ⓥ) qui retrace l'histoire du village ; quelques salles sont consacrées à l'archéologie, d'autres à l'ethnographie.
Le complexe naturiste **Vera Natura** se situe sur la côte.

Huércal Overa – *25 km au Nord.* La tour carrée de l'ancien château arabe se dresse en haut d'une colline aux abords du village. Dans l'**église de l'Assomption** (18e s.), située sur l'agréable petite plaza del Cura Valera, on découvre un retable baroque intéressant et les sculptures des *pasos*, dont une de Salzillo. Pendant les processions de la **Semaine sainte**, les trois confréries de Huercal Overa – blancs, métisses et noirs – rivalisent de splendeur.

Parque Natural de DESPEÑAPERROS★

Parc naturel de DESPEÑAPERROS – Jaén

Carte Michelin nº 446 Q 19

Passage naturel entre l'Andalousie et le reste de l'Espagne, un défilé creusé par le río Despeñaperros rompt brutalement la régularité de la Sierra Morena. La tradition veut que les chrétiens y précipitèrent les Arabes après la bataille de Las Navas de Tolosa, épisode qui serait à l'origine de son nom (*despeñaperros* : « les chiens que l'on a poussés »). Ce défilé est maintenant inclus dans un parc naturel de 7 717 ha se situant à plus de 1 000 m d'altitude, auquel il a donné son nom. De nombreux belvédères offrent d'extraordinaires **panoramas★★★** sur les sinueuses falaises de craie et les profonds précipices qui entaillent le parc. Pour profiter de celui-ci et de son relief impressionnant, il est préférable de parcourir les **différents itinéraires** ⓥ balisés, tant pédestres qu'automobiles. On découvrira alors de magnifiques forêts de chênes, de chênes-lièges, de chênes rouvres et de pins parasols qui

Despeñaperros vu d'avion

Despeñaperros fascine tant par sa beauté que par l'aspérité de son relief : ces formes arides et pointues, où toute forme de vie semble impossible, ces paysages rocailleux aux formes invraisemblables, enfin ces merveilleuses vues que l'on a des falaises en font un endroit idéal pour les amateurs de photo ou tout simplement pour ceux qui aiment laisser leur imagination vagabonder dans la nature à l'état brut.

coiffent une végétation serrée d'arbouses, de lentisques et de myrte. Au sein de cette étrange végétation, ou dans cet écosystème parfaitement adapté, différentes espèces se côtoient telles le loup, le lynx, la fouine, la genette, le cerf et le sanglier, ou le vautour et le spectaculaire aigle impérial. En prenant le circuit de l'Arroyo del Rey qui traverse des ravins et des formes capricieuses produites par l'érosion et les pluies abondantes, on rejoint le site dit « Los Órganos » (Les Orgues), où les roches ont adopté la forme de gigantesques tubes. Dans la zone de las Correderas, on peut pratiquer la chasse ou la pêche.

ENVIRONS

Santa Elena – Ce petit village est, comme la Carolina, le point de départ d'élégantes chasses à courre à travers Despeñaperros.
À proximité se trouvent le **Collado de los Jardines** *(5 km au Nord en direction d'Aldeaquemada)*, étonnant sanctuaire ibère en pleine montagne, et la **grotte de los Muñecos** *(3 km à l'Ouest, direction Miranda de Rey)*, dont les extraordinaires peintures rupestres représentent des silhouettes d'animaux au tracé presque parfait. À 4 km au Nord-Est, le **site naturel de la cascade de Cimbarra** doit sa célébrité à ses spectaculaires chutes et aux superbes gorges que le río Guarrizas a creusées sur son passage.

G. Torres/MARCO POLO

La cascade de Cimbarra

Parque Nacional de DOÑANA★★★

Parc national de DOÑANA – Huelva, Séville et Cadix

Carte Michelin n° 446 U 9,10,11 V 10,11

Avec ses 50 000 ha, Doñana est l'un des plus grands parcs nationaux d'Europe. Il doit son nom à doña Ana Gómez de Mendoza y Silva (16e s.), épouse du septième duc de Medina Sidonia et fille de la célèbre princesse d'Éboli, qui fit de ces terres sa chasse particulière avant de s'y retirer.
Le territoire de Doñana englobe les marécages de la rive droite du Guadalquivir depuis son embouchure à Sanlúcar de Barrameda jusqu'à Matalascañas. Cette vaste zone humide, idéale au printemps comme en hiver, est le lieu de prédilection de plus de cent cinquante espèces d'oiseaux aquatiquesqui viennent y passer l'hiver. Le spectacle de ces oiseaux variés est alors merveilleux : de fragiles statues pétrifiées sur les eaux ou des bolides rasant les joncs et atterrissant en piqué sur des tapis de nénuphars forment un incroyable ballet multicolore qui attire autant les spécialistes en ornithologie que les profanes désireux d'observer de leurs propres yeux ce singulier tableau.
Mais le charme et l'intérêt du parc ne résident pas uniquement dans la contemplation des oiseaux ; le paysage varié tout en contraste permet d'apprécier les éléments naturels qui se côtoient, les dunes qui engloutissent progressivement toute la végétation, ne laissant plus que la cîme des arbres émerger de la surface sablonneuse, ou les forêts qui servent de refuge aux cerfs, aux daims, aux chevaux et aux sangliers.

R. Corbel/MICHELIN

Flamant rose

Les écosystèmes du parc – Trois types d'écosystèmes cohabitent ici : les marécages, les dunes mouvantes et les *cotos*.
Les **marécages**, d'une superficie de 27 000 ha, constituent un refuge exceptionnel pour les oiseaux migrateurs. Le haut degré de salinité des terres donne lieu à divers phénomènes géologiques, comme les *caños* (sorte de canal), les *lucios* (sorte de lagunes en eau toute l'année), les *paciles* et les *vetas* (petites élévations émergées où pousse la soude *(almajo)*, une des plantes caractéristiques de Doñana.
Les **dunes mouvantes** sont parallèles à la côte. Les vents marins les poussent vers l'intérieur et elles progressent d'environ six mètres par an, séparées par des *corrales*.
Les **cotos** sont des zones sèches ondulées, recouvertes de maquis (bruyère, ciste, thym et romarin).
Dans la partie centrale du parc s'étendent entre bois et marais d'étroites franges de terre qui constituent la **vera** (bord). Enfin, dans les **lagunes**, comme celle de Santa Olalla par exemple, évoluent canards, oies et cygnes, tandis que les crustacés dont les flamants roses se nourrissent ont élu domicile dans celle de La Dulce.

Parque Natural Entorno de Doñana – Les similitudes végétales et animales de la zone périphérique du parc national ont amené la création de ce parc naturel de 54 500 ha incluant les salines de Sanlúcar et situé à cheval sur les provinces de Huelva, Séville et Cadix. Ici, le paysage se compose d'eucalyptus et de pinèdes associés à quelques marécages ou à des lagunes.

VISITE

En raison du fragile équilibre écologique du parc, les accès sont rigoureusement contrôlés. Les visites s'effectuent à partir des quatre centres d'accueil suivants situés à l'intérieur même du parc et durent environ 3 h 1/2. Il est indispensable de réserver :

El Acebuche ⓥ – C'est ici que les réservations sont centralisées. À l'intérieur, montage audiovisuel et exposition sur la zone humide du parc. Les sentiers qui partent d'ici mènent à des observatoires d'où l'on peut étudier les oiseaux marins de la lagune.

La Rocina ⓥ – Situé à quelques kilomètres d'El Rocío, sur la route qui va d'Almonte à Matalascañas, c'est le point de départ du populaire **sentier Charca de la Boca** *(14 km à pied)*, qui aboutit à une zone de détente et à divers observatoires d'oiseaux.

El Acebrón ⓥ – Un palais édifié en 1961 propose une intéressante exposition, *L'Homme et Doñana*, qui retrace l'évolution du parc et le rôle de l'homme dans cet environnement. Appréciez la superbe vue depuis l'étage supérieur. De là part un sentier de 12 km qui s'enfonce dans une très belle forêt.

José Antonio Valverde ⓥ – Ce centre inauguré en 1994 se situe sur la commune d'Aznalcázar, au lieu dit La Gallega. Ce bâtiment moderne percé de grandes baies, à proximité de la lagune, permet d'observer les oiseaux des alentours. À l'intérieur, projections audiovisuelles sur le parc et boutique de souvenirs.

Excursions dans le parc

À pied – À partir des divers points indiqués, des itinéraires permettent d'apprécier toute la diversité du paysage du parc. Suivez attentivement les conseils des responsables qui vous informeront sur les degrés de difficulté et la durée des parcours. Prévoir de bonnes chaussures de marche.

En voiture – Il est indispensable de réserver. Il y a deux départs par jour, un le matin et un l'après-midi. Le parcours se fait en 4x4 avec accompagnateur. Les itinéraires varient selon les saisons et les souhaits des visiteurs.

À cheval – Autre solution intéressante qui permet une visite à cheval ou en voiture à cheval. Quand les groupes sont importants, la promenade inclut un pique-nique ; durée variable suivant l'itinéraire choisi.

En bateau – Excursion depuis Sanlúcar de Barrameda *(voir ce nom)*.

ÉCIJA★

Séville – 37 113 habitants

Carte Michelin n° 446 T 14

Dans l'imposante dépression de la chaîne Bétique et sur la rive gauche du río Genil, on distingue la silhouette de l'ancienne Astigi romaine avec ses onze tours verticales. Écija connut un grand essor économique, particulièrement au 18e s., ce qui favorisa la construction de palais, d'églises et de couvents contribuant à son embellissement. Le baroque d'Écija, caractérisé surtout par l'élégance des tours et des clochers-murs, connut un rayonnement sans précédent dans la région.

Enfin, Écija est le berceau de l'écrivain **Luis Vélez de Guevara** (1579-1644), auteur du *Diable boiteux*.

« La poêle à frire d'Andalousie »

C'est ainsi que l'on a coutume de surnommer Écija. Si vous avez des doutes sur cette appellation, il vous suffira de vous y rendre l'été et vous en saisirez d'emblée le sens.

Fêtes – Le mois de septembre est le mois des fêtes par excellence : le 8, une grande procession est organisée en l'honneur de la patronne, la Vierge de la Vallée ; vers le 21, c'est la feria San Mateo, avec ses fêtes populaires, ses corridas, ses présentations de chevaux, etc. Enfin, on retrouve de grandes figures du flamenco lors du festival de Cante Jondo.

Suivre les indications « Centro Ciudad » et laisser la voiture sur la plaza de España.

Plaza de España – Cette vaste place centrale dotée de jardins bien agréables est très appréciée des habitants de la ville qui la surnomment **« El Salón »** (salon). Remarquez l'**église Ste-Barbe** (à voir, les remarquables stalles du *coro*), le **couvent St-François** et les maisons adossées à l'église puis, enfin, l'hôtel de ville.

Hôtel de ville – La salle capitulaire recèle deux **mosaïques romaines★**. Le plafond *artesonado*, qui coiffe la salle (16e s.), provient du couvent de San Pablo y Santo Domingo.

★ÉGLISES ET COUVENTS, TOURS ET CLOCHERS-MURS

★**Clocher de San Juan** – Cette tour du 18e s. est sans aucun doute l'une des plus belles de la ville. Remarquez la délicatesse de son décor baroque qui révèle la parfaite maîtrise du travail de la céramique. Le tout forme un ensemble plein de charme et de grâce.

★**Santiago** ⓥ – Différents styles cohabitent dans l'**église St-Jacques** : le portail qui donne accès au porche ainsi que la tour sont baroques ; l'église est une construction gothico-mudéjare avec des modifications postérieures. Trois nefs aux proportions harmonieuses sont coiffées de bois sauf le chevet dont les voûtes sont gothiques. Le **retable★** gothique du maître-autel illustre la Passion et la Résurrection du Christ.

Santa María ⓥ – L'église du 18e s. s'élève sur la place du même nom. Le superbe portail baroque est rehaussé d'un grand arc et la **tour**, également baroque, présente un décor d'azulejos bleus. Dans le cloître, quelques pièces archéologiques sont exposées.

Convento de las Teresas – Il est installé dans un intéressant palais mudéjar (14e-15e s.), dont le beau **portail** en pierre présente un décor d'*alfiz*, des motifs héraldiques et un décor de corde empreint de mouvement.

La Concepción ⓥ – On accède à l'**église de la Conception** par un simple portail Renaissance de briques rouges. À l'intérieur, remarquez les beaux plafonds artesonados mudéjars.

Los Descalzos ⓥ – La sobriété extérieure de l'**église des Carmes Déchaux**, parfait exemple de l'art baroque local, ne laisse pas soupçonner l'exubérance du décor à l'**intérieur★**. De beaux **ouvrages de plâtre** recouvrent les voûtes, la coupole du transept et les murs à partir de la naissance des arcs.

Convento de los Marroquíes – Les habitants d'Écija sont fiers de son **clocher-mur★**, le plus beau de la région, à ce qu'ils disent... Et on appréciera les *marroquíes*, ces biscuits proposés par les religieuses du couvent qui en assurent la fabrication.

Santa Cruz ⓥ – Ce curieux ensemble s'élève sur la plaza de la Virgen del Valle. On traverse tout d'abord des espaces à allure de patios formés de murs et d'arcs appartenant à une église antérieure. Notez l'élégante **tour Renaissance** ornée d'azulejos. L'église, de style néo-classique et à plan en croix grecque, héberge la statue de la **Vierge de la Vallée** (13e s.), patronne d'Écija. Admirez l'un des autels qui est un **sarcophage paléochrétien★** du 5e s. avec des décors de l'Ancien Testament.

B. Kaufmann/MICHELIN

Le clocher de St-Jean

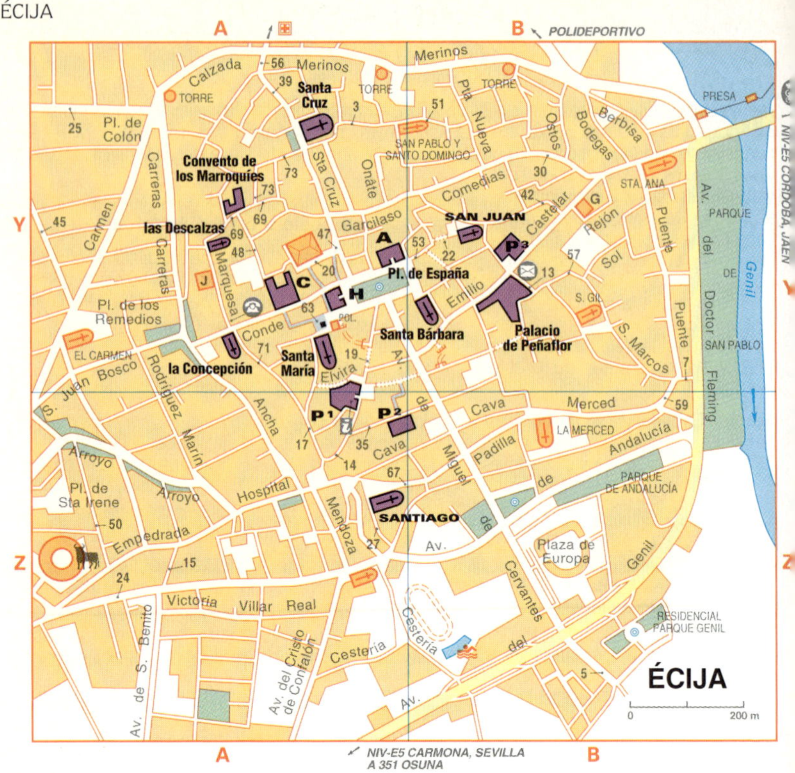

Almonas AY 3	Doctor Sánchez Malo (Av. del) AZ 24	Paloma AY 50
Amapola BZ 5	Emigrantes (Av.de los) AY 25	Pilarejo BY 51
Arabella BY 7	Emparedamiento AZ 27	Platería BY 53
Cadenas BY 13	General Weyller BY 30	Puerta Palma AY 56
Canovas del Castillo AZ 14	Ignacio Soto AZ 35	Rojas BY 57
Cañaveralejo AZ 15	José Canalejas AY 39	Santa Brígida BZ 59
Capuchinos AZ 17	Juan de Angulo BY 42	Santa María (Pl.) AY 63
Cintería AY 19	María Auxiliadora (Av.de) AY 45	Santiago AZ 67
Conde AY	Mas y Prat AY 47	Secretario Armesto AY 69
Compañía AY 20	Miguel de Cervantes (Av. de) BZ	Sor Ángela de la Cruz AY 71
Cordero BY 22	Morería AY 48	Zayas AY 73

Ayuntamiento AZ H	Palacio de Benamejí AZ P[1]
Convento de San Francisco AZ A	Palacio de los Marqueses de Santaella AZ P[2]
Convento de las Teresas AZ C	Palacio de Valdehermoso BZ P[3]

★PALAIS

Mais tout l'intérêt d'Écija ne se limite pas à ses églises, ses tours et ses clochers ; une promenade dans la ville permet de découvrir une intéressante architecture populaire, avec des colonnes encastrées à des coins de rues, des maisons ornées de blasons, des patios, de charmantes petites places ainsi que d'intéressantes constructions civiles.

Palacio de Peñaflor – Le palais héberge actuellement un centre culturel. Sa grande **façade★** très originale, et légèrement concave, est ornée de fresques et d'un balcon de fer forgé. À noter, le beau portail de marbre rose, son décor héraldique et ses colonnes doriques alternant avec des colonnes torses.

Palacio de Valdehermoso – *Calle Caballeros.* Au registre inférieur d'une belle **façade plateresque★** du 16e s., on remarquera les fûts des colonnes qui datent de l'époque romaine.
À gauche de la façade, on bénéficie d'une belle vue sur le **clocher de l'église St-Jean**.

Palacio de Benamejí ⌚ – *Calle Cánovas del Castillo.* Deux grosses tours d'angle flanquent cet élégant palais baroque (18e s.) de brique décoré de marbre. L'ordonnance du **portail★** de marbre met en valeur un doux jeu de courbes, particulièrement sensible aux moulures et au balcon. Un blason monumental couronne l'ensemble, qui abrite le **musée municipal d'Histoire**.

Palacio de los Marqueses de Santaella – *Tout près du précédent. Club privé. Accès soumis à l'autorisation au gardien.* Ne manquez pas de franchir le modeste portail pour jeter un coup d'œil à la superbe **coupole décorée de fresques★** coiffant l'escalier.

ESTEPA★

Séville – 11 654 habitants

Carte Michelin n° 446 U 15

Les vestiges du château et de l'église Ste-Marie-de-l'Assomption dominent ce beau village de la campagne sévillane qui s'échelonne sur les versants du Cerro de San Cristóbal. Cette ville punique, romaine, arabe, puis siège des maîtres de l'ordre de Saint-Jacques au Moyen Âge, attire nombre de visiteurs.

★LE CERRO

Monter en voiture au sommet du Cerro de San Cristóbal.

Au sommet du coteau, sur une étendue entourée de pinèdes, plusieurs bâtiments méritent le détour.

N'oubliez pas d'acheter...

les delicieux *polvorones, mantecados* et gâteaux de Noël, spécialités très prisées de la localité.

Remparts – Jadis, les murailles entouraient le coteau. La ligne de fortification d'origine arabe fut reconstruite au 13e s. par l'ordre de Saint-Jacques. Des pans de muraille et des tours massives se dressent encore sur le coteau.

Donjon – Érigée au 14e s. dans l'ancien château, cette massive tour carrée s'élève entre les vestiges de la forteresse.

Santa María de la Asunción – *À côté des ruines du château.* Bâtie aux 15e et 16e s., cette église aux solides murs jalonnés de longs contreforts et d'une curieuse grosse tour ronde ressemble plutôt à une forteresse. Les offices n'y sont plus célébrés qu'exceptionnellement.

Balcon d'Andalousie – L'esplanade devant l'église et le château dispense de magnifiques **vues★★** sur la campagne. La tour de la Victoire, qui domine les toits du hameau échelonnés sur le flanc de la colline, s'élève au premier plan. Au-delà s'étend à perte de vue un paysage légèrement vallonné, aux tons verts et ocre.

Convento de Santa Clara – Cet édifice de pierre et de brique (16e s.) se dresse à côté de l'église Ste-Marie. Sobre portail baroque paré d'ornements héraldiques.

AUTRES CURIOSITÉS

★**Torre de la Victoria** – Élégant et svelte, ce beau clocher du 18e s. se dresse solitaire dans le ciel d'Estepa depuis qu'a disparu le couvent auquel il appartenait. Ses cinq corps de briques reposent sur une base de pierre.

À droite du clocher, prenez donc la **calle Torralba**. Cette charmante rue étroite et escarpée s'ouvre par un arc, et caractérise certaines rues d'Estepa grimpant sur le flanc de la colline.

★**Carmen** – *Calle Mesones, à proximité de la plaza del Carmen.* Le **portail★** en pierre et faïence noire de ce bâtiment du 18e s. est intéressant et original. Ce joyau du baroque andalou est surmonté d'un beau clocher-mur.

Casa-Palacio del Marqués de Cerverales – *Calle Castillejos. Résidence privée.* Le palais des marquis de Cerverales fut construit au 18e s. C'est la plus belle œuvre architecturale civile de la ville. Autour de la porte et du balcon principal, des colonnes torses et des balustres parées d'écussons et de figures ornent la façade. Les baies du rez-de-chaussée sont encadrées par des pilastres et celles de l'étage supérieur surmontées de frontons tronqués ornés en plein centre d'un visage.

À droite du palais, l'**église de l'Assomption** recèle des peintures intéressantes.

B. Kaufmann/MICHELIN

Portail de l'église du Carmel

ESTEPONA★

Malaga – 39 178 habitants

Carte Michelin n° 446 W 14 – Schéma : COSTA DEL SOL

Au pied de la Sierra Bermeja, Estepona est l'une des grandes stations balnéaires de la Costa del Sol. Les nombreux hôtels et plages, qui bordent ses vingt kilomètres de côte, accueillent une population qui triple l'été. Important port de plaisance et de pêche (neuf cents anneaux), Estepona est le lieu de vacances idéal avec son terrain de golf, son club de plongée sous-marine et, bien entendu, sa multitude de discothèques, pubs, boutiques prestigieuses et restaurants de renom.
Sur la côte s'alignent plusieurs tours de guet, érigées entre les 15e et 16e s.

★**Quartier ancien** – Entouré de quartiers bigarrés, il conserve la forme et le charme des villages blancs andalous. Ses ruelles étroites et ses maisons blanchies à la chaux, ornées de grilles et de balcons fleuris, en constituent les principaux attraits. On y verra quelques vestiges comme les **ruines du château**, avec la tour de l'Horloge et la tour de guet, sans oublier la charmante **plaza de las Flores**★ qui a beaucoup de cachet.

Vous cherchez un hôtel, un restaurant ? Vous voulez sortir prendre un verre ou danser ? Vous souhaitez obtenir des renseignements sur un magasin, etc. ? Consultez le carnet d'adresses du chapitre Costa del Sol.

Nuestra Señora de los Remedios – Cette église (18e s.), qui faisait partie d'un couvent de tertiaires de St-François, dénote bien l'influence de l'architecture coloniale. Les trois vaisseaux sont séparés par des arcs en plein cintre reposant sur des pilastres. Le **portail**★★ baroque, orné de représentations du soleil, de la lune et des étoiles, est remarquable. Observez plus haut l'écusson flanqué de deux étranges têtes. Enfin, une tour surmontée d'une flèche pyramidale en céramique domine l'ensemble.

Plaza de Toros – Cette arène est singulière en raison de son tracé asymétrique.

Site naturel de la Sierra Bermeja

La teinte rougeâtre des formations rocheuses et la présence du curieux pinsapo, espèce de sapin qui ne pousse qu'en Andalousie, sont les principaux attraits de ce beau cadre naturel qui se trouve derrière Estepona, à droite de la route qui mène à Jubrique *(MA 557)*.

Sierra de los FILABRES★

Almería

Carte Michelin n° 446 U 23

La Sierra de Los Filabres surprend par sa nudité et la majesté de ses formes. Les routes sinueuses qui la parcourent offrent des vues étonnantes sur les carrières dont on extrait le marbre si prisé de Macael. Cette exploitation a donné lieu à la constitution de gigantesques terrils où l'homme accumule les blocs de pierre mis au rebut.

CIRCUIT DANS LE PAYS DU MARBRE

Circuit au départ de Macael – 79 km – compter 2 h 30.

Dans toute la partie Est de la sierra abonde une variété de marbre, généralement blanc, dit marbre de Macael, du nom de la principale localité de la région. Connu depuis la nuit des temps, ce marbre, utilisé pour la construction de nombreux édifices tel l'Alhambra de Grenade, procure aujourd'hui encore l'essentiel des ressources de l'ensemble de petits villages dont **Macael** est le centre.

Quitter Macael vers le Nord par la AL 841 ; à Olula del Río, prendre la A 334 vers l'Est puis tourner à droite.

Cantoria – À l'entrée de ce village blanc, un mirador domine une plaine fertile consacrée à l'horticulture. Le village montre la maison des marquis de la Romana et l'église Nuestra Señora del Carmen. À la périphérie, l'ancienne gare ferroviaire n'a pas changé depuis le passage du dernier train dans les années 1980.

Poursuivre vers l'Est jusqu'à la C 3325.

À la jonction avec la C 3325, on peut tourner à gauche et aller jusqu'à **Almanzora** où le palais des marquis d'Almanzora constitue un bel ensemble résidentiel autour d'un patio central. En tournant à droite, on gagne Albánchez.

Albánchez – Entre le thym et le genêt, les maisons blanches de ce village se succèdent sur le flanc de la sierra.

Après Albánchez, la route vers Cóbdar traverse un paysage impressionnant où montagne et carrières se succèdent jusqu'à atteindre **Cóbdar** et son église, perchés sur le grand piton marmoréen de Los Calares, qui fera la joie des amateurs d'escalade. Vous pourrez faire une petite randonnée *(environ 3 km)* à la recherche des restes d'un moulin et d'une forteresse *(en sortant du village, suivre le chemin parallèle à la rivière)*.

Après Cóbdar, poursuivre en direction de Alcudia de Monteagud, puis tourner à droite.

Chercos – Ce village, voué également à l'extraction du marbre, renferme dans sa partie supérieure un quartier ancien appelé El Soto.
Trois kilomètres au Sud, **Chercos Viejo**★ s'accroche au flanc de la sierra *(laisser la voiture à l'entrée du village)*. Ses étroites ruelles tranquilles et escarpées méritent le détour. Les vestiges de la forteresse dominent le village tandis que les alentours recèlent quelques pierres taillées de l'époque préhistorique.

Revenir sur ses pas pour reprendre la route de Cóbdar à Alcudia de Monteagud.

On traverse **Alcudia de Monteagud** qui compte des aires de battage du 19e s. et d'anciens lavoirs publics.

Tahal – Ce très joli petit village blanc et son imposant château arabe du 15e s. sont situés au point de rencontre de plusieurs ravins.

Retourner à Macael par la A 349.

FUENTE OBEJUNA

Cordoue – 6 107 habitants

Carte Michelin n° 446 R 13

Une petite route paisible bordée d'arbres mène au village situé sur une colline, à proximité de la source du río Guadiato. Une des pièces de théâtre les plus connues du grand Lope de Vega est inspirée d'un fait historique qui eut lieu au 15e s. à Fuente Obejuna. Une promenade à pied est la meilleure façon de découvrir cette ville historique qui conserve quelques maisons seigneuriales, témoins de son passé.

Plaza Mayor – Située dans la partie haute du village, c'est une imposante place au contour irrégulier et pavée de granit qui reçoit l'hôtel de ville et l'église paroissiale.

« Qui a tué le Commandeur ? – Fuenteovejuna, Monsieur »

Lope de Vega (1562-1635) a immortalisé ce village dans son œuvre ***Fuenteovejuna***, où il conte comment les habitants du village, ne tolérant plus les atrocités commises par le commandeur Fernán Gómez de Guzmán, se soulevèrent contre lui avant de l'assassiner. Le juge mandaté par les Rois catholiques afin d'enquêter sur les circonstances de l'événement obtint cette seule réponse à la question « Qui a tué le commandeur ? » Les rois, en apprenant les abus du commandeur, approuvèrent la conduite des villageois. Fuenteovejuna est demeuré depuis un exemple d'union et de rébellion contre la tyrannie.

Carnet d'adresses

Se loger

À BON COMPTE

El Comendador – *Luis Rodríguez, 25 – ☎ et fax 957 58 52 22 – 13 chambres – 5 000 ptas.*
Hôtel central qui propose de grandes chambres confortables, parfois avec vue sur la vallée. Un des rares restaurants du village, également. Bon rapport qualité/prix.

Nuestra Señora del Castillo ⓥ – L'église (15ᵉ s.) abrite d'intéressantes œuvres d'art. La nef gothique conserve quelques restes de peinture murale. Le *presbiterio* accueille un magnifique **retable Renaissance★** orné de hauts-reliefs représentant des scènes de la Vie et de la Passion du Christ. Retrouvée dans une niche de l'ancienne muraille, la Vierge del Castillo (14ᵉ s.) domine l'ensemble.
La chapelle du Sacré-Cœur *(à gauche du presbiterio)*, qui présente un soubassement d'azulejos, compte un **retable gothique** (16ᵉ s.) à sept panneaux, qui retrace la vie de la Vierge. Un autre retable, de style baroque, présidé par la Vierge du Rosaire, se trouve dans la chapelle à droite du presbiterio. À l'extérieur, les quatre arcs en plein cintre surhaussés du porche s'appuient sur trois colonnes à chapiteaux ornés de feuilles d'acanthe, probablement d'origine romaine.

Casa Cardona – Ce curieux petit palais Art nouveau construit entre 1906 et 1911 attire indéniablement l'attention.

EXCURSION

De Fuente Obejuna à Cordoue

131 km. Quitter Fuente Obejuna par la N 432 vers l'Est.

Bélmez – La route sillonne de vastes champs de tournesols. Le village s'étend au pied d'un haut coteau rocheux sur lequel se dresse un **château** d'origine musulmane reconstruit après la Reconquête.
À proximité de l'hôtel de ville (19ᵉ s.), le **Musée historique de Bélmez et du Territoire minier** (Museo histórico de Bélmez y del territorio minero ⓥ) occupe l'ancien magasin à grains communal. La tradition minière du village remonte au 18ᵉ s. avec la découverte d'un important filon de charbon. Aujourd'hui, Bélmez accueille une école universitaire des Mines.

Château – Il ne reste du château qu'une partie du donjon et les murailles flanquées de tours. Pour y accéder, prendre la rue partant de la place en face de l'**église paroissiale** (18ᵉ s.) ; 50 m plus loin sur la droite se trouve l'**ermitage de la Virgen del Castillo**, qu'une rampe relie à la muraille *(environ 5 mn)*. Les plus courageux peuvent poursuivre l'ascension en empruntant un sentier rocailleux jusqu'au premier pan de mur. On aperçoit un cachot sur la gauche. Dans la cour, un escalier dessert d'abord une terrasse, puis *(à éviter en cas de vertige)* la partie la plus élevée, qui dispense des **vues** magnifiques sur le village et ses environs.

À deux pas du village, on peut pratiquer divers sports nautiques sur le **lac de Sierra Boyera**.

Vue sur Bélmez et le château

Espiel – Ce petit village pittoresque aux rues escarpées bordées de maisons blanches se situe à l'écart de la N 432. L'hôtel de ville occupe l'ancien magasin à grains communal, construit en 1792. Des cigognes ont élu domicile dans le clocher de l'église paroissiale, qui date de la fin du 16e s.

Revenir sur la N 432 et poursuivre vers Cordoue.

El Vacar – À droite de la route, au sommet d'un coteau se dressent les ruines d'une imposante forteresse rectangulaire qui domine un vaste panorama ; vue sur le lac de Puente Nuevo, à l'Ouest. Emprunter un des deux chemins de terre au départ de la route, respectivement à 100 et 200 m avant le village, pour accéder à l'esplanade, qui dispense des vues sur les sobres murs érodés de ce bâtiment du 10e s.

Après El Vacar, prendre sur la gauche la CP 81.

La **route★** traverse de beaux paysages montagneux. Vue splendide sur la vallée du río Guadalbarbo au détour d'un des premiers virages de la sinueuse descente. Il n'est pas rare de croiser des troupeaux de moutons, voire du gros gibier, dans cette région où abondent chênes, genêts et cistes. Vues splendides avant de franchir le petit pont qui enjambe la rivière. Lorsque les lauriers-roses sont en fleur, ils apportent une touche de couleur dans cette austère végétation montagneuse. Après le pont, la route remonte parmi les oliveraies. Puis, Obejo apparaît sur la hauteur, au détour d'un virage.

Obejo – L'**église paroissiale St-Antoine-Abbé** (13e s.) se dresse sur la gauche, à proximité des vestiges d'une forteresse oubliée. Cette charmante petite église présente trois vaisseaux séparés par des arcs surhaussés reposant sur des piliers ou des colonnes. Remarquez les deux colonnes du côté gauche ornées de **chapiteaux★** dont la décoration d'*ataurique* ne manque pas de refléter l'origine arabe de l'édifice. Des chapiteaux renversés servent parfois de bases. À l'extérieur, observez la très sobre et rustique tour mudéjare.

Revenir par la même route sur la N 432 et poursuivre l'itinéraire.

★★★ **Cordoue** – *Voir Córdoba.*

GÉRGAL

Almería

Carte Michelin n° 446 U 22

Un château en parfait état de conservation domine le village, situé sur le flanc de la Sierra de los Filabres. Pour accéder à la forteresse *(propriété privée ; ne se visite pas)*, prendre la route de Las Aneas sur la gauche à la sortie du village. L'ensemble, une tour carrée crénelée flanquée de petites tours cylindriques, règne sur le hameau blanc qui s'étend à ses pieds. Dans la grande église paroissiale, la nef principale est ornée d'un *artesonado* mudéjar. Gérgal se trouve au cœur de la partie la plus aride de la province d'Almería.

EXCURSION

★ **Montée au Calar Alto** – *Compter 1 h 1/2 de route jusqu'à l'observatoire, distant de 31 km. Parcourir 5 km vers l'Ouest sur la C 3326, avant d'emprunter à droite la AL 872.*

Cette route sinueuse et escarpée à travers la Sierra de los Filabres monte jusqu'à 2 168 m d'altitude. Après Aulago, dernier village en bordure de route, on voit peu à peu changer la végétation. Avec l'altitude, les terres arides disparaissent progressivement, et une vaste forêt replantée de pins couvre les parties hautes.

La route traverse de beaux sites naturels et offre de part et d'autre des **vues panoramiques★** étonnantes par leur étendue et leur beauté : elles embrassent Almería et le cap de Gata au Sud, les sommets de la Sierra Alhamilla au Sud-Est, la vallée du rio Almanzora au Nord et la Sierra Nevada à l'Ouest.

Le sommet du Calar Alto porte les dômes imposants du **centre astronomique** ⓥ, car ses deux cents nuits sans nuage par an en font le lieu idéal pour l'observation du firmament.

B. Kaufmann/MICHELIN

Dôme du centre astronomique

GRANADA★★★

GRENADE – 241 471 habitants

Carte Michelin n° 446 U 19

« Fais-lui l'aumône, ô femme, car rien n'est plus triste dans la vie que d'être aveugle à Grenade. »

Cet adage populaire inscrit sur l'un des murs de l'Alhambra, l'un des plus beaux joyaux artistiques au monde, révèle bien la splendeur de Grenade, ville aux prestigieux monuments, qui jouit d'un **site★★★** particulièrement privilégié.
Au milieu d'une riche plaine cultivée baignée par les ríos Genil et Darro, Grenade a été bâtie sur trois collines, l'Albayzín, le Sacromonte et l'Alhambra. Tandis que la ville chrétienne et moderne s'étend dans la plaine, la ville arabe se déploie sur les collines et cet ensemble harmonieux, où art et histoire sont intimement mêlés, s'élève majestueusement, couronné par les cimes altières et enneigées de la Sierra Nevada.
Plongez-vous dans l'univers envoûtant de Grenade, perdez-vous dans le dédale de ses ruelles et goûtez la quiétude et la simplicité de ses petites places, arpentez les rues animées du centre... mais c'est au coucher du soleil que vous comprendrez pourquoi Grenade exerce sur ses visiteurs un charme irrésistible...

FÊTES

Prise de Grenade – Le calendrier andalou, particulièrement riche en événements, s'ouvre avec la grande fête du 2 janvier qui commémore la reddition historique de Boabdil à l'armée chrétienne. Ce jour-là, un défilé ouvert par la bannière des Rois catholiques, monte à la tour de guet de l'Alhambra pour y faire sonner la cloche. La tradition veut que les jeunes gens de Grenade qui participent à la fête se marient avant la fin de l'année.

San Cecilio – Le jour de la saint Cecilio (1er février), patron de Grenade, une procession monte au Sacramonte. Là, près de l'abbaye, la mairie propose du vin en jarres et des fèves tandis que l'on chante et danse des sévillanes.

La Semaine sainte – À la différence d'autres villes andalouses, Grenade vit la Semaine sainte dans le silence et le recueillement. Du dimanche des Rameaux au dimanche de Pâques, les processions défilent dans les rues pavées en pente vers la Carrera Oficial, itinéraire obligé pour atteindre la cathédrale. De merveilleuses sculptures baroques de Diego de Siloé, de Pedro de Mena et de Giacomo Fiorentino ou de sculpteurs contemporains mettent à rude épreuve les porteurs, sont contraints de s'agenouiller pour faire passer les *pasos* par les petites portes en ogive.

Les Croix de mai – Le 3 mai, rues et patios sont ornés de croix de fleurs.

La Fête-Dieu, ou Corpus Christi – Tandis que la procession solennelle de la Fête-Dieu parcourt les rues de la ville toutes parées de fleurs et d'herbes aromatiques, c'est l'occasion de nombreuses festivités (corridas, feria, etc.) pendant toute une semaine.

Festivals – Grenade est le siège d'importants événements culturels : citons le festival international de Théâtre (en mai, au théâtre Manuel de Falla), le festival international de Musique et de Danse (juin, juillet, dans l'Alhambra) et le festival international de Jazz (octobre, novembre).

UN PEU D'HISTOIRE

Grenade commence à prendre de l'importance avec l'arrivée des Arabes, mais les origines de la ville sont très lointaines ; on sait qu'il existait des implantations ibères, ainsi qu'une colonie romaine du nom d'Iliberis sur la colline de l'Albayzín.

Grenade sous la domination arabe – En 713, les troupes de Tarik prennent le contrôle de la ville : son noyau s'étend alors sur les collines de l'Alhambra et de l'Albayzín. La ville dépend du califat de Cordoue, mais lorsque ce dernier se disloque en 1013, Grenade devient la capitale d'un royaume indépendant et la **dynastie zayride** s'y établit. Les Zayrides renforcent les défenses de la ville et construisent les bains El Bañuelo et le pont du Cadí.
La ville tombe aux mains des **Almoravides** en 1090, puis des **Almohades** vers le milieu du 12e s. En dépit de nombreuses luttes intestines, elle s'agrandit : des travaux de canalisation sont entrepris et les fortifications sont renforcées.

Le royaume nasride – L'âge d'or de Grenade coïncide avec l'avènement de la dynastie nasride en 1238. Un accord passé entre Ferdinand III de Castille et Mohammed ben Nasr, fondateur de la dynastie nasride qui se reconnaît vassal du roi chrétien, favorise une période de paix.
Outre Grenade, le royaume compte les provinces actuelles d'Almería et de Malaga, ainsi qu'une partie de celles de Cadix, Séville, Cordoue et Jaén. Pendant cette période, Grenade est une capitale prospère qui s'embellit de jour en jour. La ville basse se développe et c'est le début de la construction de l'Alhambra. Les palais nasrides sont bâtis quant à eux sous les règnes de Yusuf Ier (1333-1353) et de Mohammed V (1353-1391) et Grenade devient la ville phare de son époque.
Au **15e s.**, les dissensions internes facilitent la tâche des chrétiens qui grignotent peu à peu le royaume nasride. Après un siège de six mois, les Rois catholiques prennent la ville le 2 février 1492 : ainsi s'achèvent huit siècles de domination musulmane dans la péninsule.

STOCK PHOTOS

Se loger

À BON COMPTE

Niza – *Navas, 16 – ☎ 958 22 54 30 – fax 958 22 54 27 – 28 chambres – 5 500 ptas.*
Petit hôtel simple très bien situé et fréquenté par des routards. Prix très attractifs.

Los Jerónimos – *Gran Capitán, 1 – ☎ et fax 958 29 44 61 – 30 chambres – 7 000 ptas.*
Hôtel correct doté de chambres modernes. La 502 a une terrasse avec vue sur l'Alhambra et une partie de la ville. Bon rapport qualité/prix.

Los Tilos – *Plaza Bib-rambla, 4 – ☎ 958 26 67 12 – fax 958 26 68 01 – 30 chambres – 7 500 ptas.*
Il est situé sur une charmante petite place piétonne au milieu des kiosques à fleurs. Chambres correctes, équipées de salle de bains, télévision et téléphone ; on peut apercevoir la cathédrale depuis certaines d'entre elles.

VALEUR SÛRE

Marcia – *Plaza Nueva, 4 – ☎ 958 22 75 36 – fax 958 22 75 33 – 44 chambres – 10 000 ptas.*
Au pied de l'Alhambra. Hôtel moderne, chambres sans prétention (meubles en rotin et moquette) et salles de bains désuètes. Un peu cher.

Carmen de Santa Inés – *Placeta de Porras, 7 – ☎ 958 22 63 80 – fax 958 22 44 04 – 9 chambres – 12 000 ptas.*
Ce *carmen (voir encadré plus loin)* typique de l'Albayzín a été agrandi et transformé au 17e s. Joli patio rempli de plantes (citronniers, jasmins et treille). On aperçoit l'Alhambra de certaines chambres.

Palacio de Santa Inés – *Cuesta de Santa Inés, 9 – ☎ 958 22 23 62 – fax 958 22 24 65 – 13 chambres – 12 000 ptas.*
Dans le quartier de l'Albayzín, bâtiment (16e s.) à l'architecture d'inspiration mudéjare. Certaines chambres ont vue sur l'Alhambra. Dans le charmant patio à colonnes, restes de fresques Renaissance.

América – *Real de la Alhambra, 53 – ☎ 958 22 74 71 – fax 958 22 74 71 – 12 chambres – 15 500 ptas.*
Divinement situé dans les jardins de l'Alhambra, ce modeste petit hôtel coûte deux fois moins cher que le *parador* voisin. Il est préférable de réserver au moins quinze jours à l'avance. La plupart des chambres donnent sur le patio de ce qui fut une demeure aristocratique au 19e s.

UNE PETITE FOLIE

Parador de San Francisco – *Alhambra – ☎ 958 22 14 40 – fax 958 22 22 64 – 36 chambres – 33 000 ptas.*
Superbe parador installé au cœur de l'Alhambra dans l'ancien couvent St-François (15e s.) fondé par les Rois catholiques : un vrai bijou. Si vous n'y logez pas, passez prendre un verre sur la terrasse qui domine le Généralife.

Se restaurer

Mariquilla – *Lope de Vega, 2 – ☎ 958 52 16 32 – fermé le dimanche soir, le lundi et du 12 juillet au 3 septembre.*
Ne vous fiez pas aux apparences : décoration impersonnelle mais l'une des meilleures tables de la ville. Excellent rapport qualité/prix.

Chikito – *Plaza del Campillo, 9 – fermé le mercredi.*
Le restaurant et le bar incontournables des habitants de Grenade comme des touristes. Les artistes et les intellectuels des années 1930 (comme García Lorca) s'y retrouvaient. Spécialités locales et excellent jambon.

Mirador de Morayma – *Pianista Gracia Carrillo, 2 – ☎ 958 22 82 90 – fermé le dimanche.*
Terrasse regorgeant de plantes et salons avec vue sur l'Alhambra à la décoration rustique et accueillante. Restaurant très romantique mais... très cher. Spécialités locales, comme les fèves au jambon et les côtelettes d'agneau.

Ruta del Veleta, à **Cenes de la Vega** – *Route de la Sierra Nevada, à 8 km environ de Grenade – ☎ 958 48 61 34.*
Élégant restaurant très fréquenté et décoré de nombreuses jarres de céramique suspendues au plafond. En hiver, les propriétaires ouvrent également un second restaurant dans la station de ski de la Sierra Nevada.

Tapas

Bodegas Castañeda – *Almireceros, 1-3.*
Au début du 19e s., c'était un immense bar qui occupait tout le pâté de maisons. Deux frères en héritèrent et divisèrent l'établissement à la suite d'une dispute : l'un créa les **Bodegas Castañeda**, bar sans tables à l'ambiance populaire et décoré d'objets anciens, l'autre ouvrit la **Destilería Castañeda**, où l'on consomme des tapas dans une profusion décorative de bouteilles.

Casa Enrique – *Acera del Darro, 8 – fermé le dimanche.*
Bon jambon et vin excellent que l'on peut prendre au verre. Le propriétaire est très aimable et très fier de sa cave. Ce bar est situé dans une rue très commerçante, entre une agence bancaire et une bijouterie.

Los Diamantes – *Navas, 26 – fermé le dimanche et le lundi.*
Bar servant poissons et fruits de mer. Situé dans une rue piétonne pleine de caves et de restaurants. Produits d'excellente qualité.

La Trastienda – *Placeta de Cuchilleros, 11.*
Établissement fondé en 1836. Passée la petite porte d'entrée, on descend deux marches pour arriver dans une vieille épicerie qui a conservé son équipement d'autrefois. On peut soit prendre un chorizo excellent au bar, soit aller s'installer au fond dans une petite salle très agréable.

Pilar del Toro – *Hospital de Santa Ana, 12 – ☎ 958 22 38 47.*
Cette maison de 1789 vaut le détour. Petit comptoir à gauche, grande cour intérieure et restaurant à l'étage.

Sortir

Les frimas de l'hiver et la présence d'étudiants ont déterminé l'existence à Grenade de plusieurs endroits agréables où passer une paisible après-midi et d'établissements et de discothèques où l'animation règne tous les jours de la semaine. Les plus jeunes préféreront aller calle Pedro Antonio de Alarcón (ambiance universitaire), ou carrera del Darro, près de l'Alhambra et de l'Albayzín.

Bohemia Jazz Café – *Calle Santa Teresa, 17 – ouvert de 15 h à 2 h du matin (3 h le week-end).*
Parfait pour prendre un verre et discuter dans une ambiance jazz. Photos de chanteurs, de musiciens de jazz et d'acteurs de Hollywood des années 1930 à 1950 aux murs. Trois des quatre pianos sont d'authentiques pièces de collection sur lesquelles, plusieurs fois par semaine, un pianiste joue des morceaux de jazz. Au choix : sept variétés d'excellent arabica.

El Tren – *Calle Carril del Picón, 22 – ouvert de 8 h à 22 h.*
Curieux endroit très accueillant avec une carte riche en cafés, thés et tartes. Un train électrique circule au plafond. Clientèle variant avec les heures.

Las Teterías – La **calle Caldereria Nueva**, entre le centre et l'Albayzín, nous transporte dans une rue typique d'une ville arabe. Les petits salons de thé intimes lui procurent un air chaleureux. Un halte s'impose chez **Pervane**, établissement original offrant une grande variété de thés, cafés, milk-shakes et tartes, et chez **Kasbah**, où le sol est jonché de coussins et de tapis arabes.

La Fontana – *Carrera del Darro, 19 (près du premier pont) – ouvert de 16 h à 3 h du matin.*
Dans une maison ancienne au pied de l'Alhambra et de l'Albayzín, cet endroit accueillant où l'on trouve quelques antiquités, est idéal pour prendre un verre dans une ambiance détendue. Grande variété de cafés, d'infusions et de cocktails.

El 3er Aviso – *Plaza de Toros, 1-18 – ouvert de 16 h à 5 h du matin.*
Situé sur la place des arènes, ce bar surprend par sa taille et sa décoration moderne soignée et de bon goût. Il y a plusieurs niveaux et des endroits où l'on peut discuter tranquillement. La musique attire inévitablement le badaud qui cherche à prendre un verre. L'âge de la clientèle se situe entre 25 et 45 ans.

El Príncipe – *Campo del Príncipe, 7 – ouvert de 23 h à 6 h du matin, tous les jours sauf le lundi en été, du mercredi au samedi en hiver. Entrée : 2 000 ptas.*
C'est le rendez-vous des personnalités de Grenade et de toute l'Espagne. Clientèle tous âges confondus.

El Camborio – *Calle Sacromonte, 47 (quartier du Sacromonte) – ouvert de 24 h à 6 ou 7 h du matin – fermé le lundi.*
C'est l'un des endroits les plus anciens de Grenade (ouvert sans interruption depuis trente ans). Il est préférable de s'y rendre en voiture ou en taxi car le quartier n'est pas très sûr. Ses quatre grottes communiquant entre elles composent un décor très original. La musique est bonne. Parfait pour terminer la nuit. Fréquenté par les étudiants.

Loisirs

Grenade conserve sa renommée de ville au dynamisme culturel. Le théâtre Alhambra *(calle Molinos 54 – ☎ 958 22 04 47)* programme une saison de théâtrale et l'auditorium Manuel de Falla produit des concerts de grande qualité.

De plus, Grenade propose de nombreux spectacles ou expositions. Un guide mensuel est disponible au prix de 100 ptas. Et l'hôtel de ville de Grenade publie et distribue tous les mois une revue de toutes les activités culturelles de la province (disponible également dans les Offices de tourisme).

Lèche-vitrines

La zone commerçante de Grenade se situe dans les grandes avenues du centre ainsi que dans les rues piétonnes annexes. Dans le quartier de la Gran Vía de Colón et de la calle Reyes Católicos, on trouve des boutiques traditionnelles ou à la mode, tandis que la calle Recogidas accueille un grand centre commercial, le Neptuno.

Dans le même quartier, près de la cathédrale, se trouve l'Alcaicería, marché de la soie à l'époque musulmane, qui évoque un souk ou un bazar oriental avec ses boutiques de souvenirs et d'artisanat espagnol. Il fait bon se promener au milieu des kiosques à fleurs de la plaza de Bib-rambla, qui ajoutent une note pittoresque à l'endroit.

La marqueterie sur de petits objets en bois comme des coffrets à bijoux par exemple est l'une des activités typiques des artisans de Grenade. On en trouve surtout dans le quartier de l'Alcaicería.

B. Kaufmann/MICHELIN

Les boutiques de l'Alcaicería

On trouve aussi dans ce quartier de nombreuses pâtisseries où l'on peut se régaler avec les typiques *piononos*, spécialité de Grenade. La réputation de la pâtisserie Flor y Nata, dans la calle Reyes Católicos est justifiée. Tous les dimanches, sur le champ de foire (route de Jaén), se tient un **marché** qui vend un peu de tout.

Transports

Aéroport – *Route de Malaga – ☎ 958 24 52 00 ou 958 44 64 11.*

Renseignements : *☎ 958 22 75 92.*

L'aéroport est situé aux abords de Grenade. Service d'autobus Grenade-aéroport, qui part de la plaza Isabel la Católica, à côté de Banesto (*☎ 958 27 86 77*).

Trains – La gare (*☎ 958 27 12 72*) se trouve avenida de Andalucía. De là, des lignes régulières desservent toute la province et le reste de l'Espagne.

Renseignements RENFE – *Calle Reyes Católicos, 63 – ☎ 958 22 31 19.*

Autobus urbains – C'est un moyen pour sillonner toute la ville et se rendre dans les différents monuments ou quartiers. Tarif du billet 120 ptas ; forfait 15 billets 1 000 ptas, 30 billets 2 000 ptas, 30 jours 4 500 ptas.

Gare routière – *Camino de Ronda, 47 – ☎ 958 25 13 54.* C'est le point de départ des cars vers les principales villes d'Andalousie, certaines villes d'Espagne et même quelques capitales européennes.

Service d'autobus Granada-Sierra Nevada (Paseo de Violón au niveau du pont de la Virgen – Bar Ventorrillo – *☎ 958 81 11 06*) avec des départs quotidiens à 9 h.

Taxis – *☎ 958 15 14 61 ou 958 28 06 54*

Calèches – Elles sillonnent toute la zone touristique. Point de départ Puerta Real.

INDEX DES RUES ET DES CURIOSITÉS FIGURANT SUR LE PLAN DE GRENADE

Les larmes de Boabdil

Après avoir rendu les clés de Grenade, Boabdil, dernier souverain nasride, prend le chemin de l'exil. À un endroit qui porte maintenant le nom émouvant de Suspiro del Moro (le soupir du Maure), il s'arrête et, jetant un dernier regard sur la ville qu'il a tant chérie, ne peut contenir ses larmes. « Pleure comme une femme ce que tu n'as pas su garder comme un homme » lui lance alors sa mère.

Grenade chrétienne – Après la conquête, la population maure se concentre dans l'Albayzín. À la fin du 15e s., les premiers conflits surgissent alors que les musulmans se voient contraints au baptême. Au fil du temps, le problème s'aggrave ; éclate alors la révolte des Alpujarras *(voir ce nom)* menée par Mohammed Abén-Humeya en 1568. Philippe II envoie don Juan d'Autriche pour conduire la répression et l'expulsion des morisques de Grenade est alors édictée.
Aux **16e et 17e s.**, la ville subit d'importantes transformations : on supprime les ruelles de l'époque musulmane, on crée des places et des voies plus larges et on élève la cathédrale, la chapelle royale, le palais de Charles Quint, la Bourse, l'hôpital royal, la chancellerie et la chartreuse.
Au **18e s.** et surtout au **19e s.**, nombreux sont les voyageurs qui visitent Grenade et ne résistent pas à son charme. C'est alors que naît le mythe de Grenade, mythe romantique qui célèbre la beauté mystérieuse et exotique de Grenade, thème littéraire récurrent repris par Victor Hugo, Alexandre Dumas et bien entendu Washington Irving dans ses célèbres *Contes de l'Alhambra*.

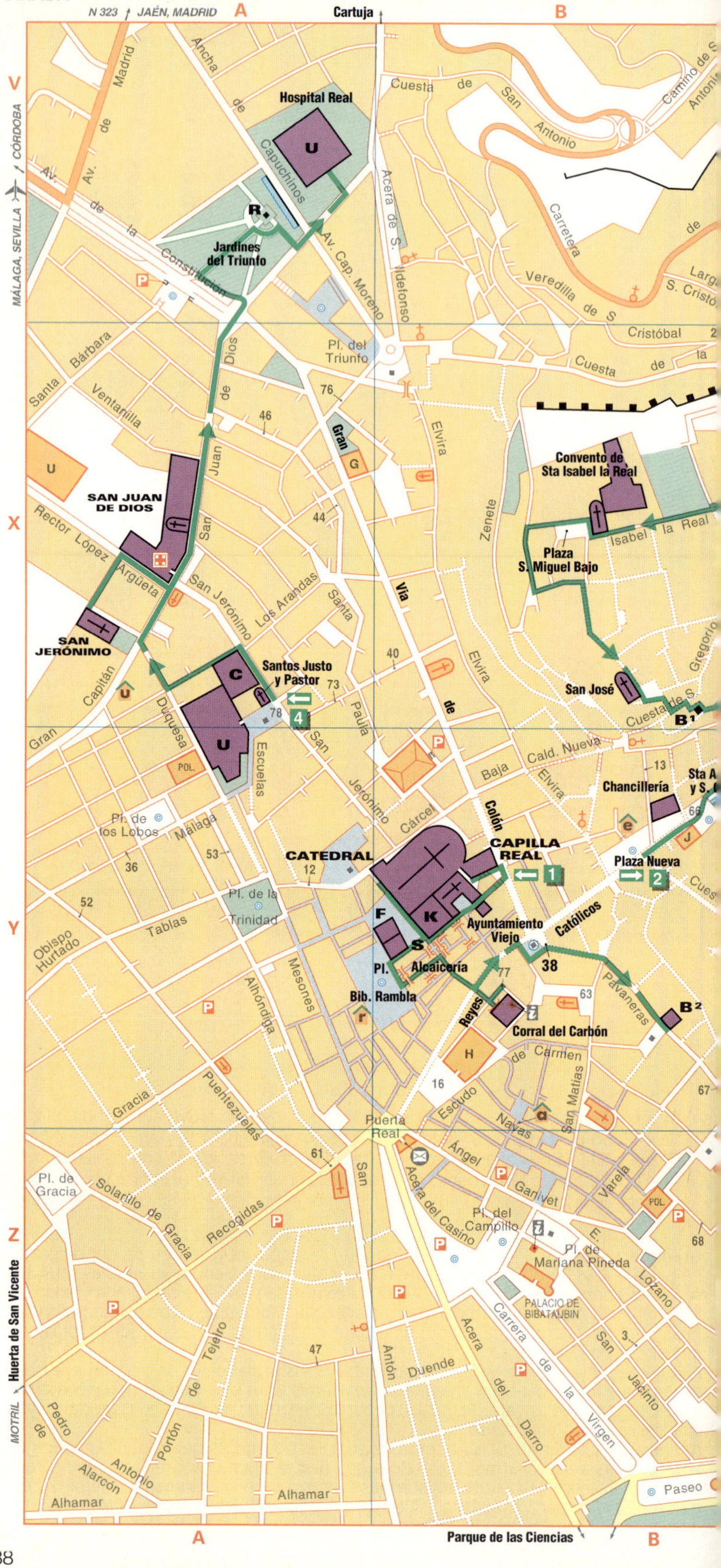
N 323 JAÉN, MADRID
Cartuja
A
B
V
X
Y
Z
MÁLAGA, SEVILLA
CÓRDOBA
MOTRIL
Huerta de San Vicente
Parque de las Ciencias
Hospital Real
U
R.
Jardines del Triunfo
Av. de Madrid
Av. de la Constitución
Ancha de Capuchinos
Av. Cap. Moreno
Acera de S. Ildefonso
Cuesta de San Antonio
Carretera de
Camino de S. Antonio
Veredilla de S. Cristóbal
Larga S. Cristóbal
Cuesta de la
Pl. del Triunfo
76
46
44
40
73
78
Gran
G
Elvira
Zenete
Convento de Sta Isabel la Real
Isabel la Real
Plaza S. Miguel Bajo
San José
Cuesta de S.
B¹
Gregorio
Santa Bárbara
Ventanilla
San Juan de Dios
SAN JUAN DE DIOS
Rector López Argüeta
SAN JERÓNIMO
San Jerónimo
Los Arandas
Santa Paula
Vía de Colón
Santos Justo y Pastor
C
4
Capitán
Gran
Duquesa
POL.
Escuelas
Cald. Nueva
Baja
13
Chancillería
Sta A y S.
66
J
e
Pl. de los Lobos
Málaga
53
36
52
Cárcel
CATEDRAL
12
CAPILLA REAL
1
Plaza Nueva
2
Pl. de la Trinidad
Tablas
Obispo Hurtado
F
K
S
Ayuntamiento Viejo
Católicos
38
Pl.
Alcaicería
Bib. Rambla
77
63
Pavaneras
B²
Mesones
Alhóndiga
r
Reyes
Corral del Carbón
H
de Carmen
16
Escudo
67
Puentezuelas
Gracia
Puerta Real
Navas
a
San Matías
Ángel
61
Pl. de Gracia
Solarillo de Gracia
Recogidas
San
Acera del Casino
Ganivet
Varela
POL.
Pl. del Campillo
Pl. de Mariana Pineda
E. Lozano
68
PALACIO DE BIBATAUBIN
San
Carrera de la Virgen
Acera del Darro
3
Jacinto
47
Tejeiro
de
Antón
Duende
Pedro de Alarcón
Antonio
Portón
Alhamar
Paseo

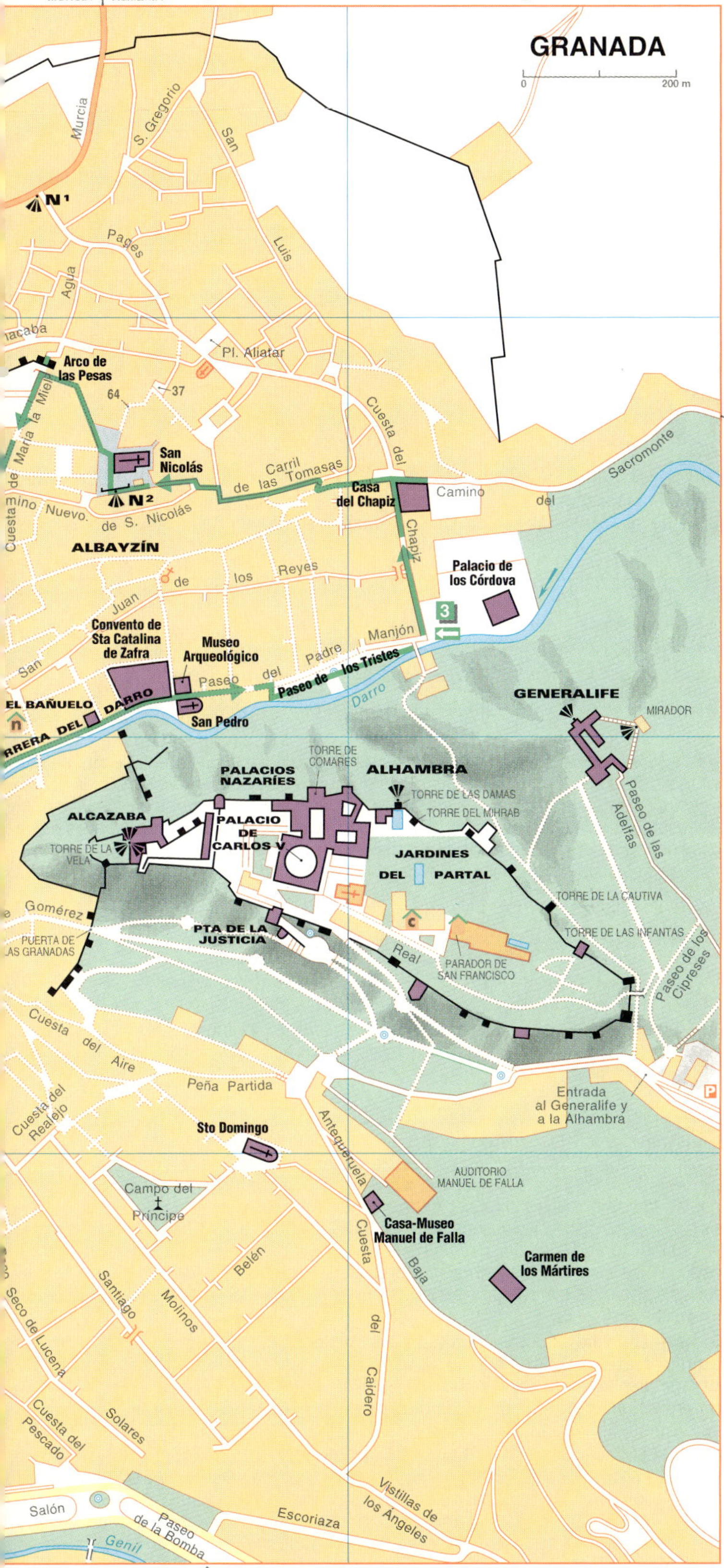
GRANADA
0
200 m
MURCIA
ALMERÍA
C
D
V
X
Y
Z
El Sacromonte
Arco de las Pesas
San Nicolás
Casa del Chapiz
Palacio de los Córdova
ALBAYZÍN
Convento de Sta Catalina de Zafra
Museo Arqueológico
San Pedro
EL BAÑUELO
Paseo de los Tristes
CARRERA DEL DARRO
GENERALIFE
MIRADOR
ALHAMBRA
PALACIOS NAZARÍES
TORRE DE COMARES
TORRE DE LAS DAMAS
TORRE DEL MIHRAB
ALCAZABA
TORRE DE LA VELA
PALACIO DE CARLOS V
JARDINES DEL PARTAL
TORRE DE LA CAUTIVA
TORRE DE LAS INFANTAS
PTA DE LA JUSTICIA
PUERTA DE LAS GRANADAS
PARADOR DE SAN FRANCISCO
Paseo de los Cipreses
Paseo de las Adelfas
Entrada al Generalife y a la Alhambra
Sto Domingo
Campo del Príncipe
AUDITORIO MANUEL DE FALLA
Casa-Museo Manuel de Falla
Carmen de los Mártires
Murcia
S. Gregorio
San Luis
Pages
Agua
Pl. Aliatar
Cuesta de María la Miel
Cuesta del Chapiz
Carril de las Tomasas
Camino del Sacromonte
Camino Nuevo de S. Nicolás
de los Reyes
San Juan
Paseo del Padre Manjón
Darro
Gomérez
Real
Cuesta del Aire
Peña Partida
Cuesta del Realejo
Antequeruela
Cuesta del Caidero
Baja
Belén
Santiago
Molinos
Seco de Lucena
Solares
Cuesta del Pescado
Salón
Paseo de la Bomba
Genil
Escoriaza
Vistillas de los Ángeles
SIERRA NEVADA
N 1
N 2
3
64
37

Mais le 19e s. voit aussi l'arrivée des Français, visiteurs nettement moins appréciés qui, lors de l'occupation de la ville, causent des dégâts et vont même jusqu'à tenter sans succès de s'emparer de l'Alhambra. Quelques tours et certaines parties des murailles sont tout de même détruites.

Grenade aujourd'hui – Chef-lieu d'une province essentiellement agricole, la ville déborde d'animation tout au long de l'année. Dans les rues, on croise aussi bien les étudiants de sa célèbre université que des visiteurs de toute nationalité, car le tourisme demeure la principale source de revenus. Les habitants de Grenade apprécient la taille humaine de leur ville, son emplacement privilégié au pied de la montagne, où on peut skier une grande partie de l'année sous un soleil éclatant, et non loin de la côte où il fait bon s'échapper quand la chaleur devient torride.

★★★L'ALHAMBRA ET LE GÉNÉRALIFE ⌚ *une demi-journée*

On accède à l'Alhambra et au Généralife depuis la Plaza Nueva par la Cuesta de Gomérez. Après avoir franchi la première enceinte par la porte des Grenades (Puerta de Granadas) construite par Machuca sous Charles Quint, on s'engage dans des **bosquets★** ombragés.

★★★L'Alhambra

Le « Calat Alhambra », qui signifie « château rouge », est universellement considéré comme l'un des plus beaux palais arabes jamais conservés. Édifié sur la colline la plus élevée de la ville, la Sabika comme on l'appelait au Moyen Âge, l'Alhambra est évoqué par le poète Ibn Zamrak (1333-1393) en ces mots : « la Sabika est une couronne qui ceint le front de Grenade... et l'Alhambra (que Dieu le protège) est le rubis qui l'orne ».

> **Attention !**
> Ne pas oublier l'**heure de visite des palais nasrides** (Palacios Nazaríes) qui figure à l'entrée pour organiser la visite de l'Alhambra et du Généralife.

Le raffinement de l'Alhambra, son architecture fascinante en parfaite symbiose avec les jardins et les pièces d'eau, tout semble évoquer cet éden coranique tant chanté dans la tradition musulmane. Mais cette beauté dissimule bien des contradictions : sous les décors somptueux et luxueux se cachent des matériaux bien pauvres. Car curieusement, c'est un pouvoir politique en pleine décadence qui a entrepris la construction de ce chef-d'œuvre qui a résisté à tous les avatars de l'histoire. De plus, malgré son apparente démesure, l'Alhambra est une construction à taille humaine.

> **Chronologie de la construction**
> Chronologie de la construction de l'Alhambra et du Généralife :
> – fin du 12e s. : les murailles extérieures ;
> – **14e s.** : au début, le Généralife puis les palais nasrides sous les règnes de Yusuf I (1333-1354) et de Mohammed V (1354-1359 et 1362-1391).

★★★**Palais nasrides** – Ils constituent le noyau de l'Alhambra. Au premier coup d'œil, on est bien loin d'imaginer la richesse, la variété et l'originalité de tous les décors intérieurs : les voûtes de stalactites, les coupoles, les frises et les stucs jouent avec l'eau et la lumière et font de cet endroit une pure merveille.
Les palais sont distribués autour de trois cours : la cour de la Chambre Dorée (patio del Cuarto Dorado), la cour des Myrtes (patio de los Arrayanes) et la cour des Lions (patio de los Leones). L'absence de perspective crée un effet de surprise et le visiteur qui traverse les couloirs est sans cesse en proie à l'émerveillement et à la surprise.

Mexuar – La visite débute par cette pièce rectangulaire qui devait être réservée à l'administration. Quatre colonnes soutiennent un entablement recouvert d'un ouvrage de plâtre. Un beau soubassement d'azulejos et une décoration épigraphique courent le long des murs ornés de blasons royaux. Au fond, le Mexuar est prolongé par un petit oratoire.

Cour de la Chambre Dorée (**1**) – Remarquez le **mur Sud**, entièrement recouvert d'une décoration raffinée, véritable précis de l'art nasride. Des azulejos décorés de motifs géométriques, des panneaux ornés de motifs végétaux, des bandes épigraphiques, des frises de stalactites et de bois sculpté ainsi qu'une remarquable corniche encadrant les deux portes et les cinq fenêtres en font un ensemble tout à fait étonnant.

La décoration d'une finesse omniprésente

À l'opposé, au fond du portique, se trouve la Chambre Dorée, pièce en longueur avec des soubassements d'azulejos, de fins stucs travaillés et un beau plafond de bois. **Vue★** magnifique sur l'Albayzín depuis les fenêtres.

Cour des Myrtes – On franchit la porte gauche du mur Sud et un petit couloir coudé donne sur la cour des Myrtes. Dans le bassin allongé bordé de massifs de myrtes se reflète l'imposante **tour crénelée de Comares**, qui forme un contraste surprenant avec la légèreté et la grâce des portiques de la galerie. Puis on arrive à la **salle de la Barca**, déformation de *Barakha* (bénédiction), coiffée d'une superbe coupole de bois percée à ses extrémités par deux baies. Les murs à la décoration chargée sont ornés de blasons de la dynastie nasride ainsi que d'inscriptions épigraphiques reprenant sa devise : « Dieu seul est notre sauveur ». Puis on accède au **salon des Ambassadeurs**, magnifique salle carrée qui devait abriter le trône royal et qui est richement décorée d'un soubassement d'azulejos aux reflets métalliques, de délicats ouvrages de stucs à motifs végétaux et géométriques et de bandes épigraphiques d'inspiration religieuse ou poétique. La merveilleuse **coupole** s'élève sur un corps de fenêtres à jalousies ; elle compte plus de huit mille pièces de bois de différentes teintes et représente les sept cieux du Coran. Des niches percent trois côtés de cette salle et tamisent agréablement la lumière.

Cour des Lions – La célèbre cour des Lions, en plein cœur du palais privé édifié sous Mohammed V, nous réserve un spectacle encore plus merveilleux et tout s'ordonne autour de l'antique fontaine gardée jalousement par douze lions rustiques qui datent du 11ᵉ s. mais dont l'origine demeure inconnue. Tout autour du patio, une élégante galerie à colonnes dessert les principales salles d'apparat tandis que deux harmonieux petits kiosques à colonnades s'avancent sur les côtés Est et Ouest, ajoutant encore à cet ensemble raffinement et élégance.
Au Sud de la cour, la **salle des Abencérages** possède une merveilleuse voûte de stalactites couronnée d'une coupole en étoile à huit pointes, éclairée par six ouvertures. La légende raconte que cette salle aurait été la scène du massacre des Abencérages dont les têtes auraient été ensuite déposées dans la vasque centrale.
À l'Est, la **salle des Rois** de forme rectangulaire se compose de trois unités carrées garnies de voûtes de stalactites séparées par des arcs géminés à la décoration chargée. Au fond de la salle s'ouvrent trois alcôves dont les voûtes furent probablement peintes à la fin du 14ᵉ s. Le style de ces peintures, représentant les distractions des princes maures et des seigneurs chrétiens, est si différent de ce qui les entoure que l'on ne sait s'il faut les attribuer à un artiste chrétien travaillant pour le sultan ou les croire postérieures à la Reconquête.
Au Nord, la **salle des Deux Sœurs** (Dos Hermanas) est une chambre carrée surmontée d'une coupole octogonale ornée de stalactites et aux parements richement décorés de stucs et d'azulejos. Elle doit son nom à deux grandes dalles de marbre identiques flanquant la fontaine. Mais une légende romantique raconte également que deux sœurs subirent une longue captivité entre ses murs. Puis, on gagne la salle des Fenêtres à meneaux (Los Ajimeces – **3**) et le **belvédère de Lindaraja**, à l'ornementation tout aussi raffinée. À l'époque de sa construction, la vue embrassait toute la région de Grenade mais, depuis l'érection du palais de Charles Quint, on n'aperçoit plus que le jardin de Lindaraja (16ᵉ s.).

Puis on emprunte le passage qui sort de la salle des Deux Sœurs ; à gauche, on peut admirer les coupoles des bains royaux *(ils ne se visitent pas en ce moment)*. Enfin, on traverse l'appartement de Washington Irving et on accède à une galerie ouverte qui offre une **vue★** sur l'Albayzín et donne sur la cour de la Grille (patio de la Reja – **2**) et le jardin de Lindaraja.

On traverse la cour de Lindaraja pour gagner les jardins du Partal.

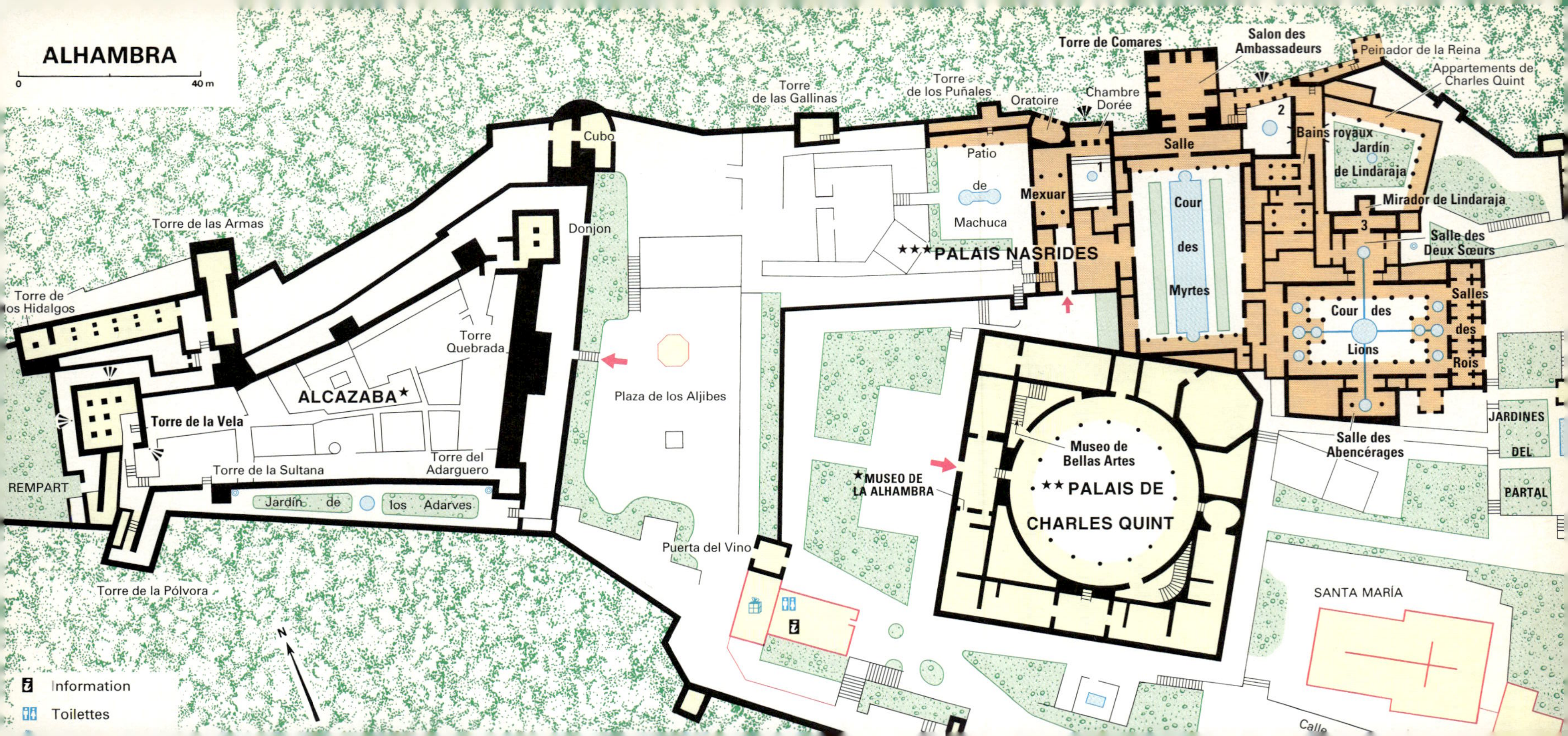
ALHAMBRA
0
40 m
Torre de Comares
Salon des Ambassadeurs
Peinador de la Reina
Appartements de Charles Quint
Torre de las Gallinas
Torre de los Puñales
Oratoire
Chambre Dorée
Cubo
Salle
2
Bains royaux
Jardín de Lindaraja
Mirador de Lindaraja
Patio de Machuca
Mexuar
1
Cour des Myrtes
3
Salle des Deux Sœurs
Torre de las Armas
Donjon
★★★ PALAIS NASRIDES
Salles des Rois
Cour des Lions
Torre de los Hidalgos
Torre Quebrada
ALCAZABA★
Plaza de los Aljibes
Torre de la Vela
Torre del Adarguero
Museo de Bellas Artes
Salle des Abencérages
JARDINES DEL PARTAL
Torre de la Sultana
REMPART
Jardín de los Adarves
★MUSEO DE LA ALHAMBRA
★★ PALAIS DE CHARLES QUINT
Puerta del Vino
Torre de la Pólvora
SANTA MARÍA
N
Information
Toilettes
Calle

★★ **Jardins et tours de l'Alhambra** – À l'Est des palais royaux, les **jardins du Partal** descendent en terrasses vers les tours de la muraille dont la première est la **tour des Dames**, au gracieux portique artesonado, édifiée par Yusuf Ier au début du 14e s. Sur la droite se trouvent la tour du Mihrab et l'ancienne mosquée nasride. Plus loin, la tour de la Captive (Cautiva) est de la même époque, tandis que la tour des Infantes est postérieure.

Du Partal, on accède directement au palais de Charles Quint.

★★ **Palais de Charles Quint** – En 1526, l'empereur Charles Quint fait élever ce palais financé par l'impôt qui pèse sur les morisques. **Pedro Machuca**, architecte formé en Italie à l'école de Michel-Ange, est chargé de sa réalisation qui aboutit à une œuvre du plus pur classicisme. La simplicité du plan, un cercle inscrit dans un carré, et l'harmonie des lignes lui confèrent une beauté particulièrement majestueuse. Le corps inférieur des façades présente des bossages tandis que le corps supérieur est compartimenté par des colonnes ioniques.

Sur le portail principal, remarquons les médaillons et les superbes bas-reliefs de la partie inférieure représentant le triomphe de la paix *(au centre)* et des batailles *(sur les côtés)*, tandis que les armes de l'Espagne ornent la partie supérieure.

La vaste **cour circulaire** (31 m de diamètre) à deux étages de galeries, rythmée de colonnes doriques au rez-de-chaussée et de colonnes ioniques à l'étage, est l'une des plus belles réussites de l'architecture Renaissance en Espagne et impressionne tant par son aspect majestueux que par sa sobriété classique.

Le palais accueille deux musées :

★ **Museo de la Alhambra** – *Entrée à droite du vestibule.* Le musée de l'Alhambra réunit uniquement des œuvres d'art hispano-mauresque qui révèlent l'habileté des artistes et des artisans de cette période. Il rassemble des céramiques, des pièces de bois sculpté, des panneaux d'azulejos et d'*alicatados*, des plâtres, des bronzes, des tissus, etc. Remarquez la Pila de Almanzor, bassin à ablutions orné de lions et de cerfs, les lions servant de bouches d'alimentation, l'**amphore bleue** ou **amphore aux gazelles**★, chef-d'œuvre de finesse du 14e s., ainsi que de curieux petits jouets de céramique représentant des animaux ou des répliques d'objets domestiques.

Museo de Bellas Artes – *Entrée à l'étage du patio.* Les collections du musée des Beaux-Arts comportent surtout des peintures et des sculptures du 15e au 20e s. Les collections du 15e au 17e s. présentent des œuvres d'inspiration religieuse de Sánchez Cotán, Siloé, Alonso Cano ou Pedro de Mena. Mais parmi toutes ces œuvres religieuses, il convient de remarquer la ***Nature morte au cardon***★★ de Sánchez Cotán, dont la sobre maîtrise n'eut d'égale que celle de Zurbarán. Ces deux peintres illustrent l'achèvement de la tradition espagnole de la nature morte, si austère et si différente des somptueuses compositions hollandaises et flamandes.

Les salles des 19e et 20e s. présentent des œuvres de Rodríguez Acosta, de Muñoz Degrain, López Mezquita et Manuel Ángeles Ortiz.

Puerta del Vino – Construite par Mohammed V, la porte du Vin devait présenter un caractère commémoratif car elle n'a pas de fonction défensive à l'intérieur de l'enceinte. Remarquez la décoration en céramique de l'arc en fer à cheval surmonté d'une fenêtre cintrée géminée, flanquée de deux panneaux sculptés.

Franchir la porte pour accéder à l'Alcazaba.

★ **Alcazaba** – Sur la gauche de la plaza de los Aljibes (place des Citernes), tout à fait à l'Ouest, s'élève l'Alcazaba, partie la plus ancienne de l'Alhambra, austère forteresse ceinte de murailles et flanquée de tours dont trois donnent sur la place, la Torre del Adarguero, la Torre Quebrada et le donjon. Des jardins des Adarves – au Sud –, on a une vue merveilleuse sur les bosquets de l'Alhambra. À l'intérieur, sur la place d'armes, les vestiges du quartier militaire sont dominés par la silhouette massive de la **tour de Guet** (Torre de la Vela), bastion historique où les Rois catholiques hissèrent leur étendard après avoir reconquis la ville. Du haut de cette tour, on jouit d'un magnifique **panorama**★★ sur les palais, le Généralife, le Sacromonte, Grenade et la Sierra Nevada. On aperçoit également l'ensemble des **tours Vermeilles** – à l'Ouest –, qui faisaient partie de l'enceinte défensive de la ville ancienne et qui datent de la fin du 8e s. ou du début du 9e s. mais qui ont été reconstruites postérieurement.

★ **Puerta de la Justicia** – Construite par Yusuf Ier, la porte de la Justice est percée dans une tour des murailles extérieures. La partie externe présente un grand arc en fer à cheval ; une porte intérieure est également ornée d'un arc en fer à cheval qui porte une inscription et une longue bande d'azulejos avec une statue de la Vierge à l'Enfant du début du 16e s., commandée par les Rois catholiques. La main représentée sur la clé de l'arc externe ainsi que la clé et le cordon de l'arc interne ont une fonction symbolique inconnue.

B. Kaufmann/MICHELIN

Jardins du Généralife

★★Le Généralife

Dérivé de Yannat al-Arif, son nom peut signifier aussi bien le « jardin de l'Architecte » que « le noble jardin ». Cette résidence d'été, construite en 1319, précède immédiatement les palais de l'Alhambra. Ce palais aux dimensions modestes est entouré de **jardins** en terrasses où l'eau occupe encore une place déterminante. Par l'allée des Cyprès, on accède aux nouveaux jardins qui accueille l'auditorium où se déroule le festival de Musique et de Danse.

Les constructions s'ordonnent autour du **patio de la Acequia** qui possède en son centre un étroit bassin en longueur agrémenté de jets d'eau et bordé de plantes. Il est limité par deux pavillons reliés par une galerie dont le belvédère dispense une belle vue sur l'Alhambra. Au-delà du portique, le pavillon au fond héberge la salle royale ornée de stucs. Le patio de la Sultane, dont l'un des côtés est clos par une galerie du 16e s., doit son nom au **« cyprès de la sultane »**.

Au-delà du palais se trouvent les jardins supérieurs, avec le célèbre **escalier d'eau**, véritable lieu enchanteur qui révèle bien le raffinement et la sensualité de toute une civilisation.

En s'engageant dans les allées des Lauriers-roses (Adelfas) et des Cyprès, on quitte cette oasis de fraîcheur.

Le rendez-vous des amants

L'épouse du sultan Boabdil et un chef abencérage avaient pris l'habitude de se donner rendez-vous sous ce cyprès : le sultan, l'ayant découvert, ordonna le célèbre massacre des Abencérages dans la salle du palais qui porte aujourd'hui leur nom.

★★1 QUARTIER DE LA CATHÉDRALE *deux heures*

★**Cathédrale** – *Entrée par la Gran Vía de Colón.* L'édification de la cathédrale débuta en 1518, au centre de l'ancienne médina musulmane, et les travaux durèrent près de deux siècles. Le projet initial était la construction d'une cathédrale gothique du genre de celle de Tolède. Diego Siloé, qui remplaça Enrique Egas et fut chargé de la construction de 1528 jusqu'à sa mort en 1563, modifia le projet en introduisant le style Renaissance.

Intérieur – *Entrée par le déambulatoire.* La cathédrale possède cinq vaisseaux larges et élevés avec des chapelles latérales et un déambulatoire. Des piliers carrés à colonnes adossées s'élèvent sur des piédestaux et soutiennent d'imposants entablements, ce qui augmente considérablement la hauteur. Voûtes gothiques.

La **« capilla mayor »**★, richement décorée et en forme de rotonde, superpose deux ordres géants. Sur les arches voûtées communiquant avec le déambulatoire avaient été prévus des emplacements pour les sépultures royales, mais ils furent par la suite recouverts de portraits de docteurs de l'église. Les colonnes du premier ordre soutiennent des statues des apôtres et des saints. Sept tableaux d'Alonso Cano illustrant des scènes de la vie de la Vierge ornent la partie supérieure tandis que les vitraux du 16e s. retracent des passages de l'Évangile, principalement de la Passion. Au centre du sanctuaire se trouve le **tabernacle d'argent**.

Un grand **arc de soutien** relie le chœur à la nef ; là se trouvent les statues orantes des Rois catholiques par Pedro de Mena, surmontées de deux médaillons représentant Adam et éve en buste, par Alonso Cano. Dans la première travée de la nef, admirez les belles **orgues** (18e s.).
Dans le croisillon droit s'ouvre le magnifique **portail Nord de la chapelle royale★**, ouvrage isabélin en gothique fleuri par Enrique Egas, que préside La Vierge à l'Enfant. Au-dessus de l'arc festonné, le blason des Rois catholiques est flanqué de leurs emblèmes, le joug et les flèches. À gauche, au centre du grand retable dédié à saint Jacques trône une statue équestre de l'apôtre par Alonso de Mena.

Deux chapelles méritent d'être mentionnées : la chapelle de la **Vierge des Angoisses** ainsi que celle de **N.-D.-de-l'Antique**. Ce n'est qu'en 1926 que le grand retable de marbre de la Vierge des Angoisses fut installé dans le *trascoro*. Au centre, accompagnée de quelques saints, apparaît la Vierge portant le Christ mort dans ses bras. Dans la chapelle N.-D.-de-l'Antique – la 1ère du déambulatoire – une superbe statue de la Vierge à l'Enfant du 15e s. trône au milieu d'un magnifique retable baroque du début du 18e s., de Pedro Duque Cornejo. Dans le déambulatoire, une intéressante collection d'ouvrages liturgiques du 16e au 18e s. est également exposée.

Le **musée de la Cathédrale** (Museo catedralicio) expose une petite statue de la Vierge de Béthléem, un buste de saint Paul par Alonso Cano, ainsi qu'un buste de la Vierge à l'Enfant de Pedro de Mena.
Dans la **sacristie**, aux pieds du Christ, remarquez une autre délicate statue de la Vierge par Alonso Cano.

Extérieur – Longez l'abside pour gagner la calle Cárcel Baja, où se trouvent deux portails auxquels Siloé apporta sa contribution. C'est à lui que l'on doit le registre inférieur de la **porte du Pardon**, où, appuyées sur l'arc, les figures de la Foi et de la Justice soutiennent une tablette. Sur les contreforts, on observe deux magnifiques blasons : celui des Rois catholiques *(à gauche)* et celui de l'empereur Charles Quint *(à droite)*. Le **portail de saint Jérôme** possède un arc en plein cintre entre des pilastres plateresques, ainsi que des médaillons ornés de chérubins sur les pendentifs de l'arc. Voyez le saint Jérôme pénitent.
La monumentale façade principale, qui donne sur la plaza de las Pasiegas, fut dessinée par Alonso Cano (1667).

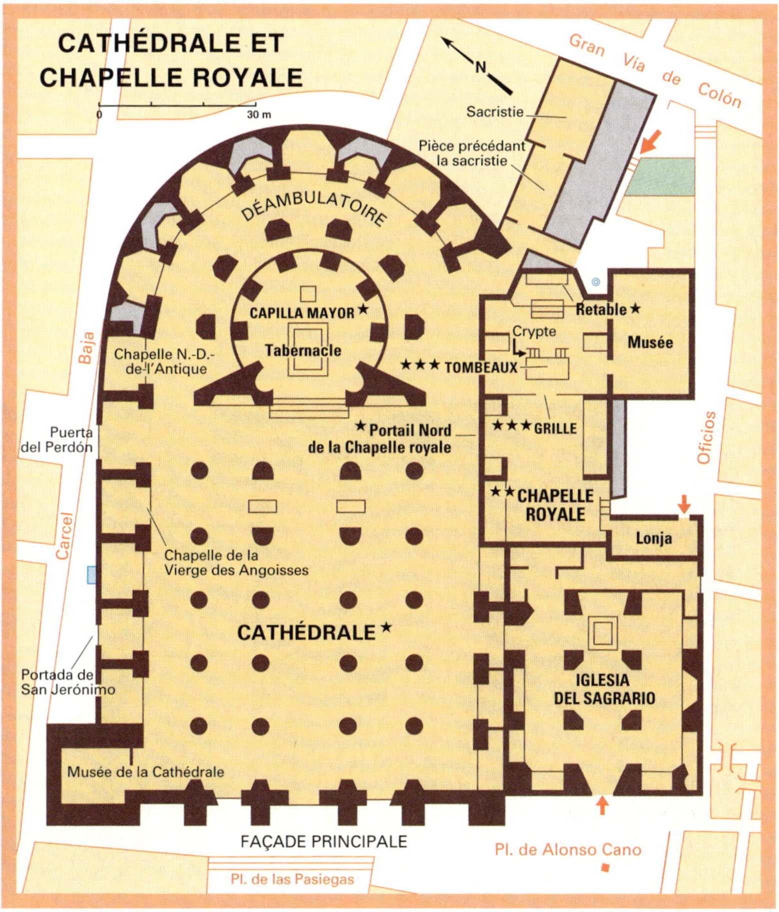

Madraza ou ancien hôtel de ville – *Dans la calle Oficios, en face de la Chapelle royale.* La Madraza, ou université coranique, fut bâtie au 15e s. par Yusuf Ier. Après la Reconquête, les Rois catholiques la cédèrent au conseil municipal. La façade, qui appartient à la dernière phase du style baroque grenadin, fut réalisée au 18e s. après la quasi-reconstruction du bâtiment. Seuls les grands balcons de l'étage supérieur présentent une décoration complétée par un blason entre chacun d'eux.
À l'intérieur, après avoir traversé le patio, on peut remarquer l'ancien **oratoire** de la Madraza, qui a subi de nombreuses restaurations au 19e s. et présente des stucs polychromes, de petites voûtes de stalactites ainsi qu'une belle toiture octogonale avec lanterne.

★★ **Capilla Real** – Les Rois catholiques firent construire la Chapelle royale afin d'être enterrés dans cette ville qui avait été à l'origine de tant de gloire. Sa construction débuta en 1506 pour s'achever en 1521. Chef-d'œuvre du gothique isabélin tant par l'unité du style que par la richesse de son ornementation, elle est l'œuvre d'Enrique Egas.

Un sanctuaire historique

C'est ici que reposent les **Rois catholiques**. Leur importance ne se limite pas au cadre de l'Espagne puisque ce fut sous leur règne que l'Amérique fut découverte, événement capital qui allait changer le sens des siècles suivants. En outre, les Rois catholiques jouèrent un rôle déterminant dans l'histoire de l'Espagne puisque la réunion des couronnes de Castille (avec Isabelle) et d'Aragon (avec Ferdinand) ainsi que la fin de la Reconquête allaient jeter les bases de l'état espagnol des Temps Modernes.

À l'**extérieur**, remarquez les beaux pinacles ainsi que l'élégante **crênelure** qui souligne les différents niveaux. Sur la crête inférieure figurent en guise de décoration les lettres F et Y, initiales des Rois catholiques. Le portail principal de la chapelle ayant été englobé dans la cathédrale, on entre par l'ancienne bourse (Lonja).
La **Lonja** est un élégant monument plateresque du 16e s. au plan rectangulaire et composé de deux étages. Des colonnes ornées de boules et de cordons en spirale soutiennent les arcs. Entre les arcs de la partie inférieure figurent les armes de la ville. La galerie de l'étage présente les emblèmes des Rois catholiques et de Charles Quint sur les balustres sculptés.
L'**intérieur de la Chapelle royale** se compose d'une nef unique et de chapelles latérales. Des piliers moulurés soutiennent des voûtes à nervures. Une bande bleue avec une inscription dorée court en haut des murs. Les éléments héraldiques caractérisent l'ornementation générale : murs et grilles sont ornés de blasons et d'emblèmes des Rois catholiques.
Une spectaculaire **grille**★★★ (16e s.) de Bartolomé de Jaén ferme le transept. Au centre figurent le blason et l'emblème (le joug et les flèches) des Rois catholiques et dans la partie supérieure des scènes de la vie du Christ.

Détail de la magnifique grille de Bartolomé de Jaén

Dans le transept se trouvent les deux **mausolées★★★** doubles, celui des Rois catholiques et celui de leur fille Jeanne la Folle et de son époux Philippe le Beau. Le premier, en marbre de Carrare, fut réalisé à Gênes en 1517 par le Toscan Domenico Fancelli. De forme pyramidale, il est orné de hauts-reliefs des apôtres et de médaillons : au centre, le Baptême et la Résurrection. Dans la partie supérieure, les gisants des rois sont soutenus par des anges portant une guirlande ornée de blasons ; à leurs pieds, deux d'entre eux soutiennent une épitaphe. Le second mausolée est l'œuvre de Bartolomé Ordóñez (1519). Sur un piédestal orné de scènes religieuses repose un immense sarcophage avec les gisants de Jeanne et Philippe. Les corps quant à eux sont conservés dans la crypte dans de simples cercueils.
Autour du magnifique **retable★** plateresque du maître-autel (1520-1522), Felipe Vigarny a su conférer à ses personnages une incroyable énergie dans le mouvement ainsi qu'une grande expression. Au centre, un Christ en croix est accompagné de la Vierge et de saint Jean. Sur le registre inférieur de la prédelle sont représentés la reddition de Grenade et le baptême des Maures. Les orants des Rois catholiques sur les côtés sont attribués à Diego de Siloé.

Musée – *Accès par le croisillon droit.* Le musée est installé dans la sacristie et renferme des objets à la valeur historique exceptionnelle : couronne et sceptre d'Isabelle la Catholique et épée de Ferdinand d'Aragon. On peut également y admirer une extraordinaire **collection★★** d'œuvres de maîtres espagnols (Bartolomé Bermejo, Pedro Berruguete), flamands (Van der Weyden, Memling) et italiens (le Pérugin, Botticelli). Au fond, se situent le **triptyque de la Passion** (peintures centrales de Thierry Bouts) et deux statues orantes des Rois catholiques par Felipe Vigarny.

Curia eclesiástica – Le portail de la curie ecclésiastique, édifice plateresque du 16e s., présente sur son fronton semi-circulaire un blason archiépiscopal. À gauche, le **palais archiépiscopal** frappe par sa grande simplicité.

El Sagrario – L'**église du Sacré-Cœur** se trouve sur l'emplacement de l'ancienne grande mosquée de la ville. L'architecte Francisco Hurtado Izquierdo participa à sa construction au 18e s.

Plaza Bib-Rambla – Cette agréable place très populaire où abondent les petits fleuristes possède de jolies lanternes et une fontaine centrale couronnée par Neptune.

Alcaicería – Marché de la soie à l'époque musulmane, il a été reconstruit et est devenu un marché de « souvenirs » qui n'est pas sans évoquer les souks orientaux avec ses ruelles étroites, ses arcs en fer à cheval et ses décorations de style arabe.

Corral del Carbón – La **cour au Charbon** est une ancienne halle du 14e s. de construction arabe. Sa façade harmonieuse présente un arc en fer à cheval encadré d'un *alfiz* portant une inscription ainsi qu'une baie géminée flanquée de deux panneaux décorés de *sebka*. Un grand avant-toit de bois couronne l'ensemble et la voûte du porche est décorée de stalactites.
Le patio intérieur frappe par sa sobriété : trois étages de galeries à arcs déprimés soutenues par des piliers de brique avec socles de bois et une simple fontaine au centre forment un ensemble charmant. C'est là que se trouve l'Office de tourisme.

Casa de los Duques de Abrantes – *Sur la petite plaza Tovar, à gauche du Corral del Carbón.* D'influence gothique, le portail de la maison des ducs d'Abrantes (16e s.) présente une décoration héraldique.

Plaza de Isabel la Católica – Au centre de cette place se trouve le monument (1892) dédié aux capitulations de Santa Fe, œuvre de Mariano Benlliure, qui représente Christophe Colomb soumettant ses projets à la reine.

Les capitulations de Santa Fe

Le 17 avril 1492, dans le village voisin de Santa Fe, les Rois catholiques et Christophe Colomb signèrent ces célèbres conventions. Colomb recevait le titre et les privilèges d'amiral, de vice-roi et de gouverneur général des terres découvertes.

Casa de los Tiros – Construite vers le milieu du 16e s., cette maison a une curieuse façade de pierre sans autre décoration que cinq sculptures aux formes très arrondies représentant des guerriers.

★2 CARRERA DEL DARRO *une heure*

Cette rue pleine de charme où s'écoule le Darro part de la plaza de Santa Ana et aboutit au paseo de los Tristes. En s'engageant dans la carrera del Darro, on quitte la ville moderne et le paysage change brutalement : on se croirait transporté dans un village. Cette rue longe la rive droite de la rivière qu'enjambent de simples petits ponts de pierre donnant sur les deux célèbres collines mythiques de Grenade, l'Alhambra et l'Albayzín, dont les noms magiques évoquent tout un passé bouillonnant.

Avant d'emprunter cette rue, attardez-vous devant deux bâtiments intéressants sur la **plaza Nueva** et sur la **plaza de Santa Ana**.

La carrera del Darro et le río encaissé

Chancillería – *Plaza Nueva.* Jadis chancellerie, aujourd'hui tribunal, cet édifice du 16e s. est resté fidèle à sa vocation. Par leur diversité, quelques éléments de sa façade classique annoncent déjà le baroque. Un blason aux armes de l'Espagne orne le portail de marbre ; la balustrade qui couronne l'édifice est du 18e s. Élégant **patio★** attribué à Siloé.

Santa Ana y San Gil – *Plaza de Santa Ana.* Cette petite église (16e s.) fut réalisée d'après un projet de Diego de Siloé. Son ravissant clocher est orné de mosaïques au-dessus des arcs et en son sommet. Trois niches abritant sainte Anne et deux autres saintes ainsi qu'une Vierge à l'Enfant en médaillon décorent le portail. À l'intérieur, remarquez les plafonds mudéjars de la nef et le chœur.
Toujours sur la plaza de Santa Ana, une fontaine du 16e s., le **bassin du Taureau**, est attribuée à Siloé. Les armes de la ville apparaissent sur la tête de taureau auquel elle doit son nom.

Prendre la carrera del Darro.

★**El Bañuelo** ⌚ – Les **bains arabes** sont situés en face des vestiges du **pont du Cadí** (11e s.), dont il ne reste qu'une partie de la tour et la naissance d'un arc en fer à cheval.
Ces bains traditionnels du 11e s. sont les mieux conservés d'Espagne. Plusieurs salles les composent (vestiaire, réunion et massage, bain). Remarquez les voûtes percées de lucarnes octogonales ou en forme d'étoiles ainsi que les arcades des dernières salles avec des chapiteaux romains, wisigoths et de l'époque califale.

C'est à ce niveau de la rue que l'on aperçoit au loin les tours et les murailles de l'Alhambra.

Convento de Santa Catalina de Zafra – Le portail Renaissance de ce couvent du 16e s. présente un arc en plein cintre encadré de pilastres et de médaillons. Une niche flanquée de deux blasons abrite la sainte.

Museo Arqueológico ⌚ – Il est installé dans la casa Castril (1539), un palais Renaissance au beau **portail plateresque★**, décoré à profusion d'éléments héraldiques, de coquilles Saint-Jacques, d'animaux, d'anges, de personnages sculptés, etc.
Le Musée archéologique possède une remarquable collection de vases d'albâtre sculptés (9e s. avant J.-C.) de provenance égyptienne trouvés à Almuñécar dans une nécropole punique, un taureau d'Arjona et de nombreux vestiges romains ou d'éléments d'art décoratif arabe. Une copie de la Dame de Baza (l'original se trouve au Musée archéologique de Madrid) y est exposée.

San Pedro – *En face du musée.* Agréablement située sur la rive du Darro, l'église St-Pierre (16e s.) est dominée par la tour de Comares. Deux sculptures président son sobre portail : saint Pierre et ses clefs ainsi que saint Paul armé de son épée.

Paseo de los Tristes – La carrera del Darro aboutit à ce paseo d'où l'on a une **vue★★** merveilleuse sur les tours et les murailles de l'Alhambra émergeant de la colline verdoyante. La nuit, la vue illuminée de l'Alhambra est fantastique ; on peut s'installer sur de petites terrasses pour prendre un verre et apprécier le panorama.

★★3 L'ALBAYZÍN *une heure et demie*

Ce quartier, le plus typique de la ville, porte le nom de la colline sur laquelle il est situé et constitue un belvédère privilégié sur l'Alhambra. C'est là que fut érigée la première forteresse arabe de Grenade dont il ne reste que des murailles. D'étroites ruelles entrecoupées de coquettes petites places pittoresques grimpent sur la colline longeant des villas parfois cossues, les *carmens*. Il faut entreprendre cette visite à pied pour pouvoir saisir tout le charme de ce quartier au tracé arabe.

Palacio de los Córdova – *Au début de la cuesta del Chapiz.* On traverse le jardin par une allée de cyprès et on arrive devant ce palais dont le portail Renaissance est décoré d'éléments héraldiques. L'édifice abrite actuellement les archives municipales.

Casa del Chapiz ⏱ – *Entrée par le camino de Sacromonte.* C'est le siège de l'école d'Études arabes. Deux maisons arabes (15e-16e s.) agrémentées de patios et de galeries composent l'ensemble ; depuis les jardins, on a une belle **vue** sur l'Alhambra.

Les carmens

C'est le nom donné aux petites villas que l'on rencontre sur l'Albayzín. Elles rappellent certaines résidences arabes qui comprenaient la maison et des jardins en terrasses.

Engagez-vous dans l'Albayzín par la cuesta de San Agustín qui monte au milieu des *carmens* ; vous aurez alors une première vue sur l'Alhambra.

Mirador de San Nicolás – Depuis la terrasse de l'**église St-Nicolas**, la **vue**★★★ est superbe : l'Alhambra rouge et ocre se détache sur la colline verdoyante et on distingue en toile de fond les sommets de la Sierra Nevada .

Passer devant l'église et prendre le callejón San Cecilio ; au bout, tourner à droite et franchir l'arc des Poids.

Arco de las Pesas – Cette simple porte du 11e s. typiquement musulmane est percée dans les murailles de l'ancienne *alcazaba*, près de la Plaza Larga. On y accède par une sorte de coude.

Repasser sous l'arc et, de la plaza de Minas, descendre par la cuesta de María de la Miel puis, prendre à droite le camino nuevo de San Nicolás.

Convento de Santa Isabel la Real – Franchissez la porte de ce monastère fondé par Isabelle la Catholique au début du 16e s. et admirez la belle façade gothique de l'église : encadrée par deux pinacles, elle est décorée du blason et de l'emblème (le joug et les flèches) des Rois catholiques. À l'intérieur, belle charpente mudéjare.

Plaza de San Miguel Bajo – Un Christ aux lanternes orne cette place qui porte le nom de l'église qui s'y trouve.

Prenez la rue face à l'église ; au bout, on domine toute la ville basse.

Tourner à gauche, puis ensuite encore à gauche dans la calle Bocanegra et à droite vers San José.

San José – L'église St-Joseph a été construite au 16e s. sur une ancienne mosquée dont le minaret du 10e s. est maintenant transformé en clocher.

Point de vue

Depuis le **belvédère de San Cristóbal** *(sur la route de Murcie)*, on a une belle **vue**★ de l'Albayzín avec les murailles de l'ancienne alcazaba en premier plan, les carmens, l'Alhambra au fond et la ville basse à droite.

Poursuivre la descente et, après quelques marches, regarder à droite.

Casa de Porras – Remarquez la simple porte de pierre décorée d'éléments héraldiques.
Un ravissant carmen, le carmen aux cyprès, se trouve en face. De la rue, on peut voir les arbres spectaculaires qui lui ont valu son nom.

Descendre les escaliers de la cuesta del Granadillo et de la toute petite cuesta Aceituneros pour retrouver le début de la carrera del Darro, en face de l'église Ste-Anne-et-St-Gilles.

★4 DE L'UNIVERSITÉ À L'HÔPITAL ROYAL *deux heures*

Universidad – Cet édifice baroque, que l'université n'occupa qu'au 18e s., se dresse sur la Plaza de la Universidad que domine la statue de son fondateur Charles Quint. Il abrite actuellement la faculté de droit. La façade est ornée de colonnes torses.

Santos Justo y Pastor – Cette église dédiée aux saints Just et Pastor d'Alcalá et située sur la place de l'Université appartint aux jésuites jusqu'à leur expropriation. Dans la partie inférieure du portail baroque (18e s.) sont sculptés saint François Xavier et de saint François Borgia ; les armes de la Compagnie de Jésus figurent au-dessus de l'arc : la partie haute représente la conversion de saint Paul.
À l'intérieur, belles fresques ; observez les deux saints situés entre les fenêtres du tambour de la coupole du transept.

Colegio de San Bartolomé y Santiago – Le portail de ce collège fondé en 1621 est orné de colonnes doriques et des statues des saints Barthélemy et Jacques. À gauche, remarquez la grande coupole de l'église Sts-Just-et-Pastor. L'élégant patio vaut le coup d'œil avec ses colonnes doriques et ses arcs en anse de panier.

À l'angle des calles de la Duquesa et de Gran Capitán, on voit le **chevet** monumental de l'église du monastère St-Jérôme.

★**Monasterio de San Jerónimo** – *Entrée par la calle López de Argueta.* La construction du monastère débuta en 1496 et deux célèbres architectes y participèrent, Jacobo Florentino jusqu'en 1526, puis Diego de Siloé.
Sur le parvis, avant de pénétrer dans le monastère, notez la **façade de l'église**. La partie supérieure exhibe les armes des Rois catholiques ainsi qu'une jolie fenêtre flanquée de médaillons et d'animaux fantastiques.
Le grand **cloître**, agrémenté d'un joli jardin d'orangers, était déjà achevé en 1519. De robustes colonnes ornées de chapiteaux à feuillage soutiennent des arcs en plein cintre au rez-de-chaussée, en anse de panier à l'étage – ainsi que des balustrades ajourées de style gothique. Plusieurs portails plateresques ou Renaissance, œuvres pour la plupart de Diego de Siloé, ouvrent sur le cloître. En traversant la cour, vous admirerez le mur de l'église et la jolie fenêtre plateresque ainsi qu'un blason monumental aux armes du Grand Capitaine.

B. Kaufmann/MICHELIN

Détail de la façade de l'église

★★**L'église** – En arrivant par le cloître, on est impressionné par la superbe **façade plateresque** de Siloé. La décoration de l'église est telle qu'il faut prendre quelques instants pour se ressaisir et assimiler toutes ces ornementations : voûtes et coupoles avec des hauts-reliefs, magnifique retable et peintures murales.
L'église fut commencée dans le style gothique, mais après avoir pris en charge les travaux, Siloé adopta le style Renaissance pour le transept et le chœur. Ce magnifique témoignage de la Renaissance espagnole fut construit grâce aux dons de la veuve de Gonzalve de Cordoue qui voulait en faire le panthéon du « Grand Capitaine ».
En entrant, on est frappé d'une part par la richesse de l'abside superbement illuminée par les fenêtres du transept et, d'autre part, par la tour-lanterne. La voûte d'ogives est dotée d'arcs doubleaux et de niches ornées de bustes ; sur les trompes, figurent les quatre évangélistes. Les voûtes des bras du transept sont décorées de hauts-reliefs de personnages bibliques, d'angelots, d'animaux, etc. Le cul-de-four du chœur présente le Sauveur entouré d'apôtres, d'anges et de saints. Le grand **retable**★★ est un joyau de l'école de Grenade sur lequel travaillèrent divers artistes. Il représente des saints, des scènes de la vie de la Vierge et du Christ et, sur l'attique, Dieu le Père au-dessus des nuées. Le retable est encadré des statues orantes du Grand Capitaine et de son épouse. Sur le perron, une simple pierre indique la sépulture de Gonzalve. Les peintures murales qui décorent l'église datent du 18e s.

Dans la calle San Juan de Dios, on passe devant l'**hôpital St-Jean-de-Dieu** (16e au 18e s.), dont le sobre portail est dominé par le saint dédicataire.

★**San Juan de Dios** – Édifiée dans la première moitié du 18e s., c'est l'une des principales églises baroques de Grenade. Sa **façade**★ est richement décorée et le portail est encastré entre deux tours clochers rehaussées de chapiteaux. Les niches du

registre inférieur abritent les archanges saint Gabriel et saint Raphaël. Au centre du registre supérieur se trouvent le saint dédicataire et des hauts-reliefs représentant saint Ildefonse et sainte Barbe.
L'**intérieur**, auquel on accède par un beau portique ciselé en bois d'acajou, s'ordonne autour d'un plan en croix latine et présente des chapelles latérales, une coupole élevée au-dessus de la croisée du transept et un *coro alto* à l'entrée de l'église. L'unité de style en fait un ensemble magnifique. Dans le chœur, un grand retable churrigueresque en bois doré cache, derrière le panneau central, le camarín dont les portes sont normalement fermées. Le **camarín**, auquel on accède par une porte à la droite de l'autel, se compose de trois pièces à la décoration chargée dans le plus pur style baroque. Dans la pièce centrale se trouve le tabernacle avec l'urne qui contient les restes de **saint Jean de Dieu**, fondateur des Frères de la Miséricorde, mort à Grenade en 1550. Les murs de bois doré renferment des reliques de saints romains.

Monumento a la Inmaculada Concepción – Le monument (17e s.) consacré à l'Immaculée Conception se trouve dans les charmants **jardins del Triunfo**. Au sommet de la colonne, la statue de la Vierge couronnée et auréolée de rayons est l'œuvre d'Alonso de Mena. On reconnaît derrière les murs de l'hôpital royal.

Hospital Real – L'hôpital royal, qui abrite de nos jours le rectorat de l'université, fut fondé par les Rois catholiques au début du 16e s. Enrique Egas fut le premier chargé de sa réalisation. Comme d'autres hôpitaux (Tolède et St-Jacques-de-Compostelle), il a la forme d'une croix inscrite dans un carré avec quatre cours intérieures. Sur la façade, remarquez les quatre fenêtres plateresques de l'étage. L'entablement du portail de marbre (17e s.) est orné du joug et des flèches surmontés d'une Vierge à l'Enfant qu'entourent des statues orantes des Rois catholiques. Les sculptures sont d'Alonso de Mena.
À l'intérieur, on remarquera l'harmonie des deux patios de l'aile gauche, décorés d'éléments héraldiques. Par le premier patio à droite, montez au premier étage jeter un coup d'œil à la Bibliothèque centrale de l'université : belle charpente et coupole centrale en bois reposant sur des trompes et décorée de niches.

AUTRES CURIOSITÉS

★**Cartuja** ⌚ – La construction de la **chartreuse** remonte au début du 16e s. Une fois le portail plateresque franchi, on traverse le grand parvis au fond duquel s'élèvent l'église et les dépendances accessibles par le cloître.
La façade très sobre de l'église présente un blason de l'Espagne en haut et un saint Bruno au-dessus de la porte.
Dans certaines dépendances, on peut voir des peintures de Sánchez Cotán et de Vicente Carducho, tous deux chartreux ici.

Église – Elle abonde en décors de stucs baroques (1662) et en peintures. La nef est divisée en trois sections (pour les moines, les frères lais et le peuple). Les parties réservées aux religieux et aux lais sont séparées par une cloison dorée avec de riches portes ; sur les côtés figurent deux peintures de Sánchez Cotán : *Le Baptême du Christ* et *Repos lors de la fuite en Égypte*.
L'Assomption qui se trouve sous le baldaquin du maître-autel est l'œuvre de José de Mora. Derrière se trouve le **tabernacle**, un camarín décoré au début du 18e s. par Francisco Hurtado Izquierdo dans un baroque d'une exubérance telle dans les formes, la polychromie et les matériaux que le décor devient presque oppressant.

★★**Sacristie** – Réalisée entre 1727 et 1764, c'est l'un des chefs-d'œuvre du baroque espagnol. La structure se dissimule sous un délire de stucs blancs, de moulures mixtilignes et de corniches

B. Kaufmann/MICHELIN

La somptueuse sacristie de la chartreuse

qui se brisent à l'infini, produisant un effet spectaculaire. La lumière vive qui se déverse des fenêtres joue avec les effets produits par ce décor éblouissant. À l'extrémité, une coupole ovale ornée de fresques sombres contraste avec la blancheur du reste. Un pavement de marbre de Lanjarón couvre toute la sacristie. Les retables du fond sont dans le même matériau. La porte et le mobilier de cèdre, incrustés d'écaille, d'ivoire et d'argent, sont l'œuvre d'un chartreux, le frère José Manuel Vázquez.

Le Sacromonte – La colline du Sacromonte s'élève à côté de l'Albayzín, en face du Généralife. Ce quartier troglodytique de gitans, en partie abandonné, conserve des grottes où se déroulent des **spectacles de flamenco**.

Casa-Museo Manuel de Falla ⓥ – Le compositeur Manuel de Falla (1876-1946), grand amoureux de cette ville qu'il ne connut qu'à 40 ans passés, vécut dans cette demeure du 16e s. entre 1919 et 1939. La maison de l'auteur de *L'Amour sorcier* et du *Tricorne* est telle qu'elle qu'il y vécut. Son piano, sa guitare et ses meubles nous emmènent dans l'univers intime du fabuleux musicien.

Carmen de los Mártires ⓥ – Ce carmen se situe sur la colline de l'Alhambra. On peut visiter les **jardins★** luxuriants en terrasses avec vue sur la ville et passer un agréable moment dans cet ensemble romantique du 19e s. au milieu des fontaines et des statues. Remarquez le jardin et le portique de style arabe près de la maison.

Santo Domingo – L'église St-Dominique se situe sur la place à laquelle elle a donné son nom. C'est une construction Renaissance qui conserve cependant quelques éléments gothiques. Sur la façade, admirez le beau portique de pierre aux trois arcades en plein cintre dont les écoinçons portent les initiales des Rois catholiques, leur blason et celui de l'empereur Charles Quint. Remarquez également la jolie fenêtre géminée.

★**Parque de las Ciencias** ⓥ – Ce vaste complexe consacré au monde de la science a été conçu pour nous aider à mieux appréhender notre propre monde. Il se compose d'un musée interactif, d'un planétarium, d'un observatoire astronomique et d'une serre à papillons tropicaux.
Grands ou petits peuvent y passer un agréable moment instructif en procédant à diverses manipulations et expériences. Les plus jeunes (enfants de 3 à 7 ans) ont leur espace propre : Explora.

Huerta de San Vicente ⓥ – Les admirateurs de **Federico García Lorca** (1898-1936) ne manqueront pas de saisir l'occasion de pénétrer dans l'univers familier de l'un des plus grand poètes et écrivains d'Espagne. Située dans le parc García Lorca, qui était un riche bassin cultivé encore récemment, la maison est demeurée telle qu'elle était lorsque le poète y séjournait l'été.

GUADIX★

Grenade – 20 322 habitants

Carte Michelin n° 446 U 20

Guadix, qui semble être une ville sans limites aux contours indéfinis, est pourtant parfaitement encadrée tant par les collines d'argile sur lesquelles elle s'appuie que par les cimes de la **Sierra Nevada** qui forment une remarquable toile de fond... Ville mystérieuse, elle dissimule ses secrets dans un inextricable monde souterrain que seules révèlent les étranges cheminées blanches à l'allure de termitières surgissant ici et là du sol.
Lieu de passage entre l'« Occident » et l'« Orient » andalous, la mythique **Acci** (d'où le nom d'*accitanos* prêté aux habitants) a vu des populations très diverses s'établir sur ses terres et marquer de leur empreinte son architecture. Si l'*alcazaba* témoigne de son rayonnement sans précédent sous la domination arabe, la majeure partie de son patrimoine architectural date des 17e et 18e s.

CURIOSITÉS

Plaza de la Constitución – Charmante place à arcades des 16e et 17e s. d'où se détache, sur l'un des côtés, l'**hôtel de ville** construit au tout début du 17e s. sous le règne de Philippe III.

Cathédrale ⓥ – **Diego de Siloé** avait amorcé sa construction, mais l'essentiel de l'édifice fut élevé selon ses plans entre 1597 et 1715, année qui vit l'achèvement de l'imposante tour baroque. L'intérieur démontre d'emblée la durée des travaux : le style gothique des nefs de l'entrée laisse place, après le transept, à un style Renaissance qui atteint l'apogée de son expression avec l'immense coupole à lanterne qui coiffe le faux transept.

L'origine du nom de Guadix

Les musulmans avaient baptisé ce vieux camp romain du joli nom de Guadh-Haix, qui signifie « fleuve de vie ».

Se loger...

VALEUR SÛRE

Comercio – *Mira de Amezcua, 3 – ☎ 958 66 05 00 – fax 958 66 50 72 – 24 chambres – 8 000 ptas.*
Cette jolie maison du début du 20e s. possède de vastes chambres et un bon restaurant proposant des spécialités comme l'agneau au miel, le potage de Guadix et le *tocino de cielo* (pâtisserie).

Cuevas Pedro Antonio de Alarcón – *San Torcuato (à la sortie, route de Murcia) – ☎ 958 66 49 86 – fax 958 66 17 21 – 20 grottes – 8 100 ptas.*
Ces maisons troglodytiques très bien décorées ont le chauffage central. On regrettera seulement qu'elles soient si près de l'autoroute ; néanmoins, l'insonorisation naturelle est presque parfaite. Restaurant typique et piscine.

La **chapelle de St-Torquat** *(2e chapelle sur la gauche du déambulatoire)* est l'œuvre de Diego de Siloé ; elle présente un arc d'entrée dit en « corne de taureau », car sa largeur diminue au fur et à mesure qu'il s'incurve. La **façade de l'Incarnation★** *(en face de la place)* illustre parfaitement le mouvement et la théâtralité de l'architecture baroque. Les trois registres horizontaux se font de plus en plus complexes tout en convergeant vers un point imaginaire.

Derrière la cathédrale, dans la calle Santa María, se trouvent le **palais épiscopal** du 16e s., l'hôpital de la Charité et le **palais de Villalegre** (1592), dont le beau portail Renaissance est flanqué de deux solides tours de brique.

★**Quartier de Santiago** – C'est l'un des plus caractéristiques de la ville avec ses maisons seigneuriales comme le **palais de Peñaflor**, qui s'articule autour d'un élégant patio Renaissance et se distingue par son curieux **balcon** de bois. Par le Petit Séminaire contigu, on accède à l'ancienne **alcazaba** ⓥ arabe du 11e s. dont on ne peut que déplorer l'état d'abandon. C'est de ses tours que l'on jouit des meilleurs panoramas sur Guadix et son quartier troglodytique. En revenant calle Barradas, des escaliers desservent la petite plaza de Santiago, au bout de laquelle s'élève l'**église St-Jacques**, dont le magnifique **portail★** plateresque est surmonté des armes de Charles Quint (aigle à deux têtes et Toison d'Or). À l'intérieur, très beaux plafonds mudéjars. La **calle Ancha**, qui part de la place, offre de bons exemples de demeures seigneuriales du 19e s.

★**Barrio de las cuevas** – Enclavé dans la partie haute de Guadix, le **quartier troglodytique** s'étend entre des ravines, des chemins creux et de petits tertres ocre. Les grottes s'étagent sur les pentes, l'entrée de l'une se trouvant occasionnellement sur le toit de l'autre, ou occupent, fières et solitaires, tout un tertre.

Cueva-museo ⓥ – On a reconstitué à l'intérieur d'une grotte *(signalisée)* les conditions dans lesquelles on y vivait au 19e s. Dans les dépendances, on peut découvrir les outils de labour ou l'équipement des bergers de la région.

B. Kaufmann/MICHELIN

Le quartier troglodytique

Museo de Alfarería ⓥ – *Dans le quartier mozarabe de San Miguel.* Le **musée de la Poterie** est installé dans une grotte creusée à l'époque arabe et gardant de son passé quelques témoins, tels un puits en brique (1650) et une jarre (1640) enterrée qui servait sans doute à conserver le vin. La riche tradition potière de la province de Grenade, incluant celle des célèbres **jarres locales**, dites « **accitanas** », est très clairement exposée dans les différentes salles.

Barrio de Santa Ana – On est au cœur de l'ancien quartier morisque. Tout le long de ruelles étroites, les maisons blanches nous transportent dans une autre époque et fleurent bon les senteurs de la cuisine et des espèces florales andalouses. Au centre s'élève l'**église Ste-Anne**, construite au 15e s. sur une mosquée ; contre la façade, fontaine Renaissance (1567).

ENVIRONS

Purullena – *À 6 km en direction de Grenade.* À partir de Guadix, la **route**★★ traverse un magnifique paysage de tuf calcaire. Purullena doit sa réputation à ses maisons troglodytiques et aux boutiques de céramique qui bordent la rue principale du village. À 6 km se trouvent les **thermes de Cortes y Graena**, que l'on gagne par une route traversant une jolie région de petites collines argileuses et aboutissant à **La Peza** *(13 km)*.

Maisons troglodytiques

Ce sont les caractéristiques bien particulières du terrain argileux de la **cuvette de Guadix** qui ont rendu possible cet habitat insolite. En effet, l'argile, molle en surface lorsqu'on la travaille, durcit au contact de l'air. On peut ainsi rendre les grottes imperméables et les isoler thermiquement. Leur température constante de 18 °C tout au long de l'année les rend fraîches l'été malgré la chaleur extérieure torride et agréables pendant les rigueurs de l'hiver. On compte deux mille grottes habitées dans la seule ville de Guadix et la région possède l'ensemble de maisons troglodytiques le plus important d'Europe. On discerne mal l'origine lointaine de ce type d'habitat, mais il semble que cette pratique ait connu son apogée après la conquête chrétienne et en raison de la ségrégation grandissante dont souffrit la population morisque. À Guadix, cette population fut peu à peu expulsée du quartier de Santa Ana et occupa progressivement l'actuelle zone des grottes.

★**La Calahorra** – *18,5 km au Sud-Est par la A 92.* Blotti derrière les cimes de la Sierra Nevada, tel une île entourée d'amandiers, le village de La Calahorra a conservé de nombreuses traces de son riche passé. C'est en arrivant par la Sierra Nevada et le **col de la Ragua**★★ *(voir p. 315)* que l'on a la vision la plus surprenante. C'est là que s'exprime dans toute sa force et sa beauté le contraste entre la sierra et le haut plateau ; le village, couronné par une imposante forteresse, surgit insolemment, aussi orgueilleux qu'au temps où il était le siège du marquisat de Zenete.
Non loin *(4 km)*, les mines du Marquisat, délaissées depuis 1997, occupent un site affligeant d'abandon.

★★**Castillo de la Calahorra** ⓥ – Derrière l'aspect d'austère forteresse militaire que lui confèrent ses quatre tours cylindriques, le château de la Calahorra recèle l'un des plus beaux **patios Renaissance**★★ d'Espagne. Construit au début du 15e s. selon les critères artistiques du Quattrocento italien, il s'élève sur deux étages réunis par un splendide **escalieraa** à trois volées. Le décor des portes et des chapiteaux reprend tout le répertoire classique : moulures, candélabres, fleurs, colonnes historiées...

HUELVA★

Huelva – 150 000 habitants
Plan dans le Guide Rouge España & Portugal
Carte Michelin n° 446 U 10

Chef-lieu de la province la plus occidentale d'Andalousie, Huelva est située entre les embouchures du Tinto et de l'Odiel, au carrefour des routes qui mènent au Portugal, à Cadix, en Estrémadure et à Séville. Bien que l'industrie soit la principale ressource de la ville, la pêche et l'agriculture ne sont pas négligeables. Le climat très doux de Huelva, la proximité des plages, des espaces naturels d'une grande beauté attirent nombre de touristes l'été. Aussi la ville mise-t-elle beaucoup sur le commerce – nombre de magasins assurent l'animation des rues piétonnes autour de l'église de la Conception –, les loisirs – établissements de la **calle Pablo Rada** – et la gastronomie, dans la droite ligne traditionnelle de la pratique du *picoteo* (aller de bar en bar picorer des tapas).

UN PEU D'HISTOIRE

Attirés dès la plus lointaine Antiquité par les richesses minières de la région, différents peuples de la Méditerranée occidentale, dont les Phéniciens et les Grecs, s'installèrent ici à la fin de l'âge du bronze et se mêlèrent aux civilisations locales pour fonder la mythique Tartesse. L'origine de cette ville légendaire demeure incertaine, même si de nombreuses études s'accordent à la situer près des ríos Tinto et Odiel, à proximité de Huelva (alors appelée Onuba). Plus tard, Onuba fut occupée par les Romains, puis au 8e s. par les Arabes qui la baptisèrent Guelbar. C'est alors que furent introduites de nouvelles techniques agricoles et des activités artisanales, comme la poterie et la faïence. Après la reconquête par Alphonse X le Sage (13e s.), Huelva traversa une période instable de cessions entre nobles et familles fortunées jusqu'au 15e s. et passa alors aux mains de la maison de Medina Sidonia. Elle doit sa célébrité à **Christophe Colomb** qui débarqua dans la ville au 15e s. Le marin italien et ses compagnons de voyage marquèrent la vie de cet endroit tranquille, appelé le berceau de la Découverte. Huelva connut ensuite une brève période d'expansion commerciale grâce à sa situation géographique et traversa une époque de déclin après le tremblement de terre de Lisbonne (1755) et la guerre d'Indépendance. Aujourd'hui, Huelva est devenue une destination touristique grâce à la proximité du Parc national de Doñana, et la construction du pôle chimique a définitivement relancé l'industrie.

B. Kaufmann/MICHELIN

Le port

Se loger

À BON COMPTE

Los Condes – *Alameda Sundheim, 14 – ☎ 959 28 24 00 – fax 959 28 50 41 – 54 chambres – 7 500 ptas.*
Hôtel situé dans une avenue très large. Bien que l'édifice soit dénué de charme, les chambres sont grandes, modernes et propres. Bon rapport qualité/prix.

VALEUR SÛRE

Monte Conquero – *Pablo Rada, 10 – ☎ 959 28 55 00 – fax 959 28 39 12 – 166 chambres – 10 500 ptas.*
Ce grand hôtel, moderne et très confortable, avec garage privé, est situé dans l'une des rues les plus animées de la ville.

Se restaurer

Los Jarales – *Avenida de Huelva, 30.*
Des assiettes en céramique et des barriques de vins décorent ce restaurant. Spécialités : paella et viande grillée. Bonne carte de vins régionaux. Dommage qu'il soit situé dans une grande avenue très bruyante en raison de la circulation.

La Cabaña – *Pablo Rada.*
Restaurant spécialisé dans les grillades, situé au cœur de la vie nocturne. La décoration de style andalou n'est pas vraiment réussie.

Jeromo – *Plaza de la Merced, 6 – fermé le samedi en juillet et août.*
Restaurant situé sur une place très bruyante (beaucoup de bars). L'un des meilleurs restaurants de poissons et de fruits de mer de la ville, recommandé malgré son décor inesthétique.

Tapas

Taberna Del Condado – *Sor Ángela de la Cruz.*
Typique taverne avec des tonneaux en guise de tables. Grand choix de charcuterie, de poissons et de fruits de mer grillés.

Cathédrale – Ce bâtiment doté d'une façade de style Renaissance fut édifié en 1605 et proclamé cathédrale en 1953. Elle conserve la sculpture du Christ de Jérusalem et une belle représentation de la Vierge au ruban, patronne de la ville, par Martínez Montañés.

San Pedro – L'**église St-Pierre** se dresse sur un petit promontoire au bout de la promenade de Santa Fe. Elle fut érigée sur les vestiges d'une ancienne mosquée mudéjare. La blancheur de son revêtement extérieur est caractéristique des bâtiments de Huelva. Son clocher se découpant sur un ciel dégagé est une des images les plus typiques de la ville.

La Concepción – Très endommagée par le tremblement de terre de Lisbonne (1755), cette église Renaissance est en reconstruction. Elle abrite des stalles remarquables et plusieurs peintures de Zurbarán.

Nuestra Señora de la Cinta ⓥ – Lors de son passage à Huelva, Christophe Colomb fit une halte au sanctuaire de **N.-D.-du-Ruban**, qui se trouve en dehors de la ville, au bout de l'élégant paseo del Conquero. Il convient de citer les beaux azulejos de Daniel Zuloaga et une fresque représentant la Vierge. La légende raconte que le marin italien s'est recueilli devant cette Vierge à son retour d'Amérique pour accomplir une promesse. La grille d'accès au *presbiterio* est intéressante.

Museo Provincial ⓥ – C'est un abrégé de l'histoire de Huelva des origines à nos jours. Les salles consacrées à la culture de Tartesse, aux vestiges archéologiques et au peintre de Huelva Daniel Vázquez Díaz méritent que l'on s'y rende.

★**Quartier Reina Victoria** – L'étrangeté de cet ensemble architectural très particulier se remarque dans le noyau urbain uniforme de Huelva. Ces maisons individuelles de style anglais furent construites par la compagnie minière du río Tinto pour y loger des ouvriers.

Monumento a la Fe Descubridora – À l'autre extrémité de la ville, sur une langue de terre formée par les ríos Tinto et Odiel et appelée Punta del Sebo, se dresse une grande sculpture de l'artiste américaine Gertrud Vanderbilt Whitney (1929).

ENVIRONS

★★**Paraje Natural de las Marismas del Odiel** ⓥ – *2 km au Sud-Est. Quitter Huelva par l'avenida Tomás Domínguez.* Le site naturel des marais de l'Odiel, déclaré Réserve de la biosphère, se situe entre les embouchures des ríos Tinto et Odiel, à proximité d'une zone de production de produits chimiques. Il couvre une superficie de 7 150 ha et s'étend sur les communes de Huelva, Gibraleón, Aljaraque et Punta Umbría. C'est une merveilleuse zone marécageuse et sablonneuse, à la fois maritime et continentale, où le niveau de l'eau varie en fonction des marées, la différence pouvant atteindre trois mètres d'amplitude. Malgré la proximité des usines, les particularités physiques de ce site attirent une multitude d'oiseaux ; plus de deux cents espèces y ont été répertoriées et offrent un spectacle étonnant, surtout aux mois de février et mars. La visite se fait en **canoë** et sur de petits bateaux qui traversent lentement les deux grandes parties du site : la réserve du Burro et celle de l'île d'Enmedio, où la terre semble se déplacer de façon rythmée et où le silence est rompu par les cris stridents et les brusques envolées des spatules et des hérons.

San Juan del Puerto – *12 km au Nord-Est par la A 472.* Le principal attrait de la ville est l'**église St-Jean-Baptiste**. Ce bâtiment de style Renaissance, de plan basilical à trois vaisseaux, abrite le Christ de la Miséricorde, sculpture polychrome de Juan de Oviedo (16e s.).

HUÉSCAR

Grenade – 8 013 habitants

Carte Michelin nº 446 S 22

Huéscar est le centre géographique de la partie la plus orientale de la province de Grenade, région aux paysages contrastés qui s'étend du semi-désert des environs d'**Orce** aux neiges hivernales sur les sommets de la **Sierra de la Sagra** (dite aussi Sierra Seca).
La ville de Huéscar fut fondée en 1241 par l'**ordre de Saint-Jacques**. Au début du 14e s., elle fut conquise par les musulmans puis reprise par **Ferdinand le Catholique** en 1488.

CURIOSITÉS

Plaza Mayor – Au centre du village, la « Grand Place », bordée de demeures du 19e s., accueille l'hôtel de ville. Une étrange maison de style Art nouveau se trouve dans une des rues débouchant sur la place.

Se loger à Galera...

À BON COMPTE

Casas-Cueva – *Avenida Nicasio Tomás, 12 (réception) – ☎ et fax 958 73 90 68 – 22 grottes – 5 350 ptas.*
Établissement original et bon marché qui offre des vues magnifiques sur la sierra grise parsemée d'arbres et d'arbustes. Maisons troglodytiques agréables avec salon, cheminée, salle de bains et grande baignoire blanche.

... ou à Orce

À BON COMPTE

Laveranda – *Route SE 35 à 7 km d'Orce vers Vélez Blanco – ☎ et fax 958 34 43 80 – 11 chambres – 6 600 ptas.*
Hôtel situé sur les vastes cultures de maïs qui précèdent la sierra. Paysage d'une rare beauté. Idéal pour dormir à 900 m d'altitude dans une grotte décorée avec beaucoup de goût.

Colegiata de la Encarnación – La construction fut entreprise au début du 16e s. Cette collégiale de style Renaissance est ornée de quelques éléments gothiques. La voûte polygonale du transept est immense.

ENVIRONS

Galera – *8 km au Sud par la A 330.* Entre les 13e et 15e s., Galera fut une ville frontalière, tantôt arabe, tantôt chrétienne. L'aspect du village reflète cette donnée historique. La partie basse, chrétienne, ordonnée et quadrillée, contraste avec la partie haute, de forte influence morisque, où s'entremêlent rues et maisons troglodytiques. À Galera se trouve la **nécropole ibère de Tutugi** (6e s. avant J.-C.) et le gisement archéologique du **Castellón Alto** (1600 avant J.-C.). L'église de l'Annonciation, au centre du village, fut érigée au 15e s.

★ **Orce** – *16 km au Sud-Est par la A 330, puis la SE 34 à gauche sur la déviation de Galera.* Orce se trouve sur la partie orientale du bassin de Baza, en plein cœur d'une contrée sauvage et désertique impressionnante, aux variations de lumière et de couleur magiques et évocatrices. La tour de pierre de l'**église paroissiale** (16e s.) et le **palais des Segura** (16e s.), récemment restauré, doté d'une façade sobre et d'un élégant patio aux colonnes de pierre, se dressent entre les maisons blanchies à la chaux.

Museo de Prehistoria y Paleontología José Gibert Ⓥ – Le musée de Préhistoire et de Paléontologie José-Gibert occupe le **château des Sept Tours**, forteresse chrétienne du 16e s. qui fut maintes fois restaurée. Il expose des ossements et des pierres taillées découverts dans les sites archéologiques de la région. Il abrite le fragment de crâne qui rendit célèbre le village au début des années 1980, ainsi qu'un humérus d'enfant de 1,5 million d'années. Il s'agirait du site paléontologique d'hominidés le plus ancien d'Europe.

Fuencaliente – *À 2 km d'Orce, vers Galera.* Cette source d'eau naturelle à 18 °C surgit dans un paysage désertique. Lieu idéal pour se rafraîchir l'été.

Castril – *22 km vers l'Ouest par la A 326.* Castril est un village de montagne typique, au pied d'un rocher impressionnant, à la limite du **Parc naturel de la Sierra de Castril**, très beau parc encore méconnu. Son origine semble remonter à un petit campement militaire fondé par les Romains et son nom provient de l'arabe (Qastal, ou forteresse). Après la reconquête de la ville au 15e s., Castril passa sous l'autorité de Hernándo de Zafra. Il construisit une verrerie qui fit la gloire de Castril jusqu'à sa disparition en 1878. Aujourd'hui, les objets de couleur verte ou jaune sont devenus des pièces de collection, pour certaines exposées au Musée archéologique de Grenade. L'**église paroissiale** du 15e s. se trouve dans le vieux quartier.

★ **Parc naturel de la Sierra de Castril** – Il est le prolongement naturel du parc des Sierras de Cazorla, Segura et las Villas. Pour les besoins de la verrerie, il fut livré à un déboisement irraisonné ; l'érosion à laquelle il fut ensuite soumis n'est pas étrangère aux formes spectaculaires de son relief. De la partie basse de Castril part un sentier qui longe la rivière et fait le tour du village *(2 h)*. Le **centre d'accueil** (Centro de Visitantes), qui renferme un musée ethnographique intéressant, donne toutes les informations sur les chemins balisés du parc.

IZNÁJAR★

Cordoue – 5 200 habitants

Carte Michelin nº 446 U17

Sa **situation**★ exceptionnelle, au sommet d'une colline, qui à l'instar d'une péninsule s'avance dans les eaux du **barrage d'Iznájar**, est un avant-goût des charmes de ce village enchâssé dans un cadre naturel d'une rare beauté.

LE BOURG

Les rues très escarpées de cette localité pittoresque grimpent jusqu'à sa partie haute où se dresse un ensemble de pierres ocre qui composent l'église paroissiale et les vestiges du château arabe. La nature qui entoure Iznájar s'associe parfaitement au paysage urbain composé de rues blanches. Dans la ville, des **terrasses** offrent des perspectives surprenantes.
Le château et l'église paroissiale dispensent de belles vues sur le paysage tapissé d'oliviers.

Le village et le barrage

Château – Au 8e s., les Arabes choisirent un emplacement stratégique pour ériger le château qu'ils baptisèrent Hisn Ashar. Actuellement à l'état de ruine, il ne reste du château que quelques pans de muraille et quelques tours.

Bibliothèque municipale – Ce bâtiment, construit à l'époque de Charles III, occupe l'ancien magasin à grain communal.

Santiago – L'église Renaissance (16e s.) dédiée à saint Jacques et édifiée avec de grandes pierres de taille conserve une tour découronnée.

Mirador de la Cruz de San Pedro – *Au bout de la calle Cruz de San Pedro.* **Vues**★ intéressantes sur l'ensemble de la forteresse, l'église paroissiale, le lac et le village qui s'étire sur une langue de terre.

La **Casa de las Columnas** et le **Musée ethnographique** (Museo Etnográfico ⓥ) sont situés dans la partie basse du village. La façade de la maison des Colonnes est décorée d'ornements héraldiques. Le musée, quant à lui, expose une collection d'outils, de tissus, etc. employés dans les travaux des champs.

Lac d'Iznájar – Cette nappe d'eau dormante du río Genil, considérée comme « le » lac d'Andalousie, s'étire sur plus de 30 km de long, en partie sur la province de Grenade. La plage de Valdarenas se prête idéalement à la baignade et aux sports nautiques.

EXCURSION

De Lucena à Iznájar – *Voir p. 229.*

JAÉN★

Jaén – 107 184 habitants

Carte Michelin n° 446 S 18

Sur une plaine ondoyante couverte d'oliveraies qui lui valent d'être le premier producteur d'olives d'Espagne, la ville de Jaén s'étend au pied de la colline Santa Catalina, à demi encerclée au Sud-Ouest par les contreforts de la Sierra de Jabalcuz. Appelée aussi « capitale du Saint Royaume » et chantée avec passion par les poètes Antonio Machado et Miguel Hernández, Jaén possède un patrimoine artistique de tout premier ordre, composé avant tout de vestiges arabes et d'édifices Renaissance conçus pour beaucoup par Andrés de Vandelvira. Pour apprécier Jaén, il faut se familiariser avec ses quartiers : **La Magdalena**, où la pierre dorée des églises côtoie la chaux si fréquente dans l'héritage arabe ; **San Juan**, centre de la vie nocturne et lieu de prédilection des amateurs de *tapas* ; **Santa María**, qui recense les principaux monuments de la ville. Ville de contrastes, Jaén présente côte à côte les monuments les plus anciens et les élégants palais Renaissance – palais des Vilche, des Vélez ou des Uribe – et voit vivre en parfaite symbiose la ville ancienne et la ville moderne, dont les artères commerçantes convergent vers le **parc de la Victoire**, tout près du central et célèbre **monument des Batailles**.
Jaén vit aussi sa **Semaine sainte** avec intensité et le chant spontané d'une *saeta* côtoie alors une mélopée plus ancienne, le *tracto*, chant populaire aux accents tragiques. Quant aux gourmets, ils apprécieront les *pestiños*, des beignets au miel, et la *pipirrana*, sorte de soupe froide aillée, à base de poivrons verts, de tomates mûres et de mie de pain assaisonnée, bien sûr, de l'exquise huile d'olive.

Un peu d'histoire – Peuplée dès le paléolithique, Jaén reçut le nom d'*Aurigis* après la conquête de Scipion l'Africain (207 avant J.-C.), puis celui de *Djayyân* (lieu de passage des caravanes) – devenu *Geen* – après son occupation par les Arabes en 712. Reconquise en 1246 par Saint Ferdinand III, elle devint l'une des places à partir desquelles se poursuivit la lutte contre les musulmans. Le siège de l'évêché y ayant été transféré à cette époque, la ville obtint de nombreux privilèges qui furent à l'origine d'un nouvel élan économique. Mais dès le 14e s. Jaén entamait une période de déclin qui dura jusqu'à la fin du 19e s. De nos jours, l'économie locale repose sur l'importante production d'olives de la région.

LA VILLE *Compter une demi-journée*

★★ **Cathédrale** ⓥ – Édifiée entre le milieu du 16e s. et la fin du 17e s. d'après un projet d'Andrés de Vandelvira, c'est l'un des plus beaux exemples d'architecture Renaissance d'Andalousie. Sa monumentale silhouette domine tout le cœur historique de Jaén, véritable dédale de rues et de charmants recoins, parsemé de petites places sur lesquelles se dressent les principales églises ou les plus importants couvents de la ville.

★★ **Façade principale** – Elle évoque plutôt celle d'un palais, avec ses imposantes pierres de taille ocre sur lesquelles se découpent de gigantesques statues et avec ses détails sculptés avec raffinement. Elle se divise en deux registres soulignés par une **balustrade**★, élément dominant de l'ensemble, que flanquent deux robustes tours carrées à quatre corps, terminées par des lanternons hexagonaux portant un dôme. Le registre inférieur, composé de deux niveaux de baies délimités par un cordon, est rythmé par d'énormes colonnes adossées dans l'axe desquelles se détachent la

B. Kaufmann/MICHELIN

Vue partielle de la façade de la cathédrale

Se loger

À BON COMPTE

Europa – *Plaza de Belén, 1 – ☎ 953 22 27 00 – fax 953 22 26 92 – 37 chambres – 7 500 ptas.*
La façade un peu négligée du bâtiment cache un hôtel moderne refait à neuf. Chambres vastes et confortables ; situation centrale tout à fait appréciable.

VALEUR SÛRE

Rey Fernando – *Plaza Coca de la Piñera, 5 – ☎ 953 25 18 40 – fax 953 26 51 22 – 36 chambres – 9 100 ptas.*
Cet hôtel situé près de la gare routière se reconnaît facilement à sa façade rose clair. Chambres modernes et spacieuses.

Parador Castillo de Santa Catalina – *Carretera del Castillo de Santa Catalina – ☎ 953 23 00 00 – fax 953 23 09 30 – 45 chambres – 17 500 ptas.*
Ce *parador*, installé dans une impressionnante forteresse du 13e s., domine toute la ville. La vue sur la sierra et les immenses oliveraies est merveilleuse. Même sans y loger, on appréciera un dîner dans la salle à manger aux arcs en ogive ou, pourquoi pas, un verre dans l'un des majestueux salons.

Se restaurer

Casa Vicente – *Francisco Martín Mora, 8 – ☎ 953 23 22 22 – fermé le dimanche soir.*
Pittoresque maison du 18e s. dotée d'un joli patio, d'un bar et d'un restaurant réputé, dans un décor de photos de famille ou de personnalités. Spécialités : épinards à la mode de Jaén, filet de porc et queue de taureau.

Mesón Nuyra – *Pasaje Nuyra – ☎ 953 24 07 63 – fermé le dimanche soir.*
Restaurant typique aménagé dans une grotte, tout près de la calle Nueva. Spécialités de cochon de lait et de filet de bœuf.

Tapas

La Manchega – *Consuelo, 7 – ☎ 953 23 21 91.*
Fondé en 1886, ce bar fidèle à ses origines est resté à l'écart des modes. Sandwichs, tapas de charcuterie et bon vin. Les tabourets sont en bois et le grésillement d'un vieux transistor fournit la musique d'ambiance.

Río Chico – *Calle Nueva, 12 – ☎ 953 24 08 02.*
Dans une rue débordant de bars et de restaurants, une grotte vous accueille pour déguster d'excellentes rations de poisson, des *flamenquines* (roulés de jambon et de veau), des clovisses à la marinière et des rognons de veau. À l'étage supérieur, restaurant avec menu du jour *(1 100 ptas)*.

Sortir

Dans la zone commerçante environnant la plaza de la Constitución et dans le quartier de San Ildefonso, on trouve de nombreux endroits où prendre tranquillement un verre. Les jeunes apprécient plutôt les bars de l'avenida de Muñoz Grandes, ou de certaines rues perpendiculaires comme la calle Santa Alicia ou la calle San Francisco Javier.

Café-Bar del Pósito – *Plaza del Pósito, 10 – ouvert de 9 h à 1 h 30.*
Situé dans le quartier des monuments, près de la cathédrale, on appréciera surtout la musique de ce café, qui propose un mélange de jazz et de flamenco. Décoration classique, clientèle « sélect », fréquentes expositions de peinture.

Chubby-Cheek – *Calle San Francisco Javier, 7 – ouvert de 16 h 30 à 2 h du matin.*
Café à l'ambiance et au décor très jazz où trône un beau piano à queue. Concerts le jeudi. Plusieurs variétés de cafés sont proposées. Très plaisant pour prendre un verre tranquille. Clientèle variant suivant l'heure.

Oppidum – *Calle Los Molinos, 8 – ouvert de 17 h à 1 h du matin le week-end et jusqu'à 23 h en semaine.*
Café rustique un peu modernisé que fréquente une clientèle d'âge moyen (entre 20 et 40 ans). Ambiance tranquille et détendue propice à la conversation.

Ábaco – *Avenida Muñoz Grandes, 5 – ouvert de 16 h à 7 h du matin le week-end et jusqu'à 5 h en semaine.*
Décor moderne et soigné. Idéal pour prendre un verre l'après-midi et le soir, et même pour danser. La clientèle rajeunit au fur et à mesure qu'avance la nuit.

Trujal – *Calle Hurtado, 21 – ouvert de 16 h à 3 h du matin.*
Lieu de prédilection d'une clientèle trentenaire. Décor accueillant et rustique, et, dans la soirée, l'éclairage à la bougie en fait un lieu particulièrement intime et plaisant.

Loisirs

L'*Agenda Turístico-Cultural*, mensuel édité par la municipalité, liste tous les événements culturels de Jaén et de sa province ; ce guide est distribué gratuitement dans les offices de tourisme et les services municipaux. On peut aussi le consulter sur Internet, *www.promojaen.es*. Le **théâtre Darymelia**, dans la calle Maestra *(☏ 953 21 91 80)*, organise une saison essentiellement théâtrale.

Lèche-vitrines

Les principales rues commerçantes de Jaén sont regroupées autour de la **plaza de la Constitución**. Les calles Virgen de la Capilla et San Clemente ainsi que le paseo de la Estación forment un trident dans lequel s'imbriquent d'autres rues plus petites mais très commerçantes, ainsi qu'un important centre commercial, **El Corte Inglés**, dans la calle Roldán y Marín.

Marché – Le jeudi matin, dans l'enceinte de la foire, près de la Alameda de Calvo Sotelo, s'installe un marché en plein air où l'on trouve de tout, produits d'alimentation, vêtements et autres.

Transports

Aéroport – L'aéroport le plus proche est celui de Grenade *(☏ 958 24 52 00 – 958 44 64 11)*, à 50 mn en voiture par la voie rapide qui relie les deux villes.

Trains – La gare *(☏ 953 27 02 02)* se trouve paseo Virgen de Libarejos. Seules lignes directes : Jaén-Madrid ou Jaén-Cadix (arrêts à Cordoue et Séville).

Autocars interurbains – La gare routière *(☏ 953 25 01 06)* se trouve plaza de Coca de la Piñera. Des autobus relient Jaén à tous les chefs-lieux andalous et aux principales villes d'Espagne.

Autobus métropolitains – Jaén dispose de son propre réseau d'autobus. Billet : 90 ptas ; carnet de 10 billets : 675 ptas.

Taxis – *☏ 953 22 00 28, 953 26 50 17, 953 22 00 21, 953 26 50 19.*

Calèches – Elles parcourent toute la zone touristique et s'arrêtent en différents points du centre.

séquence de statues (le roi Saint Ferdinand, les quatre évangélistes et les docteurs de l'Église) de la balustrade, les pilastres du registre supérieur et les candélabres couronnant l'attique. Les magnifiques reliefs sculptés au-dessus des trois portes représentent l'Assomption de la Vierge, l'archange saint Michel et sainte Catherine, très vénérée à Jaén où le jour de sa fête commémore la reconquête de la ville par Saint Ferdinand III.

★★ **Intérieur** – Les trois vaisseaux couverts de superbes coupoles sur pendentifs et séparés par de robustes piliers cannelés de quatre colonnes corinthiennes fasciculées forment un ensemble saisissant. Le transept, à l'imposante coupole, est un pur chef-d'œuvre de Pedro del Portillo et de Juan de Aranda d'où l'on peut admirer l'ampleur de l'édifice, où la lumière jouant sur tous les détails du décor apporte une note de solennité raffinée. Au centre de la nef principale, le *coro*, rompant la perspective, présente d'exceptionnelles **stalles**★★ de noyer, délicatement sculptées par José Gallego et Oviedo del Portal, disciples de Berruguete. La *capilla mayor*, où trône un extraordinaire retable Renaissance, recèle le plus précieux trésor de la cathédrale, le **linge de la Sainte Face**★. La tradition veut que cette relique jalousement conservée dans un joli coffre soit le linge utilisé par sainte Véronique pour essuyer le visage du Christ pendant la montée au Golgotha ; ses traits se seraient alors imprimés sur le linge qui aurait été ensuite apporté en Espagne par saint Euphrase, évêque d'Andújar.
On recense dans la cathédrale dix-sept chapelles latérales : on s'attardera dans la chapelle St-Ferdinand, qui abrite une belle statue de Jésus de Nazareth. La salle capitulaire, où est exposée une *Sainte Famille* de Pedro Machuca, et la **sacristie**, de Vandelvira, qui héberge le musée de la cathédrale, méritent également d'être mentionnées.

Musée ⓥ – *Accès par le bras droit du transept.* Le trésor de la cathédrale recèle d'intéressantes œuvres, comme une *Vierge à l'Enfant* de l'école flamande, deux toiles de Ribera, divers antiphonaires, ou encore les candélabres en bronze de maître Bartolomé, l'une des pièces maîtresses de l'importante collection d'orfèvrerie religieuse.

Sagrario – La sobre église néoclassique du Sacré-Cœur est adossée à la cathédrale et sa pureté architecturale contraste avec la richesse du retable principal, chef-d'œuvre baroque du 18ᵉ s.

JAÉN

Adarves Bajos CZ 2
Álamos BZ 3
Alcalde García Segovia CX 5
Alcantarilla BZ 7
Alféreces Provisionales BX 8
Almendros Aguilar BYZ
Andalucía AX
Ángel (Puerta del) CZ 9
Arijona (Av. de) AX
Arquitecto Bergés BY
Ávila AX
Baeza BY
Barcelona (Av. de) AX
Batallas (Pl. de las) BY
Belén (Pl. de) CY
Bernabé Soriano BZ 12
Capitán Aranda Alta BZ 13
Carmello Torres BY 14
Castilla BY 16
Castillo (Carret. al) AZ
Cerón BZ
Circunvalación (Carret. de) AYZ
Coca de la Piñera (Pl.) BY 17
Colón BZ
Concordia (Pl. de la) BX
Conde BZ
Condestable Iranzo AX 18
Constitución (Pl. de la) BZ
Córdoba (Carret. de) AY
Correa Weglison BY 20
Doctor Civera BZ 21
Doctor Eduardo Arroyo BY 22
Doctor Eduardo García Triviño López BX 24
Doctor G. Durán AX
Ejército Español (Av. del) ABY
Ejido BZ 25
España (Paseo de) BX
Estación (Paseo de la) BXY
Extremadura BX 26
Francisco Coello BZ 27
Fuente de Don Diego BCZ
Fuerte del Rey AX 30
Goya AX
Granada (Av. de) CY
Hermanos Pinzón BX 31
Ignacio Figueroa BZ 32
Jardinillos (Pl. de los) BY
Jesús (Carrera de) BZ
Juanito el Practicante AY 34
Juan Pedro Gutiérrez Higueras AX 35
La Luna CX
Lola Torres (Glorieta de) AZ
Madre de Dios BZ 36
Madre Soledad Torres Acosta BY 38
Madrid (Av. de) CXY
Madrid (Carret. de) CX
Maestra BZ 39
Magdalena Baja AY 40
Manuel Caballero Venzalá CX 41
Manuel Jontoya BZ 43
Martínez Molina BY
Merced Alta BZ 44
Millán de Priego ABY
Misericordia (Ronda de la) CXY
Molino de la Condesa AY 45
Muñoz Garnica BZ 47
Muñoz Grandes (Av.) BX
Navas de Tolosa BY 48
Núñez de Balboa BY 49
Obispo Alonso Suares CY 51
Obispo Estúñiga BX 52
Obispo García de Castro (Pl.) CYZ 54
Obispo González BZ 55
Puerta de Martos AY
Puerta del Sol BY 56
Rey Alhamar BY 58
Ronda Sur CZ
Ruíz Jiménez (Av. de) BCX
Sagrado Corazón de Jesús AX
Salvador Vincente de la Torre AX 59

San Agustín (Pl.de) BY 61
San Andrés BY 62
San Bartolomé BZ 63
San Clemente BYZ 65
San Francisco (Pl.) BZ 67
San Juan (Pl. de) BY 68
San Lucas AX
Santa Luisa de Marillac (Pl. de) AY 70
Santa María (Pl. de) BZ
Santa María del Valle CX
Santo Domingo AY 71
Senda de los Huertos BZ
Tiro Nacional AZ
Vicente Montuno CZ 72
Virgen de la Cabeza BX 73
Virgen de la Capilla BCY 74

Baños Árabes BY
Barrio La Magdalena AY
Barrio San Juan ABY
Barrio Santa María (Catedral y plaza) BZ
Capilla de San Andrés BY
Castillo de Santa Catalina AZ
Catedral BZ
Convento de las Bernardas CZ
Convento de Santa Teresa o de Las Descalzas BZ
Iglesia de la Magdalena AY
Iglesia del Sagrario (Catedral) BZ
Iglesia de San Bartolomé BZ
Iglesia de San Ildefonso CZ

Iglesia de San Juan . . . .BY
Monasterio de
Santa Úrsula . . . . . . .AY F
Monumento a
las Batallas . . . . .BY K
Museo Provincial . . . . . .BY M¹
Palacio Provincial . . . . . .BZ D
Palacio de los Uribes . . .AY P¹
Palacio de los Vélez . . . .BZ P²
Palacio de los Vilches . .BZ P³
Palacio de Villardompardo BY M²
Parque de la Victoria . . .CY
Real Monasterio de
Santa Clara . . . . .BY R
Real Monasterio de Santo
Domingo . . . . .AY S

Europa . . . . CY a
Parador Castillo de
Santa Catalina . . . . AZ n
Rey Fernando . . . . BY e

Andrés de Vandelvira, le Brunelleschi andalou

Génial architecte, disciple de Diego de Siloé et largement reconnu tout au long de son existence, Vandelvira (1509-1575) apporta avec ses constructions le concept de monumentalité dont était totalement dépourvue l'architecture Renaissance andalouse. Son style s'harmonise parfaitement avec l'aridité du paysage de la région de Jaén : le décor est réduit à sa plus simple expression au profit de l'espace, vaste et lumineux.

Palacio Provincial – Le siège de l'assemblée provinciale est un ancien couvent franciscain réalisé par Vandelvira. À l'intérieur, le délicieux patio présente une double galerie à colonnes.

★**San Ildefonso** ⓥ – C'est la plus grande église de la ville après la cathédrale. De style gothique des 14e et 15e s., elle possède trois portails : l'un, gothique, est orné d'une mosaïque illustrant l'apparition de la Vierge de la Chapelle, patronne de Jaén qui, selon la tradition, libéra la ville d'un siège mauresque ; un deuxième, Renaissance, dû à Vandelvira ; le dernier, néoclassique du 18e s., par Ventura Rodríguez. À l'intérieur, on remarquera le magnifique **retable principal**, sculpté par Pedro et Julio Roldán, ainsi que le beau tabernacle de Pedro Duque Cornejo. La **chapelle de la Vierge**, ornée de peintures à fresque et d'élégants vitraux, accueille une statue de la patronne de Jaén.
Un petit musée rassemblant diverses œuvres inspirées par la dévotion populaire est installé dans la **Casa de la Virgen** ⓥ, qui communique avec l'église.

Convento de las Bernardas ⓥ – Fondé au 17e s. le couvent présente un portail d'inspiration classique, un agréable cloître, ainsi qu'une église abritant les retables de l'Annonciation et de l'Assomption de la Vierge d'un artiste italien, Angelo Nardi.

Museo Provincial ⓥ – Les portails de l'édifice principal (1920) proviennent de l'ancien entrepôt à grains (16e s.) – comme l'attestent les reliefs reproduisant une faux et une corbeille à pain – et de l'église St-Michel, du 16e s. également. À côté, deux autres bâtiments accueillent des expositions temporaires et une exposition consacrée à la gravure contemporaine. Le musée comprend deux sections : archéologie *(rez-de-chaussée)* et Beaux-Arts *(étage)*. La première expose notamment l'une des plus importantes découvertes concernant la culture ibère, un ensemble de **sculptures ibériques**, dites **de Porcuna**★ (taureaux, sphinx, prêtres et guerriers), réalisées au 6e s. avant J.-C. Dans les salles consacrées à l'art romain, on remarquera nombre de bustes, amphores, chapiteaux et mosaïques, dont celle de **Bruñel**, étonnante par sa complexité et ses couleurs. On s'intéressera aussi aux fibules wisigothiques et surtout, au **sarcophage de Martos**★, chef-d'œuvre paléochrétien de marbre, illustrant sept miracles du Christ présentés entre des portiques à colonnes (remarquez entre autres les Noces de Cana et la guérison du paralytique). La section des Beaux-Arts présente des œuvres de Berruguete, Alonso Cano, José et Federico de Madrazo, Mariano Benlliure et Antonio López *(Mujeres en diálogo)*.

Real Monasterio de Santa Clara – On retiendra surtout le superbe **cloître** de ce monastère érigé au 13e s. L'église recèle une curieuse statue du Christ réalisée en bambou (16e s.).

San Bartolomé – L'église St-Barthélemy a été élevée sur le site d'une mosquée aux 16e et 17e s. La sobre façade (17e s.) dissimule un joli patio doté d'un **« artesonado » mudéjar** de grande qualité. L'une des chapelles recèle la statue du Christ de l'Expiration, que l'on sort pour la procession de la Semaine sainte.

★**Capilla de San Andrés** – La chapelle mudéjare St-André, aux réminiscences judaïques (16e s.), fut commandée par le trésorier du pape Léon X, Gutierre González Doncel. Sa façade d'une blancheur immaculée cache un véritable joyau architectural, la **chapelle** dite **de la Purísima Inmaculada**★★. Sa voûte à nervures étoilées repose sur un tambour octogonal au minutieux décor plateresque ; cet espace réduit est une merveille de délicatesse où chaque détail et chaque personnage atteignent un haut degré de précision. La **grille**★ qui clôt la chapelle est elle aussi extraordinaire : véritable dentelle de fer forgé repoussé et doré à l'or fin, elle fut réalisée (16e s.) par maître Bartolomé, originaire de Jaén.

Palacio de Villardompardo ⓥ – Cet élégant édifice du 16e s. fut la demeure de Fernando de Torres y Portugal, vice-roi du Pérou et comte de Villardompardo. Derrière la sobre façade se cache un **patio**★ à arcades desservant plusieurs pièces. Différentes salles du palais accueillent le **musée des Arts et Traditions populaires**, qui évoque la vie quotidienne dans la province de Jaén (outils d'artisans, ustensiles de la vie quotidienne, costumes traditionnels, etc.), le **musée international d'Art naïf**, dont l'étonnante collection de peintures et de sculptures comprend de nombreuses œuvres haïtiennes, et des expositions temporaires d'artistes originaires de Jaén. Mais le clou de la visite est celle des bains arabes, redécouverts sous le palais en 1913.

★★ **Bains arabes** – Ce sont les plus grands existant encore en Espagne. Une magnifique restauration a permis de bien mettre en valeur la perfection architecturale de l'ensemble. La lumière filtre délicatement dans les salles sombres et ce clair-obscur crée une agréable sensation de sérénité. Les différentes salles communiquent entre elles par des arcs en fer à cheval ; le vestibule est sur toute sa longueur voûté en berceau plein cintre ; une lucarne assure l'éclairage et la ventilation de la salle fraîche ; la salle tempérée est couverte d'une élégante coupole semi-sphérique ; enfin, la salle chaude est agrémentée d'alcôves à coupoles sur pendentifs et d'ouvertures en étoile.

M. Raurich/STOCK PHOTOS

Dans les bains arabes

San Juan – Érigée après la conquête de Jaén, l'église St-Jean conserve une remarquable collection de sculptures gothiques.

Real Monasterio de Santo Domingo ⓥ – Fondé par Jean Ier sur les ruines de l'ancien palais des rois musulmans, le monastère St-Dominique fut à une époque le siège du tribunal de l'Inquisition. La façade Renaissance aux élégantes proportions est l'œuvre de Vandelvira. Le rez-de-chaussée du **patio**★ (17e s.) présente une délicate galerie voûtée, tandis que l'étage est percé de belles fenêtres ouvragées. Le monastère héberge aujourd'hui les **archives provinciales**.

La Magdalena – Édifiée dans le style gothique isabélin (16e s.) sur les vestiges d'une ancienne mosquée arabe, l'église de la Madeleine en a conservé le charmant **patio**★ agrémenté du bassin aux ablutions et d'arbres fruitiers qui lui confèrent un air bucolique. À l'intérieur, le maître-autel est surmonté d'un beau retable de Jacopo Florentino, dit l'Indaco, et du relief de *La Madeleine* par Mateo Medina (18e s.). Face à l'église, la **fontaine du Raudal** fournissait l'eau potable aux habitants de Jaén.

Santa Úrsula ⓥ – L'église du monastère Ste-Ursule est couverte d'un artesonado mudéjar particulièrement raffiné. Nous recommandons aux gourmets de s'adresser aux religieuses qui proposent les célèbres **« yemas »** de Ste-Ursule, de délicieux gâteaux traditionnels.

AUTRES CURIOSITÉS

★ **Castillo de Santa Catalina** ⓥ – *5 km à l'Ouest. Il vaut mieux s'y rendre en voiture.* L'imposante silhouette de l'ancienne forteresse arabe, transformée par Saint Ferdinand III après la reconquête de Jaén, s'élève au sommet de la colline Ste-Catherine, toujours prête à défier l'ennemi. C'était le point d'origine des remparts qui ceignaient la ville et dont il ne reste que la **porte de l'Ange**, remaniée dans le style baroque, et les arcs de **San Lorenzo** et du Réconfort (Consuelo). Du château même, il ne subsiste qu'une intéressante **chapelle**, dédiée à sainte Catherine (dans la tour de guet), où l'on pénètre par un délicat arc en fer à cheval, et surtout le donjon, svelte construction qui domine le tout et dispense de fantastiques **panoramas**★★ sur la silhouette azurée de la Sierra de Jabalcuz et les oliveraies. La forteresse héberge de nos jours un parador.

Convento de Santa Teresa o de las Descalzas – Le monastère des carmélites déchaussées conserve une copie manuscrite du *Cantique spirituel* de saint Jean de la Croix. Les délicieuses **confiseries** des religieuses sont renommées...

ENVIRONS

La Guardia de Jaén – *10 km au Sud-Est par la N 323 (E 902).* Le petit village s'étend au pied de la forteresse arabe, dont le donjon offre de beaux **panoramas** sur le Cerro de San Martos qui se découpe sur les vergers et les champs de blé.

EXCURSION

Parc naturel de la Sierra Mágina – *35 km à l'Est. Quitter Jaén par ② du plan et emprunter la A 316, puis la A 320 jusqu'à Mancha Real ; poursuivre par la JV 3242.* Renseignements au **centre d'information** (centro de interpretación) **de Jodar** ⓥ. C'est l'écrivain Antonio Muñoz Molina qui fit connaître cet endroit, choisissant pour certains de ses romans un cadre fictif appelé Mágina. Le parc de 19 900 ha s'étend dans la cordillère Subbétique, entre la dépression du Guadalquivir et la Sierra de Lucena. Couvrant les plaines de Jaén, il présente d'épaisses forêts de chênes verts et chênes rouvres où logent, entre autres espèces animales, l'aigle royal, le faucon pèlerin et le chamois.

JEREZ DE LA FRONTERA★★

Cadix – 181 602 habitants

Carte Michelin nº 446 V 11

Jerez, même si cela peut sembler une banalité de le dire, doit depuis toujours sa célébrité à son vin, le xérès, et à ses chevaux qui demeurent les rois de toutes les fêtes. Par sa situation géographique, la ville tourne le dos à la mer en direction de la campagne fertile qui l'entoure, contrairement à Cadix qui, pourtant si proche, semble perdue dans ses rêves, le regard éternellement tourné vers l'océan. Le patrimoine architectural de Jerez, digne d'intérêt, occupe une place de choix dans la province ; quant à la vie culturelle animée, elle est rythmée par le **flamenco**. En effet, la ville revendique la paternité de cet art à l'instar de Séville et c'est bien dans ses humbles quartiers qu'est né l'art de la *bulería*, ce chant andalou si populaire.

VISITE

★★Le quartier gothique

Jerez a conservé un important patrimoine architectural gothique. Nous vous suggérons un itinéraire qui sillonne tout le centre de la ville médiévale et prévoit des haltes dans les églises de la Reconquête *(en général, elles sont ouvertes tous les jours aux heures des offices, à partir de 19 h).*

Plaza del Mercado – La place du Marché se situe dans le quartier populaire de San Mateo, là où se trouvait le marché arabe. Remarquez à l'une de ses extrémités, telle un décor de cinéma, la façade chargée du **palais de Riquelme**, seul vestige du bâtiment Renaissance. Sur les colonnes corinthiennes du premier registre, on observera un couple de « sauvages » accompagné de deux lions rampants, protecteurs symboliques des portes depuis l'Antiquité.
Le **Musée archéologique** et l'**église St-Matthieu** se trouvent également sur cette place.

Museo Arqueológico ⓥ – Il occupe un palais restauré du 18e s. qui a conservé une belle façade. Les salles s'articulent autour d'un patio et présentent l'histoire de Jerez et de sa région. Remarquez surtout l'élégant **casque grec**★ du 7e s. avant J.-C., découvert dans le río Guadalete. À noter également les **idoles cylindriques**★ de marbre, pièces d'une grande simplicité mais particulièrement expressives, datant de l'âge du cuivre et provenant du Cerro de las Vacas (Lebrija) et de Torrecera.

Jerez au 13e s.

La prise de Séville en 1248 par Saint Ferdinand III ouvrit aux troupes chrétiennes la basse vallée du Guadalquivir et permit la conquête de villes importantes comme Arcos, Medina ou Jerez de la Frontera. Jerez passa définitivement aux mains des chrétiens le 9 octobre 1264, jour de la saint Denis, une fois la révolte mudéjare étouffée. La ville était alors ceinte d'une muraille rectangulaire de plus de 4 000 m, legs de l'époque almohade, dont il reste quelques tronçons calle Porvera et calle Ancha. On y accédait par trois portes et elle était divisée en six paroisses ou *collaciones* (Cadix n'en comptait qu'une), baptisées symboliquement du nom des quatre Évangélistes, de saint Denis (patron de la ville) et du Sauveur. Hors de l'enceinte se trouvaient les faubourgs de San Miguel et Santiago, ainsi que les couvents St-Dominique et St-François. Dans un premier temps, Jerez joua un rôle de choix dans le système défensif et l'organisation des frontières entre chrétiens et nasrides.

JEREZ DE LA FRONTERA

Aladro (Pl.) . . . . BY
Alcalde Álvaro Domecq . . . . BY
Algarve . . . . BZ 2
Ancha . . . . AY
Angustias (Pl. de las) . . . . . . BZ 5
Arcos . . . . BZ
Arenal (Pl. del) . . . . BZ 8
Armas . . . . ABZ 10
Arroyo (Calzada del) . . . . . . AZ 12
Arroyo (Pl. del) . . . . AZ
Asta . . . . AY
Asunción (Pl.) . . . . BZ 13
Atalaya . . . . AY
Barja . . . . BZ
Barreras . . . . AY
Beato Juan Grande . . . . BY 15
Belén (Pl.) . . . . AZ
Bizcocheros . . . . BY
Cabezas . . . . AYZ 18
Cádiz . . . . BY
Caracol (Ronda del) . . . . AYZ
Cartuja . . . . BZ
Chaparra (Cuesta de la) . . . . AZ
Circo . . . . BY
Clavel . . . . BY
Conde de Bayona . . . . BZ 21
Consistorio . . . . BZ 23
Constitución (Pl. de la) . . . . AY
Cordobeses . . . . AY 26
Corredera . . . . BZ
Cristina (Alameda) . . . . BY 28
Cruces . . . . AZ 30
Doña Blanca . . . . BZ 31
Duque de Abrantes (Av.) . . . BY 32
Eguilaz . . . . BYZ 33
Empedrada . . . . BZ
Encarnación (Pl. de la) . . . . . AZ 35
Francos . . . . AY
Gaspar Fernández . . . . BYZ 40
Guadalete . . . . ABY
José Luis Díez . . . . AZ 42
Larga . . . . BZ 45
Lealas . . . . AY
Lencería . . . . BZ 47
Letrados . . . . ABZ 50
Luis de Isasy . . . . AYZ 52
Mamelón (Pl.) . . . . BY
Manuel María González . . . . AZ 55
María Antonia Jesús Tirado . . BZ
Medina . . . . BZ
Mercado (Pl. del) . . . . AYZ 56
Merced . . . . AY
Monti (Pl.) . . . . BZ 57
Muleros (Ronda de los) . . . . BZ
Muro . . . . AY
Nuño de Cañas . . . . BY 60
Pañuelos . . . . BZ
Paúl . . . . BY
Pedro Alonso . . . . BZ 62
Peones (Pl.) . . . . AZ 65
Pintor Muñoz Cebrián . . . . . BY
Pizarro . . . . AY
Plateros (Pl.) . . . . BZ 67
Ponce . . . . AY
Porvenir . . . . BZ
Porvera . . . . ABY
Pozo del Olivar . . . . ABY
Pozuelo . . . . ABZ 70
Puerto . . . . AZ
Rafael Rivero (Pl.) . . . . BY 72
Rosario . . . . BY
San Juan . . . . AY
San Agustín . . . . BZ 75
San Blas . . . . AZ
San Fernando . . . . AZ 77
San Ildefonso . . . . AZ
San Lucas (Pl.) . . . . AYZ 80
Santiago (Pl.) . . . . AY 81
Santo Domingo . . . . BY
Sevilla . . . . BY
Sol . . . . BZ
Taxdirt . . . . AY
Tonería . . . . BY 82
Torresoto (Av.) . . . . AZ
Vieja (Alameda) . . . . AZ 84
Zaragoza . . . . BY

Alcázar . . . . AZ
Bodega Domecq . . . . AZ B2
Bodega González Byass . . . . AZ B4
Bodega Harvey . . . . BZ B6
Bodega Sandeman . . . . ABY B8
Bodega Williams & Humbert . . . . BY B10
Cabildo . . . . BZ C2
Casa Domecq . . . . BY C4
Casa de los Ponce de León . . . . AY C6
Catedral . . . . AZ
Centro Andaluz de Flamenco . . . . AY E
Convento de Santa María de Gracia . . AY F
Convento de Santo Domingo . . . . BY
Iglesia de San Dionisio . . . . BZ K
Iglesia de San Juan de los Caballeros . . AY
Iglesia de San Lucas . . . . AY
Iglesia de San Marcos . . . . ABY
Iglesia de San Mateo . . . . AZ
Iglesia de San Miguel . . . . BZ
Museo Arqueológico de Jerez . . . . AY M
Museo de Relojes . . . . AY
Palacio del Marqués de Bertemati . . . . AZ R
Palacio de los Pérez Luna . . . . BY S
Palacio de Riquelme . . . . AY V
Real Escuela Andaluza de Arte Ecuestre . . BY
Teatro Villamarta . . . . BZ T

Doña Blanca . . . . BZ a
El Coloso . . . . BZ c

Se loger

À BON COMPTE

El Coloso – *Pedro Alonso, 13 – ☎ et fax 956 34 90 08 – 20 chambres – 6 000 ptas.*
Cet hôtel aux chambres simples très soignées est tenu par un charmant monsieur d'un certain âge

VALEUR SÛRE

Doña Blanca – *Bodegas, 11 – ☎ 956 34 04 03 – fax 956 34 85 86 – 30 chambres – 9 500 ptas.*
Hôtel moderne situé au centre. Chambres confortables et fonctionnelles.

Jerez – *Alcalde Álvaro Domecq, 35 – ☎ 956 30 06 00 – fax 956 30 50 01 – 116 chambres – 18 900 ptas.*
Grand hôtel de catégorie supérieure dont les chambres donnent sur le jardin ou la piscine. Seul point faible, il est loin du centre-ville.

Se restaurer

Bar Juanito – *Pescadería Vieja, 8 – ☎ 956 33 48 38.*
Bar fondé en 1943 situé dans une rue piétonne multipliant les restaurants et les terrasses. Décoration andalouse avec azulejos et tableaux traitant de la corrida.

Tendido 6 – *Circo, 10 – ☎ 956 34 48 35.*
Situé aux abords des arènes, c'est l'un des meilleurs restaurants de la ville avec ses spécialités régionales de viande et de poisson.

Gaitán – *Gaitán, 3-5 – ☎ 956 34 58 59.*
Restaurant créé dans les années 1970 et dont la décoration traditionnelle « kitsch » est un peu chargée. Spécialités de veau et de queue de taureau.

La Taberna Flamenca – *Angostillo de Santiago, 3 – ☎ 649 38 39 73 – fermé le dimanche.*
Vaste taverne occupant une ancienne cave à vin. Dîner et flamenco *(3 500 ptas)* à partir de 21 h. Possibilité d'assister seulement à la représentation (22 h 30).

Sortir

La Rotonda – *Larga, 40 – ouvert de 9 h à 23 h.*
Un vrai classique : décoration, ambiance, cave... Très agréable terrasse dans la rue et service de qualité. Vins, fromages, et charcuterie vous seront proposés, sans oublier le rayon confiserie très varié.

Cafetería La Vega – *Plaza Estévez, 1 – ouvert de 9 h à 23 h.*
Touristes et habitants de Jerez se retrouvent sur l'agréable terrasse de ce café situé sur l'une des places les plus centrales. Endroit très agréable le matin comme l'après-midi.

Cafetería Bristol – *Plaza Romero Martínez, 1 – ouvert de 9 h à minuit.*
Un lieu très prisé des amateurs de théâtre car il se trouve sur la même place que le théâtre Villamarta. Un classique de Jerez pour prendre un café l'après-midi.

Don José – *Letrados – ouvert de 16 h à minuit.*
Clientèle très sélect d'âge mûr ; décoration classique et accueillante, tout à fait « british ». Parfait pour prendre un verre dans une ambiance détendue.

Carbonería – *Letrados (derrière l'hôtel de ville) – ouvert de 16 h 30 à 3 h du matin.*
Ambiance moderne et d'avant-garde avec une clientèle jeune très détendue. Idéal pour prendre un verre l'après-midi ou en début de soirée.

Loisirs

Toute la vie socioculturelle de Jerez tourne autour du vin et du flamenco, sans pour autant négliger la musique ou le théâtre ; le **théâtre Villamarta** *(plaza Romero Martínez, ☎ 956 32 93 13)* propose une saison lyrique très complète de musique, de danse, de théâtre et même de flamenco.
Jerez est célèbre pour ses *peñas flamencas*, sortes de cercles qui organisent des représentations, des expositions, des réunions et des récitals de flamenco, comme les célèbres *zambombás flamencas* de Noël. Citons la **Peña Tío José de Paula** *(calle Merced, 11 ☎ 956 30 32 67)* ou la célèbre Peña el Garbanzo *(calle Santa Clara, 9 ☎ 956 33 76 67)*.
L'hôtel de ville édite deux fois par mois un guide culturel très précis sur toutes les activités de la ville. On peut se le procurer dans les kiosques et les Offices de tourisme.

Fêtes

C'est à la fin du mois d'avril qu'a lieu le **festival de Jerez**, consacré au monde du flamenco. Mais la fête la plus célèbre est la **foire du Cheval** (Feria del Caballo) qui se tient en mai dans le parc González Hontória *(avenida Alcalde Álvaro Domecq)*. Deux fêtes importantes se déroulent en septembre : la **fête des Vendanges** et la **fête de la Bulería** (airs et danses andalous).

Boutiques, achats...

Le quartier commerçant de Jerez s'organise autour d'une agréable rue piétonne pleine de boutiques, la calle Larga. Au début de cette rue, sur la plaza Estévez, un marché traditionnel récemment rénové mérite le détour.
On trouve à Jerez toutes sortes d'articles ayant un lien avec le monde de l'équitation. Deux selleries de choix : **Arcab** *(Divina Pastora, 1 – ☎ 956 32 41 00)* et **Duarte** *(Lancería, 15 – ☎ 956 34 27 51)*.
L'achat du vin est bien sûr de rigueur. L'idéal est de s'arrêter dans l'une des caves connues de la ville ou de se rendre dans un magasin spécialisé comme La Casa del Jerez *(Divina Pastora, 1 – ☎ 956 33 51 84)*.

Marché – Tous les lundis matins, dans le **parc González Hontoria**, là où a lieu la foire du Cheval ; on y vend un peu de tout.

Transports

Aéroport – **Aéroport de La Parra**, à 10 km au Nord-Est de la ville *(☎ 956 33 56 48)*, sur la route N-IV. N'est desservi que depuis Madrid et Barcelone

Trains – *Plaza de la Estación (☎ 956 25 43 01)*. Les principaux trains au départ de la gare desservent Séville, Madrid/Barcelone et Cadix (nombreux départs pour cette dernière destination).

Renfe – Informations *calle Tonería, 4 - ☎ 956 33 79 75.*

Autobus métropolitains – Très grand réseau d'autobus qui relie tous les différents points de la ville. Tarif : 1 trajet 105 ptas, coupon de 10 trajets 750 ptas, coupon de 20 trajets 1 300 ptas, forfait mensuel 3 500 ptas.

Autocars interurbains – La gare routière se trouve calle Cartuja *(☎ 956 34 52 07)*. C'est le point de départ des cars qui desservent régulièrement toute la province de Cadix, ainsi que Madrid, Séville, Malaga et Cordoue.

Taxis – *☎ 956 34 48 60*

Calèches – Elles sillonnent toute la zone touristique de la ville et proposent de nombreuses haltes.

San Mateo – C'est l'une des églises primitives édifiées par Alphonse X au 13e s., sur les anciennes mosquées arabes. L'édifice actuel date du 15e s. Quant aux murs extérieurs, ils sont soutenus par de robustes contreforts.

Prendre la calle Cabezas jusqu'à la plaza de San Lucas.

San Lucas – L'origine médiévale de l'église est très nettement occultée par les modifications postérieures apportées essentiellement pendant la période baroque. À l'extérieur, remarquez sa curieuse tour formant façade, au portail ébrasé.

Prendre la calle Ánimas de San Lucas et tourner à gauche calle Santa María jusqu'à la plaza Orbaneja. De là, prendre la calle Liebre jusqu'à la plaza Carrizosa, où l'on remarquera le balcon arrondi de la façade d'un petit palais du 18e s. Retourner plaza Orbaneja et continuer par la calle San Juan jusqu'à l'église St-Jean-des-Chevaliers.

★San Juan de los Caballeros – L'église actuelle, d'extérieur très sobre, est dans son ensemble du 15e s., malgré certains ajouts ultérieurs comme la façade (17e s.). À l'intérieur, une superbe **abside polygonale★**, à neuf côtés (14e s.), est coiffée d'une voûte à dix nervures décorées en zigzag, qui s'appuient sur de fines colonnes.

« Tocino de Cielo »

C'est dans les caves de Jerez que ce délicieux dessert a sans doute vu le jour. Pour clarifier les vins, on avait l'habitude d'y ajouter des blancs d'œuf battus en neige. Et que faire des jaunes restants, sinon de délicieux desserts ? Les religieuses des couvents voisins imaginèrent ce dessert raffiné.

Derrière, plaza San Juan, le palais Pemartín héberge le **Centre andalou de flamenco.**

Prendre la calle Francos et tourner à gauche dans la calle Canto. Poursuivre jusqu'à la plaza Ponce de León.

C'est ici que se trouve l'ancien **palais des Ponce de León**, dont la belle **fenêtre★★** d'angle est un excellent exemple d'art plateresque.

Continuer par la calle Juana de Dios Lacoste et prendre à gauche la calle Almenillas. Traverser la calle Francos et prendre la calle Compañía en dépassant l'église de la Compagnie de Jésus ; on arrive ensuite à St-Marc.

Convento de Santa María de Gracia : *plaza de Ponce de León.* Possibilité d'acheter des confiseries. Tocino de cielo sur commande. De 9 h 30 à 12 h 45 et de 16 h 45 à 17 h 30.

San Marcos – Fondée à l'époque d'Alphonse X, l'église a été totalement reconstruite sans doute en 1480, comme l'atteste la nef avec sa belle **voûte en étoile** du 16e s. L'abside est dissimulée par un **retable★** polygonal du 17e s., que préside une peinture sur bois (19e s.) à l'effigie de saint Marc. Les treize autres panneaux de bois (16e s.) sont d'influence flamande. Le bas-côté gauche héberge la **chapelle baptismale** du 15e s.

Plaza de Rafael Rivero – Sur cette petite place se trouve le palais des Pérez Luna, dont la belle **façade** date de la fin du 18e s. À côté, la maison des Villavicencio est dotée d'un agréable patio.

Prendre la calle Tornería jusqu'à la plaza del Plateros.

Plaza de Plateros – C'est l'une des places les plus plaisantes de la partie ancienne de Jerez. Au Moyen Âge, c'était un quartier très commerçant dont les rues se réfèrent aux activités exercées : Chapinería (chaussure), Sedería (soieries) et Tornería (tourneur). C'est ici que s'élève la **torre Atalaya**, tour de guet érigée dans la première moitié du 15e s. Remarquez les fenêtres gothiques à arcs polylobés du deuxième corps.

★ **Plaza de la Asunción** – Le bâtiment Renaissance du **Cabildo★★** (1575) se dresse sur l'un des côtés de la place : sa façade présente un décor de grotesques et d'amours, accompagnés d'Hercule et de Jules César, flanqués des Vertus Cardinales en éléments principaux. Sur la gauche s'ouvre une galerie voûtée, trois ouvertures en plein cintre soutenues par de fines colonnes qui contrastent largement avec les robustes colonnes corinthiennes de la porte et les fenêtres du côté opposé. Au centre de la place trône une statue dédiée à l'Assomption de la Vierge, datant des années 1950.

San Dionisio – L'église d'influence très nettement mudéjare est dédiée au patron de la ville, saint Denis. Le portail principal ébrasé est surmonté d'un petit auvent. Tout l'ensemble est plutôt dénué de grâce mais on remarquera les étranges corbeaux au niveau de la toiture.

Descendre par la calle José Luis Díez jusqu'à la plaza del Arroyo.

★ **Palacio del Marqués de Bertemati** – La façade du palais est l'une des plus impressionnantes de Jerez. Des deux portails, celui de **gauche★** présente deux registres séparés par un beau balcon de ferronnerie sur lequel les lettres du nom Dávila apparaissent. Au registre inférieur dédié au monde profane, remarquez les deux cavaliers sculptés soutenant chacun leur monture ; quant au registre supérieur, il est consacré au monde religieux.

★★ **Cathédrale** Ⓥ – Bâtie elle aussi sur le site d'une mosquée, la collégiale du Sauveur est l'une des premières églises consacrées après la Reconquête. L'église actuelle est légèrement décalée vers l'Est par rapport à l'église primitive ; c'est l'un des ouvrages religieux de Jerez les plus importants du 18e s., et sa construction a même entraîné la modification de rues adjacentes et la création de nouveaux espaces comme la **plaza de la Encarnación**. Son allure imposante et le **dôme★** en brique du transept se remarquent de nombreux points de la ville. D'aspect assez éclectique, elle combine des éléments baroques sur les portails et les tours avec des éléments gothiques comme les voûtes et les arcs-boutants, dont le rôle est purement décoratif. La décoration intérieure est excessivement chargée, tandis que la nef principale est couverte d'une voûte en berceau.

Plaza de la Asunción...

Depuis le 18e s., chaque année en septembre, un événement important se tient à Jerez devant la cathédrale : c'est la **fête de la Vendange**, où l'on pressure le raisin.

★**Alcázar** ⓥ – *Alameda Vieja.* C'est d'ici que l'on a la plus belle **vue**★★ de la cathédrale. L'*alcázar* faisait partie de l'enceinte fortifiée longue de 4 000 m qu'érigèrent les Almohades au 12e s. et dont on peut encore voir des vestiges dans les rues. On accède à l'alcazar, situé à l'angle Sud-Est de l'enceinte, par la **porte de la ville**, typique porte almohade en angle droit. Les tours de guet, telle la tour Octogonale, sont caractéristiques des constructions défensives almohades. On reconnaît également le donjon, et la tour Ponce de León (15e s.). Dans l'enceinte de l'alcazar, la **mosquée**★★ est un bon exemple de l'art dépouillé des premiers Almohades. La salle de prière est couverte d'une ravissante **coupole octogonale**. À l'extrémité opposée de l'enceinte, au bout du jardin, se trouvent les bains construits au 12e s. suivant le modèle romain.

J. Guillard/SCOPE

Détail de la façade principale de la cathédrale

Cámara oscura ⓥ – Installée dans la tour du **palais de Villavicencio**, c'est la seconde chambre noire installée en Espagne. Un subtil jeu de loupes et de miroirs offre une **perspective**★★ différente de Jerez. Une façon originale de commencer la visite de la ville.

De la Plaza del Arenal à la Alameda Cristina

Cette promenade à l'extérieur de l'ancienne enceinte fortifiée rejoint les faubourgs médiévaux de San Miguel et de Santiago, où ont été érigés différents couvents comme celui de St-Dominique. Malgré sa situation, le lieu a toujours été très central comme le prouvent certains bâtiments, et c'est de nos jours l'un des quartiers les plus animés de Jerez, où les terrasses de café alternent avec les magasins.

Plaza del Arenal – Aire de jeux à l'époque musulmane, cette place demeure encore aujourd'hui un lieu de réunions et de festivités. Le monument central, par Mariano Benlliure, est dédié à un enfant de Jerez, **Miguel Primo de Rivera**.

De la place, prendre la calle San Miguel, qui dispense une bonne perspective sur la tour baroque de St-Michel.

★★**San Miguel** – La **façade dite de saint Joseph**, la plus ancienne de l'église, fut élevée en 1480 dans un style très inspiré des Flandres. Remarquez la statue de saint Joseph sur le tympan, flanqué de deux imposants piliers flamboyants et couronné d'un arc en accolade. La façade principale, dédiée à saint Michel, est une robuste tour baroque qui se décompose en trois corps. Le corps supérieur porte une flèche tapissée d'azulejos, typique de Jerez. La nef à trois vaisseaux est d'une grande élégance. Le transept et la *capilla mayor*, à l'ornementation chargée, sont coiffés d'une complexe voûte nervurée. Dans le chœur, le **retable**★ est un extraordinaire ouvrage de la fin de la Renaissance, réalisé par Martínez Montañés, avec quelques éléments baroques que l'on doit à Juan de Arce. La **chapelle du St-Sacrement**, de style baroque, est adossée à l'église.

Retourner à la plaza del Arenal et prendre la calle Lencería jusqu'au populaire Gallo Azul. La calle Larga mène au couvent St-Dominique.

Convento de Santo Domingo – Fondé à l'époque d'Alphonse X, le couvent St-Dominique a un très beau cloître gothique qui accueille des expositions temporaires.

★**Casa Domecq** – Cet élégant bâtiment de la fin du 18e s. est un modèle typique de palais baroque de Jerez. Remarquez surtout le **portail**★ de marbre à l'ornementation chargée. Entre les deux registres de la porte, une fine balustrade de fer s'appuyant sur une corniche rampante confère à l'ensemble un dynamisme certain.

ABC du xérès

Triangle des terres formé par **Jerez**, **Sanlúcar** et **El Puerto de Santa María**. Les vins du triangle de Jerez possèdent l'**appellation d'origine Jerez-Xerez-Sherry**. Ils sont contrôlés par le conseil de Surveillance, créé en 1935.

Albariza – Terre de couleur claire composée de marnes d'origine marine. Sa capacité à retenir l'humidité en fait la terre idéale pour la culture de la vigne.

Uva Palomino – Le cépage Palomino a été introduit à l'époque d'Alphonse X et constitue 95 % du cépage de Jerez.

Uva Pedro Ximénez – Le Pedro Jiménez a été introduit en 1680 par un soldat des *tercios* (régiment) des Flandres.

Botas – On utilise trois types de barriques : les *bocolles* (700 l), les tonneaux et les *botas* (500 l). Les *botas* sont les barriques les plus courantes, elles sont fabriquées en chêne américain.

Solera y Criaderas – C'est le système d'élevage du xérès. La *soler*a est la rangée de barriques la plus proche du sol, qui contient le vin le plus vieux. Au-dessus, on dispose des rangées de *botas* appelées *criaderas*. Le vin est transvasé de la rangée la plus haute *(1ª criadera)* jusqu'à la *solera*, en un processus qui s'appelle *correr la escala* ou « descendre l'échelle ».

Fleur du vin – C'est la fine couche de levure qui recouvre le vin et qui produit la fermentation, tout en empêchant l'oxydation.

Sobretabla – C'est le vin le plus jeune que l'on met dans la première *criadera*. Il s'agit en fait du moût fermenté auquel on ajoute l'eau-de-vie pour atteindre le titre de 15°.

Vins :

Fino – Vin sec, pâle et un peu doré (15° environ). Il accompagne à merveille les fruits de mer et les poissons.

Amontillado – Vin ambré, sec, au bouquet aromatique. Il atteint les 17°.

Oloroso – Vin sombre et long en bouche. Environ 18°.

Cream – Vin doux obtenu à partir de l'*oloroso*. Robe sombre ; idéal pour les desserts.

Pedro Ximénez – Vin doux élaboré à partir du cépage du même nom. Robe rubis.

Principales caves ⓥ :

Pedro Domecq : fondée en 1730, la plus importante est la cave del Molino.

Bodegas González Byass (Tío Pepe) : fondée en 1835, on retiendra en priorité la cave de la Concha, conçue par Eiffel en 1892 et La Constancia, qui recense les noms les plus prestigieux. C'est ici que se trouve la salle primitive des échantillons.

William&Humbert : musée. Information ☎ *956 34 65 39.*

B. Grilly

Caves de La Ina. Domecq

AUTRES CURIOSITÉS

★★ **Museo de Relojes** ⓥ – Ce surprenant **musée des Horloges**, l'un des seuls en Espagne, occupe le petit palais de la Atalaya, bâti au 19e s. dans un style classique et tout entouré de jardins, où évoluent fièrement nombre de paons. Riche de plus de trois cents pièces, la collection du musée a pour noyau celle constituée par Mme de Gabia, acquise plus tard par José María Ruiz Mateos. L'horloge la plus ancienne date du 17e s. : son **boîtier italien** est en ébène et en pierres dures. Le reste de la collection des 18e et 19e s. provient essentiellement d'Angleterre ou de France. À noter, un intéressant cadran solaire anglais du 18e s.

Zoo-Jardín Botánico ⓥ – Créé dans les années 1950 sur l'emplacement d'un ancien jardin botanique tout à fait au Nord de la ville, cet intéressant zoo est l'un des parcs les plus plaisants de Jerez et l'endroit idéal pour les enfants, qui ne manqueront pas de s'extasier devant plus de quatre cents espèces animales dont des tigres, des éléphants et des lions.

★ **Real Escuela Andaluza del Arte Ecuestre** ⓥ – Dans un bel hôtel particulier de style français (19e s.), construit par **Charles Garnier** (l'architecte de l'Opéra de Paris) et entouré de jardins soignés, l'École royale andalouse d'Art Équestre a installé ses bureaux. On peut assister au **spectacle**★★ *La Danse des chevaux andalous (Cómo bailan los caballos andaluces)*, véritable ballet équestre exécuté par d'impressionnants chevaux andalous et des cavaliers en costume du 18e s., sur fond de musique espagnole.

Santiago – Située dans le quartier populaire de Santiago, l'**église St-Jacques** (fin du 15e s.) s'élève sur un petit ermitage fondé par Alphonse X au 13e s. D'allure assez imposante, on remarquera surtout les solides contreforts terminés en pinacles. La façade principale est, comme de coutume à cette époque, d'inspiration flamande. Deux corps flamboyants flanquent le portail, aux arcs ébrasés, qui se termine par un arc en accolade surmonté du blason des Rois catholiques. À l'intérieur, la nef est coiffée de voûtes en croisée d'ogives.

ENVIRONS

★ **La Cartuja** ⓥ – *6 km au Sud-Est par la A 381, route de Medina Sidonia.* La construction de cette chartreuse débuta en 1478, mais les travaux se prolongèrent pendant une bonne partie du 16e s. La façade du monastère est un ouvrage Renaissance (1571), qui donne sur une grande cour pavée : au fond, on est frappé par l'impressionnante **façade**★★★ de l'église qui forme une sorte de retable divisé en quatre registres, offrant un ensemble spectaculaire. Les deux registres principaux sont décorés latéralement de colonnes jumelées entre lesquelles des niches abritent les statues des saints de l'ordre ; sur l'axe central, l'Immaculée Conception et, surmontant la rosace, saint Bruno, fondateur de l'ordre. À l'intérieur, la nef unique est coiffée de voûtes en croisée d'ogives.

★ **Yeguada de la Cartuja** ⓥ – *Finca Fuente del Suero, à 500 m de la chartreuse en allant vers Medina Sidonia.* La manade de la Chartreuse est exploitée par une entreprise publique, EXPASA, chargée de l'amélioration de la race du cheval andalou, dit en espagnol **cartujano**, car c'est aux frères chartreux, alors en charge du haras royal de Jerez, que l'on doit la création de la race au 16e s. La visite organisée le samedi sera l'occasion de voir s'ébrouer les chevaux et d'apprécier leur beauté au cours de numéros d'attelage et d'un exercice de travail en groupe.

Club de Golf Montecastillo – *Près du circuit.* L'un des meilleurs clubs de golf d'Espagne, siège depuis 1997 du prestigieux **Volvo Masters**. Information : *www.montecastillo.com.*

Circuit de Jerez – *10 km à l'Est par la A 382, route d'Arcos.* Les mordus de moto ont leur rendez-vous annuel au Grand Prix de motocyclisme *(pour de plus amples informations, consultez www.circuitodejerez.com ou ☎ 956 15 11 05).*

JIMENA DE LA FRONTERA

Cadix – 8 949 habitants

Carte Michelin n° 446 W 13

Quelque peu oubliée malgré sa beauté exceptionnelle, Jimena se situe à la limite orientale du **Parc naturel des Alcornocales**. En se dirigeant vers le village par le Nord de la province de Cadix, la route traverse un spectaculaire paysage de chênes verts, chênes-lièges et rouvres, qui ne se transforme qu'à proximité de Jimena. La forêt fait alors place aux pâturages des taureaux de combat. C'est ici que les Romains fondèrent la ville d'Oba, qui demeura un important poste frontalier entre chrétiens et nasrides, du Moyen Âge jusqu'à sa reconquête définitive en 1454 par le roi Henri IV. Difficile d'accès, cette région stratégique délimitée au Sud par la campagne de Gibraltar et la plaine de Jerez au Nord, fut la terre d'asile des brigands et des contrebandiers du 19e s. jusqu'après la guerre civile.
Aujourd'hui, nombre d'Anglais ont élu résidence dans ce village paisible.

Se loger

À BON COMPTE

El Anón – *Consuelo, 34-40 – ☎ 956 64 01 13 – fax 956 64 11 10 – 12 chambres – 7 000 ptas.*
Petites chambres dans cet établissement, ponctué de marches. Restaurant typique, patios abondamment fleuris et piscine avec vue sur la chaîne pour cet hôtel de charme vivement recommandé.

CURIOSITÉS

Le château domine le village s'échelonnant sur le flanc de la colline. Une seule tache rougeâtre vient souiller ce manteau blanc : au milieu des maisons blanchies à la chaux s'élève le clocher néoclassique de briques rouges de l'**église Ste-Marie-la-Couronnée**.

La Misericordia – Le **Centre d'information du Parc naturel des Alcornocales** occupe la simple église gothique (15e s.), à nef unique, qui a été restaurée avec la plus grande précision. Il s'agirait de la première église construite après la reconquête de la ville.

Château – Le château-forteresse se dresse sur le coteau de San Cristóbal, probablement l'ancien site de la ville romaine d'Oba. Le bâtiment actuel, d'origine musulmane, date du 13e s. On y accède par le double arc outrepassé de l'imposante tour flanquante qui servait de tour de guet. L'esplanade sur la colline accueille le cimetière du village, plusieurs grandes citernes et l'enceinte du château avec son imposant **donjon**.

Les tours flanquantes

Elles furent l'une des innovations de l'architecture militaire almohade. Détachées du corps principal de la forteresse, elles lui étaient reliées par un arc ou un muret. Postes de guet, on y montait la garde en permanence. La plus connue est la **Tour dorée** à Séville.

ENVIRONS

★**Peintures de la Laja Alta** – *Pour la visite, contacter un guide sur place.* Les peintures de la Laja Alta sont au nombre des représentations rupestres les plus intéressantes de la province de Cadix. Leur récente découverte et leur difficulté d'accès expliquent leur excellent état de conservation. Ces peintures réalisées à même la pierre comprennent six embarcations phéniciennes d'une grande beauté, datées environ de 1000 avant J.-C.

Se loger près de Castellar

VALEUR SÛRE

La Almoraima – *Route A 369, entre la N 340 et Jimena de la Frontera – ☎ 956 69 30 02 – fax 956 69 32 14 – 17 chambres – 10 000 ptas.*
Ce magnifique hôtel de campagne, couvent au 17e s. et pavillon de chasse d'un duc au 19e s., se dresse au centre d'un immense parc. Chambres sobres et rustiques. Tranquillité assurée.

★**Castellar de la Frontera** – *29 km au Sud par la A 369 jusqu'à Almoraima, puis une route à droite.* Les rois de Grenade édifièrent ce village-forteresse au 13e s., bastion défensif de leur tout nouveau royaume. Il fut pendant deux siècles le théâtre de luttes frontalières, jusqu'à la reconquête définitive en 1434 par les troupes chrétiennes. C'est au début des années 1970 que Castellar traversa sa période la plus difficile lors de la mise en eau du **réservoir de Guadarranque**, qui inonda les plaines cultivées. La plupart des habitants se virent contraints d'abandonner Castellar pour la nouvelle ville, Nuevo Castellar, distante de 7 km environ. La route d'accès au vieux Castellar, qui serpente entre les maisons blanches jusqu'au sommet de la colline, traverse un paysage d'une grande beauté. Le village, à moitié déserté, semble tout droit sorti d'un conte médiéval. Pour pénétrer à l'intérieur de la forteresse, qui englobe tout le village, franchir la porte du palais des ducs d'Arcos.

Hidalgo-Lopesino/MARCO POLO

Coin typique de Castellar

★**Parque Natural de los Alcornocales** – *Plusieurs routes sillonnent le parc, travervant de beaux paysages : la A 375 depuis Alcalá de los Gazules, la CA 503 depuis Arcos de la Frontera et la A 369 de San Roque (Algésiras). Elles se croisent à Puerto Galis, carrefour depuis la nuit des temps. Renseignements ☎ 956 41 33 07.*

Chênes verts, chênes rouvres, oliviers sauvages et chênes-lièges couvrent près de la moitié du parc. Le Parc naturel des Alcornocales renferme probablement la plus grande forêt de chênes-lièges d'Europe. Il propose de multiples possibilités aux amoureux de la nature, qui peuvent arpenter ses nombreux chemins et sentiers balisés, tracés souvent sur les anciennes voies empruntées par le bétail. Nous avons sélectionné deux parcours qui feront la joie des randonneurs : l'excursion au village de la Sauceda *(environ 5 h)* et, l'ascension, un peu plus difficile, du **Picacho** *(environ 3 h)*.

Le liège

L'extraction du liège est un processus délicat qui requiert la dextérité et l'habileté du décortiqueur. Depuis ses débuts en 1830, l'exploitation des chênes-lièges n'a pratiquement pas changé. On utilise toujours une hache spéciale pour découper les longues lanières d'écorce. Cette opération est particulièrement ardue car il s'agit de ne pas endommager l'arbre afin de lui permettre de se régénérer au bout de dix ans. Une fois l'écorce décortiquée, les récolteurs et les découpeurs chargent les lanières sur des mules. Un chêne-liège est exploitable dès ses 30 ans si le diamètre du tronc dépasse les 60 cm. Si l'on considère que le chêne-liège a une durée de vie moyenne de 150 ans, on compte environ dix récoltes par arbre. Le décorticage a lieu de juin à septembre, période de plus forte capacité de régénération du chêne-liège.

LEBRIJA

Séville – 23 924 habitants

Carte Michelin nº 446 V 11

C'est en bordure des premiers marécages de l'estuaire du Guadalquivir que s'élève la ville de Lebrija, perchée sur un petit promontoire. D'après la légende, Bacchus, qui fut son fondateur, lui donna le nom de *Nebrissa*. Après la domination romaine, Lebrija connut pendant l'époque arabe une période faste qui, après la reconquête en 1264 par Alphonse X, se prolongea jusqu'au 18e s. grâce à ses abondantes ressources agricoles. Berceau d'**Elio Antonio de Nebrija** (1442-1522), premier grammairien de la langue espagnole, l'actuelle Lebrija a entamé un processus de modernisation industrielle.

Santa María de la Oliva ⓥ – Située sur la jolie plaza del Rector Merina, cette ancienne mosquée fut convertie au culte chrétien en 1249. À l'intérieur, plusieurs styles cohabitent : le style mudéjar, sur les arcs en fer à cheval qui séparent la nef principale des collatéraux, le style gothique, sur les ouvertures des chapelles latérales, le style Renaissance dans le transept et l'abside, enfin, le style baroque, sur le clocher. L'église accueille une statue de la Vierge et un **grand retable** de toute beauté d'Alonso Cano.

Les « Júas »

Les habitants de Lebrija fabriquent ces mannequins de chiffons qu'ils brûlent la nuit de la Saint-Jean (23-24 juin), lors d'une grande fête populaire.

Santa María del Castillo ⓥ – Cette église mudéjar située dans la partie haute de la ville, près des ruines de l'ancien château arabe, a conservé de beaux plafonds à caissons d'origine et un patio de l'ancienne mosquée.

Capilla de la Vera Cruz ⓥ – Au cœur de la ville, tout près de la plaza de España, une intéressante chapelle néoclassique (17e s.) recèle un somptueux **crucifix** réalisé par Martínez Montañés.

LINARES★

Jaén – 58 410 habitants

Carte Michelin nº 446 R 19

Linares est la deuxième ville de la province par le nombre d'habitants après le chef-lieu. Cette ancienne ville minière, située dans une dépression au pied de la Sierra Morena, se trouve à proximité de la voie romaine qui reliait autrefois Cadix et Rome. Les rangées d'oliviers, parfaitement alignées, quadrillent la région de Jaén, où apparaît de temps à autre la silhouette d'une propriété.

Fondée à l'époque romaine, Linares n'était alors qu'un petit bourg de passage du nom de *Linarium*. Après la destruction de la ville gréco-romaine voisine, *Castulo*, qui vivait de l'exploitation de mines, de nombreuses familles de mineurs s'installèrent à Linares, qui devint une cité prospère. La ville fut reconquise par Saint Ferdinand III au milieu du 13e s. et poursuivit ses activités minières (plomb argentifère), qui contribuèrent amplement à lui faire surmonter des périodes de crise, notamment sous le règne de Charles III. Ces dernières années, avec la fermeture de certaines entreprises et la crise du secteur sidérurgique, Linares traversa une période de récession économique. Ville natale du grand guitariste **Andrés Segovia** (1893-1987), elle est aussi, quoique plus tragiquement, associée au mythique torero **Manolete**, qui trouva la mort dans ses arènes.

Santa María la Mayor – Ce bâtiment magnifique (16e s.), construit sur les vestiges d'une autre église, allie les styles roman, gothique et Renaissance. À l'intérieur, il convient de citer les portails de certaines chapelles latérales *(première et deuxième à droite)* et le **grand retable**, qui illustre de belles scènes de l'Ancien Testament.

★ **Museo Arqueológico** ⓥ – Le Musée archéologique occupe l'élégant palais Dávalos, dont la façade est surmontée d'un mirador gracile. Il expose d'importantes collections archéologiques de l'âge du bronze à l'époque médiévale. Parmi les nombreuses pièces provenant de Castulo, remarquez la Victoire (Niké) de bronze du 1e s. dont le drapé du vêtement est impressionnant de délicatesse. La **collection de statuettes d'Astarté**, (6e s. avant J.-C.) est également très intéressante.

Hôpital des marquis de Linares – Son architecture exubérante contraste avec l'élégance et la simplicité de la place qui porte son nom. Cette construction néoclassique, érigée au début du 20e s., abrite la crypte des marquis, œuvre de Coullaut Valera.

Palais de justice – La façade sculptée, richement décorée, de cet imposant bâtiment du 18e s. est un vrai prodige de composition où alternent scènes à caractère religieux, scènes de genre et scènes de la vie quotidienne.

Manolete

L'après-midi du 29 août 1947, *Islero*, un taureau de l'élevage Miura, donna la mort au grand Manolete (Manuel Rodríguez Sánchez) dans les arènes de Linares. Depuis ce jour, ce torero svelte et élégant, à la vie très agitée, est devenu l'une des principales légendes de la tauromachie.

San Francisco – Son aspect extérieur austère, sa belle façade couronnée d'un clocheton et flanquée d'une tour élancée, servent d'écrin au merveilleux **retable** baroque du maître-autel.

Hôtel de ville – Le beau parvis de cette construction imposante du 18ᵉ s. occupe toute un côté de la place qui l'accueille.

ENVIRONS

Ruines de Castulo – *7 km au Nord-Est par la A 312 vers Arquillos.* Fondée par les Grecs puis peuplée par les Phéniciens et les Romains, Castulo, où naquit Himilce, épouse du Carthaginois Hannibal, fut l'une des villes les plus prospères de la région grâce aux exploitations minières de plomb et d'argent. Aujourd'hui, c'est un important site archéologique où ont été faites d'intéressantes découvertes.

Baños de la Encina – *11 km au Nord-Ouest par la J 6030.* Ce village paisible se fond dans les oliveraies et les petites ondulations de terrain du **Parc naturel de la Sierra de Andújar★** *(voir ce nom).* Une impressionnante **« alcazaba »**, où l'on distingue encore le tracé des rues et une ancienne mosquée, gardait la cité du haut du rocher. Les tours de guet dispensent des **panoramas** fantastiques sur le village et les alentours.

LOJA

Grenade – 20 143 habitants

Carte Michelin nº 446 U 17

Loja, ville d'origine mythique, est située dans la vallée fertile du **río Genil**, à mi-chemin entre Malaga et Grenade. Pour les Arabes, qui la baptisèrent Medina Lawsa, Loja fut un bastion stratégique de la vallée de Grenade. Plusieurs fois rasée pendant la Reconquête, Boabdil la remit définitivement entre les mains des Rois catholiques en 1486. La localité vit également naître en 1800 le **général Narváez**, celui même qui dirigea d'une main de fer la politique espagnole sous le règne d'Isabelle II.

QUARTIER DE LA FORTERESSE

Le centre historique de Loja est juché sur un petit promontoire, accessible par la cuesta del Señor ou en contournant l'immense **église de l'Incarnation**, bâtie entre les 16ᵉ et 18ᵉ s. On raconte que de somptueux trésors se cachent dans les ruelles étroites. De la **forteresse** Ⓥ, qui domine la localité, subsistent le donjon, la résidence des gouverneurs chrétiens (Caserón de los Alcaides Cristianos), maison du 17ᵉ s. d'appareil tout à fait simple, la tour octogonale, et, sur la place d'armes, les restes d'une citerne. La calle Moraima mène au bout de l'enceinte médiévale. D'une terrasse dite belvédère archéologique s'ouvre une belle vue sur l'**église St-Gabriel**, beau bâtiment de style Renaissance du 16ᵉ s.

B. Kaufmann/MICHELIN

Clocher de l'église de l'Incarnation

Façade de l'Annonciation

Attribuée à **Diego de Siloé**, elle représente les modèles de style Renaissance typiques du 16ᵉ s. La partie inférieure est comme celle d'un arc de triomphe, une embrasure flanquée de deux colonnes ioniques identiques. La partie supérieure est couronnée d'un fronton et est flanquée de deux colonnes corinthiennes. Dans la niche, un groupe sculptural avec l'archange saint Gabriel et la Vierge illustre l'Annonciation qui donne son nom au portail et à l'église.

Sur la plaza de Abajo, anciennement place de Joaquín Costa, se dresse une des portes d'accès de la forteresse, celle de **Jaufín** (13ᵉ s.). À proximité, il ne reste que la partie inférieure de l'ancien magasin à grain communal, bâtiment réformé.

Carnet d'adresses

Se loger

UNE PETITE FOLIE

Finca La Bobadilla – *Route d'Iznajar (A 328) – ☎ 958 32 18 61 – fax 958 32 18 10 – 55 chambres – 38 500 ptas.*
Hôtel très luxueux dans une propriété de 350 ha. Les suites (environ 100 000 ptas la nuit) ont accueilli des personnalités du monde entier, des souverains comme les rois d'Espagne, des ténors comme Plácido Domingo ou encore des acteurs comme Tom Cruise. L'ensemble est un véritable village et les cloches de la petite église sonnent tous les matins.

Se restaurer

Le village de **Riofrío** était déjà réputé au 17ᵉ s. pour ses truites. Les restaurants proposent des plats variés et des desserts typiques de la région, comme les célèbres **« roscos » de Loja**.
La **zone de pêche** surveillée **de Riofrío** est l'endroit idéal pour pêcher ses propres truites presque toute l'année. *Permis, renseignements et réservations auprès de l'Albergue de Pescadores de Riofrío – ☎ 958 32 31 77.*

LUCENA

Cordoue – 35 564 habitants

Carte Michelin nº 446 T 16

Les origines de cette ville historique remontent à l'époque romaine, mais c'est sous la domination arabe, aux 10ᵉ et 11ᵉ s., que Lucena se développa le plus. Elle devint plus tard une importante enclave juive connue sous le nom de « Perle de Sefarad », et hébergea même une prestigieuse université hébraïque. Lucena connut au 18ᵉ s. une véritable renaissance économique et artistique ; de nos jours, c'est encore l'une des villes les plus prospères et les plus actives de la province de Cordoue.

CURIOSITÉS

★**San Mateo** ⓥ – *Plaza Nueva, en face de l'hôtel de ville.* Mêlant à la fois les styles gothique et Renaissance, l'église St-Matthieu a sans doute été élevée avec la participation d'Hernán Ruiz I et II sur le site d'une ancienne mosquée.

Extérieur – C'est le jeu des volumes qui donne à cette grande construction tout son dynamisme. La façade principale est dotée d'un beau portail Renaissance d'inspiration classique, encadré de deux contreforts. La tour se situe sur sa gauche et à droite, on distingue l'extérieur de la chapelle du Sacré-Cœur et son dôme.

Carnet d'adresses

Se loger

VALEUR SÛRE

Husa Santo Domingo – *El Agua, 12 – ☎ 957 51 11 00 – fax 957 51 62 95 – 30 chambres – 11 000 ptas.*
Hôtel de luxe, installé dans un ancien couvent du 18ᵉ s. Chambres spacieuses et confortables.

Se restaurer

Araceli – *Avenida del Parque, 10 – ☎ 957 50 17 14.*
Malgré une apparence ordinaire, c'est le meilleur restaurant de poissons et de fruits de mer de la ville.

Intérieur – On est séduit par les proportions harmonieuses de ce vaste ensemble. La nef est couverte de plafonds en bois, tandis que la triple abside présente des voûtes gothiques. Un superbe **retable★** Renaissance trône dans le *presbiterio*. Les reliefs polychromes des cinq corps illustrent des scènes de la vie du Christ et des personnages de l'Ancien et du Nouveau Testament.

★★ **Chapelle du Sacré-Cœur** – *Bas-côté droit, près de l'entrée de l'église*. C'est un véritable bijou rococo de la première moitié du 18e s. Les murs et la coupole sont recouverts de **plâtres★★** polychromes d'une grande variété, qui forment un ensemble d'une exubérance ornementale sans égale. Tous les éléments constitutifs de la décoration s'entremêlent inextricablement pour recevoir des angelots, des évêques et des saints.

Castillo del Moral – *El Coso*. Il ne reste que deux tours de la forteresse d'origine médiévale, souvent modifiée. On raconte que Boabdil a été retenu prisonnier dans la grosse tour octogonale. La tour carrée (torre de las Damas) devait être l'ancien donjon.

Santiago – Église édifiée sur une ancienne synagogue. La façade en brique, protégée par deux contreforts, possède un portail gothique tardif. À l'intérieur, les piliers de pierre qui soutiennent les arcs brisés de brique, semblent ployer sous le poids, ce qui leur confère une certaine fragilité. On s'arrêtera devant *Le Christ à la colonne* sculpté par Pedro Roldán.

Les églises **St-Jean-de-Dieu** et **St-Augustin**, aux beaux portails baroques, méritent également d'être mentionnées ; à noter le plan elliptique assez rare en Andalousie de l'église St-Augustin.

ENVIRONS

★ **Santuario de la Virgen de Araceli** – *6 km au Sud, au bout d'une route au fort dénivelé (20 %)*. La route grimpe en lacet jusqu'au sommet de la Sierra de Aras, où s'élève le sanctuaire. De l'esplanade, on bénéficie d'un immense **panorama★** sur la campagne d'oliveraies et les sierras en toile de fond.

EXCURSION

De Lucena à Iznájar – *35 km par la C 334*. À l'exception des premiers kilomètres, la route traverse de beaux paysages montagneux plantés d'oliviers. À 20 km de Lucena, dans un merveilleux cadre naturel, le village de **Rute** célèbre pour ses anis, est accroché au versant de la montagne qui porte son nom. À titre de curiosité, sachez que dans les alentours du village se trouve une réserve naturelle vouée à la protection de l'âne.
Le **trajet★** *(15 km)* jusqu'à **Iznájar★** *(voir ce nom)* se poursuit dans un paysage assez semblable, avec des vues, à droite, sur la retenue d'Iznájar ; puis on arrive au village, admirablement perché sur sa colline.

Se loger à Rute

María Luisa – *Route Lucena-Loja – ☎ 957 53 80 96 – fax 957 53 90 37 – 37 chambres – 9 000 ptas.*
Hôtel moderne doté de chambres spacieuses. Grande piscine, aire de jeux pour les enfants, salle de musculation et jacuzzi.

MÁLAGA★

MALAGA – 528 079 habitants

Carte Michelin n° 446 V 16 – Schéma : COSTA DEL SOL

La « capitale » de la Costa del Sol bénéficie d'un climat exceptionnel tout au long de l'année qui s'explique par l'influence de la Méditerranée et la proximité des monts de Malaga, qui forment une véritable barrière protectrice au Nord. Située à l'embouchure du río Guadalmedina, la ville est dominée par le Gibralfaro, la « colline du phare ». Elle compte de nombreux quartiers résidentiels, tel celui de La Caleta, dont les villas témoignent de la richesse de la ville au 19e s.
Malaga s'enorgueillit de l'activité de son port de commerce et de grand cabotage, ainsi que de son aéroport fréquenté par les innombrables touristes qui se ruent sur la Costa del Sol, en quête de soleil et de farniente ou sur ses nombreux terrains de golf.

FÊTES

Semaine sainte – Comme toutes les grandes villes d'Andalousie, Malaga vit la Semaine sainte avec intensité depuis le 16e s., où les confréries sortaient déjà leurs statues en procession.
La Semaine sainte de Malaga présente ses propres particularités : les *pasos* portant les statues s'appellent ici **« tronos »** et leur montage doit souvent s'opérer à l'extérieur de l'église en raison de leur taille imposante. Les porteurs ne se placent pas en dessous

Se loger

À BON COMPTE

Pedregalejo – *Conde de las Navas, 9 – ☎ 952 29 32 18 – 10 chambres – 7 300 ptas.*
Plaisant hôtel. Chambres correctes auxquelles il ne manque que l'air conditionné. Les propriétaires ont inauguré en mai 1999 un autre établissement tout près, avec des chambres climatisées *(7 800 ptas).*

VALEUR SÛRE

California – *Paseo de Sancha, 17 – ☎ et fax 952 21 51 64 – 16 chambres – 8 995 ptas.*
Petit hôtel situé à deux pas de la mer, quelque peu éloigné du centre. Vastes chambres modernes.

Venecia – *Alameda Principal, 9 – ☎ et fax 952 21 36 36 – 40 chambres – 10 000 ptas.*
Malgré sa situation dans une grande rue bruyante et son aspect extérieur peu engageant, cet hôtel est tout à fait correct intérieurement. Pour plus de calme, demander une chambre donnant sur une petite rue.

Don Curro – *Sancha de Lara, 7 – ☎ 952 22 72 00 – fax 952 21 59 46 – 120 chambres – 14 010 ptas.*
Hôtel-restaurant central avec salle de jeux. Chambres classiques.

Parador de Málaga-Gibralfaro – *Castillo de Gibralfaro – ☎ 952 22 19 02 – fax 952 22 19 04 – 38 chambres – 19 000 ptas.*
Bénéficiant du confort qui fait la réputation des *paradors* espagnols, celui de Malaga domine la ville. Allez donc prendre un verre sur la terrasse, vous bénéficierez d'un superbe panorama sur Malaga et le littoral.

Se restaurer

El Campanario – *Paseo de la Sierra, 36 – ☎ 952 20 24 48 – fermé le lundi en hiver et le dimanche en été.*
Restaurant typique assez difficile à trouver. Magnifique vue sur la baie. Spécialités de poissons et de viandes.

Paseo Marítimo – El Pedregal – *Zona de Pedregalejo.*
Le front de mer, idéal pour flâner en fin de journée, compte nombre de bars et restaurants, dont **La Posada II**, avec ses grillades et **Maricuchi**, et son large choix de poissons et de fruits de mer.

Adolfo – *Paseo Marítimo Pablo Ruiz Picasso, 12 – ☎ 952 60 19 14 – fermé le dimanche.*
Restaurant gastronomique de grande qualité. Excellente cuisine locale et nationale.

Tapas

Orellana – *Moreno Monroy, 5 – ☎ 952 22 30 12 – fermé le dimanche.*
La décoration est plutôt à revoir et l'atmosphère un peu chargée, mais c'est un classique de la ville. Ambiance animée garantie.

La Posada – *Granada, 33.*
Au cœur de la vie nocturne de Malaga, bar typique où les viandes sont grillées sous vos yeux. Même propriétaire que **La Posada II** *(ci-dessus).*

Sortir

Le climat méditerranéen se prête merveilleusement à la vie dans la rue et les habitants bénéficient d'un grand nombre d'établissements où il fait bon sortir et se divertir. Dans le centre, autour de la cathédrale et de la calle Larios, on trouve aussi bien de vieux bistrots que des cafés plus animés, fréquentés par les jeunes et les touristes. Ceux qui préfèrent la tranquillité apprécieront les cafés ou les salons de thé, à proximité du futur musée Picasso. En été, l'affluence est grande dans les établissements bordant le front de mer. Si vous préférez les établissements moins populaires, portez vos pas vers le quartier résidentiel d'El Limonar, au pied de la sierra.

Cheers – *Plaza del Obispo, 1 – ouvert de 10 h à 2 h du matin.*
Café s'inspirant du décor du feuilleton télévisé. Superbe terrasse devant la majestueuse façade de la cathédrale. Ambiance jeune et tranquille.

La Tetería - Tetería Alcazaba – *Calle San Agustín, 9 et 21 – ouverts de 16 h à 1 h du matin.*
Ambiance mauresque pour ces deux petits salons de thé situés dans une agréable rue piétonne, où l'odeur caractéristique du thé embaume. Clientèle jeune et atmosphère feutrée.

Café Central – *Plaza de la Constitución, 1 – ouvert de 8 h à 22 h.*
Un classique de Malaga qui a ses habitués. Agréable terrasse sur la place, mais le grand salon de thé est encore mieux.

Casa Aranda – *Calle Herrería del Rey – ouvert de 9 h à 21 h.*
Cet établissement populaire très couleur locale occupe toute l'étroite rue. On aimera discuter en savourant un chocolat accompagné de *churros*.

Siempre Así – *Calle Convaleciente, 5 – ouvert de 22 h à 5 h du matin.*
En plein centre-ville et fréquenté par une clientèle sélect. À partir de minuit, on vient y prendre un verre et danser des rumbas, des sévillanes et les derniers tubes flamenco.

Liceo – *Calle Beatas, 26 – ouvert de 22 h à 5 h du matin.*
Bar à vin animé installé dans une vieille demeure. La clientèle d'une trentaine d'années est plutôt cosmopolite et se retrouve dans un décor parfaitement désuet ; les week-ends sont très chargés...

El Pimpi – *Calle Granada, 6 – ouvert de 16 h à 4 h du matin.*
Un incontournable, situé dans une voie piétonne et occupant deux étages. Plusieurs salles pour prendre un verre, un café... voire des tapas en fin d'après-midi. Le soir, un vin doux de Malaga très frais est servi dans une ambiance de bar à vin animée par des chanteurs. Il n'est pas rare d'y croiser une célébrité.

Loisirs

Le caractère cosmopolite de Malaga se reflète également dans sa vie culturelle et sociale. Le **théâtre Cervantes** *(calle Ramos María – ☎ 952 22 41 00)*, inauguré en 1870, propose une intéressante saison théâtrale et musicale. Nombreuses salles d'exposition, mais les plus belles expositions d'art ont lieu au palais épiscopal *(Plaza del Obispo)*, au Musée municipal *(Paseo Reding, 1)* et au Centre provincial culturel *(calle Ollerías)*.

Lèche-vitrines

Les principales rues commerçantes sont comprises entre la calle Puerta del Mar, qui aboutit plaza de Félix Sáez et continue sous le nom de calle Nueva, et la **calle Marqués de Larios**. Nombreux étalages très animés ; les gourmands, quant à eux, seront surpris par le grand nombre de pâtisseries (goûtez absolument aux célèbres pâtes feuilletées de Malaga).
Hors du centre-ville, la calle Armengual de la Mota propose deux grands magasins (El Corte Inglés), ainsi que des boutiques plus modernes.
Les grandes surfaces sont plutôt dans la périphérie (Pryca, Continente...).

Marché – Le dimanche matin, c'est le jour du marché à côté du stade de football de La Rosaleda. On y trouve de tout, depuis la fripe jusqu'aux antiquités.

Transports

Aéroport international Pablo Picasso – Il se trouve à une dizaine de kilomètres de la ville par la route de la côte *(☎ 952 04 84 04, 952 04 84 84)*.
Liaison aéroport-Malaga, toutes les 25 minutes, assurée par la compagnie d'autobus Portillo. Taxis. Train de banlieue reliant Malaga à Fuengirola, arrêt à l'aéroport toutes les 30 mn.

Trains – La gare *(☎ 952 87 16 73)* se trouve avenida de Andalucía. De là, lignes desservant la plupart des grandes villes d'Espagne.
Train de banlieue reliant Malaga à Fuengirola avec des arrêts dans toutes les localités (Torremolinos, Benalmádena, Fuengirola) qu'il traverse.

RENFE – *Calle Divina Pastora, 8 – ☎ 952 84 32 26.*

Autocars – La gare routière *(☎ 952 35 00 61)* est située paseo de Los Tilos.
Au cœur de la région espagnole la plus touristique, les autocars au départ de Malaga rayonnent dans la péninsule et vers les principales capitales européennes.

Autobus métropolitains – Réseau d'autobus urbains (S.A.M.) très complet et bon marché. Prix du billet : 115 ptas ; carnet de 10 billets : 725 ptas.
Une société privée, **Portillo**, dessert quotidiennement la côte, reliant les principales villes et localités.

Taxis – *☎ 952 32 79 50, 952 32 80 62.*

Calèches – On les trouve en divers points du centre-ville pour parcourir le quartier touristique.

Bateaux – Le port de Malaga est avant tout un port commercial. Une ligne régulière pour le transport des personnes dessert le Maroc. Port d'escale de certains navires de croisière.

CÓRDOBA, GRANADA
N 331 Finca de la Concepción
C
D
Y
Z
MA 402 ÁLORA
N 340-E 15 MARBELLA
El Retiro
Guadalmedina
CENTRO CULTURAL PROVINCIAL
los Mártires
CATEDRAL
Puente de la Aurora
Regente
Ventura
Rodríguez
San
Quintín
Francisco
Monje
Don Juan de Austria
Trinidad
Jaboneros
Jara
Zamorano
Mármoles
Fatima
Av. de la Rosaleda
Carretería
Comedias
Olletas
Alamos
Méndez
Núñez
Granada
Cisneros
Nueva
Pulidero
Puente
Parejo
Agustín
Cerrojo
Pllo de Guimbarda
Armengual de la Mota
Don
Cristian
Calvo
Hilera
Pllo de Sto Domingo
Pta de Mar
Av. de Andalucía
Alameda
Principal
Tomás
Heredia
Córdoba
Av. de la Aurora
Cines del Perchel
Ancha del Carmen
Cuarteles
Salitre
San Andrés
Pasillo del Matadero
Alam.
Benítez
Av. Comandante
Alam. de Colón
Av. Manuel Agustín Heredia
ESTACIÓ
MARÍ
POL
M¹
B
E
F
M
J
D
77
135
27
138
30
13
123
125
95
37
56
40
31
120
130
84
133
106
86
5
8
140
80

Guimbarda (Pasillo de) . . . . . CY
Hilera . . . . CZ
Huerto del Conde. . . . . EY 67
Jaboneros . . . . CY
Jara. . . . . CY
Keromnes . . . . FYZ
Lagunillas . . . . EY
Maestranza . . . . FYZ
Manuel Agustín
Heredia (Av.) . . . . DZ
Mar (Pta. de) . . . . DZ
Mariblanca . . . . DY 77
Marina (Pl. de la) . . . . DZ 80
Mármoles . . . . CY
Marqués de Larios. . . . . . DYZ 84
Martínez . . . . DZ 86
Matadero (Pasillo del). . . . . CZ
Méndez Núñez . . . . DY
Merced (Pl. de la). . . . . EY
Molina Larios. . . . . DZ 95
Mundo Nuevo . . . . EY
Nueva . . . . DY
Ollerías . . . . CY
Parque (Paseo del). . . . . DEYZ
Peña (Carretera). . . . . DY
Perchel (Callejones del) . . . CZ
Pinosol . . . . FY
Postigo de los Abades . . . . . DY 106
Puerto . . . . FY
Pulidero Puente . . . . CY
Reding (Paseo de) . . . . FY
Regente (la). . . . . CY
Rosaleda (Av. de la) . . . . . . CY
Salitre . . . . CZ
San Andrés . . . . CZ
San Quintín . . . . CY
Santa Isabel (Pasillo de) . . CYZ 120
Santa Lucía . . . . DY 123
Santa María. . . . . CY 125
Santo Domingo
(Pasillo de) . . . . CYZ
Sebastián Souvirón . . . . . CDZ 130
Strachan . . . . DYZ 133
Teatro (Pl. del). . . . . DY 135
Tejón y Rodríguez . . . . DY 138
Tetuán (Puente de). . . . . . . CZ 140
Tomás Heredia . . . . CZ
Trinidad. . . . . CY
Ventura Rodríguez . . . . CY
Victoria . . . . EY
Zamorano . . . . CY

Museo-Casa Natal Picasso EY M²
Futuro Museo Picasso . . . EY M³
Palacio Episcopal . . . . . . DY E
El Sagrario . . . . DY F
Santuario de la Virgen
de la Victoria . . . . EFY
El Retiro . . . . CZ
Teatro romano . . . . EY K

Don Curro . . . . DZ e
Parador de Málaga
Gibralfaro . . . . FY c
Venecia . . . . DZ a

Vins de Malaga

Les vins de Malaga étaient déjà très appréciés sous l'Antiquité. Les plus appréciés sont les vins doux ou semi-doux, affichant une teneur en alcool de 15 à 23°. Les deux cépages utilisés pour leur élaboration sont le Pedro Ximénez et le muscat. Cette deuxième variété, très appréciée aussi pour la table, sert à l'élaboration du **Málaga dulce** qui accompagne les desserts. À citer également le **Lágrima**, très doux et le **Pedro Ximénez**, à base exclusivement du raisin du même nom.

comme à Séville, mais bien en vue du public. Deux moments s'avèrent particulièrement spectaculaires : le départ du « trône » et son « bercement » à plusieurs reprises tout au long du trajet.
Les **processions** les plus marquantes sont celles du Seigneur des gitans (Lundi saint), du Christ prisonnier (Cautivo, Mercredi saint), du Christ de la Belle Mort et de l'Espérance du Perchel, du nom d'un quartier de Malaga (toutes deux le Jeudi saint). La libération d'un prisonnier, lors de la procession du Mercredi saint, privilège octroyé par le roi Charles III à la confrérie de Nuestro Padre Jesús el Rico, est un autre temps fort des célébrations de la Semaine sainte.

La Feria – Elle se déroule pendant la semaine du 15 août et commémore la prise de la ville par les Rois catholiques : c'est la traditionnelle fête andalouse, avec ses *casetas*, petits pavillons où l'on danse, boit et mange jusqu'à l'aube ; l'animation y est assurée… Elle attire de plus en plus de monde, dont de nombreux touristes séjournant sur la Costa del Sol. Enfin, c'est également à cette époque de l'année qu'a lieu le festival de tauromachie.

UN PEU D'HISTOIRE

L'Antiquité – À la fin du 8ᵉ s. ou au début du 7ᵉ s. avant J.-C., les Phéniciens fondèrent une colonie du nom de Malaca ; plus tard, Grecs et Carthaginois y établirent des comptoirs commerciaux. Conquise par les Romains à la fin du 3ᵉ s. avant J.-C., Malaga fut une ville fédérée de Rome jusqu'à l'octroi du statut de municipe en l'an 81. À l'époque, son port exportait vin, huile, raisins secs et produits de salaison. Au 4ᵉ s., la région fut christianisée et les deux siècles suivants furent marqués par les luttes entre tribus barbares.

La domination musulmane – Après la conquête musulmane (714-716), la ville passa sous l'hégémonie du califat de Cordoue puis, à sa chute, sous l'influence du royaume de Grenade. Le 11ᵉ s. vit la construction de la forteresse et la ville connut la prospérité grâce au travail des textiles. Après les périodes almoravide et almohade, la ville passa sous la juridiction du royaume nasride de Grenade dont elle devint le port principal. Au 14ᵉ s., Yusuf Iᵉʳ procéda à la reconstruction et à l'agrandissement de la forteresse de Gibralfaro. Puis, les Génois s'établirent à Malaga et y développèrent l'activité commerciale en ouvrant de nouvelles voies maritimes.

Les temps modernes – En août 1487, après une lutte acharnée, les Rois catholiques reprirent la ville. Au 16ᵉ s., sous le règne de Philippe II, Malaga connut une période prospère avec la construction du nouveau port et au 18ᵉ s., la libéralisation du commerce avec les Amériques favorisa son développement.

Le 19ᵉ s. – Entre 1810 et 1812, la ville fut aux mains des Français. Après le retour de Ferdinand VII, les conflits entre absolutistes et libéraux se soldèrent par un épisode tragique, l'exécution en 1831 du général libéral Torrijos et de ses fidèles, accusés à tort d'avoir tenté une insurrection. Mais le 19ᵉ s. fut avant tout le siècle de la révolution industrielle. Deux familles de la haute bourgeoisie de Malaga, les Heredia (sidérurgie) et les Larios (textile) placèrent la ville en tête du développement industriel et on vit se développer à l'Ouest une importante zone industrielle et ouvrière. La crise de la fin du 19ᵉ s. coupa court à cette euphorie, plongeant la ville dans un abîme dont le développement du tourisme la sortit à la fin des années 1950.

MONUMENTS DE LA VILLE ARABE ET ROMAINE

★**Alcazaba** ⓥ – Édifiée à partir de 1040 sur une colline dominant la ville, la forteresse est l'une des plus importantes constructions militaires musulmanes conservées en Espagne. Elle faisait partie du système défensif de la Malaka arabe et était reliée aux remparts de la ville, aujourd'hui disparus. Elle se compose d'une double enceinte et de tours rectangulaires.
De la rampe d'accès en zig-zag qui part de la calle Alcazabilla, on appréciera la vue sur les restes des murailles de brique qui grimpent la colline. L'agréable promenade est jalonnée de portes fortifiées, ornées parfois de colonnes et de chapiteaux

romains. Ce dédale de portes et de recoins rend le périple d'autant plus plaisant. Après avoir franchi l'arc du Christ, où fut célébrée la première messe après la reconquête, on accède aux jardins arabes dont les allées sont merveilleusement bordées de bougainvilliers, jasmins et chèvrefeuilles. Belle **vue★** sur la ville et le port du haut des murailles.

★ **Museo Arqueológico** Ⓥ – *En cours de restauration.* Le Musée archéologique occupe l'ancien palais, à l'intérieur de la seconde enceinte. Le palais, qui rappelle le style nasride, s'ordonne autour de deux patios et réunit des œuvres allant de la Préhistoire au Moyen Âge. On remarquera les antiquités romaines (têtes, pieds gigantesques, mosaïques) et surtout arabes (10e-15e s.), qui proviennent en majeure partie de la forteresse même. À noter aussi les maquettes de la forteresse et de la cathédrale.

S.T.F./SUNSET

Une forteresse où il fait bon vivre

Teatro romano – Au bas de la forteresse, sur le versant Ouest, les ruines du théâtre témoignent du passé romain de la ville. On peut encore voir certains gradins de la *cavea* s'échelonner le long de la colline.
Tout près, l'ancienne **douane**, néoclassique, héberge actuellement le siège du parlement provincial.

Castillo de Gibralfaro – *Accès : autobus n° 35 ; descendre au paseo del Parque.* Derrière la forteresse, en haut d'une colline dominant la ville, se dressent les vestiges du château de Gibralfaro (14e s.). Depuis le chemin de ronde du rempart un peu délabré, la **vue★★**, qui embrasse la forteresse, la ville et le port, est superbe. Le passage fortifié qui relie la forteresse au château date du 14e s.

B. Kaufmann/MICHELIN

Vue du port et de la ville depuis Gibralfaro

LE CENTRE-VILLE

Le centre de Malaga a conservé d'intéressants monuments chrétiens, mais les nombreuses ruelles, pour la plupart piétonnes, dégagent tout le charme des villes arabes, tel le **pasaje de Chinitas**. Toute cette zone commerçante animée s'articule autour de la **calle Marqués de Larios**, la rue principale de la ville.

★ **Cathédrale** ⓥ – La construction de la cathédrale s'étala du 16e au 18e s., d'où le mélange de styles très apparent, avec une prédominance du style Renaissance. Les parties basses sont gothiques, tandis que les couvrements et les façades sont baroques. L'édifice aurait été conçu sur les plans de Diego de Siloé, à qui l'on doit aussi la cathédrale de Grenade.

Extérieur – La façade principale sur la plaza del Obispo est de style baroque. Deux tours, dont celle de droite inachevée, lui ont valu le surnom populaire de « La manchote » (La Manquita) ; trois portails très décoratifs sont de marbres de différentes couleurs. À noter, sur le portail central, entre les colonnes torses, le relief de l'Incarnation, vocable de la cathédrale.

Intérieur – *Entrée par le jardin, portail latéral de gauche.* On est d'emblée frappé par la monumentalité de cette église-halle à trois vaisseaux, chapelles latérales et déambulatoire. Pour assurer le soutien de la haute nef, l'architecte eut recours à une méthode originale, la superposition des supports ; sur des piliers de colonnes fasciculées à chapiteaux corinthiens, il plaça des entablements soutenant un niveau de piliers. Les travées sont couvertes de belles **coupoles sur pendentifs**★ très ornées. Les superbes **stalles**★ (17e s.) du *coro*, qui occupe une grande partie de la nef principale, ont été partiellement réalisées par Pedro de Mena. Notez aussi les deux magnifiques orgues baroques (18e s.) et les chaires de marbre (même époque), ornées de blasons ecclésiastiques. Le tabernacle de la *capilla mayor* est du 19e s.
Les **chapelles latérales** recèlent d'intéressantes œuvres : dans le collatéral droit, la chapelle des Morts abrite une belle *Mater Dolorosa* de Pedro de Mena au pied d'un *Christ en croix* d'Alonso de Mena, tous deux du 17e s., et dans la chapelle du Rosaire se trouve une grande *Vierge du Rosaire* d'Alonso Cano.
On retiendra autour du **déambulatoire** : la chapelle Notre-Dame-des-Rois et son exquise *Vierge à l'Enfant*, présent des Rois catholiques après la reconquête de la ville, accompagnée de deux statues des donateurs par Pedro de Mena ; la chapelle Ste-Barbe héberge un beau **retable gothique**★ sculpté et peint du début du 15e s. ; la chapelle de l'Incarnation ou du Sacré-Cœur (18e s.), chapelle axiale totalement en marbre avec quatre monumentales colonnes d'agate.

El Sagrario ⓥ – Cette étrange église rectangulaire du 16e s. s'élève dans les jardins de la cathédrale. On s'attardera sur la technique et le détail de son **portail latéral**★, ouvrant sur la calle Santa María, de style gothique isabélin et remarquablement ouvragé.
L'intérieur baroque, à nef unique avec un *coro alto* situé à l'entrée, date du 18e s., année de la reconstruction de l'église. Dans le chœur, splendide **retable**★★ maniériste.

Une spécialité de Malaga : l'« ajoblanco »

On savourera en été le célèbre *pescaíto frito* (poisson frit) de Malaga mais aussi l'ajoblanco, variante locale du *gazpacho* (potage glacé) à base d'amandes, d'ail, de mie de pain, le tout assaisonné de sel et de poivre et accompagné généralement de grains de raisin muscat.

Palacio Episcopal – Le palais épiscopal baroque (18e s.) s'élève sur la plaza del Obispo et s'ouvre par un beau portail de marbre gris et rose à colonnes corinthiennes et entablements à ressauts. La niche supérieure abrite une Pietà.

Santiago ⓥ – Dans l'étroite calle Granada, tout près de la plaza de la Merced, l'église St-Jacques, fondée après la reconquête, conserve de son décor mudéjar d'origine une **tour** de brique ornée de panneaux de *sebka* au registre supérieur et l'ancien portail, aujourd'hui aveugle, aux entrelacs géométriques. L'intérieur baroque (18e s.) recèle, dans une chapelle du bas-côté gauche, la **statue de Jésus le Riche**, objet d'une grande vénération qui doit son nom à la croix de bois et d'argent portant le Christ. C'est dans cette église, au grand retable baroque, que fut baptisé Picasso.

Plaza de la Merced – L'obélisque érigé au centre de cette grande place carrée commémore le général Torrijos et ses hommes fusillés à Malaga en décembre 1831, en raison de leurs idées libérales. C'est dans l'une des deux maisons identiques occupant le côté Nord-Est de la place que naquit Picasso.

Museo-Casa Natal Picasso ⓥ – *N° 15.* La maison natale de Picasso (construite vers 1850) expose au premier étage quelques gravures et céramiques de l'artiste. Le reste de l'édifice accueille la fondation Pablo Ruiz Picasso et des expositions temporaires.

Palacio de los Condes de Buenavista – Cet élégant bâtiment Renaissance (16e s.) abritera prochainement le **musée Picasso** *(ouverture prévue en 2001)*.

Los Mártires – C'est dans une zone piétonne très animée, aux rues étroites bordées de boutiques, que s'élève l'**église des Martyrs**, fondée au 15e s.
D'une grande sobriété extérieure, elle éblouit par la richesse baroque de l'intérieur totalement remanié au 18e s. Elle comprend trois vaisseaux avec chapelles latérales et les extrémités des croisillons sont arrondies. Une corniche portant un petit balcon en fait le tour. Des plâtres ornent les murs et les plafonds mais c'est dans le *presbiterio* et le transept que le décor se montre le plus exubérant. Dans la *capilla mayor* trônent un retable et son *camarín* abritant les statues de sainte Paule et de saint Cyriaque, patrons de la ville. Un impressionnant blason couronne l'ensemble.
Sur une petite place de la calle Mártires, tout près de l'église, on remarquera un **Christ aux Lanternes**, typique.

Museo de Artes y Costumbres Populares ⓥ – Installé dans la Mesón de la Victoria, une belle auberge du 17e s., le **musée des Arts et Traditions populaires** donne un aperçu du quotidien rural et urbain d'antan. Les salles s'organisent autour d'un charmant patio.
Le **rez-de-chaussée** expose divers objets concernant les animaux de trait, la forge, la boulangerie, la pêche, ainsi que l'élaboration du vin et de l'huile ; on peut voir aussi la reconstitution d'une cuisine et d'une salle à manger rustique. Au **premier étage** : collection de figurines de terre cuite représentant des personnages typiques de Malaga, ainsi que des meubles bourgeois du 19e s., des instruments traditionnels de labour, des outils d'artisan, de la vaisselle, des dentelles, etc.

Les plages de Malaga

À l'Est de la ville s'étendent plusieurs plages, depuis celle de La Malagueta, au début du front de mer, jusqu'à celle del Palo *(5 km à l'Est)* en passant par Las Acacias. Toutes ces plages sont bien aménagées et proposent tous les services d'une station balnéaire aux baigneurs et aux promeneurs.

Mercado Central – Le grand marché de Malaga (19e s.), édifice à structure de fer érigé sur l'emplacement des anciens chais musulmans, a conservé l'arc d'entrée de l'ancien bâtiment mauresque.

Paseo del Parque – Véritable havre de paix au beau milieu d'une circulation dense, le parc est un jardin botanique à la végétation luxuriante, où de petits panneaux indiquent le nom et l'origine des plantes et arbres, espèces tropicales et subtropicales pour la plupart.
À l'extrémité Est du Paseo del Parque, le **Paseo de la Farola**, sur lequel s'élève la **statue du « Cenachero »**, figure populaire de la ville et vendeur ambulant de poissons, bifurque vers le port, qu'il longe. Plus loin, le quartier de La Malagueta signale le début des plages.

AUTRES CURIOSITÉS

★**Santuario de la Virgen de la Victoria** ⓥ – *Au bout de la calle Compás de la Victoria.* L'**église N.-D.-de-la-Victoire**, édifice de brique tout simple avec porche et clocher-mur, fut fondée par les Rois catholiques au 15e s. et reconstruite à la fin du 17e s. L'intérieur est particulièrement représentatif du style baroque andalou, relativement sobre, où seuls certains éléments architecturaux sont pourvus d'une décoration végétale. La nef unique est dotée de chapelles latérales et de petits balcons au-dessus des arcs. Remarquez les anges porteurs de torches qui défient les lois de la gravité... Un grand retable sculpté illustre des scènes de la vie de saint François de Paule. Dans une chapelle à gauche se trouve une *Dolorosa* particulièrement expressive due à Pedro de Mena. Néanmoins, les deux éléments les plus intéressants sont le *camarín* et la crypte, auxquels on accède par un escalier baroque situé à droite du transept.
Œuvre maîtresse du baroque le plus exubérant, le fastueux **camarín**★★ qui s'ouvre au centre du retable principal est entièrement tapissé de chérubins, de feuilles d'acanthe, de cadres de miroirs, de blasons, etc. en plâtre. Y trône une superbe Vierge à l'Enfant allemande (15e s.), don des Rois catholiques après la reconquête de la ville.
Autant le camarín est d'un baroque joyeux, autant la **crypte**★, panthéon des comtes de Buenavista, est d'un baroque lugubre avec ses symboles de la mort et de la fuite du temps multipliés sur un fond noir.

Cementerio inglés – *Avenida Pries, 1.* Situé dans un agréable jardin, le **cimetière anglais** est le premier cimetière protestant d'Espagne ; il s'étend sur un terrain donné par le gouverneur de Malaga au consul britannique en 1829. C'est ici que repose le poète Jorge Guillén (1893-1984).

ENVIRONS

★**Finca de la Concepción** ⓥ – *7 km au Nord.* Ce splendide jardin fut créé au milieu du 19e s. par un couple de la haute bourgeoisie de Malaga, Jorge Loring et Amalia Heredia. Amalia fit rapporter par la flotte de son père, important armateur, de nombreuses espèces tropicales et subtropicales (plus de trois cents de nos jours) qui s'acclimatèrent parfaitement. La visite de cette propriété est un enchantement pour les sens, l'occasion de flâner dans une « forêt tropicale » raffinée (des spots publicitaires et des films y ont été tournés), parsemée de ruisseaux, d'étangs, de cascades et de vestiges romains. Près de la résidence, une magnifique tonnelle de fer forgé, où grimpent glycines, lierre et bougainvilliers, fut le témoin muet des réunions mondaines auxquelles participait l'homme politique et ami de la famille, **Antonio Cánovas del Castillo** (1828-1897), qui fut plusieurs fois Premier ministre, assura le retour sur le trône du roi Alphonse XII en 1875 et rédigea la Constitution de 1876.

B. Kaufmann/MICHELIN

Un coin romantique du jardin de la Finca de la Concepción

★**El Retiro : parque ornitológico y jardín histórico**, à **Churriana** – *15 km au Sud-Ouest. Suivre la signalisation vers l'aéroport, après lequel on prend la A 366 à droite. Après Churriana, tourner encore à droite (signalisation).*
Les petits et leurs aînés apprécieront cette superbe propriété fondée au 17e s. par un évêque de Malaga. On visite deux parties bien distinctes : le parc ornithologique et le jardin historique.
Sur un vaste espace ombragé de pins, les volières comptent plus de cent cinquante espèces d'oiseaux exotiques et méditerranéens.
Le **jardin historique**★ est constitué de jardins des 17e et 18e s. Le jardin potager agrémenté d'espèces tropicales est la partie la plus ancienne. À sa gauche, on remarquera la fontaine aux sept bouches, un étonnant cadran solaire et un étroit canal d'agrément, dit la *« ría »*. Le jardin à la française est certainement l'endroit le plus spectaculaire du parc. Un superbe **escalier d'eau** prenant naissance à la fontaine au Lion évoque le jardin d'un palais baroque. Enfin, autour de la fontaine de Gênes s'organise le jardin baroque à l'italienne, où se succèdent parterres et statues.

Parc naturel des Monts de Malaga

Au Nord de Malaga, à quelques kilomètres de la ville, ce parc naturel occupe 4 900 ha de montagnes de moyenne altitude, que traversent des ruisseaux formant de petites vallées. La végétation très nettement méditerranéenne compte de grands espaces repeuplés de pins d'Alep. Nombre de reboisements furent opérés pour mettre un terme aux inondations dont souffrit Malaga pendant des siècles. La route qui y mène est jalonnée de points de vue et d'auberges, où l'on pourra faire une pause et savourer la délicieuse cuisine locale arrosée des vins du terroir...

MARBELLA★★

Malaga – 98 377 habitants

Plan dans le Guide Rouge España & Portugal

Carte Michelin nº 446 W 15 – Schéma : COSTA DEL SOL

Enclavée au fond d'une baie abritée par la Sierra Blanca, entre le bleu turquoise de la Méditerranée et l'éclatante blancheur des montagnes, Marbella est le grand centre du tourisme international de la Costa del Sol. Son climat exceptionnel, ses plages magnifiques, ses innombrables équipements touristiques, et surtout, la présence d'un grand nombre de protagonistes de la presse du cœur, ont métamorphosé ce village de pêcheurs d'antan en une station balnéaire hétéroclite. Une rangée interminable de tours borde la côte, tandis que les luxueux quartiers résidentiels, avec leurs villas merveilleuses, leurs grandes demeures et leurs palaces, s'étendent vers l'intérieur des terres. Les fameuses soirées estivales accueillent magnats arabes, journalistes réputés, acteurs connus et sportifs de renom. Marbella, lieu de prédilection de la jet-set, symbolise le *glamour*.

Souhaitez-vous loger à Marbella ? Vous y détendre quelques jours ? Vous ne savez pas comment occuper vos soirées ? Consultez le carnet d'adresses au chapitre Costa del Sol.

Carnet

Marbella n'en conserve pas moins un quartier ancien très pittoresque. Les maisons blanches ornées de grilles sont décorées de dentelles et de fleurs et le charme traditionnel andalou émane du quartier. Les boutiques de luxe, les maisons de repos et de cure, les nombreux terrains de golf, les équipements sportifs dernier cri complètent l'offre de cette ville cosmopolite – Marbella héberge également deux mosquées, une synagogue et plusieurs chapelles protestantes.

★VIEILLE VILLE *compter 2 h*

L'ancien quartier arabe et son dédale inextricable de ruelles étroites et tortueuses servent de cadre aux bâtiments anciens, aux boutiques, aux bars et restaurants disparates qui ont élu domicile dans les maisons blanches traditionnelles.

★**Plaza de los Naranjos** – La ravissante « place des Orangers », centre névralgique du quartier ancien, est un endroit pour s'asseoir à une petite terrasse entre les parterres de fleurs qui entourent la fontaine de pierre du 16ᵉ s. et le petit bosquet d'orangers. Trois édifices intéressants donnent sur la place, la **mairie** du 16ᵉ s. ornée de balcons en fer forgé et d'un beau portail mudéjar, la **maison du corregidor** (17ᵉ s.) dotée d'une **façade**★ monumentale en pierre et d'un balcon raffiné, enfin l'**ermitage St-Jacques**, première église chrétienne de la ville (15ᵉ s.).

Santa María de la Encarnación ⓥ – Située sur la place du même nom, au bout de la très fréquentée calle Nueva où se dresse encore une des tours de l'ancien château arabe, cette église baroque (17ᵉ s.) se distingue par son étonnant **portail** de pierre et son clocher. À l'intérieur, on remarque une sculpture en bois de saint Barnabé, patron de Marbella, et le somptueux **orgue** dit du « Grand Soleil ».

Y. Arthus-Bertrand/ALTITUDE

Vue aérienne de la plaza de los Naranjos

★**Museo del Grabado Español Contemporáneo** ⏲ – Le musée de la Gravure espagnole contemporaine occupe le bâtiment de l'ancien hôpital de Bazán (16ᵉ s.). Ce petit musée est le seul en Espagne à proposer une monographie de la gravure du 20ᵉ s. Les œuvres d'artistes de la gravure comme Tàpies, Alberti, Chillida et Maruja Mallo sont très bien présentées.

Hospital de San Juan de Dios – Grand édifice fondé par les Rois catholiques, l'hôpital se trouve calle Misericordia. Joli cloître et chapelle au plafond *artesonado* mudéjar.

Ensemble de maisons seigneuriales – Entre la plaza Ancha et celle d'Altamirano se dressent plusieurs résidences élégantes et raffinées : la maison du fortuné Enrique Grivegnée, celle de Ferdinand de Lesseps, ingénieur qui réalisa le canal de Suez, et celle des Cano Saldaña, imposant édifice du 16ᵉ s.

ENVIRONS

Villa romaine de Río Verde – *2 km à l'Ouest par la N 340.* Datée des 1ᵉʳ et 2ᵉ s. de notre ère, elle conserve de beaux pavements de mosaïques.

★★**Puerto Banús** – *5 km à l'Ouest par la N 340.* Aux quais de ce magnifique port de plaisance sont amarrés les plus luxueux bateaux du monde. De somptueuses voitures de sport sont garées entre les superbes voiliers et yachts ou la multitude de restaurants, bars, antiquaires et boutiques de luxe. Puerto Banús est une étape obligatoire pour les touristes de la Costa del Sol qui envahissent les rues de la ville l'été et font leurs emplettes dans les boutiques ouvertes toute la nuit. Pendant la journée et surtout hors période estivale, le port est un endroit paisible et agréable, offrant de belles vues sur la côte et les villages avoisinants.

Istán – *15 km au Nord-Ouest par la MA 409. Quitter Marbella vers l'Ouest et prendre la bifurcation signalée.* Ce vieux village arabe s'élève dans un vallon dominant la fertile vallée du río Verde, zone fertile, où cultures fruitières et maraîchères occupent des terrasses. L'église St-Michel (16ᵉ s.) avec son imposant clocher-mur est le monument à visiter.

EXCURSION DANS LES TERRES

51 km, trajet de retour non compris.

Quitter Marbella vers le Nord par la A 355.

Ojén – Ce petit village blanc se détache sur un paysage contrasté, entre les orangeraies et les pinèdes. Son vieux quartier, d'origine arabe, s'étend au pied de l'**église N.-D.-de-l'Incarnation** (15ᵉ s.) dont l'unique vaisseau présente un joli plafond artesonado. Ojén est réputé pour son anisette.

Continuer sur la A 355 et tourner à gauche après le col.

Refuge de Juanar – Fantastiques **belvédères**★ sur les forêts de la Sierra Blanca.

Revenir sur la A 355 que l'on reprend vers le Nord.

Monda – Sur le versant d'une petite colline, à l'abri des vestiges d'un ancien château arabe, s'élève l'**église St-Jacques** bâtie au 16ᵉ s. et remodelée au 18ᵉ s. Les voûtes sont richement décorées.

Quitter Monda par la MA 413 vers le Nord. En débouchant sur la A 366, prendre à gauche, puis à nouveau à gauche la MA 412.

Tolox – Dissimulée dans les plantations d'agrumes, Tolox se profile dans la chaîne du même nom, dans les limites du **Parc naturel des Sierras de las Nieves**. Son centre, d'origine arabe, recèle l'**église St-Michel** ⏲ (16ᵉ s.), dont les trois vaisseaux séparés par des arcs en plein cintre sont couverts de beaux artesonados. Une surprenante calotte elliptique décorée de peintures ouvre sur le *presbiterio*.

Aux environs, la station thermale de Fuente Amargosa fut construite en 1867 dans un site magnifique.

Se loger à Monda

UNE PETITE FOLIE

Castillo de Monda – ☎ *952 45 71 42 – fax 952 45 73 36 – 23 chambres – 16 000 ptas.*
Si tous les hôtels de la Costa del Sol sont complets et que votre budget vous autorise 16 000 ptas par jour, choisissez cet hôtel magnifique perché au sommet de la colline de Monda et installé dans un château du 8ᵉ s., qui offre des vues imprenables. Mobilier ancien dans les chambres.

MARCHENA

Séville – 18 018 habitants

Carte Michelin nº 446 T-U 13

Village de la Campiña sévillane, Marchena se trouve au cœur d'une importante région archéologique, où des traces de peuplement datant de l'âge du bronze ont été identifiées. La domination musulmane a marqué la ville, qui connut son plus grand rayonnement aux 15e et 16e s. sous la protection des ducs d'Arcos.

CURIOSITÉS

Arco de la Rosa – Cette porte formée par un arc en fer à cheval entre deux tours rectangulaires s'ouvrait dans les remparts d'origine almohade. Elle fut reconstruite au 15e s. et une partie de la muraille est encore visible.

★★ **San Juan Bautista** – De style gothico-mudéjar, l'église St-Jean-Baptiste (15e s.) s'élève sur une agréable place où s'ouvrent quelques beaux portails. Sa sobre façade est épaulée par un clocher dont le sommet est décoré d'azulejos.

Elle comprend cinq vaisseaux : les trois centraux sont couverts d'un plafond *artesonado*, tandis que les deux bas-côtés latéraux, ajoutés lors d'une extension au 16e s., présentent des voûtes d'arête. La profusion et la qualité des **œuvres d'art** qui ornent ses murs est réellement stupéfiante.

Dans le *presbiterio*, le somptueux **retable**★★★ peint et sculpté illustrant des scènes de la vie du Christ date du début du 16e s. ; les peintures sont d'Alejo Fernández et les groupes sculptés de son frère, Jorge. La **clôture** de la *capilla mayor* fut exécutée dans un atelier local au 16e s. Les chaires de fer forgé sont du 18e s., tout comme la belle **clôture** du *coro*. Les magnifiques **stalles**★ d'acajou et de cèdre furent sculptées au début du 18e s. par Jerónimo de Balbás ; dans la tribune *(coro alto)* sont représentés des saints, tandis que la partie supérieure du coro bas présente dans de petits médaillons les bustes des Saintes Femmes. Le coro est encadré par les orgues, l'un rococo et l'autre néoclassique.

B. Kaufmann/MICHELIN

Église St-Jean-Baptiste

Dans la chapelle du Sacré-Cœur, à gauche du presbiterio, trône un magnifique **retable sculpté**★★ (16e s.) de Roque Balduque et de Jerónimo Hernández. Remarquez au centre la curieuse disposition de la Cène.

D'autres statues méritent d'être mentionnées, telles la *Vierge* de Pedro de Mena *(première chapelle du bas-côté droit)* et le *Saint Joseph à l'Enfant (chapelle droite de l'abside)*, dont saint Joseph serait l'œuvre de Pedro Roldán.

★★ **Museo Zurbarán** ⓥ – *Accès par l'église.* Les tableaux du musée paroissial furent commandés pour la sacristie de l'église et sont contemporains des toiles du monastère de Guadalupe. Neuf magnifiques toiles de Zurbarán (1598-1664), peintre baroque de génie, y sont conservées : *Le Christ, L'Immaculée Conception, Saint Pierre, Saint Jacques, Saint Jean l'Évangéliste, Saint Jean Baptiste, Saint Paul, Saint André* et *Saint Barthélémy*. À voir aussi l'ostensoir et quelques livres liturgiques, autres curiosités du musée. Dans une autre salle, on peut admirer d'intéressantes pièces de broderie et d'orfèvrerie des 16e, 17e et 18e s.

Monter jusqu'en haut du village.

Plaza Ducal – La place correspond à l'ancienne cour d'honneur du château et accueille l'hôtel de ville du 18e s., au sobre portail de pierre.

Elle est entourée de quelques vestiges du château, en état de conservation ou en ruine. Franchir la porte de l'Alcazaba (11e s.)

Santa María la Mayor ou La Mota – Cette sobre église gothico-mudéjare qui s'élève dans l'enceinte du palais ducal a subi quelques modifications, visibles notamment sur le clocher. Son portail ébrasé est décoré de dents-de-scie.

Parmi les autres curiosités, mentionnons l'**église St-Augustin**, édifiée à la transition du baroque au néoclassique, et la **porte de Morón**, robuste tour crénelée hébergeant l'Office de tourisme et un petit musée consacré au sculpteur local, Lorenzo Coullaut-Valera.

ENVIRONS

Paradas – *8 km au Sud-Ouest par la SE 217.* Le village se trouvait sur la route des caravanes se rendant à Séville, d'où son nom évocateur (*parada* signifie arrêt). On retiendra surtout l'**église St-Eutrope** et son **musée** ⓥ exposant d'intéressantes collections d'orfèvrerie religieuse, des livres miniatures et surtout une splendide *Madeleine* du Greco.

El Arahal – *15 km au Sud-Ouest par la SE 217.* Dans le quartier historique de ce paisible village d'origine arabe, les petites maisons blanches côtoient d'élégantes constructions néoclassiques et baroques. On pourra voir l'ancienne chapelle de la Vraie Croix (18ᵉ s.), de style colonial, l'église mudéjare N.-D.-de-la-Victoire, l'**église Ste-Marie-Madeleine** (17ᵉ s.), qui conserve un bel ensemble d'ouvrages liturgiques et des pièces d'orfèvrerie, et l'église **St-Roch**, avec ses retables du 18ᵉ s. dans les chapelles latérales et au maître-autel.

EXCURSION

Morón de la Frontera – *27 km au Sud ; prendre la A 364 jusqu'à Montepalacio, puis la A 361.* Voisine d'une importante base aérienne, cette bourgade agricole s'étend autour des ruines du château arabe. On pourra voir l'**église St-Michel**, construction gothique au portail néoclassique, dont le bel intérieur présente des éléments décoratifs baroques ; l'**église St-Ignace** (dite aussi « église de la Compagnie » car elle avait été commandée au 18ᵉ s. par les jésuites), qui recèle un remarquable ensemble de peintures flamandes ; et enfin l'**église St-François** (16ᵉ s.), bâtiment Renaissance pourvu de diverses toiles du peintre baroque José de Ribera, dit « lo Spagnoletto » ou « l'Espagnolet ».

MARTOS

Jaén – 22 391 habitants

Carte Michelin nº 446 S 18

Totalement consacré à l'olive, Martos se profile sur l'une des collines de la campagne de Jaén, dans une immense mer d'oliviers. En 142 avant J.-C., la Tucci des Ibères servit de quartier d'hiver à Viriathe et ses Lusitaniens en révolte contre Rome. En 27 avant J.-C., Auguste en fit une colonie pour les légionnaires vétérans, qui devint le siège épiscopal au début du christianisme. En 1225, après la domination musulmane, elle fut reconquise par Saint Ferdinand III, avant d'être cédée plus tard à l'ordre de Calatrava.
Dans les ruelles tortueuses du quartier ancien de la ville, certains recoins débordent de charme. Plusieurs maisons nobles des 15ᵉ et 18ᵉ s., disséminées à travers la ville, confèrent à Martos un aspect élégant et seigneurial, tandis que les principaux magasins se sont installés aux abords de la plaza Fuente de la Villa.

Plaza de la Constitución – Sur cette élégante place au cœur du quartier ancien se dressent l'église Ste-Marthe et l'hôtel de ville.

Santa Marta ⓥ – Cette église de style gothico-mudéjar fut érigée après la conquête chrétienne. Elle fut rénovée maintes fois (16ᵉ s.) par l'architecte Francisco del Castillo. Un merveilleux **portail** isabélin ouvre sur une sobre église-halle dont les monumentaux piliers sont unis par des arcs doubleaux.

Ayuntamiento – L'intéressant bâtiment Renaissance (fin du 16ᵉ s.) qui abrite l'**hôtel de ville** est une ancienne prison. Le porche aux arcs en plein cintre de la façade principale et le balcon orné de reliefs en fer forgé méritent d'être mentionnés.

Forteresse de la Virgen de la Villa – Elle se dresse sur une abrupte colline à deux pas de la localité. L'ancien château arabe avec ses massifs remparts devait être vraiment imposant si l'on juge de la taille du donjon et celle de la tour d'Almedine, seuls vestiges actuels.

★**Fuente Nueva** – Dans un parc proche des arènes, au bout d'une longue avenue commerçante, un disciple de Vignola (architecte italien du 16ᵉ s.), le sculpteur del Castillo (16ᵉ s.), a érigé cette monumentale fontaine à bossages. Dans la partie centrale, sous un arc surmonté d'un fronton figure l'écusson de la ville.

Calle Real – Cette rue voit cohabiter des édifices d'inspiration Art nouveau et des bâtiments plus anciens, telles l'une des massives tours des anciennes fortifications et l'église des mères trinitaires, de style baroque (18e s.), qui porte les stigmates de la guerre civile.

San Francisco – L'élégant portail de style colonial est l'élément le plus ancien.

Santa María de la Villa – Il ne reste de l'église (13e s.) que les quatre étages du monumental clocher.

ENVIRONS

Torredonjimeno – *7 km au Nord.* Cette localité agricole aux maisons blanchies est pratiquement coupée en deux par la route principale, orientée Nord-Sud. À gauche, en arrivant de Martos, se trouve la ville moderne et sur la droite le vieux quartier historique.
Si elle est connue pour le travail des métaux - fer forgé et l'unique fonderie de cloches d'Andalousie -, la ville est également réputée pour l'*encebollado*, un ragoût de morue relevé avec force oignons, tomates, ail et épices, plat très prisé des touristes.

Quartier ancien – Les principaux bâtiments sont l'**hôtel de ville** Renaissance (17e s.) qui se dresse sur l'agréable plaza de la Constitución, l'**église St-Pierre** (16e s.), monumental bâtiment Renaissance orné d'éléments mudéjars, le **château**, érigé au 13e s. sur le site d'une ancienne forteresse romaine et wisigothe, enfin, l'**église Ste-Marie** (16e s) de style gothique. Une inscription à l'entrée de l'église rappelle qu'elle fut la première consacrée à l'Immaculée Conception.

Le trésor de Torredonjimeno

En 1931, des paysans découvrirent à deux pas du village une grande marmite de l'époque wisigothe, pleine d'objets précieux. Le trésor est réparti dans les musées archéologiques de Madrid et Barcelone.

Ermita Nuestra Señora de la Consolación – Situé aux abords du village, cet ermitage Renaissance accueille nombre de pèlerins.

MEDINA SIDONIA★

Cadix – 10 872 habitants

Carte Michelin n° 446 W 12

Medina Sidonia s'élève au cœur de la province de Cadix, dans une campagne fertile drainée par une voie naturelle vers la mer, à proximité du **Parc naturel de los Alcornocales**. De sa position stratégique sur une hauteur, on distingue par temps clair **El Puerto de Santa María** et **Vejer de la Frontera**. Son nom évoque deux temps forts de son histoire : l'époque phénicienne, tout d'abord, où la ville était connue sous le nom d'Assido, d'où dérive Sidonia, puis la période arabe (dès 712), qui lui valut celui de Medina. Importante cité romaine, elle fut au 6e s. le siège du concile d'Assido, l'un des premiers conciles wisigothiques, avant d'être reconquise définitivement au 13e s. par Alphonse X le Sage. En 1430, Jean II en fit un duché qu'il octroya à la famille Guzmán (c'est le 7e duc de Medina Sidonia, Alonso Pérez de Guzmán, qui conduisit l'« invincible » Armada au désastre).

Se restaurer

Machín – *Plaza de la Iglesia Mayor – ☎ 956 41 13 47 – fermé le lundi soir.* Tout près de l'**Office de tourisme**. Terrasse ouvrant sur la vallée. Spécialités d'omelette aux asperges et de queue de taureau.

CURIOSITÉS

★**Site archéologique** ⓥ – Cet extraordinaire ensemble de plus de trente mètres de galeries souterraines appartenait à un système compliqué de conduites d'eau conçu par des ingénieurs romains du 1er s. de notre ère. C'est en 1963 que la découverte intervint par hasard, les fouilles, quant à elles, ne commençant qu'en 1991. On y voit un système d'égouts romains, avec une galerie principale voûtée en berceau dont le sol est recouvert des dalles de terre cuite d'origine, où devaient se déverser les eaux d'autres galeries plus petites. On a également mis au jour sur le même site un ensemble de cryptoportiques (construction romaine qui servait à rattraper les dénivellations du terrain).

Ville médiévale

Monter la calle Espíritu Santo jusqu'à l'arc de la Pastora.

Arco de la Pastora – Avec l'arc du Soleil et celui de Belén, c'est l'une des trois portes subsistantes de l'époque médiévale. Élevé au 10e s., il se compose d'un double arc brisé en fer à cheval, porté par deux imposantes colonnes de marbre, sans doute d'origine phénicienne.

★**Sta. María la Mayor, la Coronada** ⓥ – La construction de cette église, exemple d'architecture gothique dite aristocratique, commença à la fin du 15e s. Sa tour baroque a été achevée en 1623. Elle remplaça une église antérieure élevée sur une ancienne mosquée arabe. On y accède par un patio, vestige de l'église précédente, de très nette inspiration mudéjare. Le plan intérieur en croix latine détermine trois vaisseaux voûtés en croisée d'ogives, tandis que le transept et le chœur présentent des voûtes nervurées au décor chargé. L'élément le plus remarquable est le superbe **retable plateresque**★ du maître-autel, dû à Roque Boldaque, Juan Bautista Vázquez et Melchor de Turín. Avec le mystère du couronnement pour thème principal, il illustre des scènes de la vie de Jésus et de la Vierge. À gauche du maître-autel se trouve une statue de Notre-Dame de la Paix (17e s.), patronne de Medina. La chapelle de droite du transept recèle un ostensoir en argent du Mexique, de Martínez Montañés. En sortant, remarquez la porte plateresque ouvrant sur le patio.

Alcazar et vieille ville ⓥ – Ce site accueillait autrefois la forteresse arabe, qui allait devenir en 1264 une place forte chrétienne à l'intérieur de laquelle s'édifia au Moyen Âge un quartier habité jusqu'au 16e s. puis utilisé, après son abandon, comme carrière. À son apogée, le quartier était fermé par un triple mur d'enceinte, dont il reste quelques tours, la porte d'accès en coude typiquement almohade, différentes maisons du 16e s. et un intéressant ensemble de silos à grains. L'entrée de l'enceinte était protégée par la **tour de guet de Doña Blanca**, d'où l'on a actuellement une belle vue sur la délicate crête de l'église (16e s.).

Avis aux amateurs de pâtisseries...

Depuis les temps arabes, Medina Sidonia doit sa célébrité à ses délicieuses pâtisseries ; sa spécialité est **l'« alfajor »**, sorte de pain d'épice, à base d'amandes, d'œufs et de miel.

Convento de Jesús, María y José – Ce couvent situé dans la **ville médiévale**, derrière Sta. María propose des *alfajores* et des *tortas pardas* (sortes de galettes). Ouvert tous les jours de 9 h 30 à 12 h 15 et de 16 h 30 à 18 h 15.

Convento de San Cristóbal – *calle Hércules, 1.* Situé dans la **ville moderne**, derrière le marché municipal. Alfajores, *amarguillos* et tortas pardas.

Ville moderne

Franchir l'**arc de Belén** (15e s.), puis flâner dans les ruelles bordées de maisons blanches qui descendent vers la ville moderne (16e-19e s.).

Plaza de España – C'est sur cette place triangulaire, cœur de Medina, que s'élève l'**hôtel de ville**, édifice néoclassique du 18e s.

À voir aussi, le **marché** (1871), et, à côté, sur la plaza de la Cruz, l'église baroque de la Victoria (fin 17e).

Tout le long de la **calle de Fray Félix**★, ou calle de la Loba, des maisons blanches arborent de superbes balcons et grilles de fer forgé des 18e et 19e s. Enfin, hors les murs, l'église St-Jacques (16e s.) possède un bel *artesonado* mudéjar.

Ermita de los Santos Mártires Justo y Pastor ⓥ – *Sur le contournement de Medina Sidonia.* Fondé par l'évêque Pimenio en 630, l'**ermitage** est l'une des plus anciennes églises andalouses. Sa robuste tour médiévale est probablement d'origine romaine. À l'intérieur règnent beauté et simplicité. Certains éléments romains ont été réutilisés pour produire stèles et chapiteaux.

EXCURSIONS

Château de Gigonza – *14 km au Nord, au Nord de Paterna de Rivera.* De ce château d'origine arabe, il ne reste que le donjon.

Alcalá de los Gazules – *25 km à l'Est par la A 381.* Une tache blanche gagnant le haut d'une colline, voilà tout ce que distingue le visiteur en s'approchant d'Alcalá, porte d'entrée du **Parc naturel de los Alcornocales**. Le nom du petit village rappelle celui du château arabe *(alcalá)*, qui exista jusqu'au 19e s. et dont il ne reste que quelques vestiges. Dans la partie haute de la localité, l'**église St-Georges** présente une tour baroque du 18e s. et une façade gothique, dont le tympan est orné d'un saint Georges à cheval. À côté, derrière la façade de l'ancien **hôtel de ville** (16e s.) s'abrite le **bureau d'accueil du parc naturel** (Centro de Interpretación del Parque Natural de los Alcornocales ⓥ), qui propose des itinéraires de visite du parc : nous recommandons l'**ascension du Picacho** et la « route des moulins ».

Benalup – *20 km au Sud-Est par la A 393.* Ce petit village est passé dans les annales de l'histoire depuis les tristes événements de **Casas Viejas** *(voir p. 33)*, ancien nom de Benalup. En 1933, un groupe d'anarchistes particulièrement mécontents de l'échec de la réforme agraire se retrancha dans le village. Le gouvernement d'**Azaña** réprima durement la rébellion, ce qui fut l'une des raisons de l'ascension de la droite républicaine aux élections de 1934.

Cueva del Tajo de las Figuras ⓥ – *8 km à l'Est de Benalup par la CA 212, direction Algésiras. Grottes à gauche de la route.* Ces grottes, déclarées monument national en 1924 et datées sans doute du paléolithique supérieur, présentent un intéressant ensemble de peintures rupestres.

MIJAS★

Malaga – 37 490 habitants

Carte Michelin nº 446 W 16

Mijas est un village pittoresque situé sur l'une des nombreuses collines de la Sierra du même nom, suspendu entre les forêts de pins qui offrent de fantastiques **panoramas**★ sur la Costa del Sol. Mijas est une localité de rêve pour flâner au hasard des rues tortueuses, des recoins charmants, des maisons ornées de fleurs et des nombreuses places minuscules qui parsèment la ville. Et si de plus vous êtes amateur de golf, vous pourrez profiter des splendides terrains aménagés aux environs.

Le « Burro-taxi » – L'âne-taxi est le « moyen de transport » le plus utilisé par les visiteurs. Les ânes harnachés enchanteront petits et grands, malgré la lenteur des déplacements.

Santuario de la Virgen de la Peña ⓥ – *À l'entrée du village.* Le sanctuaire de la Vierge du Rocher fut creusé par une congrégation de frères de la Merci (16e s). Près de l'ermitage, dédié à la patronne de Mijas, une terrasse dite El Compás dispense de belles vues sur la vallée et la Méditerranée.

★**Noyau ancien** – Les maisons basses qui bordent les rues lumineuses du vieux quartier sont ornées de grilles artistiques. Ce quartier de Mijas est surprenant, et une infinité de détails méritent d'être photographiés. Les commerces les plus importants de la ville et les magasins de souvenirs les plus fréquentés se sont installés dans les calles de Charcones, San Sebastián ou Málaga.

Murailles – Quelques courtines de la muraille arabe parsèment encore le centre-ville. Elles permettent de reconstituer le périmètre fortifié de la ville.

R. Mattès

Un « taxi » officiel

La Inmaculada Concepción – Cette église fut élevée au 16e s. sur le site d'une ancienne mosquée arabe. Elle conserve une imposante tour mudéjare et renferme une chapelle latérale décorée de plâtres polychromes aux motifs végétaux.

San Sebastián – Cette église à nef unique fut érigée au 18e s. L'intérieur de la coupole est décoré de plâtres rococo.

Museo de Miniaturas ⓥ – Cet étrange musée des Miniatures, également appelé le « Carromato de Max » (la roulotte de Max), recèle, entre autres, la *Dernière Cène* de Léonard de Vinci peinte sur un grain de riz ainsi qu'une tête réduite par les Jivaros.

Ayuntamiento – À l'intérieur de l'hôtel de ville, un **musée** ⓥ expose des collections d'instruments de labour et des objets de la vie agricole.

Plaza de Toros – De petites dimensions, les arènes surprennent par leur forme rectangulaire. Elles abritent le **Musée taurin** (Museo taurino ⓥ).

MINAS DE RIOTINTO★★

Huelva – 5 500 habitants

Carte Michelin n° 446 S 10

La vocation minière de la région de Riotinto depuis l'Antiquité ne fait aucun doute. En foulant son sol, on découvre un paysage exceptionnel aux couleurs intenses. Les forêts de chênes verts et de chênes-lièges se reflètent sur les eaux immobiles des nombreux lacs de barrage (Cobre-Gossan, Campofrío, Agua, etc.), que dominent des montagnes creusées de cratères d'un rouge éclatant, à la bizarre décoration géométrique laissée par l'exploitation humaine. La localité même se signale par le quartier anglais de Bellavista, ses nombreux centres d'artisanat et ses auberges qui servent des spécialités aussi succulentes que les *migas* (pain émietté imbibé de lait et frit), les *gurumelos* (variété de champignons typiques de la région), les *pestiños* (sorte de beignets) et divers produits à base de porc.

Carnet d'adresses

Se loger

VALEUR SÛRE

Santa Bárbara – *Cerro de Los Embusteros – ☎ 959 59 18 52 – fax 959 06 39 – 21 chambres – 7 000 ptas.*
Récemment construit sur la partie la plus élevée du village, cet hôtel offre des vues magnifiques sur la montagne et les mines à ciel ouvert. Grandes chambres modernes.

★★Parque Minero de Riotinto ⓥ

Le **parc minier de Riotinto** est un parc à thème qui couvre le village et ses environs. Des visites guidées sont organisées dans les mines.

★**Museo Minero y Ferroviario** ⓥ – Le **Musée minier et ferroviaire** existe depuis peu. Ce grand espace installé dans l'hôpital anglais retrace toute l'histoire des mines et de la métallurgie. Il recèle des locomotives du début du 20e s. ainsi que le célèbre **wagon de maharadjah**★★★, construit à Birmingham pour un voyage que la reine Victoria d'Angleterre devait effectuer en Inde. Transférée ici pour une visite du roi Alphonse XIII, cette authentique œuvre d'art, en bois sculpté et cuir repoussé, est un prodige de luxe et de somptuosité qui ne manquera pas d'éveiller l'imagination des visiteurs. Le musée comporte également un belle collection d'objets archéologiques remontant parfois à l'âge du bronze, qui vit les débuts de la métallurgie.

★★★**Corta Atalaya** ⓥ – *2 km au Nord-Ouest.* Cette gigantesque exploitation à ciel ouvert – plus de 1 000 m de long sur 900 de large et 350 de profondeur – est spectaculaire. D'une plate-forme établie sur ses bords, des **vues**★★★ plongent dans le cratère, traversé par des veines qui semblent tracées au tire-ligne. Les terrasses mettent en évidence les différentes coupes réalisées et dévoilent en même temps une gamme chromatique parfaite sur les versants du cratère. À proximité, des installations assurent la séparation des impuretés et de l'oxyde ferrique naturel (limonite), que d'énormes camions emportent ensuite par lots de près de 200 tonnes.

★★**Cerro Colorado** – *2,5 km au Nord-Ouest du village.* C'est la deuxième exploitation de Riotinto par la taille. Sa couleur rougeâtre particulière produit, à la tombée du jour, des scintillements d'une rare beauté.

L'impressionnante Corta Atalaya

★★ **Ferrocarril Turístico-minero** ⓥ – L'ancienne petite gare, située en dehors de la localité de Riotinto vers Cerro Colorado, est le point de départ du train touristique minier. Deux itinéraires possibles – 10 ou 23 km – longent le fleuve sur la voie ferrée construite à la fin du 19e s. par la compagnie anglaise Río Tinto Company Limited pour transporter le minerai jusqu'à Huelva, et l'exporter ensuite en Grande-Bretagne. Ce voyage attrayant dans des wagonnets anciens réserve de belles surprises. Ainsi vous aurez l'occasion d'admirer la belle couleur rougeâtre du río Tinto, qui serpente dans des forêts touffues de chênes verts ; vous pourrez admirer les premières gares construites dans la région ou encore traverser le pont de Salomé, qui dispense de belles vues sur le fleuve et les alentours.

Quartier de Bellavista – Comme à Huelva, l'architecture de style victorien de ce quartier du début du 20e s. construit pour loger les nombreux travailleurs installés à Riotinto est surprenante. Aujourd'hui abandonné, il y subsiste une église presbytérienne, un club social et un cimetière où les épitaphes sont écrites en anglais.

Les Anglais de Riotinto

Une étrange sensation vous envahit en pénétrant dans les sites désertés de Riotinto et en découvrant les traces de la culture anglo-saxonne, si étrangère à celle des autochtones ou à la physionomie du lieu. Il faut en effet rappeler qu'au début du 20e s., devenue une nation puissante grâce à son empire colonial, l'Angleterre consacrait une part importante de ses moyens à exploiter hors de son empire des mines comme celles de Riotinto.

AUTRES CURIOSITÉS

Nécropole de la Dehesa ⓥ – *3 km au Nord par la A 461.* Ce grand cimetière romain était celui de Corta de Lago (2e s. de notre ère). Les tombes et les épitaphes reflètent le niveau social des défunts.

Pozo Alfredo – *1 km au Nord-Ouest.* Cette mine souterraine, reliée à Corta Atalaya, atteindra bientôt plus de 600 m de long. Seule une partie du chantier est accessible à la visite.

ENVIRONS

Nerva – *4 km au Sud-Est par la A 478.* Le village doit son nom à une dalle funéraire romaine dédiée à l'empereur Nerva. Il est situé au beau milieu d'un paysage lunaire fait de terrils s'élevant près de bassins d'eau rougeâtre et dégageant une odeur âcre, comme celle du soufre.

Zalamea la Real – *12 km au Sud-Ouest. Emprunter la A 461 et, après El Campillo, la N 435.* La **route**★★ sinueuse qui s'enfonce dans les contreforts montagneux offre une belle vue sur la retenue de Cobre-Gossan. Réputée pour son anis, Zalamea propose à la visite l'église N.-D.-de-l'Assomption et le dolmen d'El Pozuelo.

EXCURSION

Valverde del Camino – *45 km au Sud-Ouest. Prendre la A 461 et, après El Campillo, poursuivre sur la N 435.* Cette petite localité est mondialement connue pour sa fabrication artisanale de chaussures (bottes à revers, bottes à soufflets, chaussures de danse, etc.).

Acheter une paire de bottes en cuir

Si, lors de votre visite de la Sierra d'Aracena vous repartez de Valverde del Camino sans une paire de *botos* (bottes à revers), vous vous exposez à l'étonnement critique des Andalous : ils estiment ces bottes à un point tel qu'ils n'hésitent pas à faire le déplacement rien que pour se les procurer.

MOGUER★

Huelva – 11 000 habitants

Carte Michelin nº 446 U 9

Perchée sur une petite colline, sur la rive gauche du río Tinto, la ville seigneuriale de Moguer et ses élégantes demeures gothiques et baroques, ses paisibles avenues ou ses recoins s'étirent sous un ciel étonnament limpide, le célèbre ciel de la région de Huelva. Outre le fait de figurer au nombre des fameux « lieux colombins », cette charmante localité de marins et de paysans est surtout le berceau du poète et prix Nobel de littérature en 1956, **Juan Ramón Jiménez** (1881-1958), dont les vers illustrent sur des panneaux d'azulejos les endroits les plus beaux du cœur de sa ville natale. Moguer vit également naître les frères Niño, qui jouèrent un rôle prépondérant aux côtés de Christophe Colomb, lors de sa première expédition aux Amériques. Enfin, dans un tout autre registre, la description de Moguer serait incomplète, si on ne mentionnait pas sa spécialité gastronomique, à savoir ses petits biscuits, les *pastelillos*, à base de pâte d'amande et de fruits confits.

CURIOSITÉS

★**Monasterio de Santa Clara** ⓥ – Ce monastère (14e s.), le plus important édifice gothique mudéjar de la province de Huelva, est intimement lié à l'histoire de la découverte de l'Amérique : c'est ici que Colomb se recueillit au petit matin du 16 mars 1493, rendant grâce à Dieu d'avoir épargné l'une de ses caravelles lors d'une forte tempête. L'intérieur, qui hébergeait jusqu'en 1955 une congrégation de religieuses, compte diverses pièces monacales ainsi que des patios dotés de galeries aux élégantes ouvertures et plantés de merveilleux orangers ou bananiers, qui ne sont pas sans évoquer les latitudes exotiques et tropicales. En face des contreforts du couvent s'ouvre la **plaza de Portocarrero**, l'une des places les plus caractéristiques de Moguer.

Église – Cet édifice tout simple, dont la nef est voûtée en croisée d'ogive, renferme le **tombeau des Portocarrero**★, seigneurs de Moguer, l'un des plus beaux ouvrages de la Renaissance andalouse, réalisé en marbre de Carrare par Giacomo, le maître de Michel-Ange. On s'intéressera également au retable principal (16e s.), à la belle statue de l'Immaculée Conception (17e s.), et au remarquable groupe de **tombes du maître-autel**★, dont celle de Beatriz de Henríquez, qui apporta son soutien financier au voyage de Christophe Colomb.

Cloître – Ce paisible cloître ceint de galeries à arcs brisés héberge sur ses côtés, entre autres, l'ancienne infirmerie, vaste salle qui recèle des vêtements sacerdotaux des 16e-18e s., et la réserve, qui abrite des objets appartenant aux évêques du diocèse, ainsi qu'une calotte du pape Jean-Paul II.

Coro et antecoro – Séparé de l'église par une grille, le *coro* possède d'exceptionnelles **stalles de style mudéjar nasride**★★ (14e s.). Chaque bras de ce bel ensemble est une reproduction des lions de l'Alhambra, réalisée grâce à une technique d'un incroyable raffinement, tandis que sur les dossiers figure le blason de chaque religieuse. À droite, notez le petit confessionnal réservé à la clôture. L'*antecoro* est couvert d'un élégant plafond à caissons mudéjar ; dans des vitrines sont exposés des ouvrages de chant grégorien du 15e s.

Nuestra Señora de la Granada – Cette église du 18e s. s'élève sur le site d'une ancienne église mudéjare en face de la plaisante plaza del Marqués, agrémentée de lampadaires anciens, et bordée de façades, aux fenêtres polychromes. Outre la

Un habitant de Moguer, Juan Ramón Jiménez

Juan Ramón Jiménez présente deux facettes : d'un côté, le poète raffiné, altier et cultivé, de l'autre, l'écrivain populaire, passionné et simple, qui avait pour compagnon un petit âne, Platero. Toute l'amertume et la colère de Juan Ramón contre les littéraires de son époque se dissipent, dès qu'il prend sa plume pour évoquer avec enthousiasme les paysans de Moguer, leurs coutumes et leur vocabulaire.

statue de Notre-Dame de la Granada, abritée sous un baldaquin au centre du *presbiterio*, on remarquera le célèbre **clocher★**, principale emblème de Moguer et seul vestige du bâtiment primitif, qui rappelle la Giralda de Séville.

★**Calle Andalucía** – Cette voie piétonne relie la plaza del Cabildo, devant l'hôtel de ville, au bâtiment des **archives municipales et bibliothèque ibéro-américaine** (Archivo Histórico Municipal y Biblioteca Iberoamericana), qui renferme toute une collection de vieux documents très précieux. Elle est l'un des endroits les plus charmants de Moguer, et accueille le **théâtre Felipe Godínez**, édifice moderne, dont la belle façade est décorée d'azulejos de Séville, la chapelle de l'hôpital du Corpus Christi, le curieux **pasaje de Nuestra Señora de la Esperanza**, dont les maisons ont conservé toute la saveur du Moguer d'antan, et enfin, le couvent St-François.

San Francisco – Ce couvent du 15e s., érigé à l'initiative de Pedro Portocarrero, joua un rôle prédominant dans l'évangélisation du Nouveau Monde. On appréciera son remarquable cloître maniériste, un clocher-mur du 17e s., et dans l'église, un intéressant grand retable baroque (18e s.).

★**Casa-museo « Zenobia y Juan Ramón »** – Cette élégante maison blanche de deux étages, aux balcons ornés de grilles en fer forgé typiquement andalouses, fut la demeure du poète Juan Ramon Jiménez et de son épouse Zenobia. Elle a été transformée en un musée qui expose toute une série de photos, meubles, livres et autres objets ayant un lien avec l'homme de lettres et sa femme.

Maison natale de Juan Ramón Jiménez – Dans la typique calle Ribera, cette ancienne demeure seigneuriale, où naquit le prix Nobel de littérature, est actuellement le siège d'importants jurys littéraires.

Hôtel de ville – Imposant exemple d'architecture Renaissance civile, dû à l'Italien Tomas Bottani, dominant la belle plaza del Cabildo avec ses palmiers, ses bancs de fer forgé et ses lampadaires anciens. La superbe **façade★** à portiques, dont les deux niveaux sont coiffés d'un plafond à caissons en bois et de galeries voûtées de cinq arcs en plein cintre, présente d'élégantes colonnes doriques sur le registre inférieur et des colonnes ioniques sur le registre supérieur.

MOJÁCAR★

Almería – 4 525 habitants

Carte Michelin n° 446 U 24

Ce charmant village blanc perché sur un promontoire bénéficie d'un **site★** privilégié qui offre de belles vues sur la côte *(à 2 km)* et sur les terres ponctuées d'étranges crêtes rocheuses. Les Arabes ont marqué de leur empreinte le noyau ancien, dont les ruelles étroites, escarpées et fleuries, parsemées de charmants recoins, escaladent la colline. Mojácar ne fut reconquise qu'en 1488.

Nombre d'étrangers se sont installés ici depuis plusieurs décennies et le village est devenu une « seconde » tour de Babel. Les petits restaurants, les terrasses, les nombreuses boutiques d'artisanat sont autant d'attraits de ce gros village qui accueille de nombreux touristes, en particulier l'été.

LE VILLAGE

Garer la voiture en bas du village et monter à pied.

La beauté de Mojácar réside essentiellement dans ses maisons soignées et ses vues magnifiques. Le mieux est de se promener au hasard des rues. Il convient néanmoins de citer quelques monuments intéressants.

La charmante **plaza Nueva** pourrait être le point de départ de la visite. Elle accueille le sobre ermitage Notre-Dame-des-Douleurs (18e s.), aujourd'hui transformé en magasin. Sur la place, une terrasse aménagée offre un ample panorama, qui embrasse notamment des restes de Mojácar la Vieja, le village primitif édifié sur une colline, un peu plus bas.

La Cuesta del Castillo, à gauche de la place, monte à une esplanade, site d'un **château** disparu, qui dispense une belle vue panoramique sur la côte.

La calle de la Iglesia, à droite de la Plaza Nueva, mène à l'**église Ste-Marie**, dont les murs couleur ocre contrastent avec la blancheur des maisons. Construite après la Reconquête, elle ressemble à une forteresse aux murs solides, avec son clocher d'un côté et ses contreforts de l'autre. Plusieurs ruelles pittoresques entourent l'église.

Se loger

VALEUR SÛRE

El Puntazo – *Paseo del Mediterráneo – ☎ 950 47 82 65 – fax 950 47 82 85 – 59 chambres – 8 000 ptas.*
Cet hôtel en bord de mer propose de petites chambres, sans terrasse ni vue *(6 880 ptas)*, des grandes, avec vue sur la mer *(8 000 ptas)*, et de plus grandes, avec terrasse sur la mer *(10 900 ptas)*. L'hôtel **Virgen del Mar** *(☎ 950 47 22 22)*, tout proche, offre les mêmes prestations pour 10 850 ptas.

Mamabel's – *Embajadores, 5 – ☎ 950 47 24 48 – 9 chambres – 8 500 ptas.*
Dans le village. Établissement intéressant où « la qualité prime » d'après la propriétaire. À l'origine, ce n'était qu'un restaurant qui proposait la meilleure paella de la région. Aujourd'hui, il offre huit chambres très bien décorées, avec vue sur la vallée et la mer en toile de fond.

De petits restaurants et bars se sont installés dans la rue parallèle à celle de l'église, la **calle de Enmedio**, qui conduit à la Plaza del Ayuntamiento. De là, une rue descend à la **Puerta de la Ciudad** (15e s.), une des portes de l'ancienne muraille, qui s'ouvre sur la charmante **plaza de las Flores**.

ENVIRONS

Garrucha – *5,5 km au Nord.*
Ce petit village de pêcheurs est très animé l'été. Les touristes sont attirés par ses longues plages, son port de pêche et son port de plaisance ainsi que sa promenade de front de mer.
Un fort côtier du 18e s. se dresse au Sud du village.

Promenade en mer

Excursions au départ de Garrucha vers la baie de Mojácar, Carboneras ou le Parc naturel du cap de Gata *(☎ 607 721 469 ou 607 720 777)*.

De Mojácar Playa à Agua Amarga

32 km – 45 mn environ.

Mojácar Playa – La commune de Mojácar compte 17 km de plages et de criques. Mojácar Playa est un ensemble de résidences et de complexes hôteliers parallèles à la côte.

Se diriger vers le Sud, parcourir 9 km et prendre une route à gauche.

Château de Macenas – Cette tour de guet du 17e s. se dresse en bord de mer. Au Sud s'élève la tour du Perulico, érigée comme tant d'autres par les Arabes aux 13e et 14e s. pour surveiller le littoral. Le chemin de terre *(vers le Sud)* qui longe la côte dessert plusieurs plages naturistes, comme celle de Bordonares *(3 km)*, après la tour du Perulico.

Revenir sur la route de Carboneras.

Jusqu'à Carboneras *(13 km)*, la route parcourt des montagnes arides. Elle offre de temps à autre de belles vues panoramiques sur la mer. Quelques kilomètres avant Carboneras, la route, au détour d'un virage, dispense une vue magnifique sur la côte.

B. Kaufmann/MICHELIN

La tour du Perulico

La **tour de guet du Rayo**, perchée sur un promontoire, se profile à l'horizon.

Carboneras – Petit village de pêcheurs édifié au pied du **château de San Andrés** construit au 16e s. par le marquis del Carpio pour surveiller la côte. Un **marché** s'installe autour du château le jeudi.

Se loger à Agua Amarga

Family – *La Lomilla* – ☎ *950 13 80 14 – fax 950 13 80 70 – 9 chambres – 8 000 ptas.* Cet établissement en bord de plage, calme l'hiver, affiche complet l'été. Les chambres et le restaurant accueillent des touristes du monde entier. Un seul menu à 2 000 ptas, vin et café compris.

La **casa del Laberinto** ou d'André Block, une typique maison blanche des années 1960, se dresse face à la plage des Marinicas.

Peu après Carboneras, prendre à gauche la route qui passe devant la centrale thermique et les installations du port artificiel d'Endesa. On pénètre dans le **Parc naturel du cap de Gata-Níjar**★★ *(voir ce nom)*. Un peu plus loin se détache sur la gauche la route grimpant au phare et à la tour de Mesa Roldán *(1,5 km)* ; cette dernière ressemble étrangement au château de Macenas. Revenir sur la route principale que l'on prend à gauche.

Agua Amarga – Toutes les maisons de ce village situé en bord de mer apparaissent au détour d'un virage. La belle plage de cette localité touristique soignée est délimitée par deux promontoires rocheux.

MONTEFRÍO★

Grenade – 7 030 habitants

Carte Michelin n° 446 U 17

Montefrío est l'un des plus beaux villages de l'Ouest de la province de Grenade. Ses maisons blanches aux toits en tuiles claires sont délicatement perchées sur les deux collines qui le bornent, telles des îlots sur une mer d'oliviers. Le village bénéficie d'un **cadre**★★ impressionnant, au pied de la Sierra de la Parapanda. Comme nombre de localités dans la région, Montefrío devint une forteresse largement convoitée par les Arabes et les chrétiens. Plusieurs rois de Castille tentèrent à maintes reprises de la conquérir, en vain, jusqu'en 1486, année de sa capitulation face aux Rois catholiques.

VISITE *environ 2 heures*

Plaza de España – Lieu idéal pour commencer la visite. Sur la place se trouvent l'église de l'Incarnation, impressionnante par sa taille, l'**Office de tourisme**, vivement recommandé, et l'**hôtel de ville**, qui occupe un bâtiment du 18e s.

La Encarnación – Surprenante église néoclassique, au plan circulaire, attribuée sans fondement réel à Ventura Rodríguez. De tout point de la ville, on distingue son énorme demi-dôme.

Monter à la Villa par la rue de l'Arco Gracia.

★ **La Villa** ⏱ – Cette église fut érigée au sommet de la colline sur les vestiges de la **forteresse nasride**, dont il demeure entre autres restes une citerne. L'ubiquiste **Diego de Siloé** participa à la construction de l'église, mêlant le style gothique (gros œuvre) et

B. Kaufmann/MICHELIN

Montefrío

le style Renaissance (ornements). La nef unique est recouverte d'une élégante voûte de croisée d'ogives et s'achève par une chapelle polygonale, surmontée d'une coupole en forme de coquille.

Descendre jusqu'à la plaza de España et prendre la calle Enrique Amat jusqu'à la placeta del Pósito.

Placeta del Pósito – Le bâtiment simple de l'ancien **magasin à grains** *(pósito)*, du 18e s., domine la tranquille petite place.

Monter jusqu'au Monte del Calvario, où se dresse l'église St-Antoine.

San Antonio – Autrefois, l'église faisait partie de l'ancien couvent franciscain St-Antoine. Après les expropriations du 19e s., elle devint une fabrique de farine, dite « La Máquina ». L'**église St-Antoine-de-Padoue**, de style baroque, est dotée d'une belle façade principale, en forme de triptyque. Dans une des niches du registre supérieur se cache une statue de saint Antoine. En suivant la rue Cruz del Calvario, on bénéficie d'une des plus belles **vues★★** sur le village.

Se restaurer

Mesón Coronichi – *Avenida La Paz, 32 – ☏ 958 33 61 46.*
L'établissement idéal pour goûter la savoureuse gastronomie locale. Plat le plus typique : le *relleno de Carnaval.*

ENVIRONS

★**Peña de los Gitanos** – *5 km à l'Est. Prendre la route d'Illora. Dépasser Mesón Curro sur la droite, et poursuivre jusqu'à la Peña de los Gitanos. Propriété privée. Laisser la voiture à l'entrée du chemin de terre, puis continuer à pied (15 mn).*
Le chemin grimpe légèrement entre les oliviers jusqu'à une bifurcation. Prendre le sentier à droite, longer une mine désaffectée et traverser la première prairie, où un dolmen se dresse sur la droite. La deuxième prairie est parsemée de massifs de chênes verts et recèle les tombes mégalithiques les mieux conservées, parfois disséminées. La plus spectaculaire se trouve tout de suite à droite, derrière un massif de chênes verts. Ce **dolmena** est doté d'un couloir et d'une chambre mortuaire, dont le toit est parfaitement conservé.

EXCURSION

Moclín – *33,5 km à l'Est, vers Illora. Prendre ensuite la NO 19 jusqu'à la N 432. Poursuivre sur la N 432 en direction d'Alcalá la Real jusqu'à Puerto López.*
La route traverse le village d'**Illora**, dominé par l'immense église de l'Incarnation (16e s.). Puis, soudain, au détour d'un virage de cette route escarpée et sinueuse, surgit l'impressionnant **château de la Mota★**, qui domine le petit village de Moclín. Cette forteresse est dotée d'un double mur d'enceinte d'origine nasride ; on y pénètre par une porte en angle, qui dessert le magasin à grains communal (16e s.), l'église de l'Incarnation (16e s.) et, sur la hauteur, les vestiges du donjon.

MONTILLA

Cordoue – 22 792 habitants
Carte Michelin nº 446 T 16

Nichée au cœur d'un paysage de doux coteaux, la ville de Montilla doit sa célébrité à son importante viniculture, qui produit les vins d'appellation d'origine Montilla-Moriles. Certains historiens assimilent Montilla à la cité romaine de Munda, théâtre de la bataille qui opposa César et Pompée (45 avant J.-C.). À partir de 1375, son histoire devint intimement liée à celle des **Fernández de Córdoba**, qui en firent leur fief à la place d'Aguilar. C'est donc là que naquit le membre le plus célèbre de cette famille, **Gonzalve de Cordoue** (1453-1515), illustre homme d'armes plus connu en Espagne sous le nom de **Grand Capitaine**, qui participa à la prise de Grenade et joua un rôle primordial dans la conquête du royaume de Naples, d'où il évinça les troupes françaises qu'il vainquit notamment à Cérignole (1503) et au Garigliano (1504).
La ville connut un rayonnement sans précédent au 16e s., avec l'installation d'illustres personnages comme **Garcilaso de la Vega** (1549-1616), dit l'Inca, auteur péruvien retiré en Espagne en 1560, ou saint Jean d'Avila, écrivain mystique qui eut des démêlés avec l'Inquisition avant de mourir à Montilla en 1569. Cette période vit également la construction des principaux monuments.

La destruction du château – En 1508, le roi Ferdinand d'Aragon ordonna la destruction du château qui dominait le village, pour punir son propriétaire, Pedro Fernández de Córdoba, de sa conduite déloyale.

Les vins d'appellation d'origine Montilla-Moriles

La réputation de ces vins produits au Sud de la province de Cordoue remonte à l'Antiquité. C'est l'influence du climat continental qui leur confère leur caractère si particulier et les distingue des vins de la région de Jerez. Le cépage le plus utilisé pour leur élaboration est le Pedro Jiménez.
Ici sont produits quatre types de vins : les **« finos »**, vins secs, dorés et légèrement amers, les **« amontillados »**, vins ambrés, secs, au bouquet légèrement noisette, les **« olorosos »**, vins moelleux, à la robe acajou, longs en bouche, et le **pedro ximénez** vin doux, élaboré à partir du cépage du même nom, à la robe rubis, idéal pour accompagner les desserts.
Une visite de l'une des **caves** de la région permettra de connaître le processus d'élaboration des vins. La cave d'**Alvear** (1729), l'une des plus anciennes, jouit d'une excellente réputation.

B. Kaufmann/MICHELIN

VISITE

Suivre les indications « centro ciudad », puis se garer sur les parkings signalés.

Santiago – *Calle Iglesia.* Construite au 16e s. en récupérant des matériaux provenant du château, l'**église St-Jacques** fut largement remaniée au 18e s., notamment à l'extérieur. On remarque surtout l'élégante tour de brique aux baies encadrées d'azulejos bleus et le dôme recouvert de céramique vernissée.
Prenez le temps de flâner dans les ruelles abruptes bordées de maisons chaulées, d'où l'on a de belles perspectives sur le clocher de l'église. Au nº 2 de la calle Miguel Molina, le **Musée historique** (Museo histórico ⓥ) expose des pièces datant de la préhistoire aux temps modernes.

San Francisco Solano – *Calle San Francisco Solano.* L'**église St-François-Solano** (17e-18e s.) a été bâtie sur le site même de la maison natale du saint, évangélisateur du Pérou. Sa singulière **façade★**, qui n'évoque en rien un édifice religieux, est précédée d'un atrium servant de porche, à arcades en plein cintre soutenues par des colonnes doriques. Une statue du saint, patron de la localité, domine l'entrée. La pierre dorée embellit l'édifice qui se distingue par sa symétrie et son indéniable élégance. Une tour fut adossée à l'église en 1910. Le clocher et sa flèche sont entièrement recouverts d'azulejos. Voir à l'intérieur le grand retable.

Hôtel de ville – *Calle Corredera.* Il fut édifié sur l'emplacement du couvent-hôpital St-Jean-de-Dieu, dont il ne reste que l'église (18e s.) au sobre portail, utilisée de nos jours comme salle d'expositions. Le patio central est orné d'arcades en plein cintre reposant sur des colonnes doriques.

Convento de Santa Clara – C'est Pedro Fernández de Córdoba, 1er marquis de Priego, qui confia la construction du **couvent Ste-Claire** à l'architecte Hernán Ruiz l'Aîné. Achevé en 1524, il fut néanmoins agrandi à plusieurs reprises jusqu'à atteindre ses dimensions définitives au 18e s.
La façade de l'**église** s'ouvre par un beau **portail★** de style gothique flamboyant. Au-dessus de la porte, entre deux cercles ornés de croix pattées, le blason des marquis de Priego vient embrasser la niche abritant la statue de sainte Claire. Voir le bel *artesonado* couvrant la nef et le grand retable.
En sortant du couvent, passer sous un arc pour gagner un terrain plat, dit Llano de Palacio. C'est là que se trouve le **palais des ducs de Medinaceli**, contemporain du couvent, que les marquis de Priego (devenus ducs de Medinaceli) firent construire après la destruction de leur château.

Convento de Santa Ana – Du **couvent Ste-Anne** fondé au 16e s., il ne reste que l'église du 17e s. et son simple portail. À l'intérieur, une Vierge du sculpteur Pedro Roldán règne sur le grand retable. Difficile, en revanche, d'apercevoir le joli clocher recouvert d'azulejos, occulté par les bâtiments du nouveau couvent et les maisons environnantes.

Se loger

À BON COMPTE

Bellido – *Enfermería, 57* – ☎ *957 65 19 15 – 21 chambres – 6 000 ptas.*
On reconnaîtra aisément cet hôtel central à sa façade rose clair. Chambres correctes et assez confortables.

VALEUR SÛRE

Don Gonzalo – *Sur la N 331, en direction de Cordoue* – ☎ *957 65 06 58 – fax 957 65 06 66 – 29 chambres – 8 400 ptas.*
Hôtel moderne doté de chambres correctes. Bar et restaurant. Jardin et piscine à l'arrière.

Se restaurer

Las Camachas – *Avenida de Europa, 3* – ☎ *957 65 00 04.*
L'un des restaurants les plus réputés de la région. Très typique, installé dans une maison de Montilla avec patio couvert ; le comptoir est orné d'azulejos et la cave déborde de tonneaux. Excellente cuisine : artichauts à la mode de Montilla, artichauts blancs aux palourdes et gambas, perdrix, *salmorejo* (gazpacho local), queue de taureau...

Une pâtisserie traditionnelle...

La pâtisserie Manuel Aguilar *(calle Corredera, 25)* qui a plus de cent ans propose toutes sortes de spécialités locales : *alfajores* au miel et aux amandes, *roscos de Pedro Ximénez* ou gâteaux aux cheveux d'ange.

Casa-Museo del Inca Garcilaso ⓥ – Garcilaso de la Vega, que les Espagnols appellent l'Inca parce qu'il était le fils d'un conquistador et d'une princesse inca, résida dans cette maison de 1561 à 1591 et y rédigea quelques-uns de ses principaux ouvrages, tels *Histoire de la Floride, ou relation de ce qui s'est passé au voyage de Ferdinand de Soto pour la conquête de de pays* et le *Commentaire royal.*
À l'intérieur de ce bel exemple d'architecture civile de l'époque, où la sobriété et la pierre dorée dominent, on verra des meubles d'époque et des copies.

Le centre-ville présente d'autres monuments d'intérêt comme **La Tercia** sur la plaza de la Rosa, le **théâtre Garnelo** (1921), le **collège des Assomptionnistes** (ancienne demeure des comtes de la Cortina) et l'**église St-Augustin**.

ENVIRONS ET EXCURSIONS

Espejo – *13,5 km au Nord-Est par la A 309.* Dans un beau paysage vallonné planté d'oliviers, Espejo s'étage sur une colline couronnée par son imposant château. Charmant village aux maisons blanches bordant des ruelles escarpées, parfois coupées d'escaliers, seul moyen de maîtriser un terrain accidenté...

Se garer paseo de Andalucía et grimper jusqu'au château.

Château – *Propriété privée, ne se visite pas.* Construite sur une hauteur offrant de superbes **vues**★ sur la campagne, cette solide construction du 15e s. au centre de laquelle s'élève un majestueux donjon appartient aux ducs d'Osuna.
Non loin, l'**église paroissiale St-Barthélemy**, de style gothique mais très remaniée à l'intérieur, recèle des toiles de Pedro Romaña (retable de saint André) et des pièces d'orfèvrerie dont une custode du 18e s.

Montemayor – *14 km au Nord-Ouest par la N 331.* Sur une petite colline, les maisons de Montemayor se regroupent autour du **château** mudéjar du 14e s. très bien conservé (beau donjon) qui domine l'ensemble.

La Asunción – L'**église de l'Assomption** (16e-17e s.) trône sur une place piétonne, la **plaza de la Constitución**, qui accueille également l'hôtel de ville. Remarquez son clocher Renaissance et les vestiges d'un moulin romain incorporés dans un mur.
L'intérieur, à trois vaisseaux, présente une abside triple richement décorée et trois coupoles baroques. Un grand retable Renaissance sculpté (17e s.) domine le *presbiterio* ; de chaque côté, des chapelles baroques étalent une profusion de décors de plâtre. La chapelle du Rosaire expose des pièces d'orfèvrerie en or et en argent, ainsi qu'un devant d'autel sculpté du 18e s.

Se loger à Montemayor

Castillo de Montemayor – *Sur la N 331* – ☎ *957 38 42 53 – fax 957 38 43 06 – 54 chambres – 6 000 ptas.*
La façade moderne de cet hôtel cache un intérieur tout à fait typique de la région. Piscine, bar, restaurant et discothèque. Excellent rapport qualité/prix.

Sous l'église, à l'emplacement qu'occupaient un ossuaire et une citerne, le **Museo de Ulía** *(possibilité de visite uniquement lorsque l'église est ouverte)* expose divers objets (5e s. avant J.-C.-15e s.).
Les abords de la place constituent un bel exemple d'architecture populaire, où la simplicité des maisons blanches est toujours rehaussée par l'élégance du portail d'une demeure noble ou par des recoins pittoresques.

Fernán Núñez – *18 km au Nord-Ouest par la N 331.* La localité fut fondée, vers le milieu du 13e s., sur le site même de l'ancienne Ulia romaine par le premier membre connu d'une famille de l'aristocratie locale qui lui donna son propre nom. Le centre historique propose deux édifices intéressants, le palais ducal et l'église Ste-Marine-des-Eaux-Saintes.

Palais ducal – Ce surprenant ensemble entoure une place du 18e s. Son crépi rouge vermillon et le blanc des chambranles et des corniches atténuent la sobriété décorative, rompue par les seuls motifs héraldiques.

Santa Marina de Aguas Santas – À l'intérieur de l'église (18e s.), on remarquera un décor baroque de fresques et de plâtres sur les voûtes et les coupoles.

La Rambla – *16 km à l'Ouest par la N 331, puis la A 386 à gauche.* Ce village typique de la campagne cordouane, de tradition potière, eut pour collecteur d'impôts et commissaire aux vivres (c'est-à-dire chargé de la surveillance des entrepôts royaux) Miguel de Cervantes. Quelques monuments méritent d'être mentionnés.

La Asunción – L'**église paroissiale de l'Assomption** date de la Reconquête bien qu'elle fut quasiment totalement reconstruite au 18e s. On doit à Hernán Ruiz Ier son beau **portail plateresque★** délicatement ouvragé. Dans la chapelle baroque du Sacré-Cœur *(à gauche de la capilla mayor)*, retable de stuc et coupole recouverte d'ouvrages de plâtre. Quelques statues sont attribuées à Martínez Montañés : *Saint Joseph à l'Enfant, Sainte Anne et la Vierge, Saint Jean Baptiste* et *Sainte Rose.*
Dans la même rue, calle Iglesia, on voit une massive tour carrée, vestige de la **forteresse**.

Clocher de l'ancien couvent de la Consolation – Cette belle tour baroque en brique affiche une ornementation chargée, surtout sur sa face Ouest, principalement autour des baies.

Colegio del Espíritu Santo – Son église recèle la superbe statue de bois de **Jésus de Nazareth★** portant sa croix, par Juan de Mesa, dont les habitants du village sont si fiers. Remarquez l'expression contenue du visage du Christ.

Santaella – *32 km à l'Ouest par la N 331, puis la A 386 à gauche.* De la route, jolie vue du petit village dominé par l'imposante église de l'Assomption.
Sur la plaza Mayor, à droite de l'hôtel de ville, on voit les vestiges de l'ancienne forteresse arabe.
Plusieurs demeures seigneuriales méritent d'être mentionnées, comme la Maison des Colonnes (18e s.), en cours de restructuration pour offrir plus d'espace au **musée d'Archéologie** (Museo de arqueología ⌚), installé dans l'ancien entrepôt à grains. Outre une section d'Ethnologie, le musée comporte une section d'Archéologie, où l'on s'attardera en particulier sur la *Lione de Santaella*, des ex-voto ibères, un lion ibéro-romain, de la céramique romaine et une collection de monogrammes wisigothiques.

Monter la rampe juste devant le château.

La vue embrasse toute la campagne et on arrive à l'église.

La Asunción – On est d'emblée surpris par les proportions de l'**église de l'Assomption** (16e-17e s.) et on appréciera mieux la monumentalité de l'édifice en le contournant. La façade **baroque** est précédée d'un mur qui protège la porte du vent, empêchant le visiteur d'avoir une vue de face du portail. À gauche, la **tour Renaissance** présente des décors héraldiques. Le mur latéral gauche conserve un décor original sous un arc aveugle. À voir à l'intérieur, le plafond mudéjar de la chapelle des Âmes, un retable et la chaire.
Non loin du village, le sanctuaire baroque de **N.-D.-de-la-Vallée** (18e s.) abrite la statue de la sainte patronne de Santaella.

MONTORO★

Cordoue – 9 489 habitants

Carte Michelin n° 446 R 16

C'est au détour de la route que surgit soudain Montoro, et la terre rougeâtre de la colline sur laquelle la ville s'élève s'harmonise merveilleusement avec les tons blancs et ocre de ses maisons. De la ligne ondulée des toits, qui descendent vers le fleuve, s'élance la tour baroque de l'église St-Barthélemy. Un svelte pont du 15e s. enjambe le méandre, que forme le Guadalquivir autour de la ville.

Montoro, lovée dans un méandre du Guadalquivir

Il est préférable de laisser la voiture à l'entrée de la ville, car il est très difficile d'y circuler et d'y stationner.

★**Plaza de España** – Au cœur du centre historique, sur cette charmante place se dressent trois intéressants édifices en pierre rouge, matériau typique de la région qui confère une réelle harmonie à l'ensemble.

San Bartolomé ⓥ – La belle église St-Barthélemy (15e s.), dont l'imposant clocher baroque jouxte le chevet, domine la place. Un élégant **portail**★ gothico-mudéjar, finement ouvragé, orne la façade. Sur le registre supérieur, un *alfiz* souligne l'arc et une statue de la Vierge à l'Enfant. À gauche de la porte, une pierre portant une inscription wisigothique est enchâssée dans le mur. Deux blasons apparaissent sur le portail et un autre orne la fenêtre baroque sur la droite de la façade. L'intérieur, à trois vaisseaux, présente un intéressant plafond *artesonado* tandis que, sur la gauche, une chapelle latérale recèle une délicate Vierge du Rosaire, de fine facture. Jouxtant l'église, statue décapitée de l'archange Raphaël.

Hôtel de ville – À gauche de l'église, cet édifice Renaissance présente une élégante façade à deux étages, dominée par le blason de la maison ducale d'Albe et Montoro. L'intérieur est doté de beaux artesonados mudéjars. Entre la façade et l'arc voûté de gauche, une pierre rappelle que c'est le roi Philippe III qui fit construire l'ancienne prison, adossée à l'hôtel de ville.

Demeure seigneuriale – *À droite de l'église.* Cette maison noble, qui présente quatre blasons au deuxième niveau, devait être un tribunal à l'époque. Chacune des portes est surmontée d'un visage d'homme ou de femme pour indiquer l'entrée réservée aux accusés masculins ou féminins.

En flânant autour de la place, vous découvrirez des recoins pittoresques, des ruelles pavées, ainsi que de beaux exemples d'architecture populaire. Les portes des maisons blanches, parfois blasonnées, sont encadrées de pierre rouge du pays, et tout l'ensemble se découpe harmonieusement sur le ciel limpide de la région. Attention à l'indication **Casa de las Conchas**, en aucun cas il ne s'agit d'une maison comme celle de Salamanque ; c'est tout simplement une étonnante construction des années 1960, totalement recouverte de coquillages *(conchas)*.

Artisanat

On trouve encore dans la calle Corredera quelques ateliers d'artisans, comme celui de Juan Hidalgo au n° 73, qui travaille l'osier, et celui des fils de Manuel Mohedo, au n° 39, spécialisé dans la sellerie.

Par la calle Bartolomé Camacho, juste à côté de l'église, on parvient à l'**ermitage Ste-Marie** (13e s.), qui héberge le **Musée archéologique** (Museo arqueológico Ⓥ). De retour sur la place, la vue sur le clocher est impressionnante.

AUTRES CURIOSITÉS

Iglesia del Carmen – *Calle El Santo.* Une statue de saint Jean de la Croix domine la façade de l'église du Carmel, en pierre rouge locale. À l'intérieur, la *capilla mayor* accueille un **retable** baroque du 18e s. avec, au centre, une Vierge à l'Enfant sur un trône.

Hospital de Jesús Nazareno – Cet hôpital des 17e et 18e s., transformé de nos jours en maison de retraite, a subi de nombreux remaniements. Les décors aux tons or et bleu de la coupole de l'église dégagent une étonnante luminosité.

ENVIRONS

Adamuz – *24 km à l'Ouest. Prendre la voie rapide E 5 vers Cordoue et sortir à l'échangeur n° 367 vers Adamuz.* Au beau milieu d'une végétation exubérante, la route longe le large cours du Guadalquivir qu'elle franchit au barrage d'El Salto, puis continue sur l'autre rive. Après avoir quitté le fleuve, elle grimpe en sinuant jusqu'à Adamuz, qui surgit dans une forêt d'oliviers.
Les rues blanches sont dominées par l'**église St-André**, de style gothique, construite en pierre rouge du pays (fin 14e-début 15e s.) ; la sobriété de l'édifice attire l'œil, et seul le jeu des volumes architecturaux compense l'absence d'ornements. Le bâtiment civil le plus important du village, la **tour de l'Horloge**, construite à l'initiative du marquis de El Carpio en 1566, a été nettement remanié depuis.

El Carpio – *19 km au Sud-Ouest par la E 5 ; sortir à l'échangeur n° 374.* Les maisons s'échelonnent sur une colline dominée par la **tour mudéjare de Garci Méndez** (14e s.). Depuis la plaza de la Constitución, fleurie et plantée d'orangers, où s'élève l'église paroissiale (17e s.), on aperçoit nettement l'imposante silhouette de la grosse tour carrée de briques.

Parc naturel de la Sierra de Cardeña y Montoro – *15 km au Nord par la N 420.* Le parc couvre les versants Sud de la Sierra Morena. Plus on progresse vers l'Ouest, et plus le paysage devient accidenté, coupé par de nombreux ravins. Le chêne vert domine et côtoie l'arbousier, le chêne pubescent et certaines zones repeuplées de pins. C'est le pays du loup, de la loutre, du lynx, du sanglier, de la genette, du cerf et de bien d'autres espèces animales ; divers sentiers de randonnée sillonnent le parc.

NERJA★

Malaga – 15 326 habitants
Carte Michelin n° 446 V 18

Principal centre touristique de la Axarquía *(voir ce nom)*, Nerja, joli village d'origine arabe aux ruelles blanches, domine la mer du haut de sa falaise. Les derniers contreforts de la Sierra de Almijara expliquent l'aspect escarpé de cette côte jalonnée de belles plages à l'intérieur de criques. Les nombreuses terrasses de cafés, les restaurants, les discothèques et autres établissements de loisirs font de Nerja un lieu de villégiature très prisé l'été.

Se loger

À BON COMPTE

Cala-Bella – *Puerta del Mar, 8 – ☎ 952 52 07 00 – fax 952 52 07 04 – plusieurs chambres – 6 500 ptas.*
En plein cœur de la ville. Chambres correctes (dont quatre avec vue sur la mer). Il est préférable de réserver car cet hôtel bon marché est très demandé.

VALEUR SÛRE

Paraíso del Mar – *Prolongación de Carabeo, 22 – ☎ 952 52 16 21 – fax 952 52 23 09 – 12 chambres – 12 000 ptas – fermé de mi-novembre à mi-décembre.*
Ce petit hôtel sympathique domine la mer et les plages de Nerja. Chambres très confortables avec télévision, téléphone, air conditionné et mini-bar.

Se restaurer

Pepe Rico – *Almirante Ferrándiz, 28 – ☎ 952 52 02 47 – fax 952 52 44 98 – fermé le mardi, la première quinzaine de décembre et la seconde semaine de janvier.*
Ce restaurant tenu par des Suédois est situé dans une rue piétonne ; vous apprécierez sa terrasse très agréable et ses spécialités de poissons et de viandes (filet de bœuf au poivre vert). Il compte aussi dix appartements *(8 300 ptas)*.

La Parrala – *Playa Burriana – ☎ 952 52 22 89.*
Restaurant avec terrasse sur la plage. Spécialité de paella.

Plage de Nerja

★**Balcón de Europa** – Situé tout près du cœur historique de Nerja, ce magnifique belvédère a été bâti sur le site de l'ancien château. La grande place, transformée en jardin, donne sur la mer, et, depuis ses allées de palmiers, on a de belles vues sur la côte accidentée et, par beau temps, sur le littoral africain.
Remarquez l'église du Sauveur (17e s.), blanchie à la chaux, et son clocher.

ENVIRONS

★★**Cueva de Nerja** ⓥ – *4,5 km à l'Est, en direction de Motril.* Découverte en 1959, cette immense grotte d'origine karstique s'est formée dans les marbres de la Sierra de Almijara. Elle était habitée à l'époque paléolithique, comme en témoignent les vestiges archéologiques découverts (ustensiles, céramique, restes humains et peintures rupestres), dont certains sont exposés dans les premières salles.
La grotte est tout à fait impressionnante avec ses vastes salles et les spectaculaires stalactites et stalagmites formées au cours des millénaires par les eaux d'infiltration. On ne visite qu'un quart de la surface totale. La **salle de la Cascade ou du Ballet**, qui doit sa première appellation aux formations que l'on voit sur la droite sert de cadre aux **festivals de Musique et de Danse** *(2e ou 3e semaine de juillet)*. La colonne centrale de 17 m n'est rien, comparée à l'immense colonne (32 m) de la **salle du Cataclysme**, qui se distingue par sa taille imposante et la beauté de ses formations.

OSUNA★★

Séville – 17 306 habitants
Carte Michelin n° 446 U 14

La passionnante histoire de cette ville de la campagne sévillane remonte très loin puisqu'on va même jusqu'à l'identifier à la cité ibère d'Urso ; conquise plus tard par César, elle connut la domination musulmane, avant d'être reconquise définitivement par Saint Ferdinand III en 1239, puis cédée par Alphonse X le Sage en 1264 à l'ordre de Calatrava. Néanmoins, son apogée demeure liée à la maison d'Osuna, dont elle dépendit dès 1562, quand le roi Philippe II octroya le titre de duc d'Osuna au 5e comte d'Ureña. Ce titre, l'un des plus puissants de la péninsule, favorisa sans conteste l'embellissement d'Osuna ainsi que son développement artistique et culturel.

★CENTRE MONUMENTAL

Suivre les indications Centro Ciudad et Zona Monumental.

★**Colegiata** ⓥ – Au sommet de la colline, l'imposante masse de pierre de la collégiale Renaissance (16e s.) domine la ville. Beau portail plateresque au décor raffiné.

Intérieur – *On l'utilise pour des événements culturels.* L'**église** présente trois vaisseaux sur lesquels s'ouvrent des chapelles et une abside baroque, dont l'intéressant retable du même style arbore les armoiries ducales d'Osuna. Orgue du 18e s.
Les murs sont ornés de véritables chefs-d'œuvre : *Jésus le Nazaréen* du « divin » Morales, un *Christ de Miséricorde* de Juan de Mesa, la merveilleuse toile ténébriste, ***Le Calvaire***★★, réalisée par José de Ribera, dit l'Espagnolet, et un singulier petit orgue (16e s.), qui était porté en procession.
La **sacristie** est couverte d'un original *artesonado* agrémenté d'azulejos du 16e s. Elle conserve des livres de chant grégorien (16e s.), ainsi que les quatre **peintures de Ribera**★★ que possède la collégiale : *Saint Jérôme, Les Larmes de saint Pierre, Le Martyre de saint Barthélemy* et *Le Martyre de saint Sébastien*, datés de 1616-1618.
D'autres salles exposent une *Immmaculée* d'Alonso Cano, une croix processionnelle en argent (1534), des peintures flamandes, des vêtements sacerdotaux de l'époque de la fondation de la collégiale, des pièces d'orfèvrerie, etc.

★★**Panteón Ducal** – C'est en 1545 que fut érigé le panthéon des ducs d'Osuna, dans le style plateresque. Il est précédé d'un charmant patio du même style. Située juste au-dessous du maître-autel de la collégiale, la chapelle, malgré ses dimensions réduites (8 m de long sur 4,5 m de large et 2,5 m de haut), compte trois vaisseaux et un *coro*. Ses voûtes à caissons polychromes, dans les tons bleu et or, sont noircies par la fumée des cierges. Le retable, peint par Roque Balduque, représente l'Enterrement du Christ.
Dans la **crypte**, sous la chapelle, se trouvent les tombeaux des principaux ducs d'Osuna et des fondateurs de la collégiale (parents du premier duc).

Se loger

El Caballo Blanco – *Granada, 1 – ☎ et fax 954 81 01 84 – 13 chambres – 6 000 ptas.* En plein cœur de la ville, motel aux chambres de plain-pied, propres et agréables. Bon rapport qualité/prix.

Se restaurer

La Casa Del Marqués – *San Pedro, 20 – ☎ 954 81 22 23 – fax 954 81 24 54.* Véritable petit joyau architectural du 17e s. qui appartint aux marquis de la Gomera, l'édifice présente en façade de remarquables colonnes. Dans le patio, sur lequel s'ouvre une petite chapelle, vous dégusterez de savoureux plats basques et andalous ; bar très accueillant, où il fait bon prendre un verre. Les propriétaires projettent d'ouvrir très prochainement un hôtel et un restaurant andalou, qui proposera des mets locaux très bon marché.

Ancienne université – C'est à Juan Téllez, comte d'Ureña et père du premier duc d'Osuna, que l'on doit la fondation en 1548 de cette université, active jusqu'en 1824. Ce grand édifice carré en pierre présente aux angles des tours circulaires couronnées de chapiteaux, aux azulejos bleus et blancs. Beau patio intérieur.

★**Monasterio de la Encarnación** ⓥ – Ce couvent de religieuses de l'ordre de la Merci fut fondé au 17e s. par l'épouse du 4e duc d'Osuna. Le patio est orné d'un magnifique **soubassement**★ d'azulejos de Séville (18e s.), sur le thème des cinq sens, que l'on retrouve dans l'escalier et à l'étage supérieur du patio. Le couvent recèle nombre de peintures, sculptures et objets d'art, dont une collection d'enfants Jésus, diverses pièces d'orfèvrerie et un retable baroque du 18e s. Église également baroque.
Dans un tout autre registre, les religieuses proposent des pâtisseries variées.

Torre del Agua – *En descendant vers la Plaza Mayor.* Cette tour défensive médiévale (12e-13e s.), d'origine carthaginoise, héberge un petit **Musée archéologique** (Museo Arqueológico ⌚), qui expose des œuvres et objets ibères et romains découverts à Osuna, ainsi que des reproductions des taureaux ibères et des bronzes romains d'Osuna dont les originaux sont conservés au Musée archéologique national de Madrid.

AUTRES CURIOSITÉS

Dans le centre historique, l'architecture civile est à l'honneur avec un véritable déploiement de beaux **palais** et **demeures seigneuriales★★** baroques.

★**Calle San Pedro** – Outre les maisons nobles et une église qui méritent d'être mentionnées, la calle San Pedro compte deux superbes palais :

Cilla del Cabildo – Original édifice baroque (18e s.), l'**ancien chapitre** est une œuvre d'Alonso Ruiz Florindo, à qui l'on doit aussi le clocher de l'église de la Merci *(voir plus loin)*. Les deux constructions présentent de singuliers pilastres au décor compartimenté. La porte est couronnée d'une étrange copie de la Giralda.

B. Kaufmann/MICHELIN

L'ancien chapitre

Palacio de los Marqueses de la Gomera – Le palais des marquis de la Gomera, baroque, date du 18e s. ; remarquez son intéressante corniche, animée par des volutes et des vagues, ainsi que son beau portail en pierre couronné d'un grand blason.

Antiguo Palacio de Puente Hermoso – *Calle Sevilla, 44.* Beau **portail★** baroque (18e s.), dont les colonnes torses du registre inférieur sont ornées de feuilles de vignes et de grappes de raisin.

Dans la même rue se trouvent d'autres édifices civils ou religieux intéressants.

Palacio de los Cepeda – *Calle de la Huerta.* Cette belle construction du 18e s. est actuellement le siège du tribunal ; beau portail orné d'une corniche toute en mouvement, qui couronne l'édifice. Notez les colonnes tronconiques inversées du portail et, surtout, le grand blason flanqué de deux hallebardiers.

Antigua Audiencia – *Carrera Caballos, 82.* Sobre édifice de l'époque de Charles III.

★**Clocher de l'église de la Merci** – Belle tour baroque construite par le même architecte que l'ancien chapitre, avec lequel elle présente de nombreux éléments décoratifs communs.

Enfin, Osuna séduira par ses nombreux couvents et églises (St-Dominique, la Compañía, la Concepción...), essentiellement des 17e et 18e s.

PALMA DEL RÍO

Cordoue – 18 948 habitants
Carte Michelin n° 446 S 14

Au cœur de la campagne cordouane s'étend la ville de Palma del Río, près du confluent des ríos Guadalquivir et Genil. En arrivant de Cordoue par la A 431, on bénéficie d'un agréable panorama avec sur la droite, perché sur sa colline et resplendissant sous le soleil, l'**ermitage de la Vierge de Belén**, patronne du lieu. Puis, une route à gauche indique la direction de Palma del Río ; on franchit alors un long pont de fer et de béton (19e s.) sur le Guadalquivir.

Suivre l'indication « centro ciudad » et se garer près de la plaza de Andalucía.

Plaza de Andalucía – Sur la grand-place de Palma del Río se trouvent l'hôtel de ville, la poste et le tribunal. On remarquera la **puerta del Sol** et le **balcon Renaissance** du 16e s. (qui faisait partie du palais des Portacarrero, sur la droite après l'arc), donnant sur le clocher de l'église de l'Ascension.

La poterie, une tradition bien ancrée...

Les habitants de Palma sont fiers de la qualité de leur terre cuite qui maintient l'eau bien fraîche dans les *botijos* (sorte de cruche). Citons également les cruches et les plats employés pour le gaspacho ou encore les pots de fleurs tout à fait caractéristiques de Palma.

★ **Les murailles** – Élevées au 12e s., elles faisaient partie de la longue enceinte almohade qui protégeait la ville. Il en reste encore une bonne partie, notamment de solides parties, des tours carrées et une grosse tour octogonale.

Museo Municipal ⓥ – Installé dans les anciennes écuries royales, le Musée municipal se divise en trois sections : archéologie, ethnologie et beaux-arts.

La Asunción ⓥ – L'église date du 18e s. Remarquez surtout la belle **tour**★, qui rappelle très nettement les constructions d'Ecija, et s'élève au centre de la façade, au-dessus du portail baroque de brique rouge. La décoration chargée des corps de clocher (colonnes diminuées, grecques et torses) est rehaussée par des azulejos dans les tons bleutés.
L'**intérieur**★, où l'harmonie domine, se compose d'une vaste nef et d'un transept couvert d'une coupole centrale dont les écoinçons sont ornés de plâtres aux formes végétales. La nef est jalonnée de pilastres imposants qui soutiennent une corniche elle-même décorée de plâtres. L'alternance de grilles aux balcons confèrent du dynamisme à l'ensemble. Les chapelles latérales, qui donnaient sur la nef, ont disparu car on a abattu les murs qui les séparaient les unes des autres, créant ainsi deux étroits collatéraux. Remarquez le retable baroque.

AUTRES CURIOSITÉS

San Francisco – Fondé au 16e s., le couvent a subi des modifications aux 17e et 18e s. À l'extérieur, les dômes des chapelles latérales et du transept apportent du volume à l'ensemble. L'hôtellerie jouxte l'église.

À voir aussi à Palma la **chapelle baroque de la Vierge du Rosaire** (18e s.) dans l'église St-Dominique et l'**hôpital San Sebastián** (maison de retraite), avec un beau patio et une église dotée d'une façade d'influence mudéjare. À l'intérieur, curieux retable de la Vierge des Douleurs et le beau soubassement d'azulejos et plafond à caissons mudéjar de l'une des chapelles.

ENVIRONS

Jardins de Moratalla – *11 km à l'Est par la A 431.* Les amateurs de jardins peuvent visiter ceux de cette propriété privée, qui ont été dessinés en 1918 par J. N. Forestier, créateur également des jardins du parc María Luisa de Séville.

Se loger

À BON COMPTE

Castillo – *Portada, 47 – ☎ 957 64 57 10 – fax 957 64 57 40 – 38 chambres – 6 800 ptas.*
Hôtel central moderne et pratique. Confort.

VALEUR SÛRE

Hospedería de San Francisco – *Avenida Pio XII, 35 – ☎ 957 71 01 83 – fax 957 71 07 32 – 22 chambres – 11 550 ptas – fermé le dimanche.*
Hôtel et **restaurant** de luxe installés dans un ancien monastère franciscain (15e s.), autrefois université théologique. Le mobilier des chambres est d'époque et le restaurant occupe l'ancien réfectoire des moines. Cuisine basque.

Hornachuelos – *18 km au Nord-Est. Emprunter la A 431, sur 10 km, puis prendre à gauche la CO 141.* Ce petit village blanc, situé dans la sierra du même nom, a conservé quelques vestiges du château et la muraille de l'époque califale. Différents belvédères, dont l'un sur la plaza de la Iglesia, dispensent de belles vues sur la montagne. Goûtez absolument aux spécialités gastronomiques de la région, à base de viande de cerf ou de sanglier.
La calle Palmera, qui doit son nom à un palmier dessiné sur son revêtement, mène à l'**église Ste-Marie-des-Fleurs** (16e s.), qui présente un beau **portail** de style gothique tardif attribué à Hernán Ruiz I, ainsi qu'une tour du 18e s.
Près de Hornachuelos *(à l'Est)*, sur le site karstique de **Las Erillas**, l'action de l'eau a donné naissance à d'étranges formations, telles les « maisons suspendues ».

Parc naturel de la Sierra de Hornachuelos – Ce parc de 67 000 ha s'étend à l'Ouest de la province de Cordoue. Malgré sa faible altitude – son point culminant est Sierra Alta (722 m) –, il est sillonné de cours d'eau qui ont creusé des gorges encaissées et permis la création de réservoirs comme celui del Retortillo, où l'on peut se baigner. Si chênes, chênes-lièges, jeunes rouvres et oliviers sauvages prédominent, peupliers, aulnes et frênes bordent les cours d'eau. C'est une zone privilégiée pour la chasse car les cerfs et les sangliers côtoient aussi bien les vautours noirs, les aigles royaux et les perdrix que les loutres, les loups ou les lynx ibériques.

Bureau d'accueil Huerta del Rey ⓥ – *1,5 km au Nord-Ouest de Hornachuelos par la CO 142.* Exposition interactive sur le parc ; on peut se procurer ici des autorisations de camper et toutes les informations concernant les sentiers de randonnée. Possibilité de visites à dos d'âne ou en 4x4 *(réservations obligatoires)*.

San Calixto – *À 16 km du bureau d'accueil, par la CO 142, vers le Nord-Ouest.* Dans ce village, issu du processus de colonisation initié par Charles III dans la région, on retiendra le palais des marquis de Salinas et ses jardins, un couvent de carmélites déchaussées (16e s.), ainsi que l'église N.-D.-de-la-Sierra, reconstruite au 18e s. Les religieuses du couvent confectionnent des produits de qualité et proposent nappes brodées, plateaux décorés à la main et récipients ornés de pattes et de peaux de gibier.

PRIEGO DE CÓRDOBA**

Cordoue – 22 196 habitants

Carte Michelin nº 446 T 17

C'est au cœur de la partie cordouane des chaînons subbétiques, au pied du pic de la Tiñosa (1 570 m), que s'étend la belle ville de Priego de Córdoba. Véritable capitale du baroque cordouan, ses rues témoignent d'un passé glorieux. Mais c'est au 18e s. que l'industrie de la soie lui apporta une apogée économique qui fut à l'origine de toute une période de splendeur artistique et culturelle.
Enfin, Priego est le berceau de nombreux **personnages célèbres** : le politicien **Niceto Alcalá-Zamora** (1877-1949), président de la République de 1932 à 1936, et certains artistes baroques comme Juan de Dios Santaella (1718-1802) et Francisco Javier Pedrajas (1736-1817).
Les **fêtes** y sont bien entendu à l'honneur : la Semaine sainte, le festival international de Musique, de Théâtre et de Danse *(août)* et la Feria Real *(du 1er au 5 septembre)*.

Se loger

VALEUR SÛRE

Villa Turística de Priego – *À Zagrilla, 7 km au Nord-Ouest de Priego – ☎ 957 70 35 03 – fax 957 70 35 73 – 45 chambres – 9 350 ptas.*
Appartements pour une à quatre personnes au cœur d'un univers de grenadiers, de jasmin et de fleurs variées.

Se restaurer

La Fuente de Zagrilla – *À Zagrilla, à 100 m environ de la Villa Turística – ☎ 957 70 37 34.*
Petite terrasse ouvrant sur un patio. Cuisine simple mais excellente : soupe de légumes, filet aux champignons et au jambon, flan à l'ananas.

CURIOSITÉS

Suivre les indications « Centro Ciudad » et se garer près de la plaza de la Constitución, sur laquelle donne l'hôtel de ville.

Hospital e iglesia de San Juan de Dios ⏱ – *Plaza de la Constitución, à droite de l'hôtel de ville.* Hôpital fondé en 1637 par Juan de Herrera et achevé en 1717. À l'entrée, on remarquera l'agréable patio claustral. Au fond, sur la droite, belle église baroque à nef unique et élégante coupole en ove au-dessus du transept. Des corniches à ressauts courent en haut des murs latéraux, conférant un certain dynamisme à l'édifice. À l'intérieur, le blanc des murs est agrémenté d'un décor végétal, sans surcharge, en légères guirlandes ou en bandeaux. Le retable baroque est présidé par la Vierge des Mercis.

Château – Le **paseo del Abad Palomino** dispense une belle vue sur les vestiges de cette sobre et imposante forteresse d'origine arabe, qui fut modifiée aux 13e et 14e s. Le rempart est jalonné de tours carrées et le **donjon** présente des baies géminées. Prenez le temps de faire le tour de l'enceinte, vous remarquerez alors les maisons adossées à la muraille.

★**Asunción** ⏱ – L'**église de l'Assomption** fut construite en style gothique tardif (16e s.) et remaniée suivant le style baroque au 18e s. On y accède sur le côté droit par un beau portail Renaissance. À l'intérieur, les trois vaisseaux, amples et clairs sont couverts de voûtes d'arêtes dont les clefs sont décorées. Au-dessus du transept, une coupole en ove repose sur des pendentifs. Dans le *presbiterio* trône le beau **retable** maniériste sculpté et peint (16e s.). Dans les chapelles, on retiendra quelques retables baroques et un Christ attribué à Alonso de Mena.

★★**El Sagrario** – Chef-d'œuvre de l'art baroque andalou, la **chapelle du Sacré-Cœur** s'ouvre sur le bas-côté gauche. Elle se compose d'un vestibule rectangulaire desservant un octogone bordé d'un déambulatoire. La lumière contribue largement à l'atmosphère quasi magique du lieu : rendue plus intense par la blancheur des murs et des plafonds, elle inonde le centre et glisse sur la décoration exubérante des **plâtres**★★★, réalisés par un artiste local, Francisco Javier Pedrajas. Observez la clef de voûte de la grande coupole en ove, parsemée de petites têtes. Dans la partie basse, une statue d'apôtre s'adosse à chaque pilier. La décoration combine les éléments végétaux, la rocaille et les personnages illustrant des scènes de l'Ancien ou du Nouveau Testament. Malgré la profusion décorative, l'ensemble se signale par sa légèreté et sa délicatesse, véritable régal pour les yeux.

★★**Barrio de la Villa** – Superbe quartier médiéval d'origine arabe, aux rues sinueuses et aux maisons chaulées, abondamment agrémentées de pots de fleurs. Tout respire l'Andalousie et les calles Jazmines, Bajondillo, Reales, aux noms si évocateurs, sont tout comme la plaza de San Antonio des endroits enchanteurs.

★**El Adarve** – Il entoure le quartier de la Villa au Nord et se présente comme un magnifique balcon ouvert sur les chaînons subbétiques. Les **vues**, les réverbères et les bancs de fer forgé contribuent à créer une atmosphère paisible.

San Pedro ⏱ – Église totalement repensée en style baroque en 1690, recelant d'intéressantes sculptures. On s'attardera sur la magnifique **Immaculée Conception**★ du *camarín* du retable principal, attribuée tantôt à Diego de Mora et tantôt à Alonso Cano. La première chapelle du bas-côté gauche abrite la **Vierge de la Solitude** et la dernière chapelle du bas-côté droit conserve un superbe **Christ gisant** (1594) de bois attribué à Pablo de Rojas.

Carnicerías Reales ⏱ – Ancien marché et abattoir du 16e s., aux lignes très classiques, qui surprendra peut-être dans ce cadre baroque. Le simple portail de pierre surmonté d'un blason des Fernández de Córdoba présente deux curieuses colonnes baguées adossées. De plan carré, l'édifice est doté d'un patio central et de tours d'angles. Au fond, à droite de la fenêtre s'ouvrant sur la plaine, un escalier en colimaçon descend dans la salle où l'on abattait les bêtes, actuellement salle d'exposition.

Las Angustias ⏱ – *Si l'église est fermée, adressez-vous à la porte d'à côté ; les religieuses du collège la font visiter.* Église construite en 1772 par Juan de Dios Santaella. Le portail polychrome à deux registres présente de nombreuses lignes brisées. Une étonnante Vierge à l'Enfant dans la niche et les colonnes en tronc de pyramide inversée, étonnamment travaillées, méritent d'être mentionnées. Un clocher s'élève sur la gauche.
Cette église qui surprend par sa taille réduite est de style rococo. L'autel est surmonté d'une éclatante coupole en ove sur pendentifs. Le retable doré accueille une Pietà de l'école de Grenade (fin du 18e s.) en son centre et deux terres cuites de José Risueño en-dessous.

Prendre la **calle del Río**, bordée de demeures seigneuriales. L'Office de tourisme est installé dans la **maison natale de Niceto Alcalá-Zamora**.

Détail de la fontaine du Roi

El Carmen – L'**église du Carmel** fut repensée au 18ᵉ s. à la transition du baroque au néoclassicisme. La façade est un mélange des éléments des deux styles et englobe totalement la tour. Le portail, élément le plus récent, est très nettement néoclassique.

★★Fuentes del Rey y de la Salud – *Au bout de la calle del Río.* Ces deux fontaines forment un ensemble étonnant.
La plus ancienne, la **fontaine de la Santé★**, est une œuvre de Francisco del Castillo (16ᵉ s.) occupant la partie haute de l'ensemble. Elle se compose d'un frontispice de pierre maniériste au-dessus d'un mur à bossages et au centre d'un petit temple abritant la Vierge de la Santé. La végétation luxuriante contraste avec la pierre dorée et la proximité de la **fontaine du Roi★★** ne fait qu'accroître le charme de la scène. Achevée au début du 19ᵉ s., celle-ci nous transporte dans les jardins d'un palais baroque, tant par sa taille que par sa forme et ses courbes et contre-courbes. Elle s'organise sur trois niveaux et comprend cent trente-neuf bouches jaillissant des lèvres de grotesques. Les groupes sculptés sont des œuvres de Remigio del Mármol : le groupe central représente le char de Neptune et d'Amphytrite, son épouse. Au niveau supérieur, le lion aux prises avec le serpent est attribué au sculpteur néoclassique J. Álvarez Cubero.

Museo Histórico Municipal ⓥ – *Carrera de la Monjas, 6.* Le musée installé dans la maison natale du peintre Adolfo Lozano Sidro (1872-1935), également illustrateur de la revue *Blanco y Negro*, expose des découvertes archéologiques mises au jour dans la région.

La Aurora ⓥ – Église du 15ᵉ s. repensée elle aussi dans le style baroque par Juan de Dios Santaella au 18ᵉ s. Seuls la tour et le clocher sont du 16ᵉ s. Le beau portail baroque de marbre polychrome se divise en deux registres et abrite en son centre, entre deux colonnes torses, la Vierge de l'Aurore. L'intérieur, à nef unique, présente une exubérante décoration baroque.

À voir également les églises baroques des **Mercis** et **St-François**, au portail néoclassique pour la dernière.

Les frères de l'Aurore

La confrérie de l'église de l'Aurore a conservé une jolie tradition en l'honneur de la Vierge et chante tous les samedis à minuit des cantiques à la Vierge dans les rues de la ville.

ENVIRONS

Carcabuey – *8 km à l'Ouest.* Dans un merveilleux paysage vallonné tapissé d'oliveraies, Carcabuey s'étire au pied d'une colline couronnée par les ruines d'un château et un ermitage à l'abri des Sierras Subbéticas en toile de fond. *Prendre la rue entrecoupée de marches, en face de l'hôtel de ville, puis une rue pavée en pente.* L'ascension qui mène au château vaut la peine, on découvrira dans l'enceinte l'**ermitage de la Vierge du Château**. Très beaux panoramas sur le village et la campagne environnante. Contourner l'ermitage par la droite pour voir les vestiges du château, la muraille et les grosses tours entre autres.
En haut du village s'élève l'**église de l'Assomption**, solide édifice de pierre (16ᵉ-17ᵉ s.). On remarquera les deux robustes contreforts de la façade du bas, reliés par un arc et la tour de brique.
De Carcabuey, un sentier d'observation des vautours à l'intérieur du **Parc naturel des Sierras Subbéticas** *(voir Cabra, Environs)* part vers Luque.

Ruta de los PUEBLOS BLANCOS★★

Route des VILLAGES BLANCS – Cadix – Malaga

Carte Michelin nº 446 V 12, 13 et 14

La route des villages blancs, bien qu'elle soit l'une des plus belles d'Espagne, reste pourtant assez méconnue. Dans un fabuleux cadre naturel de sierras et de sites encore sauvages, de petits villages aux tortueuses ruelles escarpées témoignent d'un incontestable passé mauresque. Tous ces villages sont d'une blancheur éblouissante, parfois même agressive, car ici tout est blanc, maisons, ruelles, églises... tout resplendit sous le soleil andalou.

★★**Arcos de la Frontera** – *Voir ce nom.*

Quitter Arcos par la A 372 vers El Bosque, à l'Est.

La route réserve alors une des plus belles **vues**★ sur Arcos.

À 7 km au Nord de la route *(bifurcation avant d'atteindre El Bosque)* s'élève **Prado del Rey**, village fondé au 18e s. par **Charles III**, dont le surprenant plan orthogonal, caractéristique du siècle des Lumières, le distingue des autres villages blancs.

Le circuit

Il faut compter environ trois jours pour la visite des villages blancs, en incluant celles d'Arcos et de Ronda. Le point de départ proposé est Arcos de la Frontera, puis on pénètre peu à peu dans la **Sierra de Grazalema**, le plus beau tronçon de la route, avant d'arriver à **Ronda**, pour ensuite repartir sur Arcos par une route au Nord de la précédente, qui longe les contreforts de la sierra.

El Bosque – *30 km à l'Est d'Arcos.* Le **bureau d'accueil** (centro de visitantes ⓥ) du **Parc naturel de la Sierra de Grazalema** est installé dans ce petit village. Dans la partie haute de la localité, un petit jardin botanique regroupe les différentes espèces de la région, comme le sapin d'Espagne *(abies pinsapo)*, le chêne rouvre ou le chêne vert.

Depuis El Bosque, on peut rejoindre directement Grazalema par la A 372 qui traverse **Benamahoma**, où un petit **musée de l'Eau** (museo del agua) est installé dans un ancien moulin. C'est également ici que le río Bosque prend sa source (débit supérieur à 450 l/s).

Ubrique – *12 km au Sud-Est d'El Bosque par la A 373.* La **route**★ qui s'enfonce alors dans la Sierra de Grazalema constitue la plus belle partie de l'itinéraire. La petite ville d'Ubrique s'étire nonchalamment, telle une grande tache blanche, sur la colline de la Cruz del Tajo et bénéficie de l'un des plus beaux **sites** de toute la sierra. Ses origines remontent à la fin du 15e s., quand des colons venus des environs s'établirent sur ses terres. La localité est devenue aujourd'hui le principal centre commercial et industriel de la région, en particulier dans le domaine de la maroquinerie (confection des traditionnels blagues à tabac et sacoches de bergers, et, désormais, des cartables et porte-monnaies). La partie haute du village est la plus intéressante. Située au-delà de la **plaza del Ayuntamiento**, elle est dominée par l'église **N.-D.-de-la-O** (18e s.).

Quitter Ubrique en prenant la A 374 vers Benaocaz.

2 km plus loin, au niveau du lieu dit Salto de la Mora, se trouve la **ville romaine d'Ocurri** ⓥ (2e s. de notre ère). Puis, la route de montagne se poursuit, avant d'atteindre deux intéressantes localités, Benaocaz *(6 km)* et Villaluenga del Rosario *(11 km)*.

Benaocaz – Élégant hôtel de ville construit au 18e s. sous Charles III, et petit **Musée municipal** ⓥ.

Villaluenga del Rosario – Ce paisible petit village, le plus élevé de la province, a tout le charme des villages peu touristiques. Une halte s'impose afin de parcourir ses ruelles en pente bordées de maisons chaulées. Une tour de brique délabrée couronne le haut du village et un portail néoclassique dessert un cimetière. À l'autre bout du village, les **arènes** présentent l'originalité d'être bâties à même le roc.

Se loger à Grazalema...

À BON COMPTE

Casa de las Piedras – *Las Piedras, 32 – b 956 13 20 14 – 16 chambres – 4 900 ptas.*
Petit hôtel très plaisant qui propose une délicieuse cuisine familiale. Très bon accueil. Une excellente adresse.

Villa Turística – *El Olivar – ☎ 956 13 21 36 – fax 956 13 22 13 – 62 chambres – 7 365 ptas.*
Hôtel de campagne d'où l'on jouit d'une vue magnifique sur tout le village. Chambres et appartements très fonctionnels. Calme assuré.

... ou à Zahara de la Sierra

Marqués de Zahara – *San Juan, 3 – ☎ et fax 956 12 30 61 – 10 chambres – 5 650 ptas.*
Hôtel familial installé dans une maison typique. Chambres un peu vieillottes.

Grazalema : le village le plus pluvieux d'Espagne

Aussi paradoxal que cela puisse paraître, le village à la pluviométrie la plus forte d'Espagne ne se trouve pas en Galice mais ici même, en Andalousie. C'est un étrange caprice météorologique, l'**effet foehn**, qui est à l'origine de ce curieux phénomène. Les nuages chauds chargés d'humidité en provenance de l'océan Atlantique pénètrent sur les terres, se heurtant dans la région de Cadix à une succession de chaînes qui les contraignent à prendre de l'altitude puis à se refroidir ; leur condensation dégénère alors en fortes pluies pouvant atteindre les 2 200 l/m², comme c'est le cas à **Grazalema**.

On franchit ensuite le défilé de la Manga par une agréable route, avant d'atteindre Grazalema.

★ **Grazalema** – C'est sans aucun doute l'un des villages les plus charmants du circuit. La route qui y mène est bordée d'une surprenante végétation dense et, une fois passé le col de los Alamillos, surgit le **pic del Peñón Grande**, se dressant, tel un aiglon aux aguets, veillant sur Grazalema.
Grazalema vient de l'arabe « Ben-Zalema » ; de la période mauresque il reste la configuration des rues et le clocher de l'**église St-Jean**. La tour de l'**église de l'Incarnation** (16e s.), la plus ancienne du village, est d'origine mudéjare. Sur la belle **plaza de España**, agrémentée d'une jolie fontaine, l'**église de l'Aurore** (18e s.) rappelle la période faste du village. Enfin, Grazalema est célèbre pour son industrie textile (couvertures et étoffes) qui atteignit son apogée au 18e s. Possibilité de visite des **ateliers de tissage à la main** ⏱ situés à l'entrée du village.

Ceux qui ne souhaitent pas prendre la direction de Ronda peuvent se rendre directement de **Grazalema** à **Zahara de la Sierra** par la CA 531, en franchissant le spectaculaire **col de las Palomas**, d'où l'on a de splendides **vues**★.

★★ **Ronda** – *Voir ce nom.*
Quitter Ronda en direction d'Arriate par la MA 428.

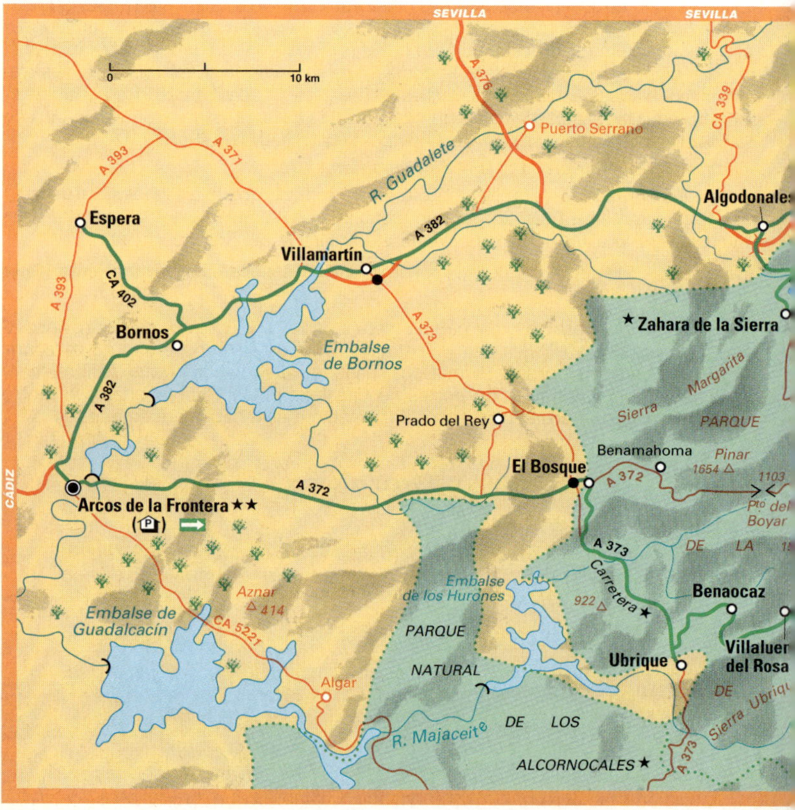

R. Jahns/STOCK PHOTOS

Olvera

★**Setenil** – Singulier village que Setenil qui est le seul dans cette région de l'Andalousie à compter des habitations troglodytiques, car la plupart des maisons sont creusées dans le roc. Contrairement à la région gaditane, aucune cheminée ne dépasse et on ne voit que des rangées de maisons à flanc de rocher. Toutes semblent ployer sous le poids des collines dans lesquelles elles sont taillées. Les **calles Cuevas del Sol** et **Cuevas de la Sombra** en sont un parfait exemple.
Dans l'**Office de tourisme** ⓥ, on remarquera le superbe *artesonado* du 16ᵉ s. Dans la partie haute du village se détache le donjon, d'où l'on contemple le village voisin d'Olvera. Plus haut encore, l'**église de l'Incarnation**, gothique, est ornée de peintures à fresque néogothiques.

Olvera – *13 km au Nord-Ouest de Setenil par la CA 4222*. Le village occupe une admirable **situation**★★ en haut d'une colline. D'emblée, on est frappé par la taille massive du donjon du château et la silhouette néoclassique de l'église de l'Incarnation, qui dominent le quartier ancien aux typiques maisons blanches et rues escarpées. Le **château** ⓥ triangulaire (fin du 12ᵉ s.) fit partie du système défensif nasride, avant d'être reconquis définitivement en 1327 par le roi Alphonse XI.
Olvera doit surtout sa renommée à son **huile d'olive**, épaisse et savoureuse, qui passe pour être l'une des meilleures d'Espagne.

Algodonales – *22 km au Sud-Ouest d'Olvera par la CA 454*. Algodonales est l'endroit idéal en Espagne pour la pratique du deltaplane.

★Zahara de la Sierra – *6 km au Sud d'Algodonales par la CA 531*. Anciennement appelé Zahara de los Membrillos en raison de son importante production fruitière (*membrillo* signifiant coing), son **site★★** privilégié au sommet d'une colline en fit aussi l'un des maillons du système défensif nasride. En 1483, à la suite de sa reconquête par Ponce de León, le village passa aux mains chrétiennes. Au pied de Zahara de la Sierra s'étirent une vallée verdoyante de cultures potagères et le **lac du barrage de Zahara**, achevé en 1991. C'est la silhouette du château nasride (12e s.) qui attire l'attention depuis la route : de là-haut, de merveilleux panoramas balaient le lac, ainsi que les villages voisins d'Algodonales et d'Olvera. Après avoir dépassé la tour de l'Horloge (16e s.), on pénètre dans un village blanc tout à fait typique, où la place accueille l'église baroque **Ste-Marie-de-Mesa** (18e s.).

Villamartín – Villamartín est tout à fait à part. Ses larges rues planes révèlent des origines plus récentes. La « ville de Martín » fut fondée en 1503 par un groupe de colons, essentiellement des cultivateurs, qui s'établirent sur des terres cédées par la ville de Séville. On remarquera surtout la **plaza del Ayuntamiento**. La **calle de El Santo**, qui part de la place, est bordée de différentes demeures nobles comme le **palais de Los Ríos** (19e s) et le palais des Topete (16e s.). Enfin, cette rue, qui fut redessinée à l'occasion de l'**Exposition universelle de Séville** de 1929, est un parfait exemple d'architecture urbaine du début du 20e s.
La calle de la Feria nous conduit au **Musée municipal** ⓥ.

Environ 4 km au Sud de Villamartín, le **dolmen d'Alberite** ⓥ (vers 4000 avant J.-C.) comporte une galerie de 20 m formée de grandes dalles de pierres et une chambre funéraire.

À 1 km du village par la A 382 vers Jerez se trouve la plus grande plantation de tamaris d'Europe.

Bornos – *13 km à l'Est de Villamartín par la A 382*. Bornos s'étend paisiblement au bord de la retenue d'eau qui porte son nom et n'a rien d'un village blanc de montagne. Néanmoins, son patrimoine architectural a le mérite d'être l'un des plus riches de cette partie d'Andalousie. Sur la même place que l'hôtel de ville se dresse le **palais des Ribera★** ⓥ, qu'occupent aujourd'hui l'**Office de tourisme** et une école-atelier. Du donjon, partie la plus ancienne de ce château d'origine arabe, on bénéficie d'une belle vue sur le village et sur le lac.
À l'intérieur, on remarquera l'élégant **patio★** Renaissance avec sa galerie supérieure dotée d'une balustrade en arcs brisés ; il donne accès à l'un des bijoux les mieux cachés de Bornos, un jardin du 16e s., l'un des premiers parcs Renaissance d'Andalousie, dont l'une des extrémités est bordée par une galerie couverte.
Sur la même place s'élève l'**église St-Dominique**, édifice gothique de la fin du 15e s.

La chaux, élément omniprésent...

S'il y a une caractéristique architecturale commune à toute l'Andalousie, c'est bien l'emploi de la chaux. L'origine de cette pratique largement débattue remonte au Moyen Âge ; la chaux passée sur les murs permet entre autres la consolidation de la maison et isole également de la chaleur : autrefois, elle faisait même office de désinfectant en période d'épidémie.

Espera – *10 km au Nord-Ouest de Bornos par la CA 402*. Perché sur une petite colline, au cœur d'une campagne fertile, le **château arabe de Fatetar** domine de sa hauteur le village ; tout proche, l'ermitage del Cristo de la Antigua présente une façade baroque. À voir, l'**église Ste-Marie-de-Grâce**.

Regagner Arcos par la A 393.

L'abies pinsapo

Cette variété de sapin, la plus connue de la sierra, est communément appelée sapin d'Espagne ou tout simplement pin, mais c'est en réalité un sapin caractéristique de toute la zone méditerranéenne. Espèce rare, ce vestige de l'ère tertiaire ne se trouve plus que dans les Sierras de Grazalema et de Ronda *(voir ces noms)* en Andalousie ainsi que dans le Rift marocain. C'est au Suisse Edmond Bossier que l'on doit sa classification dans les espèces d'arbres (1837). De grande taille, il peut atteindre 30 mètres de haut et son tronc 1 mètre de large ; ses branches horizontales et la forme hélicoïdale de ses feuilles en font un arbre étonnant. Les amoureux de la nature sauront l'apprécier...

El PUERTO DE SANTA MARÍA★

Cadix – 73 728 habitants

Plan dans le Guide Rouge España & Portugal

Carte Michelin n° 446 W 11

Bien que son aspect ne manque pas de noblesse, El Puerto de Santa María conserve son caractère bourgeois et commerçant d'antan. C'est ici que les caravelles de **Christophe Colomb** appareillèrent par deux fois pour l'Amérique et que **Juan de la Cosa** réalisa la première **mappemonde** (1500) faisant figurer le Nouveau Monde. Le commerce avec les Indes, aux 16e et 17e s., enrichit la ville et y attira des marchands qui édifièrent de petits palais ou de grandes demeures. Vous découvrirez le quartier ancien, construit essentiellement aux 18e et 19e s., en arpentant ses rues rectilignes.
Mais au-delà de l'histoire et de l'art, El Puerto illustre parfaitement le savoir-vivre andalou. L'été, des touristes des quatre coins de l'Espagne, attirés par la gastronomie succulente et la vie nocturne animée, envahissent les rues de la ville.

El Vaporcito del Puerto ⓥ

est le nom que les habitants d'El Puerto de Santa María et de Cadix donnent à l'**Adriano III**, un bac sympathique qui relie les deux villes. Son propriétaire, Juan Fernández, Galicien d'origine, arriva à El Puerto en 1927 et se chargea depuis cette date d'assurer cette liaison indispensable jusqu'à la construction du pont de Carranza. La traversée de 40 minutes environ offre une perspective différente de Cadix. L'été, des promenades nocturnes de deux heures sont proposées dans la baie de Cadix. Le départ se fait de la plaza de las Galeras Reales où se trouve une belle **fontaine** du 18e s.

VISITE

Iglesia Mayor Prioral ⓥ – La **grande église du Prieur** fut fondée au 13e s. sous le règne d'Alphonse X. L'édifice actuel (fin du 15e s.) est représentatif de la fin de la période gothique, qui coïncide avec le règne des Rois catholiques. L'expressif **portail du Soleil**★ (17e s.), qui s'ouvre latéralement sur la Plaza de España, allie une multitude d'ornements plateresques et baroques. L'intérieur, plusieurs fois restauré, marie sans grâce plusieurs styles.

Prendre la calle Pagador, où se trouve le **Musée municipal** ⓥ, *jusqu'à la calle Santo Domingo.*

Fundación Rafael Alberti ⓥ – Si vous ignorez qui est Rafael Alberti, c'est à la fondation portant son nom que vous découvrirez la vie passionnante de cet illustre enfant du pays, disparu récemment. Des photos, des lettres et des manuscrits retracent la vie du poète et dramaturge. Son œuvre est un abrégé des joies et des peines de l'Espagne au cours des cent dernières années.

Castillo de San Marcos ⓥ – Au 13e s., Alphonse X édifia un premier château-église sur la grande mosquée de la cité musulmane d'**Alcanatif**. Le château fut ensuite transformé et agrandi aux 14e et 15e s. Au milieu du 20e s., on entreprit la restauration des créneaux et des tours.
L'ancienne criée aux poissons se trouve derrière le château.

Plaza del Polvorista – C'est là que s'élève le **palais de Imblusqueta** (18e s.), aujourd'hui occupé par l'hôtel de ville.

Plaza de toros ⓥ – Les arènes, construites en 1880, comptent parmi les plus vastes d'Espagne avec leur diamètre de 60 m et leurs gradins en mesure d'accueillir douze mille spectateurs. Leur robuste aspect extérieur alourdi par de multiples arcades contraste avec la légèreté de l'intérieur.

Visite des « bodegas »

Un séjour à El Puerto de Santa María ne saurait être complet si l'on n'a pas visité l'une des caves.

Bodegas Osborne : renseignements ☎ *956 85 52 11.*

Bodegas Terry : la visite inclut celle du **museo de Carruajes** (voitures). Renseignements ☎ *956 54 39 27.*

Monasterio de Nuestra Señora de la Victoria – *Au Nord-Est de la gare ; accès depuis la Plaza de la Estación.* L'exubérance des ornements du **portail**★, flanqué de deux contreforts prolongés par des pinacles élaborés, tranche avec l'austérité extérieure. Au-dessus de la porte, un gable porte l'écusson des Cerda. Le couvent, qui entre autres usages servit de prison pendant une bonne partie du 19e s., est aujourd'hui utilisé pour des cérémonies officielles.

Où se loger...

À BON COMPTE

Chaikana – *Javier de Burgos, 17 – ☎ 956 54 29 01 – fax 954 54 29 22 – 25 chambres – 6 500 ptas (8 500 ptas en août).*
Ce petit hôtel simple, moderne et propre, néanmoins sans grand charme, se trouve au cœur de la ville.

VALEUR SÛRE

Los Cántaros – *Curva, 6 – ☎ 956 54 02 40 – fax 956 54 11 21 – 39 chambres – 12 900 ptas.*
Hôtel situé sur une placette du centre qui doit son nom à la centaine de cruches *(cántaros)* du 17e s. entreposées dans les caves. Chambres soignées.

Dunas Puerto – *Camino de Los Enamorados – ☎ 956 85 09 50 – fax 956 85 02 50 – 58 chambres – 10 000 ptas.*
Pour ceux qui préfèrent la nature à la ville, hôtel situé à proximité de la mer et d'une zone arborée. Bungalows avec accès indépendant.

UNE PETITE FOLIE !

Monasterio de San Miguel – *Calle Larga, 27 – ☎ 956 54 04 40 – fax 956 54 26 04 – 150 chambres – 22 500 ptas.*
Ancien couvent capucin du 18e s. Chambres décorées avec goût, restaurant voûté et piscine dans le jardin.

Restaurants

Ribera del Marisco – Ce quartier, dont font partie la belle **plaza de la Herrería** et la Ribera del Río et qui doit son nom à l'une des rues qui le composent, est un endroit très animé, regorgeant de bars et de restaurants. Nous vous recommandons **Casa Flores** et **Los Portales**, deux établissements de la Ribera del Río au décor typique et jouissant d'une excellente réputation. Il convient de citer deux bars incontournables : **Romerijo 1** et **Romerijo 2**, où le poisson et les fruits de mer sont vendus au kilo et dégustés ensuite en terrasse sur des tables recouvertes de nappes en papier. Aux heures d'affluence, difficile de trouver une table libre...

El Faro del Puerto – *Route de Rota, 15 – ☎ 956 21 10 68 – fermé le dimanche soir.*
À l'écart du tumulte de la ville, ce restaurant est l'un des plus élégants et des meilleurs d'El Puerto. Cuisine internationale et andalouse.

Sortir

Au cœur de la ville, à deux pas de la Ribera del Marisco, se pressent la plupart des cafés et des bars.

Blanco y Negro – *Ricardo Alcón, 10 – ouvert tous les jours de 17 h au petit matin.*
L'endroit, une ancienne cave réhabilitée, se trouve dans une ruelle un peu cachée. Le café, torréfié sur place à El Puerto de Santa María, est la spécialité de cet établissement. Des peintures et des photographies d'artistes locaux y sont exposées. Clientèle de plus de 25 ans en général.

Café Central – *Luna, 41 – ouvert de 8 h 30 à 15 h et de 17 h à 24 h – fermé le dimanche.*
Clientèle hétéroclite. Cet établissement avec terrasse, situé dans le quartier commerçant et piétonnier du port et installé dans un bâtiment réhabilité du 17e s., expose également peintures et photographies. En hiver s'y produisent des auteurs-interprètes et des conteurs.

El Convento – *Avenida de la Bajamar, 30 – ouvert du lundi au samedi de 23 h à 6 h du matin.*
Ce pub-musée en face du marché aux poissons occupe un ancien couvent du 18e s. L'odeur d'encens et la cabine du disc-jockey s'intègrent parfaitement dans le décor. Si la piste de danse du patio est bondée le week-end, c'est plus tranquille le reste de la semaine. Musique douce et moderne.

La Pescadería – *Ribera del Marisco.*
Des bars, très animés de 2 h du matin au lever du jour, remplacent aujourd'hui les étals de poissons et les petits magasins de pêcheurs qui occupaient cette ancienne halle au poisson. Clientèle différente dans chaque établissement ; les 25-40 ans optent pour le **Barroco** et l'**Okendo**, aux deux extrémités du bâtiment.

Achats

La plupart des boutiques se trouvent au centre, dans la zone formée par les **calles Luna**, **Palacios** et **Larga**. Les deux premières, essentiellement piétonnes, partent de l'**église Mayor Prioral**. Cadre parfait pour flâner et faire quelques courses.
L'**Arte Sano** *(ouvert de 10 h à 14 h du lundi au vendredi et le samedi matin)*, dans la calle Santo Domingo *(parallèle à la calle Palacios)*, fera la joie des amateurs de céramique et de vannerie, entre autres produits artisanaux, par la qualité et l'originalité de ceux qu'il propose.
Le mardi, sur la Rotonda de la Puntilla s'installe un **petit marché** où l'on peut trouver les objets les plus divers.

Loisirs

Comme la ville se veut avant tout station estivale et privilégie les activités balnéaires, les seuls « attraits » permanents d'El Puerto sont ses caves à vin, ses bars à *tapas* et ses terrains de golf...

Transports

Aéroport – Le plus proche est celui de Jerez de la Frontera, à 20 km environ par la N IV *(☎ 95 615 00 00)*.

Trains – L'unique gare *(☎ 95 654 25 85)* se trouve sur la plaza de la Estación. Toutes les 20 mn passe le train assurant la liaison Cadix-Séville, villes reliées toutes deux à toute l'Espagne.

Autocars interurbains – L'unique arrêt se trouve aux arènes.

Transportes Comes *(☎ 95 621 17 63)* pour voyager dans la province et pour se rendre à Séville.

Transportes Los Amarillos *(☎ 95 625 58 52)* pour voyager principalement dans les provinces de Séville et Malaga.

Autobus urbains *(☎ 95 685 75 50)* – Six lignes d'autobus desservent l'agglomération.

ENVIRONS

Rota – *27 km à l'Ouest par la A 491.* La route contourne la base militaire avant d'atteindre cette petite ville côtière située à l'entrée Nord de la baie de Cadix. Ses 16 km de plages, à l'abri des vents violents qui soufflent sur les autres villages de la côte de Cadix, regorgent de vacanciers l'été.

★ **Visite de la vieille ville** – Le quartier ancien de Rota se trouve sur une langue de terre entre les plages de **la Costilla**★ et du Rompidillo. Les rues étroites et les maisons basses concourent à préserver l'aspect de petit village de pêcheurs. On pourra voir l'**église paroissiale** N.-D. de la O, dont le bel **intérieur**★ remonte à la fin de la période gothique, et le **château de Luna**, qui fait office aujourd'hui d'hôtel de ville.

Un mets de fête : l'« urta a la roteña »

Ce plat, sans nul doute le plus typique de Rota, est depuis une trentaine d'années l'un des protagonistes de l'un des événements les plus caractéristiques d'Andalousie. Les habitants de Rota célèbrent à la mi-août la **fête de l'« urta »**, au cours de laquelle se déroule un concours culinaire consistant à préparer un plat d'*urta a la roteña*, mijoté à base de poivrons, tomates, vin blanc et thym.

Puerto Real – *10 km au Sud.* Fondé en 1483 par les Rois catholiques pour être le port du domaine royal, Puerto Real atteignit son apogée au 18e s. Mais l'invasion napoléonienne en 1808 marqua le début de son déclin. La ville, qui accueille quelques facultés de l'**université de Cadix**, connaît aujourd'hui des problèmes liés à la reconversion des chantiers navals. On pourra visiter l'**église St-Sébastien**, bâtie au milieu du 19e s.

La RÁBIDA★

Huelva

Carte Michelin n° 446 U 9

À quelques kilomètres de Palos de la Frontera, sur la rive gauche du río Tinto, le site de La Rábida avec ses quelques petites maisons blanchies à la chaux blotties autour d'un monastère et d'autres monuments intéressants constitue l'un des plus célèbres « lieux colombins ».

« La Casita de Zenobia ⌚ », centre d'information et bureau d'accueil, vous proposera plans, cartes et nombre de renseignements intéressants sur La Rábida.

MONASTÈRE SANTA MARÍA DE LA RÁBIDA ⌚

Ce couvent franciscain (14e s.) de style gothico-mudéjar avait pour prieur en 1485 Juan Pérez, qui accueillit **Christophe Colomb**, l'écouta et accorda suffisamment de crédit à sa thèse sur la sphéricité de la terre et la possibilité d'en faire le tour qu'il joua de son influence auprès des souverains d'Espagne pour en obtenir les moyens de monter une expédition. C'est ici que, secondé par le prieur, les frères Pinzón et le moine Antonio de Marchena, Colomb prépara sa traversée ; les magnifiques fresques de **Daniel Vázquez Díaz** (1930), situées dans des salles du rez-de-chaussée, illustrent magnifiquement cette épopée.

Avant de pénétrer dans le monastère, on remarquera dans une grande rotonde la colonne des Découvreurs, un grand monument de pierre blanche sculpté représentant diverses scènes de la colonisation et érigé à l'occasion du quatrième centenaire de la Découverte.

B. Kaufmann/MICHELIN

Le monastère

★**Église** – Plus proche de la chapelle que de l'église, elle recèle quelques œuvres d'un grand intérêt artistique. Les fresques anciennes des chapelles et l'*artesonado* polychrome, parcouru de filigranes, contrastent admirablement avec l'austérité architecturale de l'édifice ; quelques tableaux de Juan de Dios (18e s.) illustrent des scènes de la vie de saint François, et on retiendra surtout la populaire **Vierge aux Miracles**★, patronne du monastère, qui se trouve dans une chapelle à droite du maître-autel. D'après la légende, c'est devant cette magnifique statue réalisée par un atelier andalou que Colomb et son équipage se recueillirent pendant les deux journées précédant leur départ. En 1992, à l'occasion des célébrations du cinquième centenaire de la Découverte, le pape Jean-Paul II bénit la statue.

Cloître – Le cloître mudéjar se compose de deux galeries de colonnes. Si la galerie inférieure date du 15e s., la galerie supérieure, crénelée et réalisée au 18e s., accueille trois maquettes, parfaites répliques des caravelles la *Pinta*, la *Niña* et la *Santa María*. Malgré son allure de forteresse, le cloître a conservé le charme qui caractérise les patios andalous, et le murmure de la fontaine accompagne le bruissement d'une végétation exubérante bercée par le vent.

Réfectoire – Sur l'un des côtés de cette austère salle rectangulaire se trouve un pupitre chaulé, derrière lequel se tenait autrefois le moine lecteur.

Salle capitulaire – Au centre de cette vaste salle lumineuse dotée d'un remarquable artesonado mudéjar du 18e s. trône la grande table autour de laquelle Colomb et ses conseillers se seraient réunis pour discuter de leur projet.

Sala de las Banderas – La **salle des Drapeaux** présente le pavillon de chaque pays d'Amérique avec un coffret contenant une poignée de leur terre d'origine. À droite, dans une petite pièce, on peut voir, réalisée par Juan de la Cosa, la première **mappemonde**★ qui ait représenté les côtes américaines.

AUTRES CURIOSITÉS

★**Muelle de las Carabelas** ⓥ – Les répliques grandeur nature des trois caravelles qui conduisirent Christophe Colomb aux Amériques sont amarrées **quai des Caravelles**, bassin moderne situé sur les rives de la ría du Tinto. C'est l'occasion de découvrir les cabines, les soutes et les ponts de ces navires d'antan, et d'apprécier les nombreux détails décoratifs, sans oublier l'équipement (armes à feu, ancres, voiles, etc.) utilisé par les marins qui menèrent à bien l'expédition. Dans le bâtiment d'entrée, des montages audiovisuels détaillent les avatars du voyage et un petit **musée** renferme des objets ayant un lien avec le monde de la navigation au 15e s. ; une boutique propose également des souvenirs.

Muelle de la Reina – Près du quai des Caravelles, on remarquera sur ce petit quai le monument du Triomphe d'Icare, commémorant le premier vol transatlantique (1926) par l'hydravion *Plus Ultra*, de Palos de la Frontera à Buenos Aires.

Avenida de los Descubridores – La grande avenue qui relie Palos de la Frontera à La Rábida arbore les écussons de tous les pays hispano-américains. Tout au bout, sur la glorieta del Pueblo Argentino, on remarquera le calendrier aztèque en céramique vernissée.

Parque Botánico José Celestino Mutis – En arpentant chemins, ponts et canaux de ce parc botanique dédié au célèbre savant andalou, on se familiarisera avec les espèces végétales les plus représentatives des cinq continents.

Foro Iberoamericano de la Rábida – Ce bâtiment doté d'un grand auditorium en plein air accueille congrès, concerts et représentations théâtrales.

Universidad Internacional de Andalucía – Prestigieux centre universitaire consacré à la culture américaine.

Plaza de Macuro – Une sculpture moderne rappelle la traversée en hélicoptère de Macuro (Vénézuela) à La Rábida.

El ROCÍO

Huelva

Carte Michelin n° 446 U 10 – Schéma : Parque Natural de DOÑANA

Sur la commune d'Almonte, en lisière des premiers marécages du Parc national de Doñana, les maisons blanches du village d'El Rocío s'étirent paisiblement le long de rues sablonneuses. Pendant l'année, cet endroit tranquille faiblement peuplé n'est fréquenté que par quelques habitants d'Almonte circulant généralement à cheval, par les personnes y possédant leur maison secondaire ou bien par les membres de confréries religieuses qui y ont établi leur siège. Quelques rares boutiques se consacrent à la vente d'objets religieux ou artisanaux. Mais quand le week-end de Pentecôte arrive, l'atmosphère change du tout au tout et El Rocío prend un nouveau visage : près d'un million de pèlerins envahissent ce havre de paix pour vénérer la **Vierge du Rocío**.

Le pèlerinage du Rocío

Qui n'a jamais entendu parler de ce célèbre pèlerinage, le plus connu d'Espagne ? Cet événement, dont le sens profond demeure impénétrable pour qui n'est pas Andalou, attire chaque année toujours plus d'étrangers qui, sous le charme, n'hésitent pas à revenir y participer.

La tradition fait remonter la construction de l'église de la Vierge du Rocío au 15e s., afin de donner un toit à une statue découverte par un chasseur au creux d'un chêne. Au milieu du 17e s., alors qu'une terrible épidémie sévissait dans la région, l'église devint un lieu de pèlerinage attirant les fidèles venus de tous les villages prier la Vierge de recouvrer la santé.

C'est à Almonte, puis à Villamanrique, que furent constituées les deux premières confréries ou associations de fidèles. Puis d'autres suivirent, jusqu'à en recenser actuellement près d'une centaine.

« El Camino » – La semaine précédant la Pentecôte, chaque confrérie quitte son église d'attache et gagne l'ermitage par des itinéraires parfaitement établis. Les pèlerins « cheminent » à pied, dans des charrettes ornées de rubans et de guirlandes de fleurs en papier, à cheval ou parfois même en véhicule tout terrain. Les femmes portent généralement le costume traditionnel, composé d'une jupe ornée d'un ou deux volants et d'un chapeau qui les protègera des ardeurs du soleil ; les hommes, en chemise blanche et pantalon ajusté, arborent le chapeau cordouan ou une simple casquette. Pour fouler plus aisément le sable, on opte pour les bottes de cuir. Enfin, un brin de romarin et la médaille de la confrérie complètent la tenue du pèlerin. Chaque confrérie suit son *simpecado*, un char d'argent tiré par des bœufs et transportant un étendard à l'effigie de la Vierge. Tard dans la soirée, autour d'un feu de joie, on chantera et on dansera sans oublier à la nuit tombante la récitation du rosaire, et dès l'aube on ira entendre la première messe.

Une fois dans la bourgade... – Le **samedi** durant, les hordes de pèlerins se succèdent et rendent hommage à la « Colombe blanche » ou à Notre-Dame des Marais, deux des nombreuses désignations de la Vierge. Le **dimanche**, on va à la messe, on récite le rosaire ou on se rend visite, puis à **l'aube du lundi de Pentecôte** arrive le moment tant attendu. Peu avant le lever du soleil, les jeunes gens d'Almonte enjambent la grille de l'ermitage et sortent la Vierge en procession, en formant autour d'elle un cordon de sécurité pour freiner les ardeurs des pèlerins. La nuit est longue et l'émotion est à son comble, mais après cette semaine d'efforts et de dévotion une certaine lassitude se mêle à une immense allégresse collective.

Hidalgo-Lopesino/MARCO POLO

Un *simpecado* devant l'ermitage de la « Colombe blanche »

Se loger

Toruño – *Plaza del Acebuchal, 22 – ☎ 959 44 23 23 – fax 959 44 23 38 – 30 chambres – 8 000 ptas.*
Au centre du bourg, grande demeure traditionnelle dont les chambres sont décorées dans le style du pays. Restaurant typique au rez-de-chaussée.

Se restaurer

Aires de Doñana – *Avenida de la Canaliega, 1 – ☎ et fax 959 44 27 19.*
Restaurant rustique au toit de chaume avec vues sur l'ermitage de la Vierge et les chevaux paissant dans les marais.

LA ROUTE DU VIN : du Rocío à Niebla

36 km – compter une demi-journée.

Cet itinéraire a pour fil conducteur les excellents vins blancs ou doux que l'on regroupe sous l'appellation d'origine Condado de Huelva. Il faut s'arrêter dans les nombreuses caves et goûter les spécialités les plus typiques comme le vieil *oloroso*, le blanc fruité, la mistelle (sorte de cognac parfumé), le muscat et le vin doux d'orange.

Almonte – *15 km au Nord du Rocío par la A 483.* C'est l'un des villages les plus connus de la province de Huelva en raison de la présence du Parc national de Doñana *(voir ce nom)*, de la plage populaire de Matalascañas *(voir Costa de Huelva)* et surtout du célèbre village du Rocío. Malgré tout, cette pittoresque localité doit l'essentiel de sa renommée à son vin dont l'odeur semble imprégner ses rues blanches, avec leurs traditionnels balcons ornés d'élégantes grilles de fer forgé et les superbes portes devant lesquelles il est courant à l'époque des vendanges de découvrir une remorque transportant le raisin... La **plaza Virgen del Rocío**, cœur de la vie sociale d'Almonte, est un véritable havre de paix où se dressent les deux principaux monuments de la ville : l'église paroissiale, bel exemple d'architecture de style colonial, et l'hôtel de ville, avec son élégante galerie à arcades à l'étage.

Bollullos del Condado – *9 km au Nord d'Almonte.* On est ici en pleine tradition vinicole. Tout respire le vin... Dans les rues élégantes et soignées, outre la singulière architecture qu'elles dévoilent, nombre de caves anciennes révèlent les processus ancestraux d'élaboration du vin ; et pourquoi ne pas acheter un excellent vin blanc ou un vin doux de Bollullos, que l'on extraira de grandes cuves et que l'on vous fera déguster dans de pittoresques gobelets de terre cuite. Bollullos propose aussi des fruits de mer et des produits d'artisanat (ustensiles en fer, attelages, broderies au fil d'or et... les traditionnels tonneaux). La pittoresque **plaza del Sagrado Corazón de Jesús** réunit l'**église de St-Jacques-Apôtre**, avec sa façade et ses tours de style typiquement baroque andalou, et l'hôtel de ville, à l'élégante façade à deux étages ornée d'arcs surhaussés.

La Palma del Condado – *4 km au Nord-Ouest de Bollullos.* Ce village lumineux et noble, réputé pour l'excellence de ses vins, compte de nombreuses places bordées d'élégantes maisons chaulées et d'intéressants édifices monumentaux. Ne manquez pas la **Fiesta de la Vendimia**, une fête des Vendanges très appréciée qui a lieu fin septembre et dont l'origine remonte au 14ᵉ s.

Hôtel de ville – L'ancien hôpital de l'Immaculée Conception (16ᵉ s.) fut remanié en 1929 d'après l'esthétique régionale de l'Exposition ibéro-américaine de la même année, avant de devenir l'hôtel de ville.

Plaza del Corazón de Jesús – La statue du Cœur Immaculé de Jésus due au sculpteur local Antonio Pinto Soldán (1927) trône sur cette élégante place bordée de constructions d'inspiration coloniale.

Plaza de España – Cette place aux proportions harmonieuses est le centre de la vie locale. Sur l'un des côtés, vous remarquerez les façades de l'ancien Palacio del Señorío, le théâtre et la Casa de los Arcos, et sur l'autre, la Casa de Tirado, ornée d'une délicieuse **grille** et d'azulejos intérieurs reproduisant *Les Ménines* et *Les Fileuses* de Vélasquez. Néanmoins, l'édifice le plus intéressant demeure l'**église St-Jean-Baptiste**, sobre édifice baroque dont la façade blanchie à la chaux est couronnée d'une svelte tour qui fait la joie des cigognes.

Iglesia del Valle – Dans cette église mudéjare (15ᵉ s.), le *camarín* du maître-autel recèle une statue de la Vierge de la Vallée, patronne de La Palma.

★ **Niebla** – *8 km au Sud-Ouest de La Palma del Condado par la A 472. De l'***Office municipal de tourisme** ⏲*, installé dans l'hôpital N.-D.-des-Anges, partent différents circuits culturels.* Cette localité très ancienne (8ᵉ s. avant J.-C.) et située à 29 km de Huelva possède un centre historique et d'intéressants monuments. En arrivant, on sera d'emblée frappé par les **murailles★**, qui figurent parmi les plus complètes d'Espagne. Édifiées à l'époque almohade (12e s.), elles furent faites avec de la terre prélevée sur les rives du río Tinto – d'où leur belle teinte rougeâtre – ; s'étendant sur plus de deux kilomètres, elles comptent cinquante tours défensives et cinq portes d'accès. L'**église Ste-Marie-de-la-Grenade**, élevée sur l'emplacement de l'ancienne mosquée, mêle aussi bien des éléments de l'édifice antérieur, comme le bucolique patio aux orangers s'ouvrant face à l'église, que des éléments gothiques. On remarquera dans l'**Alcázar, ou château des Guzmán** (15e s.), d'intéressants vestiges de l'époque arabe. L'**église St-Martin**, coupée en deux par une rue, fut jadis une mosquée et une synagogue. Enfin, aux abords de Niebla, un grand pont romain enjambe le río Tinto.

RONDA★★

Malaga – 35 788 habitants

Carte Michelin n° 446 V 14 – Schéma : Ruta de los PUEBLOS BLANCOS

Enclavée au centre de la **Serranía de Ronda** – chaîne à qui elle a donné son nom – dans un site apparemment imprenable, c'est là qu'apparaît Ronda, cernée de vallées à la végétation dense, comme celle du río Genal. Sa situation exceptionnelle au sommet d'un imposant rocher, son isolement et son rôle légendaire de repaire de bandits de grand chemin en firent un lieu de pèlerinage cher aux voyageurs romantiques du 19e s. De nos jours, Ronda demeure une destination très prisée en raison de sa proximité de Séville et de Cadix et plus encore de la **Costa del Sol** dont elle n'est séparée que par la **Sierra Bermeja**.

UN PEU D'HISTOIRE

Quand en 711 **Tarik-ibn-Zeyad** débarqua dans la péninsule à la tête des premiers contingents de troupes arabes, il emprunta pour pénétrer dans les terres l'ancienne voie romaine reliant Gibraltar à la ville romaine d'**Acinipo** et fonda, à 20 km de celle-ci, une ville fortifiée du nom d'Izna-Rand-Onda, l'actuelle Ronda. La ville fit partie

RONDA

Campillo (Pl. del) . . . . . Z 2
Capitán Cortés . . . . . . Y 3
Carmen Abela (Pl. de) . Y 5
Doctor Fleming (Av.) . . Y 6
Duquesa de Parcent (Pl. de la) . . . . Z 8
España (Pl. de) . . . . . . Y 12
Espinel (Carrera de) . . . Y
Gigante (Pl. del) . . . . . . Y 14
González Campos . . . . Z 15
Las Imágenes . . . . Z 18
Marqués de Salvatierra Z 21
Merced (Pl. de la) . . . . Y 24
Padre Mariano Soubirón Y 26
Poeta Abul-Beca (Pl.) . . Z 27
Ruedo de Gameros . . . Z 29
Santa Cecilia . . . . Y 30
Santo Domingo . . . . . . Y 33
Sor Ángela . . . . Z 34
Virgen de la Paz . . . . . Y 36

Casa del Rey Moro . . Y A
Convento de Santo Domingo . . . . Y B
Fuente de los ocho caños . . . . . . Y E
Minarete de San Sebastián . . . . Z F
Museo del Bandolero . Z M1
Museo Lara . . . . Y M2
Palacio del Marqués de Salvatierra . . . . Y N
Palacio de Mondragón (Museo de la Ciudad) . . . . Z M4
Plaza de toros (Museo taurino) . . . . Y M6
Puerta de Almocabar . Z R
Templete de la Virgen de los Dolores . . . . Y V

Alavera . . . . Y e
San Gabriel . . . . Z v
Virgen de los Reyes . . Y x

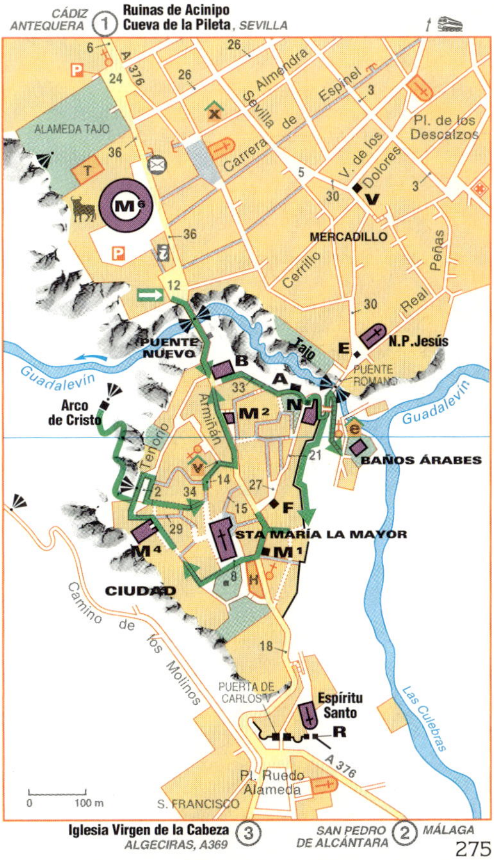

du territoire soumis aux Omeyyades de Cordoue, puis, après l'effondrement du califat, devint la capitale d'un *taifa* berbère. L'arrivée des Almohades favorisa la croissance de la ville jusqu'à l'époque nasride. Enfin, les troupes chrétiennes la reprirent en 1485.

VISITE

La ville est littéralement tranchée en deux par le **Tajo** (l'Entaille), une gorge de plus de cent mètres au fond de laquelle coule le **río Guadalevín** : d'un côté, la medina musulmane au riche passé, que l'on appelle de nos jours **La Ciudad** (la ville), de l'autre, le faubourg dit **El Mercadillo**. Plus au-delà, au Sud, la **porte d'Almocabar** précède le quartier moderne, dit quartier de San Francisco, à l'origine marché hors les murs (15e s.).

★★La Ciudad

★**Puente Nuevo** – D'un effet architectural exceptionnel, ce pont au-dessus du Tajo date de la seconde moitié du 18e s. Si l'on prend le chemin menant à la cafétéria du parador, on bénéficie d'une **vue** magnifique sur le pont, et, un peu plus loin, sur la vallée du Guadiaro et la Sierra de Grazalema.

Franchir le pont et prendre la calle Santo Domingo.

À gauche s'élèvent le couvent St-Dominique, première fondation des Rois catholiques après la conquête de la ville en 1485, et à droite la maison où naquit en 1839 Francisco Giner de los Ríos, fondateur d'une célèbre institution pédagogique.

Descendre la calle Santo Domingo.

Casa del Rey Moro ⓥ – C'est ici, dit-on, que s'élevait la maison du roi de Ronda, Almonated, qui avait coutume de boire son vin dans le crâne de ses ennemis. Le bâtiment actuel date du 18e s. D'extérieur, les tours de briques et les balcons en bois sont très nettement d'influence mudéjare. À l'intérieur, un impressionnant escalier arabe taillé dans le rocher, la **Mina**, descend jusqu'à la rivière.

Se loger

À BON COMPTE

Virgen de los Reyes – *Lorenzo Borrego, 13 – ☎ 952 87 11 40 – 52 chambres – 5 000 ptas.*
Hôtel correct pour un prix modeste ; chambres simples mais très propres.

Alavera – *Hoyo San Miguel – ☎ et fax 952 87 91 43 – 10 chambres – 7 000 ptas.*
Dans la partie basse de la ville, près des bains arabes, hôtel récent très plaisant. Toutes les chambres sont différentes et l'hôtel est doté d'une terrasse et d'un restaurant.

VALEUR SÛRE

San Gabriel – *José M. Hidalgo, 19 – ☎ 952 19 03 92 – fax 952 19 01 17 – 11 000 ptas.*
Belle demeure datant de 1736 magnifiquement décorée. Certaines chambres ouvrent sur un patio très soigné. Très bon accueil.

La Fuente de la Higuera, à **Los Frontones** – *À 3 km ; prendre la A 376 vers Séville, tourner à droite avant de traverser le Guadiaro et suivre les indications – ☎ 952 11 43 55 – fax 952 11 43 56 – 8 chambres – 15 000 ptas.*
Paradis allemand en pleine terre espagnole, cet hôtel a été fondé par un couple d'Allemands établi en Andalousie. Les ruines acquises il y a quelques années se sont transformées en un excellent hôtel (liste d'attente). Il est préférable de réserver longtemps à l'avance en raison du nombre réduit de chambres.

Se restaurer

Don Miguel – *Villanueva, 4 et 8 – ☎ 952 87 10 90.*
Agréable terrasse avec vue sur le Puente Nuevo, la gorge du Tajo et le Guadalevín. Très bonne cuisine avec spécialités de queue de taureau, cerf rôti et agneau à la menthe. Quelques chambres *(9 500 ptas)*.

Casa Santa Pola – *Santo Domingo, 3 – ☎ 952 87 92 08.*
Plusieurs salles du restaurant dominent le Tajo. Spécialités : viande de bœuf et volailles en tout genre.

Tragabuches – *José Aparicio, 1 – ☎ 952 19 02 91 – fermé le lundi.*
Il a la réputation d'être le meilleur restaurant de la ville. Situé à deux pas du *parador* et des arènes, il propose une cuisine moderne dans un décor d'avant-garde. Le chef, Sergio López, a reçu le Premio Bidasoa du meilleur jeune chef.

Détail de la façade du palais des marquis de Salvatierra

B. Kaufmann/MICHELIN

★**Jardins de Forestier** – En 1912, on charge **Forestier**, paysagiste français de renom qui allait être à l'origine du parc Maria Luisa à Séville (1929), de dessiner ce joli jardin. Malgré de nombreuses difficultés techniques en raison de l'étroitesse du terrain, il obtint un résultat surprenant, un véritable petit bijou : trois terrasses mêlant les éléments traditionnels musulmans, tels les fontaines, les jets d'eau et les azulejos, et ceux de tradition européenne, comme les pergolas et les parterres.

Palacio del Marqués de Salvatierra – *On ne visite pas l'intérieur.* Ce petit palais tout à fait typique de l'architecture aristocratique du 18e s. est doté d'un **portail**★★ exceptionnel. Le premier registre est constitué par la porte, flanquée de colonnes gémellées de style corinthien portant une architrave ornée de médaillons. Au second registre, les colonnes sont remplacées par des pilastres à mi-hauteur desquels des culots portent de curieuses cariatides de conception très nettement précolombienne.

Descendre jusqu'au vieux pont et, après avoir franchi la porte de Philippe V, prendre le chemin de pierre qui conduit aux bains arabes.

★**Baños àrabes** ⓥ – Ces bains arabes sont les mieux conservés d'Espagne. Ils furent construits à la fin du 13e s. tout près de la rivière, dans le quartier des artisans et des tanneurs. Une première pièce aujourd'hui découverte précède les bains proprement dits, composés de trois salles couvertes elles de voûtes en berceau et éclairées par des lunettes en forme d'étoiles. La salle centrale est divisée elle-même en trois parties séparées par des arcs en fer à cheval et des colonnes en brique. Dans le fond, on reconnaît la chaudière où l'on faisait chauffer l'eau.

Prendre l'escalier de pierre qui longe la muraille et passer la puerta de la Acijara (13e s.).

★**Minarete de San Sebastián** – *Sur la plaza del poeta Abul-Beca.* Ce svelte minaret, le plus petit de tous les minarets encore existants en Andalousie, est le seul vestige de la mosquée nasride du 14e s., qui après la conquête chrétienne fut transformée en église dédiée à saint Sébastien. Il ne reste de l'époque maura que le premier corps en pierres de taille, tandis que le second corps en brique est un ouvrage mudéjar. Remarquez l'arc en fer à cheval qui encadre la porte.

Museo del Bandolero ⓥ – Ce petit musée consacré aux **brigands** de toute espèce, depuis les contrebandiers jusqu'aux bandits de grand chemin, évoque des personnages légendaires comme Diego Corrientes et **José María el Tempranillo**, malheureux personnages ou cruels assassins. Une vidéo *(en espagnol uniquement)*, ainsi qu'une série de documents et de petites mises en scène illustrent ce thème traité avec originalité.

★**Santa María la Mayor** ⓥ – Cette collégiale dédiée à l'Incarnation, comme tant d'églises andalouses de l'époque, a été édifiée sur l'ancienne grande mosquée de Ronda, après la prise de la ville par les Rois catholiques en 1485. Il ne reste du bâtiment primitif qu'une partie de l'arc du Mirhab *(dans l'entrée)*, décoré d'atauríque et de motifs calligraphiques. L'intérieur se divise en une partie gothique et une partie Renaissance.

De la plaza de la Duquesa de Parcent, prendre la calle Manuel Montero.

★★**Palacio de Mondragón (Museo de la Ciudad)** ⓥ – Édifié sur les fondations d'une ancienne résidence arabe du 14e s., le palais mêle le style mudéjar (tours et patios) et les éléments Renaissance (portail de la façade). À l'intérieur, il reste quelques traces des azulejos et des plâtres disposés autrefois entre les arcs du charmant **patio mudéjar**★★.

Le musée qui occupe aujourd'hui les lieux présente, entre autres, une intéressante exposition sur le milieu naturel de la Serranía.

Poursuivre jusqu'à la plaza del Campillo.

De la place, un chemin mène à l'**Arco de Cristo** (18e s.) ; la **vue**★★ sur la gorge du **Tajo** et le pont y est splendide.

Prendre la calle Sor Ángela jusqu'à la plaza del Gigante.

Cette place doit son nom à un Hercule sculpté, presque invisible aujourd'hui, qui orne l'une des maisons (14e s.).

Tourner dans la calle Armiñán.

Museo Lara ⓥ – Le propriétaire du musée, Juan Antonio Lara, a réuni au cours des années une surprenante **collection**★, allant des horloges d'émail du 18e s. aux ravissants éventails en passant par une salle d'armes où est présenté un curieux pistolet à sept canons. Le musée est installé dans le palais des comtes de las Islas Batanes (belle façade).

La calle Armiñán ramène vers la plaza de España.

El Mercadillo

Ce faubourg, qui se développa au 16e s. au-delà du Tajo, est relié à **La Ciudad** par le **Puente Nuevo** et le vieux pont romain. C'est le quartier commerçant de la ville, avec de nombreuses rues piétonnes comme les calles Nueva, **Remedios**, Ermita et la **Plaza del Socorro**, qui comporte de beaux édifices des 19e et 20e s.

M. Raurich/STOCK PHOTOS

Les arènes

★**Plaza de toros (Museo taurino)** ⓥ – Construites en 1785, les arènes, qui comptent parmi les plus anciennes et les plus belles d'Espagne, sont les plus larges du monde avec leur diamètre de 66 m. L'intérieur néoclassique, d'une grande simplicité, se divise en deux étages dotés de colonnes toscanes et surmontés d'une balustrade en pierre. On peut y voir le curieux **Musée taurin**.

★**Templete de la Virgen de los Dolores** – L'étrange **chapelle de la Vierge des Douleurs** se compose d'un simple auvent adossé à un mur et porté par deux piliers et deux colonnettes engagées. Sur chaque pilier figurent **quatre corps**★ décharnés se tenant par les bras et portant une corde au cou : notez l'expressivité de ces silhouettes mi-humaines, mi-fantastiques. La chapelle fut aménagée en 1734 à l'endroit où s'élevait auparavant le gibet.

Nuestro Padre Jesús – Cette église a connu de nombreuses restaurations et sa partie la plus ancienne est la tour gothique (15e s.) de la façade. En face, la **fontaine à huit bouches** a été édifiée sous Charles III, au 18e s.

AUTRES CURIOSITÉS

Espíritu Santo – Sa proximité des murailles confère à cette église élégante et sobre une allure de forteresse. Sa construction fut ordonnée par les **Rois catholiques** à la fin du 15e s. L'intérieur à nef unique, très reconstruit, est couvert par une voûte d'ogives à tiercerons.

Puerta de Almocabar – La présence dans le secteur, jadis, d'un cimetière arabe *(al-maqabir)* est à l'origine du nom de la porte, qui comporte trois arcs en fer à cheval flanqués de deux tours du 18e s. Avec la **porte de Charles Quint**, à côté, elle permet d'accéder, hors les murs, au **quartier de San Francisco**, dont le seul élément remarquable est son couvent de Franciscaines du 17e s.

ENVIRONS

★ **Église rupestre de la Virgen de la Cabeza** – *2,7 km au Sud par ③ du plan et la A 369. En sortant de Ronda, prendre (à 700 m environ) un chemin à droite menant à l'ermitage (signalisation).* Un petit monastère mozarabe fut fondé au 9e s., probablement par des Hispanos-Wisigoths, sur un site élevé, face à Ronda dont il est séparé par le Guadalevín ; superbes **vues**★★ sur Ronda. Ce monastère taillé dans le roc occupe environ 280 m^2 : on distingue aisément un magasin, des dépendances et l'église. À l'intérieur, fresques du 18e s.
À la mi-août, on transporte la Vierge de la Cabeza depuis l'église jusqu'à l'ermitage qui se trouve à côté du monastère.

Ruines d'Acinipo – *19 km au Nord-Ouest. Quitter Ronda par ① du plan et la A 376, puis prendre la MA 449 à droite jusqu'à Ronda la Vieja.* Plus connue sous le nom de **Ronda la Vieja**, l'ancienne Acinippo dont parle Pline l'Ancien a conservé un important **théâtre** du 1er s. avant J.-C. avec une partie de la scène et des gradins. Remarquez aussi les vestiges d'une muraille phénicienne, sans doute, et quelques demeures au plan circulaire du 8e s. avant J.-C.

★ **Cueva de La Pileta** – *20 km au Sud-Ouest. Quitter Ronda par ① du plan et la A 376, et prendre bientôt à gauche la MA 555 jusqu'à Benaoján, puis la MA 561.* La **grotte de la Pileta** fut découverte en 1905 par José Bullón Lobato alors qu'il était à la recherche d'un curieux engrais pour ses terres, la fiente de chauve-souris. La découverte parut d'une telle importance qu'en 1912 on fit appel, entre autres, au célèbre préhistorien français, l'**abbé Breuil**, pour en étudier les dessins. Les peintures rouges ou noires couvrent une longue période : des motifs figuratifs du paléolithique (20 000 ans avant J.-C.) jusqu'à l'art très symbolique du néolithique (4000 avant J.-C.). Cette formation calcaire présente plus de 2 km de galeries dont on ne visite que 500 m.

Se loger à Benaoján

VALEUR SÛRE

Molino del Santo – *Barriada Estación – ☎ et fax 952 16 71 51 – 15 chambres – 14 450 ptas.*
Ancien moulin à huile et à farine (19e s.) entouré de figuiers et de saules ; en mai et septembre, on ne peut se loger qu'en demi-pension *(21 550 ptas pour deux).*

EXCURSION

★★ **La A 376 de Ronda à San Pedro de Alcántara** – *49 km ; 1 h environ.* Cette route impressionnante a été construite dans les années 1970 pour relier la Serranía de Ronda à la Costa del Sol. On ne traverse aucun village, mais on franchit les deux chaînes les plus spectaculaires de la province de Malaga, en longeant à gauche le **Parc naturel de la Sierra de las Nieves** et à droite la **Sierra Bermeja**. La route monte peu à peu dans un décor de sapins d'Espagne *(abies pinsapo)*, franchit le col d'Alijar (410 m), puis descend brutalement sur la côte.

Parque Natural de la Sierra de las Nieves – Déclaré **réserve de la Biosphère** en 1994, ce petit parc naturel (18 550 ha) voit croître quantité de **sapins d'Espagne** et se multiplier l'une des plus importantes colonies de **chamois** de la péninsule. Le territoire est caractérisé par des pentes abruptes et un relief karstique, indices de l'existence de nombreux gouffres ; il n'est donc pas surprenant de trouver dans le parc l'un des gouffres les plus profonds du monde, le **G.E.S.M.**

Un dicton...

On a coutume de dire dans ces régions « *eres más malo que la madera de pinsapo* » (tu es pire que du bois de sapin) en référence à la mauvaise qualité de ce bois, qui n'a peut-être pas été étrangère à la conservation de cette espèce dont certains représentants ont plus de 200 ans.

SANLÚCAR DE BARRAMEDA★

Cadix – 61 382 habitants

Carte Michelin n° 446 V 10 – Schéma : Parque Natural de DOÑANA

Face à l'océan Atlantique, sur les marais du Guadalquivir, la ville lumineuse et paisible de Sanlúcar s'étend sur une terre sablonneuse qui produit l'un des meilleurs vins doux du pays, la *manzanilla*. La mer et le vin, qui conditionnent la vie de la cité, influencent aussi l'urbanisme. La ville haute, ancienne et monumentale, voit foisonner les caves ; la ville basse, tournée vers la mer, est animée par le commerce : là, une population bigarrée d'autochtones ou de touristes aime à se retrouver autour de savoureux poissons ou fruits de mer.

La manzanilla

C'est le nom du xérès de Sanlúcar, à la robe claire, sec au palais et long en bouche. Dès le mois de mai, les vastes vignobles du triangle formé par Sanlúcar, El Puerto de Santa María et Jerez, se couvrent de feuilles. Le cépage employé pour son élaboration est surtout le **Palomino**, récolté en septembre. Le moût est ensuite transvasé dans de grands conteneurs métalliques, avant de produire le moût fermenté dit *sobretabla* (11° environ). Puis, le vin sec se fortifie, atteignant le titre de 15°, et passe dans des barriques de chêne américain ; c'est le début de l'élevage du xérès dit *crianza de solera y criaderas (voir ABC du xérès au chapitre Jerez de la Frontera)*. La différence entre la manzanilla et le fino tient du climat particulier de Sanlúcar, qui fait que la fleur du vin reste à la surface pendant le vieillissement, empêchant ainsi l'oxydation. L'élevage de la manzanilla dure au minimum trois ans.

Visite des caves : possibilité de visite guidée des caves de **Barbadillo** *(près du château)*, une véritable institution depuis le 18e s., de **Pedro Romero** *(calle Trasbola, 84)* et de **La Cigarrera** *(plaza Madre de Dios). Informations sur les horaires d'ouverture ☎ 956 38 30 32.*

Un peu d'histoire – La position stratégique de Sanlúcar à l'embouchure du Guadalquivir en a fait au 15e s. le passage obligé des galères d'Amérique de retour à Séville. C'est d'ici même que partit, en 1519, l'expédition de **Magellan** qui revint au bout de trois années sous le commandement de **Juan Sebastián Elcano**, après avoir bouclé le premier tour du monde. La ville connut alors son apogée et devint un important foyer commercial. Mais la disgrâce du duc de Medina Sidonia après l'indépendance du Portugal en 1640 et la disparition de la galère au profit de plus grands vaisseaux, incapables de franchir les bancs de sable de Sanlúcar, entraînèrent le déclin de la ville. Enfin, à la fin du 19e s., avec le développement de la viniculture, l'économie reprit un nouveau départ.

Se loger

VALEUR SÛRE

Posada de Palacio – *Caballeros, 11 – ☎ et fax 956 36 50 60 – 13 chambres – 9 000 ptas – fermé en janvier et février.*
Maison noble du 17e s. Décor traditionnel, chambres correctes et meubles d'époque. Excellent rapport qualité/prix.

Tartaneros – *Tartaneros, 8 – ☎ 956 36 20 44 – fax 956 36 00 45 – 22 chambres – 10 000 ptas.*
Ce charmant petit palais jaune du début du 20e s. est agrémenté de colonnes et balcons.

Se restaurer

Casa Bigote – *Bajo de Guía – ☎ 956 36 26 96.*
Sur le port de pêche. Une référence, tenue par la même famille depuis cinquante ans. Décor de photos anciennes, de filets de pêche et autres antiquités. Spécialités de fruits de mer et de poissons.

Renseignements pratiques

Office de Tourisme – *Calzada del Ejército. ☎ 956 36 61 10.*

Fêtes – Carnaval (février), Feria de la Manzanilla (fin mai), courses de chevaux (août).

Le plus bel hippodrome du monde – Depuis plus de cent cinquante ans, un instant exceptionnel et magique se produit sur les plages de Sanlúcar : d'étonnantes courses de chevaux où la mer, la lumière et la vigueur des chevaux se conjuguent pour offrir un spectacle de toute beauté. Ces courses, les plus anciennes d'Espagne, remontent au 19e s., époque de l'émergence des courses hippiques. Elles se déroulent en août, à marée basse, ce qui explique les changements de date. *Informations auprès de l'Office de tourisme.*

DE LA PLAZA DEL CABILDO AU BARRIO ALTO *une heure*

Ce circuit permet d'apprécier les principales curiosités du quartier haut (Barrio Alto).

Plaza del Cabildo – Cette vaste place très animée, d'aspect 19e s., est parsemée d'orangers et de palmiers. Cœur de la ville, elle est également son lieu le plus animé où il fait bon boire un verre... Sur l'un de ses côtés, vous remarquerez le « **cabildo** », ancien hôtel de ville et bel édifice du 18e s.

Plaza de San Roque – Tous les matins, un petit marché s'installe sur cette placette pleine d'animation.

La Trinidad ⓥ – À demi cachée sur la place du même nom, l'**église de la Trinité** borde l'un des côtés de la plaza de San Roque. Cette petite église à nef unique conserve un magnifique **« artesonado mudéjar »★★** du 15e s., tandis que le retable baroque du 17e s. recèle une élégante statue de Notre -ame des Douleurs.

Quelques gourmandises...

Convento de la Madre de Dios : les **« tocinos de cielo »** des religieuses de ce couvent du 17e s. à la belle façade Renaissance comptent parmi les meilleurs de la région *(voir Jerez)*. L'entrée se trouve calle del Torno. Ouvert de 10 h à 13 h et de 17 h à 19 h, fermé le dimanche. On appréciera l'allure coloniale de la place.

Poursuivre dans la calle Regina.

Convento de Regina Coeli – Commandé au début du 16e s. par l'ordre des Clarisses, le couvent arbore une belle façade rouge pompéien et deux élégants frontispices accueillant les statues de sainte Claire et la Vierge à l'Enfant.

Retourner plaza de San Roque et prendre la calle Bretones. Dépasser le marché municipal avant de grimper la cuesta de Belén.

★**Covachas** – L'air marin et l'érosion de la pierre accentuent le caractère mystérieux de l'endroit qui devait sans doute faire partie du palais commandé par les ducs de Medina Sidonia au 15e s. L'ensemble *(récemment restauré)* est formé de cinq arcs en accolade, richement ornés de nervures gothiques et de dragons ailés.

Palacio de Orleans y Borbón ⓥ – *Entrée par la calle Caballeros.* Ce magnifique palais du 19e s., inspiré de l'architecture arabe, était la résidence d'été des ducs de Montpensier, descendants du roi Louis-Philippe et naturalisés en Espagne. Ce romantique édifice, dont les merveilleux **jardins** dispensent un beau panorama sur la ville, sert aujourd'hui d'hôtel de ville.

Nuestra Señora de la O – Isabel de la Cerda y Guzmán, petite-fille d'Alphonse X le Sage, commanda la construction de cette église. Sa façade principale s'orne d'un spectaculaire **portail mudéjar★★** (14e s.) et l'intérieur d'un **artesonado★** également mudéjar (16e s.). À proximité, le **palais des comtes de Niebla** ⓥ est la résidence de la duchesse de Medina Sidonia.

N'hésitez pas à aller flâner dans le callejón de las Comedias et la calle Eguilaz, où l'odeur envoûtante de la manzanilla a imprégné toutes les constructions blanches.

Prendre la calle Luis de Eguilaz.

Au n° 21, la **Casa de la Cilla** est un beau petit palais baroque construit au 18e s. pour le recouvrement de la dîme. Depuis 1939 c'est la propriété des *bodegas* Barbadillo.

Castillo de Santiago – La partie la plus ancienne du château, où résida la reine Isabelle la Catholique, est l'impressionnant donjon érigé au 13e s., à l'époque de Guzmán el Bueno *(voir Tarifa)*. C'est au 15e s. que l'on ajouta à partir de cette tour hexagonale le reste de l'enceinte jalonnée de quatre tours.

LA VILLE MODERNE ET BAJO DE GUÍA

Le bas-quartier, ou *Barrio Bajo*, qui s'étire depuis la calle Ancha jusqu'au Guadalquivir, surgit au 16e s. avec le développement de Sanlúcar consécutif à la découverte des Amériques. Ce quartier commerçant et animé est idéal pour savourer des tapas ou prendre un repas tout simplement.

Santo Domingo ⓥ – L'église St-Dominique appartenait jadis à l'ancien couvent du même nom, aujourd'hui disparu et fondé en 1548 pour servir d'étape aux dominicains de retour d'Amérique. Un beau portail, attribué à l'ingénieur Cristóbal de Rojas, dessert une cour cloîtrée en forme de compas. La sévérité extérieure est atténuée par le décor plateresque des balustrades et des fenêtres intérieures.

Excursion à Doñana à bord du Fernando – Départ de Sanlúcar de Barrameda, arrivée à la Plancha, point de départ d'une randonnée avant le retour sur Sanlúcar. Pendant la traversée, informations sur le parc de Doñana. La visite est organisée par la municipalité de Sanlúcar de Barrameda ; les billets sont en vente au **Centro de Visitantes Fábrica de Hielo**.

Poursuivre calle de Santo Domingo jusqu'à la plaza de San Francisco.

Sur cette place se dresse l'imposante masse de l'**église St-François** (17e s.).

Prendre la calle de San Nicolás et l'avenida del Cabo Nobal jusqu'à l'avenida Bajo de Guía.

Centro de Visitantes Bajo de Guía ⓥ – Le centre fournit diverses informations sur les espaces préservés de la région, dont le Parc national de Doñana *(voir ce nom)*. Présentation vidéo quelque peu désuète.

Centro de Visitantes Fábrica de Hielo ⓥ – Ce bureau d'accueil est installé dans une ancienne fabrique de glace (fermée en 1978), d'où son nom. Aux deux niveaux est dispensée une présentation moderne et attrayante de différentes facettes du **Parc national de Doñana**.

ENVIRONS

★★★ **Parque Nacional de Doñana** – *Voir ce nom.*

Bonanza – *4 km au Nord par la CA 624.* Tous les jours, un peu avant 17 h, on peut assister à la vente de poissons à la criée et le langage codé des pêcheurs en surprendra ou en amusera plus d'un...

Chipiona – *9 km au Sud-Ouest par la A 480.* Cette petite station balnéaire, paisible l'hiver, se transforme en un haut lieu de villégiature l'été. Nombre de touristes, pour la plupart des familles espagnoles, y affluent pour profiter des délicieuses plages, telle la **playa de la Regla**★, et de l'agréable climat. Chipiona peut se révéler un bon point de départ pour explorer la région. À noter dans le village, l'**église N.-D.-de-la-O** (16e s.), gothique bien que largement remaniée par la suite. Seul le portail Nord de style gothique isabélin est d'origine. On ne manquera pas de visiter le **sanctuaire de N.-D.-de-la-Règle** ⓥ, dont l'église fut reconstruite au début du 20e s. dans un style très éclectique. À l'intérieur, le **cloître** *(accès par la sacristie)* a conservé son architecture du 15e s. ; il est parcouru d'une longue frise d'azulejos du 17e s. relatant l'histoire du sanctuaire. Tous les angelots diffèrent et on remarquera aux angles les armes du royaume d'Espagne et des Ponce de León. Sur l'un des côtés, belle fenêtre à meneaux romane subsistant du cloître primitif du 10e s.

Carnet d'adresses

Se loger à Chipiona

VALEUR SÛRE

Cruz del Mar – *Avenida de Sanlúcar, 1 – ☎ 956 37 11 00 – fax 956 37 13 64 – 93 chambres – 19 500 ptas.*
Cet hôtel moderne en bord de mer, à proximité du Parc national de Doñana, propose toutes sortes d'activités, depuis la piscine jusqu'à la plage et le fitness. Golf à six kilomètres.

Ces taureaux de fer dont les impressionnantes et altières silhouettes se découpent depuis plus de trois décades en haut de collines constituent l'une des images que l'on garde des routes espagnoles.
Apparus en 1956 pour assurer la publicité des vins et liqueurs de la maison Osborne, ils auraient dû disparaître après qu'une loi de 1988 eut interdit toute publicité « en dehors des sections urbaines des routes nationales ». Bien que l'on ait supprimé toute identification de la société commerciale, la polémique s'engagea quant au maintien de la silhouette.

R. Mattès

Le dépôt de plaintes fut à l'origine d'un débat dont les médias s'emparèrent. Des pétitions circulèrent et on créa des associations en faveur du maintien des taureaux... Leurs adhérents estimaient que ceux-ci avaient plus qu'assuré leur fonction publicitaire et constituaient l'un des éléments du paysage, symbolique de l'Espagne. L'Assemblée d'Andalousie prit alors le parti de les « gracier » en leur attribuant le statut de monuments...

SEVILLA★★★

SÉVILLE – 701 927 habitants

Carte Michelin nº 446 T 11-12

Cité d'art et d'histoire, capitale de l'Andalousie, Séville a su perpétuer toutes ses traditions sans pour autant tourner le dos à la modernité. Cette ville à l'élégance féminine est consciente de son charme et sait en jouer avec le visiteur qui la découvre. Les Sévillans en sont littéralement amoureux et ne manquent pas une occasion de la parer de toutes les qualités. Mais Séville représente avant tout un art de vivre où la gaieté et le sens de la fête prennent souvent une teinte passionnée...

Le seul nom de Séville évoque immédiatement le Guadalquivir, dans lequel elle se mire depuis toujours et qui a marqué toute son histoire, la Semaine sainte, si poignante, et la Feria ; si pour certains Séville est indissociable de Vélasquez et Murillo, pour tous elle est la ville de don Juan et de Carmen... Mais plus que ces images traditionnelles, Séville intime c'est le parfum des fleurs d'oranger, les cafés animés, les sévillanes, la corrida... Séville, c'est la lumière, c'est la couleur, c'est la chaleur...

SÉVILLE EN LIESSE

Au printemps, Séville vit au rythme des fêtes qui ont fait sa réputation : la Semaine sainte et la Feria du mois d'avril. Il est difficile d'imaginer leur splendeur et les passions que suscitent ces deux événements ; aussi radicalement différents qu'ils soient, ils n'en expriment pas moins l'âme sévillane.

La Semaine sainte

Elle a lieu en mars ou en avril, en fonction du calendrier liturgique, entre le dimanche des Rameaux et celui de Pâques. L'origine de la Semaine sainte de Séville remonte au 16e s. avec l'apparition des associations et confréries corporatives (*hermandades* ou *cofradías*). De nos jours, plus de cinquante d'entre elles participent aux processions. Toute la ville descend dans la rue pour vivre avec le Christ sa Passion et accompagner la Vierge dans sa douleur. Spectacle impressionnant et exceptionnel car les rues et les placettes reculées de Séville forment un cadre parfait pour ces processions. Ainsi se répète chaque année ce rituel religieux presque baroque, au rythme des *pasos* richement décorés d'or et d'argent, au cours duquel la population de Séville laisse exploser une incroyable ferveur confinant parfois à l'extase.

Les processions – Elle se succèdent tout au long de la Semaine sainte. Chaque confrérie quitte son église ou sa chapelle avec, en général, deux pasos : l'un avec une représentation du Christ, l'autre avec celle de la Vierge. Les membres de la confrérie participant à la procession revêtent un costume comprenant souvent une cagoule, et certains pénitents marchent pieds nus en portant une croix. Chaque procession emprunte un parcours particulier, dit *la carrera*, jusqu'à la cathédrale, puis revient à son point de départ, mais toutes passent à tour de rôle par la calle

Sierpes et devant l'hôtel de ville. Les pasos, lourdes plates-formes drapées jusqu'au sol, sont portés par de jeunes hommes, les *costaleros*, qui se disputent le privilège de transporter les statues. Camouflés sous les draperies du paso, ils sont guidés par un chef, le *capataz*, et leur progression est rythmée par une formation musicale. Cet exercice de force et d'adresse est suivi avec passion par une foule considérable.
C'est aux premières heures du Vendredi saint, dites la **« madrugá »**, que se déroulent les plus célèbres processions : El Silencio (confrérie observant un silence total), La Macarena (confrérie vénérant la sainte patronne de la ville), La Esperanza de Triana, Los Gitanos et, l'après-midi, El Cachorro.
Les statues exhibées sont parfois de véritables chefs-d'œuvre d'artistes du 17e s : *Jesús del Gran Poder* et *El Crucificado del Amor*, par Juan de Mesa ; *El Cristo de la Pasión*, par Martínez Montañés ; *La Virgen de la Esperanza*, œuvre anonyme plus connue sous le nom de La Macarena ; le Très Saint Christ de l'Expiration *(« El Cachorro »)*, par Francisco Antonio Gijón ; *Nuestro Padre Jesús el Nazareno*, par Francisco Ocampo, etc.

La Feria d'avril

Vers le milieu du 19e s., ce n'était qu'une foire au bétail mais elle perdit très vite son aspect commercial pour donner lieu à une véritable explosion de joie, de couleurs et d'animation. Elle révèle tout l'esprit d'une population qui a le sens de la fête comme nulle part ailleurs !
La Feria se déroule deux ou trois semaines après la Semaine sainte, dans le quartier de los Remedios. À l'intérieur d'une enceinte particulière est installé un vaste campement avec ses rues ; constitué de *casetas*, éphémères pavillons le plus souvent de toile appartenant à des clubs, des familles ou des groupes d'amis (quelques casetas sont publiques), il est illuminé par des milliers de lanternes et d'ampoules multicolores. L'ouverture de la Feria intervient dans la nuit du lundi au mardi, marquée par l'illumination de toute l'enceinte, et on clôt la fête le dimanche, avec un grand feu d'artifice.

Attention !

La Feria est une réunion exclusivement sévillane. La plupart des pavillons sont privés et, à moins de connaître quelqu'un qui puisse vous introduire, vous risquez de vous sentir seul au milieu de la fête !

L'enceinte toute entière grouille de monde. Dans les casetas, on chante, on danse des sévillanes, on boit du xérès et de la manzanilla de Sanlúcar, et on picore des tapas jusqu'à l'aube. La journée, les femmes rivalisent d'élégance, vêtues de leurs superbes robes à volants quand elles dansent ou fièrement campées sur leurs montures quand elles traversent la Feria. Des équipages les déposent parfois devant les pavillons. Les hommes élégamment vêtus et coiffés de leurs sombreros cordouans ou les chevaux luxueusement harnachés forment un ensemble bigarré...
Dans la calle del Infierno, les attractions font la joie des petits et des grands.

Ch. Sappa/HOA QUI

Le Rocío

Une autre fête chère aux Sévillans, le **Rocío** *(voir p. 273)*, mérite d'être mentionnée. Ce pèlerinage qui mêle la dévotion à la Vierge et le sens de la fête a pour destination un petit ermitage proche d'Almonte.
Les confréries sévillanes vivent le Rocío avec intensité et ferveur. Les pèlerins se rendent à l'ermitage à pied, à cheval ou en carriole, accompagnant le carrosse portant l'étendard de la Vierge, le Simpecado. En chemin, on chante et on danse des sévillanes en l'honneur de la Vierge.

UN PEU D'HISTOIRE

« Hércules me construyó, Julio César me rodeó de murallas y altas torres y el Rey Santo me conquistó » (Hercule me bâtit, César m'entoura de murs et de tours et le Roi Saint me prit) dit une épigraphe de la porte de Jérez. Plus probablement fondée par les Ibères, Séville, dont l'histoire est liée depuis des siècles à l'activité de son port fluvial, fut ensuite colonie grecque, phénicienne puis carthaginoise avant d'être conquise par les Romains en 205 avant J.-C. après un long siège.

Romains et Wisigoths – Les débuts de l'occupation romaine sont marqués par des luttes opposant les différentes factions. Après l'avoir conquise (42 avant J.-C.), Jules César ceint de murailles la ville, qui va connaître une période de splendeur et devenir l'une des principales villes de la Bétique.
Au 5e s. arrivent les Vandales, bientôt suivis des Wisigoths qui les chassent et font de Séville la capitale de leur royaume avant de transporter leur cour à Tolède. Au début du 7e s., la ville a pour évêque saint Isidore, auteur des *Étymologies*, qui exerce une influence considérable sur la culture de l'Europe médiévale.

La domination arabe – Conquise par les Arabes en 712, Séville dépend du califat de Cordoue, mais à la chute (1031) de celui-ci devient la capitale d'un royaume de *taifa*. Sous le règne de Mohammed II Al-Motamid, souverain épris d'art et de littérature, la ville connaît un rayonnement culturel sans précédent. Les Almoravides, venus en Espagne à la demande du roi de Grenade qu'ils ont ensuite détrôné, s'emparent du royaume de Séville en 1091. Mais en 1147 les Almohades enlèvent aux Almoravides une partie de leur royaume, dont Séville et Cordoue, et la ville, à nouveau capitale, commence à se développer : on construit de nouveaux quartiers hors les murs, ainsi que la Giralda et la grande mosquée que remplacera la cathédrale actuelle.

La Reconquête – Le 23 novembre 1248, Saint Ferdinand III reprend la ville et y établit sa cour. Alphonse X le Sage et Pierre Ier réorganisent l'Alcázar pour s'y installer.

NO8DO

Cette formule en forme de rébus qui figure sur l'écusson de Séville fut octroyée à la ville par le roi Alphonse X le Sage (1221–1284). Il voulait ainsi rappeler la fidélité et le soutien que la ville lui avait accordés lors des importantes crises qui avaient marqué les dernières années de son règne. Le petit dessin central représente un écheveau, en espagnol *madejo*. Le rébus, qui se lit donc **« No madeja do »**, doit se comprendre **« No me ha dejado »**, qui signifie en français : « Elle ne m'a pas laissé tomber ».

16e s. : l'âge d'or – C'est la découverte de l'Amérique (1492) qui va marquer de manière déterminante l'histoire de Séville : la ville a le monopole du commerce avec le Nouveau Monde et c'est d'ici que partent toutes les expéditions vers l'Amérique, entre autres celles d'Amerigo Vespucci, qui succède à Christophe Colomb dans le rôle de *piloto mayor*, et celle de Magellan (en 1519) pour tenter le premier tour du monde. En 1503 est fondée la chambre de commerce, la **Casa de Contratación**, pour stimuler et contrôler les échanges commerciaux avec l'Amérique.
La ville s'enrichit ; marchands et banquiers étrangers y affluent, attirés par l'or des Amériques. Séville déborde d'activité, on construit des palais, on crée des ateliers, et cet étalage de richesse y attirent filous *(pícaros)* et gagne-deniers de tout poil. La population va presque doubler en un siècle et atteint les deux cent mile habitants, d'après certains historiens.

Le déclin – La peste de 1649 est une véritable catastrophe démographique, à l'origine du déclin de Séville ; mais le coup de grâce sera le transfert de la chambre de commerce à Cadix en 1717.

Le 20e s. – Deux expositions ont eu lieu à Séville : l'Exposition ibéro-américaine en 1929 et l'Exposition universelle en 1992, qui toutes deux eurent une influence décisive sur la physionomie de la ville.
L'Expo 92 a entraîné d'importants travaux de modernisation des infrastructures, comme le rattachement à la ville de l'île de la Cartuja, où l'on a créé par la suite le parc à thème Isla Mágica et le centre andalou d'Art contemporain.

Se loger...

À BON COMPTE

Sevilla – *Daoíz, 5 – ☎ 954 38 41 61 – fax 954 90 21 60 – 35 chambres – 6 000 ptas.*

Sa situation sur une agréable petite place et la modicité des prix font de cet hôtel modeste mais doté de l'air conditionné l'établissement idéal pour ceux qui ont un budget limité.

Zaida – *San Roque, 26 – ☎ 954 21 11 38 – fax 954 90 36 24 – 33 chambres – 6 000 ptas.*

Hôtel situé dans une maison de style mudéjar. Installations correctes, ascenseur. Les chambres qui donnent sur la rue (très calmes) ont une terrasse ou un balcon. Bon rapport qualité/prix.

Londres – *San Pedro Mártir, 1 – ☎ et fax 954 21 28 96 – 22 chambres – 6 500 ptas.*

En plein centre. Chambres simples et propres. Choisissez plutôt les chambres sur rue (calme) ; certaines ont un balcon. Attention, cet hôtel n'a pas d'ascenseur.

VALEUR SÛRE

La Rábida – *Castelar, 24 – ☎ 954 22 09 60 – fax 954 22 43 75 – 87 chambres – 9 000 ptas.*

La façade blanche cache une décoration intérieure sans grande originalité. Cet hôtel se situe dans une petite rue du quartier des arènes. Salle à manger dans le patio. Bon rapport qualité/prix.

Corregidor – *Amor de Dios, 36 – ☎ 924 38 51 11 – fax 954 37 61 02 – 58 chambres – 11 000 ptas.*

La façade, légèrement en retrait par rapport aux autres bâtiments, est ravissante ; belle entrée et petit jardin. Chambres très confortables.

Casas de la Judería – *Callejón Dos Hermanas, 7 – ☎ 954 41 51 50 – fax 954 42 21 70 – 53 chambres – 15 500 ptas.*

Une agréable surprise dans l'ancien quartier juif de la ville. Cet élégant hôtel traditionnel et haut en couleur installé dans l'ancienne demeure du duc de Béjar est définitivement charmant !

Casas del Rey de Baeza – *Plaza Cristo de la Redención, 2 – ☎ 954 56 14 96 – fax 954 56 14 45 – 44 chambres – 17 800 ptas.*

Quartier très calme. Vastes chambres quelque peu prétentieuses (la salle de bains est agréable) qui donnent sur des patios.

Doña María – *Don Remondo, 19 – ☎ 954 53 03 00 – fax 954 21 95 46 – 59 chambres – 19 500 ptas.*

Ancien bâtiment restauré avec goût tourné vers la Giralda. Même si vous n'y logez pas, ne manquez pas d'aller jeter un coup d'œil à la superbe terrasse.

UNE PETITE FOLIE !

Los Seises – *Segovias, 6 – ☎ 954 22 94 95 – fax 954 22 43 34 – 43 chambres – 27 000 ptas.*

Installé dans l'un des patios du palais archiépiscopal, cet hôtel associe avec succès décoration moderne et architecture 16e-17e s. Piscine sur la terrasse.

Casa Imperial – *Imperial, 29 – ☎ 954 50 03 00 – fax 954 50 03 30 – 24 chambres – 35 000 ptas.*

Situé dans une rue tranquille, derrière la Casa de Pilatos, cet hôtel occupe une belle demeure baroque 17e-18e s. Remarquable patio principal.

Alfonso XIII – *San Fernando, 2 – ☎ 954 22 28 50 – fax 954 21 60 33 – 127 chambres – 51 000 ptas.*

Construit en 1928 dans le style néo-mudéjar. C'est l'hôtel emblématique de la ville, et le plus luxueux.

Restaurants

La Albahaca – *Plaza de Santa Cruz, 12 – ☎ 954 22 07 14 – fermé le dimanche.*
Pour déjeuner dans cette ancienne maison seigneuriale, vous aurez le choix entre trois salons. Cuisine internationale. Terrasse aux beaux jours.

Taberna del Alabardero – *Zaragoza, 20 – ☎ 954 56 06 37.*
Une demeure du 19e s. abrite l'une des meilleures cuisines de la ville, un hôtel très confortable disposant d'une douzaine de chambres, un salon de thé fort agréable et l'école d'hôtellerie de Séville.

Corral del Agua – *Callejón del Agua, 6 – ☎ 954 22 48 41 – fermé le dimanche.*
Une surprise fraîche et agréable dans une ruelle tranquille exhalant les parfums d'antan. Sa terrasse, nichée au sein d'une végétation abondante, constitue un délice en été. Cuisine andalouse classique.

El Burladero – *Canalejas, 1 – ☎ 954 22 29 00.*
Restaurant (et bar à tapas) très fréquenté et de haut niveau. Décoration sobre et soignée. Spécialité de queue de taureau.

Tapas

QUARTIER DE SANTA CRUZ

Calle Mateos Gago – Bars et restaurants abondent dans cette rue proche de la Giralda. Citons la **Bodega de Santa Cruz**, fréquentée surtout par une clientèle jeune qui consomme ses tapas dans la rue. La taverne **La Giralda** *(au n° 1)* est l'un des établissements les plus traditionnels du quartier et sa réputation est justifiée. Un peu plus haut, la **Bodega Belmonte** *(au n 24)* est un bar récent. Laissez-vous tenter par son entrecôte au poivre.

Las Teresas – *Ximénez del Enciso, 16.* Taverne typique qui nous transporte au début du 19e s. ; un classique du quartier Santa Cruz. Les tapas valent le détour. En face, on peut prendre de bonnes tapas froides à la **Casa Plácido**.

Puerta de la Carne – *Santa María La Blanca, 36.* Idéal pour découvrir Séville sous un aspect original : on y vend des fruits de mer et des poissons de toutes sortes dans des cornets en papier.

P. Wysocki/EXPLORER

Se refaire des forces à une terrasse de la rue Mateos Gago

TRIANA

Kiosco de Las Flores – *Plaza del Altozano.* Près du pont de Triana, ce bar à tapas doté d'une terrasse donnant sur le Guadalquivir est tenu par la même famille depuis 1930. Spécialité de poisson frit, de fruits de mer et d'*ortiguillas* (algues frites).

Sol y Sombra – *Castilla, 149-151 – fermé à midi le lundi et le mardi.* Un incontournable de Séville. Ni table ni chaise dans cet établissement où règne une délicieuse odeur de jambon et de fromage. Les murs sont couverts d'affiches de corridas jaunies et imprégnées de l'odeur du tabac. Les propriétaires possèdent aussi le restaurant d'à côté.

Casa Cuesta – *Castilla, 3 – fermé le mardi.* Bar fondé en 1917 spécialisé dans les préparations à base de viande de taureau. Aux beaux jours, on installe même des tables sur la petite place à proximité.

ARENAL et PLAZA NUEVA

Bodeguita A. Romero – *Antonio Díaz, 19 – fermé le lundi.* Près des arènes, ce célèbre bar offre une délicieuse *pringá* (viande de pot-au-feu que l'on prend avec du pain). À midi, il est en général fréquenté par des hommes d'affaires.

Casablanca – *Zaragoza, 50 – fermé le dimanche.* Petit bar célèbre à Séville et toujours comble, fréquenté par les gens du quartier.

CENTRE

El Patio de San Eloy – *San Eloy, 9.* Cette taverne surprenante propose différentes ambiances : en entrant, à droite, petit comptoir pour déguster du vin ; au bar central, vente de sandwichs variés (andalous, catalans, galiciens, français, belges...) ; enfin, au fond, de petits bancs tapissés d'azulejos (un peu comme dans les bains arabes) permettent de prolonger une conversation. La salle est comble à midi.

SANTA CATALINA

El Rinconcillo – *Gerona, 40.* L'un des bars les plus jolis et les plus anciens de Séville. Bien qu'il date de 1670, sa décoration est du 19e s., comme ses beaux soubassements d'azulejos. Plafond et comptoir en bois.

ALFALFA

Bodega Extremeña – *Calle Águilas au coin de Candilejo.* Au cœur de l'Andalousie, un curieux étalage de produits d'Estrémadure ; ne manquez pas de goûter les excellents fromages (comme la célèbre Torta del Casar), les jambons et la charcuterie, sans oublier les vins.

M. Raurich/STOCK PHOTOS

Le bar d'El Rinconcillo

Sortir

Le soir, vous apprécierez le quartier de la cathédrale ou celui, plus pittoresque, de Santa Cruz, ou encore celui des arènes, El Arenal, pour aller prendre un verre dans un cadre exceptionnel. Et pourquoi pas non plus le quartier de Triana si populaire (surtout la calle Betis, au bord du fleuve) ? Les jeunes préféreront les bars du quartier de Nervión, où se trouvent les discothèques les plus animées. Les plus branchés se dirigeront plutôt vers la Alameda de Hércules, quartier moins sûr où le Fun Club, pour ne citer que lui, organise souvent des concerts ; ou encore, ils pourront aller jeter un coup d'œil à la curieuse collection de cafetières anciennes du café Habanilla.
En été, l'animation se déplace au bord du Guadalquivir et, sur plusieurs kilomètres, bars et terrasses accueillent une clientèle variée.

Horno San Buenaventura – *Avenida de la Constitución, 16 – ouvert tous les jours de 8 h à 22 h.* Ce four *(horno)* fait partie d'une chaîne sévillane mais existe depuis plus de six siècles. Face à la cathédrale, le grand salon de thé du premier étage propose d'excellentes pâtisseries dont la réputation n'est plus à faire...

La Campana – *Plaza de la Campana, 1 – ouvert tous les jours de 8 h à 22 h.* Un classique de Séville. Le décor rococo se prête parfaitement à la dégustation de confiseries, par ailleurs célèbres dans tout Séville. Clientèle très variée, purs sévillans de souche ou touristes de passage.

Café de la Prensa – *Calle Betis, 15 – ouvert tous les jours de 10 h à 1 h du matin.* Café au décor moderne situé au bord du fleuve ; ambiance plutôt jeune et intellectuelle ; on a une vue merveilleuse sur le Guadalquivir et le centre monumental depuis certaines tables. Idéal l'après-midi ou en début de soirée.

Antigüedades – *Calle Argote de Molina, 40 – ouvert de 20 h à 3 h du matin.* C'est un des lieux les plus bigarrés de Séville. Le décor n'a rien de bien particulier mais change de thème à peu près tous les mois. Clientèle jeune, plutôt la trentaine. L'animation bat son plein à minuit.

Abades – *Calle Abades, 13 – ouvert tous les jours de 17 h à l'aube.* Au cœur du quartier de Santa Cruz, un palais du 18e s. propose plusieurs salons baroques décorés d'antiquités où l'on peut siroter un verre dans une ambiance élégante et détendue sur fond de musique classique.

La Carbonería – *Calle Levíes, 18 – ouvert tous les jours de 20 h à 4 h du matin.* Une véritable institution à Séville et le foyer culturel de la vie de bohème. Dans un ancien magasin de charbon de la Judería, on pourra écouter le récital d'un auteur-interprète auprès du feu dans une atmosphère intime ou bien profiter d'un spectacle de pur flamenco nettement plus bouillonnant (concert tous les soirs). Des expositions de peintures ou de photos y sont parfois organisées. À voir.

El Tamboril – *Plaza de Santa Cruz – ouvert tous les jours de 22 h à 5 h du matin.* Dans un petit coin tout simple du quartier de Santa Cruz, cette taverne est sans cesse bondée et le public assidu et fidèle chante des sévillanes et des rumbas dans une atmosphère bon enfant jusqu'à l'aube. Et, surprenant témoignage de la ferveur sévillane à l'égard de la Vierge du Rocio mais aussi de l'imprégnation flamenco de toute expression par le chant, on entonne chaque jour à minuit le *Salve Rociera.*

Sala Mandra – *Calle Torneo, 43 – ouvert du jeudi au samedi de 22 h à 6 h du matin.* Tous les vendredis et certains jeudis, des concerts de rock et de pop sont organisés dans cette vaste salle moderne sans grand charme. On y joue même parfois des pièces de théâtre. À la fin des représentations, la salle se transforme en discothèque : jeudi et samedi, musique latina ; vendredi, musique plus commerciale. Un lieu d'avant-garde.

Voulé-Bar / Wall Street – *Calle Balbino Marrón, edificio Viapol – ouvert du mercredi au samedi de minuit à 6 h du matin.* C'est l'endroit préféré des jeunes, dans le quartier de Nervión. Le **Voulé-bar** organise des concerts de musique salsa et de flamenco, et des groupes célèbres s'y produisent parfois. Au **Wall Street**, on choisit son verre en fonction du cours des consommations, affiché sur les panneaux du bar. Beaucoup de monde, qui passe sans cesse d'un endroit à l'autre. Âge moyen 25-35 ans.

Sopa de Ganso – *Calle Pérez Galdós, 8 – ouvert tous les jours de 13 h à 2 h et les week-ends jusqu'à 6 h du matin.* Décor de bois, musique variée, ambiance assurée. Public hétérogène – peu d'étrangers – pour cet endroit branché très divertissant. L'après-midi, allez donc goûter les gâteaux.

La Sonanta – *Calle San Jacinto, 31 – ouvert de 8 h à l'aube.* Dans la journée, on y déguste des tapas, et la nuit les inconditionnels y écoutent du flamenco. Le jeudi et le vendredi, chant. Deux fois par an, un festival de flamenco y est organisé. Public varié, mais composé essentiellement de touristes et d'amateurs de flamenco.

Dans le **Paseo de las Delicias**, quatre établissements (Chile, Líbano, Alfonso, Bilindo) ouverts toute l'année battent leur plein en été avec une très bonne ambiance. Les après-midi d'hiver, c'est parfait pour prendre un verre tranquillement dans le parc María Luisa, parmi les anciens pavillons de l'exposition de 1929. En été, on peut boire un verre et danser en plein air jusqu'à l'aube. Public varié entre 25 et 40 ans.

Loisirs

Capitale dynamique et ouverte sur le monde extérieur, Séville propose en permanence un large éventail d'activités culturelles.

Publications – Des publications bilingues (espagnol-anglais), **Welcome Olé** et **The Tourist**, gratuites et mensuelles, sont consacrées au tourisme à Séville. On peut se les procurer dans quelques hôtels et établissements.
Le service culturel municipal de Séville, le **NODO**, édite une petite brochure sur les événements culturels du mois. Pour l'ensemble de l'Andalousie paraît une publication mensuelle, **El Giraldillo**, qui donne des informations sur les foires, expositions, spectacles, restaurants, cinémas etc. **Internet** : *http://www.elgiraldillo.es*

Spectacles – La saison du **théâtre de la Maestranza** *(Paseo de Colón, 22 – ☎ 954 22 65 73 – www.maestranza.com)* inclut opéras, concerts et danse avec une préférence pour des œuvres de renommée internationale.
Le **théâtre Lope de Vega** *(Avenida María Luisa – ☎ 954 59 08 53)* monte plutôt des spectacles de théâtre et de flamenco.
Dans l'île de la Cartuja, le **théâtre Central** *(Avenida José de Gálvez – ☎ 954 46 07 80 – www.teatrocentral.com)*, bâtiment moderne construit à l'occasion de l'exposition universelle de 1992, propose théâtre et musique d'avant-garde, interprétés par les principales compagnies étrangères de ce domaine. À noter d'intéressants programmes de flamenco.
Séville propose encore maintes activités culturelles, avec ses nombreuses salles d'expositions ou ses locaux consacrés à l'art. Signalons les expositions organisées dans le monastère de la Chartreuse (la Cartuja) par le centre andalou d'Art contemporain.

Lèche-vitrines

De tous les quartiers commerçants de Séville, le plus traditionnel demeure le centre historique, surtout la calle Tetuán, la plaza del Duque de la Victoria, la calle San Eloy, ainsi que les autre rues piétonnes du quartier. À mentionner la célèbre **calle Sierpes**, qui regorge de boutiques traditionnelles ou originales. Vous trouverez plusieurs établissements du nom de Foronda, célèbre artisan sévillan connu pour ses châles brodés à la main. N'oublions pas non plus la très classique confiserie Ochoa, cadre rêvé pour prendre le petit déjeuner ou un verre l'après-midi, et dont la pâtisserie est réputée. Les rues perpendiculaires à la calle Sierpes et celles qui entourent l'église du Sauveur sont également très commerçantes ; nombreuses bijouteries plaza del Pan et calle Alcaicería.

Dans le quartier de **Los Remedios**, sur la rive opposée du Guadalquivir, des boutiques de marques se concentrent dans la calle Asunción. Le quartier moderne de Nervión dispose de deux grands magasins (El Corte Inglés et Nervión Plaza) ainsi que de nombreux représentants de chaînes de magasins de vêtements.

Un grand centre commercial est installé dans l'**ancienne gare** de la **Plaza de Armas**, curieux édifice régional du début du 20e s. C'est là que se trouve la Fábrica de Cerveza, où l'on peut déguster une bière tout en regardant le processus de fabrication de la bière.

Marchés – Les marchés en plein air sont nombreux à Séville, et chacun a sa spécialité. Le jeudi, un pittoresque marché d'antiquités et d'objets usagés s'installe dans la calle Feria ; idéal pour les chineurs... Le dimanche matin, des marchés s'installent dans toute la ville : la plaza de la Alfalfa accueille le marché d'animaux, très apprécié des Sévillans ; sur la plaza del Cabildo se retrouvent les collectionneurs de timbres et de monnaies anciennes ; sur la Alameda de Hércules, des marchands ambulants proposent dès les premières heures de la journée des objets d'occasion.

Ch. Boisvieux

Le marché de la Alameda de Hércules

Transports

Aéroport – Aéroport international San Pablo, ☎ *954 44 90 00, route de Madrid*, à 8 km de la ville. Outre les taxis, des bus le relient au centre-ville et à la gare ferroviaire Santa Justa *(prix du passage : 750 ptas)*.

Trains – La gare de **Santa Justa** est située Avenida de Kansas City. De là partent des trains vers la province et l'étranger ; l'AVE, qui relie Séville et Madrid, assure la liaison en 2 h 25 mn en passant par Cordoue *(renseignements : ☎ 954 54 02 02 ; réservations : ☎ 954 54 03 03)*.

Autocars – Il y a deux gares routières :

– celle de la plaza de Armas *(☎ 954 90 77 37)* est la tête des lignes vers les provinces de Séville et Huelva, le reste de l'Espagne, le Portugal et tout autre pays.

– celle de El Prado de San Sebastián *(☎ 954 41 71 11)* voit partir les autobus vers le reste de l'Andalousie. .

Autobus urbains – Gérés par **Tussam** (☎ *954 22 81 77 ou 954 22 53 60)*, ils représentent la meilleure solution pour se déplacer dans la ville. Prix du billet : 125 ptas ; il existe des carnets de 10 tickets (vendus 615 ptas avec possibilité de changement de ligne pendant une heure après compostage, 560 ptas sans changement).

Taxis – ☎ *954 58 00 00* et *954 57 11 11*.

Calèches – C'est un moyen agréable pour avoir un aperçu des édifices historiques de la ville. Les principales stations se trouvent plaza Virgen de Los Reyes, Torre del Oro, plaza de España et avenida de la Constitución.

Croisières sur le Guadalquivir – L'embarcadère se trouve près de la Torre del Oro. Toujours agréables, certaines peuvent vous emmener jusqu'à Sanlúcar de Barrameda et l'embouchure du fleuve, en passant par le Parc national de Doñana.

Bus touristique – Il part de la Torre del Oro et, au cours de son parcours dans la ville, s'arrête aux principaux monuments ; possibilité de descendre et d'en reprendre un autre un peu plus tard.

★★★ 1 QUARTIER DE LA CATHÉDRALE

★★★ La Giralda ⓥ

Symbole de Séville, la Giralda offre au visiteur une silhouette élégante et altière. Construit en brique à la fin du 12e s., le minaret (96 m) de l'ancienne mosquée était couronné de trois boules dorées qui disparurent au 14e s. au cours d'un tremblement de terre. C'est au 16e s. que l'architecte cordouan Hernán Ruiz lui conféra son aspect actuel de clocher en le surmontant de la chambre des cloches et des quatre corps supérieurs et en ajoutant les balcons. On couronna alors l'ensemble d'une énorme statue symbolisant la Foi et faisant office de girouette *(giralda)*, d'où le nom de la tour et le surnom de Giraldillo pour la statue.
Chef-d'œuvre de l'art almohade, sa décoration discrète et délicate traduit bien les principes du mouvement religieux almohade, rigoriste, austère et adversaire de toute forme de luxe, qui fut à l'origine d'un courant artistique associant beauté et simplicité. La tour de la Koutoubia à Marrakech, construite peu auparavant, a certainement servi de modèle. Chacune de quatre faces est divisée en trois sections verticales à ornementation de brique du type *sebka* (répétition de petits arcs polylobés formant un réseau de losanges).

★★★ Cathédrale ⓥ

« Bâtissons une église si grande que ceux qui la verront nous prendront pour des fous », décida le chapitre de la cathédrale en 1401 quand il fallut abattre la mosquée. De fait, la taille de la cathédrale est impressionnante, puisqu'elle en fait la troisième du monde chrétien après St-Pierre du Vatican et St-Paul de Londres. C'est l'une des dernières cathédrales gothiques espagnoles, et le style Renaissance s'y manifeste déjà.
L'**extérieur** met particulièrement en valeur l'art apporté par l'architecte, dont le nom n'est hélas pas parvenu jusqu'à nous, à jouer avec les volumes. Les portails de Saint-Christophe (ou du Prince), de l'Assomption et de l'Immaculée Conception, dans la cour des Orangers, sont modernes (19e et 20e s.) mais respectent tout à fait le style de l'ensemble. Remarquez les belles sculptures (1460) de Mercadante de Bretaña qui ornent les portes de la Nativité et du Baptême, sur l'avenida de la Constitución. Au chevet, de part et d'autre de la Chapelle royale (1575) aux formes arrondies et toute décorée de blasons, les portes des Bâtons (Palos) et des Clochettes (Campanillas), de facture gothique, surprennent par le style Renaissance de leurs tympans, où le maître Miguel Perrin a utilisé avec brio la perspective.

Visite de la cathédrale et de la Giralda – *Entrée par la porte du Pardon.*

Puerta del Perdón – Jadis entrée majestueuse dans la cour de la mosquée, la porte du Pardon a gardé son arc almohade et ses vantaux d'origine. Les impressionnantes sculptures et le bas-relief représentant Jésus chassant les marchands du temple datent du 16e s.

Patio de los Naranjos – C'est dans la **cour des Orangers**, original patio adossé au flanc Nord de la cathédrale, que les fidèles pratiquaient les ablutions rituelles.

Intérieur de la cathédrale – Le visiteur est d'emblée frappé par la taille et la richesse de cet univers de pierre, de vitraux et de fer forgé. La légèreté des colonnes accentue la hauteur de cette église-halle à cinq vaisseaux – la nef principale étant plus large et plus élevée – et chapelles latérales. Les simples voûtes à croisée d'ogive couvrent la nef, sauf à la croisée du transept où les magnifiques voûtes flamboyantes s'élèvent à 56 m de hauteur. Un **miroir** (**1**) au sol permet d'apprécier leurs superbes ciselures.

Montée à la Giralda – On peut monter jusqu'à la chambre des cloches (70 m) par un escalier de trente-quatre volées. Prenez votre temps (c'est long mais ce n'est pas dur) et profitez des vues sur la cour des Orangers, sur les gargouilles et les pinacles de la cathédrale et sur l'Alcázar. Une fois en haut, vous ne regretterez pas l'effort que vous aurez fourni car le **panorama★★★** sur la ville est superbe.

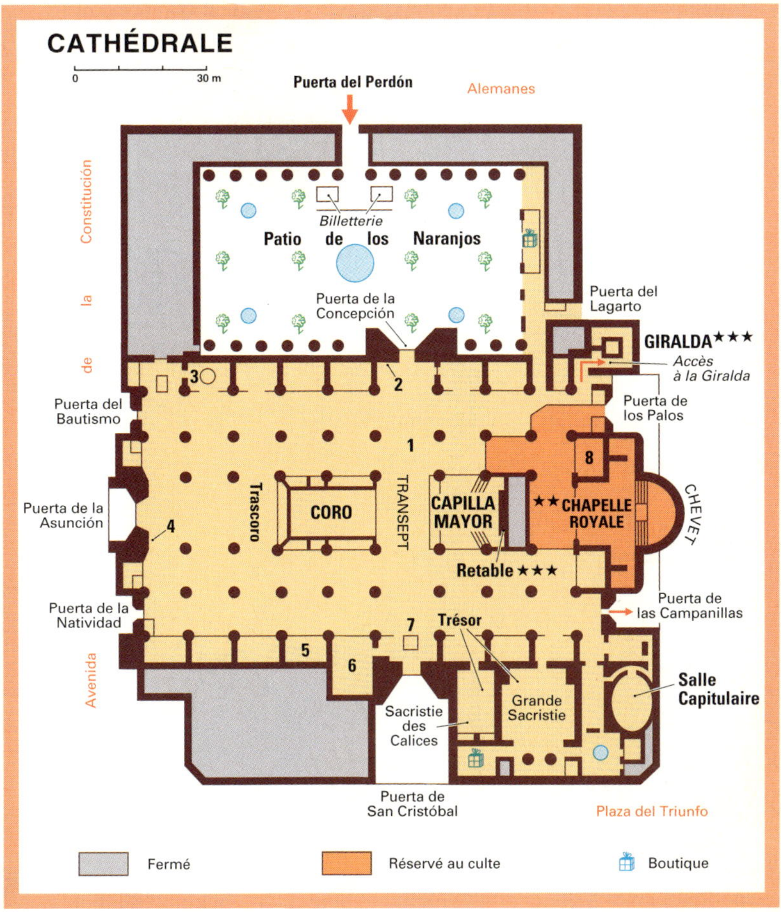

Capilla Mayor – Elle est d'une richesse inouïe et fermée par de splendides **grilles plateresques**★★ (16e s.) ; celle du centre est due au frère Francisco de Salamanca. L'immense **retable**★★★ flamand (1482-1525), le plus grand d'Espagne (20 m de haut), sculpté avec profusion et délicatesse, illustre des scènes de la vie du Christ et de la Vierge, à l'exception de la prédelle qui représente quelques saints. Ce gigantesque polyptyque comprend sept volets et quarante-cinq compartiments, et ses milliers de statues, que l'on regrettera de ne pas pouvoir admirer de plus près, donnent l'impression de grandir avec l'éloignement.

Coro – Dans la nef principale, de magnifiques grilles du 16e s. par le frère Francisco de Salamanca précèdent les belles stalles (15e-16e s.). Les majestueuses orgues datent du 18e s. Le « **trascoro** », composé de marbres multicolores, de jaspe et de bronze, a été réalisé au 17e s.

Trésor – Dans la **sacristie des Calices** (16e s. – belle voûte) sont présentées d'intéressantes peintures : ***Sainte Juste et sainte Rufine***, par Goya, un Zurbarán, un triptyque d'Alejo Fernández et quelques toiles de Valdés Leal. Dans l'antichambre de la sacristie, on conserve le **Tenebrario**, candélabre plateresque à quinze bras et mesurant 7,80 m, que l'on utilise lors des processions de la Semaine sainte.

Une charmante tradition, « los Seises »

Ce groupe de douze enfants en costume d'apparat chante et danse devant le maître-autel de la cathédrale lors des huitaines de la Fête-Dieu et de l'Immaculée Conception, poursuivant ainsi une tradition qui remonte au 16e s. À l'origine, seize *(seis)* enfants constituaient le groupe, d'où le nom Seises. Ils accompagnent également la procession de la **Fête-Dieu** et, quand celle-ci fait une pause sur la place de l'hôtel de ville et devant l'église du Sauveur, ils effectuent une danse.

SEVILLA

Agua (Callejón del) . . . . . .CY 3
Alemanes . . . . .BX 12
Alfaro (Pl. de) . . . . .CXY 15
Alférez Provisional
(Glorieta) . . . . .BZ 18
Alianza (Pl. de la) . . . . . . .BX 19
Almirante Apodaca . . . . . .CV 20
Almirante Lobo . . . . .BY 22
Álvarez Quintero . . . . . . .BX 23
Antillano Campos . . . . . . .AX 25
Aposentadores . . . . .BV 28
Arco de la Judería . . . . . .BY 29
Argote de Molina . . . . . . .BX 30
Armas (Pl. de) . . . . .AX 31
Banderas (Patio de) . . . .BXY 35
Capitán Vigueras . . . . . . .CY 42
Cardenal Spínola . . . . . . .AV 47
Castelar . . . . .AX 55
Chapina (Puente) . . . . . . .AX 59
Conde de Urbina (Av.) . . .CZ 65
Covadonga (Glorieta) . . . .CZ 67
Doctor Pedro Castro . . . . .CZ 90
Doña Elvira (Pl. de) . . . . . .BX 95
Doña Guiomar . . . . .AX 97
Ejército Español (Pl.) . . . . .CZ 105
Escuelas Pías . . . . .CV 112
Farmaceútico
E. Murillo Herrera . . . .AY 115
Feria . . . . .BV 123
Francisco Carrión Mejías .CV 126
Francos . . . . .BX
Fray Ceferino González . . .BX 127
García de Vinuesa . . . . . .BX 130
General Polavieja . . . . . . .BX 135
Gloria . . . . .BXY 138
Hernán Cortés (Av.) . . . . .CZ 140
Jesús de la Vera Cruz . . .AV 147
José María Martínez
Sánchez Arjona . . . . . .AY 150
Julio César . . . . .AX 152
Luis Montoto . . . . .CX 160
Marcelino Champagnat . .AY 172
Marineros Voluntarios
(Glorieta) . . . . .BZ 180
Martín Villa . . . . .BV 190
Mateos Gago . . . . .BX 192
Mesón del Moro . . . . . . .BX 197
Murillo . . . . .AV 202
Museo (Pl.) . . . . .AV 205
Navarros . . . . .CVX 207
O'Donnell . . . . .BV 210
Pascual de Gayangos . . . .AV 220
Pastor y Landero . . . . . . .AX 222
Pedro del Toro . . . . .AV 227
Pimienta o Susona . . . . .BCY 228
Pizarro (Av.) . . . . .CZ 232
Ponce de León (Pl.) . . . . .CV 234
Presidente Carrero Blanco BZ 239
Puente y Pellón . . . . .BV 242
Puerta de Jerez . . . . .BY 243
República Argentina (Av.) AYZ 255
Reyes Católicos . . . . .AX 260
Rodrigo Caro (Callejón de) BX 261
Rodríguez Caso (Av.) . . . .CZ 262
Romero Morube . . . . . . .BX 264
San Gregorio . . . . .BY 272
San Juan de la Palma . . . .BV 277
San Pedro (Pl.) . . . . .BV 286
San Sebastián (Pl.) . . . . . .CY 287
Santa Isabel (Pl. de) . . . . .CV 296
Santa María La Blanca . . . .CX 297
Santa Marta (Pl. de) . . . . .BX 298
Santa Teresa . . . . .CX 299
Santander . . . . .BY 300
Santiago Montoto (Av.) . . .BZ 301
Saturno . . . . .CV 302
Sierpes . . . . .BVX
Temprado . . . . .BY 304
Tetuán . . . . .BX
Tres Cruces (Pl. de las) . . .CX 306
Triunfo (Pl.) . . . . .BX 307
Velázquez . . . . .BV 310
Venerables (Pl. de los) . . . .BX 312
Virgen de África . . . . .AZ 314
Virgen del Águila . . . . . . .AZ 315
Virgen de Fátima . . . . . .AYZ 317
Virgen de Loreto . . . . . . .AZ 320
Virgen de los Reyes
(Pl. de la) . . . . .BX 324
Virgen del Valle . . . . . . .AYZ 325
Viriato . . . . .BV 329

Alfonso XIII . . . . .BY a
Casa Imperial . . . . .CX n
Las Casas de la Judería . . .CX x
Las Casas del Rey de Baeza CV r
Dona María . . . . .BX c
Hotel R. Corregidor . . . . . .BV u
Hotel Sevilla . . . . .BV s
Hotel Zaida . . . . .AV v
Londres . . . . .AV x
La Rábida . . . . .AX v
Los Seises . . . . .BX e

Répertoire des rues des plans de Séville. Voir page suivante

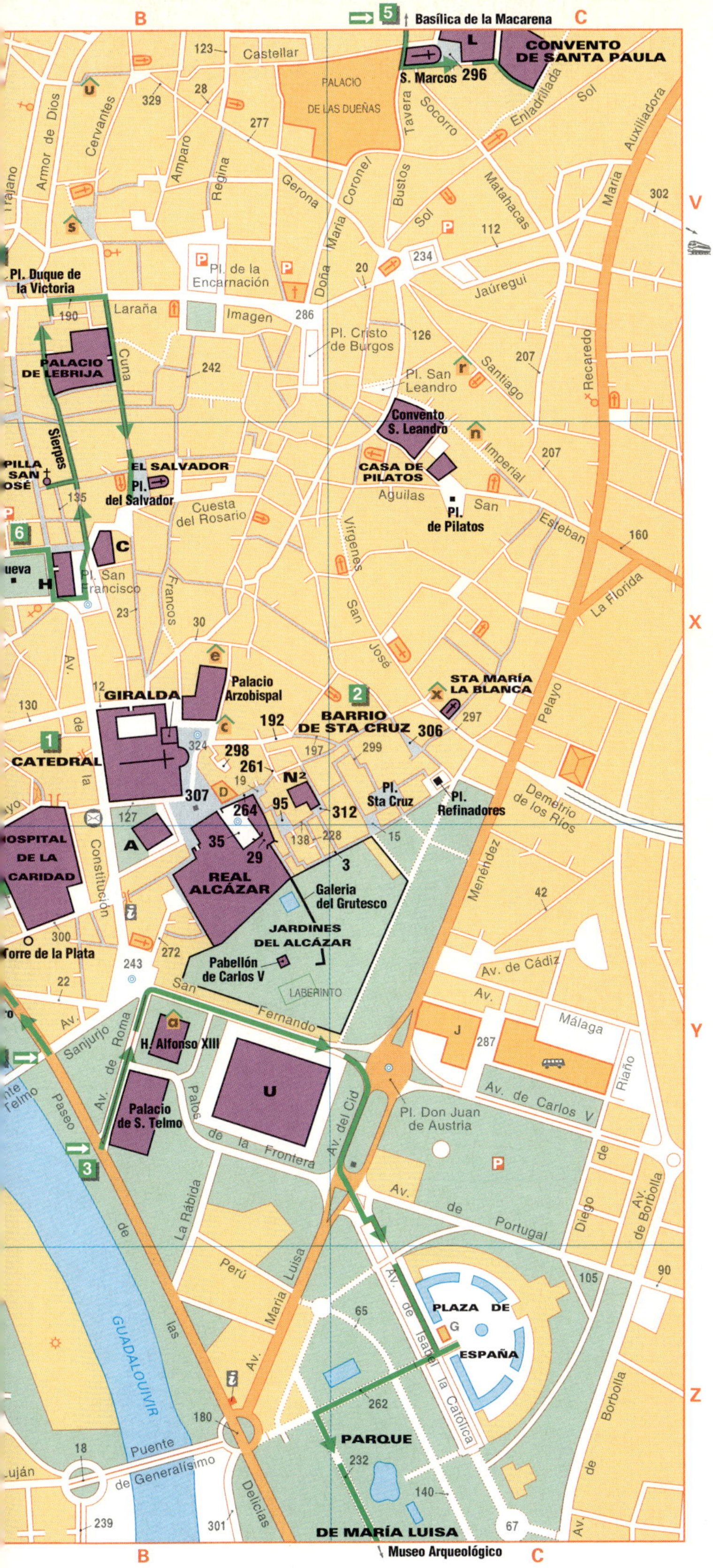

B
C
5 Basílica de la Macarena
CONVENTO DE SANTA PAULA
L
S. Marcos 296
PALACIO DE LAS DUEÑAS
Castellar
123
28
329
277
Armor de Dios
Cervantes
Amparo
Regina
Gerona
Coronel
María
Doña
Tavera
Socorro
Bustos
Enladrillada
Sol
Matahacas
Auxiliadora
María
302
V
112
234
20
Pl. de la Encarnación
Pl. Duque de la Victoria
190
Laraña
Imagen
286
Jaúregui
PALACIO DE LEBRIJA
Cuna
242
Pl. Cristo de Burgos
126
Pl. San Leandro
Santiago
207
Recaredo
Convento S. Leandro
Imperial
207
Sierpes
EL SALVADOR
Pl. del Salvador
CASA DE PILATOS
Aguilas
San
Esteban
Pl. de Pilatos
160
135
Cuesta del Rosario
Vírgenes
6
C
Pl. San Francisco
H
Francos
23
30
La Florida
X
San
José
Palacio Arzobispal
GIRALDA
12
130
STA MARÍA LA BLANCA
2
BARRIO DE STA CRUZ
192
306
297
Pelayo
1
CATEDRAL
324
298
261
197
299
N²
19
307
264
95
312
Pl. Sta Cruz
Pl. Refinadores
Demetrio de los Ríos
127
HOSPITAL DE LA CARIDAD
A
35
29
138
228
15
3
Constitución
REAL ALCÁZAR
Galeria del Grutesco
Menéndez
42
JARDINES DEL ALCÁZAR
300
Torre de la Plata
272
243
Pabellón de Carlos V
LABERINTO
Av. de Cádiz
22
San
Fernando
Av.
Málaga
Y
Sanjurjo
Roma
H. Alfonso XIII
J
287
U
Av. del Cid
Pl. Don Juan de Austria
Av. de Carlos V
Riaño
Palacio de S. Telmo
Palos
de la Frontera
Paseo
3
Av.
de
Portugal
Diego
Av. de Borbolla
La Rabida
Perú
María
Luisa
105
90
GUADALQUIVIR
65
PLAZA DE ESPAÑA
G
Av. de Isabel la Católica
las
Av.
262
Z
Borbolla
180
Puente
PARQUE
232
18
de Generalísimo
Luján
140
239
301
Delicias
DE MARÍA LUISA
67
Museo Arqueológico
B
C

RÉPERTOIRE DES RUES DES PLANS DE SÉVILLE

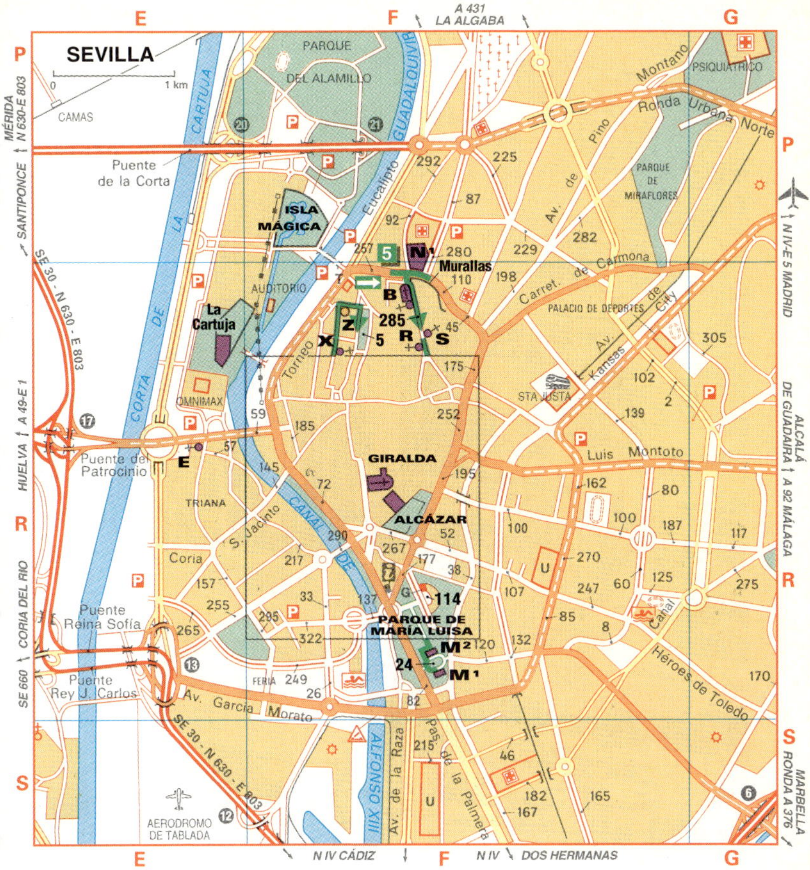

Archivo General de Indias . . . . .BXY A
Ayuntamiento . . . . .BX H
Barrio de Santa Cruz . .BCX
Basílica de la Macarena .FR B
Caja de Ahorros San Fernando . . . . . .BX C
Capilla de los Marineros .AY
Capilla del Patrocinio . . .ER E
Capilla de San José . . . .BX
La Cartuja – Centro Andaluz de Arte Contemporáneo . . . . . .ER
Casa de Pilatos CX
Catedral . . . . .BX
Convento de San Leandro CVX
Convento de Santa Isabel . . . . .CV L
Convento de Santa Paula CV
Giralda . . . . .BX
Hospital de la Caridad . . .BY
Hospital de las Cincos Llagas o de la Sangre (Parlamento de Andalucía) . . . . .EP N[1]
Hospital de los Venerables BX N[2]
Iglesia de la Magdalena .AX
Iglesia del Salvador . . . .BX
Iglesia San Luis de los Franceses . . . . . . .FR R
Iglesia de San Marcos . .CV
Iglesia de Santa María la Blanca CX
Iglesia de Santa Marina . .FR S
Isla Mágica . . . . .FP
Jardines del Alcázar . . .BCY
La Maestranza (Plaza de Toros) . . . . .AX
Monumento a la Tolerancia . . . . . . .AX
Murallas . . . . .FR
Museo Arqueológico . . . .FR M[1]
Museo de las Artes y Costumbres Populares FR M[2]
Museo de Bellas Artes . .AV
Palacio Arzobispal . . . . .BX
Palacio de la Condesa de Lebrija . . . . .BV
Palacio de San Telmo . . .BY
Parque de María Luisa . .CZ
Parroquia San Gil . . . . . .FR B
Parroquia de Santa Ana .AY
Plaza de España . . . . . . .CZ
Real Alcázar . . . . .BXY
Teatro de la Maestranza .AY
Templo de Nuestro Padre Jesús del Gran Poder . . . . .FR X
Torre de Don Fadrique . .FR Z
Torre del Oro (Museo de la Marina) . . . . .BY
Torre de la Plata . . . . . . .BY
Triana . . . . .AY
Universidad . . . . .BY U

Chapelles et autels...

Une fois la visite principale terminée, ne manquez pas de faire le tour des chapelles qui regorgent d'œuvres d'art.

– **Autel de Notre Dame de la Crèche** (**2**) : beau tableau de la Vierge par Alonso Cano.

– **Chapelle de saint Antoine** (**3**) : intéressantes toiles parmi lesquelles se détache une superbe *Vision de saint Antoine de Padoue*, par Murillo *(mur de droite)*. Notez aussi le *Baptême du Christ*, toujours par Murillo, et deux saint Pierre de Valdés Leal.

– **Autel du Saint Ange** (**4**) : remarquez le beau Murillo, *L'Ange gardien*.

– **Chapelle de saint Herménégilde** (**5**) : tombeau du cardinal Cervantes (15e s), œuvre en albâtre de Lorenzo Mercadante.

– **Chapelle de la Vierge de l'Antiquité** (**6**) : la plus grande, couverte d'une haute voûte ; à l'autel, belle fresque de la Vierge du 14e s.

– **Monument funéraire de Christophe Colomb** (**7**) : mausolée romantique du 19e s. où quatre personnages symbolisant les royaumes de Castille, de Léon, de Navarre et d'Aragon portent le cercueil de Colomb.

Vue aérienne du quartier de la cathédrale

La **grande sacristie**, belle salle du 16e s. en forme de croix grecque, abrite le superbe **ostensoir** Renaissance en argent de Juan de Arfe, de 3,90 m et 475 kg ; enfin, une *Sainte Thérèse* par Zurbarán et *Le Martyre de saint Laurent* par Lucas Jordán ornent le mur du fond.

Salle capitulaire – Bel exemple de l'architecture Renaissance du 16e s., cette vaste salle où trône une *Immaculée Conception* de Murillo est couverte d'une magnifique coupole elliptique à lanterne.

En dehors de l'itinéraire de visite – *Entrée par la porte des Bâtons (Palos)*. Dans cette partie de la cathédrale, réservée au culte, se trouvent la chapelle royale et la chapelle de saint Pierre.

★★ **Capilla Real** – La chapelle royale a été reconstruite sur une chapelle antérieure à l'époque de Charles Quint. De style plateresque, elle impressionne par sa monumentalité. Elle s'ouvre par un arc immense dont on apprécie mal la décoration faute de recul. De plan carré, elle est couverte d'une élégante coupole richement ornée de caissons dans lesquels sont sculptés des bustes, tandis que la petite abside présente un cul-de-four en forme de coquille Saint-Jacques décorée de personnages. Sur l'autel trône la statue en bois de **Notre-Dame des Rois**, patronne de Séville ; devant elle, une belle urne d'argent contient les restes de Saint Ferdinand III. Sur les côtés, tombeaux d'Alphonse X et de sa mère, Béatrice de Souabe. La majestueuse grille qui clôt la chapelle a été réalisée en 1771.

Chapelle de saint Pierre (**8**) – Sur ses murs est accrochée une incomparable série de peintures de **Zurbarán** illustrant la vie du saint.

Palacio Arzobispal – Le **palais archiépiscopal** s'élève sur la plaza de la Virgen de los Reyes, célèbre pour ses lanternes monumentales et ses calèches qui semblent guetter le client hypothétique… Son élégante façade de la fin du baroque a été réalisée au début du 18e s.

Plaza de Santa Marta – *Prendre le callejón de Santa Marta, en face du palais archiépiscopal.* Cette coquette petite place n'est accessible que par cette impasse. Les façades blanchies, les modestes grilles et la petite croix de pierre à l'ombre des orangers lui confèrent ce charme paisible que l'on retrouve dans tant de petites places sévillanes.

Y. Arthus-Bertrand/ALTITUDE

Archivo General de Indias ⓥ – L'ancienne Bourse (fin 16e) que construisit Juan de Herrera, l'architecte de l'Escurial, accueille aujourd'hui les **Archives générales des Indes**, fondées sous Charles III en 1785. D'un style Renaissance sobre, l'édifice présente deux étages à ouvertures architravées. Remarquez à l'intérieur le superbe escalier de marbre rose et noir du 18e s. Seul l'étage supérieur est ouvert à la visite et les grandes salles aux superbes plafonds voûtés conservent une inestimable collection de documents relatifs à la découverte et à la colonisation de l'Amérique. On y voit des autographes de Christophe Colomb, de Magellan, de Cortès, de Juan Sebastián Elcano, etc.

Plaza del Triunfo – Cette place, au centre de laquelle trône sur une colonne la Vierge Immaculée, s'inscrit entre divers édifices somptueux : les Archives des Indes, la cathédrale, l'Alcázar et la Maison de la province (Casa de la Provincia), qui occupe l'ancien hôpital du Roi.

★★★Real Alcázar ⓥ

Entrée par la porte du Lion (León).

Ce bel ensemble palatial se distingue des autres résidences royales d'Espagne du fait de sa diversité architecturale. Commencé au 10e s., il fut complété et modifié au fil des siècles. Il ne subsiste de l'Alcázar almohade (12e s.) que le patio du Plâtre (Yeso) et les arcs fortifiés qui séparent le patio de la Vénerie (Montería) du patio du Lion (León). Au 13e s., le roi de Castille Alphonse X le Sage fit construire le palais gothique (actuels salons de Charles Quint). Chef-d'œuvre de l'art mudéjar, le noyau principal du palais fut bâti à partir de 1362 par Pierre Ier, qui fit appel à des artisans de Grenade ; c'est pourquoi la décoration se rapproche beaucoup de celle de l'Alhambra *(p. 190)*, qui date de la même époque. Plus tard, le palais subit des modifications à l'époque de Jean II, des Rois catholiques, de Charles Quint et de Philippe II.

Cuarto del Almirante – *Aile droite du patio de la Vénerie.* L'**appartement de l'Amiral** fut le cadre de la fondation de la chambre de commerce par Isabelle la Catholique en 1503. Dans la salle des Audiences est exposé le merveilleux retable de la **Vierge des Navigateurs**★ (1531-1536), admirablement exécuté par Alejo Fernández.

Sala de la Justicia et patio del Yeso – *À gauche du patio de la Vénerie.* La salle de Justice fut érigée au 14e s. sur les restes de l'ancien palais almohade. Notez la belle décoration de plâtre et la magnifique coupole.

★★★ **Palais de Pierre le Cruel** – Sa façade évoque celle du patio de la Chambre Dorée de l'Alhambra : un grand auvent de bois sculpté abrite un décor de *sebka (voir plus haut La Giralda)*, de graciles arcades polylobées et une grande frise épigraphique.

Le palais s'organise autour de deux patios : le patio des Demoiselles (Doncellas), centre de la vie officielle, et le petit patio des Poupées (Muñecas), réservé à la vie privée.

Un vestibule conduit au vaste **patio des Demoiselles** (Doncellas). Il est décoré de façon exquise par une galerie d'arcs polylobés reposant sur des colonnes de marbre jumelées ; les retombées sont ornées de plâtres moulés ; dans la galerie, remarquez également le superbe soubassement d'*alicatados* (14e s.). L'étage, dans le style italien, est un ajout disparate de l'époque de Charles Quint.

De superbes salles de style mudéjar ouvrent sur le patio : la **salle du plafond de Charles Quint** (salón del techo de Carlos V – $f15f7$), ancienne chapelle du palais, dont le magnifique plafond Renaissance est orné de caissons polygonaux ; la **chambre à coucher des Rois maures** (dormitorio de los Reyes Moros – **2**), deux salles décorées de ravissants plâtres bleutés et d'un plafond artesonado de toute beauté ; le **salon des Ambassadeurs** (salón de Embajadores – **3**), le plus spectaculaire de l'Alcázar, que couronne une impressionnante **coupole**★★★ hémisphérique de cèdre du 15e s. ornée d'un entrelacs ajouré. Remarquez les pendentifs décorés de moçarabes. Le soubassement d'azulejos et la décoration raffinée des murs apportent la touche finale à cet ensemble exceptionnel. Le salon communique avec la **salle du plafond de Philippe II** (salón del techo de Felipe II – **4**), au magnifique plafond à caissons de cèdre Renaissance.

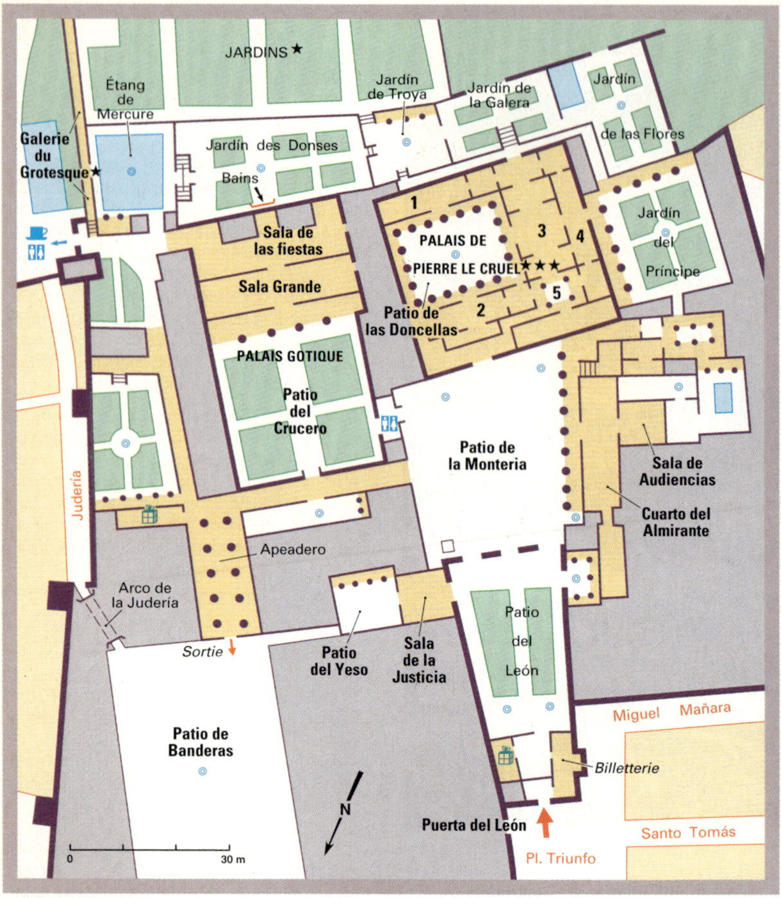

REAL ALCÁZAR

Boutique Toilettes Café

Le salon des Ambassadeurs mène au petit **patio des Poupées** (Muñecas – **5**), dont les arc dentelés encadrés d'*alfiz* reflètent l'influence de Grenade. La galerie de l'étage, restauration du 19e s., dessert l'appartement du Prince.

Se diriger vers le patio de la Vénerie et prendre, sur le côté Est, le couloir dit de Charles Quint, pour gagner le patio de la Croisée (Crucero).

Palais gothique ou salons de Charles Quint – C'est par un portique baroque, au fond du **patio de la Croisée**, que l'on accède au palais. Construit par Alphonse X, il subit d'importantes transformations au 18e s. à la suite du tremblement de terre de Lisbonne. C'est de cette époque que date la **Grande Salle**, où est exposée une partie de la collection de **tapisseries**★★ exécutées à la Manufacture royale de Tapisseries de Madrid (18e s.) et illustrant la conquête de Tunis en 1535. La **salle des Fêtes ou des Voûtes** (sala de las fiestas o de las bóvedas – 13e s.), la partie la plus ancienne du palais, a conservé sa structure et ses voûtes en croisée d'ogive d'origine. C'est ici que fut signé le contrat de mariage de Charles Quint et d'Isabelle de Portugal. Remarquez le beau soubassement d'azulejos du 16e s. ainsi que l'autre partie de la collection de tapisseries. Les grandes baies offrent un aperçu des délicieux jardins.

Les appartement royaux

Une visite guidée (en option) de 30 mn permet de visiter la résidence officielle des rois d'Espagne à Séville. Du mobilier et des pendules du 19e s., des tapisseries du 18e s., des lustres de fabrication française et de superbes plafonds constituent le décor de ces pièces. Les plus remarquables d'entre elles sont la **chapelle des Rois catholiques** – un précieux oratoire avec un petit autel d'azulejos, œuvre de Niculaso Pisano – et la **salle d'audience**, de style mudéjar.

★**Jardins** – Petits ou grands, mais tous aussi charmants, ce sont de véritables jardins d'Éden. Tout comme le palais, ils ont été dessinés à différentes périodes : époque arabe, Renaissance, période baroque... Ils occupent les 4/5 de la surface totale de l'Alcázar et sont distribués en terrasses où, comme à l'habitude, l'eau occupe une place de choix. À gauche en sortant des salons de Charles Quint, on rejoint l'étang de Mercure et la **galerie du Grotesque★** du 17e s., qui occupe le pan entier d'une ancienne muraille. C'est de là que l'on a la meilleure vue d'ensemble des jardins.
Depuis le jardin des Danses, qui se trouve à droite en contrebas, un couloir passant sous les salons de Charles Quint mène aux bains de Maria de Padilla, une vaste « grotte » installée sous les voûtes portant le patio de la Croisée.
Au-delà du **pavillon de Charles Quint** (16e s.) se trouvent le labyrinthe et ses massifs bien taillés, ainsi qu'un jardin moderne de goût anglais, sur la droite. Y flâner, avec le murmure de l'eau pour unique compagnie, est un pur voyage hors du temps...

Par l'ancienne entrée du palais, vestibule baroque à colonnes jumelées dit *apeadero* car c'était là que les cavaliers mettaient pied à terre, on rejoint le patio de Banderas.

Patio de Banderas – La **cour des Pavillons** est l'ancienne place d'armes de l'Alcázar primitif. Cette petite place fermée, avec ses orangers et sa simple fontaine, est bordée d'élégantes façades sur lesquelles se détache la silhouette de la Giralda.

★★★ 2 QUARTIER DE SANTA CRUZ

On est ici au cœur de Séville : impossible de résister au charme de ce quartier, avec ses ruelles sinueuses, ses pittoresques maisons chaulées, ses délicats patios fleuris à peine visibles et ses modestes petites places. Quartier juif au Moyen Âge, il bénéficia de la protection de la couronne après la Reconquête, mais à la fin du 14e s. il fut investi par les chrétiens qui transformèrent toutes les synagogues en églises. Aujourd'hui, c'est un véritable havre de paix au cœur de la ville, où le temps semble s'être figé... Le jour, on appréciera son charme sous le soleil éblouissant d'Andalousie, et, le soir, on ne résistera pas à une balade à la lueur des réverbères. À la tombée du jour, tout le quartier s'éveille, bars et restaurants s'animent et... la fête commence !

Couleur de Séville ...

Comme le disent les paroles d'une célèbre chanson :

« J'aime les couleurs de Séville,
Le parfum de ses orangers,
J'aime son charme tranquille,
Car je ne m'y sens pas étranger... »

Une promenade dans le quartier vous donnera l'illusion d'avoir remonté le temps... Partez de l'**arc de la Judería** (un passage couvert communiquant avec la cour des Pavillons), et suivez le **callejón del Agua**, qui longe la muraille. Ou bien, en sortant de cette même cour sur la plaza del Triunfo, prenez tout de suite à droite la **calle Romero Morube** ; c'est peut-être un peu moins théâtral, mais c'est tout aussi agréable. Vous longez l'Alcázar jusqu'à la plaza de la Alianza, que vous traversez pour continuer par le **callejón de Rodrigo Caro**, qui se rétrécit peu à peu en une charmante petite ruelle sinueuse et débouche sur la **plaza de Doña Elvira**, l'une des places les plus typiques du quartier avec ses bancs d'azulejos et sa petite fontaine de pierre sous les orangers. Puis, par la calle Gloria, rendez-vous à la coquette **plaza de los Venerables** où se trouve l'hôpital à qui elle a donné son nom.

★**Hospital de los Venerables** ⓥ – Fondé en 1675, l'hospice destiné aux prêtres âgés – et donc vénérables – et conçu par Leonardo de Figueroa est l'un des meilleurs exemples du baroque sévillan du 17e s. Aujourd'hui, c'est le siège de la fondation culturelle Focus. Beau patio décoré d'azulejos du 19e s.
L'**église★**, à nef unique, voûte en berceau et lunettes, est ornée de **fresques★★** de Valdés Leal et de son fils Lucas Valdés ; admirez dans le chevet *La Dernière Cène*, par Valdés fils, et, au-dessus, *L'Apothéose de saint Ferdinand*, par Valdés père. Dans la nef, on peut voir quatre œuvres flamandes sur cuivre et deux petits ouvrages peints sur marbre ; à l'entrée de l'église, deux belles sculptures de Pedro Roldán : *Saint Ferdinand* et *Saint Pierre*. On y donne de nos jours des concerts d'orgue, d'où la disposition des bancs.
Dans la **sacristie**, remarquez la fresque de Valdés Leal sur le thème du triomphe de la Foi et la balustrade ; par un étrange effet d'optique, il semble, quand on traverse la pièce en fixant la balustrade, que les balustres changent de position. Admirables christs d'ivoire du 18e s.
Le superbe **escalier principal★** se développe sous une coupole elliptique baroque décorée de stucs et du blason papal. Remarquez également *La Présentation de Jésus au temple*, autre peinture murale de Lucas Valdés.

Don Juan

Le personnage de don Juan, mythe universel, archétype du séducteur frivole et sans scrupules, apparaît pour la première fois dans *Le Séducteur de Séville et le Convive de pierre* de Tirso de Molina (1630). Peut être se serait-il inspiré de don Miguel de Mañara, fondateur de l'hôpital de la Charité *(voir p. 304)*. L'histoire littéraire – et musicale – ne compte plus les grands auteurs qui de Molière à Montherlant en passant par Gluck, Mozart, Alexandre Dumas père, Pouchkine et Byron ont été fascinés par ce caractère que chacun a interprété à sa manière. En Espagne, l'interprétation la plus connue est celle de Zorrilla avec *Don Juan Tenorio* (1844), statufié sur la plaza de los Refinadores.

Places et rues – Nombre de rues intéressantes portent des noms évocateurs : Mesón del Moro (rue de la Maison-du-Maure), Gloria (rue de la Gloire), Pimienta (rue du Poivre), ou cette calle Susona sur laquelle court une légende sur les amours malheureuses d'une juive et d'un chrétien.
Par la calle Santa Teresa (au n° 7, maison de Murillo, aujourd'hui salle d'exposition) ou de la plaza de Alfaro, on accède à la **plaza de Santa Cruz**, qui a donné son nom à ce charmant quartier. Au centre de la place s'élève la superbe croix de la Serrurerie (Cerrajería – 17e s.). C'est là qu'est enterrée une figure emblématique de Séville, le peintre Murillo. Tout près se trouvent les jardins Murillo.
La calle Mezquita donne sur la majestueuse **plaza de los Refinadores** où s'élève la statue érigée en l'honneur de don Juan Tenorio, immortalisé à l'ombre de cinq palmiers. Une ruelle mène à la **plaza de las Tres Cruces** avec ses trois colonnes portant des croix de fer forgé.
Dans la **calle Mateos Gago**, qui part de la plaza de la Virgen de los Reyes, on trouve de nombreux bars très fréquentés et quelques demeures intéressantes du début du 20e s. On a de là une vue impressionnante sur la Giralda. Laissez-vous tenter par quelques tapas accompagnées d'une chope de bière ou d'un verre de xérès pour profiter encore de ce quartier si plaisant...

★3 LE PALAIS SAN TELMO ET LE PARC MARÍA LUISA

Palacio de San Telmo – Ce bâtiment tout en longueur édifié à la fin du 17e s. abrite aujourd'hui la présidence de l'Assemblée (Junta) d'Andalousie. D'abord école navale, puis résidence des ducs de Montpensier, il faisait office au début du 20e s. de séminaire. Son **portail principal★**, l'un des plus beaux exemples de baroque sévillan, a été dessiné par l'architecte Leonardo de Figueroa ; les trois registres sont somptueusement décorés de colonnes, de motifs marins et de statues. À son sommet, une statue de saint Telmo se découpe sur le ciel andalou.

Hotel Alfonso XIII – Ce célèbre hôtel de Séville bâti à l'occasion de l'Exposition ibéro-américaine de 1929 présente un style régional avec des caractéristiques néomudéjares en vogue à l'époque comme l'attestent d'autres édifices construits au même moment.

Universidad – L'université est installée dans l'**ancienne manufacture des tabacs** (18e s.), superbe édifice aux harmonieuses lignes classiques et aux dimensions impressionnantes. La façade principale (calle San Fernando) de cet imposant quadrilatère de deux étages est dotée d'un magnifique **portail** sur deux niveaux avec des colonnes jumelées ; le fronton orné d'un grand blason est surmonté de l'effigie de la Renommée. L'arc de la porte est décoré de reliefs et de médaillons portant les bustes de Christophe Colomb et d'Hernán Cortés. Un coup d'œil à l'intérieur vous permettra d'apprécier les beaux patios et l'escalier monumental. Et souvenez-vous que Prosper Mérimée puis Georges Bizet ont fait de Carmen l'une des cigarières qui travaillaient ici jadis.

★★Parque de María Luisa

Ce parc, l'un des lieux de prédilection de tous les Sévillans, fut donné à la ville par l'infante María Luisa, duchesse de Montpensier. Il faisait partie des jardins du palais San Telmo, alors résidence des ducs de Montpensier. Jean Claude Nicolas Forestier le modifia à l'occasion de l'Exposition ibéro-américaine de 1929 et lui donna son aspect actuel.
Ce merveilleux jardin romantique à la végétation variée et agrémenté de bassins et de tonnelles accueille des édifices dont la construction pour l'exposition a contribué à son embellissement.

★**Plaza de España** – C'est l'architecte sévillan Aníbal González qui est à l'origine de cette étonnante place immense en demi-cercle ornée d'azulejos et parcourue par un canal *(possibilité de louer des barques)*. Le grand bâtiment de briques flanqué à chaque extrémité d'une haute tour présente cinquante-huit bancs logés dans des niches décorées d'azulejos, illustrant des épisodes historiques de chaque province d'Espagne.

R. Mattès

En attendant les touristes...

Plaza de América – Le même architecte est encore à l'origine de trois édifices réalisés ici à l'occasion de l'exposition de 1929 : le pavillon Royal, à l'une des extrémités, de style isabélin, et, face à face au centre de la place, les pavillons Renaissance et mudéjar.

★**Museo Arqueológico** ⓥ – Le pavillon Renaissance abrite le Musée archéologique, riche en collections préhistoriques et romaines.
Au rez-de-chaussée, la section préhistorique présente des objets découverts lors de fouilles réalisées dans la province. Arrêtez-vous tout particulièrement dans la **salle VI**, qui expose le **trésor de El Carambolo**★ (7e-6e s. avant J.-C.), merveilleux ensemble de bijoux tartessiens en or et d'influence phénicienne à la modernité surprenante, ainsi que la **déesse Astarté** (8e s. avant J.-C.), petite figurine de bronze dont l'inscription est l'un des plus anciens témoignages d'écriture de la péninsule.
L'étage principal est presque totalement consacré à la **collection romaine**★ *(salles XII à XXV)*, qui provient en majeure partie d'Itálica *(voir p. 313)*. De magnifiques sculptures et mosaïques, bien mises en valeur, nous démontrent l'importance prise par la civilisation romaine en Andalousie. Notez dans les vitrines les intéressantes reconstitutions de la vie quotidienne à l'époque romaine (vie familiale, religion, commerce, monnaies, etc.).
Il convient de distinguer un Mercure ayant à ses pieds une grande mosaïque *(salle XIV)* ; une curieuse collection de plaques de marbre creusées d'empreintes de pieds et dédiées à la déesse Némésis à l'occasion des jeux *(salle XVI)* ; une Vénus *(salle XVII)* ; de superbes sculptures – dont une Diane – et les plaques de bronze de la Lex Irnitana, que promulgua Vespasien *(salle XIX et annexe)* ; un Trajan en héros *(salle XX)* ; et, dans la salle XXV consacrée au monde funèbre, les sarcophages, les trousseaux funéraires, le colombarium, etc.

Museo de las Artes y Costumbres Populares ⓥ – Installé dans le pavillon mudéjar, le **musée des Arts et Costumes populaires** expose des collections à caractère ethnographique (costumes de pèlerins, tenues pour la Feria, reconstitutions du cadre de vie, instruments de musique, outils agricoles...), ainsi qu'une collection d'affiches de la Feria de Séville.

Au beau milieu de la verdure...

Vous apprécierez dans le parc María Luisa non seulement ses constructions et ses grandes avenues arborées, mais aussi le doux murmure de ses fontaines, les cabinets de verdure et les statues d'hommes célèbres, qui animent cet endroit intime et romantique. Signalons le cabinet dédié à l'écrivain Gustavo Bécquer et son gigantesque conifère central, celui de Cervantès *(à l'une des extrémités de la plaza de América)*, où des azulejos illustrent des épisodes de *Don Quichotte*, ou ceux des frères Machado, deux célèbres poètes du début du 20e s. originaires de Séville, ou de deux autres frères, les Álvarez Quintero, auteurs de comédies ayant l'Andalousie pour cadre.

★4 PROMENADE LE LONG DU FLEUVE

Le **paseo de Cristóbal Colón**, l'un des plus plaisants de la ville, longe le fleuve entre les ponts San Telmo et Isabel II. De vastes jardins en terrasses offrent une agréable vue sur le fleuve et le quartier de Triana et invitent à prendre quelques minutes de repos en admirant le panorama et quelques-uns des édifices les plus marquants de la ville, telles la tour d'Or et les arènes.

Torre del Oro – Cette belle tour almohade du 13e s., qui surplombe le Guadalquivir, faisait partie du système défensif de la ville, tout comme la tour de la Plata. À l'origine couverte d'azulejos dorés, elle permettait, à l'aide d'une autre tour située sur la rive opposée, de fermer le fleuve par des chaînes. Elle se compose de deux corps à douze pans, l'inférieur en pierre, le supérieur, qui semble la réduction du premier, en brique. Elle est couronnée de créneaux et surmontée d'une tourelle ajoutée au 18e s. Elle reçoit aujourd'hui le **musée de la Marine** (Museo de la Marina ⓥ), consacré bien évidemment au monde de la mer.
À quai, des vedettes proposent d'agréables promenades sur le Guadalquivir.

Face à la tour d'Or se dresse le **théâtre de la Maestranza** et sa fausse façade qui ne manque pas d'intriguer. Derrière, dans la calle Temprado, se trouve l'hôpital de la Charité, qui recèle d'importantes œuvres d'art.

★**Hospital de la Caridad** – L'hôpital de la Charité fut fondé en 1667 par don Miguel de Mañara (1627-1679), qui, après un accident, eut la vision de sa propre mort, se repentit de sa vie libertine et résolut de secourir les malheureux et les déshérités.

La façade de l'église, aveuglante au soleil, comporte cinq panneaux d'azulejos blanc et bleu réalisés, pense-t-on, d'après des dessins de Murillo : au registre supérieur figurent les trois vertus théologales, la Foi, l'Espérance et la Charité, et au registre intermédiaire saint Georges luttant contre le dragon et saint Jacques Matamore.

Pour visiter, entrer par l'hôpital puis traverser l'élégant double patio décoré de panneaux d'azulejos illustrant des scènes de l'Ancien et du Nouveau Testament.

★★**Église** – Cette église baroque à nef unique recèle des joyaux artistiques, que Mañara fit réaliser par les meilleurs artistes sévillans de l'époque. Cet ensemble iconographique illustrant les thèmes de la mort et de la charité avait pour but de mener les frères de la Charité sur le bon chemin.

À l'entrée de l'église, sous la tribune faisant office de coro, deux **tableaux**★★ de **Juan de Valdés Leal** se distinguent par leur réalisme cru. Le macabre ***Finis Gloriae Mundi*** (appelé aussi *Ni más, ni menos – Ni plus, ni moins*) présente les cadavres d'un évêque et d'un chevalier en putréfaction ; la main du Christ soupesant leurs vertus et leurs péchés (figurés par des animaux) évoque le Jugement dernier. ***In Ictu Oculi*** *(En un clin d'œil)* est une allégorie de la mort, figurée par un squelette piétinant les symboles du monde terrestre (la sphère terrestre, une couronne, des livres, etc.). Au-dessus du coro se trouve une *Exaltation de la Croix*, également de Valdés Leal.

Dans la nef, diverses **œuvres**★ de **Murillo** illustrent le thème de la charité. Le superbe ***Sainte Élisabeth de Hongrie soignant les teigneux*** exalte le sens du dévouement, tandis que ***Saint Jean de Dieu portant un malade sur ses épaules*** révèle la parfaite maîtrise du clair-obscur chez l'artiste. Les peintures d'enfants des autels latéraux sont également dues à Murillo. Un autel latéral présente un Christ ensanglanté réalisé par Pedro Roldán (17ᵉ s.) ; remarquez son douloureux regard tourné vers le ciel. À hauteur de la croisée du transept se font face deux grandes toiles horizontales : ***La Multiplication des pains et des poissons*** (donner à manger à ceux qui ont faim) et ***Le Miracle des eaux*** (donner à boire à ceux qui ont soif). Les peintures de la coupole de la croisée sont de Valdés Leal : dans chaque ove apparaît un ange portant les instruments de la Passion, et, sur les pendentifs, les évangélistes. Admirez les magnifiques anges portant des lampes.

Le maître-autel est orné d'un superbe **retable** baroque de Pedro Roldán, dont le panneau central comprend un **groupe sculpté**★★ représentant la mise au tombeau ; les visages empreints d'émotion contenue ont été admirablement traités par l'artiste.

En sortant de l'hôpital, remarquez la statue de son fondateur *(juste en face)*, et à gauche, parmi d'autres édifices, la **tour de la Plata**, vestige de l'ancienne muraille.

Reprendre le paseo de Cristóbal Colón et se diriger vers le pont de Triana.

Carmen

Ce personnage légendaire sorti tout droit de l'imagination de Mérimée en 1845 est repris par Bizet dans son célèbre opéra (1874) qui raconte les amours tumultueuses de Carmen la cigarière, d'un brigadier et d'un picador. Juste devant les arènes, où s'achève tragiquement l'opéra, s'élève la statue de bronze de Carmen, qui incarne désormais l'amour passionnel féminin.

La Maestranza – Les célèbres **arènes** blanc et jaune de Séville, construites entre 1758 et 1881, ont la particularité de ne pas être totalement rondes. L'élément intérieur le plus intéressant est la porte par laquelle sortent les toreros lors de leurs triomphes, appelée Puerta del Príncipe. Le **musée** expose des affiches, des tableaux, des bustes, des habits de lumière et des souvenirs variés se rapportant au monde de la corrida.

Longer le fleuve.

Juste avant le pont Isabel II, une grande sculpture de pierre signée Eduardo Chillida et placée là en avril 1992 glorifie **la Tolérance**.

★Triana

Une fois franchi le pont de Triana, ou pont Isabel II (1845), on a de jolies **vues** sur les berges du fleuve et on pénètre alors dans un quartier de Séville particulièrement savoureux : Triana. Traditionnellement quartier de marins et de potiers, c'est aussi le berceau de toreros et de chanteurs de flamenco.

Le quartier de la céramique

Près de la plaza del Altozano, dans le triangle formé par la plaza Callao et les calles Antillano Campos et Alfarería, ateliers et boutiques spécialisés dans la céramique perpétuent la tradition de ce quartier, où certaines devantures emploient les azulejos pour promouvoir... les azulejos !

À gauche, sur la **plaza del Altozano** s'élève un monument en l'honneur d'une figure célèbre dans l'histoire de la tauromachie, Juan Belmonte (1882-1962), illustre enfant de Triana bien qu'il soit né dans la calle Feria.

Entrer dans Triana par la **calle Pureza**. Au n° 55, coincée entre de modestes petites maisons soignées, la **chapelle des Marins** abrite la statue de la **Vierge de l'Espérance de Triana**, l'une des plus vénérées de Séville (sa sortie en procession au cours de la Semaine sainte rivalise avec celle de la Macarena). À droite du maître-autel, crucifix (fin du 16e s.) dit Christ des trois chutes par allusion aux chutes de Jésus lors de la montée au Golgotha.

Santa Ana – *Calle Pureza.* Église la plus ancienne de Séville, elle fut fondée par Alphonse X le Sage. Considérablement transformée au fil des siècles, surtout au 18e s., il ne reste que peu d'éléments du 13e s.

Extérieur – Il est difficile de parler d'un style précis en raison de toutes les modifications apportées à sa construction ; néanmoins, la tour est très nettement d'inspiration mudéjare comme l'attestent les arcs polylobés des parties inférieures, ainsi que le décor d'azulejos des parties supérieures.

Intérieur – *Entrée latérale, calle Vázquez de Leca.* Dans les trois hauts vaisseaux couverts de voûtes sexpartites sont réunis nombre de tableaux et de sculptures dont nous ne citerons que les plus importants.
La *capilla mayor* est pourvue d'un superbe **retable Renaissance** orné de peintures – certaines sont l'œuvre de Pedro Campaña – et de sculptures dédiées à la Vierge. Un groupe sculpté comprenant sainte Anne, la Vierge et l'Enfant occupe la niche centrale ; l'Enfant est de facture moderne, mais les statues féminines, du 13e s., ont subi quelques transformations postérieures.
Dans le trascoro se trouve la **Vierge à la rose**, chef-d'œuvre de délicatesse d'Alejo Fernández (début du 16e s.). Une chapelle du collatéral gauche est ornée d'un beau soubassement et d'un autel en azulejos.

Calle Betis – C'est la façade de Triana sur le fleuve. Descendez tranquillement cette rue d'où l'on a de superbes vues sur l'autre rive : la tour d'Or, sous un autre angle, les arènes et l'ensemble urbain d'où émerge la silhouette élégante de la Giralda. Ce quartier, traditionnellement habité par les marins, forme avec ses petites maisons pimpantes, ses bars et ses bistrots un ensemble charmant et raffiné que le visiteur ne manquera pas d'apprécier. Et le soir, une promenade romantique au clair de lune qui se mire dans les eaux du Guadalquivir s'impose...

« El Cachorro »

Dans la **chapelle du Patronage** (Patrocinio ⓥ), au bout de la calle Castilla, tout à fait à l'Est du quartier, on vénère tout particulièrement le **Christ de l'Expiration**, plus connu sous le nom de « El Cachorro », chef-d'œuvre de la fin du 17e s. sculpté par Francisco Antonio Gijón. On raconte que l'artiste s'inspira pour tailler le visage du Christ du croquis qu'il avait pris d'un gitan, surnommé « el Cachorro » et mort assassiné ; les gens du quartier l'identifièrent immédiatement tant la reproduction était réaliste et fidèle, et le surnom resta attaché à la statue.

★5 LA MACARENA ET LA CALLE SAN LUIS

Basilique de la Macarena ⓥ – Sur le maître-autel de l'église Nuestra Señora de la Esperanza, qui fut érigée au milieu du 20e s., trône la statue la plus célèbre de Séville, **La Macarena★**, l'une des représentations de la Vierge protectrice de Séville, ciselée au 17e s. par un artiste inconnu. Les Sévillans affirment que seul un ange a pu être à l'origine d'un tel chef-d'œuvre... La beauté du visage en larmes déclenche la ferveur populaire lors de la procession du Vendredi saint. Une chapelle latérale du bas-côté droit accueille le Christ du Jugement, très vénéré aussi, qui accompagne la Vierge lors de la procession.

Ch. Sappa/RAPHO

Procession du Vendredi saint

Le **musée** expose des capes et des robes, ainsi que les impressionnants pasos sur lesquels sont portées les statues lors des processions de la Semaine sainte, dont ils reflètent la splendeur.

En face de l'église se trouvent l'**arc de la Macarena** et une partie des anciennes **murailles** arabes, qui rejoint la porte de Cordoue. Précédés de barbacanes, les murs sont jalonnés de grosses tours carrées.

Hospital de las Cinco Llagas, o de la Sangre – *En face de l'arc de la Macarena.* L'**hôpital des Cinq Plaies, ou du Sang**, est actuellement le siège du Parlement andalou. Ce grand bâtiment sobre de style Renaissance qui donne sur une place avec jardin était jusqu'aux années 1950 l'hôpital central de la ville. De proportions harmonieuses, il se compose de deux étages et est flanqué de grosses tours aux angles. Le blason des Cinq Plaies surmonte le portail de marbre blanc.

Revenir à la basilique, derrière laquelle se trouve l'église **St-Gilles** (13e s. mais avec des remaniements postérieurs) et descendre la calle de San Luis.

Santa Marina – Cette église en brique du 14e s. présente un simple portail de pierre en ogive avec une petite décoration sculptée et une tour mudéjare toute simple surmontée de créneaux. Contournez l'église pour admirer ses beaux contreforts et les grandes baies gothiques du chevet.

★**San Luis de los Franceses** ⓥ – Conçue par Leonardo de Figueroa, l'**église St-Louis-des-Français** est l'un des meilleurs exemples de l'architecture baroque sévillane. La compartimentation de sa **façade** est parfaitement marquée : deux étages flanqués de tours octogonales encadrant une coupole centrale ornée de céramique.
L'**intérieur**★★ surprend par l'exubérance de sa décoration : les peintures murales de la magnifique coupole par Lucas Valdés, les somptueux retables de Pedro Duque Cornejo, les ravissants azulejos... composent un ensemble d'une parfaite harmonie. Et regardez bien le parement du maître-autel... C'est un bien curieux reliquaire.

San Marcos – La façade élégante (14e s.) de cette église mêle parfaitement éléments gothiques et mudéjars. La superbe **tour mudéjare**★ a très nettement été influencée par la Giralda (arcs polylobés et frise supérieure ornée de sebka). Toute la construction est en brique, à l'exception du portail gothique qui est en pierre : trois sculptures du 18e s. (Dieu le Père, la Vierge et l'ange) ont remplacé les sculptures primitives et une élégante frise de sebka lui confère une certaine originalité.
À l'intérieur, d'une blancheur épurée, belle statue de **saint Marc** du 17e s. *(bas-côté gauche)* et **Christ gisant** du 18e s. *(bas-côté droit)*.

Derrière l'église, sur la **plaza de Santa Isabel**, le portail du **couvent** homonyme est orné d'un relief (début du 17e s.) de la Visitation de la Vierge à sa cousine Élisabeth par Andrés Ocampo. Il est difficile de visiter l'église, intéressante au demeurant, car elle n'est ouverte que le matin très tôt pour la messe quotidienne.

★**Convento de Santa Paula** ⓥ – Fondé à la fin du 15e s., c'est l'un des plus beaux et des plus riches couvents de clôture de Séville. Son élégant clocher-mur (17e s.) se découpe sur les maisons environnantes et invite à la visite. Sachez aussi – raison supplémentaire d'y pénétrer – que les religieuses hiéronymites préparent et proposent de délicieuses confiseries et des confitures.

★ **Église** – *S'adresser à la porte de gauche, là où vous verrez l'azulejo de Santa Paula.* Après avoir franchi la porte, on se trouve sur un agréable parvis qui donne sur la superbe **façade**★ de l'église, achevée en 1504 par Niculoso Pisano. Elle est entièrement de brique en assises de deux tons alternées et ornée d'azulejos avec profusion. Malgré le mélange des styles, mudéjar pour la brique, gothique pour les arcs et Renaissance pour les médaillons et le parapet, le résultat est tout à fait harmonieux. Remarquez sur le tympan le blason des Rois catholiques et sur le médaillon central, attribué à Lucca Della Robia, la Nativité.

L'**intérieur**★ à nef unique est couvert d'un plafond artesonado du 17e s. Le *presbiterio* à voûtes gothiques est totalement couvert de précieuses peintures à fresque polychromes. De part et d'autre du maître-autel, deux niches abritent les sépulcres des marquis de Montemayor, bienfaiteurs de l'église, tandis que le frère de la marquise repose dans une autre niche. Le retable principal, exécuté au début du 18e s., conserve en son centre une statue de sainte Paule provenant d'un retable plus ancien. Admirez le mouvement des deux anges portant les lampes. Dans la nef, deux autels dédiés à saint Jean l'Évangéliste et à saint Jean Baptiste se font face. Les deux statues, de belle facture, sont l'œuvre de Martínez Montañés. Dans le bas-côté droit, un Christ gothique occupe une grande vitrine. Le *coro* est clôturé et séparé du reste de l'église par une grille.

★ **Musée** – *Entrée par le n° 11 de la place.* Il occupe les étages de certaines dépendances du couvent, pourvues parfois de superbes plafonds artesonados. On peut y admirer des chefs-d'œuvre de Ribera *(Saint Jérôme* et *L'Adoration des Bergers)*, de Pedro de Mena *(Mater Dolorosa* et *Ecce homo)*, une *Immaculée Conception* d'Alonso Cano, ainsi qu'une adorable crèche du 18e s. comprenant de nombreux personnages.

B. Kaufmann/MICHELIN

Voûte du presbiterio de l'église du couvent Santa Paula

★ 6 LE CENTRE

Plaza Nueva – Cette grande place rectangulaire occupe l'emplacement de l'ancien couvent St-François. Au centre s'élève la statue équestre de Saint Ferdinand III qui reprit la ville aux Maures. Ses palmiers élancés, ses bancs et ses réverbères en font un endroit très plaisant.

Ayuntamiento – Sur cette place s'élève la façade Ouest de l'**hôtel de ville**, néoclassique et réalisée au 19e s. ; en revanche, la ravissante **façade**★ (16e s.) Est, œuvre de Diego de Riaño donnant sur la plaza de San Francisco, relève du plus pur style plateresque. Une exquise et délicate décoration classique (animaux fantastiques, grotesques, médaillons à effigies, blasons) couvre les architraves, les colonnes, les pilastres, les pendentifs des arcs et le pourtour des ouvertures.

Face à l'hôtel de ville, sur la plaza de San Francisco, la **caisse d'épargne San Fernando** occupe le beau palais où siégeait autrefois le tribunal de l'Audience. La façade (fin 16e s.) très classique est attribuée à Alonso de Vandelvira.

Hidalgo-Lopesino/MARCO POLO

Calle Sierpes

Calle Sierpes – Dans cette grande rue piétonne, sans doute la plus célèbre de Séville, on trouve une multitude de magasins traditionnels et modernes. L'après-midi, l'animation est à son comble et les Sévillans s'y promènent volontiers pour y faire du lèche-vitrines ou prendre une collation dans ses célèbres pâtisseries. Pendant les périodes de grande chaleur, on recouvre la rue d'un vélum qui rafraîchit l'atmosphère. Au bout de la rue *(à l'angle de la calle Martín Villa)* se trouve La Campana, une célèbre confiserie fondée en 1885 qui fait office également de cafétéria .

★**Capilla de San José** ⓥ – La délicieuse chapelle St-Joseph est un véritable chef-d'œuvre du baroque sévillan de la fin du 17e s. Du coin des calle Sierpes et calle Jovellanos, on aperçoit sa façade (18e s.) et son clocher-mur voyant, décoré d'azulejos dans les tons bleu clair. Saint Joseph et l'enfant Jésus dominent l'entrée. À l'intérieur, cette petite chapelle surprend par son exubérante ornementation baroque qui culmine dans l'abside. Le grand **retable** du presbiterio, avec ses anges, ses saints et Dieu le Père, fait preuve d'une grande exaltation ornementale au centre de laquelle figure saint Joseph.

Au bout de la calle Sierpes, gagner à droite la calle Cuna, qui lui est parallèle.

★**Palacio de Lebrija** ⓥ – La visite de cette résidence privée typiquement sévillane donne une idée de l'organisation des palais sévillans (vestibule, patio central à galerie et jardin intérieur) et réserve une surprise unique : son pavement fait de **mosaïques romaines**★ en provenance d'Itálica *(voir p. 313)*. Toutes sont superbes, mais admirez celles du patio, magnifiques, et, pour leurs formes, celles du salon octogonal. Le patio présente en outre d'élégants arcs dentelés, des trumeaux et des *alfiz* d'influence arabe, un éclatant soubassement d'azulejos de Séville et des vitrines exposant des vestiges archéologiques. L'**escalier**★ est une pure merveille, tout recouvert d'azulejos, avec sa rampe d'acajou, ses marches de marbre et son superbe plafond artesonado mudéjar provenant d'un palais de Marchena.

Continuer par la calle Cuna jusqu'à la plaza del Salvador.

Plaza del Salvador – Cette grande place toute en longueur qui accueille la monumentale église du Sauveur est l'une des préférées des Sévillans à l'heure de l'apéritif : tous les jours, et surtout le dimanche, avant le déjeuner, elle abandonne son aspect paisible pour une surprenante animation.

★**Iglesia del Salvador** ⓥ – Cette église s'élève majestueusement sur un côté de la place à l'emplacement même de l'ancienne grande mosquée qui fut rasée en 1671. Les travaux de construction durèrent jusqu'en 1712 et de nombreux artistes intervinrent dans son édification, tels José Granados, à qui l'on doit le plan, et Leonardo de Figueroa, qui est à l'origine des coupoles. L'élégante façade baroque à l'ornementation chargée mêle harmonieusement la brique rose et la pierre.

L'intérieur frappe par sa monumentalité. Église-halle composée de trois courts vaisseaux, une coupole ovale élevée coiffe la croisée du transept.

L'église abrite les plus beaux **retables baroques**★★ de la ville – tous du 18e s. Celui de la Capilla Mayor, dû au génial Cayetano Acosta, est dédié à la Transfiguration. De taille impressionnante, il occupe tout le mur et présente une ornementation chargée qui masque l'organisation de la scène.

Dans le bras gauche du transept, le même Cayetano Acosta conçut la porte de la **chapelle du Saint-Sacrement** (capilla del Sagrario) comme un gigantesque retable dédié à l'exaltation de la Sainte Hostie et présentant le même type de décoration que le retable principal. Dans la chapelle, un riche retable d'argent présente le **Christ de la Passion** (17e s.), chef-d'œuvre de Juan Martínez Montañés, qui a su donner au visage souffrant du Christ une expression de sérénité. Dans le bras droit, admirez encore, dédié à la Vierge, un superbe retable avec *camarín* de José Maestre.

Dans la chapelle située à droite de la Capilla Mayor se trouve une Crucifixion (17e s.) de Juan de Mesa, où le visage du Christ, dit le **Crucificado del Amor**, exprime la souffrance et la solitude de manière pathétique.

CASA DE PILATOS
(Palacio de San Andrés)
*****
MONUMENTO NACIONAL
VISITA TURISTICA CASA COMPLETA
Entrada Individual: 8 €
Plano de planta baja al dorso
Fundación Casa Ducal de Medinaceli
Nº: 0013726

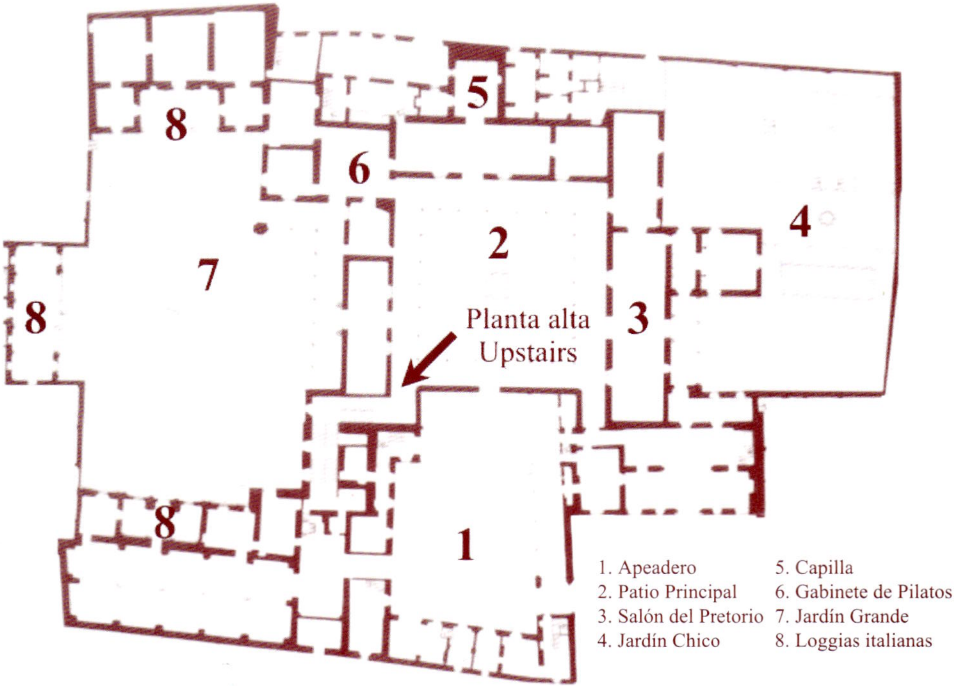
8
5
8
6
2
4
7
8
3
Planta alta
Upstairs
8
1
1. Apeadero
2. Patio Principal
3. Salón del Pretorio
4. Jardín Chico
5. Capilla
6. Gabinete de Pilatos
7. Jardín Grande
8. Loggias italianas

7 DE LA PLAZA DEL DUQUE DE LA VICTORIA À LA ALAMEDA DE HÉRCULES

La **Plaza del Duque de la Victoria**, centre nerveux du commerce sévillan, propose toutes sortes de boutiques ou de grands magasins.
Sur la **plaza de la Concordia**, juste à côté, une salle d'exposition municipale est installée dans l'ancienne église du collège San Hermenegildo (1616-1620), qui a conservé une belle coupole ovale.

Traverser la plaza de Gavidia où s'élève la statue de Daoíz, pour prendre la calle Cardenal Spínola et déboucher sur la plaza de San Lorenzo.

Nuestro Padre Jesús del Gran Poder ⓥ – Contigu à l'église St-Laurent (13e s., modifiée au 17e s.), ce sanctuaire moderne (1965) abrite la superbe statue du **Christ du grand pouvoir**★ (Jesús del Gran Poder, 1620). Ce chef-d'œuvre de Juan de Mesa, entouré d'œillets rouges que les fidèles déposent dévotement à ses pieds, trône dans un *camarín* : le visage légèrement incliné du Christ, traité avec un grand réalisme, est empreint d'une grande lassitude et d'une profonde tristesse.

Prendre la calle Santa Clara, où se situe le couvent Ste-Claire *(fermé à la visite)*, et tourner dans la calle Lumbreras. À l'angle avec la calle Becas, faites demi-tour pour voir la **tour de don Fadrique**, unique vestige du palais de don Fadrique. Cette tour crénelée édifiée au 13e s. est d'un style de transition entre le roman et le gothique.

Continuer par la calle Lumbreras jusqu'à la Alameda de Hércules.

Alameda de Hércules – À chaque extrémité de cette grande promenade dessinée au 16e s. se trouvent deux colonnes : celles du Nord, placées au 18e s., soutiennent deux lions qui portent des blasons, celles du Sud sont romaines et couronnées de statues d'Hercule et de Jules César. Le dimanche, un curieux **marché** apporte son animation.

AUTRES CURIOSITÉS

★★ **Casa de Pilatos** ⓥ – Ce qui est peut-être le monument le plus singulier de la ville se situe sur la plaisante **plaza de Pilatos**, qui lui doit son nom et où se trouve la statue de Zurbarán.
Construit à la fin du 15e s., ce palais, où se mêlent les styles mudéjar – dominant –, Renaissance et gothique flamboyant, fut achevé au début du 16e s. par don Fadrique, premier marquis de Tarifa, qui lui donna l'essentiel de sa physionomie. On dit qu'il se serait inspiré de la maison de Ponce Pilate à Jérusalem, où il avait effectué un voyage, ce qui expliquerait le nom.
Le merveilleux **patio** évoque un élégant palais arabe avec ses magnifiques arcs aux stucs finement ciselés et ses splendides **azulejos**★★ (16e s.) aux reflets métalliques. Notez que les arcs sont inégaux et que les motifs de chaque panneau d'azulejos sont différents. Au centre se trouve une fontaine sculptée venant de Gênes (16e s.). Si plusieurs statues décorant le patio sont romaines, la plus remarquable est celle de **Pallas Athéna**, une œuvre grecque originale du 5e s. avant J.-C. Des niches arrondies abritent une extraordinaire collection de bustes d'empereurs romains. Les salles ouvrant sur le patio présentent de beaux artesonados, des soubassements d'azulejos, des décors de stuc, des voûtes en croisée d'ogive ; une sculpture paléochrétienne du Bon Pasteur orne dans la chapelle (la partie la plus ancienne de la maison). On peut également visiter les jardins.
À un angle du patio, un précieux **escalier**★★ orné d'azulejos se développe sous un superbe **cul-de-four**★ plaqué de bois.

Ch. Boisvieux

Détail du superbe décor

À l'étage, les galeries du patio ont conservé des restes de fresques du 16e s. où l'on reconnaît quelques personnages de l'Antiquité. Certaines salles ont de beaux plafonds, comme celui peint par Francisco Pacheco en 1603 sur le thème de l'apothéose d'Hercule.

Ne manquez pas de vous rendre au **couvent San Leandro** tout proche *(église difficile à visiter)* pour acheter les délicieux **« yemas »** de San Leandro, une exquise pâtisserie à base de jaune d'œuf.

★**Santa María la Blanca** – De l'église qui résulta des profonds remaniements apportés à cette ancienne synagogue au 14e s. il ne reste que le simple portail gothique. Une reconstruction presque totale intervint au 17e s., qui vit la réalisation de la façade ainsi que l'aménagement de l'**intérieur**★. Les arcs en plein cintre qui séparent les trois vaisseaux reposent sur des colonnes de marbre rose. Les voûtes en berceau et la coupole de la croisée sont revêtues en totalité d'un décor de plâtres tout en masses arrondies se combinant sans retenue. Ce foisonnement baroque est compensé par la légèreté des colonnes et le résultat est assez harmonieux. La nef de l'Évangile recèle une *Cène* attribuée à Murillo, où le traitement dramatique de la lumière n'est pas sans évoquer le plus pur style ténébriste.

★★★**Museo de Bellas Artes** ⓥ – *Entrée par la plaza del Museo.* Cette magnifique pinacothèque, qui offre un panorama de la peinture espagnole du Siècle d'Or, est installée dans l'ancien couvent de la Merced (17e s.), œuvre de Juan de Oviedo. Le portail baroque a été ajouté au 18e s. Les bâtiments conventuels sont regroupés autour de trois beaux patios et on remarquera un magnifique escalier surmonté d'une coupole ornée de stucs maniéristes.

Ce musée expose des œuvres de grande qualité du Moyen Âge au 20e s. À noter deux magnifiques salles.

★★★**Salle V** – *Rez-de-chaussée.* C'est sans aucun doute le joyau du musée ; l'ancienne église, ornée de fresques du 18e s. de Domingo Martínez, forme un cadre incomparable pour cette extraordinaire collection d'œuvres de Murillo et le chef-d'œuvre de Zurbarán, *Le Triomphe de saint Thomas d'Aquin (dans le bas-côté gauche)*.

L'ancienne église, où est mise en valeur une *Immaculée Conception* de Murillo

Murillo (1617-1682), qui maîtrise la technique picturale et l'emploi de la lumière, est un grand peintre des thèmes religieux et d'enfants ; de ses personnages, toujours très humains, se dégagent tendresse et délicatesse dans un monde équilibré dénué de toute vision exagérément dramatique. De toutes ses œuvres, placées dans le transept et dans l'abside, la principale est une monumentale *Immaculée Conception* pleine de mouvement dans les drapés. Entourés de saints et de saintes, *Sainte Rufine et sainte Juste*, qui soutiennent la Giralda, et *Saint Léandre et saint Bonaventure* méritent une attention toute particulière. Dans le croisillon droit, on remarque la *Vierge à la serviette*, pleine de tendresse avec l'enfant qui semble tendre les bras au visiteur, *Saint François au pied de la croix*, et une autre *Immaculée*, appelée souvent la Niña. Dans le croisillon gauche, parmi d'autres tableaux, on peut admirer le *Saint Antoine de Padoue avec l'Enfant Jésus*, une *Mater Dolorosa* et *Saint Félix de Cantalice avec l'Enfant Jésus*.

★★ **Salle X** – *Étage*. Elle est consacrée à **Francisco de Zurbarán** (1598-1664). Personne n'a été capable comme lui de rendre les nuances de blanc sur les robes des moines ou la pureté des vêtements du Christ, comme le prouve la splendide *Crucifixion* où le corps sur fond noir semble quasiment sculpté. Ses compositions sont simples et paisibles ; certaines d'entre elles font apparaître son manque de souci de la perspective, ce qui l'amène à commettre des imperfections, comme dans *Saint Hugues au réfectoire*, si remarquable par ailleurs. Son soin dans le traitement des drapés, que l'on a déjà pu observer dans les habits des pères de l'Église dans *Le Triomphe de saint Thomas d'Aquin*, se retrouve aussi dans le splendide brocart de velours de *Saint Ambroise*. À ses portraits de saints *(Saint Jérôme)*, il faut aussi ajouter *La Vierge des Grottes* et la *Visite de saint Bruno à Urbain II*. Dans cette même salle se trouve le *Saint Dominique de Guzman pénitent*, sculpté par Martínez Montañés. Remarquez le très beau plafond à caissons de la salle intérieure.

Autres salles – La **salle I** présente d'intéressantes œuvres d'art médiéval. Dans la **salle II** – l'ancien réfectoire –, l'art de la Renaissance est évoqué avec une splendide statue de *Saint Jérôme* par Pietro Torrigiani, contemporain de Michel-Ange. À noter également une *Annonciation* d'Alejo Fernández, où l'on perçoit nettement les influences flamandes et italiennes ; un portrait de son fils *Jorge Manuel*, par le Greco, et un diptyque, *L'Annonciation et la Visitation*, de Coffermans. Dans la **salle III** sont exposés deux magnifiques portraits de *Dame et chevalier* par Pedro Pacheco.

À l'**étage**, la **salle VI** (galerie) expose une belle collection de saintes (peintres anonymes de l'école de Zurbarán) richement vêtues et deux saints. La **salle VII** renferme d'autres œuvres de Murillo et de ses disciples ; la **salle VIII**, quant à elle, est entièrement consacrée à un autre grand peintre baroque sévillan, **Valdés Leal**, plus dramatique et expressif que Murillo. La **salle IX** conserve des œuvres baroques de toute l'Europe, dont un portrait de *Saint Jacques apôtre* par Ribera, qui dégage une grande force, les peintures de Breughel et le magnifique *Portrait d'une dame* par Cornelis de Vos. Dans la **salle XI** *(galerie)*, consacrée au 18e s., auprès d'œuvres de Lucas Valdés, remarquez le tableau du chanoine *Don José Duato* par Goya. Les deux salles suivantes (**XII** et **XIII**) exposent des œuvres du 19e s. comme les superbes portraits d'Esquivel. La dernière salle **(XIV)** compte quelques tableaux du 20e s. (Vázquez Díaz, Zuloaga).

La Magdalena – Cette église, œuvre de Leonardo de Figueroa, fut édifiée à la fin du 17e s. sur les fondations d'une église antérieure. De l'extérieur, on distingue aisément la nef, le transept et la légère coupole ornée d'azulejos.

L'**intérieur**★ recèle d'intéressants trésors. Les fresques des plafonds ont été réalisées par Lucas Valdés. L'exubérant retable de la **Capilla Mayor**, de style baroque, date du début du 18e s. Les peintures de la voûte illustrent des allégories de saints. La **chapelle du Christ du Calvaire** (Capilla del Cristo del Calvario, *à droite du presbiterio*) doit son nom au Christ (18e s.) de Francisco Ocampo. Dans le bas-côté droit, un superbe **haut-relief de l'Assomption** porté par quatre petits anges (1619), par Juan de Mesa, attire l'attention au même titre que la chapelle du Saint Sacrement (capilla Sacramental) et la chapelle de la Cinquième Douleur (Quinta Angustia).

La chapelle du Saint Sacrement est ornée de deux toiles de **Zurbarán** : *Entrée miraculeuse du véritable portrait de saint Dominique au monastère de Soriano* et *Guérison miraculeuse du Bienheureux Réginald d'Orléans*. C'est dans le vestibule d'entrée que se trouve la **chapelle de la Quinta Angustia**★. L'autel est orné d'un magnifique groupe sculpté attribué à l'école de Pedro Roldán, comportant un Christ, dit Cristo del Descendimiento, tout en sensibilité. Aux murs sont pendus dix tableaux de saints par Valdés Leal ; au plafond s'ouvrent trois coupoles de tradition arabe.

Dans le croisillon gauche, près de la porte, se trouve une Vierge à l'Enfant élégante et maternelle, dite **Virgen de la Fiebre** (Vierge de la Fièvre – 16e s.).

La Cartuja-Centro Andaluz de Arte Contemporáneo ⌚ – *Autobus C-1 et C-2*. Le centre andalou d'Art contemporain, où ne se déroulaient jusqu'alors que des expositions temporaires, vient d'inaugurer une exposition permanente.

Curieux ensemble architectural, la **Chartreuse** eut une histoire très compliquée. Le monastère, fondé à la fin du 14e s. à la suite d'une apparition de la Vierge dans les environs, connut des périodes de splendeur et reçut la visite de rois et de personnalités (Colomb y prépara son second voyage aux Amériques). Au 19e s., son destin fut totalement bouleversé : les troupes napoléoniennes en firent une caserne avant que, bien plus tard, Charles Pickman n'en fît l'acquisition pour y installer une usine de céramique qui fonctionna jusqu'en 1982 (on peut encore voir les cheminées des fours).

★ **Dépendances conventuelles** – Elles appartiennent en majeure partie aux 15e, 16e et 17e s. et certaines ont conservé de beaux azulejos. Remarquez surtout la précieuse rosace d'azulejos de l'église, les décors de stucs baroques de la sacristie, le merveilleux cloître mudéjar en brique et ses fines colonnes de marbre, les intéressants tombeaux exposés dans la salle capitulaire et le beau plafond artesonado (17e s.) du réfectoire.

★ISLA MÁGICA

Ce parc à thème, qui occupe 40 ha sur l'île de la Chartreuse, propose un passionnant voyage dans le temps au rythme des découvertes. Il se divise en huit zones : « Séville, Port des Indes », « Quetzal, la Fureur des dieux », « Le Balcon d'Andalousie », « Porte de l'Amérique », « Amazonie », « Le repaire des Pirates », « La Fontaine de Jouvence » et « L'Eldorado ».
Le parc propose aux visiteurs une infrastructure ludique très complète : d'amusantes attractions, des spectacles de rues, des boutiques de souvenirs, des restaurants et des bars pour reprendre des forces.

Informations utiles

☎ Renseignements 902 16 17 16 – ☎ Réservations 902 16 00 00
Internet: www.islamagica.es

Période d'ouverture :
Ouvert de fin mars à début décembre, tous les jours de mai à mi-septembre, le week-end et certains jours (se renseigner) le reste de la saison.

Horaires
Le parc est ouvert généralement de 11 h à 23 h ; toutefois, la fermeture a lieu à 20 h d'avril à mi-juin du lundi au jeudi.

Tarifs d'entrée
– Adultes : 3 400 ptas
– Enfants de 5 à12 ans et seniors de plus de 65 ans : 2 300 ptas
– Enfants de moins de 5 ans : entrée libre
Le prix d'entrée comprend l'accès à toutes les attractions et à tous les spectacles.

Le parc propose de nombreuses attractions ; nous n'en citerons que quelques-unes.

Quetzal, la Furia de los Dioses – Un trépidant voyage dans le monde maya. Sur un serpent à plumes, on traverse les terres d'Amérique en fuyant la fureur des dieux.

El Balcón de Andalucia – Une agréable promenade à travers les monuments et les accidents géographiques les plus importants d'Andalousie.

Anaconda – Les montagnes russes sur l'eau avec des chutes spectaculaires qui feront la joie des marins les plus intrépides.

Iguazú – Ces chutes d'eau spectaculaires permettront aux amoureux de sensations fortes de se précipiter dans les eaux d'une lagune à plus de 50 km/h.

El Jaguar – Si tout cela ne vous suffit pas et si vous en voulez toujours plus, rendez-vous au Jaguar, une gigantesque montagne russe à boucles complètes avec des pointes de vitesse à 85 km/h.

La Fuente de la Juventud – Le paradis des **tout-petits**... Un univers de rêve, peuplé d'étangs et de ruisseaux, où sont réunies presque toutes les activités des plus jeunes. Les **Belles histoires du Crapaud** (El Sapo Cuenta Cuentos) et les **Ranacuajos** racontent d'amusantes histoires pleines d'humour.

Los rápidos del Orinoco – Du rafting à bord de canots pneumatiques pour franchir les dénivellations spectaculaires de ce fleuve.

La Casa de la Superstición – Un film réalisé avec les technologies les plus sophistiquées projeté sur écran géant sphérique qui introduit le spectateur dans un monde de sensations étonnantes.

ENVIRONS

★**Itálica** ⓥ – *9 km au Nord-Ouest par la N 630/E 803. Après Santiponce, tourner à gauche.* Sur une colline plantée de cyprès dominant la plaine du Guadalquivir, on découvre les vestiges de cette ville romaine que fonda Scipion l'Africain en 206 avant J.-C. et qui connut son apogée au 2e s. après J.-C. Son histoire est intimement liée à deux figures de l'histoire romaine, les empereurs **Trajan** (53-117) et **Hadrien** (76-138), qui y naquirent. Hadrien lui conféra le titre de colonie et la dota de monuments, mais elle déclina à partir du Bas-Empire.

L'immense enceinte archéologique correspond à une partie du quartier créé par Hadrien. Les rues perpendiculaires voyaient alterner édifices publics et luxueuses demeures privées. Il subsiste quelques **mosaïques** d'origine comme celle de Neptune, les oiseaux, les divinités planétaires, etc.

Amphithéâtre – Avec ses vingt-cinq mille places, c'est l'un des plus grands de l'Empire romain. De forme elliptique, il est assez bien conservé et on peut voir une partie des gradins et des galeries situées sous l'arène.

Le théâtre se trouve dans le vieux noyau de **Santiponce**, village édifié sur la partie la plus ancienne d'Itálica.

Bollullos de la Mitación – *18 km à l'Ouest par la A 49 (direction Huelva), que l'on quitte à la sortie n° 5 pour se diriger vers le Sud.*

San Martín ⓥ – Cette église se trouve sur la plaza de Cuatrovitas, où s'élève aussi l'hôtel de ville. Construction baroque (18e s.), elle est pourvue d'une tour de brique ornée d'azulejos ; à l'intérieur, intéressant **retable** avec quatre tableaux de Zurbarán.

Sanctuaire de Cuatrovitas ⓥ – *Quitter Bollullos en direction d'Aznalcázar ; après 4 km, prendre une route à gauche juste après une pinède (attention, on la dépasse facilement), puis parcourir 2 km de route non revêtue.*

Un chemin très agréable conduit à ce petit ermitage tout simple érigé dans un secteur plat ; c'est l'une des rares mosquées rurales encore debout. D'époque almohade, elle est caractérisée par sa **tour** de brique combinant arcs polylobés et fer forgé. À l'intérieur, un parement d'autel en céramique (16e s.) représente la Vierge à l'Enfant et les quatre évangélistes.

Alcalá de Guadaira – *20 km à l'Est par la A 92 (N 334). Entrer dans le village et se garer près de l'église St-Jacques.*

Santiago – Cette église a été construite aux 15e et 16e s. Un élégant décor de céramique orne les corps supérieurs et le chapiteau du clocher. À l'intérieur, le presbiterio présente une curieuse voûte à niches.

Château – *Monter par la rue en escaliers près de l'église.* En haut d'une colline, dominant le village et les collines environnantes, se dressent des murailles et de grosses tours, vestiges d'une forteresse almohade. C'est un endroit délicieux, aménagé avec une aire de jeux. Au centre s'élève l'**ermitage N.-D.-de-l'Aigle** (Nuestra Señora del Águila – 14e-16e s.), doté d'une solide tour en brique crénelée ; à l'intérieur, traces d'une fresque médiévale *(à droite du presbiterio).*

SIERRA NEVADA★★

Grenade

Carte Michelin n° 446 U 19-20-21

L'ampleur d'une telle chaîne de montagnes à cette latitude pourrait surprendre le voyageur non averti. La Sierra Nevada est, après les Alpes, la chaîne de montagnes la plus haute d'Europe, quatorze pics (1/5e du total) dépassant les 3 000 mètres. Elle couvre une superficie de plus de 170 000 ha (90 000 pour le **parc national**). La neige et la glace, abondantes la majeure partie de l'année, ont érodé au fil du temps cette jeune chaîne montagneuse, créant un profil très modelé aux contours arrondis. Les pics les plus élevés, **Mulhacén** (3 482 m), **Veleta** (3 394 m) et **Alcazaba** (3 371 m), se trouvent dans la partie la plus à l'Ouest.

Quelle saison choisir ?

N'importe laquelle. L'hiver, la Sierra Nevada propose les activités d'une **station de ski** et une multitude de randonnées entre ses sommets enneigés. L'été, elle offre également des activités sportives, comme la randonnée et les promenades à cheval. La neige peut tomber dès le mois d'octobre et tenir parfois jusqu'au mois de juin. Le soleil, présent 8 mois sur 12, illumine un paysage exceptionnel où se côtoient la blancheur immaculée de la neige et le bleu azur du ciel.

★★ **Station de ski de Sierra Nevada** – Créée en 1964, elle accueillit en 1977 un grand événement sportif, la **Coupe du monde de ski alpin**. Néanmoins, deux ans plus tard, l'entreprise chargée de son exploitation envisagea la fermeture de la station en raison de sa faible rentabilité. La situation s'améliora cependant dans les années 1980, tandis qu'en même temps se développait un mouvement de protection de la montagne. La station fut chargée d'organiser les **Championnats du monde de ski** en 1995 ; ceux-ci furent reportés d'un an en raison du manque de neige, mais les investissements engagés pour l'événement permirent à la station de devenir l'une des mieux équipées d'Espagne. Aujourd'hui, le domaine skiable compte soixante kilomètres de piste quarante-cinq pistes et vingt remontées mécaniques et il est possible de skier la nuit (le week-end). Un grand complexe résidentiel et hôtelier a été édifié à **Pradollano**.

PROMENADES EN VOITURE

On entreprit de construire la première route de la sierra en 1914. En 1923, elle atteignait Pinos Genil, et en 1935 on inaugurait le tronçon accédant au pic Veleta. Depuis lors, c'est l'itinéraire d'accès aux sommets de la chaîne. La Sierra Nevada ayant été classée **parc naturel** (1989), puis **parc national** (1999), la circulation connaît désormais un certain nombre de restrictions. Deux contrôles, l'un sur le versant Nord (Cruce de Borreguiles) et l'autre sur le versant Sud (Hoya del Portillo), limitent la circulation des véhicules de tourisme. Les deux circuits suivants peuvent être effectués de jour en voiture. *Avant de partir, il est préférable de se renseigner sur l'état des routes.*

★★ 1 De Grenade à El Dornajo

En été uniquement. Compter 1 h.

Prendre à Grenade l'ancienne route de la Sierra. Au bout de 8 km, bifurquer vers Pinos-Genil. La route traverse un beau paysage et longe le réservoir de Canales pour atteindre le village de **Güejar-Sierra**. Quitter le village en direction de la station de Maitena. Après avoir franchi le Genil, la route suit le cours de la rivière et grimpe par des courbes serrées en forte pente jusqu'à l'Hotel del Duque, transformé actuellement en séminaire, pour se diriger ensuite jusqu'au centre d'accueil.

Le Mulhacén, toit de la péninsule

La légende veut que le point culminant de la péninsule doive son nom au père de Boabdil, le roi de Grenade Abd ul Hassan, appelé aussi Moulay Hassan. Il était tombé amoureux d'une belle demoiselle chrétienne appelée Zoraya, qui, après la mort du roi au château de Mondújar, l'aurait fait enterrer sur le plus haut sommet de la sierra, à l'abri de ses ennemis.

Renseignements pratiques

À savoir avant de s'y rendre...

Centro de Visitantes del Dornajo ⓥ – *Carretera de Sierra Nevada km 23.* ☎ *958 34 06 25.* Il faut impérativement passer par ce centre d'accueil avant toute visite de la Sierra Nevada : on y trouve une multitude d'informations (maquettes, expositions...) et on peut s'y procurer nombre d'ouvrages. Il permet également de nouer un premier contact avec l'artisanat et la gastronomie de la région. Il propose des randonnées de haute montagne, des excursions, la location de vélos.

Bureau d'information du Port de la Ragua – *Carretera del puerto de la Ragua –* ☎ *958 76 01 06.*

Bureau d'information du Parc national de la Sierra Nevada – Il se trouve à **Pampaneira** *(Plaza de la Libertad –* ☎ *958 76 31 21).* Au même endroit, **Nevadensis** organise des activités et des randonnées dans la sierra et les Alpujarras.

Alpinisme – *Federación Andaluza de Montañismo –* ☎ *958 29 13 40.*

Accès

En voiture – De Grenade, la A 395 constitue l'accès le plus direct et le plus rapide, et on laisse la voiture au parking souterrain de **Pradollano**. Cette formule permet en outre de combiner le séjour avec les deux promenades que nous proposons plus loin !

En bus – La compagnie **BONAL** *(☎ 958 27 31 00)* assure plusieurs liaisons quotidiennes entre Grenade et Pradollano (départ de Grenade à côté du **palais des congrès**).

Se loger...

À BON COMPTE

Don José – *Sur la route de Grenade, à 9 km au Nord-Ouest de Pradollano –* ☎ *958 34 04 00 – fax 958 15 94 58 – 7 500 ptas.*
Petit hôtel familial très fonctionnel.

VALEUR SÛRE

Trevenque, à la station – *Plaza de Andalucía –* ☎ *958 48 08 62 – fax 958 48 14 03 – 10 500 ptas (14 200 ptas pendant la saison de ski).*
Grands appartements modernes avec vue sur la montagne. Immeuble très bien situé au cœur de la station.

★★2 D'El Dornajo au carrefour de Borreguiles

Au **centre d'accueil d'El Dornajo**, prendre à gauche la route montant vers le colado de las Sabinas. La montée très forte s'effectue par des virages en épingle à cheveux très fermés. Profitez du beau paysage de pins d'Andalousie et des belles vues sur la vallée du Genil. Après avoir franchi le col, la route se poursuit jusqu'à Pradollano, d'où l'on peut poursuivre jusqu'au carrefour de Borreguiles.

RANDONNÉES

Une multitude de sentiers sillonnent la chaîne. Le centre d'accueil fournit des informations sur les chemins balisés (parcours, temps...). Les points de départ sont : le village de Güejar-Sierra, le centre d'accueil d'El Dornajo et l'**auberge universitaire**. Les itinéraires les plus intéressants sont les ascensions du **pic Veleta**, du **Mulhacén**, et celle qui mène à l'**étang de las Yeguas.**

ENVIRONS

★**Valle del Lecrín** – *De Grenade, prendre la route N 323 vers le Sud et bifurquer vers Dúrcal.* Peu connue, la vallée du Lecrín est un petit joyau touristique. La route sillonne des orangeraies et traverse de petits villages posés sur les flancs de la vallée.

Dúrcal – Ce village d'origine arabe propose l'intimité de sa **plaza de España**.

Les glaciers

C'est ainsi que l'on nommait (en espagnol *neveros*) ceux qui jadis transportaient la glace de la montagne à la ville. Ils montaient jusqu'aux glaciers – naturels – par groupe de dix, avec des mules et des ânes qu'ils chargeaient de glace. Ils la découpaient en fin d'après-midi et profitaient de la fraîcheur de la nuit pour revenir en ville, évitant ainsi que la glace ne fonde. Ils la distribuaient ensuite dans les hôpitaux, les magasins et les auberges de Grenade. L'activité fut très intense puisqu'elle fut même régie au 17e s. par des licences et des règlements. Ce métier disparut vers 1920 avec l'apparition des premières usines de glace.

Nigüelas – Un des plus jolis villages de la vallée. L'hôtel de ville occupe le palais Zaya (16e s.). Mais l'édifice le plus intéressant du village est un **moulin à huile★** (almazara de las Laerillas ⓥ – *demander la clé à l'hôtel de ville)* du 14e s. qui abrite des presses, des mesures, des greniers, et surtout deux **grands moulins**, un moulin dit « à sang » *(de sangre)* car il était mû par la force animale, et un moulin hydraulique.

Mondújar – L'église mudéjare de ce village est dotée d'une tour remarquable.

À deux pas se situe le village de Lecrín, mot d'origine arabe qui signifie joie et donne son nom à la vallée. La route se poursuit dans la vallée du rio Torrente, par les villages de Murchas, Restábal, **Melegís** et **Saleres.** Dans ces deux derniers, les clochers présentent de jolis restes d'azulejos mudéjars.

Parque Natural de la SIERRA NORTE DE SEVILLA

Parc naturel de la SIERRA NORD DE SÉVILLE – Séville

Carte Michelin nº 446 T, S et R 12 et 13

Superbe site naturel de 164 840 ha, le parc couvre une magnifique zone de la Sierra Morena, au Nord de Séville, et en bordure des provinces de Huelva, de Cordoue et de l'Estrémadure. Arrosé par les ríos Viar, Huéznar et Retortillo, il recèle une végétation luxuriante, où abondent chênes-lièges, châtaigniers, ormes et noisetiers, sans oublier la faune, riche en sangliers, busards et vautours fauves.
Le **Centre d'information** ⓥ de Constantina distribue cartes et plans et fournit des renseignements sur les activités proposées dans le parc.

Se loger dans le parc

CAZALLA DE LA SIERRA

Las Navezuelas – *Sur la A 432, à 3 km au Sud du village en direction de Fábrica del Pedroso, prendre un chemin de terre (1 km environ) – ☎ 954 88 47 64 – 12 chambres – 7 500 ptas (appartement : 11 000 ptas).*
Un petit paradis « auquel j'ai consacré douze années de ma vie » déclare le propriétaire. Les chambres sont soigneusement décorées et la piscine offre une vue magnifique sur la Sierra Morena. Le silence règne, seul retentit au loin le son des clochettes des moutons.

Posada del Moro – *Paseo del Moro – ☎ 954 88 48 58 – fax 954 88 43 26 – 15 chambres – 8 000 ptas.*
Petit hôtel familial et agréable en face du parc del Moro. Restaurant de qualité et jardin avec piscine. Bon rapport qualité/prix.

CONSTANTINA

La Casa – *José de la Bastida, 25 – ☎ 955 88 01 58 – 7 chambres – 7 000 ptas.*
Petite pension de famille très soignée au centre de Constantina. Chambres simples et correctes à prix raisonnable.

San Blas – *Miraflores, 4 – ☎ 955 88 00 77 – fax 955 88 19 00 – 15 chambres – 8 500 ptas.*
Seul hôtel de la ville digne de ce nom. Vastes chambres correctes dans cet établissement moderne, sans grand charme. Petite piscine sur la terrasse.

DE LORA DEL RÍO À GUADALCANAL

90 km – compter une journée.

Lora del Río – *En dehors du parc naturel.* Situé sur la rive droite du Guadalquivir, en face des premiers contreforts de la Sierra Morena, ce village traditionnel et paisible présente des rues soignées et des édifices majestueux.
Au rang de ses spécialités gastronomiques, il convient de citer les escargots, les *sopeaos*, variante du traditionnel gazpacho et les populaires *gachas con coscurros*.

Iglesia de la Asunción – Église gothico-mudéjare (15e s.) élevée sur les vestiges d'une ancienne mosquée puis remaniée plusieurs fois. Le clocher (19e s.) est l'un des plus élevés de la province.

Hôtel de ville – Bâtiment baroque (18e s.) doté d'une magnifique **façade** au décor floral.

Casa de los Leones – Bel exemple d'architecture civile baroque, dont on remarquera surtout la façade à sgraffites et l'élégant patio intérieur.

Casa de la Virgen – Singulier palais de la fin du 18e s. Portail orné d'élégantes colonnes en marbre.

Santuario de Nuestra Señora de Setefilla – À l'extérieur de la ville, ce beau sanctuaire mudéjar reconstruit au 17e s. s'élève dans un site montagneux et solitaire. Il abrite la statue de la Vierge de Setefilla, qui attire chaque année, le 8 septembre, nombre de pèlerins.

Constantina – *29 km au Nord de Lora par la A 455.* Cette curieuse ville, qui doit son nom à l'empereur romain Constantin, se trouve dans un **cadre** de toute beauté, au milieu de belles forêts et de ruisseaux aux eaux cristallines. Au centre, les constructions arabes côtoient les maisons nobles des 15e-17e s., qui confèrent à Constantina sa distinction.

★ **Barrio de la Morería** – Le quartier s'étire au pied de l'ancien château qui domine la ville. Ses ruelles blanches et sinueuses, entrecoupées d'interminables escaliers, conservent toute la saveur et le charme arabes. Dans ce véritable labyrinthe se dresse l'**église de l'Incarnation**, élégant édifice mudéjar à la belle façade plateresque où se détachent les magnifiques reliefs en pierre de la porte du Pardon ; remarquez également la délicate sculpture de l'archange Gabriel. L'**église N.-D.-des-Douleurs** conserve un beau cloître Renaissance et un intéressant retable baroque au-dessus du maître-autel.

Les champignons de Constantina

La région de Constantina est un vrai paradis pour les amateurs de champignons, qui affluent en grand nombre pour leur cueillette ou, tout simplement, pour les déguster dans les nombreux bars et restaurants de la ville.

Ermita de El Robledo ⌚ – *5 km au Nord-Est de Constantina par la SE 156.* La blanche silhouette mudéjare de cet ermitage isolé abrite la statue de la Vierge d'El Robledo.

El Pedroso – *18 km à l'Ouest de Constantina par la A 452.* Nichée dans un cadre naturel d'exception, la ville compte au nombre de ses principales curiosités l'ermitage St-Sébastien et l'église N.-D.-du-Pin. Les collines avoisinantes de Monteagudo et La Lima dispensent de merveilleux **panoramas** sur les montagnes.

Cazalla de la Sierra – *17 km au Nord d'El Pedroso par la A 432.* Ce charmant petit village cerné par les contreforts de la Sierra Morena s'élève dans une région recouverte de forêts denses de chênes verts et de chênes-lièges. Le centre conserve des rues très pittoresques, bordées de belles maisons seigneuriales aux élégantes façades en pierre. L'eau-de-vie de Cazalla est aussi très populaire.

Plaza Mayor – Cette vaste place rectangulaire, cœur de Cazalla, reflète l'architecture populaire andalouse du 16e s. Elle accueille le tribunal (observez sa belle façade baroque) et l'**église N.-D.-de-la-Consolation** (14e s.), couronnée par une tour mudéjare de brique rouge. Ses fenêtres en arc brisé et trilobé viennent éclairer ses voûtes à caissons Renaissance.

San Francisco – Le couvent abrite un remarquable cloître baroque aux sveltes colonnes soutenant des arcs en plein cintre.

Ruines de la chartreuse ⌚ – *3 km au Nord de Cazalla.* Les vestiges monumentaux de l'ancienne chartreuse (15e s.) se trouvent au milieu d'une forêt à la végétation exubérante. Vous remarquerez les peintures mudéjares du cloître. L'ancienne maison du moine gardien a été transformée en un petit hôtel.

Alanís – *17 km au Nord de Cazalla par la A 432.* Au cœur d'une région montagneuse inexpugnable, Alanís s'étend au pied des vestiges de l'ancien château médiéval. Les principaux bâtiments sont la demeure de Matilde Guitart, avec son élégant patio distribué sur deux étages, et surtout l'**église N.-D.-des-Neiges**, sanctuaire gothique reconstruit dans le style néoclassique qui conserve de belles peintures à fresque sur la voûte au-dessus du maître-autel. La chapelle de Melgarejo (16e s.) présente d'exceptionnelles **céramiques vernissées** mudéjares.

Guadalcanal – *11 km au Nord-Ouest d'Alanís par la A 432.* Cette ancienne ville fortifiée conserve d'intéressants vestiges des remparts médiévaux. Les édifices les plus intéressants sont l'église de l'Assomption, élevée sur la forteresse arabe, et l'ermitage de Guaditoca, haut lieu de pèlerinage.

TABERNAS

Almería – 3 241 habitants

Carte Michelin n° 446 U 22

Tabernas est située en plein cœur du désert d'Almería, entre la Sierra de los Filabres au Nord et la Sierra Alhamilla au Sud. Tabernas s'étend dans la plaine au pied d'un coteau. Les ruines partiellement restaurées de la forteresse dominent la ville *(accès par un chemin qui débouche à côté de la salle omnisports)*. La N 340 en provenance de Sorbas offre une très belle vue sur les vestiges.
À deux pas d'une agréable place ombragée se dresse l'église paroissiale, en brique comme la plupart des églises de cette région, dont les deux portails sont d'un style Renaissance dépouillé.
Un paysage rocheux très aride parsemé de nombreux coteaux confère à la région un aspect très particulier, décor idéal pour l'industrie cinématographique où furent tournés dans les années 1960 et 1970 la majorité des westerns « spaghetti ».

ENVIRONS

Mini-Hollywood ⓥ – *5 km au Sud-Ouest par la A 370 ; suivre les indications.* Décor cinématographique d'un village typique de l'Ouest américain avec ses maisons en bois, son « saloon », sa banque, son réservoir et tous les éléments caractéristiques. Des films comme *La mort avait un prix*, *Pour une poignée de dollars*, *On l'appelait Trinidad* furent tournés ici à l'instar de beaucoup d'autres. Une route principale poussiéreuse, des montagnes rocheuses et dénudées apparaissent au second plan derrière les maisons et transportent le visiteur dans une époque légendaire.
De nos jours, des spectacles avec bagarres et coups de feu sont organisés, dans le plus pur style de l'Ouest américain.
Une petite réserve zoologique et un musée africain ont été ouverts à deux pas du Mini-Hollywood tandis que d'autres plateaux cinématographiques longent la A 370.

Dans l'Ouest américain ?

Site naturel du désert de Tabernas

Sa localisation entre deux sierras produit la dénommée ombre orographique qui limite fortement les précipitations. La pluie est une denrée rare. La faune et la flore, généralement de petite taille, se sont adaptées à des conditions extrêmement arides. La flore compte l'immortelle, tandis que la faune est composée d'insectes, grenouilles, scorpions et hérissons morunos.

EXCURSION

De Tabernas à Los Molinos del Río Aguas *41 km*

À Tabernas, prendre la A 370 vers l'Est, 17 km plus loin, prendre la bifurcation sur la droite.

Lucainena de las Torres – C'est un ancien village minier de la Sierra de la Alhamilla, aux rues blanches avec une église paroissiale du 18e s., un arbre centenaire sur la place et, aux alentours, les fonderies du minerai de fer. Une **auberge-musée** (Mesón Museo) qui expose des œuvres d'art dans une salle et une collection d'outils traditionnels propose aussi la roborative cuisine régionale : *gurullos*, blé, *migas*, etc.

Revenir sur la A 370 et parcourir 9 km.

Sorbas – Ce joli village, entouré par un méandre du fleuve Aguas, est situé sur une pente argileuse escarpée. La route en provenance de Los Molinos del Río Aguas offre la meilleure vue sur son pittoresque **emplacement★**. Vous comprendrez pourquoi on l'appelle la « Cuenca chica » (petit bassin).

Garer la voiture sur la plaza de la Constitución, au centre du village.

Plaza de la Constitución – Sur le centre névralgique du village se trouve l'église Ste-Marie (16e s.), l'hôtel de ville, la maison de Francisco García Roca, tous deux du 19e s., et le palais des ducs d'Albe, bâti au 18e s. pour un administrateur du duc.

Plusieurs **belvédères** dispensent de belles vues sur le lit du fleuve et la plaine cultivée. Il est surprenant de voir des maisons construites juste au bord du ravin.

Artisanat

Sorbas est la ville traditionnelle de la poterie. Sa céramique en terre rouge, utilisée essentiellement pour la fabrication des ustensiles de cuisine, est célèbre pour sa résistance à la chaleur. Dans le quartier de la poterie, en bas du village, quelques ateliers méritent d'être visités.

Site naturel karstique Ⓥ – *Sur la route vers Molinos del Río Aguas, prendre la AL 140.* L'érosion de l'eau a creusé des milliers de grottes dans la roche. Ce site singulier est incontournable des « aventuriers ». Le matériel nécessaire est fourni (lanterne, casque, combinaison, bottes...) et des moniteurs spécialisés accompagnent les visiteurs dans leur expédition (il faut monter, descendre, s'accroupir...). C'est l'occasion de voir comment le plâtre se cristallise et crée des cavités aux formes capricieuses.

Molinos del Río Aguas – *5 km au Sud-Est de Sorbas par la AL 140.* Cet écart de Sorbas a été baptisé « Moulins du fleuve Eaux » en raison du grand nombre de moulins à farine qui s'y trouvaient. Après avoir traversé le village, la route grimpe et offre de magnifiques vues sur la vallée.

Au cours des années 1960 et 1970, plusieurs familles étrangères se sont installées dans cette région et se sont consacrées au développement d'un projet de recherche sur les techniques alternatives pour les zones désertiques pauvres (cuisines solaires, purificateurs d'eau, agriculture écologique, etc.).

Très belles randonnées sur des parcours balisés *(compter 2 h maximum)*. Vous pourrez voir des canaux d'irrigation pour le transport de l'eau (héritage des Romains), des vestiges de moulins, des fours, etc.

TARIFA

Cadix – 15 118 habitants

Carte Michelin nº 446 X 13

Située à la pointe Sud de la péninsule Ibérique, à 13 km seulement de la côte africaine qu'elle semble défier par-delà le **détroit de Gibraltar**, Tarifa est une paisible petite ville au charme un peu hippy d'où émane une certaine douceur de vivre. Si les places et recoins intimes y abondent, ce n'en est pas moins un véritable centre touristique, l'un des meilleurs endroits au monde pour la pratique de la **planche à voile** au large de ses longues plages sauvages.

Un nom berbère

Le nom de Tarifa rappelle celui du général berbère **Tarif ibn Malluk**, qui, en juillet 710, y aurait débarqué à la tête de près de quatre cents hommes, lors de la première incursion arabe dans la péninsule Ibérique. Contrairement à certaines légendes, telle celle du comte Julien faisant appel aux Maures pour venger l'honneur de sa fille, le coup de main musulman a pour origine les querelles qui opposaient le roi wisigoth **Rodéric** aux héritiers de son prédécesseur, **Vitiza**. Les Arabes, qui semblent avoir été « invités » par la faction de Vitiza, réalisèrent très vite la faiblesse des structures wisigothiques et préférèrent renoncer aux accords conclus avec les fils de Vitiza pour se lancer à la conquête de la péninsule.

VISITE

Une première surprise nous attend à l'entrée de Tarifa : pour pénétrer dans la partie ancienne de la ville, on franchit l'emblématique **porte de Jerez**.

Castillo de Guzmán el Bueno ⓥ – **Abd-er-Rahman III**, premier émir arabe à prendre le titre de calife, s'attacha au contrôle du détroit, ce qui l'amena à conquérir les places fortes de Ceuta et Melilla. En 960, il entreprit la construction de la forteresse de Tarifa. Le château, tel qu'il se présente aujourd'hui, est le résultat d'agrandissements successifs et de modifications remontant aux époques musulmane ou chrétienne. On y accède par le **passage fortifié almohade** (13ᵉ s.), puis on laisse à droite la **tour du « brave Guzmán »** ; on raconte que c'est du haut de cette

Se loger

VALEUR SÛRE

La Casa Amarilla – *Sancho IV el Bravo, 9 – ☎ 956 68 19 93 – fax 956 68 05 90 – 8 000 ptas.*
Les appartements de cet établissement sont tous différents et décorés avec goût ; le propriétaire possède aussi en plein centre-ville le **Café Central**, La Bodega et une boutique de souvenirs.

Hurricane – *Sur la N 340, en direction de Vejer de la Frontera – ☎ 956 68 49 19 – fax 956 68 03 29 – 34 chambres – 16 000 ptas.*
Un petit paradis à la pointe Sud de l'Europe. Hôtel en bord de mer, avec vue sur la côte africaine. Jardin subtropical, piscine et restaurant très prisé.

Dos Mares – *Sur la N 340, en direction de Vejer de la Frontera – ☎ 956 68 40 35 – fax 956 68 10 78 – 17 500 ptas.*
Complexe hôtelier situé près de l'hôtel Hurricane, avec vue sur l'Afrique. Chambres, bungalows, restaurant, piscine, salle de fitness, court de tennis, location de chevaux et de bicyclettes...

Se restaurer

Casa Juan Luis – *San Francisco, 15 – fermé le dimanche.*
Dans une rue piétonne, le restaurant (bar en face) est spécialisé dans la viande de porc. Menu très varié à 3 000 ptas. Un peu plus loin, on appréciera la petite terrasse du **Rincón de Juan**.

Excursions dans le détroit

Deux sociétés proposent depuis quelques années des **excursions en bateau★** dans le détroit de Gibraltar à la découverte des baleines ou des dauphins ; réservation obligatoire.

Whale Watch – *Point de rendez-vous : café Continental, sur la plaza de la Alameda – ☎ 956 68 09 93.*

Firmm – *Pedro Cortés, 3, près du café Central – ☎ 956 62 70 08.*

tour de guet du 13e s. qu'Enrique de Guzmán préféra voir mourir son fils plutôt que de céder la place. On pénètre au centre du château par une porte coudée du 14e s., siècle également de l'érection de l'**église Ste-Marie**, à l'intérieur.

Quitter le château et prendre la calle Guzmán el Bueno jusqu'à la plaza Santa María.

J. M. Dersi/STOCK PHOTOS

Tarifa, paradis des véliplanchistes

Plaza Santa María – Autour de cette place s'organisent l'**hôtel de ville** et le **Musée municipal**. Une jolie fontaine ornée d'azulejos agrémente l'ensemble.

La calle de la Amargura aboutit à la plaza del Viento. *Le* **belvédère du détroit** dispense un inoubliable **panorama**★★ sur l'Afrique.

San Mateo Apóstol – L'église paroissiale dédiée à saint Matthieu fut édifiée au début du 16e s. dans le style gothique flamboyant. Achevée au 18e s., la façade principale baroque présente un fronton brisé et d'imposantes colonnes salomoniques. À l'intérieur, les proportions sont impressionnantes ; la nef centrale est couverte d'une voûte nervurée et les collatéraux de voûtes en croisée d'ogive. Remarquez la petite pierre tombale wisigothique à l'entrée de la chapelle du Sacré-Cœur.

Sur la plaza de Oviedo, face à l'église St-Matthieu de nombreux cafés permettent de faire une pause.

San Francisco – L'église St-François se trouve sur une petite place écartée, la plaza del Ángel. Le **clocher-mur**★ baroque présente un grand cordon reposant sur deux colonnes aux chapiteaux corinthiens.

Tarifa est également pourvue de deux agréables plages : la **playa Chica** (petite plage), une petite crique près du port, et l'extraordinaire **playa de los Lances**★, de l'autre côté de l'île dite de las Palomas. En face, en haut de la colline Santa Catalina, s'élève un curieux édifice du début du 20e s.

ENVIRONS

De Tarifa à la pointe Paloma – *Prendre la N 340 en direction de Cadix.*
Ce petit tronçon de route longe la **playa de los Lances** dont elle n'est séparée que par une étroite pinède. Elle est bordée de campings et d'hôtels, et on peut facilement se garer pour aller se baigner.

Le « garum »

La côte gaditane est depuis les temps les plus reculés un lieu privilégié pour la pêche au thon. En mai et juin, les thons franchissent le détroit pour aller frayer en Méditerranée, ce que n'ignoraient ni les Phéniciens ni les Romains, dont la technique de pêche, la madrague *(almadraba – voir encadré p. 329)*, est encore en usage dans la province de Cadix. Le commerce de poisson salé avait tant d'ampleur que de nombreuses cités romaines, comme Baelo, furent d'abord des centres de salage. Les thons, découpés en cubes ou en triangles, étaient ensuite stockés entre des couches de sel dans de grands réservoirs, où ils restaient des mois avant d'être exportés dans tout l'Empire. Le **garum** fut sans nul doute la saumure la plus réputée et la plus chère de toutes : préparation à base de tête, d'entrailles, de sang et autres déchets, cette sauce était consommée comme condiment, voire comme plat principal, additionnée d'huile ou de vinaigre. On lui attribuait même des vertus thérapeutiques.

À 4 km de Tarifa, une bifurcation à droite mène au **sanctuaire de Nuestra Señora de la Luz** (patronne de Tarifa). En poursuivant par la route nationale, les **plages de Valdevaqueros** ★ et de la **pointe Paloma** révèlent des dunes spectaculaires.

★**Ruines romaines de Baelo Claudia** ⓥ – *22,5 km au Nord-Ouest par la N 340 en direction de Cadix, puis la CA 9004 à gauche.*
La ville, fondée au 2e s. avant J.-C. comme centre de salaison, reçut de l'empereur Claude le titre de municipe au 1er s. de notre ère. C'est de cette époque que datent la plupart des vestiges subsistants. Baelo était une ville fortifiée où l'on entrait par de grandes portes dont on reconnaît les fondations. À l'intérieur des murs, deux rues principales, le *decumanus maximus* (orienté Est-Ouest) et le *cardo maximus* (Nord-Sud), limitaient les quartiers ; à leur intersection s'élevaient les bâtiments publics. Les vestiges les plus importants sont les colonnes de la basilique, le forum – délimité par trois temples dédiés à la Triade capitoline (Jupiter, Junon et Minerve) –, un petit théâtre et un **atelier de salaison** près de la plage.

ÚBEDA★★

Jaén – 32 524 habitants
Carte Michelin n° 446 R 19

Au centre de la province de Jaén, entre la vallée du Guadalquivir et celle du Guadalimar, au carrefour de plusieurs routes et s'étirant sur La Loma, voici Úbeda, importante ville d'Andalousie qui doit sa célébrité à son fantastique patrimoine culturel et artistique. La petite patrie de l'écrivain Antonio Muñoz Molina et du compositeur Joaquín Sabina a sans cesse été louée par de grands noms comme Antonio Machado, pour qui elle est « reine et gitane » ou Eugenio d'Ors qui s'est même risqué à établir une comparaison entre Úbeda et les superbes villes d'Italie du Nord. Prenez le temps de visiter Úbeda afin de pouvoir apprécier pleinement la sobriété des palais ou l'élégance des petites places et saisir les moindres détails qui nous révèlent toute la splendeur de l'art andalou. Enfin, le **quartier de San Millán**, mérite à lui seul le détour, authentique labyrinthe de ruelles arabes où l'on aura l'occasion de trouver les célèbres tapis d'Úbeda, la céramique ou les lanternes de fer blanc et de verre qui font la réputation de cette petite ville.

« Irse por los cerros de Úbeda »

La légende raconte que, alors que Ferdinand III assiégeait la ville, l'un de ses chevaliers, sans doute peu enthousiaste, n'arriva qu'après la bataille. Le roi l'interrogeant sur la cause de son retard, l'homme lui expliqua qu'il s'était égaré dans les nombreuses collines *(cerros)* entourant la ville... Et depuis, l'expression espagnole courante *« Irse por los cerros de Úbeda »* signifie « s'écarter de son sujet »...

Un peu d'histoire – L'origine d'Úbeda remonte à l'époque romaine, mais c'est au cours de la domination musulmane qu'est fondée Ubbadat Al Arab qui allait devenir l'une des plus grandes villes d'Al-Andalus, célèbre surtout pour ses *ubedíes*, ces tapis de sparte tissés et brodés à la main. En 1234, Saint Ferdinand III reconquiert la ville et c'est au 16e s., sous les règnes de Charles Quint et de Philippe II, qu'Úbeda connaît un rayonnement sans précédent. Certains de ses habitants occupant alors des postes importants, on assiste à la construction de splendides édifices Renaissance et une partie de la noblesse s'y installe, faisant d'Úbeda l'un des plus importants centres politique, économique et culturel du moment.

★★QUARTIER ANCIEN *une journée*

★★**Plaza Vázquez de Molina** – Cette place aux proportions extraordinaires, centre monumental d'Úbeda, révèle bien toute l'élégance de ses édifices. En un instant, l'ensemble des constructions nous transporte dans une autre époque : la chapelle du Sauveur, le palais des Chaînes, l'église Ste-Marie-des-Forteresses et la maison du doyen Ortega – actuellement *parador* national. Vous visiterez également la **prison de l'Évêque** (cárcel del Obispo), appelée ainsi car les religieuses y purgeaient les peines canoniques imposées par l'évêque, ou l'**ancien magasin à grain**, le **palais des marquis de Mancera**, dont la façade Renaissance est surmontée d'une tour rectangulaire et la **maison du Régisseur** (casa del Regidor).

★**Palacio de las Cadenas** ⓥ – Le palais fut édifié par Vandelvira vers le milieu du 16e s. à la demande de Juan Vázquez de Molina, neveu de Francisco de los Cobos, haut personnage de la vie politique et culturelle sous les règnes de Charles Quint et Philippe II. En 1566, il fut transformé en couvent, puis en prison, et depuis 1868 c'est le siège de la mairie.

Se loger

À BON COMPTE

Victoria – *Alaminos, 5 – ☎ 953 75 29 52 – 15 chambres – 4 800 ptas.*
Chambres correctes et simples, avec télévision et salle de bains, mais sans téléphone. Très bon accueil.

VALEUR SÛRE

Palacio de la Rambla – *Plaza del Marqués, 1 – ☎ 953 75 01 96 – fax 953 75 02 67 – 8 chambres – 14 000 ptas.*
Demeure seigneuriale du 16e s. aux vastes chambres décorées de meubles anciens. Splendide patio Renaissance. Réservation indispensable.

Parador de Úbeda – *Plaza Vázquez Molina – ☎ 953 75 03 45 – fax 953 75 12 59 – 36 chambres – 18 500 ptas.*
Palais du 16e s. situé sur l'une des plus belles places d'Andalousie. Le blason de son premier propriétaire, Fernando Ortega Salido, orne la façade.

Se restaurer

Mesón Gabino – *Fuente Seca – ☎ 953 75 42 07.*
Restaurant pittoresque au plafond en pierre, installé dans les murs de la forteresse. Spécialité de viande à la braise et d'oreille de porc.

Tapas

Rincón del Jamón – *Avenida de la Constitución, 8 – ☎ 953 75 38 38.*
La spécialité de ce bar est la *tostá* (pain à l'huile) accompagnée de charcuterie. La boisson est gratuite, on ne règle que ce que l'on mange !

Zoraida – *Cronista Pasquau – ☎ 953 75 67 19.*
Ce bar a ses habitués. Ambiance très conviviale et familiale, où toutes les générations se côtoient.

Josema y Anabel – *Corredera San Fernando, 46 – ouvert de 7 h 30 à 15 h.*
Sans être un lève-tôt, vous pourrez toujours y déguster un bon café au lait avec des *churros.*

Ce palais, qui doit son nom aux chaînes *(cadenas)* tendues entre les colonnes entourant la place, présente une **façade★★** ornée des armes des propriétaires. Le décor marie savamment style andalou et styles classiques : alternance de baies et de pilastres, auxquels se substituent à l'étage cariatides et atlantes influencés par le sculpteur Jamete. Les deux sveltes lanternons situés aux extrémités apportent une touche légère à l'ensemble.
Une fontaine agrémente le centre du plaisant patio Renaissance aux fines arcades. Le sous-sol accueille le **musée de la Céramique** (Museo de la Alfarería ⓥ) qui expose des produits de l'artisanat local et à l'étage supérieur (beau plafond artesonado) se trouvent les **archives municipales**, d'où l'on a une belle vue sur la place et ses alentours.

★**Santa María de los Alcázares** ⓥ – Construite au 13e s. sur les ruines d'une ancienne mosquée, l'église présente une façade assez hétérogène. Ses deux clochers qui abritent trois grandes cloches ajoutent une note originale à la plaza Vázquez de Molina. Remarquez la porte principale (16e s), attribuée à López de Alcaraz et à Pedro del Cabo, ainsi que la porte de la Consolada, à gauche (fin du 16e s).
L'intérieur a connu de graves détériorations pendant la guerre civile, mais les **chapelles★** aux encadrements finement sculptés et à la décoration chargée ont de belles **grilles★** réalisées par Bartolomé. En outre, cette ancienne collégiale conserve des sculptures qui méritent d'être mentionnées comme le *Christ abattu* de Mariano Benlliure et le *Christ des Toreros*, provenant d'un couvent proche.
Enfin, à la place du patio de l'ancienne mosquée se trouve un beau **cloître** Renaissance (16e s) au tracé irrégulier, aux fins arcs brisés et voûté en croisée d'ogives.

Casa del Deán Ortega – Le parador national Condestable Dávalos (16e s.) occupe la maison du doyen Ortega, édifice Renaissance auquel Vandelvira apporta sa contribution. Au-delà de sa façade austère se cache un merveilleux patio intérieur.

★★**Capilla del Salvador** ⓥ – Cette chapelle conçue par Diego de Siloé en 1536 et réalisée par Andrés de Vandelvira entre 1540 et 1556 est l'un des exemples les plus représentatifs de l'art religieux andalou à la Renaissance. Cet édifice destiné à servir de panthéon familial est une commande de Francisco de los Cobos, secrétaire de Charles Quint, mécène fortuné, qui occupa une place de choix dans l'Espagne impériale du 16e s.

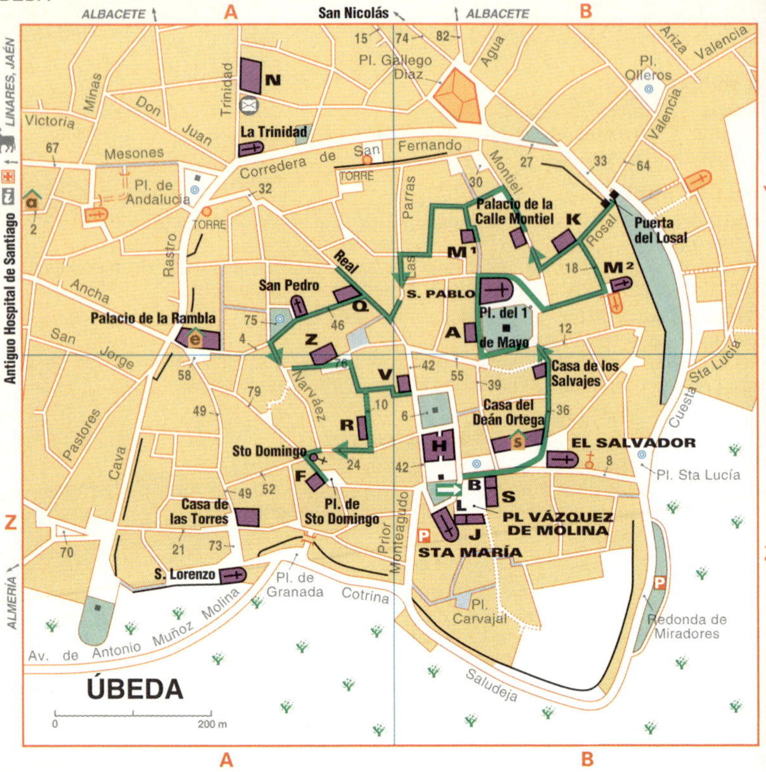

Alaminos . . . . AY 2
Antonio Medina . . . . AY 4
Ayuntamiento (Pl. del) . . . . BZ 6
Baja del Salvador . . . . BZ 8
Baja Marqués (Pl.) . . . . AZ 10
Beltrán de la Cueva . . . . . . BY 12
Campanario . . . . AY 15
Carmen . . . . BY 18
Condestable Dávalos . . . . . AZ 21
Corazón de Jesús . . . . AZ 24
Corredera de S. Fernando . . . . ABY
Cruz de Hierro . . . . BY 27
Descalzas (Pl.) . . . . BY 30
Doctor Quesada . . . . AY 32
Fuente Seca . . . . BY 33
Horno Contador . . . . BZ 36
Juan González . . . . BZ 39
Juan Montilla . . . . BZ 42
Juan Pasquau . . . . AY 46
Jurado Gómez . . . . AZ 49
Luna y Sol . . . . AZ 52
María de Molina . . . . BZ 55
Marqués (Pl. del) . . . . AZ 58
Merced (Cuesta de la) . . . . BY 64
Mesones . . . . AY
Obispo Cobos . . . . AY 67
Real . . . . AY
San Francisco (Pl.) . . . . . . AZ 70
San Lorenzo (Pl.) . . . . AZ 73
San Nicólas . . . . BY 74
San Pedro (Pl. de) . . . . AY 75
Santa Clara (Pl. de) . . . . . AZ 76
Santo Domingo . . . . AZ 79
Trillo . . . . BY 82

Antiguo Ayuntamiento . . . . . BY A
Antiguo Pósito . . . . BZ B
Cárcel del Obispo . . . . BZ J
Casa de los Morales . . . . AZ F
Casa del Obispo Canastero . . . . BY K
Casa del Regidor . . . . BZ L
Casa Mudéjar (Museo Arqueológico) . . . . . . BY M¹
Museo de San Juan de la Cruz . . . . BY M²
Palacio de las Cadenas . . BZ H
Palacio de los Bussianos AY N
Palacio del Conde de Guadiana . . . . AY Q
Palacio del Marqués del Contadero . . . . AZ R
Palacio del Marqués de Mancera . . . . BZ S
Palacio de la Vela de los Cobos . . . . ABZ V
Real Monasterio de Santa Clara . . . . AY Z

Hostal Victoria . . . . AY a
Palacio de la Rambla . . . . AY e
Parador de Úbeda . . . . . . BZ s

La **façade** principale réunit certains thèmes récurrents dans l'ornementation Renaissance. Au-dessus de la porte, entre les statues de saint Pierre et de saint Paul, figure la Transfiguration. L'intrados de l'arc d'entrée est décoré de reliefs illustrant des scènes de la mythologie grecque et l'ensemble est complété par les blasons des familles Cobos et Molina.

Le somptueux **intérieur★★** se compose d'une seule nef à la voûte bleue rehaussée d'or. La partie centrale devait abriter le mausolée de Francisco de los Cobos et de son épouse, isolé par une grille monumentale attribuée à Villalpando. Le *presbiterio*, œuvre de Vandelvira, est une sorte de rotonde ornée d'un grand retable (16e s.) en forme de baldaquin sur lequel figurait, comme incrusté, le groupe de la Transfiguration (attribué à Alonso Berruguete) mais dont il ne subsiste que le Christ.

La **sacristie★★**, œuvre de Vandelvira également, est une merveille architecturale. La décoration, d'inspiration Renaissance italienne, mêle les caissons, les cariatides, les atlantes et les médaillons. À signaler également l'élégant portail du côté Sud et la remarquable grille, ouvrage d'artistes locaux, qui clôt la nef.

Casa de los Salvajes – Cette construction Renaissance (16e s.), connue aussi sous le nom de maison du camérier Vago – du nom d'un officier de la chambre de l'évêque –, s'appelle ainsi car deux sauvages vêtus de peaux de bête supportent le blason aux armes de l'évêque Francisco de Yago, qui résidait ici.

Artisanat

L'artisanat d'Úbeda mérite que l'on s'y intéresse : prenez le temps d'apprécier la céramique, la poterie, le fer forgé, et surtout les ravissantes lanternes et autres objets qui ornent les monuments de la ville.

Plaza del Primero de Mayo – C'est sur cette place plus communément appelée plaza del Mercado que se déroulaient la plupart des événements importants d'Úbeda (corridas, autodafés, foires, exécutions, représentations théâtrales, etc.). Remarquez l'ancien hôtel de ville et l'église St-Paul.

Antiguo Ayuntamiento – D'inspiration très nettement palladienne (17e s.), l'**ancien hôtel de ville** se divise en deux étages. Le rez-de-chaussée est précédé d'un portique à triple arcade en plein cintre et colonnes géminées ; à l'étage, derrière six arcs en plein cintre permettait au Conseil de présider les cérémonies célébrées sur la place.

★**San Pablo** – Le style gothique du portail principal (clocher plateresque) de l'église St-Paul contraste avec le style isabélin du **portail Sud** (1511), orné de superbes reliefs. À l'angle Sud-Ouest, à gauche de la façade principale, on remarquera la tribune Renaissance où se faisait la lecture des édits du Conseil. À signaler, à l'intérieur, la splendide **chapelle des Têtes de mort** (Calaveras – *la troisième à droite*), dont l'élégant arc est attribué à Vandelvira, ainsi que la **chapelle des Grâces**, ouvrage isabélin fermé par d'extraordinaires **grilles**★★ réalisées à Úbeda – observez la prodigieuse scène représentant Ève sortant de la côte d'Adam.

Museo de San Juan de la Cruz ⏲ – C'est dans le couvent St-Michel que se trouve l'oratoire baroque de saint Jean de la Croix. Une visite guidée à travers le couvent reconstitue les derniers jours du poète mystique à Úbeda.

Casa del Obispo Canastero – Située près de la **porte du Losal**, cet ouvrage mudéjar du 15e s. faisait partie de l'enceinte fortifiée à l'entrée du quartier de San Millán. Cette construction plateresque doit son nom à l'un des nombreux reliefs de la façade qui représente un évêque tressant un panier *(canasta)*.

Palacio de la calle Montiel – C'est l'un des meilleurs exemples de style plateresque primitif. L'état de dégradation des blasons est l'indice que les propriétaires ont soutenu les *comuneros* contre Charles Quint.

Casa Mudéjar – Ce bâtiment du 14e s. récemment restauré accueille le **Musée archéologique** ⏲ qui réunit des pièces trouvées à Úbeda et dans la région, qui vont du néolithique jusqu'à l'époque musulmane.

Palacio del Conde de Guadiana – Édifié au début du 17e s., ce palais possède une jolie **tour**★ avec des balcons d'angle et des galeries au troisième étage.

San Pedro – Située sur la paisible place du même nom, l'église St-Pierre a conservé son abside romane d'origine, une harmonieuse façade Renaissance et quelques chapelles gothiques.

Real Monasterio de Santa Clara – Le monastère royal de Ste-Claire est le plus ancien monument chrétien d'Úbeda (1290), mais il possède également des éléments gothico-mudéjars et Renaissance.

Palacio de Vela de los Cobos – Édifié au milieu du 16e s. par Vandelvira à la demande de Francisco Vela de los Cobos, régisseur d'Úbeda, ce palais Renaissance est couronné d'une élégante galerie en plein cintre prolongée par des balcons d'angle, où apparaissent deux curieuses colonnes blanches.

La calle Real

C'est l'une des artères les plus élégantes de la ville ; elle permet d'imaginer l'aspect général d'Úbeda au 16e s., alors que la ville connaissait un rayonnement culturel et économique sans précédent. Parsemée d'édifices monumentaux, de boutiques typiques et de détails décoratifs raffinés, la calle Real transporte le visiteur dans le temps, et est le lieu de prédilection des habitants de la ville, voire un mythe.

Les traditionnels biscuits du couvent...

Goûtez en passant les délicieux biscuits des couvents des carmélites déchaussées et de Ste-Claire : les madeleines, les galettes à l'huile ou *tortas de aceite*, les biscuits pour le thé ou les biscuits au sésame... toutes ces douceurs que des religieuses confectionnent avec amour et patience depuis plus de 300 ans.

Palacio del Marqués del Contadero – La façade fin 18e s. révèle encore une certaine inspiration Renaissance. À l'étage s'ouvre une galerie à arcs surbaissés.

Plaza de Santo Domingo – Cette paisible place accueille l'**église St-Dominique**, dotée d'une façade plateresque, ainsi que la **maison des Morales** dont une réplique a été réalisée au Pueblo Español de Barcelone.

AUTRES CURIOSITÉS

Casa de las Torres – De fins reliefs sculptés ornent la façade plateresque de cette ancienne propriété du connétable d'Ávalos ; remarquez les deux tours monumentales et les gargouilles gothiques de la corniche.

San Lorenzo – L'emplacement de sa façade, au-dessus du chemin de ronde de l'ancienne muraille, adossée à la barbacane de la porte de Grenade, constitue le principal attrait de l'église.

Palacio de la Rambla – Sur l'élégante plaza del Marqués, ce palais offre une façade décorée d'un blason, aux armes des propriétaires, soutenu par deux spectaculaires guerriers grandeur nature.

La Santísima Trinidad – L'église s'ouvre par un **portail**, excellent exemple d'art baroque d'Úbeda, au-dessus duquel s'élève un sobre clocher à trois niveaux.

Palacio de los Bussianos – Cet édifice Renaissance de la fin du 16e s. est agrémenté d'un escalier pittoresque ; à l'étage s'ouvre une charmante galerie à arcs brisés.

San Nicolás – Église gothique qui possède à l'entrée une belle voûte Renaissance ébrasée, œuvre de Vandelvira.

M. Raurich/STOCK PHOTOS

Patio de l'hôpital St-Jacques

Ancien Hospital de Santiago – *Quitter la ville par la calle Obispo Cobos.* Cet hôpital avait été commandé par Diego de los Cobos, originaire d'Úbeda et évêque de Jaén. Il est précédé d'une grande cour flanquée de deux tours et sa façade aux sobres proportions est encore une œuvre de Vandelvira. À noter en uniques décors le haut-relief équestre représentant saint Jacques le Majeur sur le portail et les modillons de céramique vernie qui agrémentent la corniche. La chapelle a conservé un beau retable de bois tandis que le **patio** à double galerie dévoile un élégant escalier couvert d'une voûte à caissons, et des colonnes réalisées en marbre d'Italie. Aujourd'hui, le **musée de la Semaine sainte** (Museo de la Semana Santa ⓥ) est installé dans les dépendances.

ENVIRONS

Sabiote – *9 km au Nord-Est par la J 6040.* C'est dans ce paisible village aux élégantes demeures et aux ruelles pittoresques que vécut Alonso de Vandelvira, auteur de certaines résidences seigneuriales comme celle des Mendoza, des Melgarejo et des Higuera Sabater. Remarquez aussi l'**église de St-Pierre-Apôtre**, église gothique monumentale du 15e s. et le **château** restauré par Vandelvira et construit hors les murs sur les ruines d'une ancienne forteresse arabe.

Torreperogil – *10 km à l'Est par la N 322.* Ce charmant petit village médiéval aux ruelles pittoresques possède une belle église gothique, l'**église de l'Assomption** qui a conservé un portail à double entrée, et à colonne centrale. À l'intérieur, notez le retable de pierre représentant une Descente de Croix.

Villacarrillo – *32 km au Nord-Est par la N 322.* Cette localité agricole et industrielle est l'une des plus anciennes de la région puisque ses origines remontent à l'âge du bronze.

La Asunción – Cette église, œuvre de Vandelvira (16e s.) fut édifiée à la place d'un ancien château dont il reste trois tours monumentales. Elle présente trois vaisseaux et des chapelles latérales couvertes de voûtes sur pendentifs .

Casa de la Inquisición – N'insistons pas sur les misérables activités qui se déroulèrent ici au Moyen Âge... et contentons-nous d'admirer les superbes balcons de fer forgé de cet édifice monumental de trois étages, dont l'intérieur est, au demeurant, fort sobre.

UTRERA★

Séville – 45 947 habitants

Carte Michelin n° 446 U 12

Se dressant sur une hauteur de la campagne sévillane, Utrera se trouve au cœur d'une région où se succèdent forêts d'eucalyptus et vastes cultures. La ville date de l'époque romaine, mais son expansion réelle ne débuta qu'au 16e s. Mais au milieu du 17e s., une épidémie frappa la ville et la plongea dans une période de déclin qui se prolongea jusqu'au 19e s.

Château – Ce bâtiment almohade faisait partie des remparts entourant la ville, dont ne subsistent que quelques pans de murailles et l'arc de la Ville, que l'on rehaussa au 18e s. d'une sorte de chapelle. Le château est doté d'un donjon élancé et d'une vaste cour d'honneur.

★**Santa María de la Asunción ou Santa María de la Mesa** – Cette église gothique, ornée d'éléments Renaissance et baroques, domine une charmante place du centre de la ville. La magnifique façade s'articule autour d'un portail ébrasé, surmonté d'une svelte tour baroque. À l'intérieur, on s'arrêtera sur les stalles du **« coro »**, réalisées par Duque Cornejo (1744), le grand retable, ainsi que le remarquable tombeau du comte d'Arcos.

Santiago – Église gothique du 15e s. à trois vaisseaux. La sobriété de son aspect défensif contraste avec la somptuosité de la **porte du Pardon**, de style gothique isabélin, à l'ornementation fleurie chargée.

★**Plaza del Altozano** – Cette élégante place se trouve au cœur d'Utrera. Elle est bordée de belles maisons des 17e et 18e s. distribuées sur trois niveaux, avec un toit à deux pentes et de longs et délicats balcons.

Hôtel de ville – Sur l'un des côtés de l'élégante place de Gibaxa, il occupe un palais du 18e s. paré d'une magnifique façade rococo. À l'intérieur se succèdent plusieurs salons romantiques (le mobilier du Salon bleu est digne d'intérêt).

Casa Surga – Construite à la fin du 18e s., la demeure possède une belle façade baroque et renferme plusieurs pièces décorées selon le goût de l'époque.

San Francisco ⌚ – L'église fin Renaissance (17e s.) se distingue par son principal élément, sa grande coupole ornée de peintures.

★**Nuestra Señora de la Consolación** ⌚ – *Quitter la ville par l'avenida de Juan XXIII.* Ce bel exemple d'architecture mudéjare (17e-18e s.) a été élevé sur le site d'un ancien couvent de moines minimes. On s'attardera sur la belle façade baroque et le délicat plafond à caissons. Tous les ans, le 8 septembre, le sanctuaire se transforme en un haut lieu de pèlerinage dédié à la Vierge de la Consolation.

ENVIRONS

El Palmar de Troya – *13 km au Sud d'Utrera par la A 364.* Cette localité est le siège de l'ordre des Carmélites de la Sainte Face, un ordre religieux schismatique fondé par un prêtre ô combien controversé, Clemente Rodríguez. Cœur du village, la monumentale église recèle les statues très vénérées de plusieurs saints, dominées par celle de Notre-Dame d'El Palmar. La visite s'impose l'après-midi, pendant la célébration de la messe en latin, selon le rite en vigueur avant le concile Vatican II.

Attention !

Les femmes souhaitant assister aux cérémonies religieuses d'El Palmar de Troya doivent obligatoirement porter des pantalons et se couvrir la tête d'un voile.

VEJER DE LA FRONTERA★

Cadix – 12 731 habitants

Carte Michelin n° 446 X 12

Perché sur sa colline qui domine le río Barbate et à quelques kilomètres seulement de la côte, Vejer est sans nul doute l'un des plus charmants villages blancs d'Andalousie. Ici, l'enracinement arabe est très net : rues étroites et tortueuses, maisons badigeonnées à la chaux, patios luxuriants, toitures planes à terrasses, tout contribue à accentuer son côté mauresque.

VISITE ⓥ

Remparts – Cette enceinte édifiée au 15e s. pour se protéger des incursions nasrides a conservé quatre portes d'origine. Après avoir franchi l'**arc de la Segur**, en anse de panier, on accède à la partie la plus monumentale du village.

El Divino Salvador ⓥ – Comme presque toutes les églises d'Andalousie, l'**église du Divin-Sauveur** fut érigée sur l'ancienne mosquée et en a conservé le minaret. À l'**intérieur**, les trois vaisseaux manquent d'unité de style. La partie la plus ancienne se situe dans le chœur où les éléments romans se mêlent aux éléments gothiques.

Convento de las Concepcionistas – Dans un quartier typique de Vejer, à côté de l'étrange **arc des Religieuses**, ce couvent du 17e s. à la façade classique abrite actuellement des activités culturelles.

Château – Très dégradé par le poids des ans, on pénètre à l'intérieur par un patio. Très belle vue sur le village.

Se loger

À BON COMPTE

La Posada – *Los Remedios, 21 – ☎ et fax 956 45 02 58 – 9 chambres – 4 000 ptas.* Hôtel familial, chambres correctes dont trois avec une vue superbe sur la vallée ; il y a également des suites *(8 000 ptas)*, dont une avec terrasse.

VALEUR SÛRE

Convento de San Francisco – *La Plazuela – ☎ 956 45 10 01 – fax 956 45 10 04 – 25 chambres – 9 065 ptas.*
Couvent du 17e s. qui reçut d'abord des clarisses puis des franciscains. La décoration est accueillante et les chambres hautes de plafond. Restaurant **El Refectorio**.

Se restaurer

Trafalgar – *Plaza de España, 31 – ☎ 956 44 76 38.*
Petit restaurant très bien situé avec terrasse sur la rue et une salle à l'étage. Tapas, plats cuisinés de viande et poisson.

Les « Cobijadas », ou femmes voilées

C'est le nom donné aux femmes de Vejer jusqu'à la guerre civile. Le *cobijado* est une coiffe noire dont on peut difficilement établir l'origine, il est également porté par les femmes d'Afrique du Nord.

Quand se rendre à Vejer ? À l'occasion de la **« Velada de agosto »**, fêtes en l'honneur de la **Vierge de la Oliva**, patronne de Vejer, entre le 10 et le 24 août.

Casa del Mayorazgo – *Privé*. Cette demeure baroque du 17e s. à la façade sans fioritures s'appuie sur les remparts. De l'intérieur, on peut monter à l'une des tours.

L'arc de la Ville mène à la plaza de España.

Plaza de España – Elle doit son autre nom de plaza de los Pescaítos aux poissons ornant la fontaine centrale. C'est l'endroit le plus animé et le plus plaisant de la localité. Remarquez l'**hôtel de ville** entouré de palmiers et de maisons chaulées qui donnent à la place un semblant d'air colonial.

M. Brodsky/STOCK PHOTOS

Façade de la Casa del Mayorazgo

ENVIRONS

Entre **Chiclana** et **Zahara de los Atunes**, les villages ne sont pas particulièrement jolis mais en revanche les plages sont magnifiques et moins exploitées par le tourisme que le reste de la côte. C'est ainsi une destination rêvée pour ceux qui veulent passer un été tranquille au bord de la mer, soleil assuré !

Conil de la Frontera – *15,5 km au Nord-Ouest*. À l'image des autres villages de pêcheurs, Conil est tranquille l'hiver. En été, il devient beaucoup plus animé car ses 14 km de plages commencent à attirer les touristes. Le quartier le plus ancien se situe entre la mer et la **porte de Conil**. À l'écart de ce noyau se trouve **l'église de la Miséricorde** (18e s.), à l'aspect très nettement colonial, transformée en école aujourd'hui. Sur la plaza Santa Catalina s'élèvent la tour des Guzman, unique vestige maintes fois restauré du **château** (Castillo de los Guzmanes ⓥ), la chapelle de Jésus et un musée consacré à l'histoire locale, le **Museo de Raíces Conileñas** ⓥ

La Almadraba

Ce mot vient de l'arabe *al-madraba*, qui veut dire « endroit où l'on se bat ». La almadraba est une madrague, réseau compliqué de filets, qui mesurent parfois plusieurs kilomètres et entraînent le thon vers un piège, le *buche* dont il ne peut plus s'échapper. Deux formes de madragues existent, la *almadraba de buche*, permanente, et la *monteleva*, installation saisonnière. Le thon passe deux fois par an sur ces côtes : à la fin du printemps-début de l'été, quand il se rend en Méditerranée pour la ponte, et ensuite sur son chemin de retour vers l'Atlantique en automne.

Plages – Au Nord du village, vers le port, on trouvera de petites plages comme la **cala del aceite**, mais au Sud, les grandes plages, **playa de la Fontanilla** et **playa de los Bateles**, sont à moitié sauvages. Un peu plus au Sud, **El Palmar** est « la » plage de Vejer de la Frontera.

Barbate – *10 km au Sud.* Ce village côtier sans grand intérêt est un village de pêcheurs depuis longtemps et les amateurs de poissons et crustacés apprécieront ainsi sa succulente cuisine. Importante conserverie de thon.

★ **Parc naturel La Breña et Marismas de Barbate** – *On y accède depuis Vejer par la CA 2141 ou depuis Barbate.* Les falaises rocheuses qui cachent des criques insoupçonnées et les forêts de pins parasols qui mènent à de merveilleuses plages font tout le charme de ce parc naturel. La plage la plus célèbre est la plage de **Los Caños de Meca**★★.

Zahara de los Atunes – *20 km au Sud.* Ce petit village de pêcheurs aux grandes plages sauvages fut à partir du 15e s. propriété des ducs de Medina Sidonia, qui intensifièrent la pêche au thon. Mais les ducs perdirent leur seigneurie au 19e s. et le village déclina ; de nos jours, la population vit surtout de la pêche et du tourisme. Du **château** du 15e s., il ne reste que quelques ruines.

La bataille de Trafalgar

Le 21 octobre 1805, au large du cap de Trafalgar se déroule la célèbre bataille navale où s'affrontent les flottes anglaise commandée par l'amiral **Nelson** et franco-espagnole sous les ordres de Villeneuve. Bien que Nelson et les Espagnols **Gravina** et **Churruca** soient tués, la bataille se solde par une déroute franco-espagnole et porte le coup de grâce à la marine espagnole. Napoléon perd en même temps toute chance de vaincre l'Angleterre.

VÉLEZ BLANCO

Almería – 2 190 habitants

Carte Michelin nº 446 T 23

La région de Vélez Blanco et Vélez Rubio est située au Nord de la province d'Almería, à deux pas de la province de Murcie. Elle recèle d'importants sites archéologiques ornés de peintures rupestres, comme celui de la **cueva de los Letreros** (grotte des Écriteaux). L'histoire de Vélez Blanco et de Vélez Rubio, village voisin, est intimement liée à celle du marquisat des Vélez, titre de noblesse octroyé par les Rois catholiques en 1506 à Pedro Fajardo y Chacón.

Au pied de la Sierra de María, les maisons de Vélez Blanco s'étirent sur les flancs d'une colline dominée par son majestueux château.

★ **Château** ⓥ – Il fut érigé au 16e s. par des artistes italiens, à la demande du premier marquis des Vélez. L'un de ses principaux attraits, le ravissant patio Renaissance en marbre, fut malheureusement vendu au début du 20e s. à un antiquaire français, qui s'en dessaisit par la suite au profit d'un Américain, qui à son tour en fit don au Metropolitan Museum de New York, où il se trouve actuellement.

R. Kaufmann/MICHELIN

Vue générale de Vélez Blanco

Se loger

À BON COMPTE

Casa de los Arcos – *San Francisco, 2 – ☎ 950 61 48 05 – fax 950 61 49 47 – 14 chambres – 6 000 ptas.*
Belle maison seigneuriale du 18e s. dotée de grandes chambres ouvrant sur le fleuve. Hôtel encore peu fréquenté. Excellent rapport qualité/prix.

Se restaurer

El Molino – *Curtidores – ☎ 950 41 50 70.*
Bon restaurant spécialisé dans les viandes grillées. Repas servis en terrasse l'été.

Le château n'a rien d'une forteresse traditionnelle comme l'attestent les grandes terrasses qui dispensent de vastes panoramas, ainsi que les nombreuses baies qui percent les hauts murs. Remarquez le donjon carré. Dans les salons du Triomphe et de la Mythologie, vous ne verrez pas non plus les frises en bois représentant le triomphe de César et les travaux d'Hercule, qui sont actuellement au musée des Arts décoratifs de Paris.

Centro de visitantes del Parque Natural de la Sierra de María – Le bureau d'accueil occupe un ancien entrepôt de blé et fournit une mine d'informations sur le parc et la visite de la grotte des Écriteaux.

L'église St-Jacques (16e s.) et son beau plafond à caissons mudéjar et celle du couvent St-Louis, dont le portail arbore les armes des marquis, méritent d'être vues. Les nombreuses fontaines sont également dignes d'intérêt.

L'Indalo

Cette sympathique figurine trouvée dans la grotte des Écriteaux symbolise Almería. C'est au 19e s. que furent découvertes la grotte et ses peintures rupestres, aux représentations humaines et animales très schématiques, qui datent de 5000 avant J.-C. environ.

ENVIRONS

Vélez Rubio – *6 km au Sud.* Les tours et le dôme de l'église paroissiale dominent le village, qui s'étend dans une petite plaine. Les rues principales, la carrera del Carmen et la carrera del Mercado, sont bordées de demeures seigneuriales, et accueillent également l'église baroque du couvent de l'Immaculée, ainsi que l'église du Carmel, la plus ancienne du village (17e s.).

★ **Parroquia de la Encarnación** ⌚ – Sur la belle place du même nom s'élève ce magnifique édifice du 18e s. L'église paroissiale, construite à la demande du 10e marquis des Vélez, surprend par sa taille monumentale. Le riche **portail**★ baroque en pierre, divisé par des pilastres et des architraves, est flanqué de deux clochers ; son registre inférieur présente le blason, tandis que l'attique est orné d'un beau relief de l'Annonciation. À l'intérieur, on remarquera le grand retable et l'orgue, tous deux en bois monochrome. Un saint Antoine de Padoue du grand sculpteur Salzillo domine le retable de la chapelle de l'Incarnation.
Sur la même place que se dresse l'**hôtel de ville**, installé dans une demeure seigneuriale du 18e s.

Museo Comarcal Velezano ⌚ – À l'intérieur de l'ancien hôpital royal (18e s.), le musée expose une importante collection archéologique de pièces provenant de la région, du Sud-Est de l'Andalousie, et même du Sahara. Une autre section est dédiée à la culture populaire.

María – *9 km au Nord-Ouest.* Sur la place de ce petit village blanc de la Sierra de María, on retiendra l'église paroissiale (16e s.) de style mudéjar, le bâtiment de la Tercia (18e s.), et la fontaine à trois bouches. María conserve également un curieux lavoir public.
Au Sud-Ouest *(à 3 km)* se trouve l'ermitage de la Vierge de la Cabeza (16e s.).

Parc naturel de la Sierra de María – Il est bon de passer par le **bureau d'accueil Umbría de María** ⌚ *(à 2 km de María, sur la A 317).*
Ce parc de 22 500 ha s'étend sur les communes de Vélez Rubio, Vélez Blanco, María et Chirivel. Ses formes accusées – certains endroits dépassent les 2 000 m d'altitude – couvertes de thym, de chênes verts, de pins et même de genêts de haute montagne laissent néanmoins place à des cultures de céréales. Le parc est doté de plusieurs refuges et aires de loisirs.

Pèlerinage du Rocío

Renseignements pratiques

Ce qu'il faut savoir

L'Espagne a la même heure légale que la France.
Pour téléphoner en Espagne depuis la France, faire le 00 + 34 + numéro à neuf chiffres du correspondant.

AVANT LE DÉPART

Adresses utiles

Pour organiser son voyage, rassembler la documentation nécessaire, vérifier certaines informations, s'adresser en premier lieu à l'**Office espagnol du Tourisme :**

– à **Paris** : 43, rue Decamps, 75016 – ☎ 01 45 03 82 50 (renseignements sur **minitel** : 3615 ESPAGNE).

– à **Bruxelles** : rue de la Montagne 18, 1001 – ☎ 322 512 57 35.

– à **Genève** : 40, boulevard Helvétique, 67, rue du Rhône, 1207, ☎ 41 22 735 95 95.
– à **Madrid** : Secretaría General de Turismo, c/ José Lázaro Galdiano n° 6, 28036 – ☎ 913 43 35 00.

Ambassade d'Espagne : 22, avenue Marceau, 75008 – ☎ 01 44 43 18 00.

Consulat général d'Espagne : 165, boulevard Malesherbes, 75017 – ☎ 01 44 29 40 00.

Instituto Cervantes (centre culturel) : 7, rue Quentin-Bauchart, 75008 – ☎ 01 40 70 92 92.

Librairie espagnole : 72, rue de Seine, 75006 – ☎ 01 43 54 56 26.

Chambre de Commerce d'Espagne : 17, avenue de l'Opéra, 75002 – ☎ 01 42 61 33 10.

RENFE : Iberrail, 8, boulevard Poissonnière, 75009 – ☎ 01 48 01 97 80.

Transmediterránea (Compagnie de navigation) représentée par Iberrail, 8, boulevard Poissonnière, 75009 Paris, ☎ 01 48 01 97 97 et par Voyages Victoria, 6, boulevard Victor-Hugo, 06000 Nice, ☎ 04 93 82 38 38.

Formalités d'entrée

Pièces d'identité – La carte nationale d'identité en cours de validité ou le passeport (même périmé depuis moins de 5 ans) sont valables pour les ressortissants des pays de l'Union européenne, d'Andorre, du Liechtenstein, de Monaco, de Suisse. Les mineurs voyageant seuls ont besoin d'un passeport en cours de validité. S'ils n'ont que la carte d'identité, il est demandé une autorisation parentale sous forme d'attestation délivrée par la mairie ou le commissariat de police.

Véhicules – Pour le conducteur : permis de conduire à trois volets ou permis international. Le conducteur doit être en possession d'une autorisation écrite du propriétaire, si celui-ci n'est pas dans la voiture. Outre les papiers du véhicule, il est nécessaire de posséder la carte verte d'assurance.

Animaux domestiques – Pour les chats et les chiens, un certificat de vaccination antirabique de moins d'un an et un certificat de bonne santé sont exigés.

Assurance sanitaire – Afin de profiter de la même assistance médicale que les Espagnols, les Français avant le départ doivent se procurer le formulaire E 111 auprès de leur centre de paiement de Sécurité sociale (la demande peut être effectuée par Internet : *http://www.cerfa.gouv.fr*). Dès l'arrivée en Espagne, vous devez solliciter auprès de la « Dirección provincial del Instituto Nacional de la Seguridad Social » un carnet à souches de soins de santé qui vous sera remis en échange de l'imprimé E 111.

Devises

L'unité monétaire est la peseta (environ 25 centimes français fin 2000).

Change et cartes de crédit – On peut changer ses devises dans les aéroports, les banques, certaines gares, la plupart des hôtels et agences de voyage. Billets : 1 000, 2 000, 5 000 et 10 000 pesetas ; pièces : 1, 5, 10, 25, 50, 100, 200 et 500 pesetas. Tout résident français peut quitter le sol français en possession de 50 000 F en espèces, lors de chaque voyage et sans faire de déclaration. Les étrangers peuvent entrer et sortir d'Espagne à chaque voyage, jusqu'à 1 000 000 de pesetas ou la contre-valeur en devises.
Les chèques de voyage et les principales cartes de crédit internationales (dont la carte bleue Visa) sont acceptés dans presque tous les commerces, hôtels et restaurants.
Distributeurs de billets : fonctionnent notamment avec la carte Visa internationale.

COMMENT SE RENDRE EN ESPAGNE ?

En voiture – Les principaux postes frontière se trouvent aux deux extrémités des Pyrénées : à Irún (pont international de Béhobie) et à la Jonquera (col du Pertus). On peut passer également par des postes situés le long de la chaîne des Pyrénées (Vera de Bidasoa, Etxalar, Dantxarinea, Erratzu, etc.) ou par l'Andorre.
Pour définir l'itinéraire entre votre point de départ en France et votre destination en Andalousie, consultez les cartes Michelin n°s 441 à 446 à 1/400 000 couvrant l'ensemble du pays. Vous trouverez sur les cartes n°s 442 et 443 les différentes voies de passage.
Sur Minitel, le 3615 Michelin permet d'établir plusieurs itinéraires entre votre point de départ en France et votre destination en Andalousie. Le kilométrage total et le temps de parcours sont alors indiqués (ainsi que les sites touristiques et la sélection Michelin des hôtels, restaurants et terrains de camping). Pour les itinéraires avec autoroutes, le coût des péages sur le parcours français est également indiqué.
La carte Michelin n° 970 Europe indique les autoroutes, routes nationales, régionales, etc. entre les différents pays d'Europe.

En avion – Des vols directs assurés par plusieurs compagnies aériennes relient les grands aéroports français Paris, Lyon, Bordeaux, Marseille, Nice aux aéroports de Malaga et Séville. Pour tout renseignement, s'adresser à :

– Air France 119, avenue des Champs-Élysées, 75008 Paris, ☎ 01 42 99 22 04.

– Iberia 1, rue Scribe, 75009 Paris, ☎ 01 40 47 80 90.

En train – Paris (gare de Lyon) est relié à Madrid via Bordeaux par le Madrid Talgo Francisco de Goya (train de nuit) en 12 h 30 (8 h à partir de Bordeaux). Le TGV est une autre possibilité, nécessitant des changements.
Se renseigner auprès de la RENFE *(voir Adresses utiles)* ou de la SNCF, ☎ 08 36 35 35 35, Minitel 3615 SNCF.

En autocar – Se renseigner auprès de Cie Eurolines, 28, avenue du Général-de-Gaulle, BP 313, 93541 Bagnolet Cedex, ☎ 01 49 72 51 51.

VIE PRATIQUE

Les horaires – La matinée **(« mañana »)** dure jusqu'à 14 h, heure à laquelle on prend le déjeuner **(« almuerzo »** ou **« comida »)**. Ensuite c'est la sieste et l'après-midi **(« tarde »)** commence vers 17 h. Vers 20 h on pense à l'apéritif qui entame la soirée **(« noche »)**. Le dîner **(« cena »)** est servi à partir de 21 h et la soirée peut se poursuivre fort tard.

Quelques adresses utiles en Espagne

Ambassade de France : Salustiano Olozaga, 9, 28001 Madrid, ☎ 914 35 55 60.

Consulats de France :

– Marqués de la Ensenada 10, 28004 **Madrid**, ☎ 913 19 71 88.
– Ronda Universidad 22-4°, 08007 **Barcelona**, ☎ 934 87 81 40.
– Avenida Argentina 45-1°, 07013 **Palma**, ☎ 971 23 03 01.
– Plaza de Santa Cruz, 1, 41004 **Sevilla**, ☎ 954 22 28 97.

Ambassade de Belgique : Paseo de la Castellana, 18-6°, 28046 Madrid, ☎ 915 77 63 00.

Consulats de Belgique :

– Diputació 303-1°, 08009 **Barcelona**, ☎ 933 18 98 99.
– Recogidas 66-1° A, 18002 **Granada**, ☎ 958 25 16 31.

Ambassade de Suisse : Gran Via de Carles III 94-7°, 08028 Barcelona. ☎ 933 30 92 11.

Centro Internacional de Turismo de Andalucía – *Ctra. Nacional 340, 29600 Marbella (Malaga). ☎ 95 283 87 85, fax 95 283 63 69.*

Dirección General de Turismo de Andalucía – *Av. República Argentina, 25, 41011 Séville. ☎ 95 455 84 11* et également sur Internet *info@andalucia.org*

Offices de Tourisme – Ils sont signalés par le symbole **ℹ** sur les plans des villes de ce guide. Les adresses et les numéros de téléphone figurent dans le chapitre des Conditions de visite.

Réservations en Andalousie – **Séneca** est une centrale de réservations, opérant exclusivement en Andalousie. Elle confirme en temps réel tout type de réservation touristique (hôtels, restaurants, randonnées à bicyclette ou équestres, parcs aquatiques, ports de plaisance, etc.).
Séneca : *route nationale 340 km, 189,6 – 29600 Marbella (Malaga) ☎ 952 83 66 25 fax 952 83 39 86 et adresse e-mél : seneca@seneca-web.com*

Personnes handicapées – **Servi-Cocemfe**, la **Confederación Coordinadora Estatal de Minusválidos Físicos de España** *(Eugenio Salazar, 2 Madrid. ☎ 91 413 70 10)* fournit des renseignements sur les installations adaptées. Sa section Loisirs et Temps libre organise des activités pour les personnes handicapées. Renseignements en Andalousie : **Confederación Andaluza de Minusválidos Físicos**, *Alfarería, 126 A, 41010 Séville. ☎ 95 433 03 11.*
L'agence de voyages **Rompe Barreras Travel**, *Roncesvalles, 3, 28007 Madrid. ☎ 91 551 36 22, fax 91 552 62 07* organise des voyages et des séjours pour personnes handicapées.

Numéros utiles

Renseignements sur les villes de la Junta d'Andalousie : ☏ *900 50 92 92*
Prévisions météorologiques : ☏ *906 36 53 65*
Service de renseignement : ☏ *1003*
Renseignements internationaux : ☏ *1025*
Renseignements horaires : ☏ 093
Urgences : ☏ 061
Perte cartes de crédit :
VISA et Mastercard ☏ *902 11 44 00.*
American Express ☏ *91 572 03 03.*

Horaires

Il faut s'habituer aux horaires espagnols qui sont assez différents de ceux des autres pays européens. À titre indicatif : déjeuner de 13 h 30 à 15 h 30, dîner de 21 h à 23 h.

Bureaux de poste : 9 h à 14 h. Les bureaux principaux dans les grandes villes et les aéroports internationaux restent ouverts 24 h/24.

Banques : en général de 9 h à 14 h les jours de la semaine. En été, elles sont fermées le samedi.

Magasins : généralement ouverts de 9 h 30 ou 10 h à 13 h 30 et de 16 h 30 à 20 h ou 20 h 30. Cependant, de plus en plus de commerces restent ouverts le midi et même le samedi après-midi. Ils sont fermés le dimanche. En été dans les localités touristiques, il n'est pas rare de trouver des commerces ouverts jusqu'à 22 h ou 23 h.

Pharmacies : généralement ouvertes de 9 h 30 à 14 h et de 16 h 30 à 20 h. Service de garde assuré la nuit, les dimanches et jours fériés. La liste des établissements de garde est affichée en vitrine.

Poste et télécommunications

Courrier – Les bureaux de poste sont signalés par le nom **« Correos »**. Pour envoyer du courrier en poste restante, indiquer le nom du destinataire, *Apartado de Correos* et le nom de la ville précédé du code postal.
Les timbres *(sellos)* sont également en vente dans les bureaux de tabac *(estancos)*.

Téléphone – Pour appeler l'étranger depuis l'Espagne, composer le 00 suivi de l'indicatif du pays de destination (33 pour la France, 32 pour la Belgique, 352 pour le Luxembourg, 41 pour la Suisse) et du numéro du correspondant.
Les cabines téléphoniques fonctionnent avec des pièces de 5 ptas (appel urbain), 25, 50 et 100 ptas pour l'étranger. Les cartes téléphoniques *(tarjetas telefónicas)* sont en vente dans les bureaux de poste et dans les estancos (1 000 ou 2 000 ptas).
Les codes postaux et les indicatifs téléphoniques sont signalés dans le **Guide Rouge España & Portugal** pour chaque localité citée.

Jours fériés

Voir au chapitre Conditions de visite.

Visite des monuments, églises et musées

Les monuments et musées se visitent en général de 10 h à 13 h 30 et de 16 h à 19 h.

Les journaux

Les principaux quotidiens sont : *ABC, Diario 16, El Mundo, El País, La Vanguardia, El Periódico de Catalunya*. Les hebdomadaires : *Cambio 16, El Siglo, Época, Tiempo et Tribuna*.

La télévision

Chaînes publiques nationales : TVE 1, La 2. Privées : Antena 3, Tele 5 .

Pourboires

Même si le service est compris, il est de bon usage en fonction de la prestation de laisser un pourboire dans les bars, les restaurants, les hôtels ainsi qu'aux chauffeurs de taxi.

Le legs mauresque

Le legs mauresque a pour objet de réunir le plus d'informations possibles sur l'occupation arabe de la péninsule Ibérique et sur les réalisations de l'Espagne musulmane. En d'autres termes, le legs andalou, c'est des expositions, 11 circuits touristiques dans al-Andalus (Andalousie, région de Murcie, Portugal et Afrique du Nord), la publication d'ouvrages sur cette période et le répertoire complet de l'achitecture arabe et de tous les monuments.
Legado andalusí : Molinos, 65, 18009 Grenade ☏ 95 822 59 95 fax 95 822 86 44 et site internet *www.legadoandalusi.es*

Transports en Andalousie

EN VOITURE

Le réseau routier andalou s'est nettement amélioré ces dernières années. Aujourd'hui il recense plus de 24 000 km d'autoroutes, de quatre-voies et autres types de routes. L'Autovía del 92 est très connue ; en effet, cette longue voie rapide traverse la Communauté d'Est en Ouest, reliant tous les chefs-lieux directement ou par d'autres quatre-voies. La circulation est généralement fluide excepté l'été où les embouteillages sont courants dans les zones touristiques. Néanmoins, l'automobile demeure le meilleur moyen de locomotion pour ceux qui disposent d'un temps suffisant pour la visite des différentes localités.
Lors de vos déplacements en Andalousie, sachez que la vitesse est limitée à 50 km/h dans les villes et agglomérations, à 100 km/h sur les routes nationales, à 120 km/h sur les autoroutes et quatre-voies, et à 90 km sur le réseau restant.

Information routière – **Dirección General de Tráfico** (état des routes, itinéraires conseillés, réglementation, etc.) ☎ *900 123 505 (appel gratuit)* et sur internet *www.dgt.es*

Tele-Ruta : ☎ *91 535 22 22.*

Assistance automobile – **RACE** ☎ *900 11 22 22 et 91 593 33 33.*

Location de voitures – Possibilités de location dans les aéroports, les gares, les grands hôtels et les principales agences de location :

Avis ☎ *901 13 57 90.*

Europcar ☎ *901 10 20 20.*

Hertz ☎ 901 10 10 01.
En Espagne, l'âge minimum requis pour la conduite automobile est de 18 ans. Nombreuses sont les agences de location qui refusent un véhicule aux automobilistes de moins de 21 ans.

EN AUTOCAR

Plusieurs lignes d'autocar relient les chefs-lieux andalous aux autres villes espagnoles. Les **carnets d'adresses** dans la partie descriptive des principales localités de ce guide listent les adresses et les numéros de téléphone des gares routières et des principales compagnies de transport routier de personnes.

EN TRAIN

Depuis 1992, le réseau ferroviaire andalou a connu une véritable révolution avec la mise en service du train à grande vitesse, l'AVE (250 km/h) qui relie Madrid (gare d'Atocha) à Cordoue en 1 h 45 et à Séville en 2 h 15.
Le Talgo Pendular, train de haute technologie (200 km/h), a bénéficié de l'infrastructure de l'AVE, et relie en quelques heures Madrid aux principales villes andalouses comme Malaga, Algésiras, Cadix et Huelva.

RENFE : ☎ *902 24 02 02* (renseignements 24 h/24, réservations de 5 h 30 à 23 h 55)
Site Internet *www.renfe.es*

AVE : renseignements et réservations :
Madrid ☎ *91 328 90 20.*
Cordoue ☎ *95 740 02 02.*
Séville ☎ *95 454 02 02.*

Trains régionaux – La Société nationale des chemins de fer espagnols (RENFE), gère le réseau régional ferroviaire doté de plusieurs trains touristiques qui permettent de découvrir une région.

L'Expreso Al Andalus, ou le grand luxe

Ce luxueux hôtel sur rail, composé de wagons des années 1920 et 1930, et aménagé au goût du jour, dispose de tout le confort souhaitable pour vous assurer un voyage magique et inoubliable. Il est équipé de deux wagons-restaurants, d'un salon, d'une voiture aménagée en salle de jeux, d'un bar, de cinq wagons-lits et d'un wagon pour l'équipage.
Le parcours d'une semaine *(au départ de Séville ou Madrid)* permet de visiter Jerez de la Frontera, Carmona, Ronda, Antequera, Grenade et Cordoue. Les repas non pris à bord du train sont servis dans les meilleurs hôtels et restaurants de la région.
Prix compris entre 240 000 et 390 000 ptas par personne en fonction des dates *(d'avril à juin et de septembre à novembre)*, de la classe et du programme choisis.
Renseignements auprès d'Iberraíl ☎ *91 571 96 66* et sur internet *www.alandalusexpreso.com*

Gares vertes – Les gares vertes se trouvent à proximité de différents sites naturels. Haltes idéales pour les amateurs de randonnée, de VTT et tous ceux qui souhaitent partir à la découverte de la beauté de l'Andalousie rurale. Renseignements horaires dans les gares des chefs-lieux de province. Renseignements touristiques *www.renfe.es/medio-ambiente*

Province	Gare verte	Ligne
Almería	Gádor	Linares-Almería
Cadix	Jimena de la Frontera	Bobadilla-Algeciras
Cordoue	Aguilar de la Frontera	Cordoue-Malaga
Grenade	Guadix	Linares-Almería
Huelva	San Juan del Puerto-Moguer	Séville-Huelva
Jaén	Andújar	Alcázar-Séville-Huelva
Malaga	Ronda	Bobadilla-Algeciras
Malaga	Fuente de Piedra	Cordoue-Malaga et Séville-Malaga
Séville	Cazalla-Constantina	Mérida-Séville
Séville	Lebrija	Séville-Cadix

Train+visite d'Isla Mágica – Offre comprenant le trajet aller-retour en train, au départ de plusieurs localités andalouses à destination de la gare de Séville Santa Justa, et le billet d'entrée du parc à thème Isla Mágica. Tarifs réduits pour les enfants et les plus de 65 ans. Renseignements dans toutes les gares RENFE d'Andalousie.

Tren de la Naturaleza – Visite du **Parc naturel de la Sierra de Cazorla-Úbeda**. Uniquement au départ de Madrid. Durée : 2 jours. Le forfait (environ 10 000 ptas) inclut l'aller-retour dans le Tren Regional Exprés, les liaisons locales en autocar, les repas et l'hébergement. Viajes Mundo Libero ☎ *91 473 34 29.*

EN AVION

L'Andalousie compte de nombreux aéroports. Le plus important est celui de Malaga, avec une capacité annuelle d'accueil de douze millions de passagers, contre celle de quatre millions pour l'aéroport de Séville, totalement réaménagé.
Almería ☎ *95 021 37 15/ 95 023 86 84.*
Cordoue ☎ *94 721 41 00.*
Grenade ☎ *958 22 52 00/ 958 44 64 11.*
Jerez de la Frontera ☎ *95 615 00 00/95 615 00 83.*
Malaga ☎ *95 204 84 84.*
Séville ☎ *95 444 90 00.*

En sus des compagnies aériennes étrangères qui assurent des vols réguliers et charters, vous pouvez faire appel aux compagnies aériennes espagnoles qui sont représentées dans les aéroports ci-dessus mentionnés.

Iberia ☎ *902 400 500 (renseignements et réservations)* et *www.iberia.com*

Air Europa ☎ *902 401 501 (renseignements et réservations)* et *www.air-europa.com*

Spanair ☎ *902 13 14 15* et *www.spanair.com*

EN BATEAU

Plusieurs compagnies maritimes sont présentes dans les principaux ports commerciaux du littoral andalou : Algésiras, Cadix, Malaga et Almería.

Trasmediterránea – C'est la compagnie la plus importante. Elle assure une fois par semaine la liaison entre Cadix et les principales îles de l'archipel des Canaries, et relie quotidiennement Ceuta et Melilla à Almería, Malaga et Algésiras.

Renseignements et réservations : ☎ *902 45 46 45* et *www.trasmediterranea.es*

Agences :

Recinto del Puerto – 11201 Algésiras (Cadix).

Parque Nicolás Salmerón, 19 – 04002 Almería.

Avenida Ramón Carranza, 26 – 11006 Cadix.

Estación Marítima Recinto del Puerto. Local E1 – 29016 Malaga.

Hébergement

Carnets d'adresses – Dans la partie descriptive de certaines localités du guide figure une sélection minutieuse d'hôtels, répartie en trois catégories, sur la base du prix d'une chambre double :
– **À BON COMPTE** : prix des chambres inférieur à 8 000 ptas. En général, hôtels modestes mais confortables.
– **VALEUR SÛRE** : prix des chambres compris entre 8 000 et 20 000 ptas. Établissements agréables.
– **UNE PETITE FOLIE** : hôtels au charme particulier, garantissant un séjour mémorable. Prix élevé de plus de 20 000 ptas.

Hôtels – **Le Guide Rouge España Portugal**, mis à jour chaque année, recommande un large choix d'établissements avec indication de leur classe et de leur confort, de leur situation, de leur agrément, de leur équipement (piscine, tennis, golf, jardin...) et de leur prix. Ce choix a été établi après visites et enquêtes sur place. Les établissements se distinguent par leur agrément et leur tranquillité (décor original, site, vue exceptionnelle) et sont indiqués par des symboles rouges. Le secrétariat général au Tourisme édite aussi chaque année un guide des hôtels. Ceux-ci sont classés de 1 à 5 étoiles. *(Voir également le chapitre Vie pratique.)*

Petits budgets – Certaines chaînes hôtelières et nombre d'hôtels proposent des tarifs réduits le week-end. Il est également possible d'obtenir des coupons pour une ou plusieurs nuits à des prix très intéressants. Renseignez-vous à l'avance auprès des agences de voyages.

NH Hoteles ☎ *902 115 116 (24 h/24)* et *www.nh-hoteles.es* ; offres spéciales le week-end, à partir de 5 000 ptas la nuit, par personne, dans plus de 75 hôtels répartis dans 36 villes.

Halcón Viajes ☎ *902 300 600 (renseignements et réservations)* et *www.halconviajes.com* ; coupons individuels *(une nuit pour une ou deux personnes)* à prix réduit.

Hoteles Meliá ☎ *971 224 500* et *www.solmeliá.com* ; carte de fidélité MAS et offres spéciales le week-end.

Paradors – La plupart sont installés dans des monuments historiques restaurés (châteaux, palais, monastères, etc.), tous sont merveilleusement situés et pourvus de tout le confort. Le prix moyen pour une chambre double est de 610 à 900 F environ (plus la TVA). Prix intéressants hors saison (période variable en fonction de l'emplacement). Avec la « Tarjeta Amigos de Paradores » (Carte des Amis des Paradors) (☎ *91 374 26 00*), vous pouvez cumuler des points et gagner des séjours gratuits. Pour tout renseignement, contacter Paradores de Turismo (*c/ Requena, 3, 28013 Madrid* ☎ *91 561 66 66* et *www.parador.es*). En France : centrale de réservation : *Iberrail France, 51, rue de la Chaussée-d'Antin, 75009 Paris* ☎ *01 40 82 63 64*. Les paradors sont signalés sur les cartes Michelin par le symbole 🏨

R. López-Alonso/STOCK PHOTOS

Parador d'Úbeda

Hôtes payants – Le **Réseau andalou d'hébergements ruraux** (Red Andaluza de Alojamientos Rurales – RAAR) est une association privée de propriétaires, proposant plus de trois cents formules pour passer des vacances au contact de la nature et en partageant le mode de vie andalou à la campagne. Le RAAR distribue, sur demande, un guide pratique décrivant chaque type de logement (chambres d'hôtes, gîtes pour groupes, fermes-auberges, campings dans des propriétés privées...). Réservations auprès du propriétaire ou dans les agences de voyages ou auprès de la centrale de réservation du RAAR (☎ *902 44 22 33, fax 950 27 16 78, Internet : www.raar.es).*
L'**Association des hôtels ruraux d'Andalousie** (Asociación de Hoteles Rurales de Andalucía - AHRA) est un groupement de petits hôteliers, offrant une vaste gamme d'**hôtels ruraux** (50) en Andalousie. Mode de paiement possible : coupons de 5 000 ptas. Centrale de réservation de l'AHRA ☎ *953 75 58 67, fax 953 75 60 99.*

Auberges de jeunesse – L'organisme **Inturjoven**, dépendant de la Junta d'Andalousie, gère un large réseau d'auberges de jeunesse (vingt centres bénéficiant d'un emplacement stratégique en milieu urbain, balnéaire ou montagnard) et organise tout type d'activités sportives, culturelles et touristiques.
Pour se loger dans l'une de ces auberges, il faut posséder la carte des auberges de jeunesse (individuelle ou de groupe) que l'on peut se procurer dans toutes les auberges du réseau ou auprès de la centrale de réservation d'Inturjoven. Les titulaires d'une carte de la Fédération internationale des auberges de jeunesse peuvent séjourner dans les auberges espagnoles. Réservations par courrier, téléphone, fax, ou e-mél.

Red de Albergues Juveniles de Andalucía, Centrale de réservation : *Miño, 24. 41011 Séville.* ☎ *95 427 70 87, fax 95 427 74 67.* Pour tout renseignement *www.inturjoven.com*

Camping, caravaning – La Junta d'Andalousie *(voir Quelques livres-Tourisme)* publie un guide complet sur le camping-caravaning qui donne des précisions sur les équipements de chaque terrain. Le camping sauvage est autorisé dans certaines régions, renseignements dans les hôtels de ville.

Restauration

La gastronomie andalouse est l'une des plus riches et plus variées d'Espagne. Voir *p. 61* notre rubrique qui vous permettra de découvrir les plats et les vins les plus typiques de chaque région.

Carnets d'adresses – Dans la partie descriptive de certaines localités du guide figure une sélection de restaurants choisis pour leur cadre, leur ambiance ou leur caractère insolite. En outre, étant donné le règne absolu des *tapas* en Andalousie, nous avons aussi sélectionné toute une série de bars, où il fait bon prendre l'apéritif ou prendre un repas à n'importe quelle heure de la journée ou même tard le soir. **Le Guide Rouge España Portugal** propose une large sélection de restaurants classés selon des critères plus gastronomiques.

Des recettes andalouses

Ajo blanco

Ingrédients :
20 amandes crues et pelées
4 gousses d'ail
Mie de pain rassis
Quelques grains de raisin (petits)
Huile d'olive, sel et vinaigre

Préparation :

Mettez les amandes, l'ail et un peu de sel dans un mortier et pilez jusqu'à obtention d'une pâte homogène ; ajoutez alors la mie (que vous aurez préalablement mise à tremper) et continuez à piler pour bien mélanger le tout.

Versez l'huile petit à petit tout en continuant à mélanger jusqu'à obtenir une texture semblable à la mayonnaise. Ajoutez le vinaigre et continuez à battre le mélange. Mettez celui-ci dans une soupière, ajoutez de l'eau froide et remuez jusqu'à parvenir à la fluidité d'une soupe.

Ajouter ensuite les grains de raisin et quelques croûtons, rectifier l'assaisonnement si nécessaire… et ce sera prêt à servir.

Cocodo andaluz

Ingrédients (pour 6 personnes) :
400 gr de viande de bœuf
un morceau d'échine de porc
100 gr de lard
un os de jambon (avec moelle)
2 chorizos frais
2 boudins
200 gr de pois chiches (que vous aurez mis à tremper la veille)
200 gr de haricots verts plats coupés en deux
500 gr de pommes de terre en dés
un bon morceau de potiron découpé
une gousse d'ail
safran
une cuillère à café de paprika
3 l d'eau
sel, poivre, une feuille de laurier

Préparation :

Porter l'eau à ébullition et y mettre les pois chiches, la viande, l'échine, le lard et l'os. Dès que l'ébullition reprend, écumer, ajouter le sel et laisser mijoter à petit feu.

Au bout de deux heures, on ajoute les haricots, les pommes de terre, le potiron, le chorizo et le boudin.

Pendant ce temps, piler l'ail, le safran (grillé) et le papikra, puis verser le mélange dans la préparation.

Vous servirez d'abord les légumes avec un peu de sauce et ensuite la viande, le chorizo, le boudin et le lard que vous mangerez directement avec le pain.

Bon appétit !

Activités récréatives

PARCS AQUATIQUES, D'ATTRACTIONS, ZOOLOGIQUES...

Les espaces de loisirs aménagés se multiplient à proximité des principales villes de la Costa del Sol et dans certains parcs naturels. Pendant vos vacances en famille, évadez-vous quelques heures dans un parc aquatique, un zoo, un aquarium, un parc d'attractions ou un jardin botanique. Renseignements dans les offices de tourisme et dans le guide *Andalucía sólo hay una (voir Quelques livres-Tourisme).*

RANDONNÉE ET VTT

Ce n'est plus un doute pour personne... la nature et le soleil ne manquent pas en Andalousie. C'est pourquoi les amateurs de randonnée et de VTT se trouvent parfois confrontés à un dilemme : quel sentier balisé choisir ? Les livres *Bicicleta* (600 ptas), *Andalucía Natural* (1 200 ptas) et *Senderismo* (600 ptas), publiés par les Publicaciones de Turismo Andaluz *(voir Quelques livres-Tourisme)*, et le site *www. andalucía.org*, proposent deux cents itinéraires de randonnée et cent vingt itinéraires cyclables.

Federación Andaluza de Ciclismo : *Edificio La Compañía 4, 11403 Jerez de la Frontera (Cadix) ☏ 95 634 88 12.*

PLAGES

Le littoral andalou présente la particularité d'être baigné par l'océan Atlantique et la mer Méditerranée. Cette caractéristique et les vingt-cinq espaces naturels protégés qui longent la côte confèrent à ses plages une diversité et des côtés uniques.

Côte atlantique – De la frontière portugaise au détroit de Gibraltar, la **Costa de la Luz** déroule 330 km de littoral (de la province de Huelva à la province de Cadix). Les plages de la côte Atlantique sont essentiellement fréquentées par des Espagnols. La température de l'eau est assez froide, les journées sont chaudes et les nuits très fraîches.
Les quinze **plages de la province de Huelva** présentent les caractéristiques suivantes : sable doré, eaux propres, souvent agitées en raison de la houle, nombreuses dunes de sable et grandes pinèdes. Parallèlement aux équipements sportifs sophistiqués d'endroits comme **Isla Canela** par exemple, on peut, dans certaines grandes stations balnéaires, découvrir à pied certaines zones sauvages très protégées. Parmi les plages les plus connues, on citera celles d'**Isla Cristina**, **La Antilla** (22 km de long, proche de Lepe), **El Rompido** et ses immenses dunes et pinèdes, dispensant de splendides vues, **Punta Umbría** et son important port de plaisance, **Mazagón**, adossée à une immense falaise et **Matalascañas**, la célèbre plage du Rocío et du Parc national de Doñana.
Le **littoral gaditan**, le plus méridional de la péninsule s'étend sur 200 km. Ses plages de sable fin que bordent des localités historiques (Sanlúcar, Rota, El Puerto de Santa María, Cadix...) offrent l'avantage de combiner à la fois le repos et le tourisme culturel. Après la plage de **Bajo de Guía**, où se déroulent en été des courses hippiques, on accède aux quatre plages de **Chipiona**, chargées en iode et très fréquentées depuis longtemps. **La Puntilla** et **Valdelagrana** figurent au nombre des superbes plages d'El Puerto de Santa María, à deux pas du luxueux **Puerto Sherry**. En atteignant Cadix, on voit les plages de **La Victoria**, **La Caleta** et **Cortadura**. La récente station balnéaire de **Sancti Petri** se trouve à Chiclana. À partir de Conil se succèdent des plages paradisiaques encore peu fréquentées par les touristes : **Caños de Meca**, **Zahara de los Atunes**, **Bolonia**... Seul inconvénient de la région, le vent fort qui balaie la côte fait la joie des véliplanchistes.

Randonnée dans Las Alpujarras

Côte méditerranéenne – Le littoral se découpe en différentes zones géographiques qui bénéficient néanmoins du même climat sec et chaud et des mêmes eaux paisibles, tièdes et limpides :

Costa del Sol – Le littoral de la province de Malaga est la principale destination touristique d'Andalousie *(voir p. 160)*. Plus de 50 % des hôtels de la côte andalouse se concentrent dans l'Ouest jusqu'à Malaga ; la même région compte également treize ports de plaisance, nombre d'installations récréatives et sportives, etc. Chose paradoxale, les plages sont en général des plages de galets. Dans l'Est (région de la Axarquía) *(voir p. 101)*, le développement touristique est moins important (on dénombre plus de résidences hôtelières que d'hôtels). Les stations balnéaires les plus fréquentées sont **El Rincón de la Victoria**, **Nerja** et **Torre del Mar**. Les plages sont petites et coupées de nombreuses falaises.

Costa Tropical – Le littoral grenadin doit son nom au microclimat subtropical dont il bénéficie grâce aux hauts sommets de la Sierra Nevada. Ses plages offrent une grande diversité, depuis les petites criques à l'abri des vertigineuses falaises jusqu'aux immenses plages comme celle d'**Almuñécar**, envahie par les touristes. Le tourisme de masse afflue également à Salobreña (plage touristique du **Peñón** et plage sauvage de **La Guardia**), à Motril (plages de **Poniente** et de **Grenade**), ainsi qu'à Castell de Ferro et La Rábita.

Costa de Almería – Le littoral almérien couvre le quart de la côte andalouse. Les stations balnéaires se concentrent pour la plupart dans la région comprise entre Adra (située à proximité des immenses plages sablonneuses de **Balanegra** et **Balerma** ainsi que du centre touristique d'**Almerimar**) et Aguadulce. Puis, les falaises se succèdent jusqu'au chef-lieu de la province. À l'Est d'Almería s'étendent le Pparc naturel du cap de Gata et ses magnifiques plages comme celles de **Morrón de los Genoveses** et du beau village de **San José**.

Loisirs sportifs

En Andalousie, les activités de plein air sont possibles toute l'année. De plus, la diversité de ses paysages offre aux sportifs un vrai paradis.

SPORTS NAUTIQUES

De la voile à la plongée sous-marine en passant par le ski nautique ou la **planche à voile**, sport de prédilection à Tarifa, l'Andalousie offre une myriade de possibilités pour pratiquer et s'initier aux activités nautiques.

Federación Andaluza de Vela : *Avenida de la Libertad, s/n Puerto Sherry, 11500 El Puerto de Santa María (Cadix) ☎ 95 687 48 05.*

Federación Andaluza de Esquí Náutico : *Plaza de San Miguel, 13, 29620 Torremolinos (Malaga) ☎ 95 244 42 34.*

Ports de plaisance

La tradition maritime de l'Andalousie n'est plus à démontrer, et cela depuis des siècles. Aujourd'hui, elle se manifeste au travers de ses nombreux ports de plaisance (plus de trente), ponctuant les 836 km de côte Atlantique et Méditerranéenne et de ses deux ports fluviaux à Séville.
La plupart des ports sont dotés d'écoles de voile, de plongée et de planche à voile. Certains disposent même d'une école de canoë-kayak.
Le guide *Náutica (600 ptas)* et la brochure *Puertos Deportivos* (100 ptas), publiés par la Junta d'Andalousie *(voir Quelques livres-Tourisme)*, recensent les ports andalous et fournissent des précisions sur leurs équipements.
Pour tout renseignement *www.puertosdeandalucia.com*

Plongée sous-marine

Les étrangers doivent être en possession d'un permis délivré par la direction générale de la Marine marchande espagnole, ou avoir un titre équivalent certifié par l'un des clubs adhérant à la Fédération des activités sous-marines. De plus, il faut être muni d'une autorisation spéciale à caractère temporaire délivrée par l'autorité provinciale ou l'autorité locale maritime, selon qu'il s'agisse de plongée en eau douce ou en mer.
Outre les clubs des ports de plaisance, il existe six clubs de plongée pour les plus chevronnés.
Sachez que la plongée dans l'océan Atlantique n'est pas comparable à celle pratiquée dans les eaux méditerranéennes. Les conditions de plongée sont difficiles dans l'Atlantique : eau froide, visibilité de 15-20 m parfois même quasiment nulle, forts courants. C'est pourquoi nous recommandons l'assistance d'un instructeur local. En revanche, la Méditerranée présente des conditions favorables : excellente visibilité dans une mer tiède et calme.
Pour tout renseignement : **Federación Andaluza de Actividades Subacuáticas :** *Playa de las Almadrabillas, 10, 04007 Almería ☎ 95 027 06 12, fax 95 027 62 99, ou consulter www.andalucia.org*

PÊCHE EN EAU DOUCE

Le permis, obligatoire, s'obtient auprès des services officiels d'agriculture andalous, sur présentation du passeport. Elle se pratique surtout dans les provinces de Jaén et Grenade : les eaux des rivières et lacs de retenue sont riches surtout en truites, et parfois en cyprinidés et crabes. La saison dure en général du 15 mars au 15 août. Néanmoins, à Jaén, plusieurs réserves de pêche sont ouvertes toute l'année.

B. Kaufmann/MICHELIN

La Duquesa (Costa del Sol)

Federación Andaluza de Pesca : *Apartado de Correos 71, 14080 Cordoue ☎ 95 725 30 59, fax 95 726 16 54.*

Instituto Andaluz de Reforma Agraria : *Avenida República Argentina, 25, 41011 Séville ☎ 95 427 00 73/01 85.*

Agencia de Medio Ambiente de la Junta de Andalucía : *Avenida de Eritaña, 2, 41013 Séville ☎ 95 462 86 11/72 02.*

SPORTS D'HIVER

La station de ski de la Sierra Nevada, l'une des plus fréquentées d'Espagne, est très bien desservie : en voiture *(à 30 mn de Grenade par la route la plus escarpée d'Europe)*, en autocar *(lignes locales et liaison quotidienne Madrid-Sierra Nevada)*, en train *(gare ferroviaire à 33 km)* et en avion *(aéroports de Grenade, Malaga et Séville)*. Elle est dotée d'un domaine skiable de 61 km de pistes balisées et des équipements les plus sophistiqués.

Oficina Central de Cetursa : *Plaza de Andalucía s/n, 18196 Sierra Nevada, Monachil Grenade. ☎ 95 824 91 11 (service de renseignements), fax 95 824 91 46. E-mél : agencia@cetursa.es*

Delegación de Cetursa à Madrid : *Paseo Pintor Rosales, 32, 28008 Madrid. ☎ 91 548 44 00, fax 91 547 77 98. Sur Internet : www. cetursa.es*

Federación Andaluza de Deportes de Invierno : *Avenida de la Constitución, 27, 18014 Grenade ☎ 95 813 57 48, fax 95 813 57 49.*

TOURISME ÉQUESTRE

Le cheval est depuis toujours étroitement lié à la culture andalouse. Des traditions hippiques très anciennes se perpétuent dans la région : les festivités dans le village du Rocío et dans le Parc naturel de Doñana *(« saca de las yeguas » le 26 juin)*, les courses de taureaux de Villamanrique et Séville *(avril)*, les courses de Sanlúcar de Barrameda, ou encore les défilés d'attelages (tirés par des chevaux ou des mules) dans les principales arènes andalouses lors des ferias.

Au nombre des compétitions internationales, on mentionnera Le Trofeo del Sol, compétition hippique de sauts d'obstacle, qui se déroule en hiver dans diverses localités de la Costa del Sol ainsi que les tournois de polo de Sotogrande (province de Cadix) en juillet et août. La feria du cheval de Jerez *(mai)* et le SICAB, salon international qui se tient en novembre à Séville, sont les deux événements phares de l'univers du cheval andalou.

L'Andalousie est la région rêvée pour les cavaliers, qui peuvent parcourir des endroits de toute beauté sans fouler l'asphalte des jours durant. Les randonnées de plusieurs jours, les séjours dans de grandes propriétés rurales, des cours de dressage classique ou de vacher sont autant de possibilités offertes par les nombreux organismes dans la discipline en Andalousie.

Pour tout renseignement : consulter *El Caballo* *(voir Quelques livres-Tourisme)*, dans les Offices de tourisme.

Federación Hípica Andaluza : *Adriano, 25, 41001 Séville ☎ 95 456 16 33, fax 95 456 16 33.*

Asociación de Empresas de Turismo Ecuestre y Rural de Andalucía : *Isla de la Cartuja s/n, 41092 Séville ☎ 95 448 89 00, fax 95 448 89 11.*

CHASSE

Chaque chasseur doit posséder un permis de port d'arme délivré par la police de la frontière, sur présentation du passeport et du permis de chasse français en règle, accompagnés de leur traduction et certifiés par le consulat d'Espagne ; un permis de chasse délivré sur présentation du passeport par les autorités de la région choisie ; une assurance obligatoire. Les adeptes conserveront un souvenir impérissable de leurs chasses au gros en Andalousie. Peu d'autres endroits en Europe peuvent s'enorgueillir d'une aussi grande variété de gibier : sangliers (Doñana), boucs (Cazorla, Sierra Nevada, Ronda), daims, chevreuils (Serranía de Cádiz), muflons (élevés dans des enclos)... La chasse traditionnelle « au lièvre » se pratique également en plaine. Il existe aussi les battues des délicieuses perdrix et cailles. Pour tout renseignement, consulter la brochure *La Caza (voir Quelques livres-Tourisme)*, distribuée dans les Delegaciones Provinciales de la Consejería de Agricultura y Pesca et les fédérations provinciales de Chasse.

Federación Andaluza de Caza : *Los Morenos s/n 29300 Archidona (Malaga) ☎ 95 271 48 71/65 et site Internet www.fac.es*

GOLF

Les golfeurs qui choisissent l'Andalousie pour s'adonner à ce sport seront séduits par la douceur du climat et le nombre important de terrains de golf d'excellente qualité. La région en dénombre environ soixante, qui se concentrent plus particulièrement sur la Costa del Sol (citons le terrain de Valderrama qui accueillit la Ryder Cup en 1997). Certains se trouvent aux abords des grandes villes comme Séville, Huelva, Cadix, Grenade et Almería.
Le livre *Golf (voir Quelques livres-Tourisme)* fournit des renseignements détaillés sur chaque terrain.

Federación Andaluza de Golf : *Sierra de Grazalema, 33 – 5 – 1°B, 29016 Malaga. ☎ 95 222 55 99, fax 95 222 03 87 et www.golf-andalucia.net*

REMISE EN FORME ET THERMALISME

Les onze stations thermales andalouses proposent à la fois aux curistes repos, tourisme et remise en forme dans de très beaux cadres naturels (quatre dans la province de Grenade, deux dans la province d'Almería, deux dans celle de Jaén et un dans la province gaditane). Il existe également cinq hôtels de remise en forme (quatre à Malaga et un à Almería), aux prestations luxueuses, qui font appel aux techniques les plus avancées dans le domaine.

Asociación de Balnearios de Andalucía : *☎ 95 031 74 13.*
Pour tout renseignement : guide *Balnearios y Curhoteles (voir Quelques livres-Tourisme)* et site internet *www.andalucia.org*

J.-D. Dallet/PIX

Golf sur la Costa del Sol

Parcs nationaux et naturels

La Junta d'Andalousie accorde de plus en plus d'importance à la protection de l'environnement : avec le récent classement du Parc national de la Sierra Nevada, la communauté compte aujourd'hui deux parcs nationaux.

Parcs nationaux	Provinces	Ha	☏ renseignements	Voir p.
Doñana	Huelva-Siviglia-Cadice	54 250	95 529 95 20	*173*
Sierra Nevada	Granada-Almería	171 646	95 500 34 00	*313*

Parcs naturels				
Cabo de Gata-Níjar	Almería	29 000	95 025 12 52	*114*
Sierra María-Los Vélez	Almería	22 500	95 025 12 52	*331*
La Breña y Marais de Barbate	Cadix	2 957	95 627 48 42	*330*
Bahía de Cádiz	Cadix	10 000	95 627 48 42	
Los Alcornocales	Cadix-Malaga	170 025	95 627 48 42	*225*
Sierra de Grazalema	Cadix-Malaga	51 695	95 627 48 42	*266*
Sierra de Cardeña y Montoro	Cordoue	41 245	95 723 25 04	*257*
Sierra de Hornachuelos	Cordoue	67 202	95 723 25 04	*262*
Sierras Subbéticas	Cordoue	31 568	95 723 25 04	*117*
Sierra de Baza	Grenade	52 337	95 824 83 02	*111*
Sierra de Castril	Grenade	12 265	95 824 83 02	*207*
Sierra de Huétor	Grenade	12 428	95 824 83 02	
Sierra de Aracena et pics d'Aroche	Huelva	184 000	95 511 04 75	*97*
Despeñaperros	Jaén	7 717	95 322 31 54	*171*
Sierras de Andújar	Jaén	60 800	95 322 31 54	*90*
Sierras de Cazorla, Segura y Las Villas	Jaén	214 336	95 372 01 25	*132*
Sierra Mágina	Jaén	199 000	95 322 31 54	*216*
Montes de Málaga	Malaga	4 900	95 204 11 48	*238*
Sierra de las Nieves	Malaga	18 592	95 204 11 48	*279*
Sierra Norte de Sevilla	Séville	164 840	95 425 50 96	*316*

Pour tout renseignement :

Consejería de Medio Ambiente (Junta de Andalucía), *Avenida Manuel Siurot, 50, 41013 Séville ☏ 95 500 34 00/35 00, fax 95 500 37 77.*

Sur Internet : www. cma.junta-andalucia.es

Les personnes intéressées par l'environnement peuvent également consulter la :

Biblioteca de la Consejería de Medio Ambiente : *Avenida de Eritaña, 1, 41013 Séville ☏ 95 455 05 50, fax 95 462 38 00. E-mél : biblioteca@cma.junta-andalucia.es*

Principales manifestations

Chaque jour, une fête est célébrée en Andalousie. Ce tableau ne prétend donc pas donner une liste exhaustive de toutes les manifestations en Andalousie.
Nous ne citons que les principales, mais vous trouverez dans les Offices de tourisme des calendriers des fêtes régionales.

2 janvier

Grenade ....Commémoration de la prise de Grenade.

Semaine précédant le mercredi des Cendres (entre le 5 février et le 4 mars)

Cadix (chef-lieu et province), Isla Cristina et Ayamonte ....Fêtes du Carnaval

2 février

Dans de nombreuses localités ....Processions de La Chandeleur

Semaine sainte

Dans toute l'Andalousie, surtout à Séville, Malaga, Cordoue et Grenade.....Processions solennelles

En avril (après la Semaine sainte)

Séville...............................Féria

Dernier dimanche d'avril

Andújar (province de Jaén).............................Romería à la Virgen de la Cabeza

1re quinzaine de mai

Grenade ....Festival international de Théâtre

7-11 mai

El Puerto de Sta. María.....Féria du Printemps et du *Vino Fino*

10-17 mai

Jerez ....Féria du Cheval

19-24 mai

Sanlúcar de Barrameda (province de Cadix) .....Féria de la *Manzanilla*

V. Travert/DIAF

Feria de Séville

Mai (tout au long du mois)

Cordoue ....Croix de Mai, festival des Patios, féria et concours national de Flamenco (triennal)

Pentecôte (mai ou juin)

Almonte (province de Huelva)..........................Pèlerinage du Rocío

2e jeudi après la Pentecôte : Corpus Christi (Fête-Dieu)

Grenade...........................Procession solennelle
Festival de Flamenco (le plus ancien d'Espagne)

Juin-juillet

Grenade...........................Festival international de Musique et de Danse

16 juillet (Vierge du Carmel)

Dans nombre de localités côtières, surtout dans la province d'Almería...Processions en mer

22-27 juillet

Nerja (province de Malaga) .Festival des Grottes de Nerja

Troisième semaine de juillet

Bailén (province de Jaén) ...Fêtes commémoratives de la bataille de Bailén

Juillet-août

Huelva.............................Fêtes colombines

Août

Sanlúcar de Barrameda .....Courses de chevaux sur la plage

Priego de Córdoba (province de Cordoue)............Festival international de Musique et de Danse

22-31 août

Almería............................Fêtes mariales

13-21 août

Malaga ....Féria

Avant-dernier dimanche d'août

Bubión (province de Grenade)............................Fêtes des Maures et des Chrétiens

4-8 septembre

Chipiona (province de Cadix) ....Fête de N.-D. de Regla

Premier dimanche de septembre

Montilla (province de Cordoue)..........................Fête des Vendanges

8 septembre

Lora del Río (province de Séville).....................Romería à la Vierge de Setefilla

Première semaine de septembre

Ronda (province de Malaga).............................Corridas *goyescas*. Festival de *Cante Grande*

Seconde quinzaine de septembre-première quinzaine d'octobre

Jerez (province de Cadix).... Fêtes d'Automne (Vendanges et semaine du Cheval)

Octobre

Jaén ....Féria de San Lucas

28 décembre

Malaga ....Fête de *los Verdiales*

Quelques livres

Art et architecture

Images et idées dans la peinture espagnole du 17e s., par Jonathan Brown *(Éditions G. Monfort, 1993. Collection Imago Mundi).*

Les Architectes fantastiques de Gaudi ; l'Alhambra de Grenade, par Xavier Gûell *(Guides Visuels, Hazan).*

Art préroman hispanique *(2 tomes) (Zodiaque).*

Histoire

Les Morisques et l'Inquisition, par Louis Cardaillac *(Publisud, 1990).*

Ce que la culture doit aux Arabes d'Espagne, par J. Vernet *(Éditions Sindbad, coll. La petite bibliothèque Sindbad).*

Récits de voyage

Les Terres de Níjar, par Juan Goytisolo *(Gallimard, 1964, collection du Monde Entier).*

Christophe Colomb : Mémoires, avec la complicité de Stephen Marlowe *(Seuil, Points-Roman).*

Guadalquivir, par Jacques Durand et Jacques Maigre *(Seghers).*

Romans

Mémoires écarlates, par Antonio Gala *(Lattès, 1996).*

Contes de l'Alhambra, par Washington Irving *(Phébus 1998).*

Poésie

Federico García Lorca : **Romancero gitan et chant funèbre pour Ignacio Sánchez Mejías** *(P. de Tartas, 1976) ;* **Poésies** (Gallimard, coll. Poésies).

Le Collier de la colombe, par Ibn Hazm *(Papyrus, 1983).*

Théâtre

Federico García Lorca : **La Maison de Bernarda Alba**, suivi de **Noces de sang** *(Gallimard, coll. Folio 1973).*

Fuente Ovejuna, par Lope de Vega *(Aubier-Flammarion, coll. Bilingue).*

Traditions et coutumes

Séville, 16e s. : de Colomb à don Quichotte, entre Europe et Amériques, le cœur et les richesses du monde, par Carlos Martínez Shaw *(Autrement, 1992).*

Tourisme

Les éditions **Publicaciones de Turismo Andaluz, S.A.** publient dans plusieurs langues de nombreux livres et brochures touristiques que l'on peut se procurer dans les principaux Offices de tourisme d'Andalousie ou en consultant le site internet : *info@andalucia.org*

Conditions de visite

Les renseignements fournis ci-après sont donnés à titre indicatif en raison de l'évolution incessante du coût de la vie et des variations fréquentes dans les horaires d'ouverture des monuments.
Ils s'adressent à des touristes voyageant isolément et ne bénéficiant d'aucune réduction. Pour les groupes constitués, il est généralement possible d'obtenir des conditions spéciales concernant les horaires et les tarifs, avec un accord préalable.
N'hésitez pas à vous renseigner par téléphone avant d'entreprendre un parcours : en raison de l'importance du patrimoine andalou, les travaux de restauration sont fréquents.
Dans la partie descriptive du guide, les curiosités soumises à des conditions de visite sont signalées par le symbole ⓥ.
Il est généralement possible de visiter les églises, sanctuaires et ermitages pendant les offices. Les conditions de visite ne sont précisées que si l'intérieur présente un intérêt particulier.
Les tarifs indiqués sont exprimés en pesetas, mais nous vous rappelons qu'à compter de janvier 2002, l'euro sera la monnaie unique en Europe. Parité : 1 euro = 166,386 ptas.

Jours fériés :

1er janvier : Nouvel An
6 janvier : Épiphanie
28 février : Fête de la communauté autonome d'Andalousie
19 mars : St-Joseph
Jeudi Saint
Vendredi Saint
1er mai : Fête du travail
15 août : Assomption
12 octobre : Fête nationale
1er novembre : Toussaint
6 décembre : Anniversaire de la Constitution espagnole
8 décembre : Immaculée Conception
25 décembre : Noël

En sus des jours fériés traditionnels, les fêtes présentent un caractère local ou national comme dans toutes les communautés autonomes d'Espagne.

A

AGUILAR DE LA FRONTERA

Cuesta de Jesús, 2 – 14920 – ☎ 957 66 00 00

Ntra. Sra. del Soterraño – Visite possible sur rendez-vous. ☎ 957 66 00 14.

ALCALÁ DE LOS GAZULES

Centro de interpretación del Parque Natural de los Arcornocales – Ouvert de 8 h à 15 h. ☎ 956 42 02 77.

ALCALÁ LA REAL

Paseo de los Álamos – Fortaleza de la Mota – 23680 – ☎ 953 58 22 17

Fortaleza de la Mota : Musée archéologique – Visite en été de 10 h à 13 h 30 et de 17 h à 19 h 30 (10 h à 13 h 30 et de 17 h à 18 h 30 le reste de l'année). Fermé les 1er janvier et 25 décembre. ☎ 953 58 22 17.

ALGECIRAS

c/ Juan de la Cierva – 11207 – ☎ 956 57 26 36

Museo Municipal – Visite de 10 h à 14 h et de 17 h à 20 h. ☎ 956 63 00 36.

ALMERÍA

Parque de Nicolás Salmerón, s/n – 04002 – ☎ 950 27 43 55

Alcazaba – Visite de 10 h à 14 h et de 15 h à 20 h de mi-juin à septembre (9 h 30 à 18 h 30 le reste de l'année). Fermé les 1er janvier et 25 décembre. 250 ptas. Entrée libre pour les ressortissants des pays de l'UE. ☎ 950 27 16 17.

Cathédrale – Visite de 10 h à 17 h 30. Fermé les dimanches et jours fériés. 300 ptas. ☎ 689 67 90 03.

Museo de Almería : Biblioteca Villaespesa – Visite de 9 h à 14 h. Fermé les samedis, dimanches et jours fériés. ☎ 950 23 50 10.

Museo de Almería : Archivo Histórico – Visite de 9 h à 14 h. Fermé les samedis, dimanches et jours fériés.

Environs

Los Millares : Gisement archéologique – Visite de 9 h à 14 h et de 18 h à 21 h (9 h à 14 h les vendredis et samedis). Fermé les lundis et dimanches. ☎ 608 95 70 65.

Château d'ALMODÓVAR DEL RIO

S'adresser au gardien. Renseignements ☎ 957 71 36 02 (hôtel de ville).

ALMONASTER

Centre d'information du parc naturel – Ouvert de 9 h 30 à 18 h 30. ☎ 959 14 30 03.

Mezquita – Visite de 11 h à 19 h. Entrée libre.

ALMUÑÉCAR

Av. Europa – Palacete La Najarra – 18690 – ☎ 956 63 11 25

Palacete de la Najarra – Visite en été de 10 h à 14 h et de 18 h à 21 h (10 h à 14 h et de 16 h à 19 h le reste de l'année). ☎ 958 63 11 25.

Castillo de San Miguel – Visite en été de 10 h à 14 h et de 18 h à 21 h (10 h à 14 h et de 16 h à 19 h le reste de l'année). ☎ 607 86 54 66.

Cueva de los Siete Palacios: Museo Arqueológico – Visite de 10 h 30 à 13 h 30 et de 16 h à 18 h (10 h 30 à 14 h les dimanches et jours fériés). 300 ptas. ☎ 958 83 86 05.

ANDÚJAR

Ayuntamiento – Visite de 8 h à 15 h. Fermé les samedis, dimanches et jours fériés.

Palacio de los Niños de don Gome – Visite de 19 h à 21 h (visite possible le matin sur rendez-vous) (11 h à 13 h les samedis et dimanches). ☎ 953 50 05 30.

Environs

Bureau d'accueil du Parc naturel de la Sierra de Andújar – Ouvert de 10 h à 13 h et de 18 h 30 à 21 h. Fermé le lundi. ☎ 953 50 02 79.

Santuario de la Virgen de la Cabeza – Musée – En semaine, visite possible sur rendez-vous ☎ 953 54 90 15. Visite le samedi de 11 h à 13 h et de 16 h à 20 h, le dimanche de 9 h à 14 h et de 16 h à 18 h.

ANTEQUERA

Pl. de San Sebastián, 7 – 29200 – ☎ 95 270 25 05

Alcazaba – Visite de 10 h à 14 h. Fermé le lundi.

Santa María – Visite de 10 h à 14 h. Fermé le lundi.

Iglesia del Carmen – Visite de 10 h à 14 h (de 11 h 30 le lundi) ; le samedi de 10 h à 14 h et de 16 h à 19 h. 200 ptas. ☎ 95 270 25 05 – 609 53 97 10.

Museo Municipal – Visite guidée (40 mn) de 10 h à 13 h 30 et de 16 h à 18 h ; le samedi et le dimanche de 11 h à 13 h 30. Fermé les lundis et jours fériés. 200 ptas. ☎ 95 270 40 21.

Convento de San José – Visite de 10 h à 12 h 30 et de 16 h 30 à 18 h 30 ; le samedi de 10 h à 12 h 30, et le dimanche de 11 h à 12 h 30. Fermé le lundi. 300 ptas (musée). ☎ 952 84 19 77.

San Agustín – Visite de 11 h à 13 h. Fermé le lundi.

Iglesia de Nuestra Señora de los Remedios – Fermé pour travaux.

Dolmens de Menga y Viera – Visite de 10 h à 14 h et de 15 h à 17 h 30 ; le mardi de 15 h à 17 h 30 ; les dimanches et jours fériés de 10 h à 14 h. Fermé le lundi (le dolmen de Viera est temporairement fermé pour cause de travaux). ☎ 95 270 25 05.

Environs

Dolmen d'El Romeral – Visite de 9 h à 15 h 30 (le samedi de 9 h à 15 h et le dimanche de 9 h 30 à 14 h. Fermé les lundis et mardis. ☎ 95 270 25 05.

Bureau d'accueil du Parc naturel d'El Torcal – Ouvert de 10 h à 14 h et de 16 h à 18 h. ☎ 95 203 13 89.

ARACENA

Pl. de San Pedro, s/n – 21200 – ☎ 959 11 03 55

Gruta de las Maravillas – Visite guidée (60 mn) de 10 h 30 à 13 h 30 et de 14 h 30 à 18 h. 875 ptas. ☎ 959 12 83 55.

Musée géologique minier – Visite de 10 h 30 à 18 h. Entrée libre. ☎ 959 12 83 55.

Château – Visite de 9 h à 19 h.

Cabildo Viejo : Centre d'information – Ouvert en été de 10 h à 14 h et de 18 h à 19 h (10 h à 14 h et de 16 h à 18 h le reste de l'année). Fermé le lundi et le mardi. ☎ 959 12 88 25.

B. Kaufmann/MICHELIN

Cochons noirs d'Espagne

ARCHIDONA

Ermita de la Virgen de Gracia – Visite en été de 10 h à 14 h et de 17 h à 22 h (10 h à 14 et de 16 h à 20 h le reste de l'année).

Santa Ana – Visite possible sur rendez-vous. ☎ 952 71 40 82.

Iglesia de las Escuelas Pías – Visite possible sur rendez-vous. ☎ 95 271 40 82.

Cueva de Doña Trinidad Grund – Visite possible sur rendez-vou.s ☎ 952 45 80 87.

ARCOS DE LA FRONTERA

ℹ Cuesta de Belén, s/n – 11630 – ☎ 956 70 22 64
ℹ Plaza de San Sebastián, 7 – 11630 – ☎ 952 70 25 05

Santa María de la Asunción – Visite en été de 10 h à 13 h et de 16 h à 17 h (10 h à 13 h et de 15 h 30 à 18 h 30 le reste de l'année) ; le samedi de 10 h à 14 h. Fermé les dimanches et jours fériés ainsi qu'en décembre, janvier et février. 150 ptas. ☎ 956 70 00 06.

San Pedro – Visite de 10 h à 13 h et de 16 h à 19 h.

AROCHE

Château – Visite possible sur rendez-vous (contacter hôtel de ville) ☎ 959 14 02 01.

La AXARQUÍA

La Cueva del Tesoro o Higuerón – Visite en été de 10 h à 14 h et de 17 h à 21 h (10 h à 14 h et de 15 h à 18 h le reste de l'année). 500 ptas. ☎ 95 240 77 50.

B

BAENA

ℹ Plaza de España, 9 – 14850 – ☎ 957 66 50 10

Iglesia de Guadalupe – Visite de 8 h à 10 h 15, de 11 h 30 à 14 h et de 17 h 30 à 20 h. Entrée par la sacristie. ☎ 957 67 09 44.

BAEZA

ℹ Plaza del Pópulo, s/n – 23440 – ☎ 953 74 04 44

Cathédrale – Visite de juin à septembre de 10 h 30 à 13 h et de 17 h 15 à 19 h (10 h à 13 h et de 16 h 15 à 18 h le reste de l'année). Entrée libre. ☎ 953 74 04 44.

Palacio de Jabalquinto – Visite de 10 h à 13 h et de 16 h à 18 h. Fermé le lundi.

Santa Cruz – Visite de 11 h à 13 h et de 16 h à 18 h ; les dimanches et jours fériés de 12 h à 14 h.

Antigua Universidad – Visite de 10 h à 13 h et de 16 h à 18 h. Fermé le lundi.

BAZA

ℹ Plaza Mayor, s/n – 18800 – ☎ 958 70 05 63

Musée municipal – Visite de 9 h à 14 h et de 17 h à 20 h. Entrée libre. ☎ 958 70 20 10.

Bains arabes – Visite tous les jours. En cas de fermeture, demander M. Mateo ou Mme Manuela au n° 19 de la calle Caniles.

Environs

Parque Natural de la Sierra de Baza : Bureau d'accueil – Visite de 10 h à 14 h et de 16 h à 18 h. Fermé les lundis et mardis. ☎ 958 86 10 13.

BELALCÁZAR

Plaza de la Constitución, 11 (Ayuntamiento) – 14280 – ☎ 957 14 60 04

Santiago – Visite en été à 19 h 30 (18 h 30 le reste de l'année).

Santa Clara – Visite sur rendez-vous. ☎ 957 14 61 24.

BELMEZ

Museo Histórico de Belmez y territorio minero – Visite de 10 h à 14 h. Fermé les samedis, dimanches et jours fériés. ☎ 957 36 90 42.

BENALMÁDENA

Musée archéologique – Visite en été de 10 h à 14 h et de 17 h à 20 h (de 10 h à 14 h et de 16 h à 19 h le reste de l'année). Fermé les samedis, dimanches et jours fériés. Entrée libre. ☎ 95 244 85 93.

BENALUP

Cueva del Tajo de las Figuras – Visite de 10 h 30 à 14 h et de 15 h à 18 h 30 ; le mardi de 15 h à 17 h 30 ; le dimanche de 10 h 30 à 13 h. Fermé les lundis et jours fériés. ☎ 956 42 41 29 (hôtel de ville).

BENAOCAZ

Musée municipal – Visite les samedis, dimanches et jours fériés de 11 h à 13 h 30 et de 18 h à 20 h 30. Entrée libre. ☎ 956 12 55 00.

BOLLULLOS DE LA MITACIÓN

San Martín – Visite de 19 h à 21 h. Les dimanches et jours fériés, s'abstenir pendant les offices (de 11 h à 12 h et de 17 h à 19 h).

Santuario de Cuatrovitas – Visite les samedis, dimanches et jours fériés de 10 h à 13 h et de 17 h à 19 h (pendant la fermeture, s'adresser en face au gardien de l'église).

BORNOS

Palais – Visite en été de 10 h à 14 h et de 15 h à 20 h (les samedis, dimanches et jours fériés de 10 h à 13 h) ; le reste de l'année de 10 h à 14 h et de 16 h à 19 h (le samedi de 10 h à 13 h). ☎ 956 72 82 74.

EL BOSQUE

Centro de visitantes del Parque Natural – Visite de 9 h à 14 h (les vendredis, samedis, dimanches et jours fériés de 9 h à 14 h et de 16 h à 18 h). ☎ 956 71 60 63.

C

CABRA

c/ Santa Rosalía, 2 – 14940 – ☎ 957 52 01 10

Museo Arqueológico – Visite de 10 h 30 à 13 h et de 18 h 30 à 20 h, sur rendez-vous les samedis, dimanches et jours fériés. ☎ 957 52 01 10.

Environs

Ermita de la Virgen de la Sierra – Visite tous les jours. ☎ 957 52 01 10.

CÁDIZ

c/ Calderón de la Barca, 1 – 11003 – ☎ 956 21 13 13
Plaza de San Juan de Dios, 11 – 11005 – ☎ 956 24 10 01

Teatro Romano – Visite de 11 h à 13 h 30. Fermé les lundis et jours fériés. ☎ 956 21 22 81.

Cathédrale – Visite de 10 h à 13 h. Fermé les dimanches et jours fériés. 100 ptas. Visite du musée de 10 h à 12 h 30 (jusqu'à son transfert dans la Casa de la Contaduría). Fermé les lundis et dimanches. 500 ptas. ☎ 956 28 61 54.

Oratorio de la Santa Cueva – ☎ 956 22 22 62.

Museo de Cádiz – Visite de 9 h à 20 h ; les dimanches et jours fériés de 9 h 30 à 14 h 30. Fermé les lundi et mardis de 9 h à 14 h (sauf sur rendez-vous) et les jours fériés. 250 ptas. Entrée libre pour les ressortissants de l'UE. ☎ 956 21 22 81.

Oratorio de San Felipe Neri – Visite guidée de 10 h à 13 h 30. Fermé les dimanches et jours fériés. 150 ptas. ☎ 956 21 16 12.

Museo Iconográfico e Histórico – Visite de mi-juin à mi-septembre de 9 h à 13 h et de 17 h à 20 h (9 h à 13 h et de 16 h à 19 h le reste de l'année) ; les samedis et dimanches de 9 h à 13 h. Fermé les lundis et jours fériés. Entrée libre. ☎ 956 22 17 88.

Hospital de Mujeres – Visite de 10 h à 13 h. Fermé les samedis, dimanches et jours fériés. 100 ptas. ☎ 956 22 36 47.

Torre Tavira – Visite de mi-juin à mi-septembre de 10 h à 18 h (20 h le reste de l'année). Dernière visite guidée à 17 h 30. 500 ptas. ☎ 956 21 29 10.

Castillo de Santa Catalina – Visite de 10 h à 19 h ; le samedi de 10 h à 14 h. Fermé les dimanches et jours fériés. Entrée libre.

LA CALAHORRA

Castillo – Visite le mercredi de 10 h à 13 h et de 16 h à 18 h. ☎ 958 67 70 98.

CALAR ALTO

Centre astronomique – Visite le mercredi sur rendez-vous. ☎ 950 23 09 88 – 950 22 55 66.

CAP DE GATA

Centro de visitantes Amoladeras – Ouvert en été de 10 h à 14 h et de 17 h à 21 h (9 h 30 à 15 h 30 le reste de l'année) ; les samedis, dimanches et certains jours fériés de 10 h à 18 h. ☎ 950 16 04 35 – 950 38 02 99.

CAPILEIRA

Musée des Arts et des Coutumes populaires – Visite de 11 h 30 à 14 h 30 (le samedi en été de 16 h à 20 h et de 16 h à 19 h le reste de l'année). Fermé le lundi. ☎ 958 76 30 51.

CARMONA

ℹ Plaza de las Descalzas – 41410 – ☎ 95 414 22 00 – 419 09 55
ℹ Arco de la Puerta de Sevilla – 41410 – ☎ 95 419 09 55

San Pedro – Visite de 19 h 30 à 21 h ; les samedis, dimanches et jours fériés de 12 h à 14 h et de 17 h à 19 h (visite possible du clocher).

Convento de la Concepción – Visite de 10 h à 13 h et de 18 h à 19 h. Fermé le matin, les lundis, mardis et mercredis.

Hôtel de ville – Visite de 8 h à 15 h. ☎ 95 419 09 55.

El Salvador – Visite de 10 h à 14 h et de 16 h 30 à 18 h 30. Fermé les mercredis, jeudis, 1er janvier et 25 décembre. 200 ptas.

Iglesia de Santa María la Mayor – Visite de 10 h à 14 h. Fermé les dimanches et lundis. ☎ 95 414 08 11.

Santa Clara – Visite les samedis et dimanches de 10 h à 13 h.

Nécropole romaine – Visite de mi-juin à mi-septembre de 8 h 30 à 14 h (9 h à 17 h le reste de l'année) ; les samedis et dimanches de 10 h à 14 h. Fermé les lundis et jours fériés. 250 ptas. Entrée libre pour les ressortissants de l'UE. ☎ 95 414 08 11.

CASTRIL

Centro de visitantes del Parque Natural de la Sierra de Castril – Visite en été les jeudis, vendredis, samedis, dimanches et jours fériés de 9 h à 14 h et de 18 h à 20 h (9 h à 14 h et de 16 h à 18 h le reste de l'année). Les autres jours de la semaine, visite possible sur rendez-vous. ☎ 958 34 44 51 – 607 39 19 23.

CAZALLA DE LA SIERRA

Ruines de la chartreuse – Visite en été de 9 h 30 à 15 h et de 16 h à 20 h (18 h le reste de l'année). Fermé le 24 décembre. 500 ptas. ☎ 95 488 45 16.

CAZORLA

ℹ c/ Juan Domingo, 2 – 23470 – ☎ 953 72 05 15

Point d'information du Parc naturel de la Sierra de Cazorla – Ouvert de 8 h à 14 h 30. Fermé les samedis, dimanches et jours fériés. ☎ 953 72 01 25.

Castillo de la Yedra – Visite de 9 h à 20 h ; le mardi de 15 h à 20 h, les dimanches et jours fériés de 9 h à 15 h. Fermé le lundi. Entrée libre.

CHIPIONA

Sanctuaire de N.-D.-de-la-Règle – Visite de 8 h à 12 h et de 17 h à 18 h 30. Fermé les samedis et dimanches.

CHURRIANA

El Retiro – Visite de juin à août de 9 h à 20 h ; en avril, mai, septembre de 9 h à 19 h ; le reste de l'année de 9 h à 18 h. 1 250 ptas. ☎ 95 262 16 00.

COÍN

San Juan – Visite de 10 h à 13 h 30 et de 17 h à 19 h. ☎ 95 245 32 11 (Office de tourisme).

COLLADO DEL ALMENDRAL

Parc cynégétique – Renseignements ☎ 953 71 01 20.

CONIL DE LA FRONTERA

Castillo de los Guzmanes – Visite possible sur rendez-vous. ☎ 956 44 09 11 (demander M. Fermín Muñoz).

Museo de RaÍces Conileñas – Visite de juillet à septembre de 22 h à 24 h. Entrée libre. ☎ 956 44 05 01.

CONSTANTINA

Bureau d'accueil du Parc naturel de la Sierra Norte de Sevilla – Ouvert de 10 h à 14 h et de 16 h à 18 h (16 h à 18 h le vendredi). Fermé les lundis, mardis et mercredis. ☎ 95 588 12 26.

Ermita de El Robledo – Visite possible sur rendez-vous. ☎ 95 588 12 97.

CÓRDOBA

ℹ c/ Torrijos, 10 – 14003 – ☎ 957 47 12 35
ℹ Plaza Judá Levi – 14003 – ☎ 957 20 05 22

Mezquita-Catedral – Visite en mars et de juillet à octobre de 10 h à 18 h 30 ; d'avril à juin de 10 h à 19 h ; en novembre et février de 10 h à 17 h 30 ; en décembre et janvier de 10 h à 17 h ; les dimanches et jours fériés de 10 h à 14 h. 800 ptas (billet combiné pour la visite de la cathédrale, de la mosquée et du trésor). ☎ 957 47 05 12 – 957 47 56 13.

R. Mattès

La mosquée de Cordoue

Museo Diocesano de Bellas Artes – Visite en juin et juillet de 9 h 30 à 15 h (9 h 30 à 13 h 30 et de 15 h 30 à 17 h 30 le reste de l'année) ; le samedi de 9 h 30 à 13 h 30. Fermé les dimanches et jours fériés. 150 ptas (billet combiné pour la visite de la mosquée également). ☎ 957 47 93 75.

Torre de la Calahorra : Museo vivo de Al-Andalus – Visite de mai à septembre de 10 h à 19 h 30 (10 h à 18 h le reste de l'année). 500 ptas. ☎ 957 29 39 29.

Alcázar de los Reyes Cristianos – Visite de mai à septembre de 10 h à 14 h et de 18 h à 20 h (10 h à 14 h et de 17 h 30 à 19 h 30 le reste de l'année) ; les dimanches et jours fériés de 9 h 30 à 14 h 30. Fermé le lundi. 425 ptas. Entrée libre le vendredi. ☎ 957 48 50 01.

Maison andalouse – Mêmes conditions de visite que la Torre de la Calahorra.

Synagogue – Visite de 10 h à 14 h et de 15 h 30 à 17 h 30 ; les dimanches et jours fériés de 10 h à 13 h 30. Entrée libre. ☎ 957 20 29 28.

Museo Municipal Taurino – Visite de mai à mi-octobre de 10 h à 14 h et de 17 h 30 à 19 h 30 (10 h à 14 h et de 16 h 30 à 18 h 30 le reste de l'année) ; les dimanches et jours fériés de 9 h 30 à 15 h. Fermé le lundi, le 1er janvier, le Vendredi saint et le 25 décembre. 450 ptas. Entrée libre le vendredi. ☎ 957 20 10 56.

Posada del Potro – Visite de 9 h à 14 h et de 17 h à 20 h. Fermé les samedis, dimanches et jours fériés. Entrée libre. ☎ 957 48 50 01.

Museo de Bellas Artes – Visite de 9 h à 20 h (le mardi de 15 h à 20 h) ; les dimanches et jours fériés de 9 h à 15 h. Fermé le lundi. 250 ptas. Entrée libre pour les ressortissants de l'UE. ☎ 957 47 33 45.

Museo Julio Romero de Torres – Visite de 10 h à 14 h et de 17 h 30 à 19 h 30 (en juillet et août de 8 h 30 à 15 h) ; les dimanches et jours fériés de 9 h 30 à 14 h 30. Fermé le lundi. 450 ptas. ☎ 957 49 19 09.

Museo Arqueológico Provincial – Visite de 9 h à 20 h (le mardi de 15 h à 20 h) ; le dimanche de 9 h à 13 h. 250 ptas. Entrée libre pour les ressortissants de l'UE. ☎ 957 47 40 11/ 76.

San Nicolás de la Villa – Visite de 10 h 30 à 11 h 30, ainsi qu'à 18 h 30, 19 h 30 et 20 h 30, sauf pendant les offices. ☎ 957 47 68 32.

Palacio de Viana – Visite de mi-juin à septembre de 9 h à 12 h (10 h à 13 h et de 16 h à 18 h le reste de l'année). Fermé le samedi après-midi, les dimanches et jours fériés, ainsi que du 1er au 15 juin. 500 ptas. ☎ 957 48 01 34.

San Lorenzo – Visite de 10 h à 13 h et de 17 h 30 à 20 h 30. ☎ 957 48 34 79.

San Pablo – Visite de 9 h à 9 h 30, de 10 h 30 à 13 h, de 17 h 30 à 18 h 30 et de 20 h 30 à 21 h, sauf pendant pendant les offices. ☎ 957 47 12 00.

Environs

Medina Azahara – Visite de mai à septembre de 10 h à 14 h et de 18 h à 20 h 30 (10 h à 14 h et de 16 h à 18 h 30 d'octobre à avril) ; les dimanches et jours fériés de 10 h à 14 h. Fermé le lundi. ☎ 957 32 91 30.

Les ermitages – Visite d'avril à septembre de 10 h à 13 h et de 16 h 30 à 17 h 45 (10 h à 13 h 30 et de 15 h à 18 h le reste de l'année) ; le dimanche de 9 h à 13 h 30 et de 16 h 30 à 19 h 45. Fermé le lundi. 320 ptas. ☎ 957 33 03 10.

CORTEGANA

Château – Visite de 10 h à 14 h et de 16 h 30 à 18 h 30. Fermé le lundi. 200 ptas. ☎ 959 13 16 56.

CUEVAS DE ALMANZORA

Museo Antonio Manuel Campoy – Visite de juillet à septembre de 10 h à 13 h 30 et de 18 h à 21 h (10 h à 13 h 30 et de 17 h à 20 h le reste de l'année) ; le dimanche de 10 h à 13 h 30. Fermé les lundis, dimanches (de juillet à septembre) et jours fériés. Entrée libre. ☎ 950 45 80 63.

Museo de Arqueología – Mêmes conditions de visite que le Museo Antonio Manuel Campoy. ☎ 950 45 80 63.

D

Parc naturel de DESPEÑAPERROS

Différents circuits – Renseignements ☎ 953 12 50 18.

Parc national de DOÑANA

El Acebuche – Bureau d'accueil ouvert de 8 h à 19 h (21 h de juin à septembre). ☎ 959 44 87 11.

La Rocina – Bureau d'accueil ouvert de 9 h à 13 h et de 16 h à 19 h (21 h de juin à septembre). ☎ 959 44 23 40.

El Acebrón – Bureau d'accueil fermé pour travaux. ☎ 959 44 23 40.

José Antonio Valverde – Bureau d'accueil ouvert de 10 h à 18 h 30 (20 h 30 de juin à septembre). ☎ 959 44 87 39.

E

ÉCIJA

ℹ Av. Andalucía – 41400 – ☎ 95 483 30 62

ℹ c/ Cánovas del Castillo (Palacio de Benamejí), 4 – 41400 – ☎ 95 590 29 33

Santiago – Visite de 11 h à 13 h et de 18 h à 19 h. ☎ 95 590 29 33.

Santa María – Visite de 9 h 30 à 12 h 30 et de 17 h 30 à 20 h. ☎ 95 483 04 30.

Iglesia de la Concepción – Visite de 10 h à 13 h.

Iglesia de los Descalzos – Fermé pour restauration.

Iglesia de Santa Cruz – Visite de 10 h à 13 h et de 17 h à 19 h.

Palacio de Benamejí – Visite de juin à septembre de 9 h à 14 h (9 h 30 à 13 h et de 16 h 30 à 18 h 30 le reste de l'année) ; les samedis, dimanches et jours fériés de 9 h à 14 h. Fermé le lundi.

ESTEPONA

ℹ Paseo Marítimo P. Domínguez, s/n – 29680 – ☎ 95 280 09 13

F

FUENTE OBEJUNA

ℹ c/ Luís Rodríguez, 27 – 14290 – ☏ 957 58 49 00

Ntra. Sra. del Castillo – Visite de 10 h à 13 h. En cas de fermeture, renseignements ☏ 957 58 41 63.

G

GALERA

Gisement – Visite les samedis, dimanches et jours fériés de 10 h 30 à 13 h et de 16 h à 18 h. Le reste de la semaine, visite possible sur rendez-vous. ☏ 958 73 92 73.

GIBRALTAR

Museo de Gibraltar – Visite de 10 h à 18 h (10 h à 14 h le samedi). Fermé les dimanches et jours fériés. 2 £. ☏ 9567 742 89.

Visite de la partie haute du Rocher – Visite de 9 h 30 à 19 h. Billet combiné pour la visite du castillo árabe, de la réserve naturelle, des tunnels du Grand Siège, de la Guarida de los monos et St. Michael's Cave. 5 £ (enfants 2,5 £ ; accès en voiture 0,5 £). ☏ 9567 749 50 – 9567 450 00.

Funiculaire – 9 h 30 à 17 h 15 (dernière descente à 16 h 15). 5 £.

GRAZALEMA

Ateliers de tissage à la main – Visite de 8 h à 14 h et de 15 h à 18 h 30 ; le vendredi de 8 h à 14 h (boutique ouverte l'après-midi). Fermé les samedis, dimanches et jours fériés. ☏ 956 13 20 08.

GRANADA

ℹ c/ Mariana Pineda s/n – 18009 –☏ 958 22 59 90 – 958 22 66 88

L'Alhambra et le Généralife – Visite de mars à octobre de 8 h 30 à 20 h (nocturne du mardi au samedi de 22 h à 23 h 30) ; de novembre à février de 8 h 30 à 18 h. Dernière entrée 75 mn avant la fermeture. 1 000 ptas. 1 125 ptas dans les succursales de la banque BBV sur tout le territoire espagnol. Billet combiné pour la visite de toutes les curiosités. ☏ 958 22 75 25. Le vendredi, visite à thème en petits groupes, sur rendez-vous pris le lundi (renseignement et réservations ☏ 958 22 09 12).

B. Kaufmann/MICHELIN

La chartreuse de Grenade

Cathédrale – Visite d'avril à septembre de 10 h 30 à 13 h 30 et de 16 h à 19 h (16 h à 19 h le dimanche) ; le reste de l'année de 10 h 30 à 13 h 30 et de 15 h 30 à 18 h 30 (15 h 30 à 18 h 30 le dimanche). 300 ptas. ☏ 958 22 29 59.

Capilla Real – Visite de mai à septembre de 10 h 30 à 13 h et de 16 h à 19 h (10 h 30 à 13 h et de 15 h 30 à 18 h 30 le reste de l'année) ; les dimanches et jours fériés de 11 h à 13 h et de 15 h 30 à 18 h 30. Fermé le 2 janvier (matin), le Vendredi saint et le 12 octobre (matin). 250 ptas. Entrée libre le dimanche matin. ☏ 958 22 78 48.

El Bañuelo – Visite de 9 h à 14 h et de 17 h à 19 h (9 h à 14 h le samedi). Fermé les lundis, dimanches et jours fériés. ☏ 958 22 23 39.

Museo Arqueológico – Visite de 9 h à 20 h (15 h à 20 h le mardi) ; le dimanche de 9 h à 14 h 30. Fermé les lundis et jours fériés. 250 ptas. Entrée libre pour les ressortissants de l'UE. ☎ 958 22 56 40.

Casa del Chapiz – Visite de 8 h à 20 h. Fermé les samedis, dimanches et jours fériés. ☎ 958 22 22 90 – 958 22 47 54.

Monasterio de San Jerónimo – Visite d'avril à septembre de 10 h à 13 h 30 et de 16 h à 19 h 30 (10 h à 13 h 30 et de 15 h à 16 h 30 le reste de l'année). 250 ptas. ☎ 958 27 93 37.

Cartuja – Visite en été de 10 h à 13 h et de 16 h à 20 h (10 h à 12 h et de 16 h à 20 h les dimanches et jours fériés) ; le reste de l'année de 10 h à 13 h et de 15 h 30 à 18 h (10 h à 12 h et de 15 h 30 à 18 h les dimanches et jours fériés). 250 ptas. Entrée libre le dimanche. ☎ 958 16 19 32 (de 10 h à 12 h).

Casa-museo Manuel de Falla – Visite de 10 h 15 à 14 h 45. Fermé les lundis et jours fériés.

Carmen de los Mártires – Visite en été de 11 h à 14 h et de 17 h à 19 h (10 h à 14 h et de 16 h à 18 h le reste de l'année) ; les samedis et dimanches de 10 h à 18 h. Fermé les jours fériés. Entrée libre. ☎ 958 22 79 53.

Parque de las Ciencias – Visite de 10 h à 19 h (10 h à 15 h les dimanches et jours fériés). Fermé le lundi, les 1er janvier, 1er mai, ainsi que les 24 et 25 décembre. 400 ptas. **Planétarium** : 250 ptas. ☎ 958 13 19 00.

Huerta de San Vicente – Visite de 10 h à 13 h et de 16 h à 19 h. Fermé le lundi.

GUADIX

i Av. Mariana Pineda – 18500 – ☎ 958 66 26 65

Cathédrale – Visite de juin à septembre de 11 h à 13 h et de 17 h à 19 h (9 h à 13 h et de 16 h à 18 h le reste de l'année). Fermé aux visites les dimanches et jours fériés. ☎ 958 66 08 00.

Alcazaba – Visite de 9 h à 14 h et de 16 h à 19 h (9 h à 14 h le samedi). Fermé les dimanches et jours fériés. 100 ptas. ☎ 958 66 01 60.

Cueva-museo – Visite de 9 h à 14 h et de 16 h à 19 h (10 h à 14 h le samedi). Fermé les dimanches et jours fériés.

Museo de Alfarería – Visite de 10 h à 14 h et de 17 h à 20 h 30 (11 h à 14 h le dimanche). ☎ 958 66 47 67.

H

HINOJOSA DEL DUQUE

San Juan Bautista – Fermé pour travaux. ☎ 957 14 05 74.

HORNACHUELOS

Bureau d'accueil Huerta del Rey – Ouvert de 10 h à 14 h et de 16 h à 19 h. Fermé le lundi. ☎ 957 33 82 33.

HUELVA

i Av. de Alemania, 12 – 21001 – ☎ 959 25 74 03
i Av. de Italia, s/n – 21001 – ☎ 959 24 56 16

Nuestra Señora de la Cinta – Visite en été de 9 h à 20 h 30 (19 h 30 le reste de l'année). ☎ 959 25 11 22.

Museo Provincial – Visite de 9 h à 20 h (15 h le dimanche). Fermé le lundi. Entrée libre. ☎ 959 25 93 00

Environs

Paraje Natural de las Marismas de Odiel – Bureau d'accueil : ouvert de 10 h à 14 h et de 18 h à 20 h. Fermé les samedis, dimanches et jours fériés. Réservations ☎ 959 28 06 36.

HUÉSCAR

i c/ Mayor, s/n – 18830 – ☎ 958 74 00 11/ 73

I – J

ITÁLICA

Visite d'avril à septembre de 9 h à 20 h (9 h à 15 h le dimanche) ; de 9 h à 17 h 30 le reste de l'année (10 h à 16 h le dimanche). Fermé le lundi. 250 ptas. Entrée libre pour les ressortissants de l'UE. ☎ 95 599 73 76/ 65 83.

B. Kaufmann/MICHELIN

Oliveraies

IZNÁJAR

🅸 c/ Julio Burell, s/n – 14970 – ☎ 957 53 40 33

Museo Etnográfico – Visite possible sur rendez-vous. ☎ 957 53 40 02 – 957 53 40 33.

JAÉN

🅸 c/ Arquitecto Bergés, 1 – 23007 – ☎ 953 22 27 37

Cathédrale – Visite en été de 8 h 30 à 13 h et de 17 h à 20 h (8 h 30 à 13 h et de 16 h 30 à 19 h le reste de l'année). Fermé en été les dimanches après-midis. ☎ 953 23 42 33.

Museo – Même horaire que la cathédrale. 200 ptas. ☎ 953 23 42 33.

San Idelfonso – Visite de 8 h 30 à 12 h et de 18 h à 20 h 30. ☎ 953 19 03 46.

Casa de la Virgen – Fermé pour restauration.

Convento de las Bernardas – Visite de 8 h 30 à 13 h et de 16 h 30 à 20 h 30. ☎ 953 24 38 54.

Museo Provincial – Visite de juin à mi-septembre de 9 h à 14 h (10 h à 14 h le dimanche) ; le reste de l'année de 10 h à 14 h et de 16 h à 19 h 30 (10 h à 14 h les samedis et dimanches). Fermé les lundis et jours fériés. 250 ptas. Entrée libre pour les ressortissants de l'UE. ☎ 953 25 06 00.

Palacio de Villardompardo – Visite de 9 h à 20 h (9 h 30 à 14 h 30 les samedis et dimanches). Dernière entrée 30 mn avant la fermeture. Fermé les lundis et jours fériés. Entrée libre. ☎ 953 23 62 92.

Real Monasterio de Santo Domingo – Visite en été de 8 h 30 à 13 h 30 (14 h 30 le reste de l'année). ☎ 953 23 85 00.

Santa Úrsula – Visite de 8 h à 9 h. ☎ 953 19 01 15.

Castillo de Santa Catalina – Visite en été de 10 h 30 à 13 h 30 (10 h à 14 h le reste de l'année). Fermé les mercredis et vendredis. Entrée libre.

JEREZ DE LA FRONTERA

🅸 c/ Larga, 39 – 11403 – ☎ 956 33 11 50

Museo Arqueológico – Visite de mi-juin à septembre de 10 h à 14 h 30 (10 h à 14 h et de 16 h à 19 h le reste de l'année) ; les samedis, dimanches et jours fériés de 10 h à 14 h 30. Fermé le lundi, les 1er et 6 janvier, Vendredi saint et 25 décembre. 250 ptas. Entrée libre le premier dimanche du mois et le 9 novembre. ☎ 956 34 13 50.

Cathédrale – Visite de 18 h à 20 h (11 h à 14 h les samedis, dimanches et jours fériés). ☎ 956 34 84 82.

Alcázar – Visite de mai à mi-septembre de 10 h à 20 h (10 h à 18 h le reste de l'année). Dernière entrée 30 mn avant la fermeture. Fermé les 1er janvier et 25 décembre. 200 ptas. ☎ 956 33 73 06.

Cámara oscura – Même horaire que l'alcázar. 500 ptas.

Bodegas :

Pedro Domecq – Visite possible sur rendez-vous. 500 ptas (jours ouvrés le matin), 750 ptas (après-midis, samedis, dimanches et jours fériés). ☎ 956 15 15 00.

González & Byass – Visite à 10 h, 11 h, 12 h, 13 h, 17 h, 18 h, 19 h (10 h, 11 h, 12 h, 13 h les samedis, dimanches et jours fériés). 900 ptas. 1 000 ptas les samedis, dimanches et jours fériés. ☎ 956 35 70 16/ 70 00.

Williams & Humbert – Visite de 10 h à 14 h (les samedis, dimanches et jours fériés, visite possible sur rendez-vous). 375 ptas. ☎ 956 34 65 39.

Museo de Relojes – Visite de 10 h à 14 h. Fermé les samedis (en août) et dimanches. 400 ptas. ☎ 956 18 21 00.

Zoo-Jardín Botánico – Visite de 10 h à 18 h. Fermé le lundi. 200 ptas. ☎ 956 18 23 97 – 956 18 42 07.

Real Escuela Andaluza de Arte Ecuestre – Visite des installations et du manège de 11 h à 13 h. Les spectacles équestres ont lieu uniquement le jeudi à 12 h et, en hiver, le mardi également. Fermé les samedis, dimanches et jours fériés. Visite seule : 600 ptas. Spectacles : 1 500 ptas. ☎ 956 31 95 35 – 956 31 11 11.

Environs

Cartuja – Fermé temporairement pour restauration. ☎ 956 15 64 65.

Yeguada de la Cartuja – Visite (1 h 30 – 2 h) le samedi à 11 h. 1 500 ptas. ☎ 956 16 28 09.

JIMENA DE LA FRONTERA

Centre d'information du Parc naturel des Alcornocales – Ouvert de 10 h à 17 h (les samedis, dimanches et jours fériés de 11 h à 15 h et de 16 h à 18 h. ☎ 956 64 05 69.

JODAR

Centro de interpretación du Parc naturel de la Sierra Mágina – Pour tout renseignement ☎ 953 78 76 56.

L

LAGUNA DE ZOÑAR

Centro de visitantes de Zoñar – Visite sur rendez-vous. ☎ 957 33 52 52.

LEBRIJA

ℹ c/ Tetuán, 15 – 41740 – ☎ 95 597 40 68

Santa María de la Oliva – Visite de 10 h à 14 h et de 18 h à 21 h. ☎ 95 597 23 35.

Santa María del Castillo – Fermé pour restauration.

Capilla de la Vera Cruz – Visite possible sur rendez-vous. ☎ 95 597 40 68 (Office de tourisme).

LINARES

Museo Arqueológico – Visite de 12 h à 13 h 30 (12 h à 14 h le dimanche). ☎ 953 54 40 04.

LOJA

ℹ c/ Duque de Valencia, 1 – 18300 – ☎ 958 32 39 49

Enceinte – Fermé pour restauration. ☎ 958 32 39 49 (Office de tourisme).

LUCENA

ℹ c/ Castillo del Moral, s/n – 14900 – ☎ 957 51 32 82

San Mateo – Visite de 9 h à 13 h et de 19 h à 20 h 30. ☎ 957 51 32 82 (Office de tourisme).

Santiago – Visite de 19 h à 20 h 30. ☎ 957 51 32 82.

M

MÁLAGA

ℹ Pasaje de Chinitas, 4 – 29015 – ☎ 95 221 34 45
ℹ Av. Cervantes, 1 – 29015 – ☎ 95 260 44 10

Alcazaba – Visite de 8 h 30 à 19 h. Fermé le mardi. ☎ 952 221 60 05.

Museo Arqueológico – Fermé pour travaux. ☎ 95 221 60 05 – 95 222 04 43.

Cathédrale – Visite de 10 h à 12 h 45 et de 16 h à 18 h 45. Fermé le dimanche ainsi que les 1er janvier et 25 décembre. ☎ 95 221 59 17.

B. Kaufmann/MICHELIN

El Sagrario – Visite de 9 h 30 à 12 h 30 et de 18 h à 19 h 30. ☎ 95 221 34 45 (Office de tourisme).

Santiago – Visite de 9 h à 13 h 30 et de 18 h à 20 h.

Museo-Casa Natal Picasso – Visite en été de 11 h à 14 h (11 h à 14 h et de 17 h à 20 h le reste de l'année). Fermé les samedis, dimanches et jours fériés. Entrée libre. ☎ 95 221 50 05.

Museo de Artes y Costumbres Populares – Visite de mi-juin à septembre de 10 h à 13 h 30 et de 17 h à 20 h (10 h à 13 h 30 et de 16 h à 19 h le reste de l'année) ; le samedi de 10 h à 13 h 30. Fermé le dimanche. ☎ 95 221 71 37.

Santuario de la Virgen de la Victoria – Visite de 8 h à 13 h et de 16 h à 20 h. Fermé le lundi. ☎ 95 225 26 47.

Environs

Finca de la Concepción – Visite du 21 juin au 10 septembre de 10 h à 19 h 30 ; du 11 septembre au 20 octobre de 10 h à 17 h 30 ; du 21 octobre au 10 décembre de 10 h à 16 h 30 ; du 11 décembre au 31 mars de 10 h à 16 h ; du 1er avril au 20 juin de 10 h à 18 h 30 . Fermé le lundi. 435 ptas. ☎ 95 225 21 48/ 07 45.

MARBELLA

ℹ Glorieta de la Fontanilla – 29600 – ☎ 95 277 14 42
ℹ Plaza de los Naranjos – 29600 – ☎ 95 282 35 50

Santa María de la Encarnación – Visite de 8 h 30 à 14 h 30 et de 19 h à 21 h. ☎ 95 277 31 36.

Museo del Grabado Español Contemporáneo – Visite en été de 11 h à 14 h et de 18 h à 21 h (11 h à 14 h et de 17 h 30 à 20 h 30 le reste de l'année ; les lundis et dimanches de 11 h à 14 h). Fermé les samedis, dimanches et jours fériés. 300 ptas. ☎ 95 282 50 35.

MARCHENA

ℹ c/ San Francisco, 43 – 41620 – ☎ 95 584 61 67

San Juan Bautista : Museo Zurbarán – Visite de 15 h à 21 h. Visite du musée : 200 ptas. ☎ 95 484 32 57.

MARÍA

Bureau d'accueil Umbría – Ouvert de 9 h à 13 h et de 15 h à 17 h. Fermé les samedis et dimanches. ☎ 950 52 70 05.

MARTOS

Santa Marta – Visite de 10 h à 12 h 30 et de 18 h à 19 h 30.

MEDINA SIDONIA

ℹ Plazuela de la Iglesia Mayor, s/n – 11170 – ☎ 956 41 00 05

Site archéologique – Visite de juin à septembre de 10 h à 13 h 30 et de 17 h 30 à 20 h (10 h à 13 h 30 et de 16 h 30 à 19 h le reste de l'année). Fermé le lundi.

Santa María Mayor, la Coronada – Visite guidée (30 mn) de juin à septembre de 10 h 30 à 14 h 30 et de 15 h 30 à 21 h (20 h le reste de l'année). 250 ptas. ☎ 956 41 03 29.

Alcázar et vieille ville – Visite de juin à septembre de 11 h 30 à 13 h 30 et de 17 h 30 à 19 h 30 (11 h 30 à 13 h 30 et de 16 h 30 à 18 h 30 le reste de l'année).

Environs

Ermita de los Santos Mártires Justo y Pastor – Visite possible sur rendez-vous ☎ 956 41 24 04.

MIJAS

Santuario de la Virgen de la Peña – Visite de 9 h à 18 h. ☎ 95 248 50 22.

Museo de Miniaturas – Visite en été de 10 h à 22 h (19 h le reste de l'année). 400 ptas. ☎ 95 248 95 00.

Ayuntamiento : musée – Visite de 9 h à 15 h. ☎ 95 248 59 00.

Plaza de toros : Museo taurino – Visite en été de 10 h à 22 h (17 h 30 le reste de l'année). Musée et arènes : 500 ptas. Visite du musée : 250 ptas. ☎ 95 248 55 48.

MINAS DE RIOTINTO

Parque Minero de Riotinto – Visite de 10 h à 15 h (les samedis, dimanches et jours fériés de 10 h à 18 h). Billet combiné pour la visite du musée, de Corta Atalaya et de la voie ferrée : 1 300 ptas. ☎ 959 59 00 25.

Eaux du rio Tinto

Museo Minero y Ferroviario – Voir Parque Minero.

Corta Atalaya – Voir Parque Minero.

Ferrocarril turístico-minero – Voir Parque Minero.

Nécropole de la Dehesa – Visite possible sur rendez-vous. ☎ 959 59 00 25.

MINI HOLLYWOOD

Visite de 10 h à 21 h. ☎ 950 36 52 36.

MOGUER

ℹ Av. de Andalucía, 5 – 21800 – ☎ 959 37 23 77

Monasterio de Santa Clara – Visite de 10 h à 13 h et de 16 h à 19 h. Fermé les lundis, dimanches et jours fériés. 250 ptas. ☎ 959 37 01 07.

Archivo Histórico Municipal – Visite de 9 h à 15 h. ☎ 959 37 21 93/ 4.

San Francisco – Visite uniquement du cloître, sur rendez-vous. ☎ 959 37 27 13.

Casa-museo « Zenobia y Juan Ramón » – Visite de 10 h 15 à 13 h 15 et de 17 h 15 à 19 h 15 (les dimanches et jours fériés de 10 h 15 à 13 h 15). 250 ptas. ☎ 959 37 21 48.

Maison natale de Juan Ramón Jiménez – Visite possible sur rendez-vous. ☎ 959 37 24 77 (Office de tourisme).

MONTEFRÍO

ℹ Plaza de España, 1 – 18270 – ☎ 958 33 60 04

Villa – Visite de 10 h à 14 h et de 16 h à 18 h. ☎ 958 33 60 04 (Office de tourisme).

MONTILLA

ℹ c/ Capitán Alonso Vargas, 3 – 14550 – ☎ 957 65 24 62

Museo histórico – Visite les samedis, dimanches et jours fériés de 10 h 30 à 13 h 30. Le reste de la semaine, visite possible sur rendez-vous. ☎ 957 65 24 62 – 957 65 59 81.

Casa-Museo del Inca Garcilaso – Visite de 10 h à 14 h. Fermé les samedis, dimanches et jours fériés (visite possible sur rendez-vous auprès de l'Office de tourisme). ☎ 957 62 23 54.

MONTORO

ℹ Plaza de España, 8 – 14600 – ☎ 957 16 00 89

San Bartolomé – Visite de 11 h à 14 h et de 17 h à 20 h.

Museo Arqueológico – Visite les samedis, dimanches et jours fériés de 11 h à 13 h. Le reste de la semaine, visite possible sur rendez-vous. ☎ 957 16 00 89.

N

NERJA

ℹ Plaza de la Peña, s/n – 29780 – ☎ 95 252 15 31
ℹ c/ Carmen, 1 – 29780 – ☎ 95 252 00 90

Cueva de Nerja – Visite en juillet et août de 10 h 30 à 14 h et de 16 h à 20 h (18 h 30 le reste de l'année). 650 ptas. ☎ 95 252 95 20.

NIEBLA

Office municipal de tourisme – Ouvert de 9 h 30 à 14 h et de 16 h à 18 h. ☎ 959 36 22 70.

NIGÜELAS

Almazara de las Laerillas – Visite possible sur rendez-vous. ☎ 958 77 76 07 (hôtel de ville).

NÍJAR

Église paroissiale – Visite de 10 h à 20 h. ☎ 950 36 01 34.

O

OBEJO

Église paroissiale San Antonio Abad – En cas de fermeture, s'adresser en face à la personne qui fait les visites. ☎ 957 36 71 76.

OLVERA

Château – Visite en été de 10 h à 14 h et de 16 h à 21 h (19 h le reste de l'année) ; les samedis, dimanches et jours fériés de 10 h à 17 h. 100 ptas. ☎ 956 12 08 16 (Office de tourisme).

ORCE

Museo de Prehistoria y Paleontología José Gibert – Visite de juin à septembre de 11 h à 13 h et de 18 h à 20 h (11 h à 14 h et de 16 h à 18 h le reste de l'année). Fermé le lundi. 200 ptas. ☎ 958 74 61 71 (Office de tourisme).

OSUNA

i c/ Sevilla, 22 – 41013 – ☎ 95 481 22 11

Colegiata – Visite guidée (45 mn) de mai à septembre de 10 h à 13 h 30 et de 16 h à 19 h (10 h à 13 h 30 et de 15 h 30 à 18 h 30 le reste de l'année). Fermé le lundi, les 1er et 6 janvier (après-midi), les Jeudi et Vendredi saints, ainsi que les 24 (après-midi), 25 et 31 (après-midi) décembre. 300 ptas. ☎ 95 481 04 44.

Monasterio de la Encarnación – Visite en été de 10 h à 13 h 30 et de 16 h 30 à 19 h 30 (10 h à 13 h 30 et de 15 h 30 à 18 h 30 le reste de l'année). Fermé le lundi. ☎ 95 481 11 21.

Torre del Agua : Museo Arqueológico – Visite en été de 10 h à 13 h 30 et de 16 h 30 à 19 h 30 (10 h à 13 h 30 et de 15 h 30 à 18 h 30 le reste de l'année). ☎ 95 481 04 44/ 12 07.

P

PALMA DEL RÍO

i Plaza de Judá Levi, s/n – 14700 – ☎ 957 20 05 22
i c/ Cardenal Portocarrero, s/n – 14700 – ☎ 957 54 43 70

Museo Municipal – Visite de 16 h à 19 h (le dimanche de 10 h à 14 h). Entrée libre.

La Asunción – Visite en été de 10 h à 14 h (17 h à 20 h le reste de l'année) ; les dimanches et jours fériés de 11 h à 14 h. ☎ 957 64 43 70.

PALOS DE LA FRONTERA

Casa-museo de Martín Alonso Pinzón – Visite de 10 h à 13 h 30 et de 17 h à 20 h. Fermé les samedis, dimanches et jours fériés. Entrée libre. ☎ 959 35 01 99.

San Jorge – Visite sur rendez-vous. ☎ 959 35 01 99 (Casa-museo).

PAMPANEIRA

Bureau d'accueil – Ouvert de 10 h 30 à 14 et de 16 h à 19 h. ☎ 958 76 31 27.

PARADAS

Église St-Eutrope – Visite possible sur rendez-vous. ☎ 95 484 90 39.

PRIEGO DE CÓRDOBA

i c/ Real, 46 – 14800 – ☎ 957 59 44 27
i c/ Río, 3 – 14800 – ☎ 957 70 06 25

Hospital e iglesia de San Juan de Dios – Visite de 9 h à 21 h.

Asunción – Visite possible sur rendez-vous de 11 h à 13 h 30 et de 19 h 30 à 21 h 30. ☎ 957 54 07 13 (M. José Mateo Aguilera).

San Pedro – Visite de 10 h à 13 h.

Carnicerías Reales – Visite de 13 h à 14 h et de 19 h à 22 h.

Las Angustias – Visite de 10 h à 13 h.

Museo Histórico Municipal – Visite de 10 h à 14 h et de 18 h à 20 h (les samedis et dimanches de 11 h à 14 h). ☏ 957 54 09 47.

La Aurora – Visite de 10 h à 13 h.

PUENTE GENIL

Museo Arqueológico y etnográfico – Visite de 10 h 30 à 13 h 30. Fermé le lundi. Entrée libre. ☏ 957 60 69 05.

El PUERTO DE SANTA MARÍA

ℹ c/ Guadalete, 1 – 11500 – ☏ 956 54 24 75/ 13

Vaporcito del Puerto – Départs de juin à mi-septembre à 9 h, 11 h, 13 h, 15 h 30 et 19 h 30 (croisière nocturne à 21 h 45) ; de mi-septembre à novembre et de février à mai à 9 h, 11 h, 13 h et 15 h 30. Les dimanches et jours fériés, départ également à 17 h 30. Départ Plaza de las Galeras Reales. ☏ 956 54 24 13.

Iglesia Mayor Prioral – Visite de 10 h à 12 h et de 19 h à 20 h 30.

Musée municipal – Visite de 10 h à 14 h. Fermé les dimanches et jours fériés. ☏ 956 54 27 05/ 75.

Fundación Rafael Alberti – Visite de 10 h 30 à 14 h 30. Fermé les samedis, dimanches et jours fériés. 300 ptas. ☏ 956 85 07 11.

Castillo de San Marcos – Visite le samedi de 11 h à 13 h 30. Les autres jours, visite possible sur rendez-vous. ☏ 956 85 17 51 (Bodegas Caballero).

Plaza de toros – Visite de 11 h à 13 h 30 et de 18 h à 19 h 30. Fermé les lundis, jours fériés, veilles et lendemains de corrida. Entrée libre.

Q

QUESADA

Musée municipal – Visite de 11 h à 14 h et de 17 h à 19 h. ☏ 953 73 38 24.

R

La RÁBIDA

La Casita de Zenobia – Bureau d'accueil ouvert en été de 10 h à 14 h et de 17 h à 21 h (les samedis, dimanches et jours fériés de 10 h à 20 h) ; de septembre à avril de 10 h à 19 h. Fermé le lundi. ☏ 959 53 11 37.

Monastère Santa María de la Rábida – Visite de 10 h à 13 h et de 16 h 45 à 20 h (10 h à 13 h et de 16 h à 18 h 15 en hiver). ☏ 959 35 04 11.

Muelle de las Carabelas – Visite en été de 10 h à 14 h et de 17 h à 21 h (10 h à 19 h de septembre à avril) ; les samedis, dimanches et jours fériés de 10 h à 20 h. Fermé le lundi. ☏ 959 53 05 97/ 03 12.

RONDA

ℹ Pl. de España, 1 – 29400 – ☏ 95 287 12 72

ℹ Palacio de Mondragón – Plaza de Mondragón, s/n – 29400 – ☏ 95 287 08 18

Casa del Rey Moro : Jardins de Forestier – Visite de 10 h à 18 h. 500 ptas.

Baños árabes – Visite d'avril à septembre de 8 h 30 à 13 h 30 et de 16 h à 19 h (9 h à 14 h et de 16 h à 18 h le reste de l'année) ; le dimanche de 10 h 30 à 13 h. Fermé le lundi. ☏ 95 287 38 89.

Museo del Bandolero – Visite en été de 10 h à 21 h (20 h le reste de l'année). 300 ptas. ☏ 952 87 77 85.

Santa María la Mayor – Visite en été de 10 h à 20 h (21 h en août et pendant la fête de septembre, 19 h le reste de l'année). 200 ptas. ☏ 952 87 22 46.

Palacio de Mondragón : Museo de la Ciudad – Visite de 10 h à 19 h (18 h de novembre à mars) ; les samedis, dimanches et jours fériés de 10 h à 15 h. 250 ptas. ☎ 952 87 84 50.

Museo Lara – Visite de 10 h à 20 h. 500 ptas. ☎ 67 74 31 12.

Plaza de toros : Museo taurino – Visite en été de 10 h à 20 h (19 h au printemps et en automne, 18 h en hiver). 400 ptas. ☎ 95 287 41 32.

Environs

Église rupestre de la Virgen de la Cabeza – Visite de 10 h à 19 h au printemps et en été (18 h le reste de l'année) ; les samedis, dimanches et jours fériés de 10 h à 15 h. 200 ptas. ☎ 649 36 57 72.

Cueva de la Pileta – Visite guidée (1 h) de 10 h à 13 h et de 16 h à 18 h. 800 ptas (en petits groupes, sur rendez-vous). ☎ 95 216 73 43.

RONDA LA VIEJA

Ruines d'Acinipo – Visite d'avril à septembre de 11 h à 19 h (10 h à 18 h le reste de l'année) ; les vendredis, samedis et dimanches de 9 h à 19 h, les jours fériés de 10 h à 14 h 30. Entrée libre.

S

SALOBREÑA

Château – Visite en été de 10 h à 12 h et de 15 h 30 à 22 h (10 h 30 à 13 h 45 et de 16 h à 19 h le reste de l'année). ☎ 958 61 27 33 – 958 61 03 14.

SAN FERNANDO

Musée municipal d'Histoire – Visite de 10 h à 14 h et de 18 h à 21 h. Fermé les samedis, dimanches et jours fériés. Entrée libre. ☎ 956 89 37 02.

SAN PEDRO DE ALCÁNTARA

Las Bóvedas – Visite guidée (1 h 30) les jeudis et samedis à 12 h. Visite possible également de la basilique de Vega del Mar. ☎ 95 278 13 60.

SANLÚCAR DE BARRAMEDA

ℹ Calzada del Ejército, s/n – 11540 – ☎ 956 36 61 10

La Trinidad – Visite de 10 h à 13 h 30. Fermé à la visite le dimanche.

Palacio de Orleans y Borbón – Visite de 10 h à 14 h (les samedis, dimanches et jours fériés, visite possible sur rendez-vous). ☎ 956 38 80 00.

Palais des comtes de Niebla – Visite possible sur rendez-vous les dimanches et lundis. ☎ 956 36 01 61.

Santo Domingo – Visite de 10 h à 12 h et de 15 h 30 à 20 h. S'abstenir pendant les offices. ☎ 956 36 04 91.

Centro de visitantes Bajo de Guía – Ouvert de 9 h à 15 h. ☎ 956 36 07 15.

Centro de visitantes Fábrica de Hielo – Ouvert de 9 h à 20 h. ☎ 956 38 16 35.

SANTAELLA

Museo de Arqueología – Visite le samedi de 17 h à 19 h 30 (les dimanches et jours fériés de 11 h à 13 h).

SETENIL

Office de tourisme – Ouvert de 10 h 30 à 14 h et de 16 h à 19 h (les dimanches et jours fériés de 10 h 30 à 19 h. Fermé le lundi. ☎ 956 13 42 61.

SEVILLA

ℹ Av. Constitución, 21 – 41004 – ☎ 95 422 14 04
ℹ Paseo de las Delicias, 9 – 41012 – ☎ 95 423 44 65

Giralda et cathédrale – Visite de 11 h à 17 h (14 h à 18 h le dimanche). Horaires restreints les Mardi, Jeudi et Vendredi saints. Fermé les 1er et 6 janvier, le 30 mai, le jour de la Fête-Dieu, le 15 août, et les 8 et 25 décembre. 700 ptas. Entrée libre le dimanche. ☎ 95 456 33 21.

Archivo General de Indias – Ouvert de 10 h à 13 h (chercheurs de 8 h à 15 h). Fermé les samedis, dimanches et jours fériés. Entrée libre. ☎ 95 421 12 34.

Real Alcázar – Visite d'avril à septembre de 9 h 30 à 20 h ; d'octobre à mars de 9 h 30 à 18 h (14 h 30 les dimanches et jours fériés). Dernière entrée 1 h avant la fermeture. Fermé le lundi, les 1er et 6 janvier, le Vendredi saint, le 25 décembre et lors de cérémonies officielles. 600 ptas. Appartements : 400 ptas. ☎ 95 422 71 63.

Hospital de los Venerables – Visite guidée (20 mn) de 10 h à 14 h et de 16 h à 20 h. Fermé le 1er janvier, le Vendredi saint et le 25 décembre. 600 ptas. ☎ 95 456 26 96.

Museo Arqueológico – Visite le mardi de 14 h 30 à 20 h ; de mercredi à samedi de 9 h à 20 h et le dimanche de 9 h à 14 h 30. Fermé les lundis et jours fériés. 250 ptas. Entrée libre pour les ressortissants de l'UE. ☎ 95 423 24 01.

Museo de Artes y Costumbres Populares – Visite de 9 h à 20 h (15 h à 20 h le mardi) ; les dimanches et jours fériés de 9 h à 14 h 30. Fermé le lundi. 250 ptas. Entrée libre pour les ressortissants de l'UE. ☎ 95 423 25 76/ 55 40.

O. Torres/MARCO POLO

Quartier de Santa Cruz

Museo de la Marina – Visite de 10 h à 14 h (10 h à 14 h les samedis, dimanches et jours fériés). Fermé en août ainsi que les 1er et 6 janvier. 100 ptas. Entrée libre pour les ressortissants de l'UE. ☎ 95 422 24 19.

Hospital de la Caridad – Visite de 9 h à 13 h 30 et de 15 h 30 à 18 h 30 (9 h à 13 h les dimanches et jours fériés). 400 ptas. ☎ 95 422 32 32.

La Maestranza – Visite de 9 h 30 à 14 h et de 15 h à 18 h. 400 ptas. ☎ 95 422 45 77.

El Patrocinio – Visite de 10 h 30 à 13 h 30 et de 18 h à 21 h (10 h 30 à 13 h 30 le dimanche). ☎ 95 433 33 41.

Basilique de la Macarena : Musée – Visite de 9 h 30 à 13 h et de 17 h à 20 h (21 h la basilique). Fermé pendant la Semaine sainte et 15 jours avant pour la préparation des processions solennelles. Musée : 300 ptas. ☎ 95 437 01 95.

San Luis de los Franceses – Ouvert de 9 h à 14 h (les vendredis et samedis de 9 h à 14 h et de 17 h à 20 h). ☎ 95 455 02 07.

Convento de Santa Paula – Visite de 10 h 30 à 12 h 30 et de 15 h 30 à 18 h 30. Fermé les lundis et jours fériés, jours de prière. ☎ 95 453 63 30.

Capilla de San José – Visite de 19 h à 21 h (11 h à 12 h le dimanche). ☎ 95 422 31 42/ 32 42.

Palacio de Lebrija – Visite de 11 h à 13 h et de 17 h à 20 h (10 h à 13 h le samedi). 500 ptas. ☎ 95 421 81 83.

Iglesia del Salvador – Visite de 9 h à 10 h et de 18 h 30 à 21 h. ☎ 95 421 16 79.

Nuestro Padre Jesús del Gran Poder – Visite de 8 h à 13 h 30 et de 18 h à 21 h. ☎ 95 438 45 58.

Casa de Pilatos – Visite en été de 9 h à 19 h (18 h le reste de l'année). Visite de chaque étage : 500 ptas. ☎ 95 422 52 98/ 50 55.

Museo de Bellas Artes – Visite de 9 h à 15 h (15 h à 20 h le mardi) ; le dimanche de 9 h à 15 h. Fermé les lundis et jours fériés. 250 ptas. Entrée libre pour les ressortissants de l'UE. ☎ 95 422 18 29/ 07 90.

La Cartuja-Centro Andaluz de Arte Contemporáneo – Visite de 10 h à 20 h (10 h à 15 h le dimanche). Visites guidées à 11 h, 12 h, 17 h et 18 h. Fermé le lundi et certains jours fériés. 300 ptas. Entrée libre le mardi pour les ressortissants de l'UE. ☎ 95 503 70 70.

SIERRA NEVADA

Centro de Visitantes del Dornajo – Ouvert de 9 h 30 à 14 h 30 et de 16 h 30 à 20 h. ☎ 958 34 06 25.

SORBAS

Site naturel karstique – Pour tout renseignement ☎ 950 36 44 81.

T

TABERNAS

Plaza del Pueblo, 1 (Hôtel de ville) – 04200 – ☎ 950 36 50 02

TARIFA

Paseo de la Alameda, s/n – 11380 – ☎ 956 68 09 93

Castillo de Guzmán el Bueno – Visite en été de 10 h à 18 h (17 h le reste de l'année). ☎ 956 68 46 89.

Environs

Ruines romaines de Baelo Claudia – Visite de juillet à mi-septembre à 10 h, 11 h, 12 h, 13 h, 17 h et 18 h (10 h, 11 h, 12 h, 13 h, 16 h et 17 h le reste de l'année) ; le dimanche à 10 h, 11 h, 12 h et 13 h. Fermé le lundi, les 1er et 6 janvier ainsi que les 24, 25 et 31 décembre. ☎ 956 68 85 30.

Ruines de Baelo Claudia

TOLOX

Église St-Michel – Visite de 11 h à 20 h.

TORRE DEL VINAGRE

Centro de Interpretación – Visite en été de 11 h à 14 h et de 16 h à 18 h (11 h à 14 h et de17 h à 20 h le reste de l'année). Fermé les lundis, samedis et dimanches. Entrée libre. ☎ 953 71 30 40 – 953 72 01 15.

U

ÚBEDA

Av. Cristo Rey, 2 – 23400 – ☎ 953 75 08 97

Palacio de las Cadenas – Visite de 9 h à 14 h et de 17 h à 21 h. ☎ 953 75 04 40.

Museo de la Alfareria – Visite de 10 h 30 à 14 h et de 16 h 30 à 19 h (10 h 30 à 14 h les dimanches et jours fériés). Fermé le lundi. 50 ptas. ☎ 953 79 12 97.

Santa María de los Alcázares – Fermé pour restauration.

Capilla del Salvador – Visite de 10 h à 14 h et de 16 h à 18 h 30. Fermé le lundi. 350 ptas. ☎ 953 75 08 97.

Museo de San Juan de la Cruz – Visite de 11 h à 12 h 45 et de 17 h à 18 h 30. Fermé le lundi. Entrée libre. ☎ 953 75 06 15.

Casa Mudéjar : Musée archéologique – Visite de 10 h à 14 h et de 15 h à 19 h (10 h à 14 h le dimanche). Fermé le lundi. ☎ 953 37 02

Museo de la Semana Santa – Visite de 9 h à 15 h et de 15 h 30 à 22 h. Fermé le lundi. ☎ 953 75 08 42.

UBRIQUE

Ville romaine d'Ocurri – Fermé temporairement pour restauration. ☎ 956 73 11 85.

UTRERA

San Francisco – Visite de 18 h à 21 h (16 h à 21 h le dimanche). ☎ 95 586 09 31.

Nuestra Señora de la Consolación – Visite de 9 h à 14 h et de 16 h à 18 h 30. ☎ 95 486 03 30.

V – Y – Z

VEJER DE LA FRONTERA

i c/ San Filmo, 6 – 11150 – ☎ 956 45 01 91

Visite – Visite guidée (2 h) de tous les monuments de la ville. 500 ptas. ☎ 956 45 01 91.

Iglesia parroquial del Divino Salvador – Visite de 10 h 30 à 13 h 30 et de 19 h 30 à 22 h.

VÉLEZ BLANCO

Château – Visite de 11 h à 13 h 30 et de 16 h à 18 h. ☎ 950 41 50 01 (hôtel de ville).

VÉLEZ RUBIO

Parroquia de la Encarnación – Visite de 17 h à 20 h. Fermé le lundi.

Museo Comarcal Velezano – Visite de 9 h à 14 h et de 16 h à 20 h. ☎ 950 41 25 60.

VERA

Musée historique municipal – Visite de 10 h à 14 h et de 17 h à 20 h. Fermé le samedi après-midi, les dimanches et jours fériés. Entrée libre. ☎ 950 39 31 42.

VILLAMARTÍN

Musée municipal – Visite en été de 10 h à 14 h et de 18 h à 21 h (10 h à 14 h et de 16 h à 18 h le reste de l'année). Fermé les lundis et mardis. 120 ptas.

Dolmen d'Alberite – Pour tout renseignement ☎ 956 36 61 10.

ZUHEROS

Château – Visite de mi-avril à mi-septembre les samedis, dimanches et jours fériés à 12 h 30, 13 h 30, 14 h 30, 18 h 30, 19 h 30 et 20 h 30 (12 h 30, 13 h 30, 14 h 30, 16 h 30, 17 h 30 et 18 h 30 le reste de l'année). ☎ 957 69 45 14/ 45 (hôtel de ville).

Environs

Cueva de los Murciélagos – Visite de mi-avril à mi-septembre à 11 h, 12 h, 13 h, 18 h et 19 h (11 h, 12 h, 13 h, 16 h, 17 h, 18 h le reste de l'année). ☎ 957 69 45 45 – 639 15 78 86.

Lexique

MOTS USUELS

Pour les termes liés à l'hôtellerie, voir le Guide Rouge España & Portugal.

Termes de politesse

oui, non ....**sí, no**
bonjour (le matin) ...**buenos días**
bonjour (l'après-midi) **buenas tardes**
au revoir ....**hasta luego, adiós**
s'il vous plaît............**por favor**
Comment allez-vous ? ....**¿qué tal?**
merci (beaucoup) ....**(muchas) gracias**
pardon ....**perdone**
je ne comprends pas .**no entiendo**
monsieur, vous... ....**señor, Usted**
madame...................**señora**
mademoiselle..........**señorita**

Le temps

quand ? ....**¿cuándo?**
à quelle heure ? ......**¿a qué hora?**
aujourd'hui ....**hoy**
hier ....**ayer**
demain matin ....**mañana por la mañana**
demain après-midi ...**mañana por la tarde**

Les achats

combien (coûte) ......**¿cuánto (vale)?**
(trop) cher ....**(demasiado) caro**
beaucoup, peu.........**mucho, poco**
plus, moins..............**más, menos**
grand, petit ....**grande, pequeño**
carte de crédit.........**tarjeta de crédito**

Le courrier

boîte aux lettres ......**buzón**
poste........................**Correos**
poste........................**Correos**
téléphone ....**telégrafos, teléfonos**
lettre ....**carta**
carte postale ....**(tarjeta) postal**
poste restante ....**apartado (de Correos)**
timbre ....**sello**
appel téléphonique ..**conferencia, llamada**
bureau de tabac ......**estanco**

Per la strada, in città

coche ....voiture
gasolina ....essence
a la derecha ....à droite
a la izquierda ....à gauche
obras.........................travaux
peligro, peligroso.........dangereux
cuidado ....attention
dar la vuelta a ....faire le tour de...
después de.................après, au-delà de...
girar ....tourner

SITES ET CURIOSITÉS

Voir également Quelques termes d'art, en début de guide.

où se touve ? ....**¿donde está?**
peut-on visiter ? ......**¿se puede visitar?**
clé...........................**llave**
lumière....................**luz**
sacristain ....**sacristán**
guide ....**guía**
gardien, concierge ...**guarda, conserje**
ouvert, fermé ....**abierto, cerrado**
interdit....................**prohibido**
entrée, sortie...........**entrada, salida**
s'adresser à... ....**dirigirse a**
attendre ....**esperar**
étage, escalier ....**piso, escalera**
alcazaba ....forteresse arabe
alcázar ....palais arabe
ayuntamiento.............hôtel de ville
balneario ....établissement thermal
barranco....................ravin
barrio ....quartier
bodega......................cave, chais
cabo ....capo
calle ....rue
campanario ....clocher
capilla.......................chapelle
carretera ....route
casa consistorial ....hôtel de ville
castillo.......................château fort
castro ....village celtique
ciudad ....ville, cité
collado, alto ....petit col
cruz ....croix, calvaire
cuadro ....tableau
cueva, gruta ....grotte
desfiladero ....défilé
embalse ....barrage, retenue
ermita ....ermitage
excavaciones..............fouilles
fuente........................fontaine
gargantas ....gorges
lago ....lac
mezquita ....mosquée
monasterio.................monastère
nacimiento ....source ; crèche
palacio (real) ....palais (royal)
pantano ....lac artificiel
paseo ....promenade
plaza ....place
plaza mayor ....grand-place
plaza de toros............arènes
portada ....portail
pórtico.......................portail, porche
presa ....barrage
pueblo ....village, bourg
puente ....pont
puerta.........................porte
puerto.........................port ; col
romano ; románico ......romain ; roman
talla ....bois sculpté
tapices.......................tapisseries
techo..........................plafond
tesoro.........................trésor
torre ....tour, clocher
torre del homenaje.......donjon
valle ....vallée
vidriera ....vitrail
yacimiento ....gisement (archéologique)

Index

Sevilla....................Villes, curiosités, régions touristiques.
Maimonide ....Noms historiques ou célèbres et termes faisant l'objet d'une explication.

Les curiosités isolées (châteaux, abbayes, sanctuaires, villas, nécropoles, thermes, belvédères, monts, lacs, îles, gorges, grottes...) sont répertoriées à leur propre nom.

Les monuments situés dans les villes de Cordoue, Grenade, Jaén, Malaga et Séville font l'objet d'une indexation propre, sous le nom de la ville.

A

B

C

D – E

F

G

H – I

J

P

Q – R

S

T

U – V

X – Y – Z